Los Siete Chakras

Guía de los chakras raíz, sacro, plexo solar, corazón, garganta, tercer ojo y corona

© Copyright 2023

Todos los derechos reservados. Ninguna parte de este libro puede ser reproducida de ninguna forma sin el permiso escrito del autor. Los revisores pueden citar breves pasajes en las reseñas.

Descargo de responsabilidad: Ninguna parte de esta publicación puede ser reproducida o transmitida de ninguna forma o por ningún medio, mecánico o electrónico, incluyendo fotocopias o grabaciones, o por ningún sistema de almacenamiento y recuperación de información, o transmitida por correo electrónico sin permiso escrito del editor.

Si bien se ha hecho todo lo posible por verificar la información proporcionada en esta publicación, ni el autor ni el editor asumen responsabilidad alguna por los errores, omisiones o interpretaciones contrarias al tema aquí tratado.

Este libro es solo para fines de entretenimiento. Las opiniones expresadas son únicamente las del autor y no deben tomarse como instrucciones u órdenes de expertos. El lector es responsable de sus propias acciones.

La adhesión a todas las leyes y regulaciones aplicables, incluyendo las leyes internacionales, federales, estatales y locales que rigen la concesión de licencias profesionales, las prácticas comerciales, la publicidad y todos los demás aspectos de la realización de negocios en los EE. UU., Canadá, Reino Unido o cualquier otra jurisdicción es responsabilidad exclusiva del comprador o del lector.

Ni el autor ni el editor asumen responsabilidad alguna en nombre del comprador o lector de estos materiales. Cualquier desaire percibido de cualquier individuo u organización es puramente involuntario.

Su regalo gratuito

¡Gracias por descargar este libro! Si desea aprender más acerca de varios temas de espiritualidad, entonces únase a la comunidad de Mari Silva y obtenga el MP3 de meditación guiada para despertar su tercer ojo. Este MP3 de meditación guiada está diseñado para abrir y fortalecer el tercer ojo para que pueda experimentar un estado superior de conciencia.

https://livetolearn.lpages.co/mari-silva-third-eye-meditation-mp3-spanish/

Tabla de contenidos

PRIMERA PARTE: CHAKRA RAÍZ 1
    INTRODUCCIÓN 2
    CAPÍTULO 1: ¿QUÉ ES MULADHARA? 4
    CAPÍTULO 2: CUANDO SU CHAKRA RAÍZ ESTÁ BLOQUEADO 13
    CAPÍTULO 3: CÓMO MEDITAR SOBRE SU RAÍZ 23
    CAPÍTULO 4: MANTRAS Y AFIRMACIONES DEL MULADHARA 35
    CAPÍTULO 5: MUDRAS Y PRANAYAMAS PARA LA RAÍZ 46
    CAPÍTULO 6: POSTURAS Y SECUENCIAS DE YOGA PARA MULADHARA 56
    CAPÍTULO 7: USO DE CRISTALES Y PIEDRAS 64
    CAPÍTULO 8: AROMATERAPIA DEL CHAKRA RAÍZ 73
    CAPÍTULO 9: DIETA Y NUTRICIÓN DEL MULADHARA 82
    CAPÍTULO 10: RUTINA DE 7 DÍAS PARA MULADHARA 96
    CONCLUSIÓN 110

SEGUNDA PARTE: CHAKRA SACRO 112
    INTRODUCCIÓN 113
    CAPÍTULO 1: ¿QUÉ ES *SVADHISTHANA*? 115
    CAPÍTULO 2: ¿ESTÁ BLOQUEADO SU CHAKRA SACRO? 125
    CAPÍTULO 3: MEDITACIÓN Y VISUALIZACIÓN DEL CHAKRA SACRO 136
    CAPÍTULO 4: MANTRAS Y AFIRMACIONES PARA *SVADHISTHANA* 144
    CAPÍTULO 5: EL PODER DE LOS MUDRAS Y EL *PRANAYAMA* 152

CAPÍTULO 6: POSTURAS Y SECUENCIAS DE YOGA PARA EL SACRO 161
CAPÍTULO 7: USO DE CRISTALES Y PIEDRAS 172
CAPÍTULO 8: AROMATERAPIA *SVADHISTHANA* 180
CAPÍTULO 9: DIETA Y NUTRICIÓN 189
CAPÍTULO 10: RUTINA DE SIETE DÍAS PARA *SVADHISTHANA* 199
BONO: DE *SVADHISTHANA* A LOS CHAKRAS SUPERIORES 208
CONCLUSIÓN 217
TERCERA PARTE: CHAKRA DEL PLEXO SOLAR 219
INTRODUCCIÓN 220
CAPÍTULO 1: ¿QUÉ ES *MANIPURA*? 222
CAPÍTULO 2: ¿ESTÁ BLOQUEADO SU PLEXO SOLAR? 230
CAPÍTULO 3: CONSTRUYENDO UN SISTEMA DE CHAKRAS FUERTE 238
CAPÍTULO 4: MANTRAS Y MUDRAS DE *MANIPURA* 248
CAPÍTULO 5: MEDITACIÓN Y VISUALIZACIÓN 257
CAPÍTULO 6: *PRANAYAMA* Y YOGA DEL PLEXO SOLAR 265
CAPÍTULO 7: EL USO DE CRISTALES Y PIEDRAS 275
CAPÍTULO 8: AROMATERAPIA *MANIPURA* 283
CAPÍTULO 9: DIETA Y NUTRICIÓN 291
CAPÍTULO 10: RUTINA DE SIETE DÍAS PARA EL PLEXO SOLAR 301
BONO: DE *MANIPURA* A LOS CHAKRAS SUPERIORES 308
CONCLUSIÓN 315
CUARTA PARTE: CHACRA DEL CORAZÓN 316
INTRODUCCIÓN 317
CAPÍTULO 1: ¿QUÉ ES ANAHATA? 319
CAPÍTULO 2: CUANDO SU CHACRA DEL CORAZÓN ESTÁ BLOQUEADO 328
CAPÍTULO 3: EMPEZAR CON UNA BASE SÓLIDA DE CHACRAS 338
CAPÍTULO 4: MANTRAS Y MUDRAS DEL ANAHATA 349
CAPÍTULO 5: MEDITACIÓN Y VISUALIZACIÓN 358
CAPÍTULO 6: EL PRANAYAMA Y EL YOGA PARA EL CORAZÓN 367
CAPÍTULO 7: USO DE CRISTALES Y PIEDRAS 380
CAPÍTULO 8: AROMATERAPIA DEL CHACRA DEL CORAZÓN 390

CAPÍTULO 9: DIETA Y NUTRICIÓN DEL ANAHATA 399
CAPÍTULO 10: RUTINA DE SIETE DÍAS DEL CHACRA ANAHATA 408
BONO: ASCENSO A LOS CHACRAS SUPERIORES 416
CONCLUSIÓN 422

QUINTA PARTE: CHAKRA DE LA GARGANTA 424
INTRODUCCIÓN 425
CAPÍTULO 1: ¿QUÉ ES VISHUDDHA? 427
CAPÍTULO 2: CUANDO EL CHAKRA DE LA GARGANTA ESTÁ BLOQUEADO 434
CAPÍTULO 3: CONSTRUIR SOBRE LOS OTROS CHAKRAS 441
CAPÍTULO 4: MANTRAS Y MUDRAS 450
CAPÍTULO 5: MEDITACIÓN Y VISUALIZACIÓN 458
CAPÍTULO 6: EL *PRANAYAMA* Y EL YOGA 468
CAPÍTULO 7: USO DE CRISTALES Y PIEDRAS 479
CAPÍTULO 8: AROMATERAPIA PARA EL CHAKRA DE LA GARGANTA 487
CAPÍTULO 9: DIETA Y NUTRICIÓN *VISHUDDHA* 494
CAPÍTULO 10: RUTINA DE 7 DÍAS PARA EL CHAKRA *VISHUDDHA* 505
BONO: PRIMERO LOS CHAKRAS 512
CONCLUSIÓN 518

SEXTA PARTE: CHAKRA DEL TERCER OJO 520
INTRODUCCIÓN 521
CAPÍTULO 1: ¿QUÉ ES AJNA? 523
CAPÍTULO 2: CUANDO EL TERCER OJO ESTÁ BLOQUEADO 534
CAPÍTULO 3: PRIMERO, EQUILIBRAR LOS DEMÁS CHAKRAS 545
CAPÍTULO 4: MANTRAS Y MUDRAS 554
CAPÍTULO 5: MEDITACIÓN Y VISUALIZACIÓN 562
CAPÍTULO 6: YOGA Y TÉCNICAS DE RESPIRACIÓN 571
CAPÍTULO 7: USO DE CRISTALES Y PIEDRAS 581
CAPÍTULO 8: AROMATERAPIA AJNA 590
CAPÍTULO 9: DIETA Y NUTRICIÓN PARA EL AJNA 598
CAPÍTULO 10: RUTINA DE SIETE DÍAS DEL CHAKRA DEL TERCER OJO 607
BONUS: HOJA DE RUTA PARA LA CONEXIÓN DEL TERCER OJO Y LA CORONA 616
CONCLUSIÓN 625

SÉPTIMA PARTE: CHAKRA DE LA CORONA 627
   INTRODUCCIÓN 628
   CAPÍTULO 1: ¿QUÉ ES EL *SAHASRARA*? 630
   CAPÍTULO 2: CUANDO SU CHAKRA DE LA CORONA ESTÁ BLOQUEADO 641
   CAPÍTULO 3: CÓMO ELEVAR LA ENERGÍA A TRAVÉS DE LOS CHAKRAS 652
   CAPÍTULO 4: MANTRAS Y MUDRAS 664
   CAPÍTULO 5: MEDITACIÓN Y VISUALIZACIÓN 675
   CAPÍTULO 6: *PRANAYAMA* Y YOGA 685
   CAPÍTULO 7: USO DE CRISTALES Y PIEDRAS 697
   CAPÍTULO 8: USO DE LA AROMATERAPIA 706
   CAPÍTULO 9: NUTRICIÓN Y DIETA 716
   CAPÍTULO 10: RUTINA DE SIETE DÍAS PARA EL CHAKRA DE LA CORONA 725
   EXTRA: HOJA DE TRUCOS SOBRE LOS CHAKRAS............730
   CONCLUSIÓN 739
VEA MÁS LIBROS ESCRITOS POR MARI SILVA 741
SU REGALO GRATUITO 742
REFERENCIAS 743

Primera Parte: Chakra raíz

La guía definitiva para abrir, equilibrar y sanar Muladhara

Introducción

Cuando trabaje en la alineación y el equilibrio de sus chakras, es esencial que empiece por el primer chakra: Muladhara, o el chakra raíz. Este chakra es el encargado de mantenerle enraizado en el mundo físico. Cuando está desequilibrado, puede experimentar dolor físico en la mitad inferior de su cuerpo y encontrar difícil mantenerse concentrado y estable. También puede sentirse agotado, deprimido y estresado, como si se viera obligado a apresurarse en las tareas sin prestarles la atención que merecen.

En esta guía, veremos todo lo que necesita saber sobre su chakra raíz y cubriremos los consejos para limpiarlo, abrirlo y equilibrarlo. Con los conocimientos que adquiera en esta guía, tendrá una buena idea de qué hacer si su Muladhara se bloquea o desequilibra alguna vez.

En el primer capítulo, veremos los aspectos básicos; comprenderemos qué son los chakras, nos centraremos en el chakra raíz en particular, y por qué debe estar alineado.

En el segundo capítulo, veremos los signos y síntomas reveladores de un chakra raíz bloqueado para que pueda remediar la situación cuando sea necesario. A continuación, el tercer capítulo analizará las técnicas de meditación que puede utilizar cuando trabaje en la apertura de su Muladhara y el cuarto capítulo analizará específicamente los mantras y las afirmaciones que puede utilizar a lo largo de este proceso.

El quinto capítulo analizará cómo puede utilizar los mudras y el pranayama para mejorar su meditación y facilitar el equilibrio de su chakra raíz. En el capítulo sexto, veremos cómo el yoga puede ayudarle a equilibrar su Muladhara y le ofreceremos varias *asanas* (posturas de yoga) que puede poner en práctica.

En el capítulo séptimo, veremos cómo puede utilizar los cristales y las piedras junto con su meditación de los chakras y los ejercicios de yoga. Exploraremos las distintas opciones disponibles y cómo deben utilizarse. El siguiente capítulo tratará sobre la aromaterapia y los aceites esenciales y su uso para equilibrar su Muladhara y le sugerirá aceites esenciales específicos que puede utilizar.

El capítulo noveno analiza cómo debe adaptar su dieta y nutrición para tener un chakra raíz saludable. En el capítulo diez, se le proporcionará un ejemplo de rutina semanal que puede seguir para sanar su Muladhara. Este programa incorporará todo lo que habrá aprendido en los capítulos anteriores para entender cómo se unen todos para desbloquear su chakra.

Por último, encontrará un capítulo extra que le explicará cómo puede ir más allá de su chakra raíz hacia los demás chakras de su cuerpo. Este capítulo le preparará para desbloquear el resto de sus chakras para ayudarle a equilibrarse física y espiritualmente.

A diferencia de otras guías sobre el Muladhara, esta guía es perfecta tanto para principiantes como para practicantes de yoga experimentados. No importa si es la primera vez que oye el término "chakra" o si lleva años trabajando para equilibrarlos; todos podrán beneficiarse de esta guía tan detallada.

Lo único que le queda por hacer es pasar la página y utilizar esta guía fácil de seguir para empezar a equilibrar sus chakras, ¡para que por fin pueda vivir la vida que le corresponde!

Capítulo 1: ¿Qué es Muladhara?

Antes de que pueda empezar a desbloquear y equilibrar su chakra raíz, es una buena idea entender bien qué son los chakras y por qué es tan necesario equilibrarlos.

¿Qué son los chakras?

Los chakras son un concepto que proviene del tantra y del hinduismo primitivo. La palabra "chakra" significa literalmente "disco" o "rueda" en sánscrito y se refiere a los diferentes centros de energía que se encuentran en el cuerpo humano. Existe un debate sobre cuántos chakras hay en el cuerpo de una persona y algunas tradiciones dicen que hay hasta 88.000.

Los chakras son centros de energía en el cuerpo
https://pixabay.com/es/vectors/chakra-meditaci%c3%b3n-aura-energ%c3%ada-5628622/

Sin embargo, la mayoría de los sistemas de creencias coinciden en que siete chakras principales recorren el cuerpo a lo largo de la columna vertebral. Empiezan con el chakra raíz, del que hablaremos en detalle en este capítulo y en este libro, y se extienden hasta el chakra de la coronilla, situado en la coronilla de su cabeza.

El concepto de los chakras se origina en la idea de que cada persona tiene dos cuerpos en dos dimensiones paralelas. El primero es el cuerpo tangible, que se encuentra en el mundo físico. El segundo es el cuerpo energético, o cuerpo sutil, conectado por vías energéticas (o canales) conocidas como nadi. Estos canales de energía están conectados y dirigidos por nodos de energía psíquica, o más comúnmente conocidos como los chakras.

El cuerpo físico puede afectar al cuerpo energético (y viceversa), y esta interacción es la que permite equilibrar los chakras.

Cada uno de los siete chakras principales tiene diferentes efectos físicos y psicológicos en su cuerpo, lo que significa que cualquier chakra desequilibrado tiene un efecto particular en su cuerpo. Aprender en qué hay que fijarse es el primer paso para conseguir un cuerpo equilibrado en ambos ámbitos.

Para iniciar el proceso de equilibrio, lo ideal es empezar por el de la base y seguir desbloqueando cada chakra en orden hasta llegar al de la coronilla. Así que, para empezar, comencemos por comprender el chakra raíz.

¿Qué es el chakra raíz?

Como ya le hemos dicho, el Muladhara se encuentra en la base de su columna vertebral. La palabra "Muladhara" -el término sánscrito- significa "raíz", de ahí su nombre en inglés.

Este chakra actúa como la raíz de su cuerpo y está vinculado al elemento tierra, que representa la capacidad de una persona para sentirse arraigada y estable en la vida. Está conectado con sus relaciones familiares y su sensación de seguridad. Un chakra raíz sano le permite sentirse confiado, seguro y protegido a medida que avanza en el viaje de la vida.

Este chakra también sostiene su estructura ósea, actuando como un chakra de conexión con el mundo físico que le rodea. Cuando el chakra raíz está bloqueado o desequilibrado, todos los demás chakras de su cuerpo pueden quedar desalineados.

El símbolo del chakra raíz
https://pixabay.com/es/illustrations/chakra-mandala-chakra-ra%c3%adz-1340058/

En las escrituras hindúes y en los textos yóguicos, se dice que Muladhara es el chakra del que emergen los tres nadis principales (Ida, Pingala, Sushama). Se considera que es el hogar del dios Ganpati, es decir, que Ganpati lo gobierna, y se considera que su influencia en su vida emana espiritualmente del Muladhara. Además de ser el dios que trae la buena suerte y elimina los obstáculos, Ganpati es también el hijo de Shiva, que se describe como el yogui omnisciente que enseñó por primera vez el yoga a los sabios hindúes.

El chakra raíz es donde comienza todo en su cuerpo. Es el hogar de sus emociones. Sin embargo, un chakra raíz desequilibrado provocará oscilaciones en su estado emocional, incluyendo sentimientos de ira, inseguridad e inquietud. También puede hacer que sus niveles de miedo, pánico y ansiedad se disparen como resultado de lo que su cuerpo ve como una amenaza a su seguridad.

Un chakra raíz desequilibrado es común en las personas que han tenido luchas personales negativas, como problemas con su situación financiera, relaciones interpersonales y preocupaciones por asegurar la satisfacción de sus necesidades de supervivencia.

Otra forma en la que el chakra raíz influye en usted es a través de su papel en el mantenimiento del flujo constante de la propia creatividad. Actúa como la raíz de la intención creativa en su cuerpo y, cuando está en equilibrio, asegura que una persona se sienta segura para desarrollar sus ideas e inspiración. La "raíz" de su creatividad es clara, lo que le permite ser capaz de llevar sus ideas a la realidad.

Le permite defenderse a sí mismo y a sus ideas y le garantiza que no dejará que el miedo al fracaso le frene. Sin embargo, cuando está desequilibrado, puede suponer un reto a la hora de llevar a cabo sus ideas creativas, y existe un mayor miedo a la derrota que a menudo puede impedirle intentarlo en primer lugar.

Chakra raíz y sexualidad

Como se ha mencionado anteriormente, su chakra raíz está situado en la base de la columna vertebral, concretamente en el suelo pélvico. Esta ubicación también significa que tiene un impacto significativo en su sexualidad y en su vida sexual.

Como hemos comentado, uno de los principales efectos de un chakra raíz desequilibrado es el miedo. Cuando tiene miedo, es incapaz de abrirse a la intimidad, lo que dificulta la confianza y la conexión con la pareja sexual. Un chakra raíz bloqueado hace que su vida sexual sea insatisfactoria porque es incapaz de apreciar el sexo con una persona en la que confía plenamente.

El chakra raíz también tiene efectos fisiológicos en su cuerpo. Esto es especialmente cierto en el caso de las mujeres que han experimentado un trauma en la infancia. El chakra raíz responde cerrándose en las mujeres que tienen miedo al sexo, ya sea por traumas anteriores o por la preocupación por una primera experiencia dolorosa. Un chakra raíz inactivo también significa que los músculos del suelo pélvico se tensan y pueden provocar una reducción de la lubricación vaginal.

Para las mujeres que tienen una experiencia sexual cuando su chakra raíz está cerrado, los músculos del suelo pélvico tensos pueden causar dolor y, en el caso de las primeras veces, sangrado. Este dolor sienta un precedente, haciendo que espere que se repita la próxima vez que tenga relaciones sexuales. Este miedo conduce a un chakra raíz desequilibrado, lo que implica reacciones tanto fisiológicas como psicológicas.

Esta combinación de miedo y efectos fisiológicos (músculos pélvicos tensos) conduce a una disfunción sexual a largo plazo, que no puede resolverse hasta que el chakra raíz se abra y se equilibre. En el caso de los hombres, el miedo y la falta de confianza en su pareja conducen a una vida sexual insatisfactoria que, una vez más, requiere que su chakra raíz se alinee y se abra para ponerle remedio.

Comprender el chakra raíz en profundidad

Un loto rojo de cuatro pétalos con un cuadrado amarillo en el centro representa el Muladhara. Cada pétalo tiene una de las cuatro letras sánscritas (va, scha, sha y sa) escritas en dorado. Según la tradición yóguica, estas letras simbolizan los cuatro vrittis (pensamientos que afloran en la mente) -el placer natural, el mayor gozo, la felicidad en la concentración y el placer en el control de la pasión- o representan el dharma, el artha, el kama y el moksha.

En el centro del loto se coloca la sílaba lam dentro del cuadro amarillo. Este es el bija mantra, o mantra semilla védico, asociado con el chakra raíz y se discutirá con más detalle en otros capítulos de este libro.

En algunas representaciones del símbolo del chakra raíz, ocho lanzas apuntan desde los lados y las esquinas del cuadrado hacia los pétalos.

El chakra raíz se asocia con la deidad hindú Ganpati, como ya se ha comentado, y con el dios Indra, que es el rey del cielo y el dios del cielo, el clima, los rayos, las lluvias y los truenos.

Al estar vinculado al elemento tierra, el chakra raíz también se asocia con el color rojo (o rosa), que simboliza la tierra. Además, está vinculado al sentido del olfato, y su nota musical es el do.

En sus chakras raíz, usted lleva no solo sus propias experiencias, sino también los recuerdos ancestrales, tanto buenos como malos. Así, los traumas generacionales pueden afectar incluso a personas que nunca han experimentado un nivel similar de dificultades durante su propia vida, pero equilibrar este chakra ayuda a sanar estos traumas tan arraigados.

Cuando la energía fluye sin obstáculos a través de su chakra raíz, se despierta la energía kundalini. La energía kundalini es la energía divina femenina asociada a la diosa y permanece latente en el Muladhara hasta que se abre el chakra. El flujo de energía a través de este chakra también proporciona a los otros seis chakras una base sólida en la que pueden apoyarse, por lo que es esencial empezar a abrir su chakra raíz antes que cualquier otro.

Chakras raíz desequilibrados

Con un chakra raíz desequilibrado, pueden prevalecer varios problemas físicos y emocionales en la parte inferior de su cuerpo, entre ellos

- Aumento o pérdida de peso
- Problemas con el colon y la vejiga
- Estreñimiento
- Dolor en la pelvis
- Problemas en la parte inferior de la pierna o los pies
- Dolor en la parte baja de la espalda
- Problemas de próstata en los hombres
- Problemas para dormir
- Debilitamiento de la inmunidad, lo que hace que sea más fácil caer enfermo

Los síntomas psicológicos y emocionales de un chakra raíz desequilibrado incluyen

- Depresión
- Trastornos de ansiedad
- Trastornos de la alimentación
- Falta de confianza y autoestima
- Incapacidad repentina para concentrarse
- Miedo y pérdida de su sensación de seguridad
- Comportamiento errático
- Negatividad y cinismo
- Sentirse extremadamente abrumado, como si viviera constantemente en modo de supervivencia
- Falta de energía y una sensación constante de letargo

También puede desarrollar problemas de autocontrol, que es una de las razones por las que un chakra raíz desequilibrado puede provocar trastornos alimentarios: controlar la ingesta de alimentos puede conducir a una sensación temporal de recuperar el control, pero en realidad puede provocar graves problemas médicos.

Además, un desequilibrio también puede conducir a problemas espirituales, como una crisis existencial o de fe, pérdida de voluntad y un sentimiento de duda sobre su lugar en el universo que le rodea. Puede llevarle a perder el interés por formar parte del mundo.

Un chakra raíz equilibrado, en cambio, está vinculado a

- Un saludable instinto de supervivencia
- Un sentido de pertenencia entre las personas que le rodean
- La capacidad de conectar con sus seres queridos y sentirse arraigado en su vida
- La estabilidad y la seguridad

Un chakra raíz sano es esencial para darle la voluntad de vivir y cuidar de sí mismo y devolverle el enfoque a su vida. Con un chakra raíz estable, podrá prosperar y alcanzar realmente su potencial.

Equilibrar su chakra raíz es la clave para recuperar esta sensación de estabilidad en su vida. Este libro explorará las formas de hacerlo en detalle en los siguientes capítulos, pero algunos métodos que puede probar incluyen

- El yoga
- La meditación
- Aromaterapia
- Curación con cristales

También puede utilizar el movimiento, el sonido y el tacto para equilibrar su chakra raíz.

El movimiento es exactamente lo que indica: salir de casa y moverse. Como el chakra raíz está vinculado a la tierra, se recomienda que se relacione con la naturaleza. Incluso algo tan sencillo como pasear por un jardín o hacer senderismo puede ayudar.

Otra forma de desbloquear su chakra raíz es conectando con la tierra con los pies. Para ello, póngase de pie con una pelota de tenis en el suelo delante de usted. A continuación, ponga un pie sobre la pelota, apoyando su peso en el otro pie. Mueva el pie sobre la pelota en un movimiento circular, permitiendo que su tobillo se mueva. Cuando se sienta en el suelo, cambie de lado.

Si no es posible pasar tiempo en la naturaleza, otras formas de movimiento, como la danza y el pilates, también pueden ayudar.

También puede utilizar el sonido para sanar sus chakras, incluyendo el uso de cuencos cantores, baños de sonido y sonidos de gong. Como veremos más adelante en el libro, también puede utilizar mantras. La frecuencia de vibración del chakra raíz es de 432 Hz; utilizar el sonido a esta vibración puede ayudar especialmente.

Por último, también puede utilizar el tacto para equilibrar su chakra. Esto implica tocar su cuerpo y ser tocado; una opción es probar el automasaje.

También puede pedir a un ser querido que le dé un masaje o acudir a un profesional. Estar conectado con otra persona mediante el tacto es una cuestión de confianza, especialmente cuando se le da un masaje. Esto le ayuda a conectar mejor con otras personas, lo que le permite equilibrar su chakra raíz.

También puede probar otras actividades basadas en el tacto, como los abrazos (el auto abrazo también es una opción), los mimos y el sexo con una pareja de confianza. Debería probar a tocar su cuerpo mediante automasajes y auto abrazos porque este tipo de tacto refuerza su amor por sí mismo.

Además del auto tacto, también debería reservar tiempo para estar a solas. Puede trabajar en su autoestima y descubrir su verdadero yo. Utilice este tiempo para manifestar lo que quiere de su vida o dedíquelo a hacer cosas que le gustan, pero que no puede hacer por falta de tiempo, como leer un libro, disfrutar de la música o salir a correr. Esencialmente, debe hacer lo que le ayude a conectar mejor con su ser interior, verdadero y auténtico.

Por qué debería alinear su chakra raíz?

Un chakra raíz equilibrado le ayuda a sentirse más conectado con las personas que le rodean y más seguro de sí mismo y de su lugar en el mundo.

Sin embargo, hay algo más que eso.

Un chakra raíz alineado y equilibrado le asegura un entusiasmo por la vida. Le entusiasma experimentar el mundo que le rodea y le rescata del aburrimiento y de los sentimientos de estancamiento. También es esencial para que se sienta con energía y pueda completar su rutina diaria.

El chakra raíz también proporciona energía al resto de los chakras de su cuerpo, por lo que conseguir que esté equilibrado es fundamental para que cualquiera de sus chakras siga el mismo camino.

Ahora que entiende su chakra raíz, es el momento de analizarlo con más detalle. El próximo capítulo explorará los efectos de un chakra raíz bloqueado y analizará qué puede causarlo.

También examinará otros problemas del chakra raíz, incluidos los efectos de un Muladhara débil o hiperactivo. Le dará algunos síntomas a los que debe prestar atención e incluye un cuestionario que puede utilizar para determinar si su chakra raíz está en equilibrio.

Una vez que haya averiguado el estado de su chakra raíz, podrá buscar formas de abordar cualquier desequilibrio que pueda existir. Otros capítulos explorarán, en detalle, algunas formas populares de tratar los chakras desequilibrados y abrir los Muladharas cerrados, incluyendo cómo meditar, para abrirlo, qué mantras y afirmaciones puede utilizar, y qué mudras y pranayamas se recomiendan para su chakra raíz.

También veremos algunas posturas y secuencias de yoga que pueden equilibrar su Muladhara y enumeraremos algunos cristales y piedras que puede incorporar a su práctica de meditación y yoga. Además, podrá aprender a utilizar la aromaterapia y los aceites esenciales para favorecer el proceso de equilibrio y se le informará sobre qué aceites esenciales son los mejores para este chakra.

Algo importante que este libro explorará es cómo adaptar su dieta para asegurar que su chakra raíz esté equilibrado. Su dieta y nutrición pueden tener un impacto significativo en el estado de sus chakras, y este libro le proporcionará toda la información que necesita para seguir teniendo una dieta saludable y al mismo tiempo cuidar de su Muladhara.

Cuando termine con este libro, será realmente un experto en chakras raíz. Sabrá cómo equilibrar su chakra raíz y estará listo para pasar a comprender los demás chakras de su cuerpo.

Entonces, ¿a qué espera? Ahora que conoce su chakra raíz, ¡solo le queda pasar la página y seguir leyendo!

Capítulo 2: Cuando su chakra raíz está bloqueado

El chakra raíz representa todo lo que nos mantiene con los pies en la tierra. Cuando empezamos a sentirnos descolocados, demasiado ansiosos, nerviosos o un poco al aire y huidizos, significa que nuestro chakra raíz está bloqueado, y hay que hacer algo inmediatamente para rectificarlo. Lo que se necesita para sentirse con los pies en la tierra tiende a variar de un individuo a otro, y a veces puede ser una cuestión de satisfacer las necesidades básicas requeridas para la supervivencia: alimentación, un techo sobre la cabeza, buenos amigos, etc. Para otros, puede tratarse de una necesidad emocional intensa que no se satisface y que se siente amorfa e intangible para explicar a los demás.

Un chakra bloqueado puede ser la causa de que se sienta estresado
https://pixabay.com/es/photos/desesperado-pensar-estresado-5011953/

La sensación de seguridad emocional puede ser tan importante como la seguridad física para algunos, mientras que, para otros que tienen una mentalidad más práctica, puede no ser lo más esencial. En todos los casos, una vez que siente que le han barrido la alfombra metafórica, pierde el equilibrio y todo lo que le ayuda a sentirse con los pies en la tierra. Esta vívida sensación significa que su chakra raíz no solo se ha desajustado, sino que está bloqueado, lo que creará otros problemas que repercutirán en usted emocional y físicamente. Este capítulo está dedicado a explorar más a fondo estas sensaciones y le ayudará a revelar cómo hacer el duro trabajo de deshacer parte del daño.

Causas y síntomas

En la introducción se han mencionado algunas ideas para ayudar a esbozar por qué puede bloquearse un chakra. Sin embargo, podría ser útil iluminar más exactamente por qué y cómo el chakra Muladhara puede estar bloqueado, para que pueda sentirse más capacitado para saber qué hacer al respecto. Del mismo modo, también será útil delimitar las líneas entre un chakra bloqueado o uno que simplemente está hiperactivo, ya que suele haber algunas diferencias sutiles pero perceptibles entre ambos.

A estas alturas, ya entenderá que un chakra raíz que está en buena forma y equilibrado induce sentimientos de paz, seguridad y estabilidad emocional. Puede que haya estado muy zen, y no se sentirá al límite, ni triste, ni experimentará estados emocionales extremos. Por el contrario, un chakra Muladhara hiperactivo se pondrá en marcha cuando sienta que no se satisfacen las necesidades básicas que requiere para sobrevivir y sentirse cómodo. Todo, desde los sentimientos abrumadores de inseguridad, el hambre y simplemente el dolor físico, le desconcertará, dejándole con ansiedad y miedo. Para algunas personas, puede incluso contribuir a dolencias físicas como dolor de espalda, problemas de próstata, etc.

Un chakra bloqueado también puede tener un efecto debilitante, pero puede atacar de forma menos agresiva en comparación con uno hiperactivo. Suponga que se encuentra sintiéndose inmovilizado, con su capacidad de concentración disparada al infierno, o completamente desconectado de sus seres queridos y de las experiencias que le rodean. En ese caso, definitivamente tiene un chakra bloqueado que necesita ser resuelto.

Una ilustración del mundo real de estas diferencias puede ayudarle a comprender mejor cómo abordar cada escenario y reconocer los síntomas que lo acompañan. Por ejemplo, un individuo -llamémosle Matt- tiene desde hace tiempo una relación tóxica con sus hermanos. Son una familia numerosa, por lo que la dinámica entre los distintos hermanos varía, además de las relaciones con sus padres. Entre Matt y sus hermanos suele haber muchas disputas: es cierto que algunos son amables y comprensivos, pero otros son manipuladores y competitivos. A medida que crecen, cada uno se casa y tiene un hogar propio, pero las disputas internas surgen cuando surge una pelea por una herencia no reclamada. El dinero es uno de los problemas y puede ser estresante, sobre todo porque las finanzas de Matt están en una situación un poco difícil debido a la pandemia.

Sin embargo, lo que hace que todo sea mucho peor es la cantidad de mala energía y manipulación tóxica que surge, con sus hermanos atacándose unos a otros y creando conflictos para asegurarse su parte del dinero. Matt se encuentra distraído e incapaz de concentrarse en el trabajo. Tiene problemas para dormir y se siente un poco perdido, como si hubiera hecho una regresión, como un niño confundido que se ha quedado solo en el bosque. Tarda un tiempo en salir de este embotamiento y aún más en que la gente aprenda a sentir la suficiente empatía como para salir de su caso. Matt se da cuenta de que, si no se pone al día, su distanciamiento puede obstaculizar aún más su capacidad para trabajar y mantener a su familia.

Además, los insultos empiezan a calar más hondo y le impiden sentirse seguro en su propia piel. Es entonces cuando empieza a sentirse ansioso, asustado y confundido. El estrés es tan intenso que empieza a desarrollar diversos problemas de salud, y su cuerpo no es capaz de funcionar de la misma manera. De hecho, empieza a sentir como si su cuerpo también se revelara contra él cuando se encuentra en el médico buscando tratamiento para su dolor de espalda y sus incipientes migrañas.

En el escenario brevemente esbozado más arriba, está claro que la primera reacción de Matt es una que está informada por un chakra raíz bloqueado: una incapacidad para concentrarse y soñar despierto más de lo habitual le afecta. Afecta a su capacidad de sentirse enraizado y seguro, que son síntomas clásicos de un chakra bloqueado.

Sin embargo, a medida que el drama familiar se calienta, empieza a sentirse cada vez menos seguro, más asustado y profundamente alterado. Su sistema se pone en marcha y comienza a experimentar los síntomas de un chakra raíz hiperactivo que son difíciles de calmar. Esperemos que este ejemplo le ayude a ilustrar las diferentes formas en que alguien puede experimentar un chakra raíz que no está correctamente equilibrado y a comprender cómo un escenario puede pasar a otro sin problemas, incluso en el mismo individuo.

Por supuesto, las cosas que se necesitan para que alguien se sienta seguro y protegido variarán, y no todo el mundo reaccionará de la misma manera en una situación determinada. Al mismo tiempo, puede identificar claramente las formas en que pueden manifestarse los diferentes síntomas físicos y emocionales una vez que el chakra raíz se desajusta. Al comprender las causas de su incapacidad para sentirse con los pies en la tierra, podrá encontrar una solución para el chakra raíz y cómo equilibrarse más con el tiempo.

Para ilustrar mejor cómo puede afectarle el chakra raíz, puede ser útil enumerar rápidamente algunos de los síntomas más comunes y su impacto en su vida. El chakra raíz es, al fin y al cabo, el centro que mantiene unidos todos los pensamientos y sentimientos que tiene sobre sí mismo, e informa sobre su autoestima por encima de todo. Cualquier problema que pueda sentir se deriva de esto, por lo que permanecer atento a su cuerpo es sumamente útil:

Además de los problemas de próstata, un chakra raíz desequilibrado puede afectar a la salud de su colon y a su vejiga. Beber té de hierbas y meditar son muy recomendables en ese caso.

- La inflamación en todo el cuerpo es otro gran problema. Puede encontrar que su intestino se siente un poco hinchado y no puede disfrutar de la comida con normalidad. O los nervios de sus muñecas están inflamados y no puede teclear con normalidad. Este es un signo clásico de un chakra desequilibrado que necesita una combinación de atención médica y un restablecimiento consciente a través de prácticas saludables como el yoga.

- Los calambres y el dolor en el brazo o el pie izquierdo son otras dolencias comunes que la gente suele sufrir cuando el chakra raíz experimenta turbulencias. Por supuesto, un profesional de la medicina debe atender de inmediato todo lo relacionado con el brazo izquierdo. Además, es una clara señal del universo de que necesita frenar un poco las cosas y ser más consciente de cómo reacciona su cuerpo ante determinadas situaciones.

- Sentirse al límite o ansioso es otro síntoma común, pero si lo deja sin tratar, puede desarrollar un trastorno de ansiedad completo. Esto puede ir acompañado de ataques de pánico, ataques de depresión, etc. El chakra raíz está fuertemente conectado con cualquier cosa que afecte a su salud mental, por lo que dejarlo inactivo durante mucho tiempo seguramente hará que las cosas sean más difíciles de remediar más adelante. Por supuesto, el tratamiento con un profesional de la salud mental es clave, pero adoptar otras medidas para cuidar su salud mental, como la meditación, el yoga y otras prácticas de autocuidado, le ayudarán a sanar su chakra raíz con el tiempo.

Cuando tenga dudas

Ya ha leído todo lo que hay aquí, y tal vez le parezca claro. O quizás no tanto. Tal vez dude de sí mismo y no tenga claro hasta qué punto el chakra raíz puede estar apagado. ¿Se trata de otro chakra, o simplemente está teniendo un mal día? Parte del trabajo que está haciendo para usted aquí es darse la oportunidad de escuchar a su cuerpo y averiguar las cosas, lenta y deliberadamente. A la luz de esto, realizar un breve cuestionario podría ser un paso útil. No se preocupe; no se trata de un cuestionario cursi al estilo de las revistas femeninas que se hace mientras espera la cita con el dentista. Considere el cuestionario como una herramienta vital en este cuaderno de trabajo para ayudarle a dar sentido a las cosas y hacer un balance de dónde se encuentra en este momento.

1. De estos colores, ¿cuál le resulta más molesto en este momento?
    - Rojo
    - Naranja
    - Azul
    - Negro

2. ¿Cómo describiría su personalidad en general?
   - Cariñoso
   - Alegre
   - Conectado a la tierra
   - Sabio
3. ¿Cuál de estas palabras describe mejor su estado emocional actual?
   - Nervioso
   - Triste
   - Feliz
   - Enfadado
4. ¿Cómo se siente respecto a sus finanzas?
   - Bien
   - Podría ganar más dinero
   - Se siente inseguro
   - Contento con lo que posee actualmente
5. ¿Cómo afronta actualmente los sentimientos negativos que pueda tener?
   - Yendo de compras
   - Leyendo
   - Escuchando música
   - Manteniéndose a solas e ignorando los mensajes o las llamadas telefónicas durante un tiempo
6. Describa su enfoque de la comida:
   - Como aunque no tenga hambre
   - No puedo comer en absoluto y evito la comida a menos que sea necesario
   - Me tomo el tiempo para cocinar y preparar la comida de forma saludable
   - Ayudo a preparar la comida para mi pareja/hijos/etc., pero no tengo energía para hacer nada para mí.

7. ¿Qué afirmación describe cómo se siente sobre el futuro?
   - Me siento ansioso
   - No puedo pensar en el futuro; mi mente se siente en blanco
   - Soy optimista
   - Me encuentro pensando en el futuro de otras personas (hijos, pareja, etc.), pero no en el mío
8. ¿Cómo describiría sus niveles de energía?
   - Adecuados
   - Flojos
   - Evitando eventos importantes o funciones de trabajo
   - Encontrando difícil hacer incluso las tareas más sencillas (cambiarse de ropa, cocinar, limpiar, etc.)
9. Cuando conoce a una nueva persona, ¿cómo se siente?
   - Siente que puede compartir abiertamente sus gustos y disgustos
   - Se siente totalmente seguro de su personalidad
   - Se deja influir fácilmente por las opiniones de los demás
   - Prefiere escuchar y quedarse callado en lugar de involucrarse en diferentes niveles de conversación
10. ¿Cuál de estas afirmaciones describe mejor cómo se siente con respecto a su carrera?
    - Descontento y sin saber cuáles son mis aspiraciones profesionales
    - El trabajo está bien, pero quizá no gane suficiente dinero
    - No trabajo lo suficiente, así que he perdido ese ascenso
    - Quiero cambiar de carrera, pero me siento abrumado
11. Describa su relación con los demás
    - La gente no respeta sus límites
    - Se siente como un felpudo, pero no sabe por qué
    - Es capaz de expresar sus necesidades a los demás de forma saludable y no recibe la respuesta de las personas de su vida
    - Siente que todo el mundo es manipulador y que va a por usted

12. ¿Qué afirmación describe mejor su relación con la tierra?
    - Me siento conectado a la naturaleza y me preocupa el cambio climático
    - Disfruto de la naturaleza, pero no me atrevo a salir estos días
    - No puedo encontrar la paz en la naturaleza; me pone nervioso
    - Me siento desconectado y no albergo ninguna asociación negativa o positiva con la tierra
13. ¿Qué afirmación describe mejor su relación con los grupos?
    - Me siento cómodo en los grupos y disfruto conociendo gente nueva
    - Solía sentirme cómodo en los grupos, pero ahora trato de evitarlos
    - Los grupos me producen ansiedad
    - Me siento inseguro en los grupos y no confío fácilmente en la gente nueva
14. Si confronta emociones excesivamente negativas, ¿con qué frecuencia se siente abrumado?
    - Todo el tiempo
    - Solo ante determinadas situaciones desencadenantes
    - Rara vez
    - Aunque me sienta abrumado, intento incorporar métodos calmantes para ayudar a mitigar parte del dolor
15. ¿Sufre problemas de salud recurrentes? Escriba lo que pueda en el espacio siguiente.

Clave

Así pues, este es un cuestionario bastante sencillo, y probablemente pueda deducir de la información que aparece arriba los distintos problemas que podría estar sufriendo. También debería ayudarle a darse cuenta de la gravedad de la situación y de si necesita o no una intervención inmediata. La primera pregunta sobre el color puede parecer un poco confusa, pero ayuda a preparar el terreno: si el color rojo es el que más le molesta, es un claro indicio de que su chakra raíz está apagado. El naranja es otro fuerte indicador de que no se siente bien, pero los efectos sobre usted pueden ser más suaves. Muchos de estos sentimientos están en una escala, pero si se encuentra respondiendo más de lo habitual en el sentido negativo más extremo, debería intentar elaborar un plan de acción que le ayude a mitigar lo peor de sus síntomas. Para ayudarle a hacerlo, intente llevar un diario de los diferentes acontecimientos o anécdotas que le han llevado a sentirse incómodo o enfermo. Una vez que lo tenga todo escrito y claro delante de usted, podrá abordar los problemas uno por uno. Es un trabajo duro, pero es factible, y es importante recordar que no debe hacerlo todo por su cuenta. Acudir a un médico de cabecera y a un profesional de la salud mental es, sin duda, una forma de comenzar la curación y de empezar a alinear sus chakras para lograr una sensación de ser más equilibrada.

Alterar su mentalidad

El chakra raíz es fundamental para ayudarnos a formular una fuerte conexión con la tierra que tenemos debajo. Sin él, no podremos aprovechar toda nuestra energía tanto mental como físicamente. Un chakra bloqueado -o uno hiperactivo- nos hace perder la claridad y la confianza en nuestras elecciones y acciones. Como tal, tiene un tremendo impacto en nuestra salud y bienestar, y su influencia no puede ser exagerada. Una vez que nos desvinculamos del paisaje que rodea a las personas que pueblan nuestras vidas, acabamos perdiendo el sustento emocional y espiritual que necesitamos para sobrevivir. Esto puede referirse a cualquier necesidad espiritual que le ayude a mantenerse a flote, o incluso a las necesidades prácticas cotidianas que afectan a su capacidad para desenvolverse con normalidad en la vida diaria.

Por esta razón, alterar la mentalidad es absolutamente crucial para tratar de equilibrar los chakras. Hay que tener en cuenta que todos los habitantes del planeta, sin excepción, están pasando por algún tipo de reajuste importante para responder a las tensiones de la vida contemporánea. Naturalmente, el hecho de vivir una pandemia mundial, las subsiguientes repercusiones económicas, las llamadas sin respuesta a la justicia social y el malestar político harán surgir un sinfín de problemas. La gente se está reencontrando con la tierra y las energías que se alimentan de ella, así que tiene sentido que muchos estén intentando realinear sus chakras. La mayoría de las luchas que está experimentando actualmente en la incapacidad de satisfacer sus necesidades y ayudar a los demás a alcanzar ese mismo objetivo se reducen a chakras bloqueados que necesitan ser reactivados.

Lamentablemente, sentirse constantemente víctima o experimentar una incapacidad para confiar en los demás es tan frecuente en estos días que se ha convertido en una característica permanente de nuestro discurso político. ¡Ojalá más gente intentara desbloquear sus chakras! Dejando a un lado las bromas, muchos de los problemas que uno experimenta como individuo pueden acabar afectando a los demás en su órbita. Por mucho que intentemos autoaislarnos o tratarnos como islas en sí mismas, otras personas se verán afectadas por nuestro comportamiento o nuestra incapacidad para ser conscientes. Alterar su mentalidad y volverse más centrado y consciente de sus acciones le ayudará a difundir la positividad en otras áreas de su vida, minimizando el dolor, algo que el mundo necesita un poco más ahora. Confiar en que merece tener cubiertas sus necesidades básicas no es un acto egoísta; de hecho, puede animar a otras personas a hacer lo mismo o a pedir a otras personas a las que quiere que den prioridad a los hábitos saludables, lo cual es definitivamente algo bueno.

Capítulo 3: Cómo meditar sobre su raíz

Ahora que ha conocido los síntomas de un chakra raíz bloqueado y sus causas, hablaremos del método principal para equilibrar su Muladhara. La meditación es una de las formas más seguras de abrir su chakra raíz. Incluso si nunca ha practicado la meditación, probablemente esté familiarizado con sus numerosos beneficios. Le ayuda a estar atento, concentrado y consciente de sí mismo, al tiempo que mejora su estado de ánimo y reduce el estrés y la ansiedad. La meditación puede ser una gran ayuda para controlar los síntomas de la depresión, mantenerle tranquilo y relajado, mejorar su memoria, aumentar su autoestima, convertirle en una persona más amable y abrir y equilibrar el chakra raíz, ya que se centra en la curación del cuerpo y la mente. La meditación también tiene muchos beneficios físicos, como reducir la presión arterial, mejorar su inmunidad, ayudarle a manejar el dolor, reducir los síntomas del síndrome premenstrual, mejorar la digestión y potenciar su metabolismo para que pueda perder o controlar su peso. No es una exageración decir que los beneficios de la meditación son infinitos.

La meditación ayuda a equilibrar su chakra raíz
https://unsplash.com/photos/rOn57CBgyMo

¿Qué es la meditación?

La meditación es una antigua tradición que se originó en el Valle del Indo (en la actual India). Consiste en practicar ciertos movimientos corporales que le ayudan a relajarse y a concentrarse en el momento presente. A medida que más y más personas empezaron a fijarse en la meditación, las noticias sobre sus beneficios recorrieron el mundo, y ahora se ha convertido en una de las prácticas más populares para aliviar el estrés y ponerse en forma.

La meditación es una actividad muy sencilla, ya que se centra principalmente en la respiración y no requiere mucho esfuerzo. Sabemos que muchas películas han mostrado que la meditación se practica en templos o montañas alejadas del resto del mundo. Sin embargo, usted puede meditar fácilmente en su dormitorio porque todo lo que necesita es un lugar tranquilo y sin distracciones.

La constancia es la clave para cosechar los numerosos beneficios de la meditación y, por esta razón, debería incorporarla a su rutina diaria. Muchas personas llevan un estilo de vida muy ajetreado y tienen una agenda muy apretada, pero todo lo que necesita son unos minutos cada día. Algunas personas prefieren meditar por la mañana temprano porque no hay distracciones como llamadas telefónicas, niños o ruido exterior. Así que intente levantarse 10 o 20 minutos antes cada día. Puede estar solo, en paz, concentrándose en su respiración. Hay otras personas que prefieren meditar antes de acostarse, lo que también puede mejorar su patrón de sueño. Puede meditar en el trabajo, en su oficina, o al aire libre durante la pausa para comer. También puede meditar mientras hace ejercicio, mientras realiza sus tareas, mientras camina en el autobús o si está atrapado en el tráfico. Siempre hay tiempo en su día para meditar; solo tiene que tomárselo en serio y comprometerse con ello. Hágala una prioridad y trátela de la misma manera que lo haría con una cita con el médico. Todo lo que necesita son unos minutos cada día. También puede utilizar una aplicación de meditación que le recuerde e incluso le guíe en su sesión de meditación. Una vez que incorpore la meditación a su horario diario, se convertirá en un hábito que no podrá romper, especialmente cuando empiece a sentir sus beneficios en su salud física y mental.

Beneficios de la meditación en el chakra raíz

"Al inspirar, calmo el cuerpo y la mente. Exhalando, sonrío. Permaneciendo en el momento presente, sé que este es el único momento". - Thich Nhat Hanh

Las prácticas de meditación específicas se dirigen al chakra raíz como conducto de la energía curativa. La meditación del chakra raíz puede ayudarle a dormir mejor por la noche, ya que calma su mente y libera emociones negativas como la pena, el miedo, la ansiedad o la ira, haciéndole más optimista y optimista. Además, mejora sus relaciones y le hace más empático con las necesidades de los demás; también le proporciona autoaceptación, le permite disfrutar de la vida y le hace más consciente.

Ejercicios de meditación guiada para abrir Muladhara

En esta parte del capítulo se comentarán varios ejercicios de meditación para desbloquear, sanar y equilibrar su chakra raíz. Es vital que siga las instrucciones al pie de la letra para obtener lo mejor de cada ejercicio. Cuando realice cualquier ejercicio de meditación, asegúrese de elegir un lugar tranquilo para practicar sin distracciones y de apagar el teléfono. También debe asegurarse de que el entorno es cómodo para que pueda calmar su cerebro y relajar su cuerpo.

Siéntese siempre en una posición cómoda, preferiblemente en el suelo, ya que su chakra raíz se encuentra en la base de la columna vertebral, por lo que podrá sentirse con los pies en la tierra. Asegúrese de sentarse con la espalda recta. Si quiere estimular el Muladhara, puede escuchar música curativa. Como estará sentado sin moverse, su mente puede divagar. Sin embargo, es mejor no ignorar ni detenerse en estos pensamientos; simplemente reconózcalos y vuelva a centrarse en su respiración.

Ahora vamos a darle las técnicas de meditación de enraizamiento que le permitirán conectar con la Tierra y activar su chakra raíz.

Ejercicio de meditación de enraizamiento #1

1. Encuentre un lugar tranquilo.
2. Siéntese en una posición cómoda con las piernas cruzadas, preferiblemente sobre una esterilla de yoga (si no puede sentarse en el suelo, puede hacerlo sobre un cojín o una silla).
3. Siéntese con la espalda recta.
4. Coloque las dos manos sobre las rodillas con las palmas hacia arriba.
5. Puede utilizar el gesto Gyan Mudra haciendo que el dedo índice y el pulgar se toquen de forma que formen un círculo, o puede optar por el Dhyana Mudra colocando ambas manos sobre el regazo con las palmas hacia arriba y ambos pulgares tocándose la punta.
6. Asegúrese de que todo su cuerpo está relajado, incluso los músculos faciales.
7. Cierre los ojos.
8. Inspire profundamente por la nariz.
9. Sienta cómo el aire llena su vientre y llega a su Muladhara.
10. Ahora, visualice que hay luz roja en su chakra raíz (la base de la columna vertebral).
11. Al inhalar, visualice que la bola roja crece.
12. Deje que desbloquee su energía.
13. Cada vez que inhale, imagine que la luz crece.
14. Imagínese que la luz llega a sus pies para mantenerle con los pies en la tierra.

15. Ahora está conectado a la Tierra.
16. Sienta su energía moviéndose a través de usted.
17. Visualice la luz roja moviéndose hacia los huesos de la cadera y las piernas.
18. Visualice la bola de luz roja emitiendo energía para sanar su cuerpo.
19. Siente que sus músculos se relajan.
20. Su sangre fluye por su cuerpo sin restricciones.
21. Está rodeado por la energía curativa de la luz roja mientras le contiene con su calor.
22. Respire profundamente desde su vientre cuatro veces.
23. La quinta vez, inspire profundamente y cante "LAM".
24. Exhale mientras extiende la "M".
25. Practique el ejercicio de respiración y de charla durante un par de minutos.
26. Poco a poco, empiece a respirar con normalidad.
27. Cuando termine de meditar, no se levante de inmediato. Quédese quieto y sea consciente de cómo se siente en el chakra raíz y en las piernas. Comience a mover diferentes partes de su cuerpo como los brazos, los hombros, los dedos de las manos y de los pies mientras se concentra en la sensación de cada parte de su cuerpo. Ahora abra lentamente los ojos y levántese.

Ejercicio de meditación de conexión a tierra #2

1. Encuentre un lugar tranquilo.
2. Siéntese en una posición cómoda.
3. Concéntrese en su chakra raíz.
4. Cierre los ojos.
5. Visualice su árbol favorito (si no tiene un árbol favorito, entonces visualice cualquier árbol).
6. Imagine el tronco del árbol creciendo desde su chakra raíz.
7. Inhale y exhale lenta y profundamente.
8. Ahora, siéntase enraizado y conectado a la Tierra.

9. Cada vez que exhale, imagínese desprendiéndose de las cosas que no necesita o que no le benefician.
10. Imagínese que estas cosas bajan al tronco del árbol y se liberan en la Tierra debajo de usted.
11. Cada vez que inspire, imagine que su cuerpo se nutre.
12. Repita la inhalación y la exhalación mientras visualiza el experimento mental antes mencionado de 5 a 10 veces.
13. Sienta que la Tierra está debajo de usted, apoyándole y abrazándole.

Ejercicio de meditación de conexión a tierra #3

1. Encuentre un lugar tranquilo.
2. Siéntese en una posición cómoda.
3. Siéntese con la espalda recta.
4. Relaje los hombros y los músculos desde la frente hasta los dedos de los pies.
5. Sienta cómo se abre su corazón.
6. Inspire y espire profundamente.
7. Sienta cómo el aire llena su vientre.
8. Concéntrese solo en su respiración.
9. Disminuya la velocidad de sus pensamientos.
10. Ahora lleve su atención a su chakra raíz.
11. Visualice una bola de luz roja en su Muladhara.
12. Esta luz roja le hace sentirse seguro.
13. Le hace sentirse en contacto con la Tierra que está debajo de usted.
14. La Tierra le apoya.
15. Está rodeado por todo el universo.
16. Sienta que la fuerza y la paz fluyen a través de usted.
17. Siéntase conectado con cada parte de su ser.
18. Visualice la energía que emite la luz roja.
19. Consuma esta energía y deje que le mantenga conectado a la tierra.

Meditación tranquilizadora

Esta meditación debe practicarse al aire libre, y es diferente de las que hemos mencionado hasta ahora porque estará caminando en lugar de estar sentado.

1. Encuentre un lugar tranquilo al aire libre.
2. Párese firmemente en el suelo.
3. Sienta la tierra bajo sus pies.
4. Ponga las manos en el pecho.
5. Respire profundamente 3 veces.
6. Retire lentamente la mano del pecho.
7. Comience a caminar lentamente.
8. Concéntrese en el momento presente y en cada paso que da.
9. Sienta la tierra debajo mientras da cada paso.
10. Respire profundamente a cada paso.
11. Sienta la energía de la Tierra fluyendo hacia usted. Repita estos pasos hasta que sienta que su energía cambia.

Meditación para sanar el Muladhara

Esta meditación también debe practicarse al aire libre, como en su patio o en un parque.

1. Encuentre un lugar tranquilo al aire libre.
2. Quítese los zapatos.
3. Póngase descalzo en el suelo.
4. Sienta la conexión entre usted y la Tierra a través de sus pies descalzos.
5. Asegúrese de que está de pie y recto.
6. Cierre los ojos.
7. Relaje los hombros.
8. Coloque los dos brazos a los lados.
9. Doble suavemente las rodillas.
10. Concéntrese en la planta de sus pies.
11. Sienta la energía entre sus pies y la Tierra.
12. Sienta que sus pies están firmemente plantados en el suelo.

13. Imagine una fuerza ascendente que le mantiene en su sitio.
14. Deje que su conciencia se mueva por su cuerpo.
15. Sienta cada parte de su cuerpo como si estuviera siendo sostenida por su base.
16. Cuando su conciencia llegue a la parte superior de su médula espinal. Visualice la coronilla de su cabeza separada de su cuerpo y siendo elevada hacia el cielo
17. Permanezca en este estado durante unos minutos.

Ejercicio de meditación mientras camina #1

Como ya hemos mencionado, puede incorporar la meditación a su rutina diaria. Puede practicar este ejercicio de meditación mientras hace una excursión, camina hacia el trabajo o hace recados.

1. Camine normalmente a su ritmo habitual.
2. Puede poner las manos sobre el vientre, a los lados o detrás de la espalda (opte por lo que le resulte más cómodo).
3. Cuente cada paso que da del 1 al 10, y luego vuelva a empezar desde el 1 (este paso es opcional).
4. Concéntrese en cómo se mueven sus pies al dar cada paso.
5. Sienta cómo se mueven sus piernas y cada parte de su cuerpo.
6. Dado que está caminando al aire libre, es posible que se encuentre con distracciones o que su mente divague. Esto puede ocurrir algunas veces, pero no debe dejar que le frustre, simplemente devuelva su atención a su forma de caminar.
7. Sea consciente del entorno que le rodea, y sienta todo.
8. Recuerde que está al aire libre, así que asegúrese de permanecer seguro.
9. Centre su atención en todos los sonidos que le rodean.
10. No intente identificar los sonidos ni se entretenga o moleste con ellos.
11. Limítese a notar los sonidos sin implicarse demasiado en ninguno de ellos.
12. Ahora concéntrese en lo que está oliendo.
13. Al igual que los sonidos, no intente identificar el olor ni sentir nada hacia él.

14. Ahora lleve su conciencia a su visión.
15. Observe los objetos y los colores que le rodean.
16. No deje que le distraigan, simplemente sea consciente de ellos (si algo le distrae, simplemente vuelva a su sentido de la conciencia).
17. No se distraiga, simplemente camine con naturalidad mientras es consciente.
18. Siga caminando mientras es consciente de su entorno y de todo lo que le rodea.
19. No está haciendo nada ni cambiando nada; solo está caminando mientras es consciente.
20. Permanezca en este estado durante unos minutos.
21. Al final de la meditación, vuelva a centrarse en la práctica. Sienta sus pies en el suelo y cómo se mueve su cuerpo con cada paso.
22. Cuando termine de meditar, quédese quieto durante unos minutos, e intente mantener esta sensación de conciencia con usted durante el resto del día.

Ejercicio de meditación mientras camina #2

1. Camine con normalidad durante unos 10 o 15 pasos (preferiblemente con pasos lentos).
2. Coloque las manos detrás de la espalda o a los lados (haga lo que le resulte más cómodo).
3. Ahora deténgase y comience a respirar normalmente durante un par de minutos (o durante el tiempo que le parezca).
4. Siga caminando durante unos pasos.
5. Deténgase y vuelva a respirar.
6. Repita estos pasos durante el tiempo que desee.
7. Con cada paso, sienta cada movimiento de sus pies, como cuando levanta el pie o cuando toca el suelo.
8. Concéntrese en su respiración y en el movimiento de sus pies en el suelo.
9. Cuando su mente divague, vuelva a centrarse en su respiración y en su forma de caminar.

Ejercicio de meditación durante los desplazamientos #1

Pasamos mucho tiempo en autobuses, trenes o en nuestros coches. A veces podemos sentirnos estresados, especialmente cuando estamos atrapados en el tráfico. Para relajarse y disfrutar de su viaje al trabajo, practique la meditación consciente. Es importante tener en cuenta que debe garantizar su seguridad mientras la realiza. Este ejercicio debe practicarse mientras conduce.

1. Ponga su teléfono en silencio.
2. Apague su radio.
3. Cierre las ventanas para evitar distracciones.
4. Comience por respirar profundamente.
5. Sea consciente del silencio y de su entorno.
6. Concéntrese en lo que le rodea mientras conduce y mantenga los ojos en la carretera.
7. No quite nunca los ojos de la carretera (esto es vital para su seguridad).
8. Utilice su visión periférica para ser consciente de su entorno.
9. Sea consciente del paisaje, los sonidos y las vistas mientras está en la carretera.
10. Preste atención a su conducción y a lo que hace cada parte de su cuerpo.
11. Sienta sus pies en los pedales.
12. Sienta sus manos en el volante.
13. Sienta la sensación de estar en el asiento del conductor.
14. Ahora note cómo se siente en cada parte de su cuerpo (¿Le duele la cabeza? ¿Tiene los hombros tensos?)
15. Ahora sienta que todo el dolor, la tensión y el estrés abandonan su cuerpo.
16. Mientras conduce, puede que se quede atascado en el tráfico, o que alguien le corte el paso (si esto ocurre, tiene que ser capaz de identificar todos sus sentimientos en este mismo momento. ¿Se siente enfadado, ansioso o frustrado?)
17. Intente comprender por qué siente estas emociones negativas.

18. Una vez que comprenda por qué está reaccionando de esta manera, es muy posible que se produzca un cambio en su perspectiva, y que empiece a sentirse diferente y a optar por una actitud más positiva.
19. Cuando detenga el coche en una señal de stop o en un semáforo, respire profundamente para calmarse.
20. Siempre que su mente divague, tráigala de vuelta al momento presente.

Ejercicio de meditación durante los desplazamientos #2

Este ejercicio de meditación se practica en el transporte público.

1. Puede estar sentado o de pie.
2. Puede mantener los ojos abiertos o cerrados (si cierra los ojos, asegúrese de que su entorno es seguro).
3. Concéntrese en su respiración.
4. Sea consciente de los sonidos que le rodean, de cómo se siente su cuerpo y de los movimientos del vehículo.
5. Preste atención a las personas que le rodean.
6. Al igual que usted, ellos también pueden estar experimentando algo interno.
7. Esto le ayudará a conectar con ellos y a sentirse menos aislado.

Consejos y trucos de meditación que todo principiante debería conocer

1. Puede grabarse leyendo la meditación guiada mencionada aquí y escucharla cuando esté solo.
2. Si es un principiante, le recomendamos que practique un par de minutos todos los días durante una semana y que continúe a partir de ahí.
3. Haga de la meditación un ritual matutino.
4. No se frustre ni se enfade con los pensamientos que se le presentan cuando está meditando. Todo lo que sienta o piense mientras medita forma parte de usted, así que trátelo con amor y amabilidad.

5. Observe cómo se siente durante cada sesión de meditación.
6. No luche contra sus pensamientos y simplemente traiga su mente de vuelta cuando esta divague.
7. Practique la gratitud después de cada meditación y termine con una sonrisa.
8. Utilice la tecnología para ayudarle, como las aplicaciones de mediación.
9. Puede que a veces le cueste meditar. No se frustre; eso ocurre. Sea amable y paciente consigo mismo.
10. Intente hacer algunos estiramientos antes de la meditación.
11. Puede escuchar música mientras medita.
12. Para hacer un seguimiento de su progreso y experiencia, lleve un diario para anotar sus sentimientos y pensamientos antes y después de cada sesión.
13. Después de terminar cada sesión, tómese unos minutos para quedarse quieto y sentir todas las nuevas sensaciones de su cuerpo. También puede hacer algunos estiramientos o escribir en su diario para concluir la sesión de mediación.

Capítulo 4: Mantras y afirmaciones del Muladhara

En este capítulo, vamos a hablar de los mantras y las afirmaciones y de su papel en la apertura de su chakra raíz. Mucha gente piensa que las afirmaciones y los mantras son lo mismo, pero ambos son diferentes. Así pues, echemos un vistazo a los mantras y las afirmaciones y a la diferencia entre ellos.

¿Qué son los mantras?

Mantra no es una palabra inglesa; de hecho, deriva de dos palabras sánscritas (una antigua lengua hindú), "manas" y "tra", que significan mente y vehículo, respectivamente. Los mantras son sonidos, palabras o frases que uno se repite a sí mismo para mantenerse concentrado. Se consideran herramientas para nuestra mente lo suficientemente poderosas como para calmar nuestros pensamientos, de modo que podamos meditar o practicar yoga. Si está ansioso, deprimido o abrumado de pensamientos, cantar mantras puede ser una gran herramienta para la meditación, especialmente para los principiantes. Los mantras también ayudan a desplazar nuestra conciencia hacia nosotros mismos para que podamos centrarnos en nuestro interior.

La repetición de mantras tiene un gran impacto en la forma en que pensamos y sentimos, y pueden influir en la forma en que vivimos nuestra vida. La práctica de la repetición de mantras también puede reducir el estrés y la ansiedad, hacer que sea más consciente de sí mismo y tenga más compasión, que esté más tranquilo, que mejore su concentración, que le proporcione una mejor perspectiva de la vida y que mejore su estado de ánimo.

¿Qué son las afirmaciones?

Las afirmaciones son enunciados que pueden ser cortos y sencillos, pero que tienen mucho poder. Son frases que se centran en los objetivos que quiere alcanzar, y repetirlas le motiva a pasar a la acción. Cuanto más diga estas afirmaciones, más empezará a creer en ellas. Se quedan grabadas en su subconsciente y son tan poderosas que se encuentra cambiando su comportamiento y pasando a la acción para conseguir esos objetivos. Las afirmaciones pueden alterar su forma de pensar y sustituir los pensamientos negativos por los positivos.

Muchos de nosotros no sabemos que tenemos más pensamientos negativos que positivos a lo largo del día, lo que puede dañar nuestra salud mental. Las afirmaciones le ayudan a ser consciente de la negatividad de su mente, de modo que empieza a pensar activamente en positivo, expulsando poco a poco los pensamientos negativos de su cabeza.

Tienen muchos beneficios, como cambiar sus patrones de pensamiento, su comportamiento y su forma de ver el mundo que le rodea. También le motivan y le ayudan a mantenerse centrado en sus objetivos. Además, las afirmaciones aumentan su energía y positividad y le motivan a cambiarse a sí mismo y a la forma de vivir su vida. También se encontrará más feliz al sustituir sus pensamientos negativos por otros positivos y apreciará más las cosas más sencillas de la vida. Su salud también prosperará porque llevar una vida positiva y feliz es bueno para la salud de su corazón y puede reducir el riesgo de derrames y ataques cardíacos.

Afirmaciones vs. Mantras

Como se ha mencionado anteriormente, mucha gente confunde las afirmaciones y los mantras. Las afirmaciones son frases cortas positivas que ayudan a cambiar sus patrones de pensamiento. Suelen ser afirmaciones que usted se dice a sí mismo y sobre sí mismo, como afirmar algo bueno sobre sí mismo o algo que espera ser o conseguir. Por otro lado, los mantras son sonidos o palabras que tienen una vibración específica que le permite crear una relación y armonía con el universo.

Puede decir sus afirmaciones en cualquier momento y lugar, y decirlas una vez o repetirlas 100 veces. Los mantras deben pronunciarse en ocasiones específicas, como mientras medita o practica yoga. Puede decir sus mantras una vez, no es necesario repetirlos, y solo debe concentrarse en ellos.

Tanto las afirmaciones como los mantras pueden curar un chakra raíz bloqueado liberando energía curativa que puede equilibrar su chakra raíz, y los mantras pueden aumentar su energía y hacerle sentir seguro.

Afirmaciones

En esta parte, vamos a proporcionarle afirmaciones que le ayudarán a abrir su chakra raíz, pero primero, tenemos que proporcionarle consejos sobre cómo utilizar las afirmaciones.

1. No exprese sus afirmaciones en tiempo pasado o en futuro; usted quiere que las cosas sucedan ahora, así que utilice siempre el tiempo presente.
2. Haga que las afirmaciones formen parte de su rutina diaria y establezca un tiempo para repetirlas cada día. Puede repetirlas en cualquier momento del día y donde quiera.
3. Utilice palabras y pensamientos positivos. Crea que lo que desea se está realizando, lo que influirá en sus pensamientos y le hará creer que, pase lo que pase, lo conseguirá.
4. No utilice afirmaciones sobre cosas de las que no esté seguro, ya que la duda sobre sí mismo le impedirá alcanzar su objetivo.
5. Lo mejor es repetir la afirmación en voz alta mientras se mira al espejo.
6. También puede escribirlas o decirlas en su cabeza.

Afirmaciones para abrir su chakra raíz

- Estoy preparado para alcanzar mis objetivos.
- Estoy sano y lleno de vida.
- Siento la tierra bajo mis pies.
- Estoy conectado con cada parte de mi cuerpo.
- Soy uno con la Tierra.

- Trato mi cuerpo con amor y respeto.
- Estoy abierto a nuevas oportunidades.
- El mundo es mi hogar.
- Sé que soy suficiente.
- Merezco ser amada y cuidada.
- Soy auto disciplinado.
- Mi cuerpo es mi hogar.
- Amo mi cuerpo.
- Tengo los pies en la tierra.
- Soy sabio y confío en mí mismo.
- Soy independiente.
- Estoy segura.
- Me merezco estar aquí.
- Tengo todo lo que necesito.
- Merezco respeto.
- Estoy agradecida por la fuerza de mi cuerpo, mi mente y mi alma.
- La Madre Tierra alimenta mi cuerpo y mi alma.
- El universo me guía y confío en él.
- La Madre Tierra satisface mis necesidades.
- Tengo seguridad económica.
- La Tierra me protege.
- Soy responsable de mi propia felicidad.
- Mi cuerpo florece.
- Vibro con energía positiva.
- Exhalo y suelto el miedo y la ansiedad.
- Me libero del miedo y de las dudas.
- Mi vida se basa en el amor, la paz y la confianza.
- Mi cuerpo está sano.
- Me siento protegido y seguro.

- No estoy apegado a nada que no me sirva.
- Mi chakra raíz está abierto.
- La vida es buena.
- Pertenezco a este lugar.
- Atraigo energía positiva.
- Mi cuerpo me hace y me mantiene seguro.
- En la quietud, encuentro consuelo.
- Merezco sentirme seguro.
- Siempre tengo los pies en la tierra, incluso cuando mi mundo se desmorona.
- Estoy firmemente arraigada a la Tierra que está debajo de mí.
- Cuido mi cuerpo.
- Creo que hay algo bueno en el mundo.
- Mis necesidades siempre están cubiertas.
- Las personas de mi vida me apoyan.
- Mi vida sigue mejorando.
- Estoy donde se supone que debo estar.
- Sigo construyéndome a mí mismo; nada me romperá.
- No vivo con miedo.
- Siempre estoy en paz.
- Estoy despierto.
- Estoy tranquilo.
- Soy feliz.
- Estoy alimentado.
- Soy valiente.
- Soy rico.
- Soy firme.
- Soy fuerte.
- Tengo éxito.
- Soy agradecido.

- Estoy contento.
- Tengo el control.
- Soy estable.
- Inspiro la confianza y expulso la duda y el miedo.
- Mi energía se eleva con el sol cada día.
- Mi cuerpo apoya mi bienestar.
- Mi cuerpo es un lugar seguro donde mi espíritu florece.
- Admiro mi tranquilidad y calma en el caos.
- Tengo todas las herramientas para convertirme en una persona de éxito.
- Soy capaz de cuidar de mí misma.
- Soy siempre mi yo más verdadero.
- Vivo el momento.
- Me siento capacitado.
- Respiro en paz.
- Confío en el plan del Universo para mí.
- El Universo me ama y me apoya, y aprecio todo lo que está haciendo por mí.
- Encuentro placer en vivir el presente.
- Tomo las decisiones correctas.
- Tengo todo lo que necesito para prosperar.
- Cada día ocurren cosas increíbles en mi vida.
- Confío en el tiempo; todo llegará en el momento adecuado.
- Mi cuerpo me cuida.
- Mi cuerpo es un templo.
- Estoy sano.
- Estoy bien.
- La energía radiante fluye a través de mí.
- Estoy orgullosa de la persona en la que me he convertido.
- Puedo construir mi propio mundo.

- Me siento seguro donde estoy.
- Creo belleza a mi alrededor.
- Mi mente es estable.
- Respeto mi cuerpo y lo trato bien.
- Me despierto con energía cada día.
- Soy perfecta tal y como soy.
- Agradezco la guía de la naturaleza.
- Creo en mí mismo.
- Soy abundante.
- Soy un árbol plantado en la tierra.
- Estoy completo.
- Cumpliré mi propósito en la vida.
- Mi cuerpo está sano.
- Tengo mucha confianza en mis propias capacidades.
- Amo mi vida.
- Puedo manejar cualquier cosa que la vida me depare.
- Todo está perfectamente bien en mi vida.
- Creo en la bondad de los demás.
- Cuido de mi cuerpo y mi cuerpo cuida de mí.
- Tengo fe en mí misma.
- Tengo en mí la capacidad de hacer grande mi vida.
- La fuerza de mis antepasados me da poder.

Aunque estas afirmaciones le ayudarán a abrir su chakra raíz, es probable que quiera crear las suyas propias para que le ayuden en situaciones personales. Le proporcionaremos consejos para crear las suyas propias.

Cómo crear sus propias afirmaciones

1. En primer lugar, debe reconocer sus pensamientos negativos, sentimientos, rasgos o cualquier cosa que le retenga y esté afectando a su autoestima. Es posible que tenga pensamientos como "no soy inteligente" o "no tengo lo necesario para tener

éxito".

2. Escriba el pensamiento o rasgo negativo, lo que será terapéutico en sí mismo, sin dejar de ser objetivo sobre lo que ha escrito.
3. A continuación, puede tirar el trozo de papel para ayudar a deshacerse de estos pensamientos y prepararse para sustituirlos por otros positivos.
4. Ahora, usted elaborará sus propias afirmaciones creando afirmaciones que contradigan sus pensamientos negativos. Por ejemplo, si uno de sus pensamientos negativos es que no puede perder peso, cree una afirmación que diga: "Puedo perder peso y tengo las herramientas adecuadas para alcanzar el cuerpo que quiero".
5. Cuando lea su afirmación, se sentirá extraño al principio, lo cual es bastante normal. Usted ha estado consumido por pensamientos negativos durante tanto tiempo que se sentirá extraño cuando empiece a adoptar un patrón de pensamiento diferente.
6. Siga repitiendo sus afirmaciones y plantará la semilla de la positividad en su subconsciente y acabará viéndola crecer y su vida florecer.
7. Cuando cree su afirmación, no utilice lo negativo como "no lo hago, no puedo o no". Por ejemplo, en lugar de decir "no tengo miedo", diga "no tengo miedo".
8. Si no puede conectar con su afirmación o le resulta difícil creer en ella, puede optar por un tono menos firme como "Estoy dispuesto a creer que puedo perder peso" o "Estoy abierto a la idea de trabajar duro para conseguir el ascenso".
9. Más adelante puede cambiar sus palabras a un tono más firme y seguro de sí mismo, como se ha mencionado anteriormente.
10. Intente comenzar sus afirmaciones con las palabras "Yo soy".
11. Recuerde ser muy específico con sus objetivos y afirmaciones.
12. Siga repitiéndolas a lo largo del día y notará una gran diferencia en su vida.

Mantras

Mantra LAM

El mantra "LAM" está asociado con el chakra raíz. La vibración que se libera al repetir este mantra ayuda a sanar y desbloquear su Muladhara. Cantar el mantra LAM ayuda a enraizarle y conectarle con la tierra creando una frecuencia vibratoria que puede limpiar su chakra raíz.

LAM es un mantra Bija, y Bija es una palabra sánscrita que significa semilla. El Bija se refiere a mantras de una sílaba. No encontrará el significado o la traducción al inglés de ninguno de los mantras Bija. Todos los mantras Bija pueden cantarse en voz alta o en silencio y liberan poderosas vibraciones. LAM se pronuncia como lahm o luhm. En otras palabras, haga un sonido "ah" o "uh" al pronunciar la "a" en LAM.

Cante el mantra LAM siempre que necesite aumentar su energía. También le hará sentirse seguro y que pertenece al lugar donde está. Además, puede aumentar su autoestima, mejorar sus finanzas y proporcionarle prosperidad. Puede cantar este mantra durante la meditación guiada.

El mantra Vam

El mantra Vam también es un mantra Bija. Este mantra ayuda a aumentar su creatividad y su placer sexual. Puede cantarlo mientras medita.

Mantra del Rama

El mantra Ram se pronuncia tal y como se escribe. El canto de este mantra reducirá su ansiedad y aumentará su confianza en sí mismo. Puede cantarlo junto a mantras más largos.

Mantra del Yam

El canto de este mantra promueve el amor y la aceptación.

Mantra Ham

Este mantra ayuda a mejorar su capacidad de comunicación.

Mantra Aum

Este mantra ayuda a aclarar su propósito y purifica su fe.

Mantra Om

El mantra Om le hace estar atento y consciente física y emocionalmente. Al cantar el Om, puede encontrarse liberando varias sílabas y vibraciones.

- Anagata es una etapa que se experimenta al cantar Om. Se encontrará inmerso en un silencio total.
- La A se pronuncia como "aahhh", liberando este sonido desde el fondo de su garganta. Le ayuda a conectarse con su ser original.
- La M se pronuncia como "mmmm". Suelte este sonido con la boca cerrada y sentirá la vibración en su mente y en todo su cuerpo. Le hará ser uno con el universo.
- La U se pronuncia como "uuuh". Se asocia con la energía liberada del universo y de la mente. Se pronuncia desde la parte posterior de la lengua hasta los labios. Las vibraciones liberadas por este sonido proporcionan claridad y le mantienen equilibrado

Aham Prema

Aham Prema es diferente de los otros mantras que hemos mencionado, ya que tiene más de una sílaba. Se pronuncia como "ah-hem-prii-mah". El Aham Prema significa "Yo soy el Amor Divino". Se pronuncia fácilmente, y debe cantarse 108 veces. Cada uno de nosotros tiene amor divino en su interior. Cantar este mantra le ayudará a conectar con este amor. El mantra Aham Prema pondrá su alma, su mente y su cuerpo en un estado de calma y relajación. Comience su día cantando este mantra. Si, a lo largo del día, se encuentra estresado, cantar este mantra le ayudará a reducir su estrés y le pondrá en un estado de tranquilidad.

Om Mani Padme Hum

El Om Mani Padme Hum se pronuncia como "ohm-mah-nii-pahd-me-jaam". Es un mantra muy popular, principalmente porque es fácil de pronunciar y ha demostrado ser muy eficaz. Significa "Alabanza a la Joya del Loto". Según el Dali Lama, este mantra tiene un vasto y gran significado. Todas las enseñanzas de Buda se encuentran en este mantra. Es un mantra muy poderoso que nos hace sentir compasivos, relajados, realizados y menos obsesionados con nuestro ser físico. Libera energía que nos hace ser amorosos y amables con los demás y con nosotros mismos.

Aum Gum Shreem Maha Lakshmiyei Namaha

El Aum Gum Shreem Maha Lakshmiyei Namaha se pronuncia como "ohm-gaam-shreem-mah-ha-lok-shmii-yei-na-mah-ja". Significa "Mis saludos o adoración a la gran Lakshmi". El canto de este mantra le permite pedir ayuda a la diosa Lakshmi para que aumente su riqueza y le proporcione prosperidad. Debe cantar este mantra con regularidad para atraer la abundancia y la prosperidad a su vida.

Consejos para cantar mantras

- El mantra más popular y poderoso es "Om". Puede cantar este mantra a lo largo del día en cualquier lugar: mientras hace sus tareas, cocina, se ducha o medita.

- Puede cantar sus mantras en voz alta o en silencio, como si enviara sus vibraciones a su corazón. Cuando cante en voz baja, se concentrará únicamente en su mantra.

- Siempre debe cantar su mantra, aunque no tenga ganas. Cante a través de todas sus emociones negativas.

- Estudie varios mantras a través de libros o grabaciones, o puede consultar a un yogui para que le ayude.

- Aprenda a pronunciar correctamente cada mantra y conozca también su traducción (los que tienen traducción, de todos modos), ya que esto le ayudará a conectar con el mantra mientras lo canta.

Haga que los mantras y las afirmaciones formen parte de su rutina diaria hasta que acaben convirtiéndose en un hábito, y vea cómo su vida se transforma y siente cómo se abre su chakra raíz.

Capítulo 5: Mudras y pranayamas para la raíz

En este capítulo se tratan otros dos complementos útiles para mejorar su rutina de meditación y ayudar a equilibrar el chakra Raíz, a saber, los mudras y los pranayamas. Ambas técnicas se utilizan en ejercicios de meditación, yoga y atención plena diseñados para equilibrar, sanar y desbloquear los chakras. Los ejercicios que encontrará a continuación son aptos para principiantes, aunque puede que le lleve algún tiempo dominarlos si es su primer encuentro. Sin embargo, cuando los haga bien, rejuvenecerá su chakra raíz y, con él, todo su cuerpo.

Qué son los mudras y cómo utilizarlos

Los mudras son gestos simbólicos con las manos que provienen principalmente de las prácticas de meditación hindúes y budistas. También se utilizan en ceremonias y danzas y se representan en el arte, como en esculturas y pinturas. Sus orígenes indican que muy probablemente se desarrollaron con fines espirituales para ayudar a los practicantes a manifestar sus intenciones interiores. Siempre que quiera manifestar energía, deseos o cualquier otra cosa en su vida, solo tiene que invocar el mudra específico que le permita hacerlo.

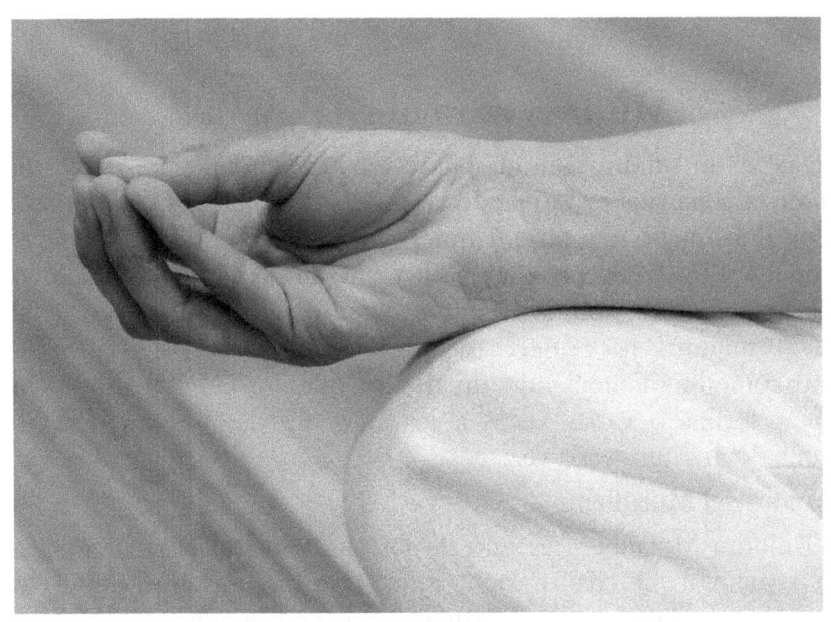

Los mudras son gestos simbólicos con las manos
https://pixabay.com/es/photos/mudra-meditar-energ%c3%ada-meditaci%c3%b3n-2307822/

Lo que hace que los mudras sean tan eficaces es que cualquiera puede aprenderlos y utilizarlos. A diferencia del yoga y de otras técnicas complejas de meditación y respiración que necesitan una guía profesional, formar mudras es tan fácil como presionar dos dedos juntos. Un mudra se realiza utilizando ambas manos. Puede consistir en tocar los dedos de una mano con otra, tocar los dedos de la misma mano, movimientos de muñeca, doblar los codos y los hombros o mover lentamente todo el cuerpo. El propósito de estos movimientos es ayudar al flujo de la energía natural a través de su cuerpo.

La mayoría de los mudras se realizan cuando se está en la postura padmasana. Sin embargo, puede utilizar otra posición que le resulte más cómoda, como sentarse o estar de pie, siempre y cuando sus pies estén enraizados y accedan a la energía natural. Esto le ayuda a concentrarse en su práctica de atención plena y a sanar desde dentro hacia fuera. Porque, además de canalizar la energía natural y hacer crecer su espiritualidad, los mudras tienen muchos otros efectos terapéuticos.

Esencialmente, los mudras pueden ayudarle a conseguir cualquier cosa que desee, incluido el equilibrio, la curación o el desbloqueo de su chakra raíz. Formar un mudra diseñado para estos fines le permite conectar con la naturaleza y, en última instancia, activar este centro energético.

Mudras para el chakra raíz

Al realizar un mudra para el chakra raíz, es fundamental no forzar el flujo de energía vital presionando las yemas de los dedos con demasiada fuerza. Por mucho tiempo que quiera mantener el mudra, las yemas de los dedos solo deben presionarse ligeramente. Aunque se recomienda empezar con una sesión de 10 minutos y trabajar lentamente hasta llegar a los 20 minutos, no es necesario hacerlo en una sola sesión. Si no se siente cómodo manteniendo un mudra durante tanto tiempo, puede intentar formarlo varias veces a lo largo del día y mantenerlo solo durante 3-4 minutos cada vez.

Mudra del Muladhara

El mudra Muladhara es uno de los gestos manuales más utilizados para equilibrar el chakra raíz. Recibe su nombre de este centro, utilizando la palabra sánscrita Mulaadhaar, que significa "fundamentos". Esto indica que ayuda al chakra raíz a cimentar y estabilizarle durante las prácticas de atención plena y espirituales. Le mantiene conectado a la naturaleza y a su energía -al igual que hace con los árboles y otras plantas-, nutriéndolos a lo largo de su desarrollo y manteniéndolos en buena salud durante toda su vida. Esto aporta innumerables beneficios físicos y mentales, nutriendo sus procesos de pensamiento.

He aquí cómo hacer el mudra de Muladhara:

1. Siéntese cómodamente en un lugar donde no le molesten e intente relajarse.
2. Junte las palmas de las manos con el pulgar apuntando hacia el pecho y los otros dedos hacia arriba.
3. Doble los dedos meñique y anular hacia la palma de la mano, entrelazándolos.
4. Los dedos centrales deben quedar extendidos, tocándose en las puntas de los dedos.
5. Junte los dedos índice y pulgares, dejando que formen un círculo alrededor del otro.
6. Como alternativa, puede colocar las manos doblándolas hacia el chakra raíz, con los dedos centrales extendidos apuntando en esa dirección.

Mudra de Gyana

El nombre de este mudra significa conocimiento, por lo que a menudo se utiliza junto con la meditación o el yoga para obtener sabiduría. Al conectarle con la tierra, el mudra Gyana ayuda a sellar este conocimiento en su mente a través de la energía procedente de la naturaleza. También ayuda a canalizar la energía hacia su cuerpo abriendo el chakra de la raíz, permitiendo que la fuerza vital fluya sin interrupciones.

He aquí cómo hacer el Gyana mudra:

1. Comience colocándose en una posición cómoda, como padmasana, o sentándose en una silla con los pies tocando el suelo. Mantenga la espalda recta y los hombros relajados.
2. Coloque las manos sobre las rodillas, con las palmas hacia arriba. Estire un poco los dedos y luego relájelos.
3. Mueva el dedo índice hacia el pulgar y deje que se toquen en las puntas, formando un anillo. Los demás dedos deben permanecer rectos.
4. Cierre los ojos y empiece a concentrarse en su técnica de respiración.

Tenga en cuenta que siempre debe doblar el dedo índice hacia el pulgar y no al revés. El pulgar nunca debe estar doblado, ya que representa la fuente de la sabiduría universal. El dedo índice simboliza su conciencia individual; por lo tanto, llevarlo hacia el pulgar le permite aprovechar esa fuente universal.

Prithvi Mudra

El Prithvi mudra es otro gesto de la mano que consiste en tocar el pulgar, solo que en este caso con los dedos anulares. Prithivi es la palabra sánscrita que significa "tierra". A través de esta posición de la mano, usted está esencialmente ayudando a su cuerpo a tomar tierra. Se utiliza a menudo en la meditación, el yoga y ejercicios similares de curación de los chakras. Erradica los síntomas físicos y mentales de un chakra raíz herido, incluyendo la falta de energía, la debilidad, la pérdida de apetito, la pérdida de peso y mucho más.

He aquí cómo hacer el Prithivi Mudra en unos sencillos pasos:

1. Adopte una posición cómoda sentándose recto con los pies firmemente plantados en el suelo. También puede comenzar en la postura padmasana.

2. Asegúrese de que su espalda está recta pero relajada, y lleve su mano a las rodillas, con las palmas hacia arriba.
3. Comience a formar el mudra doblando los dedos anulares hacia los pulgares y dejando que se toquen en las puntas. Asegúrese de hacer esto con ambas manos al mismo tiempo.
4. Con la punta del dedo anular, aplique una ligera presión sobre el pulgar mientras mantiene los demás dedos rectos. No deben estar tensos, pero tampoco doblados.
5. Los principiantes deben mantener la posición de los dedos durante al menos cinco minutos. Una vez que sus dedos se acostumbren a la posición, pueden empezar a ampliar el tiempo a diez minutos o más.

Bhumisparsha Mudra

El nombre de este gesto de la mano significa literalmente "tocar la tierra", lo que hace referencia al propio Buda como su primer practicante. Según el dicho, el gran Buda utilizó esta técnica para conectarse a la tierra y aprovechar su energía para la iluminación espiritual. Y al igual que impidió que las demás fuerzas le arrebataran la iluminación a Buda, el mudra Bhumisparsha también mantendrá la energía negativa fuera de su chakra raíz. Le da poder de concentración y sabiduría, permitiéndole superar cualquier reto al que se enfrente a lo largo de su vida.

En este mudra, la mano izquierda (colocada sobre su regazo) representa el conocimiento creativo. La mano derecha (apuntando hacia el suelo) ilustra las habilidades prácticas. Esto indica que a través del efecto de conexión a tierra, usted también se volverá más productivo. Aparte de esto, la práctica regular del mudra Bhumisparsha tiene numerosos beneficios mentales, emocionales y físicos. He aquí algunos de ellos:

1. Mejora la concentración y la claridad mental duradera, especialmente cuando se combina con otros ejercicios de relajación.
2. Al "tocar la tierra", usted también se vuelve más resistente y aprende a controlar sus emociones incluso en los momentos difíciles.
3. Aleja la energía negativa procedente de las emociones dañinas o las transforma en algo productivo.

4. La reducción de los niveles de estrés y ansiedad son también resultados bastante comunes de esta práctica. También puede ayudar a aliviar los síntomas físicos relacionados con estos estados de ánimo.

He aquí cómo realizar el mudra Bhumisparsha:
1. Puede empezar desde una posición cómoda de su elección. La postura Padmasana es una opción habitual, pero si se siente más cómodo simplemente sentado en una silla o de pie, no dude en hacerlo.
2. Cierre los ojos mientras intenta relajar su cuerpo y su mente. Inhalar y exhalar un par de veces profundamente debería ayudarle con esto, ayudando a enfocar ciertos pensamientos.
3. Cuando su mente haya alcanzado el estado de conciencia que desea, puede empezar a formar el mudra.
4. Coloque su mano izquierda en su regazo, con la palma hacia arriba. Luego ponga la mano derecha sobre la rodilla, con el pulgar apuntando hacia el suelo.
5. Mantenga la mano en esta posición durante al menos diez minutos o durante el tiempo que se sienta cómodo.
6. Visualice cómo la energía viaja desde el suelo hacia su mano y luego hacia su chakra raíz. Concéntrese en la sensación que le produce y deje en segundo plano cualquier otro sentimiento o pensamiento.
7. Cuando todo lo demás se haya desvanecido y solo pueda sentir la energía natural viajando por su cuerpo, puede continuar con su sesión de meditación o yoga.

Si tiene problemas para concentrarse en las sensaciones con los ojos cerrados, puede optar por mantenerlos abiertos. Intente encontrar un punto de la habitación en el que concentrarse y mantenga los ojos fijos en él durante todo el ejercicio.

Este mudra se recomienda como ejercicio diario, tanto por la mañana como antes de irse a dormir. Diez minutos suelen ser suficientes para tomar tierra, sobre todo si lo combina con técnicas de meditación y pranayama. Sin embargo, si está lidiando con demasiadas emociones negativas al mismo tiempo, puede sentir que no es suficiente para calmarle, en cuyo caso, intente hacerlo durante 20 minutos.

¿Qué es el pranayama?

Los pranayamas son técnicas de respiración basadas en antiguas prácticas yóguicas, en la meditación y en otros fines diversos. Su nombre proviene de la combinación de las palabras sánscritas prana (también conocida como la fuerza vital universal) y ayama, que significa control. La mayoría de los expertos recomiendan realizarlos nada más despertarse, antes de desayunar. Esto proporciona a su mente y a su cuerpo una energía revitalizante, por lo que estará preparado para los retos del día. Si las hace más tarde en el día, espere al menos dos horas después de su última comida completa para evitar molestias.

Al controlar la duración, la frecuencia y el momento de su respiración, estará en camino de lograr su objetivo final: equilibrar la mente y el cuerpo. La mayoría de las técnicas implican una respiración profunda, que canaliza más oxígeno en su cuerpo, limpiándolo eficazmente de la energía negativa y de todos sus síntomas físicos y mentales. Los beneficios del pranayama también se notan en un sistema de chakras equilibrado. Cada uno de los siete chakras principales puede equilibrarse, curarse o desbloquearse mediante varias técnicas de pranayama.

Técnicas de pranayama para el chakra raíz

Existe una amplia gama de pranayamas y otras prácticas respiratorias que puede utilizar para perfeccionar las técnicas meditativas y yóguicas con el fin de aumentar el efecto positivo de los ejercicios de atención plena en su chakra raíz.

Nadi Shodhana

También llamada respiración nasal alterna, la Nadi shodhana es una de las mejores técnicas para enraizar y equilibrar el chakra raíz. Su nombre proviene de las palabras sánscritas nadi (significa "canal") y shodhana (significa "limpieza"). Esto indica que tiene un efecto profundamente purificador en los nadis del cuerpo y la mente, calmando eficazmente y equilibrando su energía.

El nadi shodhana se recomienda a los principiantes o a cualquiera que tenga dificultades para relajarse antes de la meditación o de cualquier otro ejercicio de equilibrio de los chakras raíz. Alternar la exhalación y la inhalación permite que el aire se mueva libremente por el cuerpo, incluido el cerebro, donde equilibra los hemisferios izquierdo y derecho. Esta acción otorga tanto seguridad emocional como claridad mental, lo que ayuda a equilibrar el chakra raíz.

He aquí cómo hacer Nadi shodhana en unos sencillos pasos:

1. Comience por sentarse en una posición cómoda con la espalda recta. Relaje los hombros llevándolos hacia delante y cierre los ojos. Recuerde mantener la mente y el corazón abiertos a la experiencia.
2. Coloque su dedo índice y medio derechos entre las cejas y presione suavemente hacia abajo. El dedo anular debe estar en la fosa nasal izquierda y el pulgar en la derecha.
3. Utilice el pulgar para cerrar la fosa nasal derecha e inhale por la fosa nasal izquierda. Mantenga la respiración durante unos segundos y, a continuación, cierre la fosa nasal izquierda con el dedo anular mientras abre simultáneamente la derecha.
4. Exhale por la fosa nasal derecha, haciendo unos segundos de pausa antes de inhalar por la misma fosa.
5. Ahora, vuelva a cerrar la fosa nasal derecha. Abra la izquierda y exhale por ella. Repita el ciclo completo durante 5-10 minutos, respirando de forma natural, sin esfuerzo.

Pranayama Sitali

El Sitali pranayama es un ejercicio respiratorio con efecto calmante. Su nombre procede de las palabras sánscritas sitali (significa "enfriamiento"), prana ("energía vital" o "fuerza de la vida") y ayama (significa "esfuerzo"). Esto apunta al efecto calmante de la práctica, que está diseñada para aquietar el cuerpo y la mente para la meditación del chakra raíz. Se utiliza después de ciertas prácticas para mantener un estado mental claro mientras contempla sus valores y cualquier otra cosa relacionada con el chakra raíz. El aspecto refrescante también tiene un efecto curativo en el chakra raíz, ayudando a borrar la energía negativa de este centro. El pranayama Sitali puede reducir la fiebre y el hambre excesiva y aliviar los síntomas de varias afecciones pulmonares y endocrinas.

Esta técnica de respiración, extremadamente fácil, solo requiere unos pocos pasos para realizarla:

1. Busque un lugar tranquilo en el que no le molesten y en el que no moleste a los demás. Siéntese en una posición cómoda, con la columna vertebral recta y los hombros relajados.

2. Puede optar por cerrar los ojos o dejarlos abiertos.
3. Ahora, pase la lengua por la boca mientras inhala profundamente. El aire debe viajar solo a través de la lengua, como si fuera una pajita.
4. Si la técnica anterior le resulta demasiado difícil de ejecutar, también puede optar por una versión modificada, en la que el aire se introduce a través de los dientes cerrados.
5. Exhale a través de la lengua o los dientes y sienta las vibraciones que produce el aire al pasar por ellos.
6. Repita esto durante al menos cinco minutos y tantas veces como le resulte útil para mantener la calma.
7. Con una última exhalación profunda, comience lentamente a reanudar sus actividades cotidianas habituales.

Ujjayi Pranayama

El Ujjayi Pranayama, o "respiración victoriosa", es otra técnica para preparar su cuerpo y su mente para los ejercicios de relajación y atención plena. Su nombre proviene de la palabra sánscrita ujji, que significa "victorioso". El ejercicio obliga al aire a pasar por las vías respiratorias constreñidas, lo que eleva la temperatura corporal, haciéndole sentir más cómodo y preparado para relajarse antes de la sesión. La vibración del aire que pasa tiene un efecto de enraizamiento y ayuda a desbloquear su chakra raíz.

He aquí cómo practicar el Ujjayi Pranayama:

1. En un lugar tranquilo, adopte una posición de pie o sentada. Si opta por esta última, siéntese en una silla con la espalda recta y los pies apoyados en el suelo.
2. Mientras comienza a relajarse, concéntrese en la quietud que proviene de su interior. Asegúrese de que su respiración se mantiene uniforme mientras inhala y exhala lenta y profundamente.
3. Sienta los efectos de su inhalación en los pulmones y en la zona abdominal, incluyendo la acumulación de energía y la concentración. Exhale, sintiendo cómo el aire abandona estas zonas de su cuerpo.
4. Continúe con esta técnica durante un par de minutos hasta que esté realmente relajado.

5. Cuando esté preparado, pase a la segunda parte del ejercicio: la visualización. Comience esto visualizando las raíces que descienden desde sus pies hasta el suelo.
6. Inhale profundamente, imaginando que está absorbiendo la energía de la naturaleza desde el suelo, y ascienda hacia su chakra raíz. Concéntrese en sentir cómo la energía se absorbe en este centro y se distribuye por su cuerpo.
7. Retenga la respiración durante un par de segundos antes de exhalar, momento en el que puede hacer otra breve pausa. Ahora, debería sentir que el aire viaja hacia abajo desde el chakra raíz hasta sus pies y de vuelta al suelo.
8. Sienta la pesadez del efecto de enraizamiento en sus extremidades mientras repite el ejercicio varias veces seguidas.

Opcionalmente, puede tomar más energía natural y distribuirla desde la raíz a otros chakras, desbloqueando el flujo de energía en ellos. Esto aumenta el bienestar general al ser excesivamente estimulante. También puede repetirlo varias veces seguidas.

Capítulo 6: Posturas y secuencias de yoga para Muladhara

Los beneficios del yoga han sido muy pregonados en occidente durante las últimas décadas. Por supuesto, se trata de una práctica antigua que tiene profundas raíces en oriente y que ha sido cultivada por los "yoguis", o personas especializadas en la medicina espiritual oriental, durante siglos. Mucho antes de que la comprensión del yoga se generalizara en Estados Unidos y en otros lugares, la gente de la India ha recurrido a esta forma única y espiritual de ejercicio para ayudar a curar toda una plétora de dolencias que pueden asolar el cuerpo y la mente. Por supuesto, equilibrar el chakra raíz es precisamente uno de estos problemas que el yoga ayuda a apaciguar, siempre que se utilicen las posturas adecuadas y la práctica sea constante. Este capítulo le ayudará a dilucidar las formas en que puede recurrir al yoga para ayudar a equilibrar su chakra raíz y generar una sensación de bienestar y calma. Hay muchas posturas que puede aprender, que se describirán a continuación.

Descargo de responsabilidad

Antes de empezar a explicar oficialmente las diferentes posturas y secuencias que puede utilizar para su práctica, vale la pena señalar que debe empezar con suavidad. Si es nuevo en el yoga o tiene algún problema de flexibilidad o movilidad -lo que seguramente ocurrirá si su chakra raíz ha estado desequilibrado durante mucho tiempo o sufre otras dolencias físicas-, tenga mucho cuidado. Puede comprar almohadillas que le ayuden a cumplir con el movimiento requerido a medias sin sacrificar su beneficio central. Además, hay diferentes adaptaciones que puede probar para cada postura o secuencia para que las cosas se adapten más a su condición. La clave aquí es hacer que el yoga trabaje para usted, y no al revés.

Posturas y secuencias de yoga

Postura de la guirnalda

Esta postura, llamada Malasana en sánscrito, es conocida por su capacidad para fortalecer el suelo pélvico, lo que resulta especialmente útil para las mujeres. Además, proporciona un excelente estiramiento para los tobillos, la ingle y la espalda, lo que a su vez facilita una digestión saludable. Para hacer esta postura, empiece por ponerse en cuclillas y mantener los pies lo más juntos posible. Si no puede mantener los pies en el suelo, utilice una manta para ayudar a suavizar la postura.

La postura de la guirnalda
https://pixahive.com/photo/malasana-garland-pose/

A continuación, al ponerse en cuclillas, asegúrese de mantener los muslos bien separados para que su cuerpo, en efecto, adopte la forma de una flor ligeramente aplanada. El espacio entre sus muslos debe ser más ancho que su torso. Cuando se ponga en cuclillas, exhale e incline la parte superior de su cuerpo ligeramente hacia delante, se acomodará cómodamente entre sus muslos.

Una vez que haya dominado cómodamente esa primera parte, deberá juntar las palmas de las manos, apoyando los codos en la parte interior de las rodillas. Este sencillo movimiento le ayudará a alargar el torso y a añadir un estiramiento más gratificante.

Puede elegir terminar aquí o profundizar aún más el estiramiento presionando la parte interior de los muslos contra los lados del torso. A continuación, estire los brazos hacia delante, gírelos hacia los lados y presione las espinillas contra las axilas. A continuación, puede presionar las puntas de los dedos de las manos contra el suelo o agarrarse los tobillos para mantener el equilibrio. Este es un movimiento más complicado, por lo que es posible que tenga que entrenarse durante un tiempo antes de ser capaz de hacerlo, lo cual está completamente bien. En cualquier caso, puede detenerse aquí o en el paso justo anterior a este y mantener la postura durante aproximadamente treinta segundos antes de volver a ponerse de pie, lentamente, y hacer rodar suavemente los brazos, las piernas y el torso mientras lo hace.

Postura fácil

La postura fácil, denominada Sukhasana en sánscrito, es esencialmente como suena: un movimiento sencillo que cualquier principiante puede dominar, independientemente de sus problemas de salud, y tiene muchos beneficios. Cualquier imagen o dibujo clásico de un "yogui" aparecerá invariablemente sentado en esta postura exacta de yoga. Aunque se trata esencialmente de una postura sentada con las piernas cruzadas, hay más de lo que parece. En todos los casos, está pensada para inducir una sensación de comodidad y calma, y usted puede permanecer en una postura fácil durante el tiempo que sea necesario para sentirse más centrado y enraizado.

Esta postura debería resultarle bastante natural, ya que la hemos practicado de una forma u otra desde la infancia, sin siquiera darnos cuenta. Puede utilizar una esterilla de yoga o, si eso no es lo suficientemente suave, saque una manta para ayudarle a colocarse en el suelo. A continuación, extienda las piernas delante de usted y siéntese con la espalda recta. Una buena postura aquí es absolutamente crítica, y no se beneficiará de esta postura si está encorvado. Después, cruce las piernas delante de usted por las espinillas.

Sus rodillas estarán muy separadas, y puede colocar cada pie justo debajo de la rodilla opuesta, asegurándose de doblar las piernas hacia usted. Si este movimiento es demasiado intenso, puede mantener las plantas de los pies enfrentadas. A continuación, coloque las manos sobre las rodillas con las palmas hacia abajo. Ahora, puede relajarse. Asegúrese de que la cabeza, el cuello y la longitud de la columna vertebral están enderezados mientras mantiene el cuello relajado; no quiere ninguna tensión en esta parte del cuerpo. Si lo desea, puede mirar al frente o cerrar los ojos, respirando lenta y profundamente unas cuantas veces. Puede permanecer en la postura fácil el tiempo que necesite, y es una forma especialmente buena de meditar durante unos minutos. Cuando esté listo para avanzar en su secuencia, o necesite volver a su rutina diaria, simplemente suelte y descruza las piernas, levantándose lentamente.

Pliegue hacia delante de pie

Uttanasana, también conocida como el pliegue hacia delante de pie, es otra postura que puede incorporar diferentes modificaciones para adaptarse a sus necesidades físicas. No es terriblemente complicada, pero proporciona un estiramiento más profundo. Al mismo tiempo, compromete más músculos y articulaciones, por lo que no querrá excederse si no se siente flexible o ágil.

El pliegue hacia delante de pie es una gran postura que ayuda a estirar el cuerpo y le permite sentirse con más energía. Proporciona un estiramiento intenso, trabajando los isquiotibiales y la espalda. Sin embargo, si le duele, probablemente lo esté haciendo mal. Una buena postura de pliegue hacia delante de pie debe sentirse relajante, así que no presione demasiado. De hecho, cuanto más se relaje a lo largo de esta postura, más profundo será el estiramiento - si hace lo contrario, entonces podría sentirse un poco dolorido o tenso.

Para empezar, póngase de pie con las manos en las caderas y los pies juntos - esencialmente una postura de montaña o tadasana. A continuación, exhale lentamente, inclinándose hacia delante por las caderas. Doble los codos y agárrese a cada uno de ellos con la mano contraria, bajando lentamente la cabeza mientras se inclina. Puede que no sea capaz de mantener los talones totalmente pegados al suelo, y eso está bien. Lleva tiempo ser capaz de profundizar en el estiramiento de esa manera: empiece despacio y vaya ganando flexibilidad con el tiempo.

Mientras se inclina y baja la cabeza, asegúrese de mantener las rodillas un poco sueltas y no bloqueadas; si es capaz de mantener las rodillas rectas, entonces estupendo. Para profundizar el estiramiento, intente llevar los brazos hacia abajo, manteniendo las puntas de los dedos de los pies a la misma altura que las de los pies, y presione las palmas de las manos sobre la esterilla de yoga. Si no puede hacer eso todavía, puede mantener los codos cruzados cerca de la cabeza, sujetando el lado opuesto de cada uno con las manos.

Una vez que haya alcanzado una postura cómoda, inhale y luego exhale, alargando ligeramente el torso al hacerlo. Cada exhalación le permitirá plegarse más profundamente en la postura, especialmente al dejar que la cabeza cuelgue libremente contra el cuerpo. Mantenga esta postura durante el tiempo que considere útil para usted, pero en general, se recomienda mantenerse firme durante aproximadamente un minuto.

Cuando esté listo para levantarse, coloque las manos de nuevo en las caderas y luego lleve el coxis lentamente hacia arriba mientras mantiene la espalda plana e inhala. Levántese lentamente con la espalda recta.

Postura del niño

Similar en cierto modo a la postura fácil, la postura del niño -o balsana- es un movimiento bastante bueno para practicar, especialmente si es usted principiante. Es una postura excelente para ayudarle a sentirse relajado y concentrado mientras experimenta un estiramiento profundo que compromete directamente sus músculos.

Para empezar, siéntese en su esterilla, llevando las piernas por debajo de usted. Sin embargo, asegúrese de que las rodillas se mantienen muy separadas: las rodillas no deben estar bloqueadas cuando intente relajarse en esta postura. A continuación, lleve los brazos rectos hacia delante y coloque lentamente el vientre entre los muslos, presionando la frente contra el suelo. Mantenga los hombros, la cara y los ojos relajados. Si le resulta difícil hacer este movimiento, puede colocar un bloque o un cojín delante de usted y apoyar la cabeza. O utilice las palmas de las manos para formar dos puños apilados uno sobre otro, llevando la frente a descansar sobre ellos. Para beneficiarse de esta postura, inhale y exhale lentamente durante al menos cinco respiraciones, manteniendo la frente centrada cómodamente delante de usted. Tiene que estar lo más relajado posible en esta postura para beneficiarse del profundo estiramiento y al mismo tiempo sentirse mentalmente conectado a la tierra.

Creación de una secuencia

Puede crear una secuencia calmada y suave utilizando todos los movimientos anteriores o incorporando uno o dos en una secuencia racionalizada de Saludo al Sol que generalmente le llevará de cinco a diez minutos cada vez. Además, asegúrese de escuchar a su cuerpo: un día, puede ser capaz de hacer el pliegue hacia delante de pie sin problemas; otros días, puede que solo sea capaz de hacer la postura de la guirnalda y mantenerla durante unos minutos. Es difícil saber cómo se sentirá su cuerpo en un día determinado, y hay algunos movimientos que le resultarán más naturales en un momento dado y otros que le resultarán difíciles. Es importante dejarse llevar por la corriente y averiguar cómo inducir una sensación de calma y comodidad, en lugar de perseguir una actividad extenuante que solo tendrá el efecto contrario.

Por lo tanto, escuchar a su cuerpo y lo que necesita en un día determinado es importante antes de evaluar la mejor secuencia a realizar para sanar su chakra raíz. Si no tiene tiempo para hacer una sesión completa de yoga restaurativo, incorporando una o todas las posturas enumeradas anteriormente, entonces debe sentirse libre de adaptar ciertos movimientos de una manera que se ajuste a su horario y capacidad actuales. Por ejemplo, puede simplemente sentarse en la postura del niño durante unos minutos mientras medita o completa una sesión de pranayama.

Para tener una idea más clara de los distintos tipos de variaciones que puede adoptar, vaya al último capítulo y elija las posturas de yoga que más le convengan. Siempre que sea consciente de lo que se necesita para completar cualquiera de las posturas enumeradas en este libro, debería estar bien encaminado para crear una rutina que le funcione bien. En general, le ayudará prestar atención a las posturas que se centran en la parte baja de la espalda, ya que es ahí donde se encuentra su chakra raíz. Cualquier movimiento que comprometa esta parte de su cuerpo le ayudará a conseguir precisamente lo que necesita para sentirse más enraizado.

Estabilidad, equilibrio y el Muladhara

La incorporación constante de secuencias de yoga en su rutina diaria de autocuidado aumentará la capacidad de su cuerpo para sentirse equilibrado y mejorará su estabilidad tanto mental como física. Unos minutos de yoga en un día cualquiera le harán sentirse mejor, pero la clave para sentirse más arraigado, y para sanar el chakra raíz en general, reside en mantener su práctica.

Por supuesto, el yoga no debe utilizarse como una práctica independiente si no encaja completamente en su rutina diaria. Debe utilizarse junto con otras intervenciones saludables y conscientes para ayudar a mantener sus chakras alineados. Por ejemplo, puede probar la postura del pliegue hacia delante de pie mientras practica técnicas de visualización. Dado que el color rojo se asocia a menudo con el chakra raíz, intente visualizarlo y mantenga la postura durante todo el tiempo que pueda, quizá dos minutos. La visualización es una forma excelente de ayudarle a encerrarse en sentimientos más complejos, permitiéndole afrontarlos de frente mientras se enraíza más y calma un chakra raíz bloqueado o sobrecalentado. Cuando se combinan con el yoga, los ejercicios de visualización son grandes mecanismos que le permiten sentirse más conectado consigo mismo. Proporcionan una forma importante de frenar y pensar en lo que necesita emocional y espiritualmente en cada momento.

Piense en el yoga como una herramienta, una de las muchas que tiene en su caja de herramientas, que le ayuda a sentirse mejor siempre que lo necesite. Hay algunas técnicas claras que puede utilizar para equilibrar su chakra raíz en lugar de sufrir las interminables corrientes de estrés y su impacto negativo. Tal vez pueda combinar el yoga con una sesión de meditación en profundidad, que podría utilizar vibraciones sonoras para ayudar a inducir una sensación de calma. O simplemente ponga un vídeo o una cinta de audio de meditación grabada y permanezca en la postura del niño durante unos minutos, inhalando y exhalando lentamente hasta que se sienta tranquilo y cómodo.

Independientemente de cómo decida enfocar las cosas, recuerde que el yoga es una forma sólida de desarrollar una relación profunda con el chakra Muladhara para sentirse más a gusto en su cuerpo. Como se describe en otra parte de este libro, un chakra raíz hiperactivo, o bloqueado, le hará sentirse más bien disociado de su cuerpo. Esto, a su vez, afecta a su capacidad de sentirse enraizado, tranquilo y centrado, lo que provoca todo tipo de trastornos en su trabajo, en su relación consigo mismo y con los demás. El uso consistente de secuencias de yoga -o incluso de unas pocas posturas sencillas- utilizadas solas o junto con otra práctica de atención plena le permitirán sanar con el tiempo.

No es para insistir demasiado, pero la consistencia es realmente la clave para sanar el chakra raíz. Aunque no tiene que emplear secuencias de yoga hiperinteligentes y complejas o prácticas meditativas para lograr una sensación de calma, un enfoque equilibrado es la clave. De nuevo, escuchar a su cuerpo y sus necesidades en cada momento es importante a la hora de averiguar las formas en que el yoga puede ayudar a calmar el chakra raíz. La forma en que decida tratar su cuerpo tiene un impacto tremendo en su bienestar general. Aunque hay muchos factores que no podemos controlar (que afectan directamente a nuestra salud), ser capaz de incorporar soluciones sencillas y de bajo coste le ayudará a sentirse capacitado frente a los mayores obstáculos que le afectan.

Todo el mundo necesita sentirse seguro y presente, y cuando nos interrumpen constantemente nuestros teléfonos o el trabajo que parece no terminar nunca, a veces poner una esterilla de yoga es la única sensación de paz que se puede conseguir. Muchas de las posturas enumeradas aquí y en otras partes del libro pretenden guiarle, pero nada es prescriptivo. A fin de cuentas, solo cada persona sabrá exactamente lo que necesita para sentirse equilibrada y ayudar a calmar el chakra raíz. Por ello, debe sentirse libre de experimentar y probar nuevas ideas siempre que pueda. El yoga, la meditación o las técnicas de visualización son todos procesos y no soluciones definitivas en sí mismas. Por lo tanto, deberá seguir probando y experimentando para ver qué combinación de movimientos o técnicas le funcionan mejor. Encontrar la paz o la sensación de plenitud no es fácil; si lo fuera, no habría razón para hacer todo este trabajo. Es algo que todos nos esforzamos por conseguir, y el yoga es una forma de ayudarle a conseguirlo.

Capítulo 7: Uso de cristales y piedras

Los cristales y las piedras pueden añadir otra capa a su meditación de equilibrio del chakra raíz o a su práctica de yoga. Además, puede utilizarlos en su vida diaria y aprovechar su energía en cualquier momento que necesite un poco de ayuda extra para afrontar las dificultades. En este capítulo, descubrirá cómo y qué cristales pueden ayudar a equilibrar el chakra raíz. También aprenderá a cuidar de sus cristales, para que siempre estén llenos de energía positiva.

Cómo pueden los cristales ayudar a equilibrar el chakra raíz

El propósito básico de la curación de los chakras con cristales es mantener sus chakras abiertos y libres para conducir su energía esencial. Cada chakra tiene un propósito específico en su cuerpo, y el chakra raíz, como ya sabe, es el responsable de mantenerle conectado a la tierra. La ansiedad, el abatimiento y todos los demás síntomas de un chakra raíz bloqueado que ha estudiado pueden evitarse con los cristales y las piedras preciosas adecuados. Las piedras y los cristales vibran en la misma frecuencia que la energía humana debido a su composición molecular. Funcionan potenciando las capacidades curativas inherentes a su cuerpo.

Como parte de la naturaleza, los cristales y las piedras contienen energía pura y positiva. Sostenerlos le permitirá canalizar su poder para reconectar con la naturaleza y equilibrar o despejar cualquier bloqueo en su chakra raíz. No solo eso, sino que también pueden absorber la energía dañina de su cuerpo.

La diferencia entre las piedras y los cristales

Aunque sus funciones pueden parecer muy similares, los cristales y las piedras proporcionan dos tipos de curación muy diferentes. Durante el proceso de cristalización, los cristales, como los diamantes, las amatistas o el cuarzo, se forman en formas angulares con bordes dentados. A menudo son translúcidos, con un alto nivel de brillo y una resistencia natural gracias a su estado sólido.

Cristal de amatista
https://unsplash.com/photos/jLWLxX6i3R8

Las piedras, en cambio, suelen estar compuestas por diferentes minerales, excepto las gemas semipreciosas, que suelen estar talladas a partir de un único bloque de minerales. Las piedras como el ágata son mucho más suaves y redondas que los cristales. También tienen una estructura más densa y variaciones de color más amplias.

Debido a sus diferencias de composición y densidad, los cristales y las piedras suelen emitir vibraciones diferentes. En consecuencia, a menudo se alinearán con diferentes tipos de energías. No obstante, sigue siendo posible que una persona se sienta atraída por ambos grupos si contienen la energía que a la persona le falta en su sistema energético.

Uso de cristales y piedras para el chakra raíz

El equilibrio del chakra raíz con cristales y gemas debe basarse en la estabilización de su estado físico y emocional. Una vez restablecida su homeostasis energética, puede pasar a elevar las funciones en sus centros energéticos, empezando por su chakra raíz.

Los cristales y las piedras de colores terrosos son los que mejor funcionan para potenciar su chakra raíz y poner en marcha su proceso de curación. Busque las variantes rojas y marrones, ya que son las que tienen una conexión más profunda con la tierra. Los negros tienen un efecto de enraizamiento, ya que recuerdan el color de la tierra húmeda. La forma que utilice puede depender del propósito del cristal, pero es una buena idea optar por las formaciones más naturales. Dicho esto, la elección también depende de las piedras que le atraigan.

He aquí algunas de las piedras y cristales más poderosos que trabajan con el chakra raíz.

Granate

El granate, especialmente el rojo, es una piedra increíblemente rara y poderosa, que brilla en diferentes tonos de rojo que hablan a su chakra raíz. Eleva la energía en este centro, contribuyendo al equilibrio de su bienestar general. El granate se recomienda para canalizar la fuerza y el valor a través de ejercicios específicos o de la vida cotidiana. Puede colocar el granate en la esquina de la habitación en la que pase más tiempo para esto último. O puede mantenerlo cerca de su cuerpo en forma de talismán para tener acceso constante a su poder.

Hematita

Con sus bordes naturalmente rugosos y su brillo natural, la hematita es una herramienta excelente para sustituir la energía negativa por la positiva. Toma prestada la energía de su chakra raíz, la limpia y la devuelve al chakra, restaurando eficazmente su equilibrio. Téngala en la mano si tiene problemas de concentración durante los ejercicios de atención plena. Darse poder con la Hematita durante una sesión le ayudará a permanecer con los pies en la tierra y a mantener enfocados solo los pensamientos relevantes. También puede aprovechar su poder manteniéndola en su escritorio en su lugar de trabajo para mejorar su productividad.

Obsidiana negra

La obsidiana negra es tan rica en poder natural en bruto como la tierra que nutre nuestras plantas. Su superficie de espejo refleja el estado de su chakra raíz, pero también puede protegerlo si es necesario. Llevar esta piedra con usted repelerá cualquier falsedad o negatividad que amenace su energía, permitiéndole confiar en la sabiduría que proviene del chakra raíz. El mero hecho de saber que siempre puede confiar en su instinto potencia este centro energético base, lo que, a su vez, hace crecer aún más su intuición. Lleve la obsidiana negra en joyas, preferiblemente como anillo, para poder comprobar siempre el reflejo de su energía.

Jaspe rojo

Otra piedra de colores rojos terrosos, el jaspe rojo, tiene un efecto nutritivo en su chakra raíz. Puede ser una fuente de resistencia, inspiración y resiliencia para superar las adversidades y curarse emocional, mental y físicamente. Lleve el jaspe rojo como colgante y manténgalo lo más cerca posible de su cuerpo para aumentar su confianza. Si está pasando por momentos difíciles, coloque una bola de cristal de jaspe rojo en su habitación y permita que le devuelva la vitalidad y le reconecte con su poder interior.

Piedra de sangre

La piedra de sangre puede convertirle en un verdadero guerrero con sus pecas de color rojo sangre pintadas sobre un fondo verde. Desbloquea el chakra raíz, permitiendo que la energía vital fluya hacia los chakras superiores, elevando su nivel en todo el cuerpo. La piedra de sangre equilibra sus emociones, haciéndole sentir más seguro de sí mismo e invencible incluso cuando se trata de los retos emocionales más difíciles. Sostenga esta piedra en sus manos durante la meditación para aliviar la ansiedad, o llévela como talismán para protegerse de las emociones negativas.

Cornalina

La cornalina es conocida por sus efectos energizantes, algo que su chakra raíz bloqueado o desequilibrado realmente necesitaría. Puede sustituir la pereza por la vitalidad y aumentar su estado de ánimo y su productividad para que pueda volver a la cima de su juego. Guárdela en su escritorio en su lugar de trabajo para asegurarse de que tendrá la fuerza necesaria para completar todas sus tareas y quizás desafiarse a sí mismo asumiendo algunas nuevas. También puede utilizar la cornalina para inspirarse si tiene problemas para aclarar su intención en las prácticas espirituales o de meditación para equilibrar o sanar el chakra raíz.

Turmalina negra

Esta piedra misteriosamente oscura tiene un efecto protector sobre su energía, dirigido al punto donde entra en su cuerpo, el chakra raíz. Aquí, la Turmalina Negra repele toda la negatividad dirigida a usted, por lo que nadie podrá bajar sus vibraciones. Ayudándole donde más lo necesita, la turmalina negra le devuelve el sentido de la seguridad y le cura de las experiencias traumáticas. Llévela como joya para conseguir este efecto. Si la negatividad ya ha entrado en su cuerpo, puede transformarla en positividad utilizando esta piedra durante la meditación, el yoga o cualquier otro ejercicio de curación de los chakras.

Ojo de tigre

Si busca la máxima protección para su chakra raíz, el Ojo de Tigre puede proporcionarle esto y mucho más. Esta piedra incorpora todos los colores terrosos -una verdadera indicación de su poder. Al mirarlo, se le recuerda la fuerza natural que reside en su interior, fortaleciendo su chakra raíz y haciéndole creer que puede superarlo todo. Lleve el Ojo de Tigre como pulsera para demostrar que siempre puede mantener la cabeza alta. Colocar la piedra en la esquina de su espacio le asegurará que está protegida de la energía tóxica mientras esté en esa habitación.

Cuarzo ahumado

El brillante cuarzo ahumado limpia un chakra bloqueado de toda la negatividad y restablece su conexión con los centros superiores. Su poder reside en ser a la vez el mensajero de la naturaleza y del universo, otorgando un nivel de sabiduría sin parangón. Puede clarificar su camino y su propósito en la vida y mostrarle las energías que necesita soltar para seguir adelante. Por todas estas razones, el cuarzo ahumado está especialmente recomendado para la meditación y otros ejercicios de atención plena. Si quiere que su chakra raíz permanezca conectado a ambas fuentes de sabiduría, coloque esta piedra cerca de la entrada de su casa.

Cuarzo ahumado
https://pixabay.com/es/photos/cristales-cuarzo-ahumado-macro-3129390/

Ónix negro

Al igual que las otras piedras negras, el ónix negro también puede utilizarse para proteger su chakra raíz. Esta piedra mantiene el equilibrio energético del centro raíz y disuade a la negatividad de entrar en su cuerpo. El ónix negro también tiene la capacidad de restablecer la claridad mental y la fuerza física, mejorando aún más los efectos de enraizamiento del chakra raíz. Utilice esta piedra durante la meditación para canalizar sus pensamientos del subconsciente a la mente consciente. Si lo combina con otro cristal negro será aún más beneficioso para sacar cualquier negatividad.

Ágata de musgo

Se cree que el Ágata Musgo limpia su chakra raíz con el poder de una lluvia de primavera, gracias a su inusual combinación de colores claros y oscuros. Al eliminar su estrés, podrá ser más productivo y obtener abundancia en su vida emocional y espiritual. El frescor del ágata musgosa también actúa como piedra de conexión a tierra, recordándole que no debe dejarse vencer por las emociones poderosas. Llévela como talismán o pieza de joyería para recordarse que debe ser más paciente. Utilícela durante un ejercicio de atención plena u otra práctica espiritual para conectar con su ser interior o su guía espiritual.

Limpieza y cuidado de sus cristales y piedras

Independientemente de la cantidad de cristales o piedras que tenga o de la frecuencia con la que los utilice, solo le ayudarán si también los cuida. Dado que muchos de ellos pueden absorber energía negativa, es crucial limpiarlos después de cada uso. Ya que los cristales y las piedras están constantemente ocupados protegiéndole, no tienen la oportunidad de purificarse como pueden hacerlo los que usted utiliza solo ocasionalmente.

Además de la limpieza, también tendrá que aprender a almacenar y recargar sus piedras con energía natural. Aunque pueden conectar con las vibraciones positivas de la naturaleza por sí mismas, también necesitarán estar en contacto con su energía vital. Por ello, asegúrese de cargarlas regularmente a través de diferentes fuentes para mantenerlas a pleno rendimiento.

La purificación de sus cristales y piedras es necesaria incluso antes de su primer uso porque pueden recoger la negatividad en cualquier momento. La frecuencia con la que debe realizar un ritual de limpieza y recarga después del primer uso depende de la frecuencia con la que utilice sus gemas. Si está pasando por momentos difíciles y confía en sus cristales para absorber todas las emociones negativas, necesitará limpiarlos más a menudo.

Dependiendo de sus preferencias y de sus funciones, la limpieza y recarga de sus piedras y cristales puede hacerse de varias maneras. He aquí algunas de las formas más comunes de mantener sus piedras llenas de energía positiva.

Utilizando la luz de la luna

Tanto la luna llena como la nueva están llenas de energía radiante que puede utilizar para limpiar y recargar. La luna nueva les proporcionará energía elevadora, lo que puede resultar útil si quiere utilizar sus cristales para el crecimiento personal en el futuro. La luna llena le ofrece la posibilidad de liberar las emociones reprimidas y poner fin a las relaciones que no funcionan.

Coloque los cristales en el alféizar de una ventana por la noche, asegurándose de que estarán expuestos a la luz de la luna. Para obtener los mejores resultados, déjelos para que absorban la energía de la luna durante toda la noche. Lo mejor de este método es que puede aplicarse a cualquier cristal y piedra.

Utilizar un eclipse

Al igual que el poder de la luz de la luna puede purificar sus piedras, también puede hacerlo su ausencia. De hecho, tanto los eclipses lunares como los solares son conocidos por liberar una enorme cantidad de energía y, en cierto modo, anuncian un nuevo comienzo. Puede utilizar esta energía fresca y sobrecargada en sus cristales para motivarse a seguir adelante con su vida, incluso si tiene que tomar decisiones radicales.

Al igual que en el método anterior, tendrá que colocar su cristal en el exterior para exponerse al eclipse lunar o solar y a su energía. Es importante tener en cuenta que si hace esto durante un eclipse solar, solo debe utilizarlo en gemas que no se dañen con la luz del sol cuando salga.

Remojarse en agua salada

El agua salada ha desempeñado un papel en la curación de los chakras desde que existen para la humanidad, y también funciona para rejuvenecer la energía de los cristales. Sumergir sus piedras en agua salada las despoja de la energía tóxica y les proporciona un suave flujo de energía fresca. Aunque la forma más natural de agua salada es el mar y el océano, también puede utilizar agua salada manualmente si esta es la única forma disponible.

Coloque sus cristales en un cuenco grande, vierta agua salada sobre ellos y déjelos absorber la energía durante 12-24 horas. Después, saque sus gemas del agua, séquelas y estarán listas para usar. Desgraciadamente, no todos los cristales se comportan bien en el agua, así que asegúrese de no utilizar este método con ellos.

Emborronar

El emborronamiento es un método muy sencillo pero eficaz para purificar sus cristales. Es una técnica antigua aplicable a cualquier piedra. El emborronamiento consiste en quemar plantas o hierbas curativas y utilizar su humo para limpiar el objeto que elija. La lavanda, el cedro y la hierba dulce son algunas de las opciones populares de materiales que se utilizan para el emborronamiento. La salvia también se utiliza a menudo, ya que tiene un efecto calmante que, cuando se infunde en los cristales, proporciona un elemento curativo adicional para sus chakras.

Reúna sus hierbas en un manojo y enciéndalas por un lado. Cuando empiecen a humear, empiece a agitarlas sobre su cristal. Puede hacerlo en el interior, junto a una ventana abierta, o en el exterior, al aire libre, para que la energía negativa abandone el espacio lo más rápidamente posible. Continúe emborronando durante al menos 30 segundos.

Tomar el sol

Al igual que el sol tiene el poder de revivir la naturaleza en primavera, también puede dar nueva vida a sus piedras y cristales. El mero hecho de sentir el calor que emana de una piedra recién recargada puede hacer maravillas en sus chakras.

Cuando sepa que el tiempo será soleado durante todo el día, coloque las gemas en el exterior por la mañana y recójalas cuando caiga la noche. Tenga cuidado al hacer esto con las piedras más oscuras, ya que podrían desvanecerse y perder parte de su capacidad vibratoria. No deben dejarse fuera más de tres horas seguidas.

Utilizar las frecuencias del sonido

Esencialmente, el sonido se compone de vibraciones, que los cristales y las piedras absorben, cambiando su propia vibración. Es un método cómodo, seguro y eficaz para purificar sus gemas. Los cantos, las campanas y otros métodos se utilizan a menudo para elevar las vibraciones de los cristales. Para obtener el mejor resultado, es conveniente hacerlo un par de veces al día, unos minutos cada vez.

Piedras más grandes

Algunas piedras más grandes pueden transferir algunas de sus vibraciones a otras más pequeñas, lo que le proporciona otra forma sencilla de limpiar y recargar sus cristales curativos. Todo lo que tiene que hacer es dejar las gemas pequeñas encima de las más grandes durante un par de horas. Si su forma no lo permite, puede simplemente ponerlas juntas en una bolsa y esperar hasta que la transferencia haya terminado.

Entierro de piedras

Los cristales utilizados para equilibrar o sanar el chakra raíz se beneficiarán especialmente de ser enterrados. Esto les permite absorber la energía natural de la tierra y enraizarla cuando sea necesario. La tierra también absorberá cualquier mala energía contenida en sus cristales.

Encuentre un lugar en el que vaya a enterrar sus piedras, haga un agujero de unos pocos centímetros, coloque su piedra en él y cúbralo con tierra. Déjela durante 24-72 horas, dependiendo del propósito futuro y del uso anterior del objeto.

Capítulo 8: Aromaterapia del chakra raíz

Para entender la aromaterapia del chakra raíz, es necesario comprender el concepto fundamental de la energía vibratoria. Nuestro cuerpo está compuesto por muchos átomos que vibran en varias longitudes de onda distintas. Cuando estamos estresados física o mentalmente, las vibraciones de nuestro cuerpo se desincronizan rápidamente. La terapia vibracional puede ayudar al cuerpo a recuperar su ritmo natural fundamental. Muchas terapias le ayudarán a equilibrar sus chakras internos, como el yoga, la medicina tradicional china, la aromaterapia, etc. En este capítulo, aprenderá sobre la aromaterapia del chakra raíz.

Los aceites esenciales se utilizan para la aromaterapia del chakra raíz
https://pixabay.com/es/photos/aceites-esenciales-aromaterapia-spa-1433692/

En la aromaterapia del chakra raíz, los aceites esenciales se utilizan para alterar nuestras vibraciones profundas y nuestra salud espiritual. Nos basamos en los atributos energéticos o vibratorios de los aceites en lugar de sus capacidades fisicoquímicas. Todos los tipos de aceites esenciales tienen el poder de afectar a nuestra salud fisiológica, psicológica, espiritual e intelectual. Cuando nuestro Muladhara (Chakra Raíz) está perturbado o bloqueado debido a vibraciones desequilibradas en el cuerpo. Entonces, es preferible equilibrar estas vibraciones con la ayuda de los aceites esenciales antes de que se convierta en una enfermedad física.

Cómo ayuda la aromaterapia a equilibrar el Muladhara

La aromaterapia es un procedimiento en el que los aceites esenciales curan la salud mental y física de una persona. Incluye el uso de diversos aceites esenciales como el de cedro, sándalo, abeto blanco, lavanda, etc. Los aceites esenciales se extraen de raíces, cortezas, cáscaras, pétalos de flores, hierbas y árboles.

Uno de los beneficios más comunes de este tipo de terapia es el alivio de la tensión, el nerviosismo y la angustia, que suelen estar presentes en nuestra vida cotidiana. Otro beneficio importante que notará al utilizar estos aceites esenciales es una mayor sensación de calma y serenidad. También ayudan a mejorar la calidad del sueño y son muy beneficiosos para las personas que padecen dolores crónicos o persistentes. Los numerosos beneficios de estos mágicos aceites esenciales no acaban aquí; también son beneficiosos para los problemas de salud a largo plazo relacionados con la pérdida de memoria.

¿Por qué la aromaterapia es apropiada para el chakra raíz?

Los seres humanos han utilizado las plantas por sus increíbles cualidades medicinales desde la antigüedad. La energía calmante de los aceites se experimenta cuando se inhala el aroma, se utilizan directamente en el cuerpo o se masajea la cara con ellos. Existen muchos métodos para utilizar los aceites esenciales en su vida diaria. Cada planta tiene sus características terapéuticas únicas que conectan con los puntos energéticos naturales de su cuerpo.

Cada chakra tiene un aceite esencial que funciona mejor para sanarlo. Las cualidades de la aromaterapia que se exponen a continuación indican su idoneidad para el chakra raíz:

Le ayuda a calmarse

Cuando esté lidiando con pensamientos abrumadores, masajear aceites esenciales en su cuerpo puede ayudarle a calmarse. También puede respirar sus encantadores aromas, ya que el aroma hace que sus ojos se expandan y su cuerpo cree enzimas que hacen que el tejido de su sistema vascular descanse. También hace que la presión de su torrente sanguíneo descienda, lo que conduce a un ritmo cardíaco más estable.

Ayuda a mejorar el sueño

Según las investigaciones, dos de cada cinco personas no duermen lo suficiente. Por otro lado, la aromaterapia puede ayudar considerablemente a calmar el cuerpo y el cerebro. Prepara su cuerpo para el descanso y le ayuda a relajarse si utiliza aceites esenciales cada noche.

Ayuda con el estrés

Hacer frente a su estrés es esencial para llegar al final del día cuando todo se le va de las manos. Los aceites esenciales pueden ayudarle a reducir su estrés. Los aceites de madera, como el incienso y el sándalo, pueden ser ideales si su angustia le está haciendo la vida imposible.

En lugar de tomar café o artículos azucarados para aumentar su energía por la mañana, es más apropiado utilizar la aromaterapia infundiendo aceites esenciales en su vida diaria.

Aceites esenciales para equilibrar sus chakras raíz

La aromaterapia ofrece potentes efectos terapéuticos que ayudan a las personas a sentirse cómodas y seguras. Puede utilizar aceites esenciales en la aromaterapia, como el sándalo, la madera de cedro, el aceite de pachulí y muchos más. A continuación se comentan algunos de ellos:

Aceite esencial de madera de cedro

El aceite esencial de madera de cedro se obtiene de las ramas, los foliolos, el tronco y las semillas del árbol de cedro. Posee varias cualidades que lo convierten en una opción increíble para ayudar a la apertura y el equilibrio de Muladhara. Uno de los mayores beneficios es que ayuda a reducir los problemas de inflamación de los huesos, que pueden causar fuertes dolores y agonía. Otro beneficio médico notable del aceite esencial de madera de cedro es su capacidad para aliviar los espasmos. Este aceite puede tratar casi todas las formas de espasmos. También puede utilizarse como tónico para la salud porque mejora el metabolismo. Corrige el funcionamiento del riñón y del hígado, lo que a su vez mejora el bienestar general.

Otro aspecto terapéutico del aceite de madera de cedro es que actúa como diurético, por lo que aumenta la micción, ayudando a liberar el agua y las toxinas sobrantes (como el ácido úrico) del cuerpo. El aceite de madera de cedro no solo corrige la menstruación, sino que también regula el ciclo menstrual. Por ello, es ideal para quienes tienen la menstruación bloqueada o irregular. Las molestias y los efectos secundarios de la menstruación, como las enfermedades, el agotamiento y los cambios de humor, también pueden equilibrarse utilizando diariamente aceite de madera de cedro.

Además, el aceite de madera de cedro puede utilizarse para aliviar las molestias. Ayuda a eliminar la tos y elimina la flema de las fosas nasales y los pulmones. También ayuda con las migrañas, los ojos rojos e hinchados y otros síntomas del resfriado. El aceite de madera de cedro es un potente sedante con un impacto relajante y calmante sobre la psique. Alivia la tensión y la ansiedad a la vez que reduce la irritación de la piel. Esta función también ayuda a promover un sueño bueno, reparador y sin interrupciones.

Aceite esencial de incienso

Los aceites esenciales, como el aceite de incienso, se han utilizado en aromaterapia durante cientos de años por sus características medicinales y curativas. Se sabe que el aceite de incienso regula la respiración y el ritmo cardíaco cuando hay una agitación de emociones y/o estrés. Posee propiedades ansiolíticas y antidepresivas, pero no tiene efectos secundarios perjudiciales ni provoca una somnolencia indeseable, a diferencia de los fármacos. De hecho, este aceite tiene propiedades de refuerzo inmunológico que pueden ayudar a la destrucción de los gérmenes dañinos. Puede evitar que los gérmenes crezcan en su piel, boca o en su casa.

Además, este aceite puede fortalecer la piel y aumentar el tono, la elasticidad y los sistemas de defensa de una persona contra las infecciones o las manchas. Puede utilizarse para tonificar y levantar la piel, curar heridas y minimizar la aparición de cicatrices y acné. Según las investigaciones, el aceite de incienso puede ayudar a aumentar la memoria y las capacidades cognitivas. El uso del incienso durante el embarazo mejora la memoria de la madre y del niño. Además, el aceite de incienso disminuye los síntomas relacionados con la menstruación y la menopausia al regular los niveles hormonales. En las mujeres premenopáusicas, el aceite de incienso puede ayudar a regular la producción de estrógenos.

Los numerosos beneficios del aceite de incienso no terminan aquí, ya que también ayuda a los movimientos intestinales en el tracto digestivo. También puede ayudar a aliviar el malestar estomacal y los calambres y a drenar el agua retenida en el vientre que causa la hinchazón. Por último, puede ayudar con las preocupaciones y el estrés que le quitan el sueño. Tiene un olor calmante y de anclaje que puede ayudarle a conciliar el sueño fácilmente.

Aceite esencial de sándalo

El siguiente aceite de nuestra lista es el aceite esencial de sándalo, famoso en las prácticas terapéuticas con aromas por sus grandes propiedades medicinales. Ayuda a equilibrar el chakra raíz porque el aceite esencial de sándalo es un remedio natural para mejorar la agudeza mental y la función cerebral. Le ayuda a mantener la calma bajo presión y a pensar con más claridad. Además, el aceite esencial de sándalo es un suave antibacteriano que puede ayudar a prevenir la piel de cualquier enfermedad bacteriana. Tiene varios componentes activos que alivian eficazmente la inflamación.

Además, el aceite esencial de sándalo es famoso por sus efectos relajantes. Oler el aceite esencial puede ayudar a producir una sensación de relajación y calma, lo que puede ayudar a reducir la ansiedad y los problemas relacionados con la depresión. Otro beneficio buscado del sándalo es que también ayuda a aliviar la ansiedad, que es uno de los signos clásicos de un chakra raíz bloqueado: este calmante moderado del sistema nervioso ayuda a aliviar el insomnio y favorece un mejor sueño.

Aceite esencial de pachuli

El aceite de pachuli tiene una larga y complicada historia, al igual que su aroma. El aceite de pachulí se extrae de las hojas meticulosamente marchitas de la planta de pachulí. Es un arbusto verde que crece hasta aproximadamente un metro de altura y está emparentado con la planta de la menta.

Curiosamente, el pachulí tiene un aroma único y potente. Como muchos de los otros aceites esenciales para el chakra raíz de nuestra lista, tiene una fragancia terrosa y amaderada. Sin embargo, tiene un aroma almizclado, dulce y algo picante. El aceite esencial de pachulí ayuda a reparar y regular el chakra raíz infundiendo emociones de seguridad y tranquilidad. Este aceite también puede ayudarnos a sentirnos menos inseguros, solos y ansiosos. Nuestro chakra raíz se bloquea con frecuencia debido a la falta de necesidades fundamentales, a saber, la protección y la estabilidad. Por ello, el pachulí es uno de los aceites esenciales más eficaces para desbloquear, equilibrar y alinear.

Aceite esencial de vetiver

También se le conoce como el "aceite de la calma". Es uno de los aceites esenciales más sugeridos para regular el chakra raíz. Tiene un aroma natural que a veces se compara con el de la hierba cortada en un caluroso día de verano. Tiene una fragancia terrosa, ahumada y amaderada. El aceite de vetiver se extrae de las raíces maduras y sumergidas de las plantas de vetiver. En la actualidad se cultiva habitualmente en muchos lugares tropicales.

Es bien conocido por sus propiedades de enraizamiento y su capacidad para ayudar al cuerpo, el cerebro y el centro del alma y para la regulación de los chakras. Asimismo, el vetiver también favorece la tranquilidad y el sosiego. Esto ayuda a reducir el estrés, la ansiedad y el malestar. Uno de los signos más frecuentes de un chakra raíz bloqueado es la inestabilidad emocional. El vetiver ayuda a desarrollar un sentimiento de conexión y significación en la propia vida. También puede ayudar con los dolores musculares y las quemaduras a nivel físico.

Aceite esencial de albahaca

Este aceite se extrae de las hojas de albahaca. El aceite esencial de albahaca tiene un aroma agradable, fragante, refrescante, floral y limpiamente herbáceo, descrito como ventoso, brillante y refrescante. La albahaca, de la que se dice que tiene una influencia calmante sobre la psique, se ha utilizado con diversos fines y está disponible en una variedad de tés, polvos secos y aceites. Sus propiedades antiinflamatorias, oxidativas, antibacterianas, antivirales y antidepresivas la convierten en un ingrediente popular en la medicina tradicional asiática.

Se utiliza en aromaterapia para aliviar o eliminar los dolores de cabeza, el agotamiento, la melancolía y las molestias del asma e inspirar la perseverancia psicológica. Ayuda a las personas con problemas de atención, alergias, senos nasales obstruidos o virus. Además, el perfume de la albahaca repele a los insectos. Acaba con los gérmenes que generan olores en las habitaciones, desodorizando eficazmente el aire viciado de los interiores, como los automóviles e incluso los muebles sucios. Sus características digestivas alivian el malestar, los espasmos, las náuseas, la diarrea y todos los indicadores de anomalías metabólicas.

Se dice que el aceite esencial de albahaca rejuvenece, estimula y favorece la restauración de la piel cicatrizada o deslucida cuando se utiliza de forma tópica. Se suele utilizar para ayudar a la flexibilidad y resistencia de la piel. También es útil para regular la producción de grasa, calmar los brotes de acné, aliviar la sequedad y calmar los síntomas de las infecciones cutáneas y otros trastornos.

El aceite de albahaca dulce es reconocido por añadir un aroma agradable y refrescante a cualquier champú ordinario, impulsar la circulación, controlar la producción de grasa del cuero cabelludo y promover el desarrollo saludable del cabello para detener o frenar su caída. Elimina eficazmente cualquier acumulación de piel muerta, suciedad, grasa, contaminantes ambientales y gérmenes del cuero cabelludo, hidratándolo y limpiándolo. El aceite de albahaca dulce contribuye a la apariencia y al tacto de unas hebras sedosas y brillantes al demostrar estas capacidades de limpieza y aclaración.

Aceite esencial de abeto blanco

Tiene un aroma claro y nítido similar al de un bosque. Puede utilizarse directamente o de forma aromática para promover la relajación, la estabilización e incluso los beneficios revitalizantes para la persona con un chakra raíz desequilibrado. Es un aceite esencial único que puede calmar la piel, reducir la tensión y mejorar el entorno.

Puede abrir su chakra raíz reduciendo la ansiedad, el desasosiego y la pereza. Algunos de los beneficios más destacados de este aceite esencial es que tiene un aroma sereno y calmante que puede ser de gran beneficio después de una actividad intensa. Masajee el aceite de abeto blanco sobre la piel después de una actividad fuerte y regular para obtener estas ventajas. Además, cuando esté cansado o perezoso, puede utilizar simplemente el aceite esencial de "abeto blanco" para obtener un efecto energizante. Cuando también se sienta inquieto, puede utilizar el abeto blanco para evocar sentimientos de estabilidad.

Cómo utilizar los aceites esenciales para el chakra de la raíz

Los aroma terapeutas suelen recomendar dispersar los aceites esenciales en la atmósfera o en el agua. También recomiendan aplicarlos directamente en varias zonas del cuerpo cercanas al chakra que se pretende regular. Por otro lado, el chakra raíz es uno de los más sencillos de abrir y equilibrar porque no requiere el uso de dispersión en agua o aire. Para activar este chakra y sentirse más arraigado y conectado a la tierra, aplique los aceites esenciales sugeridos para el chakra raíz *directamente en la planta de los pies*.

Algunas precauciones a tener en cuenta

Antes de empezar a utilizar los aceites esenciales, debe tener en cuenta algunas cosas. Esto se debe a que los aceites esenciales son bastante potentes e inmensamente útiles para abrir los chakras. Sin embargo, debe ser precavido al utilizarlos. A continuación se indican algunas de las precauciones que debe tomar:

1. Los aceites esenciales no deben utilizarse en recién nacidos ni en niños menores de tres años, ni en mujeres embarazadas o en período de lactancia. Cualquier persona con problemas cerebrales o neurológicos o con grandes dificultades de salud no debe utilizarlos sin consultar a su médico o aroma terapeuta.
2. Nadie debe tomar inyecciones de aceites esenciales. Son bastante perjudiciales. 3. Evite aplicar los aceites esenciales directamente en los párpados o en las regiones oculares, a menos que haya una orientación médica prescrita. Los aceites esenciales no deben salpicarse ni frotarse directamente en la nariz o las orejas. Para masajear las regiones prohibidas, puede seguir utilizando una mezcla de aceite esencial diluida al 10% en aceite vegetal.
3. Para asegurarse de que no hay respuesta alérgica en la piel, haga una prueba en el pliegue interior del codo y espere 24 horas. 4. No utilice nunca un aceite esencial si no ha aprendido primero a utilizarlo correctamente. Busque siempre el consejo de un experto en salud si tiene alguna duda.

4. Después de utilizar un aceite esencial, lávese bien las manos. Asegúrese de que los toma en la proporción exacta (como se recomendó) y según las instrucciones de cada uno de ellos. Los aceites esenciales deben mantenerse fuera del alcance de los niños y los animales.

Capítulo 9: Dieta y nutrición del Muladhara

Los cristales, las meditaciones, el yoga, las afirmaciones, los pranayamas y los mantras no son las únicas cosas que pueden abrir su chakra raíz. Comer los alimentos adecuados también puede abrir y equilibrar su Muladhara. La comida y los chakras están conectados porque los chakras son los centros de energía de nuestro cuerpo, y la comida proporciona energía al cuerpo físico. Por eso, cuando comemos los alimentos adecuados, nuestros chakras permanecen abiertos, lo que facilita el flujo de energía en nuestro cuerpo. Además, los alimentos tienen una vibración muy específica de la que se alimentan nuestros chakras, lo que acaba por activarlos.

Una dieta saludable es esencial para equilibrar su chakra raíz
https://unsplash.com/photos/qKbHvzXb85A

La alimentación desempeña un papel enorme en el equilibrio del chakra raíz más que cualquiera de los otros seis chakras. Esto se debe a que es el chakra base y está conectado con la Tierra, de donde provienen los alimentos. Cualquier cosa que provenga de la Tierra contiene su energía, que estabilizará y equilibrará su chakra raíz.

Todos conocemos los numerosos beneficios de comer alimentos saludables cada día, pero ahora puede añadir a estos beneficios el equilibrio de su chakra raíz. Debería centrarse principalmente en la carne, las legumbres, los frutos secos, los cereales y las verduras de raíz. Estos alimentos aumentarán el flujo de energía en el Muladhara.

Los mejores alimentos para el chakra raíz

Cuando se trata de elegir los mejores alimentos para sanar y abrir su chakra raíz, piense en el rojo. El rojo es el color asociado al Muladhara, así que tiene sentido que todos los alimentos del mismo color equilibren el chakra base.

Descargo de responsabilidad: *Antes de seguir adelante, es importante señalar que no somos nutricionistas. Siempre debe consultar a su especialista en salud antes de hacer cualquier cambio drástico en su dieta, especialmente si tiene alguna enfermedad subyacente.*

Alimentos rojos

Como hemos mencionado, los alimentos rojos totalmente naturales son perfectos para su chakra raíz. De hecho, incorporar ingredientes rojos en sus comidas es la forma más rápida y fácil de ayudar a restaurar el Muladhara. El chakra raíz es el responsable de la salud de sus glándulas suprarrenales, de sus huesos y de su piel, que requieren vitamina C. Encontrará esta vitamina en varias frutas y verduras rojas como las manzanas, las fresas, los tomates, las cerezas, las uvas, las remolachas, las ciruelas rojas, la guayaba, las grosellas rojas, la col roja, las frambuesas, el ruibarbo, la sandía, las acelgas, los arándanos y las granadas.

Carnes rojas

Las verduras y frutas rojas no son los únicos alimentos que energizan el chakra de la raíz, sino que la carne roja también puede hacer el mismo trabajo, especialmente porque la carne roja contiene hierro y proteínas, que pueden proporcionar al cuerpo más energía para mantenernos con los pies en la tierra. La ternera, el venado, la ternera, el cordero y la cabra son algunas opciones excelentes.

Huevos

Ya que estamos hablando de proteínas, no podemos olvidarnos de los huevos. Contienen proteínas y vitaminas muy beneficiosas para el chakra raíz. Por tanto, asegúrese de añadir a su dieta huevos de gallina y de codorniz.

Proteínas

El pollo, el pescado y el cerdo también desempeñan un gran papel en la activación y dinamización del chakra de la raíz.

Alimentos con alto contenido en proteínas

Si es usted vegano, no se preocupe, no nos hemos olvidado de usted. Puede abrir su chakra raíz sin consumir carnes rojas ni huevos, ya que hay muchos otros alimentos veganos que pueden hacer el mismo trabajo como los productos de soja, el tofu, los anacardos, las judías, los nibs de cacao, el edamame, las espinacas, los garbanzos guisantes verdes, guisantes de ojo negro, brócoli, lentejas, quinoa, mantequilla de cacahuete, tahini, nueces, almendras, cacahuetes, semillas de chía, semillas de cáñamo, leche de cáñamo, tempeh, judías negras, amaranto, semillas de calabaza, espirulina y semillas de girasol.

Pimientos picantes

¿Le gusta la comida picante? Entonces seguramente le encantará este ingrediente. Los pimientos picantes son conocidos por ser ardientes, lo que suele provocar una reacción física que nos hace más conscientes de nuestro cuerpo. Esta sensación de ardor también potencia nuestra energía. La próxima vez que cocine y quiera añadir un poco de picante a su plato, debería probar los jalapeños rojos, los poblanos, los chipotles, los pimientos rojos dulces, los pimientos hatch, los anchos o los serranos.

Verduras de raíz

¿Se le ocurre algún alimento que le proporcione más energía terrestre que las hortalizas de raíz? Las hortalizas de raíz crecen bajo tierra, lo que las convierte en los mejores ingredientes para mantenernos enraizados y conectados con la Tierra. La Madre Tierra siempre está pendiente de nosotros y nos proporciona poderes curativos. Así que, cuando experimente un chakra profundamente bloqueado, escarbe en la tierra para encontrar remedios en verduras como el ajo, el jengibre, el ñame, las cebollas, las patatas, el rábano, las zanahorias, los nabos, las chirivías, el colinabo, la cúrcuma, el apio, las chalotas y el té de raíz de diente de león.

Granos

Nadie puede negar los beneficios para la salud de los cereales, y equilibrar el chakra raíz es uno de ellos. El trigo sarraceno, la avena integral y el bulgur son carbohidratos que proporcionan al cuerpo las fibras y la energía que necesita para activar el chakra de la raíz. Asegúrese de que solo compra cereales integrales y compruebe primero los ingredientes.

Especias

Añada rábano picante, cayena, cebollino y pimentón a sus platos siempre que sienta cualquier síntoma de un chakra raíz bloqueado.

Añadir estos alimentos a su dieta hará maravillas en su chakra raíz. Es esencial tener en cuenta que debe añadir a su dieta alimentos naturalmente rojos, no alimentos coloreados artificialmente o con tinte rojo. Además de que los colores artificiales son perjudiciales para la salud, no obtendrá ningún beneficio, ya que los alimentos no son realmente rojos. En otras palabras, no puede engañar a su chakra.

Recetas para el Muladhara

Ahora que ya conoce todos los alimentos que pueden equilibrar su chakra raíz, hemos llegado a la parte más interesante de este capítulo. Vamos a ofrecerle algunas recetas fáciles, sanas y deliciosas que beneficiarán al Muladhara.

Patatas rellenas

Esta receta le ayudará si se siente inquieto y estabilizará su chakra raíz.

Ingredientes:

- 4 patatas (dulces o rojas)
- 2 dientes de ajo
- 1 ½ cebollas rojas
- 1 taza de champiñones
- 1 taza de col rizada
- Aceite de semillas de uva (o cualquier aceite que prefiera)
- 1 taza de alubias rojas

Condimento
- Sal
- Pimienta
- Perejil

Instrucciones
1. Caliente el horno a 175 C.
2. Lave las patatas.
3. Haga algunos agujeros en las patatas.
4. Cúbralas con el aceite.
5. Vierta una pequeña cantidad de sal sobre las patatas.
6. Ponga las patatas en el horno durante una hora.
7. Ahora, saltee los guantes de ajo y ½ de la cebolla roja.
8. Cuando estén translúcidos, añada las alubias rojas.
9. Saltee esta mezcla durante 3 minutos.
10. Ahora añada la cebolla roja picada, la col rizada y los champiñones.
11. Añada la sal, la pimienta y el perejil.
12. Cuando las patatas estén hechas, córtelas por la mitad.
13. A continuación, añada la mezcla salteada en el centro de las patatas.
14. Hornear durante unos 10 minutos.

Sopa de batata y chirivía

Ingredientes:
- 2 batatas grandes
- 2 chirivías grandes
- 2 cucharadas de pasta de curry rojo
- 1 taza de caldo de verduras
- 1 taza de leche de almendras sin azúcar
- 1 ½ cucharada de jengibre fresco picado
- 1 cebolla picada
- 1 cucharadita de ajo rallado

- 1 cucharada de aceite de coco
- 1 jalapeño picado
- 1 puñado de nueces tostadas picadas
- 1 puñado de cilantro fresco picado

Instrucciones:
1. Pele y corte en dados los batatas y las chirivías.
2. Tome una cacerola grande.
3. Añada el aceite de coco.
4. Caliéntelo a fuego medio-alto.
5. Añada el jengibre, el ajo, la cebolla y el jalapeño a la cacerola.
6. Saltéelos durante 5 minutos o hasta que la cebolla se aclare.
7. Añada la pasta de curry y mézclela con los ingredientes durante 1 minuto.
8. Ahora añada las batatas (también puede añadir zanahorias junto con las patatas).
9. Añada la sal y la pimienta.
10. Revuelva todo junto durante un rato.
11. Vierta el aceite de almendras.
12. Añada el caldo vegetal.
13. Hervir la mezcla.
14. A continuación, ponga el fuego a bajo.
15. Deje que la mezcla hierva a fuego lento durante 20 o 25 minutos.
16. Compruebe las verduras con un tenedor para asegurarse de que están tiernas.
17. Ahora, coja una batidora.
18. Añada la sopa en tandas y haga un puré.
19. Una vez que esté hecha puré, pruébela para ver si necesita sazón.
20. Añada las nueces tostadas picadas y el cilantro (opcional).
21. Añada sal y pimienta negra (opcional).
22. Retirar la sopa del fuego.
23. Dejarla unos minutos para que se enfríe.

24. Ponga las verduras en caldo y el jarabe de arce en una batidora.
25. Hacer un puré hasta que tengan una textura suave y cremosa.
26. Sirva y disfrute.

Sopa de verduras de raíz

Ingredientes:

- 4 zanahorias medianas peladas
- 2 tazas de leche de coco sin endulzar
- 2 cucharadas de yogur de leche de coco (sin endulzar)
- 1 ½ pomo de jengibre fresco pelado
- 1 cucharadita de canela
- 1 cebolla amarilla picada
- 1 batata mediano (también puede utilizar ñame)
- 1 cucharadita de curry en polvo
- 1 cucharada de aceite de coco, sin refinar
- 1 cucharadita de sal marina
- 1 taza de caldo vegetal, bajo en sodio
- ½ cucharadita de pimienta negra molida
- ½ cucharadita de nuez moscada molida
- Una pequeña cantidad de ramitas de cachemira

Instrucciones:

1. Añada el aceite de coco a una olla grande.
2. Caliente el aceite a fuego medio.
3. Añada el batata, las zanahorias, el jengibre, el ajo y la cebolla.
4. Saltéelos durante 10 minutos.
5. A continuación, añada la canela, la leche de coco, la nuez moscada, el curry, la sal, la pimienta y el caldo de verduras.
6. Lleve el contenido de la olla a ebullición.
7. Ahora reduzca el fuego un poco para que la mezcla se cocine a fuego lento.
8. Tape la olla y deje que las verduras se cocinen de 15 a 20 minutos

9. Ahora retire la olla y ponga la mezcla en una batidora
10. Haga un puré con la sopa durante un par de minutos o hasta que tenga un aspecto suave
11. Ponga la sopa en tazones
12. Adorne cada cuenco con una ramita de perejil fresco y una cucharada de yogur de coco

Sopa de calabaza de coco al curry rojo

Ingredientes:
- 4 dientes de ajo picados (puede utilizar menos si lo desea)
- 2 libras de calabaza
- 1 cebolla amarilla mediana picada
- 2 cucharaditas de cilantro molido
- 2 cucharadas de aceite de coco (también puede utilizar aceite de oliva)
- 2-3 cucharadas de pasta vegana de curry rojo (preferiblemente tailandesa)
- 1 litro de caldo vegetal
- 1 cucharadita de comino
- ½ taza de copos de coco sin endulzar (para usar como guarnición)
- ¼ de taza de cilantro fresco picado (para utilizarlo como guarnición)
- ¼ de cucharadita de sal marina
- 1 cucharada de zumo de lima, fresco
- ¼ de cucharadita de copos de pimienta roja, triturados

Instrucciones:
1. Ponga el aceite en una olla a fuego medio.
2. Ahora añada los copos de pimienta roja, el comino, la sal, el ajo, el cilantro, la cebolla y la pasta de curry.
3. Remueva los ingredientes para que se mezclen.
4. Deje que se cocine durante 5 minutos.
5. Ahora añada la calabaza.

6. Cocine durante 1 minuto.
7. Añada el caldo y lleve a ebullición.
8. Ahora reduzca el fuego y déjelo cocer a fuego lento de 15 a 20 minutos.
9. Durante este tiempo, coja una sartén mediana.
10. Ponga los copos de coco en la sartén y deje que se tuesten a fuego medio-bajo, y remueva.
11. Siga removiendo hasta que los bordes se doren.
12. A continuación, retírelo del fuego.
13. Compruebe la calabaza; si está blanda, retírela del fuego.
14. Déjela unos minutos para que se enfríe.
15. Ahora ponga la sopa en una licuadora y bátala hasta que quede suave.
16. Ponga la sopa lisa en una olla grande.
17. Añadir el zumo de lima a la sopa y remover.
18. Adorne la sopa con cilantro fresco y copos de coco tostados.

Batido de remolacha

Ingredientes:
- 1 taza de fresas
- 1 taza de remolacha (cortada en cubos)
- ½ taza de leche vegana
- ½ taza de yogur vegano

Instrucciones:
1. Ponga todos los ingredientes en una licuadora.
2. Bátalos durante 1 o 2 minutos o hasta que se forme una textura de "batido".
3. Viértalo en un vaso y disfrute.

Tazón de tofu y quinoa

Ingredientes:
- 2 tazas de tofu, cortado en cubos
- 3 dientes de ajo pelados y picados
- 2 tazas de brócoli, picado
- 2 cucharaditas de jengibre
- 2 cucharaditas de Bragg's Liquid Amino
- 2 cucharaditas de cúrcuma
- 2 cucharaditas de salsa de soja
- 1 ½ tazas de agua
- ½ de una cebolla grande picada
- 1 taza de quinoa
- 1 cucharada de miel
- 1 cucharada de arándanos rojos
- 1 ramita de perejil picado
- 1 taza de coliflor
- 1 cucharada de aceite de oliva
- 1 cucharada de nueces picadas
- 1 cucharadita de semillas de hinojo
- ½ taza de zumo de lima
- 1 cucharada de almendras picadas
- Sal y pimienta

Instrucciones:
1. Añada agua a una cacerola y llévela a ebullición.
2. Ahora añada la salsa de soja, el jengibre, la quinoa, el zumo de lima y la cúrcuma.
3. Cuando los ingredientes hiervan, reduzca el fuego a medio-bajo.
4. Déjelo hasta que la quinoa se vuelva esponjosa.
5. Retire la sartén del fuego.
6. Añada el aceite de oliva a una sartén a fuego medio-alto.

7. A continuación, añada el ajo.
8. Deje que se saltee durante un minuto sin dejar de remover.
9. Ahora añada el Bragg's Liquid Amino, el tofu, las semillas de hinojo y la cebolla.
10. Cuando el tofu se dore, retire la sartén del fuego.
11. Ahora añada el jengibre, la miel, el brócoli, las nueces, la salsa de soja, las almendras, la coliflor, la cúrcuma y los arándanos secos.
12. Deje que los ingredientes se salteen hasta que la coliflor y el brócoli estén cocidos.
13. A continuación, retire la sartén del fuego.
14. Añada los ingredientes de la sartén.
15. Incorpórelos a la quinoa con cuidado.
16. Añada sal y pimienta a su gusto.
17. Adorne el plato con perejil

Chips de verduras de raíz

Ingredientes:
- 1 batata
- Sal marina
- 2 remolachas grandes
- 3 cucharadas de aceite de coco
- 2 chirivías

Instrucciones:
1. Precaliente el horno a 150 C.
2. Pele las verduras.
3. Córtelas en rodajas.
4. Añada el aceite y la sal.
5. Mézclelos.
6. Deje que se horneen de 25 a 40 minutos.
7. Cuando las patatas fritas se sequen, significa que están hechas.
8. Deje que se enfríen para que queden crujientes.

Brownies de chocolate y remolacha (sin gluten)

Ingredientes:
- 4 cucharadas de cacao desaceitado
- 1 remolacha rallada
- 1 huevo ecológico
- 2 cucharaditas de bicarbonato de sodio
- 2 cucharadas de jarabe de arce
- 1 cucharadita de vainilla
- 175 almendras (también puede utilizar cacahuetes o anacardos)
- Una pizca de sal marina
- 5 cucharadas de azúcar de coco

Instrucciones:
1. Precaliente el horno a 180 C.
2. Mezclar los huevos y la vainilla con un batidor.
3. Ahora, añada todos los ingredientes a un bol grande
4. Mezcle hasta que la masa se vuelva muy pegajosa.
5. Consiga un molde para hornear de 9x9 pulgadas.
6. Forrarlo con papel pergamino.
7. A continuación, extienda la masa de manera uniforme en el molde.
8. Deje que se hornee durante 35 minutos.
9. Espolvoree los brownies con más cacao.

Verduras de raíz asadas con tofu crujiente

Ingredientes de las verduras:
- 6 cucharadas de aceite de oliva
- 2 cucharaditas de ralladura de limón
- 2 cucharaditas de tomillo seco con 1 cucharadita de té
- 3 cucharadas de perejil fresco picado
- 4 zanahorias peladas y cortadas en rodajas

- 3 patatas peladas y cortadas en cubos
- 2 batatas pelados y cortados en cubos
- 3 cucharadas de vinagre balsámico

Ingredientes del tofu
- 2 huevos
- 1 cucharadita de ajo en polvo
- 454 g de tofu firme (1 bloque)
- 4 cucharadas de perejil fresco
- 1 cucharadita de salsa de soja (reducida en sodio)
- ½ taza de harina
- 1 cucharada de jarabe de arce
- Le recomendamos que prepare primero el tofu.

Preparación del tofu:
1. Corte el bloque de tofu en cubos pequeños.
2. Añada la salsa de soja, el jarabe de arce y el ajo en un bol grande.
3. A continuación, añada los cubos de tofu y remueva hasta que el tofu quede cubierto por la salsa.
4. Cubra el bol y déjelo marinar durante 15 minutos (puede tardar más).
5. Precaliente el horno a 200 C.
6. Consiga 2 platos hondos
7. Ponga la harina en uno y los huevos en el otro
8. Bata los huevos
9. Enharinar los cubos de tofu.
10. A continuación, sumérjalos en los huevos batidos y vuelva a enharinarlos.
11. Prepare una bandeja para hornear forrada con papel pergamino y añada los cubos de tofu a la bandeja.
12. Deje que se horneen durante 20 minutos, dándoles la vuelta a mitad de camino.

Instrucciones:
1. Precaliente el horno a 200 C.
2. Añada 6 cucharaditas de aceite de oliva y 2 cucharaditas de tomillo en un bol grande.
3. Mézclelos.
4. A continuación, añada las patatas, los batatas y las zanahorias y remuévalos para cubrirlos.
5. Ahora coloque las verduras en una hoja forrada con papel pergamino en una sola capa. Sazone con sal y pimienta a su gusto.
6. Deje que las verduras se horneen durante 40 minutos.
7. Añada el tofu después de 20 minutos (deben estar dorados y crujientes cuando estén hechos), y asegúrese de remover con frecuencia.
8. Cuando las verduras estén doradas, significa que están hechas.
9. Añada el vinagre balsámico en un bol pequeño.
10. A continuación, añada el resto del tomillo y el aceite de oliva para hacer una vinagreta.
11. Antes de servir el plato, vierta la vinagreta sobre las verduras asadas.
12. Ahora espolvoree la ralladura de limón y el perejil.

Asegúrese de seguir todas las instrucciones exactamente como se mencionan, pero puede experimentar con diferentes ingredientes si lo desea. Sin embargo, asegúrese de que opta por ingredientes de los que hemos mencionado al principio del capítulo para activar su chakra raíz. Recuerde utilizar alimentos rojos cuando cocine y disfrute de comidas sanas y deliciosas que sanarán su chakra raíz.

Capítulo 10: Rutina de 7 días para Muladhara

El equilibrio de Muladhara es esencial para el bienestar intelectual, fisiológico y espiritual. Cuando su chakra raíz funciona mal, puede sentirse insolidario, sin confianza, sin ganas de ser realista e improductivo. Sin la energía sustentadora de un chakra raíz sano, puede perder su sentimiento de pertenencia y entusiasmo por el mero hecho de ser un miembro del universo.

Según la tradición, existen numerosas técnicas para estimular, regular y reactivar el chakra raíz. Algunas son el movimiento, el sonido, la meditación, las afirmaciones, la respiración y el tacto. He aquí una rutina de siete días para ayudarle a equilibrar su Muladhara:

Actividad del día 1

Es su primer día tratando de equilibrar su chakra interior; es el Chakra Raíz. Hagámoslo sencillo para que no se canse el primer día.

Comience su día con un movimiento ligero mientras camina fuera de su casa. Puede dar un paseo matutino por el parque o por cualquier paisaje abierto. Mientras camina, escuche el piar de los pájaros y huela la fragancia almizclada y herbácea de las flores y plantas. Se sentirá con energía.

Antes de ir al trabajo o a la escuela, tome un baño utilizando un aceite esencial perfumado; calmará sus nervios y le ayudará a equilibrar su chakra raíz.

Durante el día, si está ocupado y no puede dedicar tiempo a la meditación, puede realizar la sencilla chakra raíz. Visualice el color rojo y haga respiraciones largas y constantes. Puede realizar esto en cualquier momento del día o en cualquier lugar.

Su última actividad del día tiene que ser las afirmaciones de mantras. Estas son las afirmaciones positivas que se dirá a sí mismo en voz alta. Esto le ayudará a abrir su chakra raíz, afectando positivamente a su salud mental. Esta afirmación puede ser cualquier cosa como "Está bien, todo irá bien".

Actividad del día 2

Comience el día realizando yoga. Limítese a las posturas de Sukhasana. Son las más fáciles. Este es un método excelente para comenzar el día, ya que le ayudará a crear un propósito y a mantenerse centrado.

Encuentre una postura sentada adecuada con las piernas dobladas delante de usted para lograr esta postura. Levante las manos a los lados y coloque suavemente las manos en el regazo o en la parte superior de los muslos. Libere cualquier tensión en el cuello extendiéndolo por la curvatura de las vértebras y dejando caer los hombros hacia abajo. Cierre los ojos e inhale profundamente en su núcleo para ayudarle a concentrarse en su propósito.

Si sigue teniendo pensamientos negativos, también puede salir a correr por la noche. No le mantendrá en forma y físicamente sano, pero le ayudará a mantener su salud mental. Correr significa que está haciendo un movimiento, y por lo tanto este movimiento le ayudará a abrir su Chakra Raíz obstruido.

Puede terminar su día utilizando aceites esenciales para el chakra raíz. Masajéelo directamente en la planta de los pies. También puede utilizar un difusor para difundir su fragancia en su habitación. Al inhalar su aroma, podrá sentirse relajado.

Actividad del día 3

En el tercer día, puede realizar las siguientes dos posturas de yoga:

La postura del niño es una postura relajante en la que su cuerpo se relaja completamente sobre sí mismo. Puede practicar la sumisión y la aceptación en esta postura, ya que la tierra le sostiene por debajo de usted. Es una postura estabilizadora que puede utilizar en cualquier momento de su práctica, especialmente cuando necesite realinearse con su respiración. Adopte una postura sentada en la parte posterior del suelo. Lleve el pecho al suelo y sucumba al peso de su cuerpo. Puede separarse con los codos a ambos lados del cuerpo o extenderse. Respire profundamente y sienta que su columna vertebral se mueve junto con su respiración.

La segunda postura es la de la guirnalda. Esta posición en cuclillas le permite conectar directamente con la tierra al tiempo que calma su espíritu y su alma. Fortalece la parte inferior de la columna vertebral y los pies al tiempo que permite que la pelvis se expanda hacia arriba desde los lados. Doble las dos piernas hasta que las rodillas queden orientadas hacia el cielo, de una en una. La parte trasera de sus muslos debe estar más cerca de sus rodillas. Agáchese y levante el cuerpo hasta un ángulo de 45º, asegurándose de que los dedos de los pies están orientados hacia el exterior. Si sus talones comienzan a levantarse, puede colocar una sábana enrollada debajo de ellos para tener más estabilidad.

A continuación, puede salir al parque o a cualquier otro lugar donde pueda oler las fragancias terrosas de la naturaleza y escuchar sus sonidos. Este olor y este sonido eliminarán sus preocupaciones y su estrés durante todo el día. Si va a un parque, camine descalzo por la hierba. Calmará su dolor corporal y también abrirá su chakra raíz.

Actividad del día 4

El cuarto día, realice el pranayama. Se encarga de guiar el flujo de energía a través de la existencia física. Es beneficioso para la restauración del chakra raíz y la purificación de la frecuencia vibratoria. Aquí tiene dos ejercicios de práctica eficaces:

La nariz alterna es un término utilizado para describir a una persona que respira a través de una cavidad nasal separada que iguala el cerebro, el físico y el espíritu. Proceda descansando en posición de piernas cruzadas. Respire profunda y completamente mientras coloca una palma de la mano sobre la rodilla. Cierre la fosa nasal con la otra mano y respire profundamente por la otra. Ahora alterne entre ambas fosas nasales y respire completamente. Exhale completamente por la fosa nasal izquierda después de inhalar por la nariz. Este ciclo debe repetirse 15 veces.

La respiración refrescante es una forma estupenda de mantener el cuerpo fresco durante el calor del verano y los sofocos. Comience por respirar profundamente mientras cierra los ojos. Haga una forma de "O" con la boca cuando esté preparada. Doble la lengua horizontalmente y empújela hacia fuera de la boca de forma considerable. Inhale lenta y profundamente por la boca como si estuviera sorbiendo por un tubo. Repita el movimiento durante otros cinco minutos, concentrándose en la sensación de alivio.

Después de realizar el pranayama, puede hacer algunos movimientos ligeros. Será suficiente para el día. Por ejemplo, si le gusta la jardinería, pase un rato en el jardín. Mientras trabaja en el jardín, realizará indirectamente Mudras, que significa tocar la tierra o el suelo. Esto aliviará su chakra raíz desequilibrado.

Actividad del Día 5

Comience el Día 5 con algo de movimiento primero. El movimiento de hoy será la danza. Será un ejercicio divertido para usted. Puede poner cualquier sonido que le guste o cualquier canción que le haga moverse. Puede bailar con alguien o incluso puede bailar solo. Aliviará el estrés de su cuerpo.

Su siguiente actividad serán los ejercicios de meditación. La meditación transmite energía calmante a todo el cuerpo. Ayuda a la iluminación al establecer una conexión con la conciencia interior y con Dios, enlazando con una espiritualidad superior de energía global, ya sea la madre tierra, la divinidad o la conciencia iluminada. La meditación también aporta tranquilidad y serenidad. Es buena para todos los chakras, no solo para el chakra raíz. He aquí dos métodos de meditación eficaces:

Empiece por reclinar la espalda en una postura relajada para la meditación de exploración corporal. Relaje su cuerpo haciendo unas cuantas respiraciones profundas en el vientre. Comience por centrar su atención en los dedos de los pies y observe cualquier sensación que se produzca en ellos. Relájese a través del malestar en lugar de resistirse a él. Apriete cualquier tensión o molestia en su cuerpo y visualice que se desvanece. Vaya subiendo por las partes del cuerpo hasta que haya completado un escaneo completo de todo su cuerpo.

También puede practicar la meditación dirigida. Puede empezarla centrándose en algo concreto, incluida la respiración. Simplemente siéntese en una postura relajada, relaje los músculos y respire profundamente en el ombligo. Desplace su atención hacia el objetivo que haya elegido. Preste atención a las sensaciones externas e internas que siente al inhalar y exhalar si ha decidido concentrarse en su respiración.

Por último, tome un baño y añada algunos aceites esenciales. Tiene que pasar al menos 40 minutos en el baño para que los aceites esenciales mezclados actúen correctamente.

Actividad del día 6

En el sexto día, puede empezar el día con afirmaciones positivas. Por ejemplo:

- Será un día maravilloso.
- Si algo va mal, intentaré arreglarlo.
- Si algo me molesta, lo dejaré pasar.

Puede decir tantas afirmaciones positivas como necesite escuchar. Escuchar afirmaciones positivas tendrá un efecto positivo no solo en su salud mental, sino también en sus chakras.

A continuación, realice las siguientes posturas de yoga:

Hoy realizará una postura de flexión hacia delante de pie. Le ayuda a relajar sus pensamientos y establece una sensación de tranquilidad y concentración en su práctica. Esta postura estira físicamente los cuádriceps y libera la tensión en toda la espalda.

Comience en la Postura de la Montaña acercando los pies. Extienda las rodillas con suavidad y pivotee desde la pelvis para doblar las piernas. Ponga las manos en el suelo a su lado. También puede agarrarse a cualquiera de los codos si quiere relajarse aún más en esta postura. Empuje la columna vertebral con cada inhalación y flexione un poco más con cada respiración.

Actividad del día 7

Es el último día para equilibrar su chakra raíz. Hoy también realizará algún movimiento. Pero hoy hará un tipo de movimiento diferente, es decir, senderismo.

Se trata principalmente de una actividad de ocio que consiste en caminar por la naturaleza. El senderismo es una actividad natural que mejora la salud física, es barata, conveniente y le ayuda a equilibrar su chakra raíz. Practicar senderismo en el bosque ofrece varias ventajas, como unas vistas preciosas, aire fresco y los sonidos y fragancias de la naturaleza. Todas estas ventajas le ayudarán a mantener su chakra raíz.

1. Empiece despacio. Los principiantes deberían hacer una caminata corta por el vecindario. Trabaje hasta llegar a senderos que tengan colinas o un terreno variado.
2. Utilice bastones. Presionando contra el suelo e impulsándose hacia delante obliga a las fibras musculares de la parte superior del cuerpo a trabajar más, lo que da lugar a un ejercicio aeróbico más intenso.
3. Diríjase a las colinas. Incluso una pequeña inclinación elevará su ritmo cardíaco y le hará quemar más calorías. Se cree que una elevación de entre el cinco y el diez por ciento produce un aumento del 30 al 40 por ciento en el gasto de calorías.
4. Aumente el volumen. Se pueden trabajar los músculos a la vez que se aumenta el equilibrio y la estabilidad en un terreno irregular.
5. Póngase un peso encima. Debe añadirse peso extra a su mochila.
6. Coja ritmo. En los días en que no pueda ir a los senderos, camine con fuerza por terrenos escarpados mientras lleva una mochila con peso para mantener sus habilidades de senderismo y su nivel de forma física.

Cuando llegue a su destino, masajéese la planta de los pies con un aceite esencial calmante o haga algo de yoga y meditación allí. Sin embargo, hay muchas otras cosas que puede hacer para equilibrar Muladhara. Puede utilizar cristales en su vida diaria, llevar el color rojo o también puede utilizar el mudra en su vida diaria.

El mudra se refiere a menudo a un tipo de yoga llamado yoga del tacto. Indica tocar la tierra mientras se hace yoga. Ayuda a equilibrar las potentes conexiones con el chakra raíz o Muladhara. Este tipo de práctica yóguica tiene sus orígenes en la tradición budista. Es algo que puede realizar cuando se sienta perdido o desapegado.

Cómo hacerla: coloque una palma de la mano sobre el pecho y la otra en el suelo. A continuación, realice diez o más respiraciones lentas y profundas.

Otra estrategia eficaz para equilibrar el chakra raíz es utilizar el color rojo. Dado que el color rojo se asocia con el chakra raíz, se cree que el mero hecho de llevarlo puede ayudar a energizar el chakra raíz. Puede notar cómo se transforma su energía cuando se pone un vestido rojo, un chal rojo o un lápiz de labios rojo. Como el color rojo ajusta su frecuencia y modifica su energía, comprometerse con el color es el enfoque más sencillo y fácil para energizar o equilibrar sus chakras raíz.

También puede utilizar cristales. Ayudan a cualquier chakra, pero suelen proceder de la tierra, por lo que tienen características terrosas del chakra raíz. No solo pueden equilibrar el chakra raíz, sino que también pueden fortalecerlo. Los cristales pueden utilizarse de diversas formas, como decorar su casa con ellos, ponérselos como joyas, y también puede meditar con ellos. Muchos cristales, como el jaspe rojo, la piedra de sangre y la hematites, están conectados específicamente con el chakra raíz. Esperamos que utilice todas estas cosas adicionales para equilibrar el chakra raíz.

Algunas cosas a tener en cuenta

Es posible que se haya preguntado qué se siente al liberar realmente el Muladhara. Pues bien, las personas se sentirán seguras, relajadas y tranquilas cuando el chakra raíz despierte y las energías fluyan libremente. Experimentar emociones arraigadas, vinculadas y protegidas son todos los signos de la apertura del chakra. También puede experimentar calidez, cambios saludables en sus comidas y hábitos de sueño.

Tal vez sienta curiosidad por saber más sobre lo que se conoce como la "sensación del chakra raíz". El chakra raíz se está abriendo y fluyendo si siente sensación en las partes de su chakra raíz. Las plantas de las manos, las plantas de los pies y la cintura pélvica son partes del cuerpo comunes para sentir estas sensaciones durante el equilibrio del chakra raíz.

Debe ser más consciente del Muladhara hiperactivo. Los indicios de una energía Muladhara obstruida son notablemente similares a los de un chakra raíz hiperactivo. Un chakra raíz hiperactivo puede tener un impacto negativo en la salud. El pánico, la preocupación y el terror son síntomas mentales de una disfunción del chakra raíz. Los bajos niveles de autoestima, la ansiedad grave y los problemas de alimentación también son frecuentes en este tipo de personas.

A veces las personas dicen sentir dolor o sentir que su chakra raíz les duele. La presencia de molestias en la zona pélvica es normalmente un síntoma del desequilibrio del chakra raíz. Tiene que entender cómo abrir y equilibrar su chakra raíz: debe comprender que su necesidad básica de sobrevivir implica estar sano.

Bono: Desde la raíz hacia arriba

Al representar la base de su bienestar, el chakra raíz desempeña un papel importante en su vida. Pero aprender a desbloquearlo y equilibrarlo significa mucho más que tener un chakra fuerte. Significa hacer que la fuerza vital suba a sus otros chakras sin interrupción y con más poder que antes. Elevar su energía a los chakras superiores es tan esencial como cuidar sus raíces. Al mismo tiempo, nutrir esos chakras puede ayudar a evitar que la energía negativa penetre en su chakra raíz. En este capítulo, conocerá los chakras superiores, verá cómo sus bloqueos afectan a su salud y qué puede hacer para desbloquearlos.

Chakra sacro

Situado justo debajo del ombligo, el chakra sacro está relacionado con la sensualidad, el placer, la creatividad, el deseo y la autoestima. Está representado por el color naranja y está vinculado al elemento agua. Físicamente, el chakra sacro desempeña un papel en el mantenimiento de la salud de la zona abdominal inferior. Cuando este chakra está bloqueado, puede experimentar cansancio, dolor de espalda baja, infecciones del tracto urinario, impotencia y otros problemas con su zona genital.

Desde el punto de vista emocional, este centro determina cómo expresa sus sentimientos en sus relaciones, así como el grado de creatividad que aporta en ellas. Si le falta deseo en sus relaciones o es incapaz de expresarlo, puede ser un signo de que este chakra está bloqueado. También es posible que le resulte difícil encontrar la alegría en otras áreas de su vida, como si nada pudiera inspirarle a dar rienda suelta a su creatividad.

He aquí algunas formas estupendas de desbloquear su chakra sacro:
- **Yoga:** Las posturas de apertura de cadera, como la postura de la rana, la paloma o la postura de la cobra, pueden hacer maravillas en su región sacra. Liberarán la tensión física y mejorarán la circulación sanguínea y energética en esta zona.

Para obtener los mejores resultados, intente hacerlas tan profundas como pueda y mantenerlas durante el máximo tiempo posible.

- **Meditación:** Pruebe la meditación u otras técnicas de atención plena diseñadas para elevar su inteligencia emocional y desbloquear el problema que le mantiene atascado en un lugar con sus emociones.
- **Dieta:** Coma alimentos de color naranja como zanahorias, batatas, naranjas, mango, calabaza y papaya para sanar su chakra sacro.
- **Cristales:** El granate, la cornalina, la calcita naranja, la piedra de sangre y otras piedras naranjas vibran al mismo nivel que su chakra sacro necesita para restablecer su equilibrio energético. Manténgalas cerca de usted durante la meditación. O, mejor aún, colóquelas en el bajo vientre para canalizar su energía hacia usted.

Chakra del plexo solar

El chakra del plexo solar es un centro de energía que afecta a la zona superior del abdomen o, por decirlo de forma sencilla, sus intestinos. Cuando funciona correctamente, tendrá más confianza en su intuición, así como más autoestima. La energía de este centro también afecta a su digestión y a sus músculos centrales. Si está bloqueado, puede experimentar hinchazón, aumento o disminución del apetito, úlceras, dolor de estómago, reflujo ácido y otros problemas digestivos, así como calambres musculares.

En el plano mental y emocional, un bloqueo en este chakra se manifiesta de las siguientes maneras: pérdida de autoestima, impotencia, falta de valor y trastornos alimentarios. Sentirse insatisfecho con su vida también puede significar un desequilibrio en esta región.

Puede desbloquear su chakra del plexo solar mediante los siguientes métodos:

- **Yoga:** Algunas de las posturas más eficaces para este chakra son la postura del guerrero, la postura del arco y la postura del barco. Todas ellas comprometen los músculos de su núcleo, lo que estimula el flujo de energía en esta zona. También son excelentes para fortalecer su equilibrio, lo que ayuda a recuperar la confianza.

- **Meditación:** Utilice estrategias mediadoras que atraigan la energía positiva, devolviéndole la confianza, el valor y la autodisciplina que necesita. Combínelas con pranayama u otras técnicas de respiración profunda para conseguir un efecto aún más potente.
- **Dieta:** Los alimentos amarillos son los que mejor funcionan para sanar este chakra, así que pruebe a comer plátanos, pimientos y piñas. Mejore su salud intestinal con alimentos amarillos que estimulen la digestión, como el jengibre.
- **Cristales:** El cuarzo amarillo, el citrino, el ojo de tigre amarillo y la calcita amarilla están estrechamente asociados a la energía de los chakras solares. Colóquelos en la parte superior del abdomen mientras está acostado, o llévelos en un collar, asegurándose de que lleguen al estómago.

Chakra del corazón

Como su nombre indica, este chakra está situado en el centro del pecho, cerca del corazón. Estrechamente asociado con el color verde, promueve el amor, la bondad y la compasión dirigidos principalmente hacia usted mismo, y luego hacia los demás. En consecuencia, cuando este chakra está bloqueado, es probable que tenga problemas para expresar sus sentimientos y que le falte empatía con las emociones de los demás.

También es habitual sentirse perdido, sobre todo si el bloqueo está causado por el final de una relación o la muerte de un ser querido. Los problemas circulatorios, la presión arterial alta o baja y un ritmo cardíaco irregular también pueden ser síntomas de un chakra del corazón desequilibrado.

He aquí algunas formas eficaces de desbloquear su chakra del corazón:

- **Yoga:** Las posturas de apertura del corazón, como la del camello o la del águila, son especialmente recomendables para los problemas relacionados con el chakra del corazón. También puede probar otras secuencias que comprometan su pecho, hombros y espalda, renovando el flujo negro en estas regiones.

- **Meditación:** Pruebe técnicas de meditación que hagan aflorar el amor incondicional, la compasión, la generosidad y la capacidad de encontrar la bondad en uno mismo y en los demás.
- **Dieta:** Comer verduras será extremadamente beneficioso para su chakra del corazón. Tiene la col rizada, las espinacas, la lechuga romana, el pepino y muchas más verduras verdes para elegir. Los kiwis también están asociados a este centro energético.
- **Cristales:** Busque piedras verdes brillantes, como el jade, la esmeralda, la calcita verde, el peridoto o la turmalina sandía, para obtener energía curativa natural. Llévelas sobre el corazón y tendrá garantizado que sanarán, desbloquearán o limpiarán su chakra del corazón.

Chakra de la garganta

Como su nombre indica, está situado en la zona de la garganta y se asocia con el color azul. Es el responsable de su capacidad de comunicación. Todo lo que siente en su cuerpo y en su mente está vinculado en este chakra. Físicamente, afecta a la base del cráneo, las orejas, las mejillas, los labios, la lengua, la mandíbula, la parte inferior del cuello, la parte superior de la espalda y los hombros. Los bloqueos en este chakra son probablemente los más notables, ya que a menudo causan la pérdida de su voz, problemas de tiroides o infecciones en la boca, los dientes y las encías.

No solo eso, sino que puede experimentar una pérdida de capacidad para comunicarse verbalmente, hablar sin pensar y utilizar palabras negativas. La tendencia a dominar las conversaciones o a tener la última palabra, la ansiedad por hablar delante de los demás y la falta de disposición a escuchar a los demás son también signos comunes de un chakra de la garganta bloqueado.

Utilice estos métodos para desbloquear su chakra de la garganta:

- **Yoga:** Algunas de las posturas recomendadas para este chakra son el arado, el pez y la postura de la reina, así como otras diseñadas para liberar la tensión del cuello, los hombros y la parte superior de la espalda y mantener la energía fluyendo hacia estas zonas.

- **Meditación:** Céntrese en ejercicios de meditación que le ayuden a comunicar sus necesidades a los demás. Puede que no sea a través de las palabras, pero otros medios creativos para ser más consciente pueden enseñarle.
- **Dieta:** Los arándanos, las moras y las algas verde-azules son los que mejor funcionan para realinear el chakra de la garganta. Otros alimentos no azules, como las algas, la hierba de trigo, el ginseng y los tés, tienen un efecto calmante en la garganta y pueden ayudar a restablecer el flujo de energía hacia este centro.
- **Cristal:** Puede aprovechar la energía para nutrir su chakra de la garganta de piedras azules como la aguamarina, la celestita, el lapislázuli y la turquesa. Sujételas en la base de la garganta o en el hombro mientras medita. O lleve una piedra pequeña en un collar apretado para mantenerla cerca de la garganta.

Chakra del tercer ojo

El chakra del tercer ojo está situado entre sus ojos físicos y representa un claro vínculo con su intuición. Asociado con el color índigo, impulsa el desarrollo de su imaginación y su sabiduría superior. Su función afecta a su cerebro y a sus ojos, por lo que su bloqueo suele manifestarse como problemas de visión, dolores de cabeza frecuentes, pérdida de memoria y niebla mental. En el plano emocional, los signos de un bloqueo pueden incluir problemas de comprensión de la realidad, estrechez de miras, problemas para confiar en la propia intuición y falta de voluntad para aprovechar la sabiduría más profunda que hay en su interior.

He aquí algunas formas de desbloquear su chakra del tercer ojo:

- **Yoga:** No hay posturas de yoga específicas para desbloquear, realinear o sanar este chakra. En su lugar, concéntrese en los movimientos o secuencias que se sientan bien para el cuerpo. Esto puede variar de vez en cuando, así que asegúrese de escuchar las señales de su cuerpo y de su mente, para poder atender sus necesidades intuitivas.
- **Mediación:** Necesitará la mediación y otras técnicas de atención plena diseñadas para realinearse con su intuición. Combinarlas con afirmaciones puede ser incluso más útil para que abra su mente y empiece a creer en sí misma.

- **Dieta:** Los alimentos de color púrpura son los que mejor se asocian con el chakra del tercer ojo, así que procure incorporar la mayor cantidad que pueda en su dieta. Coma lechuga y zanahorias moradas, berenjenas, ciruelas y uvas para nutrir este centro.

- **Cristales:** Este chakra requiere la energía de las piedras de color morado oscuro o casi en el lado azul del morado, como la sugilita, la amatista y el zafiro. Puede incorporar estas piedras en accesorios para la cabeza, llevarlas como pendientes o sostenerlas cerca de usted mientras medita en su chakra del tercer ojo.

Chakra de la corona

Estrechamente asociado con la inteligencia, la conciencia profunda, la iluminación y el color violeta, el chakra de la corona es definitivamente uno que exige mucha atención. Y más aún porque está conectado con todos los demás centros energéticos. Debido a esto, también suele estar simbolizado por el color blanco, que es el color universal de un poder superior. Esto significa que, aunque esté en la parte superior de la cabeza, el chakra de la coronilla no siempre afecta solo a lo que está debajo de él físicamente, sino que también afecta a todos los demás órganos del cuerpo.

Aunque los síntomas físicos vinculados específicamente a este centro pueden ser menores que con el otro chakra, signos como la sensibilidad a la luz y los sonidos y los problemas neurológicos pueden indicar problemas en este departamento. Los síntomas espirituales y mentales, en cambio, son numerosos. Desde la falta de crecimiento espiritual hasta la terquedad y el escepticismo, pasando por centrarse en las cosas materiales de la vida, todos estos signos pueden deberse a un chakra coronario mal alineado.

He aquí algunas formas útiles de desbloquear su chakra coronario:

- **Yoga:** La postura de la cabeza, la del loto y la de la mariposa son estupendas para restablecer la circulación sanguínea en su cabeza y el flujo de energía hacia su chakra de la coronilla. Asegúrese de comenzar su sesión con una respiración profunda, para poder concentrarse.

- **Mediación:** Los ejercicios de conexión a tierra le ayudarán a alejar su mente de las cosas intrascendentes y dirigirla hacia lo que es importante. Combínelos con mudras relacionados con el chakra de la coronilla para obtener resultados aún mejores.
- **Dieta:** Curiosamente, la dieta del chakra de la coronilla se basa en la falta de alimentos más que en los alimentos específicos que hay que comer. Ayunar lo suficiente para no dejar que su cuerpo se quede sin combustible puede hacer maravillas para despejar su cabeza. Empiece por ayunar durante 12 horas durante la noche, y aumente poco a poco su periodo de no comer.
- **Cristales:** Las piedras de color púrpura claro y blanco como los diamantes, la selenita, la piedra de luna y el cuarzo vibran en la misma frecuencia que su chakra de la corona, lo que significa que pueden proporcionarle un poder superior. Apóyelas en su cabeza mientras medita o llévelas durante el día de forma similar a la descrita para el chakra anterior.

Reflexiones finales

No todos los síntomas descritos para los chakras individuales representan un bloqueo en ese chakra específico. Pueden ser la manifestación de un chakra raíz bloqueado que no deja fluir la energía hacia otro chakra, afectando a sus funciones. Antes de empezar a trabajar en cualquiera de los chakras, asegúrese de que el problema reside realmente en ellos.

Además, como sabe, la vibración de su energía siempre depende de sus sentimientos actuales. Esto significa que lo que parece y se siente mal hoy puede no sentirse igual mañana.

Los patrones de bloqueo establecidos pueden resolverse utilizando un método de los descritos anteriormente para cada chakra. Si un síntoma aparece de forma continuada, puede ser un indicio de que existe un trauma grave y un bloqueo en el chakra. Esto suele requerir que se combinen varios métodos de curación durante un periodo prolongado.

Conclusión

Al ser el chakra asociado con el arraigo y la estabilidad, Muladhara es responsable de atender sus necesidades básicas. Además de animarle a encontrar una alimentación y un refugio adecuados para protegerse de los elementos, también le impulsa a explorar sus necesidades espirituales, físicas y emocionales. Por desgracia, no puede hacer nada de esto correctamente cuando está bloqueado o abrumado por la energía negativa derivada de un entorno hostil o de experiencias desagradables. Si se rememoran las experiencias pasadas es cuando se empiezan a experimentar síntomas como la inseguridad, la ansiedad, la falta de concentración, el insomnio y muchas otras emociones asociadas a un chakra raíz bloqueado.

Dado que la función básica de Muladhara es mantenerle con los pies en la tierra, es una buena idea empezar con ejercicios diseñados para hacer precisamente eso. Utilizando el cuestionario que encontrará en este libro, puede comprobar el estado de su chakra raíz. Si percibe alguno de los síntomas descritos anteriormente, puede proceder a aprender las técnicas que pueden rectificar el problema. Si no está familiarizado con las técnicas de atención plena, puede empezar con sencillos ejercicios de pranayama. Estas técnicas de respiración profunda le ayudarán a introducirse en las sesiones de meditación o yoga diseñadas para abrir o sanar un chakra raíz bloqueado.

Poco a poco, puede empezar a enriquecer su práctica con afirmaciones positivas y mantras que le ayudarán aún más a expresar su intención. Aprenderá a canalizar su energía en una dirección positiva y a mantener la negatividad alejada de su chakra base. El uso de cristales y piedras curativas añade otra capa a sus prácticas de nutrición del Muladhara. El color de la tierra y los elementos naturales, como las piedras hechas de un mineral, le proporcionarán la forma más pura de energía que puede utilizar para nutrir su sistema de chakras. Si aprende a recargar sus cristales de forma natural, dispondrá de un suministro inagotable de energía bruta, que le motivará para superar cualquier obstáculo en la vida.

Y, por supuesto, no debe olvidar la dieta y la nutrición. Comer alimentos naturales puede ayudarle a sentirse más conectado con la tierra, desbloqueando o equilibrando eficazmente su chakra raíz. Concéntrese en el color de los alimentos que consume, al igual que lo hace con los cristales que elige tener a su alrededor. Busque siempre complacer a Muladhara con muchos alimentos rojos, preferiblemente en forma cruda, ya que contienen más de los preciosos nutrientes que necesita. También puede mimarse con aromaterapia durante sus baños y duchas o utilizar aceites esenciales para abrir su chakra raíz mediante ejercicios de atención plena.

Aunque no puede añadir todos estos elementos a su horario de una sola vez, incorporarlos a sus rutinas diarias poco a poco hará maravillas en su chakra raíz. Siéntase libre de mezclar y combinar las posturas de yoga para montar secuencias divertidas. Añada diferentes mantras, afirmaciones, mudras, pranayama y ejercicios de meditación para crear una sesión única para cada día, así no se aburrirá con ninguna de ellas. Se trata de centrarse en sus necesidades básicas y hacer lo que le parezca correcto. Porque, en última instancia, en esto se basa su esencia energética. No solo mantenerlo sano equilibrará el Muladhara, sino que también puede abrir la posibilidad de elevar los chakras superiores. Recuerde que todos sus chakras están conectados en un complejo sistema energético y están en constante comunicación entre sí. Nutrir uno de ellos significa nutrirlos a todos.

Segunda Parte: Chakra Sacro

La guía definitiva para abrir, equilibrar y sanar el Svadhisthana

Introducción

«Puedes aliviar el dolor y el sufrimiento aprendiendo a cuidar mejor tus chakras». ~Catherine Carrigan

Hay mucho misterio y confusión alrededor de los chakras, porque son esotéricos y no son fáciles de entender para la mayoría de la gente. Sin embargo, si se toma el tiempo para aprender sobre ellos y cómo activarlos, ¡desbloqueará un nuevo nivel de salud y bienestar!

El chakra sacro, situado en la parte inferior del abdomen, es el segundo chakra del cuerpo energético. Gobierna la creatividad, la sexualidad y la pasión, y suele estar relacionado con los bloqueos emocionales y físicos. Esta guía le ayudará a conocer el chakra sacro, le ayudará también a saber si está bloqueado y a abrirlo y equilibrarlo.

Tanto si está comenzando su viaje hacia la salud y la felicidad como si lleva tiempo recorriendo el camino, esta guía será un recurso muy valioso a medida que avanza en su viaje. El primer capítulo proporciona información de fondo sobre el chakra sacro, incluyendo su historia, mitología, colores, elementos y símbolos asociados. El segundo capítulo explora cómo el chakra sacro puede bloquearse o desequilibrarse.

El tercer capítulo habla de cómo la meditación y la visualización pueden ayudarle a activar su chakra sacro, complementando con mantras y afirmaciones en el cuarto capítulo. El quinto capítulo explora el poder de los mudras y el *pranayama*, mientras que el sexto ofrece posturas y secuencias de yoga específicamente diseñadas para sanar y activar el chakra sacro.

En el séptimo capítulo, se explica el uso de cristales y piedras para sanar y equilibrar el chakra sacro. En el octavo capítulo se habla de la aromaterapia específica para el *Svadhisthana*, y en el noveno se explora la dieta y la nutrición para el chakra sacro. Por último, el décimo capítulo ofrece una rutina de siete días para el chakra sacro que le ayudará a emprender el camino para activarlo y equilibrarlo.

Hay un capítulo extra al final de la guía sobre cómo equilibrar la energía, desde el chakra sacro hasta los chakras superiores. Al cultivar la conciencia y la comprensión de su chakra sacro, descubrirá que puede acceder a un nuevo nivel de salud, felicidad y bienestar en su vida.

Tanto si es nuevo en el mundo de los chakras como si lleva tiempo trabajando con ellos, esta guía le proporciona todo lo que necesita saber sobre el chakra sacro y le explica cómo activarlo, equilibrarlo y sanarlo para conseguir una salud y un bienestar óptimos. Entonces, ¿por qué esperar? Empiece hoy mismo el viaje hacia la activación y el equilibrio del chakra sacro.

Capítulo 1: ¿Qué es *Svadhisthana*?

Los chakras son centros de energía que reciben, procesan y transmiten información por todo el cuerpo. Cuando están equilibrados y alineados, trabajan juntos para mantener un estado de bienestar. Cuando hay un desequilibrio, puede manifestarse en problemas de salud física y mental muy tangibles.

Si está comenzando el aprendizaje sobre los chakras y cómo equilibrarlos, *Svadhisthana* es un buen punto de partida. *Svadhisthana* es el segundo chakra y uno de los siete principales del cuerpo. La palabra *Svadhisthana* significa «morada del yo». Por lo tanto, su *Svadhisthana* es el lugar donde usted reside en su cuerpo. También se conoce como el chakra sacro porque está situado justo debajo del ombligo, en la pelvis.

Este capítulo ofrece una visión general de los chakras, explica el cuerpo energético y analiza las funciones que desempeñan los chakras en el flujo de energía a través del cuerpo. Se centra en el segundo chakra y explica lo que representa, sus colores y elementos asociados y cómo mantenerlo en equilibrio. Al final del capítulo, debería entender qué es *Svadhisthana* y estar en camino de mantenerlo equilibrado.

Los chakras en el cuerpo

Hay siete nodos energéticos giratorios dentro del cuerpo sutil, conocidos como chakras. Son la sede de las emociones y deseos y contribuyen a la salud física. La práctica del yoga a menudo se centra en alinear el sistema de chakras para promover el equilibrio y el bienestar a través de asanas (posturas), *pranayama* (trabajo de respiración) y meditación.

Estos son los siete chakras principales, cada uno de ellos asociado con un aspecto diferente de la personalidad, las emociones o las funciones físicas. Por ejemplo, el chakra raíz está situado en la base de la columna vertebral y se asocia con los sentimientos de seguridad y protección. De abajo a arriba, los siete chakras principales son:

- *Muladhara* (raíz).
- *Svadhisthana* (sacro).
- *Manipura* (plexo solar).
- *Anahata* (corazón).
- *Vishuddha* (garganta).
- *Ajna* (tercer ojo).
- *Sahasrara* (corona).

El bienestar mental y físico mejora alineando la energía que fluye por los chakras y manteniéndolos equilibrados. Diversas técnicas de meditación y otras prácticas mente-cuerpo son útiles porque ayudan a eliminar bloqueos en los chakras y fortalecen su capacidad de absorber y transmitir energía. En definitiva, si se aprende a escuchar los mensajes de los chakras, se puede comprender mejor a sí mismos y allanar el camino hacia una mayor felicidad y salud.

El cuerpo energético

La energía que fluye por el cuerpo, o la fuerza vital, se llama *prana*. Es una fuerza única y fascinante en el mundo físico. En su nivel más simple, el *prana* se refiere a la energía sutil que impregna todo lo que nos rodea. Se puede pensar esta energía como una «fuerza vital» invisible que tienen todos los seres vivos. Sin embargo, el cuerpo energético también tiene otras cualidades importantes, más allá de su presencia física.

En algunas tradiciones antiguas, se cree que el *prana* desempeña un papel esencial en el mantenimiento de la salud física y mental, porque está íntimamente conectado con las emociones y la intuición. Ayuda a regular los niveles de estrés y facilita la comunicación entre las distintas partes de la psique.

Por lo tanto, aunque solemos centrarnos en los efectos tangibles, como dar vida a las plantas o impulsar procesos vitales dentro del cuerpo, también se debe reconocer el importante papel del *prana* en la mejoría de la salud mental y el bienestar general. Por esta razón, muchas prácticas de yoga y meditación se centran en cultivar la conciencia del cuerpo energético y aprender a controlar el flujo de *prana*.

Al nutrir el cuerpo energético mediante la meditación, las prácticas de atención plena y otras actividades holísticas, se desbloquea todo el potencial de felicidad y propósito. Después de todo, como dice la ciencia moderna, una mente sana hace un cuerpo sano.

El papel de los chakras

Todos tenemos siete centros energéticos principales en el cuerpo energético llamados chakras, que son vórtices giratorios de energía y luz con forma de embudo que se corresponden con los principales centros nerviosos y glándulas del cuerpo físico. Leen e interpretan la energía que llega, tanto interna como externamente, y nos mantienen sanos siempre que se mantengan abiertos, equilibrados y fluyendo libremente.

La palabra «chakra» viene del sánscrito *chakra*, que significa «rueda» o «disco». Cada chakra está asociado con una zona del cuerpo y una emoción o aspecto concreto de la personalidad. Cuando están desequilibrados o tensos, los chakras se cierran o bloquean, provocando malestar emocional o físico.

La función de los chakras es interpretar y regular la energía que el cuerpo recibe de uno mismo, de los demás y del entorno. Si se aprende a trabajar con los chakras, se cultiva una mayor conciencia de sí mismo y se mejora el bienestar general. Prácticas como el yoga, el *pranayama* o la meditación también ayudan a activar y desbloquear los chakras para que sigan cumpliendo la función vital de favorecer la prosperidad.

Svadhisthana - El chakra sacro

En sánscrito, «*Svadhisthana*» significa «el lugar de uno» o «la morada de uno». Se trata de disfrutar de la vida y dejarse llevar. Es el lugar donde nos sentimos realmente en casa en el cuerpo y en paz con nosotros mismos. Este chakra tiene que ver con sentirse arraigado en el ser sexual, disfrutar del placer, conectar con los demás, sentirse creativo y experimentar la alegría.

El chakra *Svadhisthana* es uno de los centros energéticos más importantes del cuerpo. Situado en la zona del sacro, rige la creatividad y la sexualidad e influye en la expresión, la confianza y el equilibrio emocional. La conciencia en la forma de expresarse física y emocionalmente es importante para mantener equilibrado el chakra *Svadhisthana*.

Al tomar conciencia de los procesos y patrones internos que impulsan los comportamientos, se pueden gestionar más eficazmente las emociones y es más fácil superar cualquier desafío. Tanto si se toma un camino más espiritual como si se exploran experiencias más mundanas, mantenerse en sintonía con el chakra *Svadhisthana* ayuda a llevar una vida vibrante llena de creatividad y alegría.

Orígenes y primeras escrituras

Svadhisthana tiene una antigua y rica historia en los textos védicos como los *Upanishads*. Las primeras escrituras revelan que este portal energético siempre ha sido visto como una fuente de energía vital y de conocimiento que permite experimentar plenamente el cuerpo físico y el ser interior.

La palabra «*Svadhisthana*» aparece por primera vez en el *Taittiriya Upanishad*, una de las primeras escrituras védicas. En este texto, se describe como una representación simbólica del «semen que contienen los testículos» y está estrechamente relacionado con el segundo chakra en su ubicación y función.

Con el tiempo, el *Svadhisthana* se ha ampliado a todos los ámbitos creativos y emocionales, incluida la expresión de la sexualidad. La mayoría de las tradiciones espirituales reconocen al *Svadhisthana* como un chakra importante para la autoexpresión, la creatividad y el equilibrio emocional.

Ubicación y partes del cuerpo correspondientes

El *Svadhisthana* se encuentra en el sacro, un pequeño hueso de forma triangular situado en la base de la columna vertebral. El sacro es el lugar donde la médula espinal se une con la pelvis, y también el punto de origen de muchos de los nervios y órganos del cuerpo. El plexo sacro, una red de nervios que recorre la parte inferior del abdomen y la pelvis, también se encuentra en esta zona.

Además, el cuerpo sutil está vinculado con *Svadhisthana*, que se corresponde con muchos órganos internos del bajo vientre, como la vejiga, los riñones y los órganos reproductores. Este chakra también gobierna el sistema linfático, una red de tejidos y órganos que combaten las infecciones y eliminan los residuos del cuerpo.

Como uno de los centros energéticos más importantes del cuerpo, *Svadhisthana* desempeña un papel crucial en la salud física, mental y emocional. Aprender a trabajar con este chakra y fortalecerlo a través de diversas prácticas cultiva una mayor sensación de equilibrio y bienestar en todos los aspectos de la vida.

Símbolo, color y elemento asociado

Símbolo del chakra sacro
https://pixabay.com/images/id-2533094/

En muchas tradiciones espirituales, existe la creencia de que la realidad es más de lo que se percibe a simple vista. El mundo físico es una pequeña parte de una imagen mucho más grande, y el cuerpo humano se ve como un vehículo para el alma. Este concepto está representado en el símbolo *Svadhisthana*, que es una vejiga de pez girando.

Este símbolo se utiliza a menudo para representar el portal energético entre el reino físico y el espiritual. Nos recuerda que estamos conectados con algo más grande y que la vida es más que lo que se puede ver y tocar. Meditar en este símbolo ayuda a abrir la mente y el corazón a las infinitas posibilidades que hay más allá del mundo físico.

Svadhisthana se asocia habitualmente con el color naranja, que representa la vitalidad y la creatividad. El naranja representa muchas facetas del ser, desde la vitalidad y la fuerza físicas hasta la creatividad y la pasión. Ya sea en la expresión artística, la exploración de nuevas ideas o simplemente el movimiento y la actividad, el poder de *Svadhisthana* ayuda a dar vida a las ideas y a manifestarlas en la realidad.

El elemento asociado con *Svadhisthana* es el agua, como es natural. El agua es esencial para toda la vida en la tierra, ya que proporciona nutrientes, refresca en el calor del verano y hace posible el crecimiento de las plantas. Además, es crucial en muchos procesos naturales al interactuar y combinarse con otros elementos.

Por ejemplo, la evaporación forma las nubes de lluvia o reduce una masa de agua a un simple goteo. Del mismo modo, el hielo y la nieve tienen un poderoso impacto en el entorno durante los meses más fríos. Todos estos aspectos hacen que el agua sea un componente esencial de la vida en la Tierra, y que encarne perfectamente la energía de *Svadhisthana*.

Rasgos y funcionamiento

Svadhisthana se considera una puerta de entrada a la mente subconsciente y a los impulsos más primarios. Gobierna muchos aspectos de la vida de los que muchas veces no somos conscientes, como los deseos sexuales, la creatividad y las emociones. Por lo tanto, es esencial mantener este chakra en equilibrio. Cuando *Svadhisthana* está desequilibrado, puede generar el sucumbimiento ante los impulsos primarios y la incapacidad de controlar las emociones o el comportamiento.

En cambio, cuando este chakra está en equilibrio, se aprovechan las poderosas energías asociadas a él para que los talentos y los deseos latentes fructifiquen. Ya sea a través de la expresión artística, la actividad física o la intimidad sexual, *Svadhisthana* se encarga de liberar el potencial creativo y ayuda a disfrutar la plenitud de la vida en todos sus aspectos.

Este chakra no solo tiene que ver con los placeres físicos. *Svadhisthana* también es responsable de la capacidad para conectar con los demás emocionalmente y ayuda a forjar relaciones más fuertes y significativas que aportan una mayor plenitud. Por estas razones, mantener este chakra fuerte y sano es importante para disfrutar de todos los aspectos de la vida que rige *Svadhisthana*.

Beneficios de la alineación del chakra *Svadhisthana*

El chakra *Svadhisthana* es esencial para mantener una óptima salud física, mental y emocional. Este sutil centro de energía, situado en la región sacra o pélvica del cuerpo, es responsable de regular los sentimientos de vitalidad, placer, poder y deseo. Cuando está equilibrado, proporciona seguridad y energía. En cambio, cuando está desalineado o bloqueado, se puede experimentar estancamiento o agotamiento.

Afortunadamente, hay muchas formas sencillas de cultivar el equilibrio en el chakra *Svadhisthana* y desbloquear sus múltiples beneficios. Algunas estrategias incluyen las técnicas de meditación enfocadas en la energía de la raíz de este centro, la participación en actividades para estimular los sentidos y promover la creatividad, una dieta saludable que incluye muchas frutas y verduras frescas y la incorporación de ejercicios de conexión a tierra en una rutina diaria. Ya sea que esté buscando lograr un máximo rendimiento en el trabajo o simplemente mejorar su bienestar general, alinear el chakra *Svadhisthana* le ayudará a conseguirlo.

Bienestar emocional

Uno de los principales beneficios de alinear el chakra *Svadhisthana* es la mejora del bienestar emocional. Este centro de energía sutil se llama a menudo «cuerpo emocional», ya que gobierna la capacidad de procesar y expresar las emociones de forma saludable. Cuando este chakra está desequilibrado, se puede experimentar frustración, ira o confusión. Por eso, si se cultiva el equilibrio en esta área, se logra una mayor armonía en las relaciones y en la vida diaria.

La mayoría de las personas podría mejorar su bienestar emocional. Todos pasamos por momentos difíciles y a veces parece que las emociones están fuera de control. Si busca una forma de recuperar el control, alinear su chakra *Svadhisthana* será muy positivo. Cuanto más alineado esté este chakra, mejor equipado estará para gestionar sus emociones de forma saludable y constructiva, ya sea que esté lidiando con el estrés laboral, con un conflicto en su vida personal o con cualquier otro desafío.

Creatividad y expresión

Independientemente de si es artista, músico o escritor, alinear su chakra *Svadhisthana* le ayudará a aprovechar su potencial creativo. Este chakra es la sede de la creatividad, y al concentrarse en él se accede a la sabiduría interior y se abren nuevas posibilidades en el trabajo y en la vida.

Muchos luchamos con bloqueos creativos en algún momento. Si se siente atascado, alinear su chakra *Svadhisthana* puede ayudarle a poner en marcha su proceso creativo. Si es escritor, artista o cualquier otra profesión asociada, este chakra contiene muchas de las respuestas y conocimientos que busca.

Alinear su chakra *Svadhisthana* abre nuevos niveles de creatividad y expresión. Con este chakra en equilibrio, accederá a todo su potencial creativo y superará los obstáculos que antes parecían imposibles.

Mejoría de las relaciones

Tanto si quiere mejorar su vida amorosa como si busca crear vínculos más fuertes con su familia y amigos, alinear su chakra *Svadhisthana* le ayudará. Este centro de energía gobierna la capacidad de dar y recibir amor, y cuando está desequilibrado genera desconexión y soledad.

Si tiene problemas en sus relaciones, alinear su chakra *Svadhisthana* es la clave para cambiar las cosas. Cuando este chakra está equilibrado, se da y se recibe amor con más facilidad, lo que lleva a relaciones más satisfactorias.

Si está buscando una forma de mejorar su vida amorosa o de crear vínculos más fuertes con quienes le rodean, alinear su chakra *Svadhisthana* es un buen punto de partida. Al trabajar en este centro de energía, se abre más al amor y la conexión en todos los aspectos de su vida.

Mejoría de la salud física

Además de promover el bienestar emocional y creativo, alinear el chakra *Svadhisthana* también conduce a una mejor salud física. Este centro de energía gobierna la capacidad de disfrutar del placer y la vitalidad, y cuando está desequilibrado, genera agotamiento y desconexión del cuerpo.

Si quiere mejorar su salud física, alinear el chakra *Svadhisthana* debería ser una de sus prioridades. Cuando este chakra está equilibrado, hay una conexión con el cuerpo en un nivel más profundo y se aprovecha la vitalidad y el placer. Además, puede lograr una mayor salud y bienestar y generar un impacto positivo en todas las áreas de su vida.

Mayor conciencia sensorial

Los sentidos del olfato, el gusto, la vista, el tacto y el oído están regidos por el chakra *Svadhisthana*. Cuando está desequilibrado, se genera desconexión de los sentidos o se generan dificultades para disfrutar de toda la gama de sensaciones que ofrece la vida. Este centro de energía es esencial para conectar con los cinco sentidos, y cuando está equilibrado, abre las posibilidades de una mayor gama de experiencias sensoriales.

Si quiere mejorar su capacidad para saborear, oler, ver, tocar u oír, alinear el chakra *Svadhisthana* puede ayudarle. Con este chakra en equilibrio, conectará con sus sentidos en un nivel más profundo y aprovechará una gran cantidad de experiencias sensoriales que ni siquiera había imaginado posibles.

Mejoría de la intuición

El chakra *Svadhisthana* también está asociado con la intuición, y cuando está en equilibrio, se desarrolla el sentido innato de conocimiento y comprensión. Al conectar con este centro de energía, desbloquea su sabiduría interior y su intuición para saber siempre qué es lo mejor para su trabajo y su vida.

Con este chakra en equilibrio, puede acceder a su intuición con mayor facilidad y claridad y utilizarla para guiar su trabajo y su vida en la dirección que desea. Si está buscando una forma de mejorar su intuición y aprovechar su sabiduría interior, alinear su chakra *Svadhisthana* es el punto de partida perfecto.

Bienestar general

Cuando el chakra *Svadhisthana* está desequilibrado, tiene un efecto devastador en todas las áreas de la vida. Si tiene algún problema, es probable que se deba a un chakra *Svadhisthana* desequilibrado. En cambio, si se concentra en este centro de energía puede restablecer la sensación general de bienestar y lograr una mayor satisfacción en todos los aspectos de su vida.

El chakra *Svadhisthana* desempeña un papel importante en el bienestar emocional, creativo y físico, por lo que se pueden encontrar dificultades en todas las áreas cuando está desequilibrado. Si se concentra en él y lo equilibra, restablecerá su bienestar general y encontrará una mayor paz y satisfacción.

Los chakras son puntos focales de energía situados en el cuerpo energético, que es una contraparte etérea del cuerpo físico y que solo puede verse con el tercer ojo. Cada chakra actúa como un centro que recibe y procesa la energía vital, o *prana*. Son responsables de recibir e intercambiar el *prana*, dirigirlo por todo el cuerpo y distribuirlo por los diferentes órganos.

Hay siete chakras principales: la raíz, el sacro, el plexo solar, el corazón, la garganta, la corona y el tercer ojo; y cada uno está asociado con un color y un símbolo diferentes. La energía fluye a través de los chakras de un extremo a otro, desde el chakra raíz hasta la corona. El chakra *Svadhisthana* se encuentra unos cinco centímetros por debajo del ombligo, en la parte inferior del abdomen.

Recuerde que esto es un viaje, no un destino. Cuando esté preparado para empezar a trabajar en su chakra *Svadhisthana*, debe saber que no hay una forma correcta de hacerlo y que no puede aspirar a un equilibrio perfecto. El objetivo es ser más consciente de su centro de energía y trabajar en él para experimentar los beneficios de un chakra *Svadhisthana* equilibrado.

Haga todo lo posible por mantenerse positivo y paciente durante este proceso, y recuerde que los beneficios valen el esfuerzo. Con un poco de tiempo y paciencia, puede lograr una sensación de bienestar, vitalidad y placer alineando su chakra *Svadhisthana*.

Capítulo 2: ¿Está bloqueado su chakra sacro?

¿Está experimentando bloqueos físicos, emocionales o espirituales en su vida? Si es así, su chakra sacro podría estar obstruido y necesitar una curación. Situado en la parte inferior del abdomen, aproximadamente cinco centímetros por debajo del ombligo y ligeramente por detrás de él, el chakra sacro es uno de los siete centros energéticos del cuerpo conocidos como chakras.

Este poderoso vórtice energético desempeña un papel clave en las relaciones, la creatividad y el sentido de poder personal, sexualidad, placer y comodidad. Cuando el chakra sacro está bloqueado o desequilibrado, se siente ansiedad, desconexión de los demás e imposibilidad de salir de patrones poco saludables. Este capítulo le ayudará a identificar los síntomas de un chakra sacro bloqueado, débil, hiperactivo o desequilibrado.

Al final de este capítulo, hay un cuestionario que le ayudará a determinar si su chakra sacro necesita sanación.

Chakra sacro bloqueado

El chakra sacro o *Svadhisthana*, es un importante centro energético del cuerpo. Situado en la parte inferior del abdomen y asociado con el agua, este chakra desempeña un papel clave en la salud y el bienestar general. Cuando se bloquea o desequilibra, causa síntomas negativos, problemas de salud, ansiedad y depresión. También afecta la capacidad de conexión y comunicación con los demás y provoca dificultades digestivas y sexuales.

Afortunadamente, hay varias técnicas para limpiar y equilibrar el chakra sacro. Los métodos más comunes son la meditación, los ejercicios de visualización, los cambios en la dieta y la terapia de masaje. Al concentrarse en el equilibrio de este importante centro de energía, se recupera la salud y el bienestar interior.

Síntomas de un chakra sacro bloqueado

El chakra sacro gobierna la creatividad, sexualidad, placer y sensualidad. Un chakra sacro bloqueado se manifiesta como estancamiento creativo, disfunción sexual y baja autoestima. Otros síntomas posibles son dolor abdominal, estreñimiento, infecciones de la vejiga y problemas renales. Cuando el chakra sacro está equilibrado, hay creatividad, confianza y satisfacción sexual. Además, hay facilidad para expresar las emociones libremente y disfrutar de relaciones sanas.

Si está experimentando alguno de los síntomas negativos mencionados, puede actuar para desbloquear su chakra sacro. Los cristales como la cornalina y el citrino son útiles para trabajar un chakra sacro bloqueado. También puede probar posturas de yoga como la del guerrero II o la del puente para promover la creatividad y la confianza.

Causas del bloqueo del chakra sacro

Aunque hay muchos factores que pueden generar el bloqueo del chakra sacro, algunas de las causas más comunes son el estrés, los traumas y la preocupación o ansiedad excesivas. Otros posibles desencadenantes son los conflictos en los vínculos y los problemas relacionados con la sexualidad o la intimidad. Algunas personas también sugieren que los traumas infantiles o los abusos sexuales pueden provocar el bloqueo del chakra sacro.

Es fundamental abordar las causas subyacentes para desbloquear y sanar el chakra sacro relajándose más a menudo, liberando emociones negativas como la ira y el resentimiento, buscando el apoyo de amigos y familiares y adoptando un estilo de vida saludable, comiendo de forma equilibrada y haciendo suficiente ejercicio. Con tiempo y paciencia, el chakra sacro recuperará su estado natural de equilibrio y armonía.

Historia de la vida real: La curación del chakra sacro de Tracy

Una mujer llamada Tracy buscó recientemente ayuda para desbloquear su chakra sacro. Ella luchó con síntomas como baja autoestima, disfunción sexual y problemas digestivos durante varios años. Después de consultar con un profesional de la salud, Tracy supo que sus problemas se debían a un chakra sacro desequilibrado.

Decidió probar varias técnicas para desbloquear su chakra sacro. Practicó ejercicios de meditación y visualización, escribió un diario sobre sus sentimientos y adoptó una rutina de ejercicios más activa. Después de un mes de práctica dedicada, Tracy se dio cuenta de que su chakra sacro había empezado a limpiarse y se sentía más segura, creativa y realizada.

Si está luchando con un chakra sacro bloqueado, debe saber que no está solo. Si se toma el tiempo para abordar las causas subyacentes de este desequilibrio, puede limpiar y sanar su chakra sacro de forma natural.

Chakra sacro débil

Al igual que un chakra sacro bloqueado puede generar muchos síntomas negativos y afectar su salud, bienestar y relaciones, un chakra sacro débil también puede ser problemático. Un chakra sacro débil hace que se sienta desconectado de sus emociones, lo que provoca aislamiento o soledad. También es posible que le resulte difícil expresar sus emociones abiertamente o ser creativo en sus actividades.

Además, un chakra sacro débil le pone en riesgo de sufrir dificultades de salud como trastornos digestivos, problemas menstruales, infertilidad y baja libido. También lo hace más susceptible a las adicciones, ya que puede recurrir a sustancias o actividades nocivas para llenar el vacío que siente en su interior.

Síntomas de un chakra sacro débil

Si su chakra sacro está débil, puede sentir varios síntomas, como ansiedad, cambios de humor, dificultad para concentrarse en sus tareas, dificultad para manejar el estrés y apatía. También provoca dificultades físicas como problemas digestivos, síndrome de taquicardia ortostática postural (POTS), bajos niveles de energía e infecciones frecuentes.

Si lucha con estos síntomas u otros relacionados con su chakra sacro, es importante que busque la orientación de un profesional de la salud capacitado que le ayude a abordar las causas subyacentes y a restablecer el equilibrio de su sistema de chakras. Con el cuidado y la atención adecuados, puede recuperar su fuerza y creatividad y encontrar toda la alegría de vivir la vida plenamente.

Causas de un chakra sacro débil

Al igual que con un chakra sacro bloqueado o hiperactivo, hay varias causas posibles para un chakra sacro débil. Entre ellas se encuentran los traumas o abusos en la infancia, una actitud negativa hacia la sexualidad o la intimidad y un exceso de estrés o ansiedad. Algunos medicamentos o tratamientos médicos y una dieta poco saludable también pueden contribuir a un chakra sacro débil.

Es fundamental identificar las causas subyacentes y abordarlas con la ayuda de un profesional capacitado para restablecer el equilibrio del chakra sacro. En algunos casos, es necesario recurrir a la terapia o el asesoramiento para superar los traumas del pasado. En otros casos, basta con hacer cambios en el estilo de vida, como llevar una dieta más saludable o hacer ejercicio con regularidad, para mantener el chakra sacro y promover el bienestar.

Historia de la vida real: La curación del chakra sacro de María

María estuvo luchando con síntomas de un chakra sacro débil durante varios años. Siempre se había sentido emocionalmente distante de los demás y tenía dificultades para conectar con su creatividad. Con el tiempo, estos sentimientos también afectaron a su salud. María se dio cuenta de que tenía problemas digestivos y padecía de cansancio crónico.

Después de investigar y hablar de sus síntomas con su médico, María decidió concentrarse en la sanación de su chakra sacro. Empezó a hacer ejercicio y a seguir una dieta rica en nutrientes, con cereales integrales, frutas, verduras y grasas saludables. En pocos meses, notó que su digestión había mejorado, sus niveles de energía eran más altos y se sentía mucho más feliz y en contacto con sus emociones.

Chakra sacro hiperactivo

El chakra sacro hiperactivo se caracteriza por generar inseguridad, falta de confianza en sí mismo e incapacidad para dejar de lado sentimientos u opiniones determinadas. Cuando el chakra sacro está hiperactivo, produce un exceso de emocionalidad o sexualidad, y aumenta el riesgo de adicciones o comportamientos autodestructivos.

Si sospecha que su chakra sacro está desequilibrado, puede hacer algunas cosas para restablecer la armonía. En primer lugar, pase tiempo cerca de masas de agua, como lagos u océanos. También puede meditar sobre el color naranja o llevar ropa de ese color. Por último, coma alimentos con mucha agua, como pepinos o naranjas.

Si sigue estos pasos, ayudará a su chakra sacro a equilibrarse y restablecerá la armonía en su vida.

Síntomas de un chakra sacro hiperactivo

Cuando uno de los chakras está hiperactivo, da lugar a diversos síntomas. Por ejemplo, un chakra raíz hiperactivo puede provocar ansiedad o inseguridad, mientras que un chakra del plexo solar poco activo provoca problemas digestivos. Otros síntomas de un chakra hiperactivo son el insomnio, los dolores de cabeza y los pensamientos acelerados.

Si usted experimenta alguno de estos síntomas, es importante que busque un sanador espiritual cualificado que le ayude a equilibrar sus chakras. Con la ayuda de un profesional capacitado, usted puede restaurar la paz y la armonía en su mente y su cuerpo.

Causas de un chakra sacro hiperactivo

Cuando este centro de energía está hiperactivo, se manifiesta en síntomas físicos y emocionales que incluyen el aumento de estrés, el insomnio, la baja libido, la depresión, dolores crónicos y retención de líquidos. Si experimenta alguno de estos síntomas y sospecha que su chakra sacro está desequilibrado, realice actividades para abrir las energías curativas naturales del cuerpo.

Algunas estrategias sencillas son tomar una clase de yoga o un masaje. Estas estrategias se concentran en la estimulación de la zona pélvica, la práctica de ejercicios de respiración profunda y meditaciones guiadas para conectarse con el momento presente del cuerpo. Además, puede dedicar tiempo a actividades creativas como pintar o escribir un diario.

Al reconectar con su cuerpo a través de estas prácticas, restablecerá la armonía de su chakra sacro y recuperará la alegría y la vitalidad.

Historia de la vida real: La curación del chakra sacro de Sarah

Sarah luchó con un chakra sacro hiperactivo durante varios años. Siempre había sido una persona muy sensible. A veces se sentía tan abrumada por sus sentimientos que actuaba impulsivamente o arremetía contra quienes la rodeaban.

Además de sus problemas emocionales, Sarah sufría dolores crónicos y problemas digestivos. Había acudido a varios médicos, pero ninguno pudo encontrar la causa de sus problemas.

Frustrada y sin esperanza, Sarah decidió buscar un sanador espiritual especializado en la curación de los chakras. Tras varios meses de trabajo energético regular y una dieta desintoxicante, Sarah recuperó por fin su equilibrio.

Sus arrebatos emocionales disminuyeron, su dolor crónico mejoró, sus niveles de energía aumentaron y se sintió mucho más positiva y en sintonía con su cuerpo. Hoy en día, Sarah acude regularmente a su sanador y sigue un estilo de vida saludable que mantiene su chakra sacro equilibrado.

Chakra sacro desequilibrado

El chakra sacro es responsable de la creatividad, sexualidad y sentido del placer. Cuando está desequilibrado, provoca síntomas físicos, mentales y emocionales. Produce cansancio, ansiedad o depresión y causa problemas para concentrarse o dormir. El cuerpo está desalineado y se experimenta dolor o malestar.

Hay varias formas de equilibrar los chakras: meditar, practicar yoga o Tai Chi o recibir trabajo energético de un profesional certificado. También puede utilizar cristales y aceites esenciales. Si se toma un tiempo para concentrarse en el equilibrio de sus chakras, puede restaurar la armonía y el bienestar de su mente, cuerpo y espíritu.

Síntomas de un chakra sacro desequilibrado

Cuando el chakra sacro está desequilibrado, provoca muchos síntomas físicos, emocionales y psicológicos. Algunos de los signos más comunes de un chakra sacro desequilibrado son el dolor crónico, la baja libido, los problemas digestivos y la depresión. Cuando el chakra sacro está desequilibrado, genera desconexión con los sentimientos y deseos o dificultad para expresarse emocionalmente. También produce bloqueos creativos o falta de disfrute por las aficiones e intereses.

Si experimenta alguno de estos síntomas y sospecha que su chakra sacro está desequilibrado, hay muchas estrategias que pueden ayudarle a recuperar la armonía. Algunos métodos sencillos son pasar tiempo en la naturaleza, practicar la meditación o la atención plena y dedicarse a actividades creativas.

Causas de un chakra sacro desequilibrado

Hay muchas causas potenciales de un chakra sacro desequilibrado. Una muy común es la falta de afecto físico en la infancia. Si no tuvo suficientes abrazos o afecto cuando era niño, esto pudo generar sentimientos de profunda inseguridad y la idea de que no es digno de amor. Por esto, su capacidad de experimentar placer y creatividad en la adultez puede estar bloqueada.

Otra causa común de desequilibrio del chakra sacro es un trauma sexual, emocional o físico. Si ha sufrido algún trauma, es esencial que busque ayuda profesional para sanar las heridas. Una vez superados los traumas, es probable que el chakra sacro se equilibre.

Por último, reprimir constantemente su creatividad o su sexualidad también puede conducir a un chakra sacro desequilibrado. Si ha estado reprimiendo sus verdaderos deseos durante mucho tiempo, es importante que empiece a explorar estos sentimientos para alinear su chakra.

Historia de la vida real: La curación del chakra sacro de Jennie

Jennie es una mujer de 38 años, madre de dos hijos, que siempre fue muy creativa. Le encanta cantar, escribir y bailar y siempre le ha apasionado expresarse creativamente. Desgraciadamente, la carrera de Jennie siempre tuvo prioridad, y rara vez tenía tiempo para sus aficiones.

Durante años, Jennie se sintió frustrada por este desequilibrio en su vida. Se sentía atascada e infeliz, pero no sabía cómo sacar tiempo para sus actividades creativas. Finalmente, Jennie empezó a acudir a un terapeuta para que la ayudara a lidiar con su descontento.

Después de varios meses, el terapeuta de Jennie la ayudó a darse cuenta de que estaba reprimiendo su creatividad para hacer frente a su baja autoestima. De niña, sus padres y profesores le decían que no era lo suficientemente buena, y esta creencia la llevó a reprimir su creatividad.

Cuando Jennie empezó a explorar de nuevo su creatividad, se sintió más equilibrada y realizada. Sacó tiempo para sus aficiones e incluso se dedicó a las artes. Gracias a su chakra sacro recién equilibrado, Jennie es feliz y próspera.

Comprobación del equilibrio de su chakra sacro: Cuestionario

Mantener el equilibrio de sus chakras es esencial para conservar la armonía de su mente, cuerpo y espíritu. Haga este rápido test si sospecha que su chakra sacro está desequilibrado. Hay cuatro respuestas posibles para cada pregunta, así que asegúrese de elegir la que mejor lo describe.

1. Cuando era niño, ¿con qué frecuencia recibía afecto físico de sus padres o cuidadores?
    a) A menudo.
    b) A veces.
    c) Raramente.
    d) Nunca.

2. ¿Cómo expresa sus emociones?
    a) Soy muy abierto y honesto con mis sentimientos.
    b) Tiendo a guardarme mis emociones.
    c) Me cuesta expresar mis emociones.
    d) Tiendo a emocionarme con mucha facilidad, incluso cuando puede no ser apropiado.

3. ¿Cómo se siente respecto a su capacidad creativa?
    a) Tengo mucha confianza en mis capacidades creativas y las utilizo a menudo en mi trabajo o en mis aficiones.
    b) Tengo cierta confianza en mis capacidades creativas y disfruto expresándolas en mi tiempo libre.
    c) No confío en mis capacidades creativas, pero intento utilizarlas en mi tiempo libre.
    d) No tengo mucha confianza en mis habilidades creativas y rara vez expreso esa parte de mí.

4. ¿Cuándo fue la última vez que probó algo nuevo?
    a) En el último mes.
    b) En el último año.
    c) Hace más de un año.
    d) No lo recuerdo.

5. ¿Cómo se siente con su sexualidad?
   a) Me siento muy cómodo con mi sexualidad.
   b) Me siento algo cómodo con mi sexualidad.
   c) Me siento incómodo con mi sexualidad.
   d) Me siento muy incómodo con mi sexualidad.
6. ¿Tiene algún miedo o complejo en lo que respecta a la intimidad?
   a) No, estoy muy abierto a la intimidad.
   b) Algunos, pero estoy trabajando para superarlos.
   c) Sí, tengo muchos miedos y complejos en lo que respecta a la intimidad.
   d) No pienso en la intimidad.
7. ¿Cómo describiría su nivel de energía?
   a) Alto.
   b) Moderado.
   c) Bajo.
   d) No noto mi nivel de energía.
8. ¿Le gusta estar rodeado de gente o estar solo?
   a) Me gusta estar rodeado de gente y a menudo me siento inquieto cuando estoy solo durante mucho tiempo.
   b) Me gusta estar rodeado de gente, pero no me importa pasar tiempo a solas si es necesario.
   c) No me gusta estar rodeado de gente, pero no me importa si es necesario.
   d) Prefiero pasar mi tiempo a solas y a menudo me siento agotado después de estar demasiado tiempo rodeado de gente.
9. ¿Es capaz de desprenderse de las cosas con facilidad?
   a) Sí, muy fácilmente.
   b) A veces puede ser difícil, dependiendo de lo que ocurra en mi vida.
   c) No, me cuesta desprenderme de las cosas.
   d) Depende de lo que tenga que soltar.

10. ¿Vive de forma impulsiva o planifica todo con antelación?
   a) No vivo impulsivamente y rara vez tomo decisiones por capricho.
   b) Intento planificar las cosas lo mejor posible, pero a veces me dejo llevar por mi instinto.
   c) Siempre planifico las cosas con antelación en la medida de lo posible.
   d) No planifico las cosas con antelación ni tomo decisiones por capricho.

Clave del cuestionario del chakra sacro

Si ha respondido a la mayoría de las preguntas anteriores con la opción A, lo más probable es que su chakra sacro esté abierto y equilibrado. Significa que tiene un buen sentido de la creatividad, la sexualidad y la autoestima. Es probable que le guste probar cosas nuevas y que se sienta bien con lo que es. También se siente cómodo en su piel y le gusta estar rodeado de gente.

Si su respuesta a las preguntas anteriores es mayoritariamente B, su chakra sacro probablemente está abierto y equilibrado, pero podría necesitar un poco de trabajo. Significa que probablemente tiene un buen sentido de la creatividad, la sexualidad y la autoestima, pero hay algunas áreas en las que podría mejorar.

Si ha respondido mayoritariamente con C a las preguntas anteriores, es probable que su chakra sacro esté bloqueado. Esto significa que puede tener dificultades para expresarse de forma creativa, sentirse incómodo con los demás, experimentar bajos niveles de energía, carecer de motivación y tener dificultades con la intimidad.

Si ha respondido mayoritariamente con D a las preguntas anteriores, es probable que su chakra sacro esté hiperactivo. Esto significa que probablemente tenga deseos sexuales excesivos o exagerados, un exceso de ideas creativas y un alto nivel de energía. También le resulta difícil concentrarse en una cosa y se distrae fácilmente.

Si experimenta cualquier síntoma de un chakra sacro bloqueado, desequilibrado o hiperactivo, es útil que busque la ayuda de un terapeuta u otro profesional para que le guíe en su camino hacia el bienestar y el equilibrio. Hay varias maneras de trabajar en la curación y la apertura de su chakra sacro para recuperar el equilibrio en su vida, ya sea a través de la meditación, la terapia u otras técnicas.

Capítulo 3: Meditación y visualización del chakra sacro

«*La meditación no es una evasión; es un encuentro sereno con la realidad*». - Thich Nhat Hanh

La meditación es un proceso para calmar la mente, tomar conciencia de los pensamientos y las emociones y desarrollar paz interior. Se ha demostrado que la meditación tiene muchos beneficios para la salud, como la reducción del estrés y la ansiedad, el aumento de la concentración, una mejora del sueño y un sistema inmunitario más fuerte. La meditación puede realizarse en cualquier lugar y en cualquier momento, y es una actividad que cualquiera puede disfrutar.

Hay muchas formas diferentes de meditar. Se puede practicar la meditación de atención plena concentrándose en la respiración, utilizar un mantra y meditar sentado o caminando. Además, puede utilizar diferentes objetos para la meditación, desde la música hasta la luz de las velas o el arte. Todas estas cosas ayudan a abrir los chakras inferiores y a integrar las energías de *Svadhisthana* en la vida diaria.

Este capítulo sobre la meditación y la visualización sacra profundiza en los métodos utilizados para abrir este chakra y ofrece algunos consejos útiles para empezar. Así que, comencemos.

Meditación y visualización

La meditación y la visualización son dos de las prácticas más comunes para abrir el chakra sacro. La meditación es una práctica que existe desde hace miles de años. Es un ejercicio que le permite enfocar su mente en una cosa o pensamiento mientras la despeja de todo lo demás. Se realiza a menudo con la ayuda de mantras, que son sonidos sagrados que se pronuncian o cantan durante la práctica. Los mantras se utilizan para despejar la mente, abrir los chakras y propiciar el crecimiento espiritual.

La visualización es cuando se ve a usted mismo haciendo algo mediante el ojo de su mente. Se ve haciéndolo como si fuera real, aunque solo esté ocurriendo dentro de su cabeza. La visualización le ayuda a estar más en sintonía con sus emociones y sentimientos para que no lo controlen. Por el contrario, servirán de guía para sus decisiones y acciones en la vida.

Es importante incluir tanto la meditación como la visualización en su rutina diaria para abrir el chakra sacro. Juntas, ambas prácticas ayudan a eliminar cualquier bloqueo que le impida acceder plenamente a su potencial creativo.

Beneficios generales de la meditación y la visualización

Antes de hablar de los métodos específicos para abrir el chakra sacro, es esencial hablar de los múltiples beneficios para la salud que ofrecen la meditación y la visualización. Se ha demostrado que ambas prácticas mejoran la salud de muchas maneras, entre ellas:

Relajación

El primer y más obvio beneficio de la meditación es la relajación. La meditación es una forma eficaz de reducir el estrés y la ansiedad. Cuando concentra su mente en una sola cosa, permite que su cuerpo se relaje y libere cualquier tensión. La meditación mejora el sueño, aumenta la energía y favorece una sensación general de bienestar.

Aumento de la concentración

Una queja común en la sociedad actual es que hay demasiadas distracciones. Los medios de comunicación nos bombardean constantemente con información, y es difícil concentrarse en una cosa durante un período prolongado. Se ha demostrado que la meditación ayuda a mejorar el enfoque y la concentración, lo que facilita la realización de tareas sin distraerse.

Dormir mejor

¿Tiene problemas de insomnio? Los estudios han demostrado que la meditación mejora la calidad del sueño, lo que significa que se sentirá más descansado y fresco cuando se despierta por la mañana. También ayuda a reducir la ansiedad y el estrés, dos de las causas más comunes del insomnio. El efecto relajante de la meditación ayuda a dormirse más rápido y a mantener el sueño durante más tiempo.

Mayor inmunidad

Con el estrés o la ansiedad, el cuerpo entra en un estado de lucha o escape. Se trata de un mecanismo primario de supervivencia que en su momento fue esencial para que nuestros antepasados sobrevivieran en la naturaleza. Por desgracia, este mecanismo no ha evolucionado para adaptarse al estrés de la vida moderna.

Como resultado, cuando nos encontramos en este estado de estrés crónico, el cuerpo se sobrecarga y produce hormonas de estrés, que son perjudiciales y desgastan el sistema inmunológico. Esto provoca diversos problemas de salud, como resfriados, gripe y otras enfermedades.

Se ha demostrado que la meditación ayuda al cuerpo a salir del estado de estrés crónico, dando al sistema inmunitario un descanso muy necesario. Como resultado, las personas que meditan regularmente son menos propensas a las enfermedades.

Desbloquear, sanar y equilibrar el chakra sacro

Aunque la meditación y la visualización ofrecen muchos beneficios para la salud, también pueden utilizarse para abrir los chakras bloqueados. Cuando esto sucede, se aprovecha el inmenso potencial curativo del cuerpo energético sutil. Esto conduce a mejoras radicales en la salud mental, emocional y física.

El chakra sacro está estrechamente relacionado con las emociones, por lo que muchos de los beneficios de tenerlo abierto están relacionados con la salud emocional. Por ejemplo, una mejor preparación para lidiar con emociones difíciles como la tristeza, la ira y el miedo. También una mayor apertura a nuevas experiencias y más creatividad.

Si está buscando una forma de abrir su chakra sacro, puede probar varios métodos diferentes. La siguiente sección explora algunas de las formas más eficaces de meditar y visualizar para lograr este resultado.

Ejercicios de meditación guiada para abrir el chakra sacro

La meditación guiada es una poderosa herramienta para encontrar la paz interior y despejar la mente de distracciones. Una de las mejores maneras de abrir y equilibrar el chakra sacro es a través de ejercicios de meditación guiada diseñados específicamente para este centro de energía. Estos ejercicios suelen implicar la respiración profunda y la visualización, que ayudan a concentrarse en la respiración y en las sensaciones que produce.

Puede utilizar visualizaciones específicas, como imaginar una esfera naranja brillante en lo más profundo de su abdomen, o simplemente concentrarse en cualquier sensación que surja, desde vibraciones hasta hormigueos o sensaciones térmicas. Con la práctica regular, los ejercicios de meditación guiada le ayudarán a abrir y fortalecer su chakra sacro, permitiendo que se sienta más enraizado, enfocado y en contacto con su intuición.

Visualizar la mente como un lago

Imagine su mente como un lago o estanque. Visualice que las aguas son tranquilas y claras, con olas que ondulan suavemente. Sumérjase en la superficie y sienta la tranquilidad del agua que le envuelve. Imagine que el agua llena su cuerpo de vitalidad y renueva su energía mientras respira. Suelte todo lo que no le sirva al exhalar y observe cómo se disipa en el agua. Haga esta visualización durante varios minutos hasta que sienta una sensación de paz y equilibrio en su interior.

Visualizar el chakra sacro como una flor de loto

Visualice su chakra sacro como una flor de loto, vibrante y viva. La flor de loto crece en aguas turbias, pero emerge limpia y pura. Esto simboliza que incluso cuando la vida está llena de desafíos, podemos superarlos y florecer con nuestro verdadero potencial. Al igual que la flor de loto se vuelve hacia el sol, también deberíamos volvernos hacia la luz de la naturaleza divina. Al visualizar el chakra sacro como una flor de loto, trae equilibrio y armonía a su vida.

Cuando se sienta preparado, vuelva a concentrarse lentamente en el momento presente. Abra lentamente los ojos y vuelva a la conciencia habitual. Tal vez quiera dedicar un momento a escribir un diario sobre su experiencia o a practicar ejercicios de visualización creativa para integrar más la energía del chakra sacro en su vida.

Ejercicio de desbloqueo del chakra sacro

Este ejercicio es adecuado para usted si busca un enfoque más práctico para abrir su chakra sacro. Esta práctica consiste en masajear suavemente y aplicar presión en la zona del cuerpo asociada con este centro energético para despejar los bloqueos y abrir el flujo de energía.

Empiece por sentarse cómodamente. Puede ser en el suelo con las piernas cruzadas o en una silla, pero con los pies en el suelo si elige esta última opción. Respire profundamente varias veces y deje que su cuerpo se relaje. Comience masajeando el bajo vientre en el sentido de las agujas del reloj con ambas manos. Dedique unos minutos a masajear de esta manera, aplicando una presión suave y procurando concentrarse en las zonas que sienta tensas o bloqueadas.

A continuación, visualice que las energías de su chakra sacro se abren y fluyen libremente. Imagine que respira energía a través de este centro, llenando su cuerpo de vitalidad y bienestar. Imagine que está respirando la energía del crecimiento y la expansión en cada inhalación. Cuando exhale, imagine que libera la tensión y la negatividad en el chakra sacro, sintiendo cómo se sale de usted con cada exhalación. Practique esta visualización durante unos minutos hasta que sienta que su chakra sacro se abre y las energías fluyen libremente.

Cuando haya terminado, respire profundamente unas cuantas veces y deje que su cuerpo se relaje. Si no está seguro de cuál es la mejor manera de hacerlo, dedique unos minutos a escribir sobre su experiencia o practique una visualización creativa. Con tiempo y paciencia, aprenderá equilibrar su chakra sacro y experimentará un mayor bienestar, creatividad y conexión en su vida.

La meditación de curación emocional

Si le cuesta entender, conectar y sanar la energía emocional de su chakra sacro, esta meditación guiada le será de gran ayuda. Ayuda a identificar y liberar cualquier emoción negativa que le impida alcanzar el equilibrio en esta área.

Empiece por encontrar un asiento cómodo. Puede sentarse en el suelo con las piernas cruzadas, o en una silla, de nuevo con los pies apoyados en el suelo. Cierre los ojos y deje que su cuerpo se relaje. Empiece respirando profundamente, mientras imagina que está respirando la luz del amor y la curación. Al exhalar, imagine que libera la tensión o la negatividad de su cuerpo.

Cuando esté preparado, visualice la energía de su chakra sacro. Imagínelo como una bola de luz que brilla en el centro de su abdomen inferior. Visualice la luz de este chakra de un hermoso y radiante color naranja.

Ahora, concéntrese en cualquier emoción que albergue en el chakra sacro, emociones como la culpa, la vergüenza, la tristeza o la ira. Simplemente permítase ser consciente de estas emociones sin juzgarlas. Respire en estas emociones e imagine que la luz del amor y la curación lo rodean.

Permítase sentir estas emociones plenamente, y luego imagine que las libera. Visualice que se alejan al exhalar, reemplazadas por la luz del amor y la curación. Continúe respirando profundamente y concéntrese en liberar las emociones que tiene en el chakra sacro.

Cuando haya terminado, respire profundamente unas cuantas veces y deje que su cuerpo se relaje. Dedique unos minutos a escribir sobre su experiencia o realice una visualización creativa. Con tiempo y paciencia, aprenderá a liberar las emociones negativas que le impiden alcanzar el equilibrio de su chakra sacro y experimentará una mayor salud, felicidad y plenitud en su vida.

Prácticas de meditación consciente y paseos al aire libre para viajeros

Caminar es una gran manera de reducir el estrés mientras hace ejercicio, pero es fácil desconectarse y no estar presente en el momento (aquí es donde entra la meditación consciente). La meditación consciente consiste en estar presente en el momento y prestar atención a sus pensamientos, sentimientos y sensaciones sin juzgarlos. Le ayuda a concentrarse en el aquí y el ahora, lo que resulta muy útil cuando camina al aire libre.

Hay muchas maneras de practicar la meditación consciente, pero una forma sencilla es concentrarse en la respiración. Además, mientras camina, preste atención a la sensación de sus pies golpeando el suelo y sea consciente de su respiración entrando y saliendo. Si su mente divaga, no pasa nada. Vuelva a concentrarse en la respiración. Con la práctica de la meditación consciente, encontrará más paz y calma en su vida diaria.

Consejos para crear una práctica de meditación

- **Tiempo y lugar:** Es crucial tener una hora y un lugar regulares para la meditación. Le ayuda a desarrollar un hábito y hace que sea más fácil ser constante. Cuando decida la hora y el lugar, asegúrese de elegir un espacio tranquilo donde no le molesten.
- **Respiración:** Uno de los aspectos más importantes de la meditación es la respiración. Asegúrese de respirar profunda y lentamente. Si su mente divaga, simplemente vuelva a enfocarse en la respiración. El objetivo no es despejar la mente, sino concentrarse en el momento presente.
- **Postura:** Es importante mantener una buena postura al meditar. Esto ayuda a mantener el cuerpo relajado y le permite concentrar su mente. Puede sentarse en una silla, en el suelo con las piernas cruzadas, o incluso acostarse, si lo prefiere. Lo importante es que esté cómodo y relajado.
- **Empiece con poco:** No trate de meditar durante horas en su primer intento. Empiece por algo pequeño, unos minutos de meditación al día. A medida que mejore su práctica, aumente gradualmente los períodos de meditación. No se desanime si no ve resultados de inmediato. Siga haciéndolo y le resultará más fácil.
- **Grabe su voz:** Si le cuesta concentrarse o se distrae con facilidad, grábese leyendo su meditación guiada. Luego, escuche la grabación y utilícela para concentrarse y mantenerse en el camino. También es útil tener la voz de otra persona grabada para guiarse durante la meditación.
- **Utilice un temporizador:** El uso de un temporizador es útil si es nuevo en la meditación. No tiene que preocuparse por el tiempo que lleva meditando. Solo tiene que programar un temporizador y concentrarse en su respiración hasta que suene. Evite uno que tenga un tictac fuerte. Con el tiempo, abandone

el temporizador y concéntrese en su reloj interno.

- **Establezca objetivos:** Cuando medite, es esencial que se enfoque en sus objetivos. Si tiene un objetivo específico, como reducir el estrés o mejorar la concentración, téngalo presente durante la práctica. Esto le ayudará a mantenerse motivado y concentrado. Aunque es importante empezar poco a poco, también debe ser constante para obtener los beneficios de la meditación. Es recomendable meditar todos los días, aunque sea unos minutos.

- **Encuentre una comunidad:** Si le cuesta mantener su práctica de meditación, busque una comunidad de personas con ideas afines a las suyas. Hay muchos grupos y clases en los que aprenderá más sobre la meditación y será más sencillo que su práctica sea exitosa. Unirse a una comunidad en línea o encontrar un compañero que practique regularmente es otra buena opción.

Además de estos consejos y sugerencias, es imprescindible que no olvide ser paciente con usted mismo. Cuanto más practique, mejor será. La meditación es un viaje, no un destino.

La meditación es una poderosa herramienta que le ayuda a aprovechar sus recursos internos y a alcanzar sus objetivos. Aumenta su concentración, reduce el estrés y le ayuda a alcanzar el éxito si la utiliza correctamente. Sin embargo, la meditación y la visualización no son únicas. Lo que funciona para alguien puede no funcionar para usted, por lo que es esencial experimentar y determinar lo que mejor funciona en cada caso.

No hay una forma correcta o incorrecta de meditar o visualizar. Lo más importante es encontrar lo que funciona para usted y mantenerlo. Con la práctica y la constancia, se sorprenderá con lo mucho que la meditación y la visualización pueden ayudarle.

Capítulo 4: Mantras y afirmaciones para *Svadhisthana*

¿Quiere lograr cambios positivos en su vida? Entonces considere el uso de mantras y afirmaciones. Estas poderosas herramientas ayudan a crear la realidad que se desea enfocando la mente y abriendo el corazón.

Los mantras y las afirmaciones son dos herramientas poderosas para manifestar lo que quiere en la vida. Si las utiliza correctamente, son muy efectivas y provocan los cambios que desea.

Los mantras son una serie de palabras o sonidos con significado que se repiten una y otra vez. Estas palabras proceden de una lengua antigua y han sido utilizadas durante siglos por personas que creen en ellas. Suelen decirse en voz alta, pero también pueden repetirse mentalmente.

Las afirmaciones son declaraciones positivas que se hacen sobre una situación, un resultado o uno mismo. Una afirmación se escribe para leerla repetidamente hasta que se arraiga en la mente subconsciente.

Este capítulo explora el poder de los mantras y las afirmaciones y su papel en la manifestación. También analiza la elección de afirmaciones eficaces y su uso en la vida cotidiana.

Mantras y afirmaciones

Los mantras han sido utilizados durante siglos por quienes creen en ellos, porque se ha demostrado muchas veces que funcionan. El efecto de los mantras en la mente es similar al de la hipnosis o la meditación.

Cuando repite un mantra, el significado detrás de las palabras se incrusta en su mente subconsciente y eventualmente afecta su forma de pensar y sentir respecto de diferentes aspectos de la vida.

Las afirmaciones funcionan de forma similar a los mantras. Cuando se repite una afirmación, también se incrusta en su subconsciente y cambia su forma de pensar y sentir. Es especialmente eficaz acompañar las afirmaciones con visualizaciones o con un tiempo de meditación en silencio.

Los mantras y las afirmaciones se utilizan para manifestar lo que se quiere en la vida. Puede usarlos para cambiar su mentalidad, atraer la abundancia, mejorar sus relaciones, sanar su cuerpo, etc. El cielo es el límite.

Beneficios de los mantras y las afirmaciones

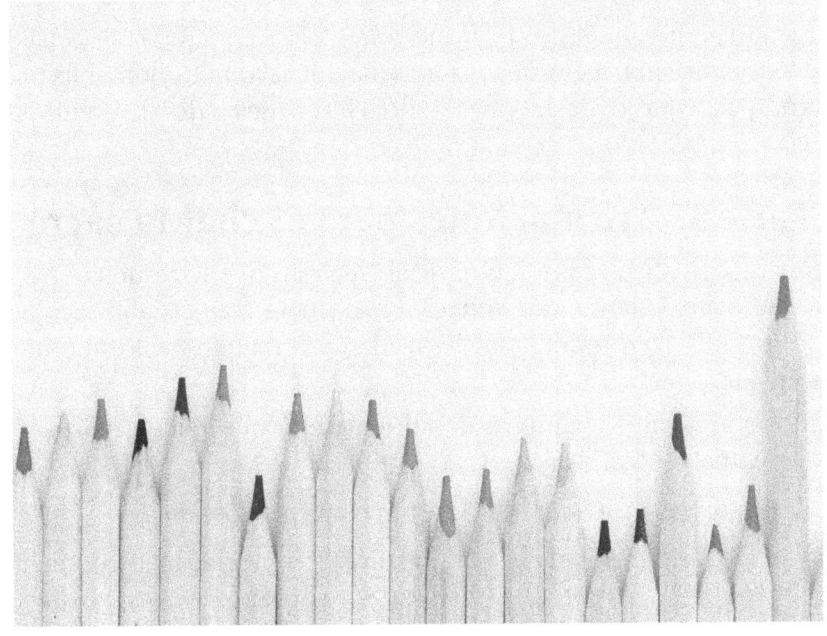

Los mantras *Svadhishana* aumentan la creatividad
https://www.pexels.com/photo/close-up-photography-of-colored-pencils-743986/

La práctica de mantras y afirmaciones *Svadhisthana* conlleva muchos beneficios diferentes. Estas técnicas ayudan a equilibrar y energizar el segundo chakra, responsable de la creatividad, la sexualidad y las emociones. Al acceder a este centro de energía, desbloquea todo su potencial en estas áreas de la vida.

Los mantras y las afirmaciones de *Svadhisthana* mejoran su estado de ánimo y le ayudan a gestionar el estrés de forma más eficiente. También calman los desequilibrios emocionales, como la ansiedad o la depresión. En conjunto, estas técnicas ofrecen poderosas herramientas para empoderarse y vivir una vida energéticamente equilibrada.

Estos son algunos de los beneficios más notables que puede esperar del uso de mantras y afirmaciones *Svadhisthana*:

- Aumento de la creatividad.
- Mayor energía y motivación.
- Más claridad de pensamiento.
- Una mente más tranquila y menores niveles de estrés.
- Mejor enfoque y concentración.
- Sensación general de bienestar.

Cuando utiliza mantras y afirmaciones para equilibrar sus chakras, puede esperar una mejoría en todas las áreas de su vida. Limpiar y energizar su cuerpo desbloquea todo el potencial de sus centros de energía.

Parte 1: Afirmaciones para el chakra sacro

Al trabajar con afirmaciones, es crucial elegir las que le resuenan a usted personalmente. Cuanto más conectado se sienta con sus afirmaciones y con cómo lo hacen sentir, más le ayudarán a manifestar lo que quiere para su vida.

Estos son algunos ejemplos de afirmaciones que puede utilizar para trabajar con el chakra sacro:

- Estoy abierto a nuevas oportunidades y experiencias.
- Doy la bienvenida a la abundancia y la prosperidad en mi vida.
- Libero todo el miedo y la duda.
- Mi creatividad es ilimitada y la expreso en todo lo que hago.
- Me siento confiado y cómodo en mi piel.
- Me quiero y me apruebo tal y como soy.
- Soy digno de amor, respeto y felicidad.
- Mis relaciones son sanas, solidarias y satisfactorias.

Estos son algunos ejemplos para empezar. Siéntase libre de modificarlos o crear los suyos propios. Recuerde que es fundamental elegir afirmaciones que resuenen con usted a nivel personal.

En la siguiente sección se explica cómo puede crear sus afirmaciones para el chakra sacro.

Cómo escribir sus afirmaciones para el chakra sacro

Para escribir sus afirmaciones para el chakra sacro, es importante que tenga en cuenta las cualidades que rige este centro energético. Estas incluyen la creatividad, la pasión, la alegría y la intuición, entre otras. Con esto en mente, elabore una afirmación o frase corta que capte su idea y hable de cómo quiere sentirse.

Al elaborar las afirmaciones, también es importante que haya una intención detrás de ellas. Por ejemplo, puede empezar con una declaración sencilla como «Soy creativo» o «Estoy lleno de pasión». Utilícelas como base para afirmaciones más específicas como «Mi energía creativa fluye libremente en todo momento» o «Me apasiona abrazar mi voz y estilo únicos». Cuando utilice estas técnicas, piense por qué quiere trabajar en el fortalecimiento de su chakra sacro, qué beneficios específicos espera conseguir y cómo quiere sentirse en última instancia.

Piense en las diferentes áreas de su vida en las que le gustaría ser más creativo y pasional; esto le ayudará a empezar con sus afirmaciones del chakra sacro. Por ejemplo, ¿necesita ayuda para encontrar inspiración en sus proyectos de escritura o arte?, ¿hay áreas de su vida personal en las que le gustaría tener más alegría y espontaneidad?, ¿desea conectar más profundamente con su intuición y confiar en la guía que le llega? Teniendo una intención clara en mente, puede crear afirmaciones que lo apoyen para lograr sus objetivos específicos.

Consejos para crear afirmaciones originales

Hay muchas maneras de crear afirmaciones que promueven la autenticidad y la comunicación abierta. Es útil concentrarse en las cualidades o rasgos que más admira de sí mismo y de los demás. Por ejemplo, si valora la confianza y la creatividad, puede idear una afirmación como: «Soy una persona naturalmente segura de sí misma que supera los retos con facilidad». Es importante que reflexione sobre estas cualidades mientras crea sus afirmaciones, para que provengan de un lugar genuino de autoaceptación.

Otro componente clave de las afirmaciones atractivas es la especificidad. Aunque puede parecer suficiente afirmar algo como «soy una persona amable y compasiva», profundizar en esta idea puede ayudarle a elaborar afirmaciones más significativas que resuenen más profundamente en su interior. Considere la posibilidad de centrarse en acciones que demuestran bondad, como la compasión por otras personas, ofrecer consejos sin juzgar o ayudar a amigos y familiares que lo necesitan. Las afirmaciones más concretas sirven como recordatorio de que está siguiendo sus valores y creencias mientras vive.

Por último, formule sus afirmaciones de forma que le resulten naturales. Mientras que ciertas formas de meditación estructurada se centran específicamente en la repetición de frases concretas a lo largo del día, adoptar un enfoque más orgánico de las afirmaciones puede ser beneficioso. Mantenga sus afirmaciones en mente a lo largo del día y deje que vengan a usted orgánicamente, en lugar de forzarse a seguir un plan rígido.

Parte 2: Mantras para el chakra sacro

Además de elaborar afirmaciones para el chakra sacro, también es útil utilizar mantras con regularidad. Estas palabras sánscritas pueden repetirse en voz alta o mentalmente, y a menudo se componen por una sola sílaba destinada a resonar con la energía de un chakra en particular. Los mantras que se enumeran a continuación se pueden utilizar para apoyar al chakra sacro cuando se trabaja en la apertura a la inspiración, abrazando la creatividad innata y el desarrollo de una visión más apasionada de la vida.

1. Mantra para el chakra sacro: «*Vam*»

El primer mantra para el chakra sacro es «*vam*». Esta palabra se pronuncia «*vahm*», y significa «yo», lo que la convierte en el mantra perfecto para la autoaceptación y la fuerza interior. Puede repetir este mantra siempre que se sienta desconectado de usted mismo, y es especialmente poderoso cuando se canta concentrándose en el abdomen y la zona lumbar.

El mantra *vam* está diseñado específicamente para activar y equilibrar el chakra sacro. La palabra «*vam*» también significa «agua» en sánscrito y representa la energía fluida y creativa de este chakra. Al repetir este mantra con regularidad, abre el flujo de energía creativa de su vida. Las relaciones sexuales florecen y los esfuerzos creativos fluyen más fácilmente. Cante el mantra «*vam*» hoy mismo y observe los cambios que genera en su vida.

2. Mantra para el chakra sacro: «*Om mani padme hum*»

El segundo mantra del chakra sacro es «*om mani padme hum*». Se pronuncia «*oh-mah-nii-pahd-mey-hoom*» y significa «joya en el loto». Este mantra proviene de la tradición budista y se utiliza a menudo como herramienta de meditación. Al concentrarse en la energía de este mantra, activa su chakra sacro y desarrolla una conexión más profunda con su creatividad innata.

También se dice que este mantra representa el camino del desarrollo espiritual. Cuando lo repite, se recuerda a usted mismo que está en un viaje hacia la iluminación. La flor de loto en este mantra simboliza su potencial de crecimiento y transformación, mientras que la joya representa la sabiduría que obtiene a través de este proceso.

3. Mantra para el chakra sacro: «*Muladhara*»

El tercer mantra del chakra sacro es «*muladhara*». Esta palabra se pronuncia «*muu-lah-dah-rah*», que significa «soporte de la raíz». Este mantra está destinado a enraizar y equilibrar su energía, por lo que es perfecto si siente que su chakra sacro está desequilibrado.

Puede repetir este mantra en cualquier momento en el que se sienta sin conexión a tierra, disperso o falto de energía. Si lo repite con intención, le ayudará a alinear su energía y le devolverá el equilibrio. También se cree que la palabra «*muladhara*» representa las cuatro esquinas de la Tierra, recordando que el suelo sostiene nuestros pies.

4. Mantra para el chakra sacro: «*Namo*»

El cuarto mantra del chakra sacro es «*namo*». Esta palabra se pronuncia «*nah moh*», que significa «inclínate ante lo divino que hay en mí». Este mantra conecta con la sabiduría interior, y puede repetirlo en los momentos en que busque orientación o apoyo para su vida.

Este mantra recuerda que todos tenemos acceso a la guía divina y que podemos conectar con ella mirando hacia dentro. La palabra «*namo*» también representa la humildad, recordando que todos somos parte de la misma energía divina. Al repetir este mantra, descubrirá que su mente y su corazón se abren, permitiéndole abrazar la sabiduría del universo.

5. **Mantra para el chakra sacro: «*So hum*»**

El quinto mantra del chakra sacro es «*so hum*». Estas palabras se pronuncian «*soh-huum*», que significa «yo soy». Este mantra recuerda que todos estamos conectados con lo divino y que estamos hechos de la misma energía que el universo. Puede repetirlo siempre que busque una forma de conectar con su sabiduría interior o quiera aprovechar la energía divina que lo rodea.

También se dice que este mantra es el sonido del universo, y se utiliza a menudo como herramienta de meditación. Repitiendo este mantra, aquieta su mente y conecta con la paz y la quietud en su interior. También puede utilizarlo para conectar con la energía de la vida, recordando que es parte de algo mucho más grande que usted mismo.

6. **Mantra para el chakra sacro: «*Maha mrityunjaya*»**

El sexto mantra del chakra sacro es el «*maha mrityunjaya*». Se pronuncia «*mah-hah-mah-rii-tuun-jah-yah*», que significa «gran conquistador de la muerte». Este mantra se utiliza para ayudar a superar el miedo y la ansiedad y se recomienda a quienes se enfrentan a transiciones vitales difíciles. Se dice que contiene el poder de la transformación y ayuda a dejar atrás viejos patrones y formas de ser que ya no son útiles.

También se dice que este mantra representa el ciclo de la vida y la muerte, recordando que el cambio es una parte inevitable de la existencia. Al repetir este mantra con intención, libera el miedo y la ansiedad que lo frenan. La palabra «*mahamrityunjaya*» también representa los tres aspectos de lo divino, recordando que un poder superior siempre nos apoya. Mientras repite este mantra, encontrará que la fuerza y el equilibrio vuelven a su vida.

7. **Mantra para el chakra sacro: «*Om namah shivaya*»**

El séptimo mantra del chakra sacro es el «*om namah shivaya*». Pronunciado como «*ohm nah-mah-shii-vah-yah*» significa «Me inclino ante Shiva». Este mantra recuerda que todos estamos conectados con lo divino y hechos de la misma energía que el universo. Puede repetirlo siempre que busque una forma de conectar con su sabiduría interior o desee aprovechar la energía divina que lo rodea.

Consejos para utilizar los mantras

Ahora que ya conoce algunos de los mantras más populares del chakra sacro, aquí tiene algunos consejos para utilizarlos correctamente:

1. Encuentre un espacio tranquilo donde pueda relajarse y concentrarse en el mantra. Lo ideal es que sea lo más tranquilo y silencioso posible.
2. Respire profundamente unas cuantas veces antes de empezar, para calmar su mente y relajar su cuerpo.
3. Despeje su mente de todos los demás pensamientos y concéntrese solo en su mantra.
4. Repita el mantra lenta y claramente, con intención.
5. Deje que el mantra se asimile y note cómo lo hace sentir.
6. Sea paciente con usted mismo y no se preocupe si su mente se desvía durante la meditación. Simplemente vuelva a enfocarse en el mantra en cuanto note que ha sucedido.
7. Si puede, practique esta técnica todos los días y añada más mantras cuando se sienta preparado.
8. Debería empezar a notar los beneficios de repetir los mantras después de unas semanas de práctica. Le ayudarán a liberar el estrés, a conectar con lo divino y a encontrar paz en su vida diaria. Con el tiempo y la práctica, descubrirá que estos mantras se convierten en una parte importante de lo que usted es.

El chakra sacro está situado cerca del sacro, en la base de la columna vertebral, y se asocia con la creatividad, la energía, la pasión, el placer y la sexualidad. Usando las afirmaciones y mantras correctos, equilibra este centro de energía y trae más armonía a su vida. Repita estos mantras y afirmaciones diariamente y vea cómo lo hacen sentir; se sorprenderá con los cambios positivos que experimentará.

Tanto si busca una forma de relajarse y conectar con su sabiduría interior como si quiere atraer energía curativa a su vida, estos mantras son un buen punto de partida. Recuerde ser paciente con usted mismo y practicar con regularidad para obtener mejores resultados. Con el tiempo y el compromiso, debería notar una diferencia en su vida.

Capítulo 5: El poder de los mudras y el *pranayama*

En muchas tradiciones espirituales, los mudras y el *pranayama* son herramientas poderosas para abrir y equilibrar los chakras. Los mudras son posturas y gestos específicos de las manos que aprovechan la energía de la mente, el cuerpo y el espíritu para alinear estos centros energéticos. El *pranayama* es una respiración profunda que activa y hace circular el flujo de la fuerza vital (chi) por todo el cuerpo.

Cuando se practican juntos y con regularidad, los mudras y el *pranayama* dan una sensación de bienestar y ayudan a conseguir equilibrio y armonía a nivel físico y energético. Por lo tanto, si quiere aprovechar su poder interior y energizar sus chakras, vale la pena que explore los mudras y el *pranayama*.

En este capítulo se explican estos dos útiles complementos para mejorar su rutina de meditación y equilibrar el chakra sacro. El primero son los mudras, que equilibran la energía de este chakra. El segundo es el *pranayama*, una poderosa herramienta para mejorar el flujo de energía. También se proporcionan instrucciones sobre cómo realizar el trabajo de respiración *pranayama* para equilibrar los chakras y obtener el máximo provecho de la experiencia de meditación.

Mudras

Hay siete chakras principales, o centros de energía, en el cuerpo. Cada uno está asociado con un color, un elemento y un conjunto de emociones diferentes. Equilibrar los chakras promueve el bienestar físico, mental y emocional. Una forma de hacerlo es a través de los mudras o gestos con las manos.

Los mudras se pueden utilizar durante la meditación o cuando hay una sensación de desequilibrio. Cada mudra está asociado con un chakra diferente. Por ejemplo, el mudra *Apana* se asocia con el chakra raíz, porque ayuda a enraizar y centrarse, promoviendo la estabilidad y la seguridad. El mudra *Anahata*, en cambio, está asociado con el chakra del corazón, ya que ayuda a abrir y equilibrar este centro energético promoviendo el amor, la compasión y la comprensión.

Para el chakra sacro, se recomienda el mudra *Svadhisthana,* que aumenta la capacidad de placer y la creatividad. Sin embargo, hay otros mudras que también se utilizan para equilibrar el chakra sacro. La incorporación de ellos a su rutina de meditación le dará mayor equilibrio y armonía física, emocional y mental.

Experimente con diferentes mudras para determinar cuáles le funcionan mejor, no hay una forma correcta o incorrecta. Déjese guiar por su intuición y confíe en que encontrará el mudra perfecto para equilibrar sus chakras.

El poder de los mudras

Los mudras son herramientas esenciales para equilibrar y sanar el chakra sacro, que es el centro de energía asociado con las emociones. Estos antiguos gestos se han utilizado en las prácticas de yoga y meditación durante miles de años, ya que facilitan la conexión con la energía divina que nos rodea. Colocando ciertos dedos juntos o moviéndolos de formas específicas, se dirige la energía para que fluya por el cuerpo y restablezca el equilibrio del chakra sacro.

Independientemente de si utiliza los mudras antes de meditar o los incorpora a su vida diaria, su capacidad para acceder al chakra sacro los convierte en una herramienta increíblemente poderosa para alcanzar la felicidad, la salud y la paz mental. Si está buscando aprovechar el poder de sus chakras, sin duda vale la pena explorar los mudras.

Mudras para desbloquear el chakra sacro

Puede probar diferentes mudras para desbloquear su chakra sacro y mejorar su flujo de energía. Algunos de los más comunes son el mudra *yoni*, el mudra *varun* y el mudra *ksepana*. Estos mudras ayudan a equilibrar este chakra y mejoran el flujo de energía en la parte inferior del abdomen.

El mudra que elija depende de lo que quiera conseguir. Si busca una forma sencilla y fácil de desbloquear el chakra sacro, el mudra *yoni* es un buen punto de partida. Para aumentar el flujo de energía en el cuerpo, pruebe el mudra *Varun* o el mudra *ksepana*. Independientemente del que elija, concéntrese en su respiración y visualice la zona del cuerpo que quiere abrir. Si practica regularmente, debería notar una diferencia en sus niveles de energía y en su sensación de bienestar.

Mudras para sanar el chakra sacro

Se pueden utilizar varios mudras para sanar el chakra sacro. Algunos de los más comunes son el mudra *Prithvi*, el mudra *Apana* y el mudra *yoni*. Estos mudras ayudan a desbloquear el chakra sacro y mejoran el flujo de energía en el cuerpo.

El mudra *Prithvi* se utiliza para aumentar la presencia del elemento tierra en el cuerpo. Ayuda a equilibrar la energía en el bajo vientre, mejorando la salud física y emocional. El mudra *Apana* se utiliza para aumentar la energía de la tierra y el agua en el chakra sacro. Este mudra ayuda con las dificultades de salud asociadas con desequilibrios en el chakra sacro, como problemas urinarios o reproductivos.

Los diferentes mudras

Cuando se activa y se abre el chakra sacro a través de los mudras, se encuentra más alegría en la vida simplemente viviendo en el momento y disfrutando de lo que ofrece. Hay muchos mudras para el chakra sacro, y cada uno está asociado con un elemento diferente de emoción. Algunos de los mudras más comunes para equilibrar el chakra sacro son:

(Cada mudra que ejemplificamos está acompañado del significado de su nombre, el gesto de la mano que implica y su conexión con el chakra sacro).

1. **Mudra *Shakti* - El gesto de la energía**

«*Shakti*» es una palabra sánscrita que se traduce como «poder». Por lo tanto, el mudra *Shakti* es un mudra de poder y fuerza. Ayuda a activar la energía *kundalini*, o fuerza vital, que reside en la base de la columna vertebral. Este mudra se utiliza a menudo para aumentar la creatividad, mejorar la autoestima y equilibrar el chakra sacro. Cuando se activa este mudra, se aprovecha el poder natural para alcanzar objetivos específicos.

Para realizar el mudra *Shakti*, empiece por sentarse en una posición cómoda con la columna vertebral recta. Coloque las manos sobre las rodillas con las palmas hacia arriba, envolviendo los pulgares con los dedos índice y corazón. Extienda los dedos meñique y anular y toque sus puntas. Ya ha hecho el mudra *Shakti* y puede mantenerlo todo el tiempo que quiera.

Inhale y exhale lenta y profundamente mientras se concentra en el chakra sacro. Visualice una bola de luz naranja que gira en su bajo vientre. Imagine que la bola de luz se hace más grande y brillante cuando exhala. Continúe respirando profundamente y concentrándose en el chakra sacro hasta que sienta que sus emociones se equilibran.

2. Mudra *Yoni* - El gesto del vientre universal

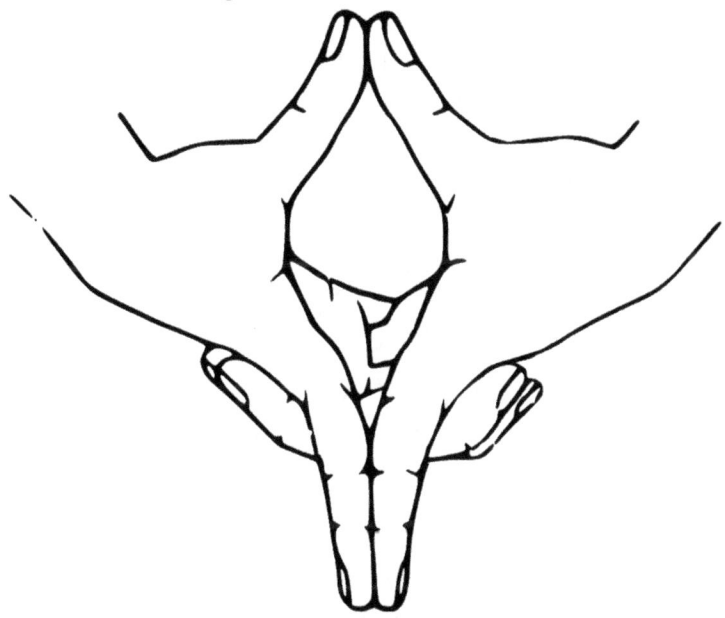

Mudra *Yoni*
https://pixabay.com/images/id-6170665/

El mudra *yoni* es una antigua práctica yóguica que estimula el chakra sacro, situado en la región pélvica inferior. Consiste en formar un círculo con el pulgar y el índice y trazar una línea continua desde el ombligo hasta el plexo solar. El mudra *yoni* ayuda a despejar cualquier bloqueo o desequilibrio en el chakra sacro al conectar la energía de la raíz del cuerpo con su potencial en el corazón.

Para realizar el mudra *yoni*, siéntese con la columna vertebral recta y las manos apoyadas en las rodillas con las palmas hacia arriba. Toque la punta de los pulgares y de los índices formando un diamante. Entrelace el resto de los dedos con los índices mirando hacia el suelo. Con el ojo de la mente, visualice una bola roja de energía girando en la pelvis y continúe respirando mientras se concentra profundamente en su chakra sacro.

El mudra *yoni* es uno de los más comunes para el chakra sacro, por lo que es un buen punto de partida si es nuevo en el mundo de los mudras. Si quiere mejorar la creatividad y la intuición, iniciar nuevas relaciones románticas o desbloquear traumas emocionales, este sencillo pero poderoso mudra le ayudará. Además, abre un camino para aprovechar su sabiduría interior y la poderosa energía del chakra sacro.

3. Mudra *Varun* - El gesto del agua

Mudra *Varun*
https://pixabay.com/images/id-7202715/

El mudra *Varun* es un gesto que representa el elemento agua. Se utiliza habitualmente para equilibrar el chakra sacro y aumentar el flujo de energía en el cuerpo. Su nombre proviene de *Varuna*, una deidad hindú asociada con el agua y el océano. El mudra *Varun* evoca el poder creativo y nutritivo del agua, lo que lo convierte en un mudra perfecto para quien busca curación o creatividad.

Para realizar el mudra *Varun*, simplemente siéntese en una posición cómoda con la espalda recta. Extienda las manos frente a usted con las palmas hacia arriba. Toque las puntas de los dedos meñique y pulgar juntos, y extienda los demás dedos. Centre su atención en la zona entre el ombligo y el pubis para equilibrar el chakra sacro con este mudra. Visualice una bola de luz azul girando en esta zona e imagine que se hace más grande y brillante a medida que inhala y exhala. Continúe con la concentración puesta en su respiración y en la energía del agua en su cuerpo hasta que sienta que su chakra sacro se abre.

Si necesita una forma rápida y fácil de equilibrar su chakra sacro, el mudra *Varun* es un buen punto de partida. Es sencillo y puede realizarse en cualquier lugar, por lo que es una gran opción para las agendas ocupadas. Recuerde respirar profunda y lentamente mientras lo practica para obtener el máximo provecho.

4. **Mudra *Ksepana* - El gesto de sellar**

Mudra *Ksepana*

Schlum, CC BY-SA 4.0 <https://creativecommons.org/licenses/by-sa/4.0>, vía Wikimedia Commons: https://commons.wikimedia.org/wiki/File:Mudra-Naruto-Chevre.svg

El mudra *Ksepana* es un gesto que sella la energía del chakra sacro. Se utiliza habitualmente para eliminar los bloqueos energéticos en el cuerpo y aumentar el flujo de energía en el bajo vientre. También equilibra la energía de otros chakras, como el de la corona o el del corazón.

Para realizar el mudra *Ksepana*, siéntese con la columna vertebral recta y las manos sobre las rodillas. Una los dedos de ambas manos. Suelte los dedos índices, apuntando con ellos hacia arriba, y doble los pulgares sobre el índice opuesto. Ahora, apriete los puños en la parte inferior del abdomen, justo por encima del hueso pélvico.

Imagine una bola de luz blanca que gira en el bajo vientre mientras inhala y exhala. Concéntrese en su respiración y en la energía del chakra sacro hasta que sienta que el bajo vientre se abre. El *Ksepana* mudra es una forma estupenda de aumentar el flujo de energía en el cuerpo y eliminar cualquier bloqueo que lo impida.

Pranayama

La respiración es una función esencial de la vida, pero también es una poderosa herramienta para promover el bienestar físico y mental. El *pranayama* es una técnica de yoga que consiste en controlar la respiración para calmar la mente y el cuerpo. Esta práctica es útil para enfocar la mente durante la meditación y es una forma eficaz de liberar la tensión y promover la relajación.

Cuando el sistema nervioso está equilibrado, es más fácil alcanzar un estado de calma y concentración. La respiración controlada ayuda a regular el sistema nervioso, que es uno de los beneficios del *pranayama*.

Además, la respiración controlada mejora la circulación y promueve la desintoxicación. Por eso el *pranayama* es una parte importante de la práctica del yoga y es muy beneficioso para mejorar su salud y bienestar general.

Esta práctica tiene muchos beneficios, pero uno de los más importantes es que abre y equilibra el chakra sacro. En particular, el *pranayama* ayuda a liberar cualquier emoción atrapada o energía estancada. Como resultado, es muy beneficioso para quien busca abrir la creatividad o experimentar más libertad emocional.

El *pranayama* ayuda a controlar y dirigir el flujo de energía en el cuerpo. Se puede remover la energía estancada y abrir el flujo de energía vital en el cuerpo concentrándose en la respiración y profundizando en las inhalaciones y exhalaciones. Además de promover la creatividad, también refuerza la inmunidad, aumenta los niveles de energía y calma la mente.

Los diferentes tipos de *pranayama*

La práctica del *pranayama* es una parte esencial de cualquier experiencia de yoga, ya que se dirige a los diferentes centros de energía (o chakras) del cuerpo y ayuda a conseguir un mayor bienestar físico, mental y espiritual. Algunos yoguis utilizan técnicas diferentes de *pranayama*, como la respiración nasal alterna (*Nadi shodhana*), el *mula bandha* y los giros del vientre para activar el chakra sacro. Estas técnicas pueden practicarse individualmente o combinadas para lograr su poderoso efecto en el cuerpo energético. Independientemente de la técnica que utilice, el *pranayama* le ayuda a desbloquear y equilibrar su chakra sacro y a conseguir una salud y una vitalidad óptimas.

Aquí hay algunas técnicas simples de *pranayama* para abrir y equilibrar el chakra sacro:

1. **Respiración *Ujjayi* - Respiración victoriosa**

Ujjayi es una técnica de control de la respiración que calma la mente y promueve la relajación.

Realización de la respiración *Ujjayi*

Inhale profundamente por la nariz. Exhale por la boca mientras emite el sonido «*ha*». Contraiga los músculos de la parte posterior de la garganta para crear un ligero sonido de ronquido al exhalar. Repita esta respiración entre tres y cinco minutos.

2. ***Nadi Shodhana* - Respiración nasal alterna**

Nadi shodhana es una técnica de *pranayama* que ayuda a limpiar y purificar los canales de energía (o nadis) del cuerpo. Se utiliza a menudo antes de la meditación para despejar la mente y preparar la introspección.

Realización de *nadi shodhana*

Siéntese cómodamente con las manos en un mudra (posición de las manos que ayuda a dirigir el flujo de energía). Con el pulgar derecho, cierre la fosa nasal derecha e inhale profundamente por la fosa nasal izquierda. Cierre la fosa nasal izquierda con el dedo anular y suelte el pulgar derecho. Exhale por la fosa nasal derecha e inhale de nuevo por el mismo lado. Por último, cierre la fosa nasal derecha y suelte la izquierda, exhalando por el lado izquierdo. Repita esta respiración entre tres y cinco minutos, luego cambie de lado y repita el proceso.

3. *Mula Bandha* - Bloqueo de la raíz

Mula bandha es una técnica yóguica que ayuda a bloquear la energía en la parte inferior del cuerpo y dirigirla hacia arriba, hacia los chakras superiores.

Realización de *Mula Bandha*

Simplemente contraiga el perineo (entre el ano y los genitales) mientras inhala y exhala. Esto ayuda a dirigir el *prana* (energía vital) de su cuerpo hacia los chakras sacro y del plexo solar.

4. Giros de vientre

Los giros de vientre son una técnica de *pranayama* sencilla pero eficaz para estimular el chakra sacro.

Realización de los giros del vientre

Inhale profundamente y expanda el vientre. Exhale y gire la pelvis hacia delante, metiendo el coxis y arqueando la espalda. Repita esta respiración entre tres y cinco minutos para abrir las caderas y el chakra sacro.

Aunque estas técnicas de *pranayama* son algunas de las más básicas del yoga, han demostrado ser muy eficaces para promover el equilibrio del chakra sacro. Además de practicar el *pranayama*, utilice los mudras (gestos con las manos) para abrir y equilibrar su chakra sacro. Los mudras son una parte importante del yoga, ya que ayudan a dirigir el flujo de energía en el cuerpo y a equilibrar los diferentes centros energéticos.

Este capítulo abarca algunas de las técnicas de *pranayama* y mudra más eficaces para abrir y equilibrar el chakra sacro. Consulte el resto de este libro para aprender más sobre otras prácticas favorables para este chakra.

Capítulo 6: Posturas y secuencias de yoga para el sacro

¿Desea equilibrar su chakra sacro y lograr una mayor salud y bienestar general? El yoga es la solución perfecta. Con su enfoque en la respiración, la meditación y las asanas (o posturas), puede abrir y sanar su chakra sacro mientras mejora la fuerza, la flexibilidad y la claridad mental.

El yoga es una práctica que involucra al chakra sacro, armoniza las necesidades físicas y emocionales y mejora el bienestar en muchos aspectos de la vida. Además, se ha demostrado que practicarlo regularmente refuerza el sistema inmunitario, reduce los niveles de estrés y ansiedad, mejora la calidad del sueño, etc.

Por lo tanto, el yoga es la solución perfecta si está buscando equilibrar su chakra sacro y tener una mayor salud y bienestar en general. Con tantos estilos disponibles hoy en día, hay algo para cada yogui en todos los niveles.

En este capítulo hablamos de los beneficios del yoga para el chakra sacro y ofrecemos algunas posturas y secuencias específicas para abrir y sanar este chakra. También le damos consejos sobre cómo iniciarse en el yoga y encontrar el estilo adecuado para usted. Así que, tanto si es nuevo en el yoga como si lo practica desde hace tiempo, hay algo aquí que le ayudará en su camino hacia una mayor salud y bienestar.

Beneficios del yoga para equilibrar *Svadhisthana*

El yoga es una gran herramienta para equilibrar el chakra sacro. Ciertas posturas ayudan a mejorar la circulación y a abrir las caderas, lo que ayuda a liberar los bloqueos desequilibran el chakra sacro. Además, los ejercicios de respiración y la meditación enfocan y calman la mente, promoviendo sentimientos de seguridad y protección. Mantenga su chakra sacro equilibrado incorporando el yoga a su vida diaria.

Estos son algunos de los muchos beneficios que ofrece el yoga mientras equilibra el chakra sacro:

- **Mejora la circulación:** Las posturas y secuencias utilizadas en el yoga aumentan la circulación, permitiendo un flujo de energía más equilibrado en todo el cuerpo.

- **Aumenta la flexibilidad:** Las posturas de yoga ayudan a estirar y abrir los músculos y las articulaciones, mejorando la flexibilidad. Esto es especialmente útil para liberar la tensión en las caderas y la parte baja de la espalda, estrechamente relacionadas con el chakra sacro.

- **Reduce el estrés y la ansiedad:** A través de los ejercicios de respiración, la meditación y la atención centrada, el yoga enfoca la mente y promueve la calma y la relajación. A su vez, reduce los niveles de estrés y ansiedad, promoviendo una sensación de bienestar.

- **Mejora la calidad del sueño:** Las técnicas de relajación del yoga también mejoran la calidad del sueño al brindar una sensación de calma y paz antes de acostarse.

- **Equilibra las hormonas**: El sistema endocrino, que controla las hormonas del cuerpo, está estrechamente relacionado con el chakra sacro. Puede tener un equilibrio hormonal saludable manteniendo este chakra en forma.

- **Mejora el estado de ánimo:** La práctica regular del yoga mejora el estado de ánimo y el bienestar mental. Probablemente se deba a la mayor concentración en la respiración y la meditación y a la liberación de endorfinas durante la actividad física.

Como puede ver, son muchos los beneficios de incorporar el yoga a su vida para equilibrar el chakra sacro. Si busca posturas y secuencias específicas para abrir y sanar su chakra sacro, la siguiente sección le da algunas sugerencias.

Asanas para abrir y equilibrar el chakra sacro

El chakra sacro gobierna la capacidad de conectar con los demás y experimentar el placer. Las asanas, o posturas de yoga, ayudan a equilibrar este chakra abriendo las caderas, las piernas, el abdomen y la parte baja de la espalda, estimulando el flujo de energía en esas zonas. Algunas de las asanas más eficaces para abrir y equilibrar el chakra sacro son la postura de la diosa (*Utkata Konasana*), la postura del guerrero invertido (*Viparita Virabhadrasana*), la postura del giro con las piernas cruzadas (*Parivrtta Sukhasana*), el pliegue hacia delante de pie (*Uttanasana*), la postura del gato y la vaca (*Marjaryasana*) y la postura del niño (*Balasana*).

Puede aumentar su vitalidad, alegría, creatividad, intuición y salud emocional si practica a diario estas posturas. Si quiere equilibrar su chakra sacro y mejorar su bienestar general, empiece hoy mismo a incorporar las siguientes asanas a su práctica habitual.

Utkata Konasana (postura de la diosa)

La postura de la diosa es una postura de pie que abre las caderas, los muslos y el pecho, al tiempo que fortalece las piernas y la parte inferior de la espalda. También estimula el flujo de energía en la zona del sacro, por lo que es una asana excelente para abrir y equilibrar el chakra sacro. Mantenga la espalda recta mientras empuja las caderas hacia delante y hacia abajo al realizar esta postura.

Instrucciones:

1. Comience poniéndose de pie con los pies separados unos treinta centímetros y gire los dedos de los pies hacia fuera.
2. Doble las rodillas y baje las caderas hacia el suelo. Los muslos deben estar paralelos al suelo y los brazos estirados frente a usted.
3. Mantenga esta posición durante varias respiraciones profundas, sintiendo el estiramiento en las caderas y la parte baja de la espalda.

4. Enderece las piernas y vuelva a ponerse de pie para soltar la postura.

Dependiendo de su flexibilidad, puede realizar esta postura con o sin apoyos. Si le duele la rodilla, coloque una esterilla de yoga o una manta bajo los talones para protegerlos del suelo. También puede realizar esta postura con la espalda apoyada en una pared para tener más apoyo si lo necesita.

Viparita Virabhadrasana (Postura del guerrero invertido)

La postura del guerrero invertido es una forma estupenda de estirar los músculos de las caderas, el abdomen y la parte inferior de la espalda mientras se abre el pecho. Esta asana ayuda a equilibrar el chakra sacro al estimular el flujo de energía en las caderas y la espalda baja. Es una postura estupenda para los principiantes, ya que puede realizarse de muchas maneras para aumentar su eficacia.

Instrucciones:

1. Comience poniéndose de pie con los pies juntos y girando el pie derecho hacia fuera.
2. Doble ligeramente la rodilla izquierda y mantenga la pierna derecha recta, con el talón derecho alineado con el izquierdo.
3. Apunte con el brazo derecho hacia el techo y apóyese lentamente hacia atrás, estirando el lado derecho de su cuerpo.
4. Mantenga esta postura durante varias respiraciones, sintiendo el estiramiento en las caderas y el abdomen.
5. Para soltar la postura, estire la pierna derecha y vuelva a ponerse de pie.

La clave para realizar correctamente esta postura es mantener la espalda recta y la rodilla delantera doblada en un ángulo de noventa grados. La postura del guerrero invertido también puede realizarse con una silla si necesita apoyo adicional. Recuerde mantener los hombros rectos y alineados sobre las caderas, asegurándose de no encorvarlos hacia delante mientras se inclina hacia atrás.

Parivrtta Sukhasana (postura de giro con las piernas cruzadas)

La postura de giro con las piernas cruzadas es una postura suave y relajante que ayuda a estirar las caderas, la parte baja de la espalda y el abdomen. Es un elemento básico para cualquier práctica de yoga, así que puede realizarse de varias maneras, dependiendo de su flexibilidad. Si se realiza correctamente, ayuda a abrir y equilibrar el chakra sacro, aumentando la creatividad y la salud emocional.

Instrucciones:
1. Comience por sentarse en el suelo con las piernas cruzadas.
2. Coloque la mano derecha en el suelo detrás de usted y gire el torso hacia la izquierda, mirando por encima del hombro izquierdo.
3. Mantenga esta postura durante varias respiraciones, sintiendo el estiramiento en las caderas y la parte baja de la espalda.
4. Enderece el torso y vuelva a sentarse con las piernas cruzadas para soltar la postura.

La postura del giro con las piernas cruzadas es ideal para los principiantes, ya que se puede realizar con accesorios si necesita apoyo adicional. Si tiene las caderas tensas, coloque una esterilla de yoga bajo la nalga derecha para ayudarse a inclinar la pelvis. También puede colocar una manta bajo las rodillas para mayor comodidad.

Uttanasana (pliegue hacia delante de pie)

El pliegue hacia delante de pie es una postura sencilla pero eficaz que ayuda a estirar los isquiotibiales, la zona lumbar y las caderas. Se utiliza a menudo como una postura de descanso al final de la práctica de yoga, pero tiene muchos beneficios terapéuticos para equilibrar el chakra sacro. Se dice que el pliegue hacia adelante de pie aumenta la creatividad y la estabilidad emocional.

Instrucciones:
1. Comience poniéndose de pie con los pies juntos e inclinándose lentamente hacia delante, manteniendo la espalda recta mientras baja.

2. Deje que la cabeza y el cuello cuelguen libremente, empujando las caderas hacia el suelo tanto como sea posible.
3. Mantenga esta postura durante varias respiraciones, sintiendo el estiramiento en los isquiotibiales y la espalda baja.
4. Gire lentamente la columna vertebral hasta ponerse de pie y vuelva a la posición inicial para soltar la postura.

El pliegue hacia delante de pie también puede realizarse con una esterilla de yoga bajo las manos para obtener más apoyo si es necesario. Recuerde mantener los hombros relajados mientras baja, centrándose en mantener la espalda recta y alineada con las piernas durante toda la postura.

Ardha Matsyendrasana (Postura del Medio Pez)

Postura del medio pez
lululemon athletica, CC BY 2.0 <https://creativecommons.org/licenses/by/2.0/>, vía Wikimedia Commons https://commons.wikimedia.org/wiki/File:Ardha_Matyendrasana_-_Half_Lord_of_the_Fishes_Pose_-_Bound_Arm_Variation.jpg

La postura del medio pez es una torsión profunda que ayuda a estirar los hombros, el pecho y el cuello. También es terapéutica para la parte baja de la espalda, las caderas y el chakra sacro. Esta postura aumenta la estabilidad emocional y la creatividad al abrir el segundo chakra. Si la practica regularmente, experimentará los beneficios de esta poderosa asana.

Instrucciones:
1. Comience sentándose en el suelo con las piernas extendidas frente a usted.
2. Doble la rodilla derecha y coloque el pie en el suelo junto al muslo izquierdo.
3. Coloque la mano izquierda en el suelo detrás de usted y gire el torso hacia la derecha, mirando por encima del hombro.
4. Mantenga esta postura durante varias respiraciones, sintiendo el estiramiento en los hombros, el pecho y el cuello.
5. Enderece el torso y vuelva a la posición inicial con las piernas extendidas delante de usted para soltar la postura.

También puede realizar esta postura utilizando una correa de yoga alrededor de la espalda si es necesario. Coloque una manta debajo de la rodilla para obtener un apoyo adicional si tiene las caderas tensas. Recuerde que debe mantener los huesos de la cadera en el suelo y la columna vertebral alargada mientras hace la postura.

Marjaryasana (postura del gato y la vaca)

La postura del gato y la vaca es una combinación de flexiones hacia atrás que ayuda a estirar la columna vertebral, el cuello y los hombros. Aunque se utiliza para calentar el cuerpo y prepararlo para una práctica de yoga más intensa, tiene muchos beneficios terapéuticos que la convierten en una gran postura para los principiantes. La postura del gato y la vaca aumenta la estabilidad emocional y la creatividad al abrir el segundo chakra.

Instrucciones:
1. Comience sobre las manos y las rodillas, con las muñecas directamente debajo de los hombros y las rodillas alineadas con las caderas.
2. Inhale mientras baja el vientre y arquea la espalda hacia el techo, mirando al cielo.
3. Exhale y doble la columna vertebral hacia el suelo, bajando la cabeza y metiendo la barbilla en el pecho.

4. Alterne entre estas dos posturas durante varias respiraciones, sintiendo el estiramiento de la columna y el cuello con cada inhalación y exhalación.
5. Vuelva a levantar la cabeza hasta la posición neutra y regrese a la posición inicial para liberar la postura.

Recuerde mantener una respiración suave y uniforme al pasar de la postura del gato a la de la vaca. Si tiene algún dolor de espalda, tómeselo con calma. Concéntrese en moverse lentamente y con atención mientras respira en el estiramiento.

Balasana (postura del niño)

La postura del niño es una postura de descanso que ayuda a estirar las caderas, los muslos y los tobillos. Se denomina postura del niño porque al sentarse sobre los talones se parece a la posición de un niño pequeño. El objetivo principal de esta postura es relajar la mente y el cuerpo, liberando cualquier tensión o estrés que sienta.

Instrucciones:
1. Comience sobre las manos y las rodillas, con las muñecas directamente debajo de los hombros y las rodillas alineadas con las caderas.
2. Exhale, siéntese sobre los talones y baje la frente hacia el suelo.
3. Extienda los brazos ante usted, dejando que las palmas de las manos se apoyen en el suelo.
4. Permanezca en esta posición durante varias respiraciones, respirando profundamente y concentrándose en liberar la tensión y el estrés.
5. Inhale y vuelva a la posición inicial sobre las manos y las rodillas para liberar la postura.

Puede ser difícil sentarse sobre los talones si es nuevo en el yoga o tiene las caderas tensas. Utilice una manta o una esterilla de yoga para apoyarlos si lo necesita. Asegúrese de mantener sus huesos en el suelo y su columna vertebral larga mientras hace esta postura.

Secuencia y posturas alternativas

Una vez que haya aprendido las posturas básicas de yoga, puede empezar a unirlas en secuencias. Estas secuencias pueden ser tan simples o complejas como quiera, dependiendo de sus objetivos y su nivel de experiencia. También puede utilizar diferentes posturas para trabajar zonas específicas del cuerpo, como estirar la parte superior de la espalda y los hombros o tonificar las piernas y los glúteos.

Hay muchas secuencias que puede probar, aquí tiene algunas opciones para empezar:

Secuencia 1:
1. *Marjaryasana* (postura del gato y la vaca) - cinco a diez respiraciones.
2. *Balasana* (postura del niño) - cinco a diez respiraciones.
3. *Uttanasana* (pliegue hacia delante de pie) - cinco a diez respiraciones.

Secuencia 2:
1. *Uttanasana* (pliegue hacia delante de pie) - cinco a diez respiraciones.
2. *Ardha Matsyendrasana* (postura del medio pez) - cinco a diez respiraciones en cada lado.
3. *Paschimottanasana* (pliegue hacia delante sentado) - cinco a diez respiraciones.

Añadir variedad

Si ha estado practicando yoga durante algún tiempo, verá que su cuerpo se acostumbra a las mismas posturas en el mismo orden todos los días. Por lo tanto, es importante mezclarlas y añadir variedad a la práctica. He aquí algunas formas de hacerlo:

1. **Varíe el orden de sus posturas -** Haga la postura del gato y la vaca de primera en lugar de última, o alterna entre los pliegues hacia delante de pie y las posturas sentadas.
2. **Añada nuevas posturas -** Si se siente aventurero, añada nuevas posturas a sus secuencias. Hay cientos de posturas de yoga para elegir, así que seguro que encuentra alguna que se adapte a su nivel y a sus objetivos.
3. En lugar de mantener el pliegue hacia adelante de pie entre cinco y diez respiraciones, manténgalo durante solo dos o tres. Esto mantendrá su práctica interesante y desafiante.

4. **Utilice accesorios** - Los accesorios, como las esterillas o las correas de yoga, ayudan a profundizar el estiramiento o a realizar posturas que de otro modo serían difíciles.
5. **Practique con un amigo** - Practicar con un amigo hace que su práctica sea más agradable y motivadora. También es una buena manera de aprender nuevas posturas y obtener comentarios sobre su forma.

Practicar yoga es una gran manera de mejorar la flexibilidad, la fuerza y el bienestar general. Al añadir variedad a su práctica, mantiene su cuerpo y su mente desafiados y mantiene su motivación y progreso.

Alterne las posturas

Aunque las posturas y secuencias básicas de yoga son un gran punto de partida, existen muchas otras opciones para su práctica. Si busca algo diferente, estas sencillas posturas son algunas de las más comunes:

1. En lugar de un pliegue hacia adelante sentado, pruebe una torsión reclinada: esta postura es una gran manera de liberar la tensión en la parte inferior de la espalda y la columna vertebral.
2. En lugar de la postura del niño, pruebe una flexión de espalda con apoyo: esta postura es una forma suave de abrir el pecho y el corazón.
3. En lugar de la postura del gato y la vaca, pruebe un giro espinal: esta es una manera fácil de aflojar la columna vertebral y liberar la tensión acumulada en la espalda, el cuello y los hombros.
4. En lugar de una plancha lateral estándar, intente una plancha de delfín: esta postura es una gran manera de ganar fuerza en el núcleo y la parte superior del cuerpo.
5. En lugar de una postura para los hombros, pruebe con un pliegue hacia delante: es una forma sencilla de liberar la tensión en el cuello y la parte superior de la espalda.

El yoga más allá de las asanas

Muchas personas, al pensar en el yoga, se imaginan posturas de pie, torsiones y extensiones, actividades que requieren mucho esfuerzo y compromiso muscular. Sin embargo, la verdad es que el yoga es mucho más que meras posturas físicas. En el fondo, es una práctica para conectar la mente y el cuerpo, desarrollar una mayor conciencia y concentración y, en última instancia, lograr el equilibrio y la armonía en todos los aspectos de la vida. Este enfoque holístico tiene especial resonancia en la curación del chakra sacro, que recorre el eje central del bajo vientre y se asocia con el placer y el deseo.

Incorporando otras prácticas como el *pranayama* (ejercicios de respiración), la meditación o los mudras a su rutina de yoga, abre su cuerpo a un nivel más profundo, facilitando el flujo a través del chakra sacro. Tanto si incorpora estos elementos a su práctica habitual de asanas como si los utiliza como métodos independientes para equilibrar sus centros energéticos, le ayudarán a conectarse físicamente mientras alivia el estrés y la tensión. Mantener el chakra sacro abierto también le permitirá reconectar con su genuino deseo de vivir la vida en toda su belleza.

Esperamos que la información presentada en este capítulo le haya ayudado a conocer los distintos aspectos del yoga y sus beneficios, pero siempre hay más cosas por aprender. Si está interesado en profundizar en su práctica y conocer más sobre el potencial del yoga para la curación y el crecimiento, considere la posibilidad de inscribirse en un programa de formación de profesores de yoga o busque otros recursos que le ayuden en su viaje.

Capítulo 7: Uso de cristales y piedras

Los cristales son una poderosa herramienta para sanar y equilibrar los chakras. Cada cristal tiene propiedades diferentes y se utiliza de distintas maneras para sanar, equilibrar y fortalecer los chakras.

Los cristales se forman mediante procesos naturales a lo largo de miles de años; cada uno es único y contiene una energía propia y específica. Ayudan en muchos aspectos de la salud, incluyendo el equilibrio emocional y la iluminación espiritual.

Desde la antigüedad, los cristales se han utilizado en muchas culturas para curar dolencias físicas, problemas mentales y emocionales, para la meditación, la espiritualidad, y mucho más.

Este capítulo se centra en el uso de cristales y piedras para equilibrar el chakra sacro. Se discuten las propiedades de varios de ellos, por qué son buenos para este chakra y cómo usarlos, limpiarlos y cuidarlos.

El papel de los cristales en el equilibrio del chakra sacro

En la curación del chakra sacro se utilizan cristales de diferentes maneras. El papel de los cristales en el proceso de curación es despejar cualquier bloqueo y re-energizar el chakra, ayudando a restaurar su equilibrio y su funcionamiento óptimo.

El equilibrio del chakra sacro con cristales se realiza mediante varios métodos. Algunos de los más populares incluyen usarlos durante la meditación, llevarlos consigo o colocarlos sobre el cuerpo. Cuando se coloca un cristal directamente sobre la piel del chakra sacro, la energía del cristal fluye hacia el chakra y despeja cualquier bloqueo o desequilibrio.

He aquí algunas formas en que los cristales ayudan a equilibrar el chakra sacro:

Restauran el equilibrio del chakra

Los cristales restablecen el equilibrio energético del chakra sacro limpiando los bloqueos y balanceando la energía. Por ejemplo, la cornalina es una poderosa piedra para el chakra sacro que aumenta la motivación y la creatividad. El citrino es otro cristal que promueve el cambio positivo en el chakra sacro al disolver viejos patrones y creencias. Mediante el uso de cristales se pueden sanar viejas heridas y bloqueos y dar paso a nuevos niveles de creatividad, placer y vitalidad en el chakra sacro.

Promueven la fertilidad y la abundancia

Durante siglos, los cristales se han utilizado por sus propiedades mágicas. Hoy en día, muchos siguen creyendo que desarrollan la creatividad, la fertilidad y la abundancia. Aunque no hay evidencia científica que apoye estas afirmaciones, algunas personas encuentran que trabajar con cristales les ayuda a conectarse con su lado creativo. Otros utilizan los cristales para enfocar su intención cuando manifiestan bendiciones para su vida. Finalmente, otros llevan cristales para aumentar sus posibilidades de concebir un hijo.

Tanto si los cristales tienen poderes mágicos como si no, trabajar con ellos es una forma divertida y poderosa de conectar con sus intenciones y llenar su vida de energía positiva. Son una herramienta única para la curación y el autodescubrimiento, y si se utilizan correctamente, ayudan a elevar las vibraciones, a aumentar la creatividad y a atraer la abundancia.

Liberan el estrés y los traumas

El estrés y los traumas están entre los síntomas más comunes de un chakra sacro desequilibrado. Estas energías negativas drenan en la energía del cuerpo, haciéndonos sentir ansiosos, abrumados y desconectados de nuestro verdadero ser. Se puede trabajar con el poder curativo de los cristales para restaurar el equilibrio del chakra sacro y sacar estas energías tóxicas del cuerpo.

Algunos cristales, como el jade o la aguamarina, aumentan la atención y reducen el estrés al relajar la mente y el cuerpo. Otros, como la amatista o la calcita naranja, ayudan a liberar traumas pasados y creencias negativas que alimentan la ansiedad y el malestar. Por lo tanto, trabajar con cristales es una poderosa herramienta para sanar el chakra sacro, ya que es una forma eficaz de conectarse con los sentimientos y emociones más verdaderos.

Diferencia entre piedras y cristales

Las piedras y los cristales se utilizan a menudo indistintamente, pero hay una diferencia entre ambos. Las piedras son rocas naturales que han sido cortadas o pulidas. Se encuentran en una gran variedad de colores, formas y tamaños. Las piedras suelen utilizarse por su aspecto y se emplean principalmente en joyería o decoración. Los cristales, en cambio, son sustancias naturales o artificiales con una estructura cristalina. Tienen muchos propósitos diferentes y a menudo se utilizan como herramienta para la curación o la meditación.

Cuando se trata de equilibrar el chakra sacro, no hay diferencia entre utilizar piedras y cristales. Ambas cosas se utilizan para eliminar bloqueos y restablecer el equilibrio energético, lo que reduce la elección a las preferencias personales. Algunas personas prefieren el aspecto de las piedras, mientras que otras consideran que los cristales son más poderosos. En última instancia, es usted quien decide qué piedra o cristal se adapta mejor a sus necesidades.

¿Qué hace que una piedra o un cristal sea bueno para el chakra sacro?

El chakra sacro es un centro energético clave situado en la parte inferior del abdomen, justo debajo del ombligo. Influye en muchos aspectos de la vida, desde la creatividad y la sexualidad hasta las relaciones y la felicidad. Es importante trabajar con cristales y piedras que resuenen con el chakra sacro para apoyar la salud de este vital centro energético.

Por lo general, se considera que los cristales y piedras de color naranja o amarillo son especialmente beneficiosas para este chakra. Entre ellas se encuentran la cornalina, el citrino y el ojo de tigre. Además, cualquier piedra o cristal con un aspecto terroso u orgánico promueve el equilibrio en el chakra sacro. También es esencial tener en cuenta que ciertos cristales deben evitarse cuando se trabaja con el chakra sacro, como es el caso del cuarzo y la amatista.

Comprender lo que hace que una piedra o un cristal en particular sea eficaz para los centros de energía permite tomar decisiones más informadas a la hora de seleccionar piedras y cristales curativos. Elegir una piedra o cristal que resuene con el chakra sacro ayuda a desbloquear su poder y cultivar una mayor salud y felicidad en todos los ámbitos de la vida.

Color y apariencia

El chakra sacro se asocia con el color naranja, y muchas piedras y cristales presentan esta tonalidad. Sin embargo, otros colores también son eficaces para equilibrar este centro energético. Por ejemplo, las piedras rojas se utilizan para estimular la energía y la pasión, mientras que las amarillas fomentan la creatividad y la alegría. Por lo general, cualquier piedra o cristal de color brillante y visualmente atractivo ayuda a equilibrar el chakra sacro.

A la hora de elegir, es imprescindible que se deje llevar por su intuición y elija una piedra o cristal que le atraiga. Su conexión con las emociones hace que el chakra sacro sea un centro energético importante que hay que mantener en equilibrio. Trabajar con piedras y cristales de varios colores restablece la armonía en esta zona vital de su ser.

Propiedades y formación

Muchas personas practican la curación utilizando piedras y cristales con propiedades particulares que alinean y revitalizan este centro energético. Las diferentes piedras y cristales tienen características físicas únicas, como los materiales y las estructuras que, por ejemplo, les dan una forma afilada y puntiaguda.

Estas propiedades cumplen un papel importante en el uso de una piedra o cristal para el chakra sacro. Por ejemplo, el cuarzo es uno de los materiales más utilizados en la curación con cristales por sus fuertes vibraciones y sus efectos beneficiosos sobre el flujo de energía. Además, algunas piedras como el jaspe rojo irradian calor de forma natural cuando se sostienen contra la piel en este chakra, lo que provoca una sensación de calidez y excitación.

Tenga en cuenta propiedades como las mencionadas para seleccionar una piedra o un cristal para su chakra sacro y optimice su fuerza y su comunicación con las energías de su cuerpo.

Piedras y cristales buenos para el chakra sacro

Muchas piedras y cristales se utilizan para apoyar la salud del chakra sacro, pero algunas son más frecuentes que otras. A continuación, hay una lista de algunas piedras y cristales ampliamente consideradas beneficiosos para el chakra sacro.

Cornalina

Propiedades: La cornalina es una piedra de ágata conocida por su vibrante color naranja, a menudo asociado con el chakra sacro. Además de su tono brillante, tiene otras propiedades que la convierten en un cristal eficaz para equilibrar el chakra sacro. Por ejemplo, que es conocida por potenciar la creatividad, la pasión y el impulso. Esta piedra también ayuda a equilibrar el chakra sacro, ya que mejora el flujo de energía y reduce los bloqueos.

Usos: La cornalina se usa a menudo como joya, o se coloca en el hogar o lugar de trabajo para apoyar la salud del chakra sacro. También se puede colocar directamente sobre este centro energético o cerca de él durante la meditación o la práctica de yoga para obtener mejores resultados. La cornalina también se puede utilizar en mandalas de cristales para la curación o colocarse en áreas de la casa o la oficina que necesiten un impulso extra de energía del chakra sacro.

Obsidiana copo de nieve

Propiedades: La obsidiana copo de nieve es un cristal volcánico con una base negra y manchas o vetas blancas similares a copos de nieve. Esta piedra tiene varias propiedades beneficiosas para el chakra sacro, incluyendo el enraizamiento de la energía, la reducción del estrés y la difusión de la calma. La obsidiana copo de nieve también ayuda a liberar emociones como la ira y el resentimiento, que bloquean el flujo de energía en el chakra sacro.

Usos: La obsidiana copo de nieve puede llevarse como joya o sostenerse durante la meditación, el yoga u otras prácticas, ya que promueve el flujo de energía en el chakra sacro. Para obtener mejores resultados, el cristal se coloca sobre o cerca del chakra sacro durante estas actividades. Esta piedra también se puede utilizar en los mandalas de curación con cristales o mantenerse en las zonas del hogar o la oficina en las que el estrés o la tensión son habituales.

Citrino

Propiedades: El citrino es una de las piedras más importantes para el chakra sacro debido a su tono naranja brillante y su asociación con la creatividad y la abundancia. Esta piedra es conocida por su capacidad para alinear el chakra sacro con los chakras inferiores, permitiendo que la energía fluya libremente y reduciendo los bloqueos que provocan el estancamiento. El citrino también aumenta la creatividad, la confianza y la alegría.

Usos: El citrino puede llevarse como joya, sostenerse durante la meditación o el yoga, o colocarse en el hogar o la oficina para apoyar la salud del chakra sacro. Esta piedra también puede añadirse a los mandalas de curación con cristales o colocarse en áreas donde la ansiedad, el estrés o la tensión son comunes, para promover la calma.

Ámbar

Propiedades: El ámbar es una resina de árbol fosilizado que ha sido utilizada durante siglos para apoyar la salud del chakra sacro. Esta piedra ayuda a equilibrar este chakra debido a su capacidad para limpiar y purificar la energía. El ámbar también se asocia con la creatividad, la fertilidad y la abundancia.

Usos: El ámbar puede llevarse como joya o colocarse en el hogar o la oficina para limpiar el chakra sacro. Colóquelo sobre o cerca del chakra sacro durante la meditación o el yoga para obtener mejores resultados. También se puede utilizar en los mandalas de curación con cristales o colocarse en las áreas de la casa o la oficina que necesiten un impulso extra de energía del chakra sacro.

Otras piedras y cristales

Muchas otras piedras y cristales son útiles para la salud del chakra sacro. Algunas de las sugeridas son la amatista, la piedra de luna, el ojo de tigre y el granate. Considere la posibilidad de consultar a un terapeuta de cristales cualificado o a un sanador energético para obtener más información sobre estos u otros cristales y piedras beneficiosas para el chakra sacro.

Cómo elegir, limpiar y cuidar sus piedras o cristales

Hay algunas cosas importantes que debe tener en cuenta cuando limpie y cuide sus piedras y cristales para el chakra sacro. El primer paso es elegir las piedras o cristales adecuados, haciendo énfasis en los que resuenan más fuertemente con la energía de este chakra. Algunas buenas opciones son la calcita naranja, la cornalina y el ojo de tigre.

Cuando elija sus cristales y piedras, preste atención a su color y claridad. Lo ideal es que sean brillantes y de aspecto suave, sin grietas ni líneas minerales visibles. Una vez que haya elegido sus piedras o cristales, debe limpiarlos colocándolos en un recipiente con agua fría durante la noche o a la luz directa del sol durante unas horas. Esto eliminará cualquier energía negativa persistente de propietarios o entornos anteriores.

Una vez que esté listo para usar sus piedras o cristales para el chakra sacro, debe involucrar todos sus sentidos en la meditación o concentrar su energía en este objetivo. Utilice la mayor cantidad de imágenes, sonidos, olores, etc., para sentirse plenamente conectado y equilibrado con estas gemas curativas.

1. Elección de las piedras o cristales

Elija piedras que resuenen con la energía de este chakra en particular. Otra consideración importante es el color. Dado que este chakra se asocia con el color naranja, lo mejor es optar por piedras de tonos anaranjados o rojos. Además, preste atención a otras propiedades de determinados cristales o piedras, como la sensación que producen en las manos o los atributos específicos que mejoran. La elección correcta de las piedras apropiadas es una forma poderosa de mejorar su energía espiritual y equilibrar su chakra sacro.

2. Limpieza de sus piedras o cristales

Una forma de mantener su chakra sacro en equilibrio es limpiar regularmente sus piedras y cristales. Esto elimina cualquier negatividad acumulada y permite que la energía positiva de la piedra fluya más libremente. Hay varias formas de limpiar las piedras.

Un método es ponerlas a la luz del sol durante unas horas. También puede limpiarlas con agua (colocándolas bajo el grifo o sumergiéndolas en un cuenco con agua durante la noche) o con sonido (tocando una campana cerca de ellas o cantando).

Si no está seguro de qué método utilizar, simplemente sostenga la piedra en su mano y pregúntele cómo le gustaría ser limpiada. Sea cual sea el método que elija, debe limpiar sus piedras regularmente para mantener su chakra sacro en equilibrio.

3. El cuidado de sus piedras o cristales

Una vez que haya elegido y limpiado sus piedras o cristales, debe cuidarlos bien para mantener su energía positiva. Evite exponerlas a productos químicos fuertes o a temperaturas extremas, ya que pueden dañar su superficie. Como ya se ha dicho también es importante limpiarlos con regularidad.

Además de estos consejos de cuidado, es aconsejable realizar otras prácticas asociadas al chakra sacro. Por ejemplo, pasar más tiempo en la naturaleza, cocinar alimentos nutritivos, practicar yoga o danza aumentan la creatividad y sensualidad de sus actividades. El cuidado de sus piedras y cristales y la realización de actividades que nutren su chakra sacro mantienen este centro energético equilibrado y saludable.

Como puede ver, el uso de cristales y piedras es una forma poderosa de mejorar su energía espiritual y equilibrar su chakra sacro. Se utilizan muchas piedras y cristales diferentes para este propósito, así que tómese su tiempo para experimentar y determinar cuáles funcionan mejor para usted.

Busque piedras y cristales que resuenen con la energía del chakra sacro y que sean de color naranja o rojo. Además, asegúrese de limpiarlos con regularidad utilizando uno de los métodos mencionados anteriormente. Recuerde cuidar sus piedras y realizar actividades que nutran su chakra sacro con frecuencia. La aplicación de estos consejos cuando utilice sus cristales y piedras mejorará su energía espiritual y traerá equilibrio a su chakra sacro.

Capítulo 8: Aromaterapia *Svadhisthana*

La aromaterapia ayuda a abrir el chakra sacro
https://pixabay.com/images/id-3321811/

El ayurveda y los aceites esenciales van de la mano. Los aceites esenciales se han utilizado en la medicina india durante miles de años con muy buenos resultados. El ayurveda es un sistema holístico que utiliza todas las herramientas a su alcance para lograr el equilibrio: dieta, ejercicio, meditación, yoga y hierbas. Los aceites esenciales son una de las herramientas más potentes.

Según el Ayurveda, el uso de aceites aromáticos ayuda a abrir el chakra sacro y a que afloren las emociones positivas asociadas con él. La aromaterapia equilibra los centros energéticos de su cuerpo y logra armonía en su interior. Este capítulo explora algunos de los mejores aceites esenciales para *Svadhisthana*, sus propiedades y cómo utilizarlos.

El papel de los aceites esenciales para lograr el equilibrio del chakra sacro

Los aceites esenciales proporcionan una dosis altamente concentrada de medicina vegetal si se aplican directamente en el torrente sanguíneo para su absorción inmediata en las células. Esto permite que el cuerpo acceda y aproveche los beneficios curativos de estos aceites más rápidamente que si los tomara de otra manera.

Además, estos aceites pueden ponerse en el ambiente, inhalarse o aplicarse de forma tópica para obtener efectos específicos en zonas concretas del cuerpo, lo que los convierte en una opción ideal para tratar los desequilibrios del chakra sacro. Hay muchas opciones de aromaterapia para equilibrar *Svadhisthana*, y cada aceite tiene propiedades únicas que lo hacen ideal para abrir este centro energético.

Varios aceites esenciales son una herramienta útil para lograr el equilibrio del chakra sacro. Por ejemplo, el aceite de ylang-ylang es conocido por favorecer la felicidad y la satisfacción. Por otro lado, el aceite de jazmín alivia la tensión sexual y el insomnio. La difusión de estos aceites o su aplicación tópica en el bajo vientre fomenta el flujo de energía creativa y alinea todo el ser.

El papel del olfato en la aromaterapia

Uno de los sentidos más importantes en la aromaterapia, obviamente, es el olfato. La capacidad de oler es crucial para promover el equilibrio y el bienestar en el chakra sacro, porque está estrechamente vinculada con la mente subconsciente y la ubicación de este centro energético.

Utilizando diariamente esencias y aromas específicos, se puede desbloquear y equilibrar este chakra. Por ejemplo, se cree que los aceites esenciales como el ylang-ylang y la naranja favorecen el segundo chakra porque aportan alegría, sensualidad y creatividad a la vida.

Así que, si quiere mejorar este aspecto de su ser, no subestime el poder del olfato. Puede vivir una vida más vibrante y equilibrada con los aromas y aceites esenciales adecuados favoreciendo su chakra sacro.

Los beneficios de los aceites esenciales para el chakra sacro

Muchas personas confían en los aceites esenciales para mantener un equilibrio y una conexión saludable en este centro energético. Los aceites esenciales son extractos naturales de plantas, apreciados por su fragancia y propiedades curativas. El uso de aceites específicos como el jazmín o el ylang-ylang en el chakra sacro, o cerca de él, fomenta la alegría y el optimismo, mejora la capacidad de expresión creativa y activa la libido.

Tanto si se utilizan en prácticas de meditación como si se diluyen en un baño relajante, los aceites esenciales ayudan a alinear el chakra sacro. Así que, si está buscando una forma natural de impulsar su bienestar y estimular la creatividad y vitalidad de su vida, no busque más que los poderosos beneficios de los aceites esenciales.

1. Alivian la ansiedad y el estrés

Siempre que se sienta ansioso o estresado, el uso de la aromaterapia es una forma útil de encontrar alivio. Los aromas de ciertos aceites esenciales calman y tranquilizan la mente, aliviando los síntomas de ansiedad y promoviendo una sensación de paz. El chakra sacro está estrechamente relacionado con el estado emocional y las propiedades curativas de los aceites esenciales devuelven el equilibrio a este centro energético.

2. Aumentan la libido

Una vida sexual sana es una parte importante de un chakra sacro equilibrado. Por lo tanto, si quiere añadir un poco más de sabor a su vida amorosa, utilice aceites esenciales específicos para aumentar su libido. Estos aceites aumentan la pasión y la excitación, promoviendo un chakra sacro más energizado.

3. Aumentan la creatividad y la imaginación

El chakra sacro es conocido como la «central de la creatividad». El uso de aceites esenciales específicos estimula su imaginación y hace que aproveche su potencial creativo. Estos aceites también se utilizan para la manifestación de los sueños y los objetivos, aumentando la claridad de pensamiento e impulsando un mayor éxito en todas las áreas de su vida.

Como puede ver, los beneficios de los aceites esenciales para el chakra sacro son abundantes. Ya sea para aliviar el estrés y la ansiedad, potenciar la libido o mejorar la creatividad, estos poderosos extractos de plantas son una herramienta fabulosa para lograr un mayor equilibrio en la vida.

Cómo utilizar los aceites esenciales para *Svadhisthana*

Los aceites esenciales se utilizan de varias maneras cuando se trata de abrir y equilibrar el chakra sacro. Algunos de los métodos más populares son:

Inhalación

La inhalación de aceites esenciales es una gran manera de aprovechar los beneficios terapéuticos de estos poderosos compuestos vegetales. Al respirar los vapores aromáticos, se estimula directamente la médula oblonga, la parte del cerebro responsable de regular procesos subconscientes fundamentales como el ritmo cardíaco y la respiración.

Los aceites esenciales contienen componentes que tratan problemas de salud específicos, como la inflamación y los dolores crónicos. Por ello, la inhalación es especialmente útil para *Svadhisthana*, el chakra sacro, que está vinculado con bienestar físico y emocional y rige el deseo sexual y la creatividad.

Inhalar aceites esenciales para dedicar un tiempo diario exclusivamente a *Svadhisthana* ayuda a aprovechar este centro energético y a experimentar mayor alegría y placer. Tanto si se utiliza un difusor de aromas como si se hacen unas cuantas respiraciones profundas antes de acostarse, la inhalación es una forma sencilla y eficaz de lograr el equilibrio en los centros energéticos vitales.

Aplicación tópica

La aplicación tópica consiste en diluir el aceite esencial en un aceite portador o una loción antes de masajear la piel. Esto permite que el cuerpo absorba las propiedades beneficiosas del aceite más lentamente y de forma más duradera. Es importante tener en cuenta las posibles sensibilidades de la piel cuando se utilizan aceites esenciales por vía tópica. Por lo tanto, siempre es una buena idea hacer una pequeña prueba en la piel antes de usar un aceite por primera vez.

El chakra *Svadhisthana* es una de las zonas del cuerpo que más se beneficia con la aplicación tópica de estos aceites. Los aceites esenciales son una forma excelente de devolver la alineación a este chakra, promoviendo el bienestar físico y mental. Algunos de los aceites esenciales más útiles para *Svadhisthana* son el ylang-ylang, el pachulí, el sándalo, el geranio, la salvia, la lavanda, el romero y el cedro.

Estos potentes extractos de plantas tienen propiedades bien conocidas para restablecer el equilibrio de este importante centro energético del cuerpo. Por ejemplo, se sabe que el ylang-ylang mejora la autoestima y reduce los niveles de estrés al actuar sobre los niveles de dopamina del cerebro. El aceite de pachulí se utiliza tradicionalmente como afrodisíaco por su capacidad de estimular la libido y aumentar la energía sexual. El aceite de sándalo ha sido venerado durante mucho tiempo por sus propiedades calmantes y relajantes, que alivian la ansiedad y promueven la paz y el bienestar.

Difusión

La difusión es una forma estupenda de disfrutar de los beneficios de los aceites esenciales sin aplicarlos directamente sobre la piel. Este método consiste en utilizar un vaporizador o un difusor de aromas para dispersar los aceites esenciales en el aire que le rodea. Resulta especialmente útil para fomentar el bienestar mental, ya que crea un entorno calmado y relajante.

En su nivel más básico, la difusión de aceites esenciales estabiliza este chakra porque promueve una sensación de relajación y calma. Además, muchos aceites esenciales tienen propiedades curativas que ayudan a tratar dificultades específicas relacionadas con *Svadhisthana*, como el equilibrio de las hormonas sexuales o la estimulación del deseo. En resumen, el uso de difusores con aceites esenciales es una forma de devolver el equilibrio y la armonía a su vida.

Masaje de aromaterapia

Un masaje de aromaterapia es una poderosa herramienta para promover la curación y el equilibrio en el cuerpo. Uno de sus principales beneficios es que trabaja directamente sobre el chakra sacro. El masaje de aromaterapia desbloquea y estimula este chakra, restaurando el flujo natural de la energía y permitiendo que el cuerpo libere las toxinas y emociones nocivas atrapadas en él.

Si su objetivo es la curación física, el bienestar emocional, o ambos, un masaje de aromaterapia es una poderosa herramienta para equilibrar y revitalizar su chakra sacro. Es importante elegir un aceite esencial que trabaje en sus necesidades específicas. Algunos de los aceites más populares utilizados en los masajes de aromaterapia para *Svadhisthana* son el ylang-ylang, el sándalo, el pachulí, el romero y el geranio. Se ha demostrado que estos aceites liberan el estrés, aumentan la libido y mejoran la autoestima.

Aceites esenciales para *Svadhisthana*

Diferentes aceites esenciales ayudan a equilibrar el chakra sacro. Aquí están algunas de las opciones más populares y eficaces:

Ylang-Ylang

Propiedades: El Ylang-Ylang es una flor de olor dulce que ha sido venerada durante mucho tiempo por sus propiedades curativas. Este aceite ayuda a promover la felicidad y la paz, a la vez que fomenta un sentimiento de amor propio y aceptación. Este potente aceite es rico en nutrientes, como ácidos grasos y antioxidantes, lo que lo convierte en un tratamiento muy eficaz para trastornos como el estrés, la ansiedad y la depresión. Además, sus propiedades aromáticas lo convierten en una gran herramienta para la relajación y la meditación.

Usos: El aceite de Ylang-Ylang se utiliza sobre todo en masajes de aromaterapia o en difusores. También puede añadirse al agua de un baño ritual, diluido en un aceite portador, o incluso aplicarse de forma tópica sobre la piel. Al utilizar el aceite esencial de ylang-ylang es fundamental hacerlo en pequeñas cantidades y tener precaución al aplicarlo sobre la piel. Los aceites esenciales muy concentrados pueden irritar si se utilizan en grandes cantidades o se aplican directamente sobre la piel.

Naranja dulce

Propiedades: El aceite esencial de naranja dulce es una poderosa herramienta para equilibrar el chakra sacro, ya que rige los sentimientos de placer, creatividad, sexualidad y bienestar emocional. Debido a su aroma cálido y llamativo y a sus numerosas propiedades terapéuticas, se utiliza para reducir los bloqueos energéticos en este importante chakra y restablecer el equilibrio del cuerpo y la mente. Sus principales propiedades incluyen efectos antisépticos, afrodisíacos, tónicos, antidepresivos, antiinflamatorios y sedantes.

Usos: Este versátil aceite, utilizado en tratamientos de aromaterapia o mezclado con otros aceites para aplicaciones tópicas, favorece la relajación profunda y el alivio del estrés. Tanto si se aplica por vía tópica como si se difunde en el aire con fines de aromaterapia, el aceite esencial de naranja dulce es una excelente opción para quienes desean aprovechar el poder curativo de la naturaleza.

Mandarina

Propiedades: Al igual que la naranja dulce, el aceite esencial de mandarina es útil para equilibrar el chakra sacro. Este aceite favorece la creatividad, el placer y la vitalidad sexual. También es una gran opción para mejorar el estado de ánimo o reducir el estrés y la ansiedad. Tiene un aroma refrescante y cálido que despeja la mente y promueve la sensación de bienestar. Además de sus beneficios emocionales, el aceite esencial de mandarina también tiene efectos antisépticos, antiinflamatorios y desintoxicantes.

Usos: El aceite esencial de mandarina mejora la salud emocional y física y se utiliza de muchas maneras, como en un difusor o diluido en un aceite portador para su aplicación tópica. También puede añadirse a los baños rituales o utilizarse en masajes. Cuando se utiliza, es importante empezar con una pequeña cantidad y aumentar gradualmente según sea necesario para el chakra sacro. Además, hay que consultar con un profesional de la salud antes de utilizar cualquier aceite esencial si se está embarazada o en período de lactancia.

Pachulí

Propiedades: El pachulí es una hierba poderosa que se ha utilizado en la medicina tradicional china durante miles de años. Este aceite se utiliza a menudo con fines curativos, ya que reduce la inflamación y mejora la circulación. El aceite esencial de pachulí también es conocido por promover la paz, la calma y el bienestar. Debido a sus propiedades afrodisíacas, es una excelente opción para mejorar la libido y potenciar la salud sexual.

El aceite de pachulí despierta y equilibra el chakra sacro, ya que sus propiedades curativas incluyen el enraizamiento, el rejuvenecimiento y la calma. Además, se utiliza habitualmente en aromaterapia para potenciar la pasión y la sensualidad, por lo que es una opción popular para quienes desean abrirse y conectar con este aspecto de sí mismos.

Usos: El aceite esencial de pachulí es uno de los más versátiles disponibles, ya que se puede usar exitosamente de muchas formas.

Cuando se utiliza en tratamientos de aromaterapia o en difusión, puede añadirse a un difusor o mezclarse con otros aceites para obtener una experiencia relajante y enraizante. El aceite de pachulí debe diluirse con un aceite portador antes de su aplicación tópica. También puede añadirse a los baños rituales o utilizarse en masajes.

Tanto si se utiliza en un difusor como si se aplica directamente sobre la piel, el aceite esencial de pachulí es una poderosa herramienta para promover la salud y el bienestar general. Tanto si desea aumentar su libido como si simplemente busca sentirse más conectado con su verdadero yo, le ayudará a desbloquear su chakra sacro y liberar todo su potencial.

Geranio

Propiedades: Con sus ricos compuestos, similares a las hormonas, el geranio es bien conocido por calmar y tranquilizar el chakra sacro, ayudando a crear calma y equilibrio. Además, se utiliza para favorecer la digestión y para tratar males de la piel como el eczema o las infecciones por hongos. En general, el aceite esencial de geranio es una herramienta valiosa para mejorar la salud del chakra sacro, porque alivia la ansiedad y mejora el estado de ánimo general.

Usos: El aceite esencial de geranio, utilizado de diversas maneras, favorece la salud y el equilibrio. A menudo se combina con otros aceites, como el ylang-ylang o la lavanda, para potenciar sus efectos relajantes. El geranio también puede difundirse en el hogar para crear una atmósfera de calma y relajación. Como ocurre con todos los aceites esenciales, es importante diluirlo con un aceite portador antes de aplicarlo sobre la piel. También puede añadirse a los baños rituales o utilizarse en masajes.

Los aceites esenciales son una herramienta eficaz para mejorar los niveles de energía y las condiciones del chakra sacro. En particular, aceites como el de naranja, jazmín y ylang-ylang son famosos por fortalecer este centro energético, asociado a la alegría, el placer, la sensualidad, la creatividad y la espiritualidad. Estos aceites pueden utilizarse de diversas maneras para aprovechar al máximo sus propiedades curativas. Tanto si se difunden en el aire como si se aplican directamente sobre la piel, revitalizan su chakra sacro y favorecen sensaciones de equilibrio y bienestar.

Así que, si busca una forma natural de aumentar sus niveles de energía y mejorar su conexión espiritual con el mundo que le rodea, no busque más que los aceites esenciales. Con poco tiempo y esfuerzo, pueden cambiar su vida para siempre.

Descargo de responsabilidad: lea siempre la etiqueta de los aceites esenciales antes de usarlos y tenga cuidado cuando los utilice cerca de animales domésticos, personas alérgicas, mujeres embarazadas o niños. La seguridad y la eficacia de los aceites esenciales no están garantizadas de ninguna manera, así que consulte con un profesional sanitario antes de realizar cualquier cambio en su rutina. Como siempre, esto no es un consejo médico. Hable con su médico antes de realizar cualquier cambio en su dieta o estilo de vida.

Capítulo 9: Dieta y nutrición

El chakra sacro es un centro energético clave, responsable de regular las funciones corporales y las emociones. Para mantener este importante chakra en equilibrio, es fundamental tomar decisiones dietéticas saludables y tener una nutrición que lo beneficie. Juntas, la dieta y la nutrición desempeñan un papel esencial en el mantenimiento de un chakra sacro equilibrado y saludable.

La dieta y la nutrición son herramientas poderosas para mejorar la salud del sistema de chakras y mantener el equilibrio general en el cuerpo y la mente humana. Aunque muchos alimentos ayudan a equilibrar el chakra sacro, este capítulo se centra en algunos de los más eficientes. También aborda algunas recetas sencillas para desbloquearlo y equilibrarlo.

La relación entre los alimentos y el chakra sacro

Los alimentos desempeñan un papel importante en la salud y el bienestar general. Desde proporcionar los nutrientes necesarios hasta proporcionar energía, la comida sana es esencial para un buen funcionamiento del cuerpo y la mente. Pero la conexión entre nuestra comida y nuestro cuerpo es aún más profunda. Los alimentos que comemos también tienen un impacto significativo en el chakra sacro.

Los alimentos ricos en fibra, como las frutas y las verduras frescas, ayudan a abrir este chakra y promueven la vitalidad y el bienestar. En cambio, los alimentos fritos o excesivamente procesados limitan el flujo de energía en el chakra y nos hacen sentir lentos o sin inspiración. Así que, ya sea para potenciar su creatividad o para encontrar más alegría en su vida diaria, asegúrese de alimentar bien su cuerpo.

La importancia de una dieta sana

Una dieta saludable es crucial para mantener el chakra sacro en equilibrio. Los alimentos ricos en color y sabor, como la fruta y la verdura, son especialmente beneficiosos. Los alimentos anaranjados y rojos son especialmente útiles para tener un chakra sacro saludable, así que incorpore a su dieta zanahorias, batatas y tomates.

Además de comer productos frescos, es importante mantenerse hidratado. El elemento agua está estrechamente relacionado con el chakra sacro, así que beba mucha agua a lo largo del día para que su energía siga fluyendo. Si sigue estos sencillos consejos, mantendrá su chakra sacro sano y equilibrado.

Alimentación y dieta

Los interesados en hacer dieta y perder peso deben tener en cuenta algo más que los alimentos que introducen en su cuerpo. La energía corporal juega un papel importante en el éxito de cualquier objetivo. Si intenta perder peso, es esencial que se concentre también en el equilibrio de su chakra sacro.

Una forma de hacerlo es comiendo alimentos asociados con el elemento agua, como los arándanos, el salmón y el pepino. Además, el uso de cristales como la cornalina y la piedra lunar ayuda a equilibrar este chakra. Por lo tanto, adoptar un enfoque holístico en la dieta aumenta las posibilidades de éxito.

Beneficios del ayuno

El ayuno ofrece muchos beneficios para el chakra sacro. Quizás el más obvio es que ayuda a resolver los bloqueos y desequilibrios en este centro energético. Al prescindir de la comida y de otras comodidades materiales, se adquiere una mayor comprensión de los anhelos y deseos subyacentes, lo que permite tomar mejores decisiones en el día a día. Además, se fomenta una mayor conciencia y crecimiento espiritual al experimentar un estado de privación y centrarse más intensamente en el momento presente.

Puede disfrutar de una existencia más equilibrada y significativa si se libera de los hábitos insanos y controla sus impulsos. Sin embargo, es importante practicar técnicas de ayuno seguras y pedir consejo a un profesional de la salud antes de probar este método. Con la preparación y el apoyo adecuados, el ayuno es una poderosa herramienta para promover la salud del chakra sacro.

Desintoxicación y limpieza

A la hora de purificar y energizar el chakra sacro, existen muchos enfoques diferentes. Un método popular es la desintoxicación y la limpieza con alimentos. Los alimentos como la fruta y la verdura son naturalmente ricos en antioxidantes y otros nutrientes que equilibran este centro energético. Además del ejercicio regular y la meditación, hay otras opciones de estilo de vida que promueven el libre flujo de energía dentro del cuerpo.

Pasar tiempo en la naturaleza, desconectarse de la tecnología y concentrarse en sus pasiones son excelentes maneras de limpiar el exceso de energía. Los beneficios de la desintoxicación y la limpieza son muchos, como el aumento de los niveles de energía, la estabilidad emocional y el bienestar general. Con algunos ajustes sencillos en su rutina diaria, puede revitalizar su chakra sacro y alcanzar el bienestar.

Alimentos que debe evitar para tener un chakra sacro sano

Algunos alimentos y otras sustancias pueden agravar o alterar el chakra sacro si se consumen con demasiada frecuencia. La cafeína y el alcohol son dos de los más nocivos, ya que producen deshidratación y desequilibrio en este centro energético. Los alimentos procesados y los aditivos artificiales también son muy dañinos, ya que impiden el libre flujo de energía dentro del cuerpo.

Es crucial ser consciente de cómo afectan los distintos alimentos y sustancias a su cuerpo para tomar decisiones informadas sobre qué comer y qué evitar. Cuanto mejor entienda el papel de una dieta en la salud del chakra sacro, más fácil será mantener este centro energético equilibrado y saludable. Puede mantener su chakra sacro saludable y disfrutar de un mayor bienestar siendo consciente de los alimentos y otras sustancias que consume.

La teoría del color y los alimentos anaranjados

En la teoría del color, el naranja se asocia a menudo con el chakra sacro. Este centro de energía está situado en la parte inferior del abdomen y desempeña un papel fundamental en la salud física y emocional. Por lo tanto, los alimentos de color naranja favorecen su funcionamiento óptimo, promoviendo una buena digestión y mejorando el estado de ánimo. Algunos alimentos naranjas saludables son la zanahoria, la batata, la calabaza, el melocotón, el mango, el melón, la naranja y la ahuyama.

Por sus altos niveles de carotenoides y vitamina C, estos alimentos proporcionan los nutrientes necesarios para nutrir el chakra sacro y promueven una sensación de alegría y bienestar. Los beneficios potenciales incluyen un aumento de los niveles de energía, un mejor estado de ánimo y una mejor digestión. Además de incluir más alimentos de color naranja en su dieta, puede utilizar la aromaterapia o la meditación para equilibrar aún más este centro energético.

Incluir estos alimentos en su dieta le ayudará a desbloquear y equilibrar el chakra sacro, favoreciendo su bienestar general. Si su dieta no incluye muchos alimentos de color naranja, es una buena idea que empiece a añadir algunos en sus comidas y tentempiés. Con un poco de esfuerzo, puede incorporar fácilmente estos alimentos a su dieta y disfrutar de los múltiples beneficios que ofrecen.

Alimentos que desbloquean o equilibran el chakra sacro

Los alimentos tradicionalmente utilizados para desbloquear o equilibrar el chakra sacro incluyen frutas y verduras amarillas como la papaya, el mango, el jengibre y el limón, que son eficaces por su color brillante y su dulzura natural. Asimismo, estimulan la producción de hormonas reproductivas y energizan el cuerpo durante la meditación.

1. Zanahoria

Una forma de sanar el chakra sacro es comiendo zanahorias. Las zanahorias están físicamente conectadas con la tierra y contienen beta-caroteno, que equilibra las hormonas y mejora la fertilidad. Además, el dulzor de las zanahorias restablece la sensación natural de placer y vitalidad. Una forma sencilla de incorporar más zanahorias a su dieta es añadirlas a las ensaladas, sopas y salteados.

2. Melocotón

Los melocotones son un alimento maravilloso para nutrir el chakra sacro. A diferencia de otras frutas con alto contenido de acidez y de azúcar, los melocotones contienen niveles relativamente bajos de ambas cosas. Además, contienen muchos nutrientes esenciales como la vitamina C y los antioxidantes, que favorecen la salud general y equilibran los sistemas energéticos del cuerpo.

Más allá de sus beneficios físicos, los melocotones también tienen una energía relajante y sensual que es perfecta para despertar el chakra sacro. Su fragancia dulce ha sido apreciada durante mucho tiempo por los perfumistas, mientras que su suave textura y su delicado sabor pueden transportarlo instantáneamente a los soleados días de verano que pasa con sus amigos relajándose en un patio o descansando bajo un árbol en la playa.

3. Batata

Es esencial incorporar alimentos que ayuden a energizar, y mantener el chakra sacro, como la batata. Con su color vibrante y su delicioso sabor dulce, este tubérculo nutre el cuerpo y la mente. Las batatas son ricas en muchos nutrientes beneficiosos para el chakra sacro, como las vitaminas A y C, el magnesio, el cobre y otros minerales clave.

Comer batata estimula la creatividad, anima a experimentar con nuevos sabores y a explorar nuevas posibilidades. Ya sea que se disfruten como parte de un desayuno delicioso o simplemente se horneen como postre después de la cena, el consumo regular de batatas es una manera fácil de nutrir el chakra sacro y promover la felicidad, la salud y la vitalidad.

4. Papaya

Pocos alimentos son más eficaces que la papaya para equilibrar el chakra sacro. Esta fruta dulce y jugosa contiene una amplia gama de nutrientes vitales y compuestos bioactivos que apoyan el funcionamiento saludable de este centro energético. Desde potentes antioxidantes hasta enzimas energizantes como la bromelina, los nutrientes de la papaya ayudan a desbloquear el flujo de la fuerza vital a través del chakra sacro. Su textura suave y su sabor dulce hacen que comer papaya sea un placer que favorece la salud y el bienestar.

Esta fruta naranja y jugosa es rica en antioxidantes y vitamina C, que ayudan a mejorar la salud del sistema reproductivo. La papaya se ha utilizado tradicionalmente en la medicina ayurvédica para remediar los desequilibrios menstruales y los problemas de fertilidad. Tiene un sabor dulce y ligero que la hace perfecta para batidos o ensaladas. Con su dulzura natural y textura suave, la papaya es una gran manera de equilibrar el chakra sacro y mejorar la salud en general.

5. Mango

El color naranja se utiliza a menudo para representar el chakra sacro, y el mango es la fruta perfecta para equilibrar este centro de energía. No solo es delicioso y exótico, sino que también contiene vitaminas A y C, que promueven la creatividad. Además, se utiliza a menudo en la medicina tradicional china para mejorar la circulación y aumentar la libido.

Con su sabor dulce y su textura cremosa, el mango es un delicioso complemento para los batidos, el yogur o la avena. Para un tentempié rápido y fácil, puede disfrutarlos solos o con crema encima. Considere la posibilidad de añadir mangos a su dieta si está buscando más entusiasmo en su vida; le ayudarán a equilibrar su chakra sacro y lo dejarán satisfecho y con energía.

Sea cual sea la forma en que elija comer mango, esta delicia tropical ayuda a equilibrar el chakra sacro y promueve la salud y el bienestar general. Esta deliciosa fruta es una forma estupenda de disfrutar de los beneficios del chakra sacro y, al mismo tiempo, complacer a sus sentidos.

Recetas de comidas saludables y divertidas que equilibran el chakra sacro

Una de las mejores ideas para equilibrar el chakra sacro es incorporar alimentos alineados con este centro energético. La forma de hacerlo es añadir ingredientes de color naranja, como las batatas, la papaya y los mangos, a su dieta habitual. Estos alimentos no solo son deliciosos, sino que ayudan a energizar el chakra sacro y a estimular la creatividad.

Batido de naranja y papaya

Ingredientes:
- 1 taza de papaya, cortada en cubos.
- 1 naranja, pelada y exprimida.
- 1 taza de yogur natural.
- 2 cucharadas de miel.

Instrucciones:
1. Combine todos los ingredientes en una licuadora y bata hasta que esté suave.
2. Vierta en vasos y sirva inmediatamente.

Batatas fritas

Ingredientes:
- 1 batata grande cortada.
- 1 cucharada de aceite de oliva.
- 1/2 cucharadita de ajo en polvo.
- 1/2 cucharadita de pimentón.

Instrucciones:
1. Precaliente el horno a 400 grados Fahrenheit.
2. Mezcle los trozos de batata en un bol grande con aceite de oliva, ajo en polvo y pimentón.
3. Extienda en una bandeja y hornee entre quince y veinte minutos, o hasta que las batatas estén crujientes y tiernas.

Ensalada de mango

Ingredientes:
- 1 lechuga, enjuagada y seca.
- 1 mango, pelado y cortado en cubos.
- 1 pimiento picado.
- 1 aguacate, sin semilla y cortado en cubos.
- Zumo de 1 lima.

- 1 cucharada de aceite de oliva.

Instrucciones:

1. Mezcle la lechuga, el mango, el pimiento, el aguacate y el zumo de lima en un bol grande.
2. Rocíe con aceite de oliva y sirva inmediatamente.

Salteado de verduras a la naranja

Ingredientes:

- 1 cucharada de aceite de oliva.
- 1 naranja, pelada y cortada en cubos.
- 1 cabeza de brócoli, cortada en ramas.
- 1 pimiento rojo, cortado en julianas.
- 1/2 cucharadita de jengibre.
- 1 cucharada de salsa de soja.

Instrucciones:

1. Caliente el aceite de oliva a fuego medio-alto en un bol o sartén grande.
2. Añada la naranja y saltee durante dos minutos.
3. Añada el brócoli, el pimiento rojo y el jengibre.
4. Saltee entre tres y cinco minutos o hasta que las verduras estén tiernas.
5. Añada la salsa de soja y siga salteando durante un minuto.
6. Sirva inmediatamente.

Ensalada de melocotón y albahaca

Ingredientes:

- 1 lechuga, enjuagada y seca.
- 2 melocotones sin semilla cortados en cubos.
- 1/4 de taza de almendras en trozos.
- 1/4 de taza de albahaca fresca picada.
- 2 cucharadas de aceite de oliva.
- 2 cucharadas de miel.

Instrucciones:
1. Mezcle la lechuga, los melocotones, las almendras, la albahaca, el aceite de oliva y la miel en un bol grande.
2. Sirva inmediatamente.

Muffins de zanahoria

Ingredientes:
- 1 taza de harina integral.
- 1 cucharadita de polvo de hornear.
- 1/4 de cucharadita de sal.
- 3/4 de taza de leche.
- 1/4 de taza de aceite vegetal.
- 1 huevo batido.
- 2 zanahorias grandes, ralladas.

Instrucciones:
1. Precaliente el horno a 350 grados Fahrenheit.
2. En un bol grande, mezcle la harina, la levadura en polvo y la sal.
3. Añada la leche, el aceite vegetal y el huevo y remueva hasta que se incorporen.
4. Añada las zanahorias.
5. Vierta la masa en un molde para *muffins* engrasado y hornee entre quince y veinte minutos, o hasta que inserte un palillo en el centro de un *muffin* y salga limpio.

Brownies de batata

Ingredientes:
- 1 taza de puré de batata (aproximadamente 2 batatas grandes).
- 3/4 de taza de azúcar.
- 1/4 de taza de aceite vegetal.
- 3 cucharadas de cacao en polvo.
- 1 cucharadita de extracto de vainilla.

Instrucciones:
1. Precaliente el horno a 375 grados Fahrenheit.
2. Mezcle el puré de batata, el azúcar, el aceite vegetal, el cacao en polvo y el extracto de vainilla en un bol grande.
3. Vierta la masa en un molde para hornear de 8x8 pulgadas engrasado y hornee entre veinte y veinticinco minutos, o hasta que los *brownies* estén firmes y un palillo insertado en el centro salga limpio.

Estas recetas son solo algunas de las múltiples maneras en que puede incorporar ingredientes de color naranja a su dieta para equilibrar su chakra sacro. Agregar estos alimentos a su rutina desbloquea la creatividad y fomenta las emociones positivas.

Como puede ver, hay muchas maneras diferentes de incorporar ingredientes de color naranja a su dieta para mejorar la salud y el funcionamiento de su chakra sacro. Tanto si elige comer estos alimentos solos como si los incorpora a sus recetas favoritas, se beneficiará con sus propiedades y podrá desbloquear y equilibrar este importante centro energético. Así que, ¿por qué no los prueba hoy mismo y ve cómo se siente? Ya sea que quiera mejorar su creatividad, mejorar su estado de ánimo o simplemente disfrutar de una comida sana y deliciosa, estos alimentos le ayudarán.

Descargo de responsabilidad: La información proporcionada en este capítulo tiene únicamente fines educativos y no pretende reemplazar ni sustituir el asesoramiento médico de un profesional. Si tiene alguna duda o pregunta sobre su dieta y su salud, hable con su médico o nutricionista certificado para que le asesore.

Capítulo 10: Rutina de siete días para *Svadhisthana*

La apertura y la curación de su chakra sacro deben ser una prioridad en su vida. Esto significa que debe dedicar algo de tiempo cada semana a actividades positivas para *Svadhisthana*, como el yoga y la meditación. Al mismo tiempo, debe evitar los comportamientos que perjudican a este importante centro energético, como el estrés por el trabajo o los excesos en general.

Reserve al menos una hora al día para realizar actividades que fortalezcan su chakra sacro teniendo en cuenta estos objetivos, como el yoga o los ejercicios de relajación como la respiración profunda y la relajación muscular progresiva. Además, incorpore períodos de descanso en su rutina, ya que el estrés y la fatiga ralentizan el proceso de curación del *Svadhisthana*.

Seguir esta sencilla rutina diaria garantiza que la energía de su chakra sacro se mantenga fuerte y equilibrada durante toda la semana.

A medida que se acerca el final de este libro, es momento de poner en práctica toda la información aprendida sobre *Svadhisthana*. En este último capítulo hemos creado una rutina semanal para abrir y sanar el chakra sacro. Empieza cada día con una secuencia de yoga para energizar y activar el chakra; pasa a algunos mantras, afirmaciones y mudras para enfocar y dirigir la energía a *Svadhisthana*; y termina con un ejercicio de meditación para relajarse y a soltar la tensión o el estrés retenidos.

Definir la rutina semanal del chakra sacro

Establecer una rutina consistente es clave para lograr bienestar y equilibrio. Su chakra sacro es un área que se beneficia particularmente con una rutina bien pensada. Por lo tanto, para que su chakra sacro esté en plena forma, es esencial que establezca algunos hábitos durante la semana. Estos pueden incluir un diario en el que escriba sus sentimientos en diferentes áreas de su vida o la meditación, para conectar con este poderoso centro de energía.

Además, incorporar ejercicios como el yoga o la danza en su rutina es una gran manera de comprometerse con la energía del chakra sacro y liberar los sentimientos atrapados o estancados en su interior. Con dedicación y persistencia, practicando un poco de autocuidado cada día, experimentará todas las alegrías que la vida tiene para ofrecerle.

Lunes - Posturas de yoga, ropa naranja, crear algo nuevo

Posturas de yoga: Postura del camello, del gato y de la vaca.

Ropa naranja: Use algo naranja para sentirse más conectado con su chakra sacro.

Cree algo nuevo: Emprenda un nuevo proyecto creativo o comience un diario en el que documente sus pensamientos y sentimientos.

Los lunes, empiece el día haciendo algunas posturas de yoga energizantes. Incluya torsiones para desintoxicar el cuerpo y aperturas de cadera para liberar la energía estancada. Mientras practica, concéntrese en la respiración y piense en las cualidades del chakra sacro, que son la creatividad, el placer y la fluidez.

Después de la práctica de yoga, tómese un momento para reflexionar sobre sus sentimientos. Si se siente creativo, es un buen momento para empezar un nuevo proyecto. Si se siente feliz, haga algo que alimente esa alegría. Si siente que la vida fluye bien, déjese llevar y vea a dónde le lleva el día.

Martes - Meditación, mudras, afirmaciones

Meditación: Practique una meditación guiada que le ayude a conectar con su chakra sacro y a liberar la tensión o el estrés que está reteniendo.

Mudras: Pruebe mudras como el *Apana* y el *Lakshmi* para equilibrar y energizar su chakra sacro.

Afirmaciones: Utilice afirmaciones positivas para fortalecer su conexión con *Svadhisthana* y evocar la creatividad, el placer y la fluidez.

Los martes, empiece el día con un ejercicio de meditación. Siéntese en una posición cómoda y concéntrese en su respiración mientras conecta con su chakra sacro. Mientras medita, piense en las cualidades de este poderoso centro de energía dentro de usted y repita afirmaciones que evoquen estas cualidades.

Después de la meditación, pase a los mudras y concéntrese en sentirse equilibrado, lleno de energía y abierto. También puede incorporar a esta parte de su rutina algunas de las afirmaciones que ha repetido durante la meditación.

Miércoles - Diario, alimentos de color naranja, arte

Escriba un diario: Escriba sobre cómo se siente en diferentes áreas de su vida o simplemente dedique tiempo a meditar para conectar con su chakra sacro.

Alimentos de color naranja: Coma alimentos de color naranja para sentirse más conectado con su chakra sacro y promover la creatividad y el placer.

Arte: Cree algo bonito o simplemente admire la belleza que le rodea.

Los miércoles, empiece el día escribiendo un diario sobre sus sentimientos. Es una forma estupenda de conectar con su chakra sacro y liberar las emociones reprimidas que se esconden bajo la superficie.

Además, coma muchos alimentos de color naranja a lo largo del día, como frutas, verduras e incluso especias como la cúrcuma y el azafrán. Esto no solo le ayudará a sentirse más conectado con su chakra sacro, también fomentará la creatividad y el placer.

Termine su día haciendo algo creativo o simplemente admirando la belleza que le rodea. Esto es tan sencillo como dar un paseo por la naturaleza o visitar una galería de arte. Haga lo que haga, procure que sea un momento de pura alegría y belleza.

Jueves - *Pranayama*, mantra, poesía

Pranayama: Practique ejercicios de *pranayama* como *Ujjayi* y *Nadi Shodhana* para equilibrar y energizar su chakra sacro.

Mantra: Cante el mantra *Svadhisthana* para conectar con este poderoso centro energético.

Poesía: Escriba un poema o lea una poesía que le hable a su alma.

Los jueves, empiece el día con ejercicios de *pranayama*. Le ayudarán a sentirse más conectado con su chakra sacro y a liberar la energía estancada que bloquea el flujo de esta fuente de energía.

Después del *pranayama*, centre su atención en conectar con *Svadhisthana* cantando el mantra *Svadhisthana* o repitiéndolo en su mente.

Termine el día escribiendo o leyendo un poema que le hable a su alma. Puede ser suyo o escrito por otra persona. En cualquier caso, será una bendición conectar con esta hermosa forma de arte y permitir que calme su alma.

Viernes - Yoga, visualizaciones, gratitud

Yoga: Practique posturas de yoga para abrir y equilibrar su chakra sacro.

Visualizaciones: Concéntrese en visualizar e imagínese viviendo una vida de placer, creatividad y alegría.

Gratitud: Tómese un tiempo para reflexionar sobre todas las cosas que agradece en su vida.

Los viernes, empiece el día con una práctica de yoga que le ayude a abrir y equilibrar su chakra sacro. Puede ser una mezcla de diferentes posturas que le atraigan o una secuencia específica que quiera probar.

Después de su práctica de yoga, dedique un tiempo a visualizarse e imaginarse viviendo una vida de placer, creatividad y alegría. Puede ser cualquier cosa, viajando a diferentes lugares, persiguiendo una pasión creativa o simplemente disfrutando de su vida cotidiana.

Termine el día reflexionando sobre todo lo que agradece en su vida. Puede tratarse de cualquier cosa, desde la salud hasta la familia, pasando por los amigos y las posesiones materiales. Sea lo que sea que agradezca, asegúrese de apreciarlo plenamente durante un momento.

Sábado - Mudras, cristales, ropa naranja

Mudras: Practique mudras como el *Shakti* y el *Apana* para conectar con su chakra sacro.

Cristales: Trabaje con cristales como la cornalina y la calcita naranja para equilibrar y energizar su chakra sacro.

Ropa naranja: Use ropa, joyas y accesorios de color naranja para lograr una sensación de placer y alegría en su vida.

Los sábados, empiece el día practicando mudras sencillos que le ayuden a conectar con su chakra sacro. Puede ser cualquiera, desde el *Shakti* hasta el *Apana*.

Después de su práctica de mudras, trabaje con cristales como la cornalina y la calcita naranja para equilibrar y energizar su chakra sacro. Sostenga los cristales en su mano o colóquelos cerca de usted durante todo el día.

Termine el día usando ropa, joyas y accesorios de color naranja para promover una sensación de placer y alegría en su vida. Puede ser cualquier cosa, desde usar un pañuelo o un anillo hasta rodearse de objetos predominantemente naranjas.

Domingo - Reflexión, arte, diario

Reflexión: Tómese un tiempo cada semana para reflexionar sobre cómo puede vivir una vida más placentera.

Arte: Cree una obra de arte en la que exprese su creatividad.

Diario: Escriba en su diario sus experiencias de placer, creatividad y alegría.

Los domingos, empiece el día reflexionando sobre cómo puede vivir una vida más placentera. Puede ser cualquier cosa, desde pequeños cambios en su rutina diaria hasta perseguir un objetivo a largo plazo que le apasione.

Tras su tiempo de autorreflexión, cree una obra de arte en la que exprese su creatividad. Puede ser cualquier cosa, desde una pintura o un dibujo hasta un poema o una canción. No hay límites para la creatividad, así que deje volar su imaginación.

Termine el día escribiendo en su diario sus experiencias con el placer, la creatividad y la alegría. Puede ser cualquier cosa, desde contar un recuerdo que le haya hecho feliz hasta pensar en formas de aportar más placer a su vida. Independientemente de lo que decida escribir, reflexione sobre sus experiencias con estas emociones.

Como puede ver, hay varias formas de trabajar con su chakra sacro. Mezcle y combine estas actividades para crear la rutina que mejor le funcione. Si necesita ayuda para hacer una rutina, la siguiente sección ofrece algunos consejos e ideas útiles para empezar.

Cómo crear su propia rutina para los chakras

Tener una energía equilibrada y enraizada es esencial para su salud y bienestar, y ahí es donde entran los chakras. Puede generar un estado equilibrado física y emocionalmente aprendiendo a identificar y energizar sus chakras. Hay formas diferentes de trabajar con los chakras, incluyendo ejercicios de visualización y meditaciones guiadas.

Una estrategia sencilla es crear su propia rutina de chakras. Esto implica actividades como el yoga, un diario o la aromaterapia, que se dirigen a áreas específicas del cuerpo y la mente. Tanto si decide utilizar una sola técnica como si prefiere variar, la clave es mantener la constancia para ver los resultados. Con práctica y paciencia, estará en camino de crear una rutina definitiva para los chakras que traerá armonía y equilibrio a todos los aspectos de su vida.

Selección de las posturas

Seleccionar las posturas de yoga con las que trabajará chakras puede ser desalentador al principio. Sin embargo, hay muchas formas en las que puede tomar esta decisión. Una opción es incluir en su rutina de chakras posturas específicas correspondientes a cada uno de los siete chakras principales. Por ejemplo, puede elegir una postura como la del camello o la *Anahata* para abrir su chakra del corazón.

Si está trabajando con su chakra raíz, podría elegir posturas como la postura del garuda o la del chakra *Muladhara*. En última instancia, la mejor manera de seleccionar las posturas es experimentar y determinar cómo se siente bien. No existe un enfoque único para trabajar con los chakras, así que confíe en su intuición y deje que su cuerpo le guíe.

Algunas cosas esenciales que debes tener en cuenta al seleccionar sus posturas:

1. Asegúrese de calentar el cuerpo antes de empezar. El calentamiento ayuda a preparar el cuerpo para la actividad física

y previene las lesiones.
2. Empiece con posturas básicas y vaya avanzando poco a poco hasta llegar a las más avanzadas. Es importante que escuche a su cuerpo y no se exija demasiado.
3. Concéntrese en lo que cada postura hace por usted y por su cuerpo en lugar de obligarse a una forma determinada.
4. Preste atención a su respiración; es un componente clave de todas las posturas de yoga, así que asegúrese de que respira profunda y completamente en cada postura.

Elección de la técnica de meditación

Otro aspecto importante a la hora de crear su rutina de chakras es elegir una técnica de meditación que le ayude a conectar con sus chakras en un nivel más profundo. No hay una forma correcta o incorrecta de meditar, así que experimente con diferentes técnicas y descubra la que mejor funcione para su cuerpo y su mente. Algunas opciones especialmente eficaces para la meditación de los chakras son:

1. **Visualización guiada:** Implica concentrarse en una imagen particular o una representación mental de cada chakra.
2. **Afirmación de los chakras:** Repetir una determinada frase o mantra correspondiente a cada chakra ayuda a fortalecer la energía de esa zona.
3. **Mantras de los chakras:** De forma similar a la afirmación, utilice un mantra o frase correspondiente a cada chakra. La clave es concentrarse en las palabras y su significado y no limitarse a repetirlas sin sentido.
4. **Meditación con sonidos de los chakras:** Consiste en emitir un sonido correspondiente a cada chakra. Por ejemplo, puede hacer un sonido «ha» para el chakra raíz y un sonido «so» para el chakra de la corona.
5. **Símbolos de los chakras:** Dibuje los símbolos de los chakras en el aire con las manos o con un objeto de poder. También puede imprimir copias de los símbolos y meditar sobre ellos.

Incorporación de actividades de curación de los chakras

Además del yoga y la meditación, hay otras actividades que benefician a sus chakras. Por ejemplo, puede incorporar a su rutina la aromaterapia, el trabajo con cristales o la terapia del color. He aquí algunas ideas para empezar:

- **Aromaterapia:** Se utilizan diferentes aceites esenciales correspondientes a cada chakra. Por ejemplo, utilice aceite de lavanda para el chakra de la corona o aceite de rosa para el chakra del corazón.
- **Cristales:** Los diferentes cristales tienen propiedades específicas y puede utilizarlos para equilibrar cada chakra. Por ejemplo, la amatista se utiliza a menudo para el chakra de la corona, mientras que el granate se utiliza para el chakra de la raíz.
- **Terapia del color:** Se utilizan diferentes colores para equilibrar cada chakra. Por ejemplo, usar ropa naranja o rodearse de objetos de color naranja es beneficioso para equilibrar el chakra sacro.

Reflexión sobre la rutina semanal

Al final de cada día, tómese unos minutos para reflexionar sobre su rutina de chakras y el efecto que está teniendo en su vida. Esta es una forma muy poderosa de mantenerse en el camino y a cosechar todos los beneficios. Algunas preguntas que puede hacerse son:

1. ¿Cómo me he sentido después de mi rutina?
2. ¿He notado algún cambio en mis niveles de energía o en mi estado de ánimo?
3. ¿Qué quiero crear o traer al mundo?
4. ¿Estoy alimentando mis pasiones creativas?
5. ¿Disfruté de las actividades que elegí?
6. ¿Cómo puedo mejorar mi rutina?
7. ¿Cuáles son los mayores retos a los que me he enfrentado esta semana?
8. ¿Cómo puedo superarlos?

9. ¿Cuáles han sido mis éxitos esta semana?
10. ¿Qué puedo hacer para repetirlos?

Consejos adicionales

- **Lleve un diario:** Llevar un diario es una buena manera de registrar su progreso y reflexionar sobre sus experiencias.

- **Busque un amigo:** A menudo, es útil estar con otra persona que también esté interesada en la curación de los chakras. De este modo, se pueden apoyar y motivar mutuamente.

- **Únase a un grupo:** Muchos grupos en línea y presenciales se centran en la sanación de los chakras. Unirse a ellos es una gran manera de inspirarse y conectar con personas de ideas afines.

- **No se desanime:** Recuerde que equilibrar sus chakras es un proceso y puede llevar tiempo ver los resultados. Confíe en el trabajo que está haciendo y en el impacto positivo que tiene en su vida, aunque los efectos no sean evidentes inmediatamente.

- **Establezca objetivos realistas:** Es importante establecer objetivos realistas y alcanzables que no se conviertan en algo una «obligación». Los objetivos realistas le ayudan a mantenerse motivado y a no sentirse abrumado.

La curación de los chakras es muy poderosa para mejorar su bienestar físico, mental y emocional. Puede equilibrar sus chakras y experimentar una amplia gama de beneficios incorporando una rutina semanal de yoga, meditación y otras prácticas. Recuerde que no se trata de una solución rápida, que lleva tiempo, dedicación y paciencia ver los resultados. Pero con la mentalidad y la motivación adecuadas, su viaje de sanación de los chakras impulsará un cambio positivo y duradero en su vida.

Bono: De *Svadhisthana* a los chakras superiores

«Cuando sientas lo celestial en tu corazón, te darás cuenta de que la belleza de tu alma es tan pura, tan vasta y tan drástica que no tienes otra opción que fundirte con ella. No tienes otra opción que sentir el ritmo del universo en el ritmo de tu corazón». - Amit Ray

Equilibrar el chakra sacro es un reto, pero es esencial para pasar a los chakras superiores. Cuando el chakra sacro está equilibrado, la creatividad y la energía sexual están en armonía. Una vez que haya logrado esto, puede concentrarse en los niveles superiores de conciencia.

Los chakras superiores son el plexo solar, el chakra del corazón, el chakra de la garganta, el chakra del tercer ojo y el chakra de la corona. Cada uno tiene un papel único, y equilibrarlos es fundamental para lograr la iluminación espiritual. Este capítulo proporciona una visión general de los chakras superiores y ofrece consejos para equilibrarlos.

Las posibilidades de un chakra sacro equilibrado

Una vez que el chakra sacro está equilibrado, se abren varias posibilidades. Por ejemplo, puede que le resulte más fácil expresarse de forma creativa. También puede descubrir que tiene más energía y entusiasmo, o que sus relaciones mejoran al estar más abierto a la intimidad y a conexiones emocionales más cercanas.

Cada persona experimenta los beneficios del equilibrio del chakra sacro de forma diferente, pero estas son algunas posibilidades comunes. Por lo tanto, si su objetivo es realizar cambios positivos en su vida, equilibrar su chakra sacro es un buen punto de partida. Tenga en cuenta que las posibilidades son infinitas, y el único límite es su imaginación.

Un chakra sacro equilibrado significa que está preparado para pasar a los chakras superiores. Es importante aprender más sobre cada chakra y cómo equilibrarlo si está interesado en explorar su ser espiritual.

El paso a los chakras superiores

Pasar a los chakras superiores después de trabajar y equilibrar el chakra sacro puede ser un poco desalentador al principio. Sin embargo, con concentración e intención, es posible. Empiece con ejercicios que cultiven una mayor conciencia de sus pensamientos y emociones: actividades como la meditación y la escritura de un diario son excelentes formas de abrirse a este importante trabajo.

Pasar tiempo en la naturaleza o realizar actividades como el yoga o los estiramientos son formas excelentes de mantener la energía fluyendo libremente a medida que se asciende por los chakras. En última instancia, es importante abordar este proceso con una mente abierta y curiosidad. Si se adentra en él con escepticismo y resistencia, su progreso no será tan efectivo.

Supongamos que lo aborda con apertura y voluntad de aprender. En ese caso, descubrirá más sobre usted mismo y desbloqueará niveles mayores de crecimiento, curación y transformación a medida que avanza en este viaje de descubrimiento.

El papel de los chakras superiores, sus símbolos, usos y síntomas de bloqueo

Chakra del plexo solar - *Manipura*

Función: El chakra del plexo solar tiene que ver con la autoconfianza y el poder personal. Es la sede de su voluntad y carácter y se relaciona con su metabolismo. El chakra del plexo solar tiene que ver con tomar el control de su vida, establecer límites y lograr sus objetivos.

Símbolo: El símbolo del chakra del plexo solar es un triángulo dentro de un loto. El loto significa que este chakra puede florecer y crecer como una flor. El triángulo simboliza la necesidad de equilibrio y armonía para aprovechar su potencial.

Uso: El chakra del plexo solar es responsable de su poder, confianza y voluntad. Cuando está abierto, usted se siente en control de su vida y logra sus objetivos. Puede establecer límites y sentirse dueño de su destino.

Síntomas de bloqueo: Cuando este chakra está bloqueado, se siente impotente y sin el control de su vida. Le cuesta poner límites o decir «no» a los demás, además de que sufre problemas digestivos o de un metabolismo desequilibrado.

Cómo desbloquearlo: Los ejercicios que aumentan la confianza y la autoestima abren el chakra del plexo solar. Póngase delante de un espejo y haga una lista de las cosas que le gustan de usted mismo. Practique yoga o ejercicios de estiramiento y pase tiempo en la naturaleza o con personas que le hagan sentir bien para ayudar a su cuerpo a sentirse fuerte y saludable.

Chakra del corazón - *Anahata*

Función: El chakra del corazón tiene que ver con el amor y la compasión, ya que es donde se sienten las emociones. También está relacionado con la percepción del mundo circundante y con la forma de verse a sí mismo. Este chakra determina el equilibrio interno y en las relaciones con los demás.

Símbolo: El símbolo del chakra del corazón es un loto con doce pétalos. Los doce pétalos representan las doce letras del alfabeto sánscrito, que son la base de la creación. El color del chakra del corazón es el verde, que representa el equilibrio y la armonía.

Uso: El chakra del corazón está vinculado a las emociones y a cómo se expresan. Cuando lo tiene abierto, siente un profundo amor por quienes le rodean. También tiene compasión por usted mismo y por los demás y siempre ve la belleza en el mundo.

Síntomas de bloqueo: Cuando este chakra está bloqueado, causa problemas para expresar las emociones, miedo de mostrar los verdaderos sentimientos a los demás o una sensación emocional de aislamiento. También puede causar dolor físico en la zona del corazón o el pecho.

Cómo desbloquearlo: Una forma de abrir el chakra del corazón es pasar tiempo en la naturaleza. Rodéese de belleza y permítase sentir la paz y la calma que trae. También puede trabajar en el perdón a usted mismo y a los demás. Hable con un terapeuta o un amigo sobre sus sentimientos y aprenda a dejar ir el pasado.

Chakra de la garganta - *Vishuddha*

Función: El chakra de la garganta tiene que ver con la comunicación y la expresión. Está relacionado con su capacidad de manifestarse sinceramente y ser escuchado por los demás. El chakra de la garganta también está relacionado con la creatividad y la expresión a través del arte o la escritura.

Símbolo: El símbolo del chakra de la garganta es un círculo con un triángulo en su interior que apunta hacia abajo. El triángulo representa el elemento agua, la fuente de la vida. El color del chakra de la garganta es el azul, que representa la comunicación y la expresión.

Uso: El chakra de la garganta es el responsable de su capacidad de comunicación efectiva. Cuando este chakra está abierto, se siente seguro hablando frente a los demás y compartiendo sus pensamientos e ideas. Además, se siente cómodo expresándose creativamente a través de la pintura, la escritura o la música.

Síntomas de bloqueo: Cuando tiene este chakra bloqueado, tiene problemas para expresarse ante los demás o para comunicar sus deseos y anhelos. Se guarda sus pensamientos y sentimientos o se apresura a hablar sin pensar. También tiene problemas con las cuerdas vocales o la glándula tiroides.

Cómo desbloquearlo: Una forma de abrir el chakra de la garganta es expresarse de forma creativa. Encuentre una forma de expresión que le guste y desarróllela tanto como le sea posible. También puede cantar o recitar para despejar los bloqueos en su chakra de la garganta. Por último, trabaje en sus habilidades de comunicación y aprenda a escuchar más que a hablar.

Chakra del tercer ojo - *Ajna*

Función: El chakra del tercer ojo tiene que ver con su intuición y su capacidad de entender el mundo. Está asociado con la comprensión de lo que le rodea y la toma de decisiones sabias basadas en esa comprensión. El chakra del tercer ojo también rige la imaginación y la creatividad.

Símbolo: El símbolo del chakra del tercer ojo es un loto con dos pétalos, que representan la naturaleza dual de la creación y la destrucción, como la noche y el día o el nacimiento y la muerte. El color del chakra del tercer ojo es el índigo, un púrpura profundo que representa la intuición. El mantra *Om* también se asocia con el chakra del tercer ojo, ya que promueve el pensamiento intuitivo.

Uso: El chakra del tercer ojo es la puerta de entrada a la intuición, la imaginación y la sabiduría. Cuando este chakra está abierto, puede ver con claridad y tomar decisiones sabias basadas en su percepción clara. También accede a su lado creativo y utiliza su imaginación libremente.

Síntomas de bloqueo: Cuando este chakra está bloqueado, tiene problemas para tomar decisiones basadas en su intuición. Tampoco usa su imaginación para ver cosas y experimenta síntomas físicos como dolores de cabeza, problemas oculares o convulsiones.

Cómo desbloquearlo: Una forma de abrir el chakra del tercer ojo es la meditación. Siéntese en una posición cómoda y concéntrese en su respiración. Visualice una luz brillante que alumbra a través de su chakra del tercer ojo mientras inhala y exhala. Practique posturas de yoga para abrir el chakra del tercer ojo, como la postura del camello o la del niño. Por último, utilice la aromaterapia con aceites esenciales como la lavanda o el incienso.

Chakra de la corona - *Sahasrara*

Función: El chakra de la corona tiene que ver con la conexión espiritual y la iluminación. Se dice que es la puerta de entrada a la conciencia cósmica. Le ayudará a ver más allá del mundo físico y a conectar con lo divino.

Símbolo: El símbolo del chakra de la corona es una flor de loto con mil pétalos. Representa los múltiples aspectos del universo que están interconectados. El color del chakra de la corona es el violeta, que representa la espiritualidad y la conexión con lo divino.

Uso: El chakra de la corona es la puerta de entrada a la iluminación y a la conexión con el universo. Cuando tiene este chakra abierto, siente que está vinculado con todo lo que existe. Además, accede a su conciencia superior y se conecta con lo divino.

Síntomas de bloqueo: Cuando este chakra está bloqueado, se siente desconectado del mundo y de usted mismo y experimenta síntomas físicos como dolores de cabeza, migrañas o depresión. También le resulta difícil conectar con su ser superior o con lo divino.

Cómo desbloquearlo: Una forma de abrir el chakra de la corona es la meditación. Siéntese en una posición cómoda y concéntrese en su respiración. Visualice una luz brillante que le ilumina desde arriba mientras inhala y exhala. Practique posturas de yoga que abran el chakra de la corona, como la postura del cadáver o la del camello. Por último, utilice la aromaterapia con aceites esenciales como el sándalo o el loto.

Ahora que sabe un poco más sobre la función de cada chakra, veamos las formas de abrirlos y equilibrarlos.

Formas de abrir y equilibrar los chakras

Hay muchas formas de abrir y equilibrar los chakras, desde ejercicios específicos y técnicas de meditación hasta cambios en la dieta y el estilo de vida. Lo más importante es ser constante en sus prácticas, es la clave para cosechar todos los beneficios de los chakras.

1. **Practicar la meditación con regularidad**

Una de las formas más sencillas y eficaces de abrir y equilibrar los chakras es la meditación regular. Centrarse en uno o más chakras específicos durante las sesiones de meditación ayuda a que estos centros de energía se alineen entre sí. Esto permite un mayor flujo de energía en todo el cuerpo, aumentando la vitalidad, el bienestar y la paz.

Además, las investigaciones han demostrado que la meditación regular tiene efectos positivos en la salud general y la prevención de enfermedades, lo que la convierte en una gran opción para cualquiera que busque abrir y equilibrar sus chakras. Si es nuevo en la meditación, comience con unos pocos minutos al día y aumente gradualmente la duración a medida que se sienta más cómodo.

Es fundamental concentrarse en la respiración. Simplemente siéntese cómodo, cierre los ojos y respire profundamente. Imagine que su respiración fluye dentro y fuera de usted con cada inhalación y exhalación.

2. **Utilizar cristales**

Los cristales se han utilizado durante mucho tiempo en diversas prácticas espirituales para concentrar la energía y promover la curación. Cada cristal contiene su energía vibratoria y se dirige hacia puntos específicos de los chakras para fomentar el flujo energético y promover el equilibrio. Los cristales más populares para trabajar con los chakras son la amatista, el cuarzo rosa y la obsidiana.

Basta con sostener un cristal en la mano mientras se concentra en abrir el chakra correspondiente. También puede colocar el cristal directamente en el punto del cuerpo correspondiente al chakra que quiera trabajar para lograr efectos más potentes. Con la práctica regular, puede aprovechar el poder de los cristales para mantener su mente, cuerpo y espíritu alineados y lograr el crecimiento espiritual y la felicidad.

3. Incorporar alimentos saludables a la dieta

Ciertos alimentos tienen un impacto en sus chakras, y la incorporación de una mayor cantidad de ellos en su dieta abre y equilibra estos centros de energía. Por ejemplo, las verduras verdes limpian y abren el chakra del corazón, mientras que el consumo de frutas y verduras amarillas y naranjas estimula el chakra del plexo solar.

Estos alimentos no solo están repletos de nutrientes esenciales para la buena salud, sino que también contienen compuestos que favorecen el equilibrio del sistema de chakras. Además de llevar una dieta saludable, puede utilizar suplementos y aceites esenciales para fomentar el equilibrio de sus chakras.

Aunque añadir alimentos saludables para los chakras a su dieta es una buena idea, también es importante que preste atención a la calidad de los alimentos. Debe evitar los alimentos procesados y los que tienen un alto contenido de azúcar y grasa, ya que bloquean los chakras y reducen el flujo de energía en todo el cuerpo.

4. Hacer mucho ejercicio

Una de las cosas más importantes para mantener sus chakras equilibrados es hacer mucho ejercicio físico. El ejercicio mueve la energía a través del cuerpo y otorga una sensación de bienestar. También ayuda a conectar con la tierra y a mantenerse centrado. Es más fácil estar emocional y espiritualmente saludable cuando se está físicamente sano.

No hay pocas opciones de ejercicio disponibles, así que encuentre algo que le guste y le haga sentir bien. Caminar, correr, montar en bicicleta, nadar, hacer yoga y bailar son formas estupendas de mover la energía. Sin embargo, es imperativo que no haga ejercicio en exceso, ya que esto puede conducir a un desequilibrio. Encuentre un equilibrio saludable que funcione para usted y manténgalo.

5. Conectar con la naturaleza

Otra gran manera de abrir y equilibrar sus chakras es conectando con la naturaleza. Pase tiempo al aire libre, bajo el sol, vaya a dar un paseo por el parque o siéntese bajo un árbol. Respire aire fresco y sienta el cálido sol en su piel. Deje que la naturaleza lo conecte y le proporcione sensaciones de paz y equilibrio. También es importante despejar la mente, así que deje atrás los pensamientos estresantes y las preocupaciones.

También puede abrir y equilibrar sus chakras mediante la meditación cuando esté en la naturaleza. Concéntrese en su respiración y permita que su mente se calme. Escuche los sonidos que le rodean y concéntrese en las sensaciones de su cuerpo. Conectar con su respiración le ayuda a conectar con el momento presente y a lograr una sensación de calma. Si se toma un tiempo para concentrarse en su respiración, abrirá y equilibrará sus chakras.

6. Acceder a una lectura de los chakras

Siempre puede pedir una lectura de los chakras si está buscando formas más específicas de abrirlos y equilibrarlos. Una lectura de chakras proporciona información sobre sus chakras desequilibrados y qué puede hacer para corregir los problemas. También le da una mejor comprensión del papel de cada chakra en su bienestar.

Las lecturas de chakras suelen realizarse con la ayuda de un lector o sanador capacitado. Esta persona se conecta con la energía que le rodea y siente dónde hay bloqueos o desequilibrios. Una vez que ha identificado las áreas problemáticas, le ayuda a encontrar formas de abrir y equilibrar los chakras.

A medida que avanza en su búsqueda para abrir y equilibrar sus chakras, puede ser útil consultar con un profesional. Las lecturas de chakras se realizan en persona o a distancia, y a menudo incluyen cristales, aromaterapia y reiki. Sin embargo, si está interesado en explorar esta opción, es esencial consultar con un profesional cualificado que le haga sentir cómodo.

Una vez equilibrado el chakra sacro, puede pasar a los chakras superiores, como el plexo solar, el corazón, la garganta, el tercer ojo y la corona. La visualización, los diarios y los masajes son las formas más recomendadas para abrir y equilibrar estos chakras.

Lo más importante para abrir y equilibrar sus chakras es la paciencia y la constancia en las prácticas que adopte. Necesita tiempo y esfuerzo para eliminar los bloqueos y devolver la armonía a su vida. Pero si se compromete con usted mismo y con su bienestar, los cambios positivos en su vida recompensarán el esfuerzo.

Conclusión

Conocido como *Svadhisthana*, el chakra sacro está situado en la base de la columna vertebral, justo encima del coxis. El color asociado a este chakra es el naranja y su elemento es el agua. Está relacionado con la sexualidad, la creatividad, el placer y las emociones. Cuando tiene este chakra equilibrado, puede disfrutar a través de los sentidos y experimentar el placer en todos los aspectos de la vida. El chakra sacro también afecta la salud física al mejorar la digestión y la asimilación de los nutrientes de los alimentos que se ingieren.

Para que este chakra esté bien equilibrado, es importante consumir alimentos ricos en proteínas como las arvejas, los frutos secos, las semillas y los cereales integrales como la quinoa o el arroz integral. Las verduras como las zanahorias o las batatas también son buenas opciones, ya que proporcionan al cuerpo energía vital. Otra cosa importante para comer de forma saludable es evitar los alimentos procesados con sabores o colores artificiales, ya que dañan las emociones si se consumen con demasiada frecuencia.

El primer capítulo de esta guía se centró en la historia y los antecedentes del chakra sacro. En el segundo capítulo, se exploró lo que significa tener un chakra sacro bloqueado y cómo identificarlo. En el tercer capítulo, se analizaron diferentes técnicas de meditación y visualización para despejar los bloqueos energéticos y restablecer el equilibrio del chakra sacro.

En el cuarto capítulo, se vieron las formas de utilizar mantras y afirmaciones para influir en el flujo de energía en esta zona. En el quinto capítulo se exploraron los mudras y el *pranayama* y su papel para mejorar la salud del chakra sacro. En el sexto capítulo, se proporcionaron sugerencias de posturas y secuencias de yoga para abrir y equilibrar el chakra sacro.

El séptimo capítulo se centró en el uso de cristales y piedras para favorecer la salud del chakra sacro. En el octavo, se habló de cómo los aceites esenciales utilizados en un difusor de aromaterapia ayudan a equilibrar y sanar este chakra. En el capítulo nueve se exploró cómo la dieta y la nutrición juegan un papel crucial para la salud y el equilibrio del chakra sacro. Por último, en el capítulo diez, se brindó una rutina de siete días para este centro energético que ayuda a fortalecerlo y mantenerlo sano.

Esta guía contiene muchos consejos y técnicas para mantener el chakra sacro sano y saludable. Tanto si necesita arreglar un problema específico como si simplemente quiere aprender más sobre este centro energético, estas sugerencias le ayudarán en su viaje. Su chakra sacro se mantendrá sano y equilibrado con la práctica regular y la atención proporcionada por este libro.

Tercera Parte: Chakra del plexo solar

La guía definitiva para abrir, equilibrar y sanar el Manipura

Introducción

Los chakras son parte de un excelente sistema de energía que nos permite experimentar la vida de la mejor manera aprovechando la fuerza del latido de nuestro corazón y la respiración de nuestros pulmones. Sin estos maravillosos centros de energía, no hay posibilidad de que podamos tener una vida plena, saludable y larga. Muchas personas viven sin ser conscientes de los centros energéticos que llevan dentro y de cómo estos afectan sus vidas día a día. Si supieran lo importantes que son los chakras, se asegurarían siempre de que estén en equilibrio y alineados, todo el tiempo.

De la misma manera que usted no sale de su casa sin bañarse o cepillarse los dientes, también debería asegurarse de tener una buena higiene espiritual. ¿Cómo mantener la higiene de su espíritu? Asegurándose de que la energía fluye a través de usted sin obstáculos. En otras palabras, debe asegurarse de que sus centros energéticos permanezcan abiertos, activos y en equilibrio en todo momento. Claramente, ya está dando el primer paso para lograr esto, que es educarse en este tema.

El hecho de que esté leyendo esto, significa que ya tiene algún conocimiento del sistema de chakras. El chakra del plexo solar es muy importante para apropiarse de su propio poder y lograr todo lo que debe hacer en su encarnación actual. A la mayoría de las personas les interesa aprender a abrir su chakra del tercer ojo o activar su chakra de la corona, pero no se dan cuenta de que el plexo solar es vital. Sin embargo, usted está leyendo este libro, lo que significa que es definitivamente más inteligente que la mayoría de la gente.

En resumen: en este libro encontrará una lectura muy agradable, fácil de entender y asimilar. No se va a quedar rascándose la cabeza mientras se pregunta qué acaba de leer, a diferencia de otros libros sobre el tema. Para cuando llegue a las últimas páginas de este libro, se habrá convertido en un experto y su chakra del plexo solar funcionará exactamente como debería. El libro está repleto de información muy útil, encontrará que todo lo que aprende aquí es práctico. Cuando aplique lo aprendido en las páginas de este libro, obtendrá resultados. Si está listo para empoderarse, procedamos.

Capítulo 1: ¿Qué es *Manipura*?

¿Qué son los chakras?

Chakra es una palabra sánscrita que significa «disco» o «rueda». Un chakra es básicamente un disco o rueda giratoria de energía que permite que el prana (o chi o fuerza vital, si lo prefiere) fluya a través de su cuerpo energético y físico. Cada ser humano tiene siete de estos chakras, ubicados desde el inicio de la columna vertebral hasta la parte superior de la cabeza. Aunque están alineados a lo largo de la columna vertebral, también sobresalen por delante y por detrás. Estas ruedas de energía son invisibles para la visión habitual, pero están ahí, y se pueden sentir energética e intuitivamente. La energía con la que funcionan se conoce como prana, y es básicamente lo que nos mantiene vivos y prósperos.

Al interior de un chakra

Los chakras contienen todos sus pensamientos y sentimientos. Son contenedores que guardan todo lo que ha experimentado, todo lo que recuerda y todo lo que ha hecho en su vida: presente continuo, pasado y futuro potencial. Lo que ocurre con los chakras es que no solo son excelentes para almacenar energía, sino que también pueden procesar el prana y convertirlo en formas de energía que necesitamos. Incluso pueden liberar esta energía para que podamos seguir viviendo la vida que deseamos. Acá le mostraremos cómo manifestar lo que desea si no está satisfecho con lo que ha vivido hasta ahora.

Puede que haya oído hablar del término «sanación de los chakras». Se trata del proceso de conectar intencionalmente con la energía almacenada en cada chakra para comprender exactamente cómo sus elecciones del pasado afectan sus circunstancias actuales y futuras. Puede ponerse en contacto con el prana que lleva para averiguar en qué punto de la vida está y qué tiene que cambiar para experimentar algo diferente. El prana le ayuda a averiguar su propósito en cada momento, y también tiene un efecto muy claro sobre su salud, su vida profesional, su vida amorosa, etc. Su cuerpo energético sutil es la razón por la que su cuerpo físico y su vida son como son. Supongamos que quiere tener mejores experiencias en la vida física. En ese caso, es inteligente trabajar primero en su cuerpo energético, lo que significa trabajar con sus chakras para sanarlos y equilibrarlos.

Por qué son importantes los chakras

Los chakras están conectados al sistema nervioso de su cuerpo, tiene siete de estos centros energéticos, cada uno con sus terminaciones nerviosas, conectados con los diferentes órganos de su cuerpo y con su mente y su alma. Supongamos que entiende que, fundamentalmente, todo es energía. En ese caso, también entenderá por qué es vital que sus centros energéticos -los chakras- permanezcan abiertos, en equilibrio (ni hiperactivos ni subactivos) y permitiendo que la energía fluya libremente. Imagine que tienes un colador, pero los agujeros están obstruidos con comida vieja o algo así. Cuando hay demasiada obstrucción, el colador no funciona, ya que el agua o el líquido permanece siempre en él en lugar de pasar como debería. El agua estancada permanece allí, convirtiéndose en un caldo de cultivo perfecto para el moho y todo tipo de microbios peligrosos. Es básicamente lo mismo con los chakras, excepto que limpiar un colador es mucho más fácil. Desobstruir sus centros de energía es un ejercicio completamente diferente.

Por si no lo sabía, su ser mental, espiritual y físico están conectados. Esto implica que siempre que haya algún tipo de bloqueo en uno de sus chakras, lo sentirá en todos los aspectos de su vida. Por ejemplo, digamos que un hombre acaba de perder a su hija y está sufriendo terriblemente. Al no poder superarlo, puede contraer algo como una bronquitis, que afecta a su respiración, lo que significa que experimentará dolor y malestar. A primera vista, se podría pensar que no hay ninguna conexión entre la enfermedad y el chakra del corazón, pero no es cierto. El dolor impide que la energía fluya libremente en el centro energético del corazón. Es muy probable que esta falta de flujo se manifieste también como un problema físico. Si pudiera darse cuenta de que hay una conexión entre su enfermedad y su tristeza, entonces le resultaría más fácil relajarse para volver a estar completo.

¿Qué es el cuerpo energético?

Usted tiene más de un cuerpo, aunque no lo crea. Aquí nos concentramos en el cuerpo energético, ya que los otros están fuera del alcance de este libro. Entonces, ¿qué es exactamente su cuerpo energético o sutil? Es un cuerpo invisible que se manifiesta como una silueta o marco para su cuerpo físico. Es visible para aquellos que tienen activo el chakra del tercer ojo, que tienen el don de ver las energías. Este cuerpo se muestra como un campo de energía que se extiende hasta cinco pulgadas más allá de su cuerpo físico, o incluso más si es más poderoso. Está conectado con su cuerpo físico. Esto implica que si tiene malos hábitos como fumar o beber demasiado, afectará a su cuerpo energético. Del mismo modo, si cuida su cuerpo físico, su cuerpo energético se lo agradecerá. Sin embargo, también puede alimentar su cuerpo energético: todo lo que necesita es prana puro, y la responsabilidad de acceder a la fuerza vital recae en usted, que debe asegurarse de que sus centros energéticos están abiertos y son capaces de recibir la energía necesaria para que este cuerpo, que es el que en realidad dirige su vida, funcione.

Su cuerpo energético también se denomina a veces «doble etérico» o «cuerpo etérico», o «cuerpo de plasma», porque está enteramente compuesto de éter. Tiene brazos, piernas y una cabeza, como su cuerpo físico. El éter también se conoce como plasma, y es básicamente el cuarto estado de la materia. Los indios se refieren a este cuerpo como el *pranamaya kosha*, que se traduce como «contenedor de prana» o «vehículo de prana». Lo llaman así porque puede acceder al prana y utilizarlo según sus necesidades gracias al cuerpo energético, que emite un aura única, la misma que algunos psíquicos pueden percibir. Esta aura se llama también aura etérica.

Cuando tenga un cuerpo energético bien desarrollado, que no solo acceda y utilice el prana a voluntad, sino que haya desarrollado todos sus sentidos, será capaz de lograr cosas como la psicoquinesis y otras habilidades psíquicas que para muchos son imposibles, pero que son muy reales.

El cuerpo energético es tan real como el físico. Puede percibirlo utilizando la fotografía Kirlian, desarrollada en 1939 por el doctor Semyon Davidovich Kirlian y su esposa. La cámara funciona formando un campo eléctrico que vibra a una alta frecuencia.

Su cuerpo energético tiene varios canales por los que fluye la energía. Se conocen como *nadis* o, si se prefiere, meridianos. La energía fluye a través de estos canales, llegando a los centros energéticos o chakras, que actúan como centrales de distribución de dicha energía a los aspectos de usted que más la necesitan. Cuando se enfrenta a una enfermedad muy grave, a menudo es porque uno o más de sus chakras no están funcionando como deberían. Los meridianos energéticos se encargan de canalizar la energía que recibe de la vida hacia los órganos de su cuerpo que la necesitan.

Otra función importante de su cuerpo energético es conectar su cuerpo emocional (o astral) y su cuerpo físico. Recuerde que tiene más de un cuerpo. Sin su cuerpo energético, no sería capaz de saber lo que le pasa emocionalmente. También le resultaría imposible emprender viajes astrales fuera de su cuerpo físico. Su cuerpo energético también le ayuda a descargar las sensaciones que tienen lugar durante una proyección astral o un sueño en la memoria de su cuerpo físico. También es gracias al cuerpo energético que puede detectar energías y recibir información de espíritus sobre cosas muy importantes.

¿Qué es el *Manipura*?

Su *Manipura* es también conocido como su chakra del plexo solar. En el popular sistema de los siete chakras, este es su tercer centro de energía. Su plexo solar está profundamente conectado con su digestión, específicamente con el fuego digestivo. Lo llamamos fuego digestivo porque no solo ayuda a digerir los alimentos, sino que también ayuda a procesar los pensamientos, los sentimientos y las impresiones sensoriales que se reciben del entorno y de las personas alrededor.

En la humilde opinión de este autor, la gente no presta suficiente atención a este centro energético en particular. Si quiere sentir que toda su salud mental y física están en equilibrio, debe asegurarse de que está prestando atención a su chakra *Manipura*. Este centro energético en particular es responsable de mantener todo el ser en equilibrio. Es el que le permite decidir que va a lograr algo en particular y le da el impulso que requiere para atravesar los obstáculos que se presenten. Es literalmente el fuego que se enciende dentro de usted para impulsarlo a lograr grandes cosas.

La palabra *Manipura* viene de *mani*, que significa «gema», y *pura*, que significa «ciudad». Así que, literalmente, este centro de energía significa ciudad de las gemas. Se pronuncia la palabra *mahn-ee-poo-rah*. ¿Recuerda ese fuego interior del que hablamos? En el Ayurveda, se conoce como *Agni*. Su chakra *Manipura* es la sede de *Agni*. A continuación se presentan algunas correspondencias relevantes para este chakra:

Ubicación: Justo encima del ombligo.

Sonido de la semilla: RAM.

Elemento: Fuego.

Color: Amarillo.

Sentido: Vista.

Mudra: *Matangi Mudra*.

Símbolo: Loto con diez pétalos.

Órganos afectados: Sistema nervioso central, piel, órganos digestivos, hígado y páncreas.

Piedras preciosas: Piedra de sol, turmalina amarilla, ojo de tigre, topacio amarillo, jaspe amarillo, citrino.

Los Vedas sobre el *Manipura*

Los Vedas enseñan que el periodo de la vida en el que el *Manipura* reina es entre los 15 y los 21 años. En esta época, se empieza a develar quién es usted formalmente, en cuanto a sus objetivos y sueños, lo que pretende conseguir, lo disciplinado que es y mucho más. Este chakra también se vuelve particularmente activo cuando tiene 10, 17, 24, 31, 38 y 45 años. ¿Cómo se sabe? Porque es el chakra responsable de hacerlo sentir que «debe hacer algo» con su vida; sin embargo, ¡no todo el mundo tiene idea de qué es ese «algo»! Así que es habitual que la gente empiece a intentar todo tipo de cosas y, como resultado, se encuentre con mucho sufrimiento.

La sede de su poder personal y de su auténtico yo

Su chakra del plexo solar es donde reside su poder personal. En otras palabras, si alguna vez siente que tiene poca confianza o autoestima, es muy probable que necesite trabajar en su *Manipura*. Aquí es donde reside su verdadero yo, lo que también implica que si alguna vez siente que necesita ser alguien distinto a quien realmente es, probablemente su chakra *Manipura* esté desequilibrado o bloqueado.

Este centro de energía controla el nivel de libertad que siente. Si se siente atado a la sociedad, a las expectativas de otras personas, o incluso a expectativas propias irrazonablemente altas, lo más probable es que este chakra no esté funcionando como debería. Es la razón por la que sabe quién es usted mismo. Saber quién es significa que entiende perfectamente lo que va a tolerar y lo que no. Algunas personas van por la vida flotando impulsadas por los deseos de otras personas, haciendo y diciendo cosas que no corresponden con su carácter. Supongamos que se toman un momento para trabajar en su *Manipura* cada día. Si lo hacen, empiezan a tener, lenta pero seguramente, una idea de quiénes son realmente. Ya no se dejarán llevar por engaños cuando saben que ellos mismos pueden tomar el control. Cuando se trata de la fuerza de voluntad y la iniciativa, hay que recurrir a este chakra. ¿Le ha resultado difícil empezar a hacer algo? ¿Ha notado que empieza con buenas intenciones, pero nunca llega a la meta porque se distrae en el camino? Bueno, ¿adivine qué? A su *Manipura* le vendría bien un poco de cariño. Como sede de su alma, merece ser cuidado con amor.

Análisis del símbolo de *Manipura*

Símbolo de *Manipura*.
Atarax42, CC0, vía Wikimedia Commons:
https://commons.wikimedia.org/wiki/File:Chakra3.svg

El símbolo de este chakra es una flor de loto con diez pétalos. Cada uno de estos pétalos tiene sus propias letras en sánscrito:

- Pha
- Pa
- Na
- Dha
- Da
- Tha
- Ta
- Nna
- Ddha
- Dda

¿Qué representan exactamente los pétalos? La tristeza, la tontería, el miedo, la vergüenza, el autoengaño, la ignorancia espiritual, la traición, la sed, el asco y los celos. Todas ellas se conocen como las diez modificaciones mentales o *vrittis*.

Se ve la semilla de *Manipura* en el centro del símbolo, en medio de un círculo amarillo. También un triángulo rojo invertido, que representa el *Agni*, y es el fuego por el que se conoce este chakra. Con este fuego, se purifica todo el karma de vidas pasadas y presentes, y este proceso de purificación lleva a una conciencia más elevada mientras continúa la evolución espiritual.

La función del *Manipura*

Este centro energético le ayuda a establecer autonomía como persona. Le ayuda a emplear su voluntad y su poder personal para lograr lo que quiera. También es responsable del metabolismo de su cuerpo, así que si nada de lo que hace funciona para quemar comida y grasa, debería considerar abordar el asunto energéticamente y trabajar con el plexo solar. Este centro está conectado con la parte media de la espalda, el estómago, la vesícula biliar, el hígado, las glándulas suprarrenales, los intestinos y los riñones, entre otros.

Si tiene un *Manipura* funcional, no tiene que sentir que todo su mundo se trastorna solo porque algo nuevo e inesperado sucede. Además, actúa con eficacia en todo lo que hace, produciendo cosas rápido y bien, sin perder energía ni tiempo. Confía en quién es y en todo lo que hace, y no deja que los detractores lo afecten.

Este chakra también es responsable del desarrollo de su ego, y cuando se despierta en su adolescencia, es lo que le impulsa a buscar poder y un sentido de identidad. Hace que quiera que los demás lo respeten, que lo reconozcan por lo que es y por lo que hace, y que pueda demostrarlo a los demás. Cuando este chakra está hiperactivo, usted puede convertirse en el tipo de persona que quiere controlar a todos los que le rodean. Actúa y piensa de forma egoísta, nadie es más grande que usted, y no le importa el efecto de sus decisiones en los demás.

Capítulo 2: ¿Está bloqueado su plexo solar?

Cómo se bloquean generalmente los chakras

¿Recuerda el punto sobre el cuerpo físico que afecta a la energía y viceversa? Del mismo modo, sus emociones y su mente también afectan su *Manipura*. ¿Por qué es esto relevante? Porque hay ciertas cosas que puede estar haciendo, pensando o sintiendo que conducen a un bloqueo, a una hiperactividad o a una debilidad en su chakra del plexo solar. Así que, para empezar, hablemos de lo que puede bloquearlo.

Sus chakras no existen en el vacío. Comparten una fuerte conexión con todo lo que usted es, espiritual, física, emocional y mentalmente. Cada centro de energía es un contenedor de las distintas partes de lo que es, incluida su psique.

Piense en su sistema energético de chakras como si fuera un río que fluye en línea recta. Hay siete partes diferentes de este río, y cuando una de ellas está bloqueada, afecta inevitablemente a las otras partes. Los bloqueos son causados por no liberar lo que ya no sirve, por permitir que el miedo domine, o por no procesar las emociones correctamente.

Si adquiere el hábito de reprimir las cosas en lugar de sentirlas, seguirán reclamando su atención y aparecerán azarosamente. Por eso puede experimentar repentinos estallidos de ira o deseos de llorar, aunque parezca que no hay razón para hacerlo en ese momento. Si se niega a honrar sus sentimientos, se producirá un bloqueo que reclamará su atención y afectará otros aspectos de su vida, incluyendo sus finanzas, su salud, sus amistades y otras relaciones. Por supuesto, solo se puede bloquear la fuerza de la vida durante un tiempo antes de que la desconexión constante lleve a un inevitable y feo final. No es necesario que las cosas lleguen a ese punto antes de hacer algo con los bloqueos.

Louise Hay, de Hay House, es una autora que habla de esto con gracia y claridad, en libros tan bonitos como *Usted puede sanar su vida*. Ahí, señala que los pensamientos y las emociones que tenemos son las verdaderas fuentes de las enfermedades, y que el cuerpo actúa como un espejo de lo que pasa emocional y espiritualmente. Del mismo modo, sus chakras reflejan sus creencias y emociones, especialmente en lo que está conectado con cada centro energético. Puede rastrear el dolor y la enfermedad con la que está lidiando a través de los chakras, viendo a cuáles de ellos están conectadas sus experiencias incómodas, y luego haciendo un esfuerzo consciente para sanarlos.

Lo que bloquea el *Manipura*

Su *Manipura* lo hace capaz de establecer límites. No puede establecer límites si no tiene confianza en usted mismo. No puede tener confianza en usted mismo si no sabe quién es. Además, si no tiene idea de quién es, ni siquiera sabrá lo que quiere, y mucho menos tendrá el impulso y la motivación para lograrlo. Todas estas cosas están conectadas con el *Manipura* y tienen un punto de partida común: la sensación de no ser digno. Esto es lo que bloquea su chakra del plexo solar.

Sea usted

Una de las formas que puede ayudarle con este sentimiento de baja o nula autoestima es decidir inmediatamente que usted es más que suficiente. Fíjese que no le estoy pidiendo que haga nada en particular. Le estoy pidiendo solo que sea suficiente. Fíjese que para *transformarse* primero debe *ser*. Como dice el refrán: «Primero sea, luego transfórmese». En otras palabras, en lugar de intentar hacer las cosas que hacen las personas con alta autoestima (lo cual se va a sentir muy incómodo y será obvio para todos que está fingiendo), simplemente decida que es una persona digna y más que suficiente.

Es básicamente un método de actuación. Como está encarnando la idea de que es digno, no tiene más remedio que hacer las cosas que hacen las personas dignas. Se encontrará pensando, hablando y actuando así de forma natural. Ni siquiera tendrá que pensar en el proceso. Por supuesto, no todos encontrarán fácil actuar o asumir que son otra persona, así que si este método no es para usted, respire hondo. Hay muchas otras cosas que puede hacer, y las irá aprendiendo a medida que vaya leyendo.

Señales de que tiene un *Manipura* bloqueado, hiperactivo o débil

Cuando este tercer centro de energía está desequilibrado, experimentará algunos problemas con su digestión. Por ejemplo, podría sufrir de úlceras o incluso de diabetes. Puede notar que no digiere la comida rápidamente, y sentirse como si tuviera un bulto sentado permanentemente en el estómago como un bezoar.

Otros problemas son las dificultades para controlar las porciones, porque no puede evitar comer demasiado, el síndrome del intestino irritable (SII), el reflujo ácido constante, la enfermedad de reflujo gastroesofágico (ERGE) y otros trastornos alimentarios. Además, la piel, el hígado, el vientre, la vesícula biliar y el bazo pueden verse terriblemente afectados por enfermedades o disfunciones, porque el plexo solar también se encarga de ellos.

¿Recuerda que se supone que el *Manipura* le ayuda a establecer límites? Su piel es una especie de límite que lo separa del mundo, actuando como un guardia que deja entrar lo bueno y mantiene fuera lo malo. Por lo tanto, los problemas en la piel podrían ser señales de que necesita revisar las otras formas en las que está permitiendo que sus límites sean violados.

Ahora hablemos de las emociones. Cuando tiene un plexo solar poco activo -o totalmente bloqueado-, puede notarlo porque se siente demasiado pleno, tiene un gran ego o carece totalmente de confianza. Si está demasiado pendiente de su aspecto y le preocupa mucho cómo lo perciben los demás, podría ser una señal de que las cosas no están como deberían en su plexo solar y necesita trabajar en él.

Otros problemas emocionales que indican un chakra del plexo solar débil son la baja autoestima y la depresión. Si nota que cada pequeña cosa lo hace sentir mal o, por el contrario, siente que no le importa nada, podría tener debilidad en el plexo solar. También puede tener problemas por no hacer las cosas a tiempo, sabiendo que está procrastinando, pero sin tomar el control de su vida. Es posible que sienta que otros dan su presencia por sentada o que lo irrespetan tomando más de lo que usted da; que siempre es usted el que se entrega a los demás.

Los problemas con este centro energético también pueden presentarse en forma de un cierre absoluto a cualquier idea u opinión que no sea la suya, o de ser incapaz de pensar de forma diferente. Es posible que se convierta en un pesimista, que solo vea lo malo en todo y en todos y que le resulte muy difícil confiar. Que ya no quiera compartir sus pensamientos o lo que es con nadie más. De hecho, su falta de confianza puede ser tan grave que se extienda a usted mismo, a sus instintos y su intuición, lo que podría ser muy malo.

También puede mostrar agresividad extrema o repentina, una agresividad que no corresponde con la causa que la desencadenó inicialmente. Si nota estas cosas, está sufriendo un desequilibrio (hiperactividad o debilidad) o un bloqueo completo de su centro energético del plexo solar, y debe solucionarlo de inmediato. Típicamente, esto es una señal de que su *Manipura* está hiperactivo. Tiene hambre de poder, es absolutamente controlador y mandón con los demás, está demasiado metido en usted mismo para preocuparse por quienes lo rodean. Es excesivamente terco y ácido. También es posible que los nuevos proyectos le entusiasmen, pero no los termine con la misma energía, si es que lo hace.

Piense en las cosas como si estuvieran en un espectro. Su *Manipura* se relaciona con su fuego interior, que utiliza no solo para la digestión, sino para ir en busca de lo que quiere, defenderse y tener ganas de vivir, entre otras cosas.

Profundicemos aún más en esto.

Cuando su chakra está bloqueado, puede estar parcial o totalmente inactivo. Cuando está poco activo, significa que está funcionando, pero no a un nivel óptimo. Cuando está hiperactivo, significa que está «haciendo demasiado». Por lo tanto, cuando su chakra *Manipura* está bloqueado, tiene problemas de confianza en usted mismo, no recuerda las cosas con facilidad, tiene la sensación de que todo está perdido y es impotente; no puede ver el panorama general, está plagado de inseguridad, se obsesiona constantemente con su pasado, no puede averiguar el siguiente paso que debe dar en la vida, y sueña demasiado, pero sin hacer nada para cumplir esos sueños. Esos son todos los problemas mentales. Físicamente, hay hinchazón, una incómoda sensación de pesadez en el vientre y náuseas.

Cuando el chakra está hiperactivo, tendrá problemas por ser terco, crítico, constantemente agresivo, exigente y mandón, y tendrá dificultades con las adicciones. También notará enfermedades de los riñones e incluso diabetes u otras enfermedades relacionadas.

La poca actividad se percibe cuando tiene dudas sobre usted mismo, impotencia, indecisión, inseguridad, desconcentración; falta de planeación, de confianza, de fuerza de voluntad, de regulación emocional, de propósito, de control en todos los aspectos de la vida, y una terrible imagen de usted mismo. Esto se evidencia en los desórdenes de peso, el exceso de apetito, la digestión lenta, las alergias, el síndrome del intestino irritable, la enfermedad celíaca y los problemas con las glándulas suprarrenales.

Señales de equilibrio en el *Manipura*

Por otro lado, ¿cómo sabe que su chakra del plexo solar está abierto y equilibrado? Notará que se siente muy apasionado por la vida. Es fiel a lo que realmente es y tiene mucha confianza en su persona. No tiene problemas para establecer límites claros y firmes frente a los demás, y reconoce que si no están de acuerdo con sus límites, ¡entonces no eran verdaderamente de su tribu! Actúa de una manera fiel a usted mismo y alineada con los objetivos que se ha fijado, en lugar de cumplir las órdenes de otras personas. Esto no significa que nunca tenga en cuenta a los demás, sino que es consciente de que también debe considerarse a sí mismo, incluso mientras piensa en ellos.

Cuando su *Manipura* está sano, se siente impulsado y motivado. Está en contacto con su guía interior, siguiendo esa pequeña y tranquila voz y confiando en ella para que le ayude a descubrir todas las formas de autoengaño y las ilusiones externas. No tiene problemas para confiar en su instinto, porque sabe que nunca lo lleva al error. Para que quede claro, no es que «tenga fe» o desee que no lo lleve por el camino equivocado. Por el contrario, lo sabe con certeza. El conocimiento está un paso más allá de la fe. Además, como confía en usted mismo, le resulta fácil ir en busca de sus deseos, porque sabe que no están errados. Permanece con los pies en la tierra en todo momento, incluso cuando una situación se dificulta o hay mucho caos a su alrededor.

Cuestionario: ¿Qué tan equilibrado está su *Manipura*?

1. ¿Tiene problemas digestivos como el exceso de gases, el síndrome del intestino irritable, la enfermedad de reflujo gastroesofágico o algo similar?
2. ¿Tiene problemas con su peso?
3. ¿Lo atormenta alguna adicción?
4. ¿Tiene problemas para mantener su temperamento bajo control?
5. ¿Le cuesta conectar con sus sentimientos viscerales?
6. ¿Se encuentra constantemente preparado para atacar cuando percibe una amenaza?
7. ¿Trata con cosas como la tensión inexplicable de los músculos o la fibromialgia?
8. ¿Tiene algún problema con su alimentación?
9. ¿Tiene la sensación de que todo el mundo es mejor que usted?
10. ¿Siente que tiene claro quién es y qué quiere de la vida?
11. ¿Tiene la sensación de ayudar siempre y de que nunca o casi nunca lo ayudan?
12. ¿Siente que la gente no lo aprecia?
13. ¿Le cuesta confiar en que las cosas irán bien?
14. ¿Le cuesta confiar en que los demás no lo van a defraudar?
15. ¿Es generalmente una persona muy terca?

Número de respuestas afirmativas:_____

CALIFÍQUESE A USTED MISMO:

Si respondió afirmativamente a 8 preguntas o más: Tiene el chakra del plexo solar **bloqueado**, o está extremadamente débil por exceso de uso. Esto significa que necesita equilibrarlo para encontrar su confianza y reconectar con su verdadero yo.

Si respondió afirmativamente de 6 a 7 preguntas: Su *Manipura* está **hiperactivo** y a punto de debilitarse o bloquearse. Está peligrosamente cerca de perder los dones que le ofrece este chakra. Tiene que ser consciente de él y actuar en consecuencia para devolverle el equilibrio.

Si respondió afirmativamente de 4 a 5 preguntas: Su *Manipura* está bastante hiperactivo. Parece que este chakra es el que más incide en su vida, y le está impidiendo desarrollarse emocionalmente.

Si respondió afirmativamente de 2 a 3 preguntas: Su *Manipura* está bastante abierto al flujo de prana, pero debe asegurarse de mantenerlo bajo control para que su autoestima no se vea afectada.

Si respondió afirmativamente de 0 a 1 pregunta: Su *Manipura* está equilibrado. También está abierto a la energía de sus chakras sacro y raíz, lo cual es bueno.

Beneficios de sanar su *Manipura*

1. Tendrá más empatía y compasión por los demás, por lo que será un buen amigo para muchos.
2. Su energía positiva impulsará las posibilidades de atraer oportunidades a su vida.
3. Encontrará amor y compañía con facilidad y establecerá relaciones sanas con su familia, tanto las que conciernen al pasado como al presente.
4. Se sentirá centrado y esto le aportará estabilidad si tiene sensación de desequilibrio o dispersión en las actividades espontáneas que le gusta hacer (como tocar música).
5. Sus sentimientos serán más fuertes que nunca, lo que le facilitará superar dolores del pasado y obtener resultados mejores en el futuro, tanto personal como profesionalmente.
6. Llenará su cuerpo de una explosión de energía y entusiasmo.
7. Se sentirá más fuerte, ya que un *Manipura* equilibrado significa más oxígeno en el torrente sanguíneo y proporciona resistencia.
8. Su suerte será mejor que nunca. No tendrá que preocuparse por la mala suerte en absoluto, porque todo lo que le ocurra será una oportunidad positiva de crecimiento (especialmente si es algo que le ayuda a ser mejor persona).
9. Tendrá más confianza, lo que le ayudará a ser más positivo con usted mismo.
10. Su voz sonará mejor, su cuerpo se sentirá más ligero y se sentirá bien en contacto con el sol, no se sentirá enfermo por estar afuera en el clima caliente.

11. Tendrá mejor concentración y eficiencia en el trabajo, lo que marcará la diferencia cuando quiera concentrarse en algo productivo o creativo, como escribir un libro o pintar una hermosa obra de arte.
12. Será más fácil llevarse bien con sus amigos, ya que tendrá más energía para jugar con ellos, y también le resultará fácil hacer nuevos amigos.
13. Lo pasará muy bien en el trabajo, no solo porque estará de mejor humor, sino por las conexiones profundas que establecerá con quienes lo rodean.
14. Se descubrirá más motivado y con más ganas que nunca, lo que es genial a la hora de llevar a cabo todas las actividades de su vida.
15. Su cuerpo energético estará equilibrado, por lo que no tendrá que preocuparse por dolencias físicas que empeoren con el tiempo.
16. Se sentirá mejor con usted mismo como persona. Estará más conectado con su comunidad, lo que también le ayudará a sentirse mejor como ciudadano del mundo.
17. Se volverá más compasivo y cariñoso con usted mismo, lo que le permitirá sentirse más cómodo con su propio espíritu y con el mundo que lo rodea.

No hace falta decir que esta lista solo toca la superficie de los beneficios que trae la curación del chakra del plexo solar. Es muy importante que se concentre en la curación de este chakra cuando quiere experimentar cambios positivos en su vida (al igual que cualquier otro chakra).

Capítulo 3: Construyendo un sistema de chakras fuerte

Aunque puede concentrarse en abrir y equilibrar su *Manipura* en lugar de otros centros energéticos, es beneficioso y esencial que se asegure de que los centros que están más abajo del plexo solar también funcionan como deberían. La razón de esto es que atrae la energía a su cuerpo a través del chakra raíz, y desde allí esa energía o fuerza vital se abre camino hacia arriba. Su chakra del plexo solar es increíble, pero necesita la ayuda de todos los demás chakras, y solo puede realizar sus funciones a la perfección cuando los demás chakras funcionan como deberían. Por esta razón, en este capítulo vamos a hablar del chakra raíz y del chakra sacro, y de cómo asegurarse de que funcionan bien.

Aunque la información que va a aprender sobre los chakras raíz y sacro es muy útil, es bueno que investigue más sobre estos dos centros energéticos. Le recomendaría buscar en otros libros que hablen de cada uno de ellos específicamente, para asegurarse de que realmente tiene una base sólida que permita el flujo de energía y el correcto funcionamiento de su *Manipura*.

El chakra raíz

La palabra sánscrita para el chakra raíz es *Muladhara*, que significa «soporte de la raíz». Puede encontrar este chakra en la parte inferior de su columna vertebral, donde se asienta en el perineo, la zona entre el ano y los genitales. Está conectado con el elemento tierra, y su color es el rojo, lo que significa que puede activarlo usando cosas de color rojo e incluso rosa. El rojo es un color que exige atención. Grita poder, fuerza, vitalidad, confianza y una innegable sensación de estar conectado con la tierra. También resulta ser el color con la longitud de onda más lenta entre todos los que podemos percibir con nuestros ojos.

Este chakra se representa visualmente como un loto con cuatro pétalos, cada uno de los cuales representa:

- Su mente.
- Su intelecto.
- Su conciencia.
- Su ego.

Este centro de energía también es fascinante, porque está conectado con la energía de la serpiente conocida como *kundalini*, que descansa en la base de su columna vertebral junto al mismo chakra. La serpiente se enrolla sobre sí misma tres veces y media, y puede despertarla si sabe qué hacer, por favor, no intente hacerlo antes de estar preparado. La *kundalini* es un tema que va mucho más allá del alcance de este libro, pero algunas cosas interesantes suceden cuando se despierta, así que vale la pena echarle un vistazo.

¿Qué hace el chakra raíz?

Gracias a este chakra, usted siente una sensación de seguridad en su vida. Es lo que lo conecta con sus ancestros y lo que le ata al universo material para conocer su propia identidad y sentirse seguro en su ser aquí, ahora. Este centro de energía es parecido a su cerebro reptiliano y lo que es para usted un ser completo. Es el hogar de todos sus instintos, que lo impulsan a luchar, huir, detenerse o aislarse, todas ellas son posibles soluciones a situaciones amenazantes. Su *Muladhara* es la base sobre la que se construyen los seis chakras restantes. Por eso, por muy poderoso que resulte abrir su *Manipura* (o por muy divertido que sea activar su tercer ojo), se arriesgará a tener muchos problemas si no trabaja desde abajo hacia arriba. El chakra raíz comienza a formarse cuando llega a la edad de siete años.

Puede pensar en este centro de energía como las raíces de un árbol, que lo conectan con la tierra para que no pierda su lugar o su sentido en la vida. Es la razón por la que puede permanecer seguro, incluso ante lo que podríamos llamar situaciones desafiantes. Es el marco sobre el que se construye la totalidad de su persona.

Síntomas de un *Muladhara* bloqueado

Entonces, ¿cómo puede saber que este chakra está bloqueado? Notará que tiende a sentirse cansado y aburrido de la vida. Nada le apasiona y nada mantiene su atención durante demasiado tiempo sin que se canse. Su mente carece de concentración y sus pensamientos son dispersos.

El desequilibrio de su *Muladhara* puede hacer que se sienta como si estuviera constantemente flotando en algún lugar diferente del presente. Siente que hay demasiadas cosas sucediendo, lo que hace que se desconecte en mente y cuerpo. Incluso puede llegar al punto de que sus nervios crezcan y se derrumbe. La paranoia tampoco es ajena a usted, porque cuestiona todo gracias a su inseguridad y falta de arraigo. Esto puede hacer que experimente horribles conversaciones consigo mismo e incluso que trate mal a los demás, aunque solo esté proyectando lo que siente en otras personas.

Podría experimentar problemas en los pies, las piernas, la parte baja de la espalda, la columna vertebral, la vejiga y el colon cuando su chakra raíz no está funcionando correctamente. Si ha estado luchando con un dolor de espalda crónico, debería investigar qué está pasando energéticamente con su centro de energía raíz.

Otras formas en las que puede afectarle su *Muladhara* incluyen sentirse abrumado por la ansiedad y el estrés. Es posible que no se sienta seguro de usted mismo, por lo que se cuestiona hasta el punto de nunca progresar, independientemente de lo que quiera conseguir. También es posible que tenga problemas financieros, una mentalidad de pobreza e incredulidad hacia la abundancia. Como no cree que el bien pueda llegar a usted monetariamente hablando, probablemente no va a hacer lo que debe para asegurarse de algo más que su propia supervivencia. En lo que a usted respecta, esforzarse por conseguir más que eso solo lo llevaría a la decepción y al dolor del corazón, lo cual no es real.

Cómo curar su *Muladhara*

Hay muchas maneras de sanar su chakra raíz y devolverle el equilibrio. Depende de usted averiguar qué es lo que mejor funciona, pero mantenga la mente abierta, ya que puede que le sorprenda lo que le dé más resultados.

Meditación y visualización: Descubrirá que no hay manera más rápida de empezar a trabajar en sus centros energéticos que practicando la meditación y mejorándola con la visualización. La meditación es una práctica que le obliga a estar en el aquí y el ahora. En otras palabras, lo sitúa en el momento presente. Si tiene un chakra raíz desequilibrado, notará que siempre está en el futuro o en el pasado. Todo lo que ocurre a su alrededor pasa desapercibido y eso es triste, porque es en el presente donde encuentra los muchos regalos que la vida tiene para ofrecerle. Hay una razón por la que se llama presente, y un *Muladhara* bloqueado significa que se está perdiendo todo eso por estar atascado lamentando el pasado o temiendo y preocupándose por el futuro. Esta no es una forma de vivir en absoluto.

Así que, cuando medita, su mente se ve obligada a estar quieta y a dejar de vagar por todas partes. Se obliga a ir más despacio y a simplemente ser. Conecta con su esencia, no con su mente ni con su cuerpo, porque solo son herramientas. Conecta con quien realmente es, el espíritu, siempre presente, siempre aquí y ahora, incluso después de que su mente y su cuerpo hayan desaparecido. Esta es una gran manera de volver a sentirse arraigado y seguro, porque el hogar que todos buscamos está realmente dentro de nosotros, y nunca podría ser un hogar si no fuera seguro y no nos sintiéramos apoyados. Meditar le ayudará a ver que está en casa, que siempre ha estado en ella. No hay razón para tener miedo, porque nada en el hogar podría hacerle daño.

Aquí hay una práctica rápida que puede utilizar para comenzar a alinear su *Muladhara*:

1. Use ropa suelta y cómoda.
2. Busque un lugar donde no lo molesten ni lo distraigan durante al menos quince minutos.
3. Siéntese en una posición cómoda que pueda mantener durante quince minutos, o si lo prefiere, puede relajarse en un sillón reclinable o acostarse si está seguro de que no va a dormirse.
4. Cierre los ojos y lleve su atención a la respiración.
5. Separe los labios ligeramente.
6. No intente cambiar la forma en que respira; solo sea consciente de ella.
7. Ahora, respire larga y profundamente por la nariz, mantenga la respiración durante un tiempo y luego suéltela a través de los

labios ligeramente separados.

8. Haga esto repetidamente y preste atención a cómo la respiración se conecta con sus fosas nasales y sus labios, sintiendo cómo llena su pecho y su vientre y luego lo abandona.

9. Habrá momentos en los que su atención se desvíe mientras hace esto. No hay nada malo en ello; nos pasa a todos. Solo tiene que darse cuenta de que se ha desconcentrado, agradecer y alegrarse de haberlo notado, al tiempo que devuelve su atención cariñosamente a la respiración. No debe castigarse por la distracción, ya que esto lo alejará de la meditación. Simplemente vuelva a la respiración tantas veces como sea necesario.

10. Cuando se sienta tranquilo y relajado, es el momento de visualizar. Imagine que hay un cordón formado por una luz roja brillante que sale disparada como un rayo desde su *Muladhara*, extendiéndose hasta el núcleo de la tierra.

11. Sienta cómo la energía de la tierra se conecta con la energía de su chakra raíz.

12. Visualice la energía de la tierra, terminando en su chakra raíz como una bola roja de luz. ¿Qué aspecto tiene? ¿Se mueve? ¿Rápido o lento? ¿Nota alguna mancha de oscuridad en ella?

13. Al inspirar, imagine que la inhalación atrae más energía de la tierra, llenando su *Muladhara*.

14. Imagine que expulsa toda la oscuridad del *Muladhara* con cada exhalación. Visualice cómo sale de su chakra raíz y se dirige al núcleo de la tierra para ser desechada.

15. Note que su *Muladhara* gira más rápido, que tiene un aspecto más radiante y hermoso a medida que inhala.

16. Al exhalar, sienta el calor que se instala, y deje que irradie por todo su cuerpo. Sienta lo que es estar en casa, en paz, en unión con uno y con todos.

17. Cuando esté preparado, imagine que el rayo de luz que lo conecta con la tierra se disipa lentamente en la nada. Observe que todo lo que hay ahora es su chakra raíz, con un aspecto equilibrado, hermoso y brillante.

18. Puede volver a prestar atención solo a su respiración cuando esté listo.

19. Cuando se sienta preparado, salga de la meditación, con la intención de sentirse a gusto.

Alimentos para el chakra raíz: Otra cosa que puede hacer es comer los alimentos adecuados para el *Muladhara*. No debe consumir alimentos artificiales solo porque son rojos. Usted quiere consumir solo comidas naturales y saludables. Lo mejor para ayudarle a equilibrar este chakra son alimentos como las semillas de sésamo, las semillas de calabaza, las manzanas rojas, las fresas, las remolachas, las granadas, las zanahorias rojas, los boniatos, las papas, los frijoles, las cerezas, los tomates y otros alimentos naturalmente rojos. Debe comerlos con atención. No basta con masticar y tragar. Mientras mastica, imagine que son energía roja y brillante que baja y se dirige directamente a su chakra raíz, equilibrándolo. Mastique lentamente con amor y gratitud en su corazón, confiando en que le ayudarán a sentirse mejor.

Camine descalzo: Esto lo puede hacer con facilidad. Cuando camina descalzo sobre la tierra, tiene una sensación de unidad con el suelo, y siente como si nada pudiera sacudirlo o arrancarlo de sus raíces. Esto es maravilloso para su chakra raíz. No debe caminar como si quisiera llegar a algún sitio. Camine lentamente, solo por el placer de sentir que sus pies se conectan con el suelo como se supone que deben hacerlo. Esto se conoce como «enraizamiento», y es una forma estupenda de volver al presente y sentirse en paz siempre que se sienta nervioso o frustrado con su vida. También puede practicar la respiración consciente mientras camina para potenciar la experiencia. Solo necesita unos minutos al día para esto, y no solo se lo agradecerá su sistema nervioso, sino que también tendrá la curiosa sensación de que la Madre Naturaleza lo ha echado de menos y está encantada de tenerlo cerca. En mi opinión, ¡esa es una buena sensación!

Afirmaciones: También puede trabajar con afirmaciones, que son básicamente frases que puede decir cada día. La clave de estas afirmaciones es decirlas con sentimiento, como si fueran ciertas, aquí y ahora. Así que pruebe lo siguiente:

- Estoy a salvo.
- Estoy seguro.
- Estoy aquí.
- Estoy ahora.
- Tengo los pies en la tierra; mis cimientos son fuertes.

- Estoy en paz.
- Estoy contento con todas las cosas.
- Me nutre la tierra.
- Me apoyo plena e incondicionalmente.
- Me siento como en casa.
- Estoy en casa en mi cuerpo.
- Estoy en casa en esta vida.
- Estoy en casa.

El chakra sacro

El chakra sacro en sánscrito se conoce como *Svadhisthana*, que significa «el hogar del yo». Aquí es donde reside y surge su creatividad. Aquí es donde surge su sexualidad y sus deseos más profundos y verdaderos. Puede encontrar este chakra justo debajo de su ombligo, en el área donde están los órganos reproductivos, los riñones y la vejiga. Naturalmente, al ser el segundo chakra, está justo encima del chakra raíz. Está conectado con el elemento agua, y representa la importancia del estado de flujo necesario para prosperar en la vida. El agua tiene que ver con la liberación, con permitir que las cosas sean como son y con los cambios poderosos, como los que produce el agua que fluye en un río modificando todas las piedras a su paso haciéndolas suaves y hermosas.

El agua es también la representación perfecta de nuestras emociones, que fluyen de un lado a otro como este elemento. Por lo tanto, si quiere tener una idea precisa del estado de su chakra sacro, debe tener en cuenta sus emociones dominantes y cómo las maneja. Piense también sus relaciones con los demás a nivel emocional.

Este chakra es de color naranja, y su símbolo es la luna creciente, que conecta aún más este chakra con el agua, ya que la luna tiene una profunda influencia en las aguas de la Tierra. También es un fuerte recordatorio de la conexión entre este chakra y el ciclo menstrual de las mujeres. Este centro energético también se conoce por ser el hogar de sus órganos sexuales, y es donde se almacena su energía yin, que es la energía divina de la feminidad que tenemos todos: hombres, mujeres y quienes se identifican como otra cosa.

¿Qué hace el chakra sacro?

El chakra sacro es la razón por la que puede expresarse, y también es la sede de su sexualidad. Si alguna vez ha tenido un deseo, sexual o de otro tipo, fue inspirado por este centro energético. Si algo lo complace, le permite soltarse y jugar, o algo le apasiona, tiene que agradecer al *Svadhisthana*, que le permite sentir estas cosas y disfrutarlas.

Hay dos aspectos dominantes en este chakra: el sexo y la diversión. El primero se explica por sí mismo. El segundo se refiere a cosas como aficiones, formas de jugar, nuevas cosas que crear y explorar, etc. Se trata de las cosas que se hacen para disfrutar, no de las que son obligatorias y que muchas personas se esfuerzan por hacer sin obtener placer. Sin embargo, si trabaja conscientemente con este chakra, será capaz de encontrar la diversión en todo, sin importar lo tedioso que pueda ser para usted.

Síntomas de un *Svadhisthana* bloqueado

Cuando este chakra no está equilibrado, no se siente del todo bien. En primer lugar, puede notar una sensación permanente de desapego hacia todo. Además, no reacciona, ni a las noticias positivas ni a las negativas. Básicamente, cuando este chakra está bloqueado usted es el emoji «*meh*». También puede notar que no es tan creativo como antes, lo que puede ser un problema si trabaja en un campo que exige creatividad constante.

Emocionalmente, siente que está aislado de los demás. Cuando se le presentan cosas divertidas, tiene miedo de soltarse y disfrutar, ya sea por miedo a parecer tonto, por no tener el control o por cualquier otra cosa. Se siente agobiado todo el tiempo por el cansancio, se siente ansioso y sufre mucho de soledad, porque a nadie le gusta ese tipo de energía. Además, tiene dificultades para conectar con su pareja en la intimidad porque su libido se ha ido de vacaciones sin avisar cuándo volverá.

Cuando le cuesta mover el cuerpo, divertirse, conectar con los demás y expresarse de forma creativa, es muy posible que su chakra sacro esté pidiendo a gritos un poco de ayuda, y debería hacer algo al respecto. No solo le afecta mental y emocionalmente, sino también físicamente. De hecho, es posible que tenga que lidiar con dolores de espalda crónicos, problemas de cadera, problemas con las articulaciones, artritis, baja energía, síndrome premenstrual (SPM), anemia, problemas con los riñones y el bazo, quistes en los ovarios (si es mujer), problemas con los genitales y muchas otras cosas.

En otras ocasiones, puede ser que su chakra sacro esté hiperactivo. Puede ser el caso si se permite fantasías sexuales extremas, o piensa en eso todo el tiempo. También puede tener adicciones, especialmente a las sustancias que alteran la mente y a la comida. Si nota que no tiene más que sexo en el cerebro y necesita su vicio favorito para alterar su conciencia, podría ser su chakra sacro el que pide equilibrio. Sería bueno trabajar en este centro de energía para volver a la normalidad antes de que las cosas empeoren en su vida.

Cómo curar su *Svadhisthana*

Hay varios métodos que puede utilizar para restablecer las condiciones normales de este centro energético. Pruébelos todos y asegúrese de practicarlos diariamente para no tener que preocuparse nunca más de cómo está su *Svadhisthana*. Comencemos.

Meditación y visualización: Ya hemos hablado de lo poderosa que es la meditación, así que pasemos directamente a lo que necesita visualizar para equilibrar el chakra sacro. Siga los pasos del uno al nueve de la meditación anterior para el chakra raíz, y luego proceda con lo siguiente cuando llegue a ese punto de calma y relajación:

1. Imagine que, donde debería estar su chakra sacro, tiene una brillante bola de luz naranja que titila con poder.
2. Siéntese con esta bola y note cómo se siente mientras la observa.
3. Observe la bola. ¿Ve algún bloqueo en forma de oscuridad? ¿Se mueve muy lentamente? ¿Qué nota?
4. Al inhalar, imagine que está respirando una luz naranja pura que entra en usted a través del chakra sacro, cargándolo de energía.
5. Al exhalar, imagine que la oscuridad sale a través del chakra sacro, haciendo que brille más y se mueva más rápido.
6. Continúe respirando y visualizando de esta manera hasta que note que ya no hay oscuridad en el chakra y que se mueve bien.

Alimentos para el Chakra Sacro: Aquí también puedes optar por una alimentación meditativa. Comerá alimentos naturalmente anaranjados, como naranjas, zanahorias, mangos, papayuelas o papayas, calabazas, batatas, melones, zapallos, etc. Los huevos también son excelentes, así como las semillas y los frutos secos. Recuerde, tómese su tiempo para masticar y tragar. Imagine que está masticando energía naranja brillante que baja al chakra sacro para limpiarlo y equilibrarlo y así poder sentirse mejor.

Prácticas creativas: A veces, lo único que necesita es divertirse. Así que haga algo creativo. Eso no significa que tenga que ser el próximo Ernest Hemingway, grabar una película o algo tan drástico como eso. Puede hacer cosas sencillas como elegir una ruta diferente para ir al trabajo, cepillarse los dientes con la otra mano y rodar sobre su cama antes de levantarse... ¡cualquier cosa cuenta! Piense en los niños y su forma de ser, por ejemplo. No hay ninguna razón lógica para que la pequeña Tammy intente pasar el brazo por debajo del muslo para meterse el chupetín en la boca, pero lo hace de todas formas... ¡porque es divertido! ¿Qué podría hacer de forma diferente? Además, si tiene algunas habilidades creativas que ha abandonado porque «la vida se pasó», es una buena idea retomarlas. Sin embargo, debo advertirle que no sea duro con usted mismo si no es tan bueno como antes. La idea es divertirse. Eso es todo. También puede aprender una nueva habilidad. Puede que se sorprenda a sí mismo.

Afirmaciones: Pruebe las siguientes afirmaciones:

- Soy creativo.
- Soy libre.
- No tengo límites.
- Siento pasión sin remordimientos.
- Me siento seguro al expresarme.
- Estoy seguro de quién soy.
- No hay nada más seguro que ser quien soy en cada momento.
- Estoy equilibrado emocionalmente.
- Estoy en contacto con mis sentimientos.
- Me gusta sentir.
- Me siento libre y honro mis emociones.

Capítulo 4: Mantras y mudras de *Manipura*

¿Mantras o afirmaciones?

Cultivar pensamientos positivos a diario puede ser una forma eficaz de controlar la ansiedad, mejorar el estado de ánimo y aumentar la autoestima. Las afirmaciones son una gran manera de lograr esto y cualquier otra cosa que se proponga. Pero, ¿qué son realmente las afirmaciones?

Las afirmaciones son palabras o frases, profundas pero sencillas, que lo animan a pensar de forma positiva sobre usted mismo, sus objetivos y sus sueños. Pueden ser cualquier cosa, desde «¡Tengo éxito!» hasta «Soy una gran persona». La idea que hay detrás de ellas es sencilla, pero poderosa. Puede reprogramar su mente para que crea en ellas repitiéndolas a diario. En otras palabras, las afirmaciones le ayudan a decir su verdad y, en última instancia, a conseguir lo que desea.

Los mantras son palabras o frases que se repiten mentalmente para conseguir el resultado deseado. Son similares a las afirmaciones, pero tienen un carácter más religioso, espiritual y místico. Pueden utilizarse para diversos fines, como aliviar el estrés, limpiar la mente de pensamientos negativos y meditar, entre otras. Lo mejor de los mantras es que son muy poderosos por sí mismos. Por ejemplo, «*Om Namah Shivaya*» es un ejemplo de mantra que puede utilizar para centrar la mente en los aspectos positivos de la vida. Cuanto más lo cante, le ayudará a conocer mejor quién es usted realmente.

Tanto las afirmaciones como los mantras son herramientas profundamente personales e inspiradoras que pueden cambiar su vida para mejor. Ambos le ayudan a sustituir los pensamientos temerosos y las conversaciones negativas con usted mismo por creencias y afirmaciones positivas. Crean una sensación de optimismo, esperanza e ilusión, y ambos son útiles para mejorar la autoestima y perseguir objetivos o sueños.

Entonces, ¿cuál debería elegir? La verdad es que ambas son herramientas eficaces que tienen un impacto positivo en la vida. Mientras que los mantras tienen un componente espiritual, las afirmaciones se centran más en el mundo físico que nos rodea. Sin embargo, en última instancia, no importa mucho cuál elija, porque puede obtener grandes beneficios de cualquiera de ellas repitiéndolas regularmente.

Los mantras en el cerebro

¿Cómo afectan los mantras sánscritos al cerebro humano? La influencia de los mantras sánscritos en el cerebro humano es un fenómeno complicado y sorprendente. Aunque el sánscrito, el idioma en el que están escritos estos mantras, no es muy conocido fuera de la India, el cerebro parece reconocerlo y reaccionar ante él.

La estructura del sánscrito permite al cerebro humano recordar y recitar estas antiguas frases y mantras. Los sonidos de determinadas palabras o sílabas se repiten frecuentemente con cada nueva frase, lo que da un ritmo y una cadencia a cada mantra. Además, cada frase escrita en sánscrito tiene un significado para el lector. Combinados, estos dos elementos se convierten en algo poderoso, mucho más poderoso que el inglés o cualquier otro idioma moderno de uso común hoy en día.

Los mantras en sánscrito ayudan, literal y figurativamente, a que el cerebro humano se concentre en el objetivo del mantra. La naturaleza compleja de la lengua permite concentrarse en muchos sonidos diferentes que se combinan en una frase. Al aumentar la concentración y el enfoque, el cerebro puede entrar en un estado alfa que induce a la relajación profunda y al alivio del estrés. Al mismo tiempo, los mantras sánscritos pueden ser tan fáciles de recordar y repetir en voz alta que después de una o dos veces de cantar uno en particular, su cerebro comenzará a memorizarlo. A través de la repetición, su cerebro reducirá su nivel de alerta, al mismo tiempo que aumenta su capacidad de relajarse profundamente.

Lo que es aún más sorprendente es que, mediante el uso del sánscrito, una persona puede cantar mantras mientras medita. Esto significa que puede mejorar su memoria y su capacidad de concentración al mismo tiempo que aumenta su capacidad de meditar profundamente solo repitiendo un mantra sánscrito en voz alta.

En última instancia, crea o no en que el sánscrito bien estructurado ayuda a la actividad cerebral, es importante señalar que la ciencia que hay detrás de los mantras que afectan al cerebro todavía está en desarrollo. Independientemente de si existen beneficios al cantar en sánscrito, es bastante seguro que estas frases antiguas tienen su propio poder sin importar en qué idioma están escritas.

¿Por qué usar mantras y afirmaciones?

El uso de mantras y afirmaciones puede hacer maravillas en su vida. Abren un espacio en su mente para pensar en lo que realmente le importa. Repetirse estos cambios personales le ayuda a reprogramar sus pensamientos y a mejorar su autopercepción.

Las afirmaciones son una forma estupenda de empezar este proceso, porque comienzan con algo que ya es cierto, como «soy una gran persona» o «puedo conseguir cualquier cosa que me proponga». Puede empezar con las cosas que ya son verdaderas y luego trabajar en las cosas que le gustaría que fueran verdaderas utilizando esa energía. Repitiendo estas frases a diario, puede cambiar su forma de pensar sobre sus objetivos y sueños.

Los mantras también valen la pena. Crean un vínculo directo entre usted y el poder del Universo. Le permiten sentirte en armonía con la naturaleza, con sus objetivos y sus sueños. Le ayudan a estar en sintonía con la vida en la Tierra al conectarlo directamente con la fuente de la creación. Al mismo tiempo, calman su mente y reducen profundamente el estrés. Son herramientas poderosas para lograr la paz mental, la armonía interior y la felicidad del cuerpo y del alma.

Además de la autoestima, otros beneficios son la salud física y las mejoras espirituales. Mediante el uso de mantras, puede mejorar su sistema inmunológico, reducir los síntomas del estrés y mejorar su concentración. La meditación con mantras también le ayuda a aumentar sus niveles de energía al tiempo que mejora la circulación sanguínea y aumenta el flujo de sangre en ciertas partes del cuerpo.

Lo mejor de los mantras es que le ayudan a tener más control sobre su vida al equilibrar el pensamiento y la acción. Realizar regularmente una meditación con mantras le ayudará eficazmente a lograr la paz mental y mejorar la salud física, la salud mental y el bienestar espiritual. Podrá lograr una mayor claridad en sus propósitos y la dirección de su vida, así como paz y alegría.

Afirmaciones para su plexo solar

Lo mejor de las afirmaciones es que puede crear las propias. De hecho, es bueno que lo haga, porque al usar sus propias palabras, sentirá aún más la verdad en ellas, permitiendo que se apoderen de su vida. Simplemente tiene que asegurarse de que las expresa en tiempo presente, como si ya fueran ciertas, porque así es como funciona. Si las expresa en futuro, lo que afirme permanece en el futuro, siempre fuera de su alcance, y no queremos eso, obviamente. Además, solo debe formularlas con palabras positivas, es decir, elimine la palabra «no» de sus afirmaciones. Por ejemplo, no debería afirmar: «Hoy no me voy a pelear con nadie», porque su mente subconsciente recordará: «Hoy me voy a pelear con todo el mundo. ¿Entendido?». En cambio, debería decir: «Hoy me llevo bien con todo el mundo».

Así que, cuando se trata de crear afirmaciones para su plexo solar, lo más probable es que usted sepa mejor que nadie qué decir. Por ejemplo, supongamos que Sandra tiene problemas con su *Manipura*. Esos problemas se manifiestan en ella porque estalla fácilmente contra la gente. En realidad, la razón por la que actúa de esa manera es porque así es como se siente en su interior, y otras personas están recibiendo la exteriorización de su ira interna, por así decirlo. Así que podría crear mantras como los siguientes:

- Estoy en paz conmigo misma.
- Estoy en paz con todos los que me rodean.
- Mi alma está en reposo.
- Veo la belleza en todos.
- Veo la belleza en mí misma.
- Me permito estar a gusto; fluyo con todos y cada uno.

¿Ve cómo funciona esto? Si se limita a trabajar con muchas afirmaciones genéricas, puede que no se dirija realmente a lo que necesita cambiar. Así que, a la luz de los muchos síntomas que producen los problemas del chakra solar, ¿qué podría elaborar para usted mismo como afirmaciones? Saque una hoja de papel y escríbalas, luego péguelas en algún lugar donde las vea todos los días para decirlas en voz alta y con sentimiento. El sentimiento es el secreto. No se trata de las palabras, sino de lo que implican. Por eso «hola» es una palabra súper corta, pero puede comunicar muchas cosas dependiendo de quién, cuándo y cómo la diga. Así que concéntrese en sentir que lo que dice ya es verdad.

¡Pero estoy mintiendo!

No, las afirmaciones no son mentiras. Son un proceso para ayudarle a manifestar lo que busca. Su cerebro no conoce la diferencia entre lo que siente y lo que realmente experimenta. Con el mecanismo de las palabras, está generando un sentimiento dentro de usted y entrenando para alcanzar y mantener este estado mental. Con el tiempo, ya no necesitará afirmaciones, porque serán verdaderas. No está mintiendo en absoluto. Simplemente está aprovechando el poder de la mente subconsciente para llevar su cuerpo energético de vuelta a la plenitud, así que nunca se sienta como un fraude o como si se estuviera engañando a sí mismo. En cambio, sienta esas palabras como verdaderas en su realidad actual, y observe cómo su realidad se transforma para ajustarse al sentimiento que ha estado encarnando al trabajar con las afirmaciones.

Volviendo a los mantras

¿Qué mantra debería utilizar cuando trabaje con su chakra del plexo solar? Sugiero usar el sonido semilla de este centro energético, que es RAM. Este sonido se conoce como *bija*. Se supone que vibra con la misma energía que alimenta el chakra del plexo solar, así que usar este sonido le ayudará a alinear las cosas. Mientras canta este mantra, si es sensible a las energías sutiles, sentirá que trabaja en sus vías energéticas, limpiándolas. Tenga en cuenta que la forma correcta de pronunciar este mantra no es «ram», como se escribe, sino R-Ah-M, con el sonido Ah que se obtiene de la segunda sílaba de la palabra caja.

El mantra RAM proviene de las escrituras védicas de entre 1500 a. C. y 500 a. C. Es uno de los mantras *bija* mencionados en las escrituras, y puede trabajar con él mientras visualiza un loto en el ojo de su mente. Dele a este loto un aura amarilla y brillante, y véalo girar como una rueda detrás de su ombligo.

Otro mantra que puede utilizar es el sonido vocálico OO como en «zoológico». Cántelo al ritmo de su respiración para ayudar a su chakra del plexo solar a curarse.

Mudras

Los mudras se utilizan mucho en la India hoy en día como parte de las prácticas de yoga diseñadas para la salud mental y física. Son movimientos de las manos que tienen un profundo significado espiritual. Tradicionalmente, se considera que los mudras ayudan a abrir el tercer ojo y a alcanzar niveles superiores de conciencia. Las manos y los dedos son muy importantes en el hinduismo porque representan el elemento *sattva*, el estado de pureza y compasión.

Los mudras se idearon en la India hace miles de años. A través de la práctica de estas artes ancestrales, los yoguis aprendieron a transformar sus vidas de muchas maneras. Cada mudra se desarrolló para ayudar al yogui a lograr un mayor dominio sobre su mente y su cuerpo.

En sánscrito, mudra es una palabra compuesta que significa «sello» o «signo». Según las antiguas creencias, cuando una persona utiliza un mudra específico, está sellando o imprimiendo ciertas energías dentro de su cuerpo. Este proceso crea un ciclo interno de energía que mantiene vivas ciertas vibraciones dentro del cuerpo físico y en toda la creación.

Desde una perspectiva energética, los mudras permiten aprovechar la antigua sabiduría de la cultura india. Ayudan a mejorar la capacidad de meditar profundamente al conectar con el ser interior y la energía espiritual. También ayudan a ser más consciente y a estar en sintonía con el entorno y el ambiente.

Los mudras son un conjunto diferente, aunque relacionado, de posiciones de las manos que se utilizan en el yoga. Al igual que las posturas de yoga, son posturas físicas que pueden practicarse desde unos pocos minutos hasta varias horas. La práctica de los mudras incluye movimientos físicos y patrones de respiración, así como concentración mental. Hay muchos tipos diferentes de mudras que cualquiera puede practicar.

La práctica de los mudras consiste en colocar los dedos y las manos en posiciones determinadas para mejorar la salud y el bienestar, provocar sensaciones de relajación y alcanzar la paz interior, entre otras cosas. Puede utilizar los siguientes mudras para ayudar a que su *Manipura* vuelva a estar alineado y equilibrado (tenga en cuenta que puede utilizarlos cuando esté sentado en meditación).

Rudra mudra:

Rudra mudra.
Schlum, CC BY-SA 4.0 https://creativecommons.org/licenses/by-sa/4.0/, vía Wikimedia Commons: https://commons.wikimedia.org/wiki/File:Mudra-Naruto-Coq.svg

Los dedos anular e índice y los pulgares deben estar conectados en las puntas (anular con anular, índice con índice, pulgar con pulgar). A continuación, extienda los dos dedos restantes para que estén relajados. Este mudra requiere el uso de ambas manos. Puede mantenerlo durante cinco minutos seguidos, tres veces al día o más. Este es un buen mudra para aumentar su concentración y sanar su *Manipura*.

Agni mudra:

***Agni* mudra.**
Chatsam, CC BY-SA 3.0 https://creativecommons.org/licenses/by-sa/3.0, vía Wikimedia Commons: https://commons.wikimedia.org/wiki/File:Mudra_Coq.svg

También se conoce como el gesto de la «mano de fuego». Hay que doblar el dedo anular para que el pulgar se apoye sobre él. El pulgar debe mantener ese dedo en su sitio mientras el resto de los dedos apuntan hacia afuera. Asegúrese de no ejercer demasiada presión para mantener el dedo anular en su posición. Lo ideal es que lo haga sentado, dos o tres veces al día, durante cinco minutos cada vez. Puede hacerlo durante más tiempo si quiere, pero no más de quince minutos.

***Guru* Mudra:**

Guru mudra.
Schlum, CC BY-SA 4.0 https://creativecommons.org/licenses/by-sa/4.0 , vía Wikimedia Commons: https://commons.wikimedia.org/wiki/File:Mudra-Naruto-Cheval.svg

Entrelace todos sus dedos excepto los dos índices. Mientras tiene las manos entrelazadas, extienda los dedos índices hacia fuera y junte sus puntas. Este ejercicio es ideal no solo para despertar su chakra del plexo solar, sino también para desarrollar grandes ideas y poderes psíquicos, desintoxicar su cuerpo, lidiar con el exceso de comida, sentirse más ligero y mucho más. También le traerá abundancia, ¡así que eso es una ventaja añadida!

***Pushan* Mudra:** Se conoce como el «dador de buena salud». También se le llama el «gesto de la digestión», y por eso no es de extrañar que hacerlo ayude mucho al chakra del plexo solar. Su significado literal en español es «el que nutre», y es estupendo para despertar el *Manipura* y equilibrarlo. También puede usarlo para ayudarse a soltar y recibir. Así es como se hace: en la mano derecha, junte las puntas de los dedos pulgar, corazón e índice. Deje que los otros dos dedos se extiendan hacia fuera y mantenga la palma de la mano mirando al cielo. En la mano izquierda, junte las puntas de los dedos pulgar, anular y corazón. Deje que los otros dedos se extiendan hacia fuera, la palma de la mano también debe mirar al cielo. Puede hacer esto durante cinco minutos cada día mientras está sentado en meditación para obtener resultados increíbles.

Capítulo 5: Meditación y visualización

Ya hemos tocado brevemente el tema de la meditación y la visualización, pero vamos a entrar de lleno en él.

¿Qué es la meditación?

La meditación es el proceso de conectarse a tierra en el momento.
https://pixabay.com/images/id-3053488

La meditación es el proceso de centrarse en el aquí y el ahora, de anclarse en el presente para no permitir que su mente huya de usted, como suele ocurrir. Se trata de canalizar toda su atención hacia una cosa particular, que puede ser cualquiera, desde el aspecto de la llama de una vela, sus manos, una hoja, su respiración, o incluso una sensación o una emoción. Se trata de elegir una cosa y ceñirse a ella para que la divagación de su mente se silencie, permitiéndole conectar con la energía divina de la vida. Como puede imaginar, esto es muy bueno para sus chakras.

La meditación es un estado de la mente, el cuerpo y el alma que se concentra en la respiración para lograr una profunda sensación de tranquilidad y paz interior. Es una forma de autoayuda fácil de aprender y practicar, y un inestimable alivio del estrés que mejora el estado de ánimo y la calidad del sueño.

La meditación no tiene por qué ser complicada: todo lo que necesita es su cuerpo, su respiración y un poco de tiempo cada día. También se sabe que la meditación mejora la capacidad de atención de los niños con TDAH y reduce factores de riesgo de enfermedades cardíacas, como los niveles de presión arterial alta.

La meditación es buena para su chakra del plexo solar porque le ayuda a concentrarse en lo que ocurre dentro de su cuerpo, su mente y su vida, en lugar de en lo que ocurre a su alrededor de un momento a otro y en la forma de lidiar con las circunstancias cuando surgen. Concentrarse en el interior deja menos tiempo para preocuparse por el exterior, y la meditación ayuda a equilibrar ambos lados del espectro, equilibrando a su vez el chakra del plexo solar.

Si tiene algún tipo de comportamiento impulsivo, la meditación puede ayudarle a resolverlo haciendo que mire hacia dentro y tenga una mejor percepción de lo que ocurre en su interior. Esto lo hace más capaz de responder adecuadamente en lugar de reaccionar automáticamente al entorno que lo rodea.

¿Qué es la visualización?

¿Qué es la visualización y cómo funciona con la meditación? La mente es una fuerza poderosa y puede afectar toda su vida. La forma en que piensa influye en cómo se siente y en lo que hace. Cuando la meditación se combina con la visualización, puede ayudar a crear una experiencia más rica para la mente.

La visualización, en pocas palabras, consiste en proyectar imágenes en su cabeza como si estuvieran sucediendo. Puede utilizarla durante la meditación para crear escenas alrededor del cuerpo que conecten sus partes con lugares de la Tierra u otros planetas de nuestro sistema solar. Es una herramienta importante que se utiliza para energizar varios lugares del cuerpo, como un punto de acupuntura o un chakra, para lograr un mayor equilibrio y una mayor comprensión de las capacidades de autosanación.

La visualización también puede utilizarse en forma de imágenes guiadas. Las imágenes guiadas son una forma de narración que ayuda a ver cosas que no son reales u objetos que no existen. Estas imágenes tienen un poderoso efecto sobre la mente y las emociones porque activan los recursos internos de la mente para la curación y el equilibrio.

Hay muchas maneras de utilizar la visualización en la meditación, pero una de las más importantes es mediante una práctica de empoderamiento. El empoderamiento aporta energía a una persona para que pueda embarcarse en nuevos retos y oportunidades en la vida. Si su objetivo es hacer algo importante, como iniciar un negocio o estudiar para la escuela, visualice todo lo que conlleva. Ahora mismo, lo que busca potenciar es su chakra del plexo solar, así que vamos a centrarnos en él. Está a punto de recibir un conjunto de meditaciones de visualización guiadas que puede utilizar para trabajar en su chakra del plexo solar, y le recomiendo que las grabe con su propia voz para que no tenga que volver constantemente al libro para saber qué debe visualizar a continuación, porque eso puede distraerlo. Asegúrese de que no lo van a molestar durante estos ejercicios, lleve ropa cómoda.

Visualización guiada para equilibrar el *Manipura*

Ahora, póngase cómodo en el lugar que haya elegido para sentarse. Asegúrese de que se siente cómodo; esta posición es la que va a mantener durante toda la visualización. Si necesita hacer ajustes durante la meditación, no hay problema. Hágalo con atención y amor. Aquí no hay lugar para el juicio. Cuando esté tranquilo, puede reanudar la meditación.

Siempre que note que su mente ha viajado a otro lugar, tráigala de vuelta con amor y amabilidad. No se enfade con usted mismo. Esto es una práctica. Puede mantener los ojos cerrados durante esta meditación, o dejarlos entreabiertos, con la mirada desenfocada y suave.

Ahora, céntrese en su respiración. Preste atención a la forma en que su pecho sube y baja. Fíjese en el ritmo natural de su respiración y manténgalo. Si nota que su atención se desvía, puede devolver su mente a la respiración o al plexo solar y mantenerla allí.

Si tiene pensamientos mientras está sentado, no pasa nada. Puede dejarlos entrar y permitir que se vayan cuando quieran, simplemente devolviendo su mente a la meditación. Ahora es el momento de bostezar. Hágalo tres veces. No importa si tiene ganas de bostezar o no. Solo haga tres bostezos agradables y profundos. Tómese su tiempo con esto. No hay prisa.

Una vez que haya terminado de bostezar, vuelva a la respiración y preste atención a lo que ocurre. Ahora, respire profundamente, dejando que primero se llene de aire el vientre y después los pulmones. Lentamente, deje que el aire salga y vuelva a hacerlo. Inhale y exhale. Vuelva a respirar y deje que su atención se dirija a la base de la columna vertebral.

En la base de la columna vertebral, imagine que tiene una bola de luz roja. Preste atención a esta luz mientras crece y brilla desde su interior hacia el exterior. Observe cómo la luz brilla alrededor de todo su cuerpo. Ahora cambie su atención desde el chakra de la raíz hasta el chakra sacro. Observe la bola de luz naranja y permita que crezca y abarque todo su cuerpo. Dirija su atención al plexo solar. Observe que tiene una bola de luz pequeña y amarilla que brilla. Al inhalar, observe cómo crece la luz. Al exhalar, note cómo empieza a brillar con una luz amarilla. Permita que la luz amarilla abarque todo su estómago y su pecho. Sienta cómo crece hasta cubrir toda la parte superior e inferior de su cuerpo. Sepa que esta es la luz que lo impulsa.

Esta luz es la encarnación de sus sueños y aspiraciones. Es el fuego que lo impulsa a cumplir su destino en la vida. Sienta lo cálida y poderosa que es a medida que se desplaza por todo su cuerpo, empezando por el abdomen. Observe cómo le inunda la garganta, la cabeza y la parte inferior del cuerpo. Sienta cómo esta energía amarilla le infunde pasión, entusiasmo y diversión. Sienta que su ser interior se despierta ante el reto de la vida, listo para afrontar las cosas con una sonrisa. Al exhalar, sienta el alivio de saber que ya ha superado todos los obstáculos que podrían presentarse en su camino. Ahora puede empezar a cantar RAM... RAM... RAM...

Ahora es el momento de devolver la respiración a su estado normal. Observe que la luz amarilla todavía lo rodea. Preste atención a la forma en que la luz pulsa poderosamente desde su plexo solar. Con cada pulso al inhalar, note cómo está impregnado de pasión y alegría por la vida. Ahora repita las siguientes afirmaciones, ya sea en voz alta o mentalmente, si lo prefiere:

Ahora continúe disfrutando de esta luz amarilla pura y del silencio mientras deja que lo energice, en cuerpo, mente y espíritu. Inhale esta luz amarilla y permita que cargue su ser. Deje que lo llene desde la cabeza hasta los pies y sienta la emoción de su movimiento al alrededor.

Ahora estamos cerca del final de esta visualización, y necesita salir tan lentamente como pueda. Primero, vuelva a prestar atención a su respiración. Preste atención al ritmo mientras su pecho sube y baja con cada inhalación y exhalación. Mueva suavemente los dedos de los pies y de las manos para trasladar su conciencia a su cuerpo. Si quiere, puede mover los brazos y las piernas para sentirse realmente en el presente. Ahora, lenta y suavemente, abra los ojos mientras sigue manteniendo su atención en lo que ocurre energéticamente en su interior. Inhale y exhale profundamente una vez más y sienta gratitud por los cambios que acaba de lograr.

Visualización guiada para desbloquear su chakra del plexo solar

Esta visualización le ayudará a abrir su chakra del plexo solar para que se sienta más seguro y empoderado en todos los aspectos de su vida. Le ayudará a establecer conexiones poderosas entre su mente y su cuerpo, afectando positivamente todas las áreas de su vida.

Empiece respirando profundamente y moviendo las manos y las piernas hasta que encuentre una posición cómoda en la que permanecer para este ejercicio. Tómese un momento para concentrarse y luego cierre los ojos y póngase cómodo en su asiento. Inhale profundamente por la nariz, permitiendo que la energía de cada respiración llene cada parte de su cuerpo. Exhale completamente hasta que haya expulsado todo el aire de los pulmones. Mueva suavemente ambas manos por última vez para asegurarse de que sigue conectado a tierra en el momento presente y de que tiene pleno acceso a todo su cuerpo. Inhale y exhale profundamente tres veces más mientras se acomoda completamente su cuerpo.

Para el siguiente paso de esta visualización, imagine que tiene un orbe de luz amarilla delante de usted a una distancia de un pie. Este orbe es su fuente de poder personal, y debe trabajar con él con cuidado y respeto. El orbe representa su sistema de creencias, y es como se dice a usted mismo que van a ser las cosas de un día para otro. Es lo que mantiene su mente concentrada en ideas positivas para vivir una vida feliz y plena. Concéntrese en el orbe, en su tamaño, forma y aspecto general antes de pasar a la siguiente parte de la visualización.

Ahora, imagine que sostiene una mano hacia delante. Cuando su mano se extienda para entrar en contacto con el orbe, sentirá que este le empuja la palma de la mano. Este empuje representa todas las cosas negativas que cree sobre usted mismo. Si cree que no puede cambiar, entonces eso es exactamente lo que permanecerá quieto en su lugar durante un tiempo indefinido. El objetivo de esta visualización no es cambiar todos los pensamientos que ha tenido. En su lugar, haga algunos ajustes para hacer su vida mejor en todas las formas posibles y permitir que el chakra del plexo solar funcione correctamente de nuevo.

Ahora, imagine que tiene un orbe de energía mucho más grande que rodea su cuerpo, centrado en el propio plexo solar. Este orbe está lleno de luz amarilla brillante y radiante, que representa su confianza y su poder personal. Cada vez que un pensamiento negativo trate de aferrarse a su energía, este orbe lo apartará hasta que no haya más espacio para la negatividad en su mente. Esta visualización representa lo importante que es tener siempre pensamientos positivos y repeler cualquier negatividad antes de que tenga la oportunidad de apoderarse de usted.

Sienta cómo la energía de la habitación empieza a cambiar a medida que la negatividad que antes formaba parte de su vida se aleja flotando hacia la nada. Sienta cómo crece su poder personal a medida que sustituye los pensamientos de desesperanza y miedo por cosas buenas. Observe cómo el color del orbe cerca de usted se ilumina y se intensifica a medida que su poder personal se vuelve más accesible. Permita que su orbe personal se trague completamente al que tiene delante mientras su plexo solar brilla más que el sol. Sienta ese poder.

Sienta cómo la energía de este chakra se mueve alrededor de su cuerpo como una ola que se forma desde su plexo solar hacia sus extremidades y luego vuelve. Permítase acostumbrarse a cómo se siente dentro de usted y note la ligereza que siente sin toda esa pesada carga.

Cuando la energía brillante se mueva, imagine que se ha convertido en parte del ritmo con el que late su corazón. Note la fuerza que lo invade ahora que todas esas creencias negativas han desaparecido para siempre.

Una vez que el orbe esté brillando y su energía resplandeciente se mueva alrededor de su cuerpo, puede abrir los ojos. Cuando los abra, note que se siente mucho más ligero y confiado que antes. Aférrese a esa sensación como un recordatorio constante para concentrarse en los pensamientos positivos.

Consejos y trucos útiles para trabajar con meditaciones guiadas

Se ha demostrado que el uso de imágenes aumenta las probabilidades de éxito de las sesiones de meditación guiada. Si le resulta difícil conseguir que su mente se centre en algo, intente pensar en ello con una imagen en lugar de con una palabra. Aunque a veces las palabras pueden ser más fáciles, piense en ellas como si las viera a través de un filtro de una imagen de su elección. Recuerde que la imagen no es en absoluto necesaria, y que en su lugar siempre puede decir la palabra que representa ese concepto. Cuando se visualiza haciendo algo o viendo algo, es mucho más fácil para su mente concentrarse en la imagen que escuchar sonidos que no entiende.

Muchas personas prefieren escuchar una meditación guiada en un bucle continuo. Esto se puede conseguir fácilmente si utiliza auriculares mientras practica. Si quiere hacer esto, es útil configurar dos pistas separadas en un programa de edición de audio como Audacity. Puede hacer que cada pista dure una hora. Utilice la primera pista como música de fondo y añada el sonido de un mantra repetitivo a lo largo de la meditación. Esto hará que sea mucho más fácil concentrarse en lo que se dice durante la sesión en lugar de distraerse con la música de fondo o el ruido que lo rodea. La repetición también ayuda a que surjan más pensamientos positivos de los que estarían disponibles si simplemente los leyera en un libro o algo así. Además, puede reproducir este archivo de audio justo cuando se vaya a dormir para obtener mayores beneficios.

A algunas personas, al principio, les resulta más fácil escuchar durante cinco minutos cada día que intentar meditaciones más largas. Le aconsejo que lo convierta en una práctica diaria. Conseguirá mejores resultados practicando cinco minutos una o dos veces al día que tratando de juntar cinco días de meditación en un solo día. Es una práctica, no un examen para el que hay que estudiar y aprobar, olvidando todo lo que se ha aprendido al terminar. Por lo tanto, le conviene decidir, aquí y ahora, que nunca se saltará un día de meditación y visualización para ayudar a que su chakra del plexo solar funcione correctamente. Si puede mantener esto durante al menos treinta días, ni siquiera necesitará recordarse de hacerlo. Notará que lo hace mientras espera en la fila del supermercado o está atascado en el tráfico, o en cualquier lugar donde encuentre unos minutos para ayudar a su chakra del plexo solar a mantenerse equilibrado. Puede que ni siquiera necesite una grabación para hacerlo.

 Le encantará incorporar a sus técnicas de meditación y visualización algo conocido como «trabajo de respiración». Los resultados serán maravillosos. ¿Qué es exactamente el trabajo de respiración y por qué es importante? Siga leyendo para saber más.

Capítulo 6: *Pranayama* y yoga del plexo solar

¿Qué es el *Pranayama*?

Pranayama es la cuarta rama del yoga, y significa «control del aire» o «extensión de la respiración». Se traduce literalmente como «control de la respiración». Es una poderosa forma de meditación que puede ayudar a calmar la mente y sanar el cuerpo, entre muchos otros beneficios. El objetivo del *pranayama* es vincular la respiración con los centros emocionales del cuerpo. Cuando están conectados, pueden combatir efectos físicos como la depresión y el estrés.

El *pranayama* se basa en el principio de que, al igual que la electricidad, el *prana* (la palabra sánscrita para «energía») fluye por el cuerpo. El flujo de *prana* puede bloquearse por una mala postura, la ansiedad o el cansancio. Aunque es difícil cambiar las circunstancias, un poco de esfuerzo puede transformar su vida.

Esta técnica yóguica moviliza y regula el *prana*, o fuerza vital. El *pranayama* se practica tradicionalmente para equilibrar la mente y el cuerpo. Las técnicas de respiración utilizadas en esta práctica pueden ayudar a calmar una mente y un cuerpo hiperactivos, a despejar la cabeza, a reducir los niveles de ansiedad, a disminuir la presión arterial y a aliviar los niveles de estrés y la tensión en los músculos. Hay muchos tipos diferentes de técnicas de *pranayama* que cualquiera puede practicar, independientemente de la edad o el sexo.

Por qué es importante el *pranayama*

El *pranayama* es el componente más importante del yoga y se considera una técnica esencial. Hay una razón por la que existen posturas de yoga boca arriba, boca abajo y en posiciones extrañas. Es porque todas ellas activan diferentes centros de energía en el cuerpo. Además, situarse en la gravedad cero (como acostarse) calma la mente, ayuda a dormir y sana el cuerpo. Junto con las posturas de yoga y la meditación, las técnicas de respiración yóguica permiten acceder al poder de las ondas cerebrales y de la mente subconsciente para facilitar los cambios que se buscan. Esta capacidad ayuda a mantenerse en tierra y conectar con el entorno. También es la razón por la que dormimos cuando estamos cansados o estresados.

El *pranayama* es una parte importante del yoga porque es una de las técnicas utilizadas para controlar la respiración. El yoga consiste en encontrar la paz interior, y el *pranayama* es uno de los cuatro componentes principales (junto con *asana*, *pratyahara* y *Dharana*) que ayudan a encontrarla.

El *pranayama* es una de las formas más eficaces de utilizar la respiración para lograr una mejor salud física y mental. Es una poderosa herramienta que puede ayudarle a relajarse y a apagar el constante parloteo de su mente. El *pranayama* reduce eficazmente los niveles de estrés y protege contra trastornos y enfermedades relacionadas, ya que influye en la mente y el cuerpo a un nivel profundo al alterar los patrones de las ondas cerebrales mediante la respiración lenta.

Cuando se está estresado o ansioso, se respira de forma irregular y superficial. Además, hay más probabilidades de contraer enfermedades infecciosas si se tiene un sistema inmunitario debilitado. Por lo tanto, el *pranayama* es importante para el estado físico y la salud en general.

Pranayama Bhramari para su *Manipura*

Una de las mejores formas de trabajo respiratorio que puede hace para su *Manipura* se conoce como el *Pranayama Bhramari*, que significa «respiración de abejorro». Esta es una excelente forma de trabajo respiratorio que ayuda a sanar la mente y, más que eso, tiene un efecto real para calmar el sistema nervioso. Va a hacer un sonido que recuerda al del abejorro, un suave zumbido que hace que las vibraciones se muevan por todo su cuerpo. Estas vibraciones ayudan a su sistema nervioso a cambiar al sistema parasimpático, que su cuerpo utiliza para descansar y digerir. También afecta al nervio vago.

¿Por qué es importante el nervio vago? Porque es el responsable de poner en marcha los procesos que hacen posible el descanso y la digestión. En otras palabras, está directamente conectado con el fuego interior del chakra del plexo solar. Este nervio sale del tronco cerebral, baja por el cuello y llega al vientre. También constituye la vía para que las hormonas se muevan a través del eje cerebro-intestino. Como sabe, el eje cerebro-intestino es la razón por la que puede sentirse mentalmente en paz con usted mismo. De hecho, su intestino determina su estado de ánimo, y por eso tiene que ser muy exigente con el tipo de alimentos que come. Su intestino es responsable de crear alrededor del 95 % de la serotonina del cuerpo, que es un neurotransmisor que ayuda con las funciones neuronales y la estabilización del estado de ánimo.

Para meditar con esta forma de *pranayama*, puede trabajar con tonos más altos o más bajos. Como está trabajando en el chakra del plexo solar, es bueno trabajar con ambos tipos de tono, ya que está cerca del chakra del corazón, que es el centro de energía que se encuentra justo en medio de todos los demás. Otra forma inteligente es tararear en la tonalidad de Mi. ¿Por qué Mi? Porque este es el tono que corresponde específicamente al chakra del plexo solar, y así estará enfocando toda la energía que genera a partir del trabajo respiratorio hacia ese centro energético en particular. Si quiere trabajar otros centros energéticos con esta forma de *pranayama*, también puede hacerlo. Es cuestión de ajustar el tono y concentrarse en el centro energético en cuestión, pero este libro trata sobre el plexo solar, así que centraremos nuestra atención en él.

Cómo hacer la respiración del abejorro

1. Encuentre un lugar tranquilo donde no se distraiga ni sea molestado durante quince minutos. Asegúrese de llevar ropa cómoda y holgada para respirar con facilidad.
2. Siéntese en una posición cómoda. Puede colocar ambas manos sobre el regazo o utilizar los dedos índices para taparse los oídos mientras apunta con los codos hacia los lados.
3. Realice tres inhalaciones y exhalaciones completas por las fosas nasales mientras encuentra su posición y se pone cómodo.

4. Lleve su atención al chakra del plexo solar. Si quiere, puede visualizarlo.
5. Inhale profundamente y, al exhalar, presione el cartílago de sus orejas para taparlas y crear un zumbido, como el de una abeja.
6. Si está visualizando el chakra del plexo solar, imagine que la energía amarilla brillante entra en él al inhalar y, al exhalar, imagine que el plexo solar se vuelve más brillante y hermoso.
7. Inhale y exhale así entre seis y siete repeticiones (cada repetición tiene una inhalación y una exhalación).
8. Puede hacer una pausa y luego seguir respirando de esta manera durante los siguientes cinco minutos o hasta que sienta que ha trabajado suficiente en la sesión.

¿Qué es el yoga?

El yoga es una práctica antigua que existe desde hace más de 5.000 años y que se originó en la India. Se basa en la idea de conectar con el ser interior. Quienes lo practican creen que el yoga une todos los aspectos de su mente y su cuerpo a través de la respiración y las posturas, o «*asanas*». Practicar yoga lo hace sentir más tranquilo y relajado. El yoga no es solo un ejercicio, sino una forma de vivir una vida feliz.

El yoga es más que un ejercicio físico; es una disciplina que puede ayudarle a encontrar el equilibrio en su vida con la meditación y la respiración. Se ha demostrado que el yoga reduce el estrés, la ansiedad y la depresión. También puede ser una forma eficaz de mantener la flexibilidad y de involucrar diversos grupos musculares en un entrenamiento. Hay muchos tipos de yoga que se adaptan a las necesidades de todos, desde los principiantes hasta los practicantes avanzados.

Cómo ayuda el yoga a su chakra del plexo solar

El chakra del plexo solar gobierna su relación con el mundo material y sus pasiones. La sensación de bienestar que experimentará al practicar yoga puede ayudarle a descubrir sus verdaderas pasiones. Su chakra del plexo solar es el chakra que controla su capacidad de sentir, pensar y actuar desde un lugar de intuición e inspiración en lugar de miedo, confusión y vacilación, alimentando su cuerpo con lo que necesita para sentirse sano, feliz y en forma.

El yoga es también una práctica que permite descubrir lo que realmente necesitamos en la vida. En el yoga, nuestras necesidades no dependen de los demás, sino de nosotros mismos. Solo usted puede satisfacer sus necesidades de una manera que lo haga realmente feliz. El yoga puede darle las habilidades necesarias para satisfacer sus propias necesidades.

Los beneficios físicos del yoga también pueden ayudar a su chakra del plexo solar. Este chakra rige la forma en que su cuerpo y su mente responden al estrés y a la ansiedad o a su ausencia. Las diferentes posturas del yoga ayudan a aliviar el estrés y la ansiedad, no solo a nivel mental, sino también a nivel físico, haciéndolo más flexible y más fuerte tanto mental como físicamente para que pueda manejar las situaciones estresantes más fácilmente y con menos dolor y malestar. Muchas personas descubren que, al mejorar su salud y su forma física, también tienen una visión más positiva de la vida. Según la filosofía del yoga, una vez que aprendemos a manejar el estrés y la ansiedad en la vida diaria, nos volvemos más equilibrados y menos propensos a las enfermedades.

El yoga es también una práctica curativa que se remonta a miles de años antes de que se desarrollara la medicina occidental. La práctica del yoga es ahora la forma de medicina de más rápido crecimiento en los EE. UU., superando por amplio margen a las medicinas tradicionales (como los remedios de hierbas) y las visitas a los consultorios médicos. El yoga es muy beneficioso porque ayuda a controlar los pensamientos y emociones para adaptar comportamientos, lo que resulta en una mejor salud y más paz mental.

Posturas de yoga para equilibrar y sanar el *Manipura*

Dhanurasana - La postura del arco

La postura del arco.
Adishankaracharya108, CC BY-SA 4.0 https://creativecommons.org/licenses/by-sa/4.0 , vía Wikimedia Commons:
https://commons.wikimedia.org/wiki/File:Dhanur%C4%81sana_%E2%97%A6_Bow_I_yoga_%C4%81sana.jpg

Esta postura forma parte de las 12 posturas fundamentales del *Hatha Yoga*. A continuación le explicamos cómo hacerla:

1. Acuéstese sobre su estómago, ya sea en un piso alfombrado o en su tapete de yoga. Asegúrese de colocar ambas manos a los lados, con las palmas hacia el cielo, y de que la barbilla toque el suelo.

2. Exhale y, mientras lo hace, doble ambas rodillas de modo que acerque los talones a su trasero tanto como pueda. Asegúrese de que ambas rodillas estén separadas entre sí al menos a la anchura de las caderas.

3. Ahora, levante ambas manos y agárrese los tobillos. Por favor, asegúrese de que se agarra los tobillos, no la parte superior de los pies. Sus dedos deben rodearlos. Mantenga los pulgares libres y flexione los dedos de los pies para que apunten hacia afuera.

4. Inhale y levante los talones para que se alejen de su trasero mientras sigue sujetando los tobillos. Al mismo tiempo, levante los muslos, la cabeza y el pecho, alejándose del suelo. Asegúrese de que, al hacerlo, gira los hombros según sea necesario. Debe sentirse cómodo. Solo su núcleo estará en el suelo si lo está haciendo bien.
5. Empuje hacia el suelo para aprovechar al máximo el estiramiento. Lo sentirá en los músculos de la espalda. Mantenga la mirada fija en un punto enfrente suyo y permanezca en esta postura durante al menos quince segundos mientras respira con atención y mantiene el equilibrio.
6. Exhale al salir de la postura llevando los pies, los muslos, el torso y la cabeza de nuevo al suelo, soltando los tobillos, naturalmente. Descanse unos segundos y vuelva a empezar el proceso si le apetece.

Parivrtta Trikonasana - La postura del triángulo girado

Postura del triángulo girado.
Kennguru, CC BY 3.0 https://creativecommons.org/licenses/by/3.0 , vía Wikimedia Commons: https://commons.wikimedia.org/wiki/File:Parivrtta-Trikonasana_Yoga-Asana_Nina-Mel.jpg

Esta postura requiere un gran equilibrio. No se castigue si no la consigue enseguida. Cuanto más practique, más fácil le será. A

continuación le explicamos cómo hacerla:
1. Empiece en posición de pie, con los pies apuntando hacia delante. Mantenga una distancia entre ellos de mínimo un metro (ajústela si es necesario).
2. Asegúrese de que sus caderas están ubicadas mirando hacia la parte delantera de la colchoneta que está utilizando.
3. Su pie derecho debe estar mirando al frente delante de usted, mientras que su pie izquierdo está detrás y girado hacia fuera 45 grados.
4. Inhale profundamente y coloque las manos en las caderas.
5. Inclínese hacia adelante sobre las caderas mientras mueve el peso sobre el pie derecho, que está adelante. En algún momento, la columna vertebral empezará a arquearse, lo que significa que tienes que acomodarse un poco hacia atrás. No quiere que se arquee.
6. Exhale y tómese un momento para averiguar qué quiere hacer con la mano izquierda; puede ir por fuera del pie derecho, por dentro o justo debajo del hombro derecho.
7. Inhale profundamente y deje que su mano derecha se dirija al sacro para comprobar que está bien y recto.
8. Exhale con la mano donde está mientras gira la parte superior del cuerpo para que el pecho salga y se abra hacia el lado derecho. Si nota que pierde la rectitud del sacro, desplace la cadera izquierda hacia atrás o ubique la derecha hacia delante.
9. Respire profundamente mientras levanta la mano derecha hacia el cielo, para que su pecho se abra aún más. Los hombros deben estar alineados.
10. Exhale y mire al cielo con las puntas de los dedos extendidas.
11. Permanezca en esta posición durante unas cuantas respiraciones profundas, hasta un minuto.
12. Desenrolle suavemente el torso mientras exhala para salir de la postura.

A continuación, haga lo mismo del otro lado. Por favor, asegúrese de mantener el talón firmemente en el suelo para no perder el equilibrio ni hacerse daño al practicar esta postura.

Utkatasana - La postura de la silla

Postura de la silla.
*Kennguru, CC BY 3.0 https://creativecommons.org/licenses/by/3.0 , vía Wikimedia Commons:
https://commons.wikimedia.org/wiki/File:Utkatasana_Yoga-Asana_Nina-Mel.jpg*

Esta postura también se conoce como la sentadilla de pie, la postura del poder o la postura del rayo. A continuación le explicamos cómo hacerla:

1. Empiece poniéndose de pie y erguido. Los dedos gordos de los pies deben estar en contacto entre ellos. Apóyese firmemente en el suelo. Las dos manos deben estar a los lados.

2. Doble ambas rodillas hasta que sus muslos estén casi paralelos al suelo. Ambos pies deben estar juntos, aunque no pasa nada si hay una ligera separación entre ellos. Si ese es el caso, asegúrese de que sus rodillas están separadas a la misma distancia.

3. Asegúrese de que está lo más abajo posible, puede comprobarlo rozando la colchoneta con la punta de los dedos.

4. Ahora, permaneciendo en esa posición, levante los brazos hacia el cielo.

5. Mantenga la postura durante cinco respiraciones, o diez si se siente muy bien.
6. Inhale profundamente, enderece ambas piernas y suba los brazos para salir de la postura.

Una nota rápida

Tenga en cuenta que en el yoga no se trata solo de mantener las posturas. Se trata de mantener su atención centrada en el chakra del plexo solar, que es lo que quiere sanar y equilibrar, mientras se mueve a través de ellas y las mantiene.

Tiene que pensar en toda la información de este libro cuando trabaje con cualquiera de las herramientas que brinda. En otras palabras, en lugar de practicar el *pranayama* por sí solo, puede incorporarlo a sus posturas de yoga, trabajar con la respiración y con los diferentes mudras que se describen. También puede trabajar los mudras con las posturas que se lo permitan. Si quiere saber más sobre el yoga, debería echar un vistazo al último capítulo, donde encontrará un montón de movimientos y una secuencia completa con la que puede trabajar.

Capítulo 7: El uso de cristales y piedras

Cristales.
https://unsplash.com/photos/cVt0u781VGo

Antes de entrar en materia, tenga en cuenta que los cristales y las piedras preciosas no sustituyen la atención médica adecuada con un profesional de la salud. Por favor, no intente autodiagnosticarse o tratar sus síntomas utilizando solo piedras. Su médico es quien mejor sabe lo que le va a funcionar.

El chakra del plexo solar tiene que ver con estar conectado a tierra. Tiene que ver con la confianza en uno mismo, con la valentía y con tomar la iniciativa. Se asocia con la capacidad para vernos a nosotros mismos, asumir la responsabilidad de nuestros actos y saber que no somos víctimas de las circunstancias. Si alguna vez ha sentido que algo no está bien o que una situación determinada nunca mejorará, es posible que su chakra del plexo solar necesite atención.

Si su chakra del plexo solar se ha desequilibrado, puede manifestarse con una falta de sentido, una sensación de falta de agallas o depresión constante. Cuando esto sucede, es importante actuar según el instinto y encontrar formas de equilibrar este centro de energía para que pueda sentirse más conectado a la tierra. Los cristales y las piedras preciosas son una gran manera de ayudar a sanar el plexo solar. Pero la pregunta es, ¿qué hace que estas dos cosas sean diferentes entre sí?

Diferencia entre los cristales y las piedras preciosas

Hablemos primero de las piedras preciosas. Las piedras preciosas también se llaman gemas de forma abreviada. Estos minerales son bastante raros, y a menudo son pulidos para que tengan un buen aspecto y usarse como joyas. Suelen tienen una base mineral, como es el caso de los rubíes y los diamantes, pero también pueden tener bases orgánicas, como es el caso del ámbar.

Las gemas se consideran preciosas o semipreciosas, dependiendo de su translucidez y otros aspectos como el color. Las piedras preciosas se clasifican en varias clases según su rareza, su composición química y su corte. Existen crudas, son naturales, se extraen de la tierra y luego se someten a una serie de procesos para que tengan un buen aspecto.

Ahora pasemos a los cristales. Lo que ocurre con ellos es que, si bien algunas piedras preciosas pueden ser cristales, ningún cristal está clasificado como piedra preciosa. ¿Por qué? Bueno, las piedras preciosas pueden ser cristalinas en su estructura, pero los cristales no pueden adoptar la composición de las piedras preciosas. Una de las cosas que hace que ambas se parezcan tanto (y que confunde a casi todo el mundo) es que los colores de estas piedras pueden ser tanto puros como impuros.

Es la luz que los atraviesa la que les da sus colores únicos, que se presentan de diferentes maneras según la forma en que están dispuestos los átomos de la piedra, y por eso se obtienen tantos colores diferentes de la misma piedra o cristal. Por ejemplo, el cuarzo puede ser transparente o de color rosa. También hay zafiros de color rosa y azul. Otra cosa que hace que los colores de las piedras y cristales sean puros o impuros es el proceso que utilizan los joyeros para eliminar las impurezas. En este proceso se utiliza calor y, dependiendo de cómo se aplique, puede afectar la imagen del cristal o la piedra. De cualquier manera, no debería importar, porque tanto las piedras preciosas como los cristales tienen propiedades mágicas muy útiles para sus chakras.

¿Por qué cristales y piedras?

¿Por qué debería usar cristales y piedras preciosas para sanar su chakra del plexo solar? Los cristales son una de las fuentes naturales brutas de poder curativo, al igual que las plantas, porque absorben los rayos de luz solar que se convierten en calor y luz al entrar en contacto con ellos. El chakra del plexo solar se denomina a menudo el chakra del poder, y controla la forma en que usted actúa y manifiesta sus pensamientos en la vida. Muchos problemas emocionales pueden acumularse en este chakra, por lo que es importante que mantenga el suyo fuerte y equilibrado. Los cristales son una gran forma de curar los problemas emocionales porque trabajan con los sistemas energéticos del cuerpo.

La curación con cristales y piedras preciosas es una medicina alternativa que incorpora la idea de que estas piedras tienen propiedades curativas y de poder espiritual. Algunos creen que los cristales mejoran la vida fortaleciendo los chakras, los centros de energía del cuerpo. Los chakras son los conductos por los que fluye la energía entre su cuerpo físico, su mente y su espíritu. Con ellos, puede fortalecer sus intenciones y objetivos y cambiar el flujo de energía en su interior.

Piedras para su *Manipura*

Cuarzo limón: El cristal de cuarzo limón es perfecto para cualquier trabajo con el chakra del plexo solar, especialmente si está buscando mejorar problemas de autoestima, control y disciplina. Es una piedra potente que fomenta el cambio y le ayuda a manifestar sus deseos con pasión y fuerza. Si se siente aletargado o apagado, recupere su entusiasmo por la vida llevando un collar de cuarzo limón o una de estas piedras en el bolsillo. Le levantará el ánimo y terminará con la lucha que lleva dentro. Al igual que la rodonita y la turmalina negra, el cuarzo limón elevará sus niveles de energía y lo mantendrá con los pies en la tierra.

Citrino: El citrino es mi piedra favorita para usar en las prendas. Es un tipo de cuarzo amarillo agradable y translúcido, por lo que encaja bien con varios diseños, incluidos los circulares. Pero además tiene ese hermoso color amarillo dorado que lo hace sentir cálido y feliz. En general, el citrino es un tipo de piedra muy «soleada» con tonos amarillos o dorados. También se puede utilizar para diseños relacionados con la riqueza o la abundancia, ya que también es una piedra «de dinero». Por lo tanto, es una excelente elección, no importa si quiere usarla para la prosperidad o la curación. ¿Cómo se usa esta piedra? El citrino es una piedra muy relajante. Puede usarla para calmar y relajar su mente en general o para prepararse para la meditación. También puede utilizarla durante la meditación. Puede poner un citrino en el centro de su disposición y luego rodearlo con varias piedras que representen sus chakras, o meditar alrededor de él en un día cualquiera.

Jaspe amarillo: El jaspe amarillo ayuda a limpiar el exceso de energía del chakra del plexo solar y a restablecer el equilibrio en esta zona. También le ayudará a mantener una autoestima sana. El jaspe amarillo promueve la salud de su sistema nervioso, equilibra el chakra del plexo solar y calma la ansiedad. También se dice que ayuda a compartir los sentimientos con los demás de forma constructiva. Los colores del iluminado jaspe amarillo son marrones, amarillos y naranjas. Su frecuencia tiene una alta carga de luz espiritual que activa el primer chakra o chakra raíz, situado en la base de la columna vertebral. El significado del jaspe amarillo es la fuerza.

Heliodoro dorado: Los heliodoros tienen un color dorado muy brillante y llamativo. Su belleza hace que valga la pena trabajar con ellos, aunque no sean totalmente translúcidos. Los heliodoros ayudan a aliviar las afecciones crónicas del hígado, la vesícula biliar, el páncreas, los riñones y otras zonas del cuerpo. Aportan energía positiva y vitalidad a su vida limpiando las heridas y activando su sistema inmunológico. El heliodoro dorado es como un berilio supercargado, que afecta a los chakras de todo el cuerpo por igual. Le anima a concentrarse en el futuro y a sacar su verdadero yo. Es una piedra suave, lo que la hace especialmente poderosa para los niños. El heliodoro es una piedra de creatividad que puede utilizarse para sanar cualquier chakra, y es particularmente efectiva para el plexo solar.

Ojo de Tigre: El ojo de tigre protegerá su campo energético y mantendrá su aura fuerte y clara. Se dice que le ayuda a ganar confianza, facilitando el trabajo en cuestiones relacionadas con la autoestima, y a ser más consciente de lo que se dice a usted mismo. El ojo de tigre también es útil para encontrar o conseguir las cosas que quiere mediante el uso de la visualización. Esto puede ayudarle a manifestar sus deseos y a conocer los pasos necesarios para llegar de A a B.

Ámbar: El ámbar es una gran piedra para el plexo solar porque tiene efectos tanto físicos como emocionales. ¿Sabía que el ámbar es resina de árbol fosilizada? El ámbar ayuda a curar y equilibrar el cuerpo a nivel emocional, lo que puede ser útil para combatir la depresión o la ansiedad. También es un gran talismán de curación del chakra del plexo solar debido a sus efectos de conexión con la tierra. El ámbar es una piedra protectora que le ayudará a cuidar su campo energético de las energías negativas.

Piedra del sol: La piedra del sol es una piedra de conexión a tierra que ayuda al chakra del plexo solar a equilibrar el chakra del corazón. También es una de mis piedras favoritas para crear energía, tanto energía positiva como energía para la exteriorización. También es una gran piedra que ayuda a alcanzar metas y sueños. Si está deprimido o se siente bloqueado, use la piedra solar para sacar su ser feliz interior de nuevo. Le dará un impulso de sol y felicidad para ayudarle a reconectar con la alegría de vivir.

La piedra solar es una piedra que estimula el metabolismo, y también es muy efectiva si tiene una tiroides poco activa. Energiza la tiroides y la ayuda a funcionar mejor. La piedra solar es también una de mis piedras favoritas para tratar los problemas emocionales. Esto aplica para la depresión, el insomnio o los problemas de autoestima en particular.

Turmalina amarilla: La turmalina amarilla es una piedra maravillosa para el chakra del plexo solar. Es una piedra que le permite ser su mejor amigo y apoyarse a usted mismo mientras alcanza sus sueños. La turmalina amarilla es una piedra muy espiritual, por lo que le ayudará a sentirse con los pies en la tierra, incluso si trabaja en ámbitos con sesgos espirituales o metafísicos. Le ayudará a sentirse estable y a confiar en sus propias habilidades, lo que hará que su energía brille más.

Pirita: La pirita es una piedra que ayuda al chakra del plexo solar a equilibrar las emociones. Apoya la curación y a la digestión, por lo que puede ayudar con indigestiones crónicas y otros problemas intestinales. Ayuda a equilibrar el sistema nervioso y a aliviar el dolor. También hará que sea más consciente de su propio estado emocional.

Jaspe de Mooka: El jaspe de Mooka le ayudará a sentirse más relajado, feliz y optimista. Es una gran piedra para el chakra del plexo solar porque lo hace más consciente de sus sentimientos. Puede hacer que le resulte más fácil hablar, incluso si tiene miedo de quedar en ridículo frente a los demás.

Cuando compre sus piedras

Cuando compra una piedra preciosa nueva, confía en que ha sido cortada y clasificada correctamente. Es el vendedor quien debe saber si la gema se ha cortado correctamente y si es auténtica. Debe ser capaz de distinguir la calidad del tallado, aunque no trabaje directamente con un tallador.

Aunque no siempre se puede saber por lo que ha pasado la gema a lo largo del tiempo, es importante asegurarse de que se limpia a menudo y se mantiene en un entorno seguro. Si compra a vendedores en línea, es importante saber cómo guardan las piedras, ya que no cuentan con personal de limpieza permanente. Las fotos digitales de las piedras son buenas porque pueden mostrar su claridad, transparencia y color. Normalmente se pueden ver las inclusiones, los rayones importantes y otros defectos que quizás no sean perceptibles a simple vista. Un gemólogo profesional tiene una lupa para examinar estos detalles. También puede solicitar una inspección de la piedra que va a comprar antes de hacerlo, para estar seguro.

Cuando reciba su piedra en casa, es importante que la mantenga alejada de la humedad, el calor o la luz solar directa, ya que estos factores pueden hacer que se desvanezca o cambie de color. Guárdela en una bolsa de tela o en una bolsa hermética mientras viaja. Guárdela en una caja o bolsa forrada de terciopelo con un trapo seco para absorber la humedad cuando esté en casa. También es importante limpiarla con regularidad.

Cuando limpie la piedra, debe tener cuidado con las herramientas para no rayar la superficie. No utilice nunca limpiadores domésticos ni limpiavidrios. Si su piedra está demasiado sucia o ha tenido suciedad superficial durante mucho tiempo, puede que no valga la pena limpiarla; esto también puede causar daño a las piedras preciosas. Además, asegúrese de que no se raye en la vida cotidiana.

Cómo limpiar sus cristales y piedras preciosas

Los cristales y las piedras preciosas son objetos hermosos y preciados repletos de propiedades curativas. También pueden contener mucha negatividad procedente de la energía de alguien o de factores ambientales como la contaminación. Es importante limpiarlos periódicamente para que estén libres de energía negativa, para lo cual existen varias técnicas sencillas.

1. Reúna los cristales o piedras preciosas que quiera limpiar y utilice un trozo de papel blanco o pergamino para colocarlos.
2. Concéntrese en sus cristales o gemas mientras dice «Limpio y cargo este cristal» o «Cargo esta piedra con amor y limpieza. Gracias». El cristal o la gema cargado absorberá la energía de sus palabras y recibirá el proceso de limpieza.
3. Sostenga un cuarzo grande en una mano y con la otra agarre el lado izquierdo de la base del mismo. Imagine que está arrancando y desechando la capa de energía negativa con su mano derecha. Esto se hace para eliminar las vibraciones y pensamientos negativos que puedan haberse adherido a la piedra o almacenado en ella debido a factores ambientales como la contaminación o la radiación.
4. Sostenga el cristal o la piedra preciosa en la mano y concéntrese en una luz rosa que sale de su chakra del corazón y fluye a través de su mano hacia la piedra para infundirle amor y calor. Imagine que una luz blanca purificadora entra en su cuerpo y lo envuelve por completo. Cuando se sienta completo, imagine que la energía es absorbida por el cristal o la piedra preciosa, que se renueva con energía positiva y amorosa.
5. Después de la limpieza, puede purificar sus cristales y piedras preciosas usando este método tanto como quiera.
6. Guárdelos en su altar para cargarlos durante la semana, o asegúrese de tenerlos cerca en una bolsa dentro de su cartera para que absorban la energía de sus intenciones.

También puede limpiarlas enterrándolas durante 24 horas, lavándolas con agua salada o de mar, colocándolas bajo el sol o la luna, o enterrándolas en macetas con plantas. También puede quemar un poco de salvia y pasar las piedras y los cristales por el humo. Una vez que haya terminado de limpiarlos, puede trabajar con ellos su chakra del plexo solar. Aquí hay varias formas en las que puede hacerlo:

1. Siéntese con ellos en sus manos mientras medita.
2. Colóquelos en su regazo (si está sentado) o alrededor de su cabeza (si está acostado) mientras realiza su meditación y mudras.
3. Colóquelos a su alrededor mientras practica su *pranayama*.
4. Colóquelos a su alrededor mientras realiza sus posturas de yoga.
5. También puede simplemente meditar en ellas mirándolas y concentrándose en todo lo que ve y percibe de ellas.
6. Puede usarlas como joyas o llevarlas con usted a todas partes.

Capítulo 8: Aromaterapia
Manipura

Antes de comenzar este capítulo, tenga en cuenta que la aromaterapia no debe ser utilizada para curar enfermedades y dolores, sino como complemento de cualquier tratamiento que le recomiende su médico profesional. Por favor, no recurra al uso o a la ingestión de aceites esenciales para curar cualquier cosa que crea que puede estar mal debido a lo que ha aprendido en este capítulo.

Detalles de los aceites y los olores

La aromaterapia es una forma de medicina alternativa en la que las plantas aromáticas, sus aceites esenciales y los compuestos relacionados se utilizan para curar. Se basa en la premisa de que el sentido del olfato tiene acceso a la parte del cerebro donde se almacenan los recuerdos y a los centros primarios de la emoción y el instinto.

La aromaterapia implica el uso de aceites esenciales como forma de medicina. Los aceites esenciales son mezclas complejas de compuestos químicos derivados de diversas partes de las plantas. Los aceites utilizados en aromaterapia se extraían primero de la planta mediante destilación al vapor o métodos de prensado en frío. En la actualidad, los aceites esenciales pueden refinarse mediante diversas técnicas, como la destilación, la expresión o la expresión con posterior cristalización (decocción).

Los aceites esenciales son muy volátiles. Esto significa que tienden a evaporarse fácilmente y a dispersarse en el aire. Son muy solubles en alcohol y en aceites vegetales, pero no tanto en agua. Sin embargo, esto puede resolverse mezclando los aceites esenciales con un «aceite portador» o un «aceite base» para hacer un aceite de masaje de aromaterapia o un spray cutáneo diluido. La base proporciona un medio para transportar los ingredientes activos de los aceites esenciales. También proporciona una sensación y un olor del aceite para que no huela a alcohol. Los aceites base utilizados para este fin suelen elegirse por su similitud con los aceites esenciales, pero pueden cambiarse para producir diferentes efectos.

Los efectos terapéuticos de la aromaterapia se producen por la inhalación de una sustancia volátil que se absorbe a través del epitelio olfativo en la mucosa del tracto respiratorio superior. De este modo, los aceites esenciales pueden atravesar la mucosa y llegar a la circulación sanguínea local. Debido a su alta presión de vapor, son transportados por la sangre a varios órganos como el cerebro, el corazón y los pulmones.

Los aceites esenciales contenidos en los aerosoles cutáneos de aromaterapia o en los aceites de masaje se absorben a través de la piel y las mucosas. La difusión de los aceites esenciales en el torrente sanguíneo se ve favorecida por una capa de aceite cutáneo bajo la epidermis. Los aceites esenciales se introducen en diferentes regiones del cuerpo que no son sensibles a su estado natural volátil. La piel o las mucosas se combinan con el aceite esencial para producir una mezcla compleja, que incluye portadores de otras partes de la planta. Una vez liberados en el cuerpo, los aceites esenciales interactúan con los receptores de los orgánulos de las células respiratorias, cardíacas, esqueléticas y cerebrales. A continuación, la sangre transporta esta compleja mezcla de partes de plantas, aceites base y otras sustancias a diversas partes del cuerpo.

La aromaterapia se basa en la premisa de que nuestro cerebro asocia los aromas con emociones, reacciones físicas, recuerdos, lugares o personas. Basándose en este principio, se dice que los aceites esenciales afectan positivamente el comportamiento y las emociones a través del sentido del olfato.

El objetivo principal de la aromaterapia es relajar, reducir el estrés y modificar el estado de ánimo. También se afirman los efectos positivos de la aromaterapia en funciones fisiológicas como el ritmo cardíaco, la presión arterial, la frecuencia respiratoria y la respiración. La aromaterapia se puede utilizar de muchas maneras diferentes, y vamos a hablar de cómo puede ayudarle a sanar y equilibrar su chakra del plexo solar. ¿Qué aceites funcionan bien para este chakra y por qué?

La aromaterapia y el chakra del plexo solar

Hay varias maneras de trabajar con aceites esenciales para ayudarle a equilibrar la energía de su *Manipura*. Si tiene un *Manipura* hiperactivo, le conviene trabajar con aceites refrescantes con elementos yin, femeninos. Si nota que su chakra del plexo solar está demasiado activo, puede trabajar con un aceite cálido, yang. Sin más preámbulos, veamos los diferentes aceites que pueden ayudarle a restablecer la actividad regular de este centro energético.

Jengibre: Ayuda a la digestión y estimula el buen funcionamiento del estómago y el hígado. No solo eso, sino que puede calmar el dolor de cabeza y combatir las náuseas. También relaja los músculos de la garganta. Otros beneficios del aceite esencial de jengibre son el tratamiento del reflujo ácido, la reducción de la inflamación y la ayuda para vencer el insomnio. ¿Cómo ayuda al chakra del plexo solar y a sus energías? El aceite esencial de jengibre ayuda a aliviar los síntomas de la depresión, la ansiedad y el estrés al aumentar los niveles de serotonina en el cerebro. Además, estimula la circulación y mejora la salud del corazón. No solo es un gran alimento con potentes antioxidantes, sino que también puede ayudarle a desintoxicar su cuerpo si ha estado expuesto a toxinas en su entorno. También puede utilizar el aceite esencial de jengibre para aliviar las migrañas, la tensión facial y la tensión del cuello. Quizá se pregunte cómo puede ayudar el aceite esencial de jengibre al chakra del plexo solar. Cuando lo usa para reducir la ansiedad, ayuda naturalmente a su nivel de positividad.

Limón: Puede utilizar el limón para cocinar o hacer un zumo con él. También puede añadir aceite esencial de limón a un baño para relajar el cuerpo y la mente. El aceite esencial de limón tiene poderosos antioxidantes y nutrientes que refuerzan su sistema inmunitario, protegen su corazón y su cerebro y le permiten llevar una vida más saludable. Este cítrico es la felicidad pura en una botella. El aporte de vitamina C del aceite esencial de limón también favorece el desarrollo saludable de la piel, el cabello y las uñas. ¿Cómo ayuda al chakra

Manipura? El aceite esencial de limón mejora el estado de ánimo y la claridad mental. Además, puede ayudarle a superar la fatiga y el estrés, por lo que es beneficioso para las energías del chakra del plexo solar.

Pimienta negra: Puede utilizar el aceite esencial de pimienta negra para protegerse de los radicales libres. Ayuda a su cuerpo a absorber los nutrientes que necesita para sentirse rejuvenecido. También ayuda con problemas respiratorios, aunque se utiliza más comúnmente para ayudar a la digestión. El aceite esencial de pimienta negra ayuda a promover la digestión efectiva de los alimentos y asegura que su sistema inmunológico sea fuerte y esté protegido. ¿Cómo ayuda al chakra del plexo solar? El aceite esencial de pimienta negra le ayudará a tomar decisiones correctas con rapidez y seguridad. También puede promover una sensación de felicidad, ya que ayuda a aliviar el estrés y mejora el estado de ánimo. El aceite esencial de pimienta negra también es conocido por favorecer la claridad mental y la concentración, lo que lo convierte en uno de los mejores aceites para las energías del chakra del plexo solar.

Cedro: Puede utilizar el aceite esencial de cedro en un difusor de olores para aliviar los músculos doloridos y la mente. Lo hará sentir mejor porque tiene propiedades relajantes, pero además su aroma limpia su casa de cualquier olor y la deja más fresca que nunca. La madera de cedro ayuda al cuerpo a combatir las infecciones, pero también se sabe que es un antidepresivo. ¿Cómo ayuda al chakra del plexo solar? El aceite esencial de madera de cedro es un buen antidepresivo. Puede mejorar su salud mental y hacerlo sentir relajado y fresco después de un día largo y estresante. También es conocido por su uso para tratar las infecciones respiratorias, los dolores de cabeza y cualquier otro dolor del cuerpo. ¿Cómo funciona la madera de cedro para desbloquear el chakra del plexo solar? Puede ayudar a eliminar la energía estancada y promover la confianza en sus relaciones.

Romero: El aceite esencial de romero es conocido por ser un antidepresivo natural y se utiliza a menudo en la aromaterapia para sentirse más fuerte, más seguro y concentrado. También ayuda al cuerpo a producir más serotonina. El aroma del romero, de agradable frescura, puede ayudar a combatir la depresión porque promueve sentimientos de alegría y confianza. El aceite esencial de romero ayuda a desbloquear el chakra del plexo solar y a aliviar los síntomas de la depresión y el estrés. Le ayudará a sentirse bien con usted mismo y lo hará sentir más seguro.

Manzanilla: El aceite esencial de manzanilla puede utilizarse para calmar el dolor de cabeza, conciliar el sueño y relajar después de un largo y estresante día. También es conocido por aliviar la ansiedad y el estrés. El aceite esencial de manzanilla también ayuda a limpiar la piel, ya que tiene propiedades antiinflamatorias y refuerza las defensas naturales de la piel. La manzanilla ayuda al cuerpo a expulsar las toxinas, alivia los síntomas del síndrome premenstrual y favorece la salud mental. Le ayudará a sentirse más tranquilo y feliz, lo que le ayudará con las energías del chakra *Manipura*.

Ciprés: El aceite esencial de ciprés tiene fuertes propiedades antisépticas, que lo convierten en un poderoso limpiador. Ayuda a aliviar el dolor de garganta y de oídos, pero también es conocido por ser un antidepresivo. El aceite esencial de ciprés calma y aclara la mente. También mejorará su estado de ánimo y lo mantendrá tranquilo durante todo el día. ¿Cómo ayuda al chakra del plexo solar? El aceite esencial de ciprés favorece los sentimientos de felicidad, confianza y relajación.

Geranio: El aceite esencial de geranio le ayuda a relajarse y a desestresarse. Le hará sentirse más concentrado y puede calmarlo si experimenta ansiedad. El aceite esencial de geranio también ayuda a cicatrizar las heridas de la piel, ya que favorece la regeneración celular. También mejora la textura y el tono de su piel. El aceite esencial de geranio es bueno para la digestión, ya que ayuda a digerir correctamente los alimentos y promueve el crecimiento saludable del cuerpo. El aceite esencial de geranio ayuda a sentirse positivo y con confianza en sí mismo. También fomenta los sentimientos de felicidad y alegría de todos de quienes lo rodean, mejorando su salud mental y la de sus seres queridos.

Sándalo: El sándalo ayuda a reducir los síntomas de la depresión, el estrés y la ansiedad. Es uno de los aceites más calmantes porque alivia la tensión acumulada en los músculos. El aceite esencial de sándalo tiene un aroma dulce y ayuda a mejorar el estado de ánimo. También es conocido por tratar infecciones respiratorias, asma y bronquitis. El aceite esencial de sándalo le ayuda a sentirse centrado en su cuerpo, lo que favorece a las energías del chakra *Manipura*.

Ylang-Ylang: El aceite esencial de ylang-ylang tiene un poderoso aroma que es calmante y estimulante al mismo tiempo. Se utiliza habitualmente en aromaterapia para tratar el estrés, la ansiedad y la depresión. El ylang-ylang también ayuda a tratar infecciones respiratorias, resfriados y fiebres. El aceite de ylang-ylang le ayuda a sentirse relajado y a liberar la tensión en todo el cuerpo. Se sentirá más seguro de sí mismo y de sus relaciones con los demás.

Cómo meditar con aceites esenciales

Los aceites esenciales están energizados con el mismo tipo de energía vital que fluye por su cuerpo. Cuando inhala aceites esenciales durante la meditación, le ayudan a trabajar con su chakra *Manipura*.

1. Siéntese cómodamente sobre una almohada o directamente en el suelo. Debe estar en una posición que le permita permanecer relajado mientras medita. Por ejemplo, si al sentarse en el suelo le duele la espalda, siéntese sobre una almohada para que su postura siga siendo recta, pero cómoda.
2. Cierre los ojos y despeje su mente de cualquier pensamiento. Si le resulta difícil hacerlo, simplemente concéntrese en el sonido de su respiración.
3. Respire profundamente, llenando sus pulmones de oxígeno. Al inhalar, imagine que recibe energía vital de la tierra a través de la parte superior de su cabeza. Imagine que fluye hasta la planta de sus pies. Al exhalar, deje que esta energía vital vuelva a fluir hacia la tierra que tiene debajo a través de la planta de los pies.
4. Mientras inhala, piense en los colores asociados al sol y a la luna. Al exhalar, piense en el color amarillo. Imagine que el color llena su cuerpo y llega a su chakra *Manipura*, ayudando a deshacer cualquier bloqueo que pueda tener.
5. Sienta que su cuerpo se relaja mientras respira este color y deja que llene su cuerpo. Continúe respirando profundamente hasta que se sienta relajado y energizado.
6. Ahora, visualice una luz amarilla brillante que arde en el plexo solar. Esta luz brillante es su energía vital, que le ayudará a desbloquear la energía desalineada en su chakra *Manipura*. Imagine que todas las células de su cuerpo se iluminan, como cuando usa una linterna para alumbrar una habitación oscura.
7. Visualice que la luz amarilla del sol llena cada célula y fluye hacia su chakra *Manipura* hasta que lo sienta lleno y resplandeciente.
8. Asegúrese de inhalar y exhalar por la nariz para no interrumpir el flujo del color. Ahora dirija su atención al aceite esencial que

está usando. Ya debería haberlo aplicado en la línea de la mandíbula o en el cuello. Basta con una o dos gotas. Visualice que el olor de este aceite es parte de la luz amarilla.

9. Sienta cómo la luz fluye hacia usted a través de la nariz, llenando su cuerpo y llegando a su chakra *Manipura*. Imagine que la energía del olor del aceite entra en su cuerpo a través del pecho y se extiende a cada célula de su cuerpo. Siéntase saludable y energizado mientras se llena de salud y vitalidad.
10. Tómese un momento para disfrutar de esta sensación de fuerza, calor y expansión.
11. Ahora, imagine que hay un hueco entre sus manos. Visualice este hueco como una puerta ligeramente abierta. Una gran flor amarilla en la puerta que puede ver, pero no puede tocar.
12. Piense en esta flor como un símbolo de su capacidad creativa. Representa su potencial y puede ayudarle a alcanzar todos sus sueños y objetivos una vez que domine las habilidades requeridas.
13. Ahora, concéntrese en cómo la energía del aceite esencial fluye hacia el hueco entre sus manos mientras exhala. Sienta que está llenando su cuerpo con esta energía a la vez que se llena de la gran flor amarilla.
14. Visualice la flor cuando empieza a cerrarse, como una pequeña puerta. Puede ver la energía que irradia la flor, parece un girasol.
15. Ahora, visualice su chakra *Manipura* como un gran girasol amarillo que se abre cuando inhala. Sienta cómo la fuerza vital de su interior se expande y se hace más fuerte cada vez que inhala.
16. Una vez que haya visualizado esto durante el tiempo suficiente para sentirse completo, diga «Gracias» a la flor y salga lentamente de su meditación.

Formas de incorporar los aceites esenciales a otras prácticas de yoga

Además de utilizarse en las sesiones de meditación, los aceites esenciales pueden usarse en una amplia gama de prácticas de yoga. Puede utilizarlos para desbloquear su chakra *Manipura* durante las *asanas* o el *pranayama*.

Pranayama: añadir unas gotas de aceites esenciales a sus propios *pranayamas* de yoga puede ayudarle a desbloquear su chakra *Manipura*. Al utilizar su respiración de esta manera, respirará la energía vital del aceite. Las cualidades del aceite y de su respiración se combinarán para crear una energía agradable que lo elevará y revitalizará.

Asanas: Puede utilizar los aceites esenciales en sus *asanas* de varias maneras. Añadiendo una gota a su esterilla de yoga, puede disfrutar del aroma mientras hace sus *asanas*. También puede añadir una o dos gotas a una crema hidratante sin perfume y aplicársela antes de cualquier práctica.

Si sigue explorando formas de desbloquear su chakra *Manipura*, el flujo de energía a través de su cuerpo aumentará, y se sentirá más feliz y vital durante todo el día.

Capítulo 9: Dieta y nutrición

Antes de comenzar con este capítulo, tenga en cuenta que no soy nutricionista, por lo que siempre debe consultar a su profesional de la salud antes de hacer cualquier cambio en su dieta, como se sugiere en este capítulo, especialmente cuando tiene condiciones subyacentes que podrían empeorar.

El chakra del plexo solar está relacionado con la parte inferior del estómago. Si pensamos en esto, tiene sentido que los alimentos que sirven a esta región estén compuestos principalmente por productos naturales con una gran cantidad de grasas saludables y fuentes de proteínas. También significa que algunos alimentos pueden afectar negativamente a sus emociones y experiencias si no son saludables o equilibrados.

Este chakra es el responsable de su poder personal, su vitalidad y su capacidad para afrontar retos de todo tipo. Está relacionado con el renacimiento, la transformación y el proceso de adaptación. Este chakra puede controlar los órganos de eliminación y sus funciones.

Si este chakra está equilibrado como centro de su metabolismo, puede ayudar a su conciencia de equilibrio en todas las áreas de su vida (mental, física y espiritual). Cuando está desequilibrado, puede tener problemas relacionados con los hábitos alimenticios y la salud física.

Cómo los alimentos amarillos pueden desbloquear el chakra del plexo solar

Los alimentos amarillos están relacionados con el sol. Tienen un efecto de calentamiento en el cuerpo, son estimulantes que ayudan a sentirse más despierto y más alerta. Tienen un efecto curativo en el sistema nervioso. Los alimentos de color amarillo suelen ayudar a aliviar la fatiga mental y a aumentar la concentración. Esto significa que son buenos para los meditadores y los que se sienten apáticos o sin inspiración.

Cuando el chakra del plexo solar esté desbloqueado, experimentará un aumento de la fuerza, la vitalidad y la autoestima. Se sentirá más optimista y alegre. También tenderá a ser más seguro de sí mismo, extrovertido y espontáneo. Además, descubrirá que tiene mejor memoria y capacidad para aprender cosas nuevas. Los alimentos amarillos pueden desbloquear el chakra del plexo solar pues ayudan a aumentar el metabolismo y dan a esas importantes facultades mentales toda la energía que necesitan para arder con fuerza, independientemente de la edad o de los factores de estilo de vida. Están llenos de vitaminas A y C, así como de betacaroteno.

La razón por la que los alimentos amarillos funcionan tan bien para restablecer el equilibrio y la función adecuada de su chakra del plexo solar es porque comparten el mismo color que ese centro de energía. Esto no es una coincidencia. Funciona así porque hubo una correspondencia entre el color de los alimentos y el color del chakra. El color es una expresión de la energía, por lo que el hecho de que compartan los mismos colores, indica que ambos están energéticamente emparejados y serán de gran beneficio mutuo. Puede ponerse una camisa amarilla y confiar en que le ayudará con su chakra del plexo solar, o puede quedarse en una habitación que esté pintada de amarillo y empaparse de las vibraciones del color, lo que permite que se trabaje en todos los bloqueos que experimente, si lo hace conscientemente, por supuesto. También es la misma razón por la que la mayoría de las piedras preciosas y los cristales que hemos mencionado resultan ser amarillos, o al menos cercanos a ellos. Todo en la vida ha sido inteligentemente diseñado de esta manera por la fuente de energía.

Una cosa que tiene que entender sobre la comida es que es energía. No estoy hablando sólo de esto en el sentido literal de la palabra, pues sabe que al comer, se sentirá más fuerte y tendrá la energía para hacer cosas. Me refiero al hecho de que la comida es luz y vida. Es triste que hoy en día la mayoría de las personas coman incluso cuando no tienen hambre y coman más de lo necesario en cada sesión. El resultado final es la obesidad y todas las demás enfermedades relacionadas. No es así como fuimos diseñados para vivir como seres humanos. Ya sabe lo que dice el refrán. Coma para vivir, no viva para comer.

Comer con conciencia

Es una muy buena idea decidir aquí y ahora que va a comer de forma consciente pase lo que pase. No debería tratarse solo de potenciar su chakra del plexo solar, aunque eso también es algo muy bueno. Cuando coma los alimentos adecuados, ni siquiera tendrá problemas con este chakra, o al menos cualquier problema que tenga no será causado por los alimentos que consume. Así que, ahora, comprométase consigo mismo a mejorar su dieta y nutrición.

Cada alimento tiene su color natural por una razón. ¿Cuál es la energía de ese color? Cuando consume el alimento, naturalmente afectará a los chakras que están conectados con el color del alimento que se consume. Sin embargo, cuando elige comer estos alimentos de forma consciente, puede sobrealimentar la energía que recibe de ellos y obtener beneficios aún más fuertes.

Cuando come con atención, se concentra en cómo se siente y sabe la comida en la boca. No tiene prisa por masticar y tragar, y no se distrae con la televisión, un libro o algo así. Es muy consciente de que la comida que ingiere es luz y energía y que tiene el poder de cambiar su ser radicalmente a nivel físico, espiritual y mental. Así que, si quiere comer con atención, debe ir despacio y prestar atención a los colores y texturas de los alimentos. También puede visualizar lo siguiente mientras come. Imagine que la comida que mastica es una luz amarilla que baja por el esófago hasta el chakra del plexo solar. Vea y sienta cómo la comida sobrecarga ese chakra y despeja todos los bloqueos con los que esté luchando. Cuando coma de esta manera, descubrirá que su comida hace mucho más que simplemente mantener su cuerpo en funcionamiento.

Alimentos para el *manipura*

Considere añadir los siguientes alimentos a su dieta:

- Maíz
- Limón
- Mantequilla natural de pasto
- Plátanos
- Papayas
- Piñas
- Kombucha
- Ñames
- Pomelo
- Calabaza
- Comino
- Cúrcuma
- Manzanilla
- Avena
- Mangos
- Quinoa
- Calabaza

Recetas para su *manipura*

Muffins de piña

Esta es una delicia extraña pero absolutamente maravillosa que puede tomar tanto para desayunar como para levantar el ánimo a mitad del día. Tiene muchos sabores deliciosos y le ayudará a empezar el día con buen pie si los toma a primera hora de la mañana.

Necesitará:

- ¾ de taza de leche
- ¼ de taza de mantequilla derretida
- ½ taza de azúcar

- 1 taza de harina de trigo
- 1 taza de harina para todo uso
- ½ cucharadita de sal
- 1 cucharadita de polvo de hornear
- 1 lata de piña triturada (unos 400 mL)
- 1 huevo batido

Instrucciones:
1. Para preparar, precaliente su horno a 375 grados Fahrenheit.
2. Coja un bol grande y mezcle la sal, la levadura en polvo, la harina y el azúcar.
3. Escurra la piña. Guarde un cuarto del jugo porque lo necesitará más tarde.
4. Añada la piña, la leche, el huevo, un cuarto del zumo de piña y la mantequilla derretida. Mézclelos hasta que estén bien combinados.
5. Coja un molde para muffins y ponga los forros para muffins.
6. Vierta la mezcla en los moldes.
7. Introduzca el molde en el horno y déjelo hornear durante 30 minutos, o hasta que introduzca un palillo y salga limpio.
8. Deje que se enfríe un poco y disfrute.

Ensalada de manzana, hinojo y garbanzos

Esta es otra encantadora delicia que seguro disfrutará. Puede prepararla muy rápidamente y le durará entre uno y dos días, siempre que la guarde en la nevera.

Necesitará:
- Albahaca fresca (opcional)
- ¾ de taza de garbanzos (hay que enjuagarlos bien y escurrirlos)
- 2 manzanas rojas (peladas y picadas)
- 2 tazas de hinojo (en rodajas finas)
- ½ taza de apio (en rodajas finas)
- 1 cucharadita de mostaza Dijon
- 1 pizca de sal

- 1 cucharada de jarabe de arce
- ¼ de taza de yogur natural (espeso)
- 2 cucharaditas de zumo de limón

Instrucciones:

1. Coja un bol y bata todos los ingredientes del aliño: la sal, el zumo de limón, el sirope de arce, el yogur y la mostaza. La mezcla debe ser suave cuando haya terminado.
2. Coja otro bol grande y eche la manzana, los garbanzos, el apio y el hinojo. Mézclelos bien.
3. A la hora de servir, sólo tiene que aliñar la ensalada y mezclar bien los ingredientes.
4. Adorne con albahaca fresca si quiere, y disfrute.

Garbanzos al curry

Este es un plato delicioso para el plexo solar, y es una comida muy reconfortante. Puede acompañarse de arroz o cuscús si se desea. La quinoa también es una opción.

Necesitará:

- Arroz, quinoa o cuscús (cocido)
- 1 cucharadita de sriracha (si gusta)
- 1 cucharada de aceite de coco
- 1 cucharada de ajo (bien picado)
- 1 cucharada de jengibre (fresco, picado)
- 1 cebolla (mediana, cortada en rodajas finas)
- 2 cucharaditas de pasta de tomate
- 2 cucharaditas de jarabe de arce
- ½ taza de tomates (cortados en dados)
- 2 cucharaditas de curry en polvo
- 1 taza de leche de coco
- ¼ de cucharadita de pimiento rojo (triturado)
- ¼ de taza de cilantro (fresco, picado)
- 1 lata de garbanzos (unos 500 ml, escurridos)

- 2 cucharaditas de salsa de soja (baja en sodio)
- Sal (al gusto)
- Pimienta (al gusto)

Instrucciones:
1. Coja una sartén grande y póngala en el fuego a temperatura media.
2. Derrita el aceite de coco en la sartén.
3. Añada las cebollas y cocínelas hasta que estén bien doradas. Esto no debería llevar más de 5 minutos, 7 minutos como máximo.
4. Añada la pasta de tomate, el sirope de arce, la salsa de soja, el caldo, la pimienta roja y el curry. Mézclelo todo bien.
5. Ahora eche los garbanzos y tape la sartén. Deje que todo llegue a hervir y luego baje el fuego.
6. Deje que se cocine a fuego lento durante diez minutos. La idea es que se cocine hasta que todo esté tierno. Deje la sartén parcialmente abierta.
7. Ahora, añada el cilantro y la leche, y deje que la mezcla se cocine a fuego lento durante cinco minutos más.
8. Retire la sartén del fuego y añada la pimienta, la sal y la sriracha.
9. Sírvalo con arroz o con lo que quiera.

Galletas de plátano y almendra

Lo mejor de esta receta es que no necesita harina tradicional. Además, ¡estas galletas son increíblemente saludables y deliciosas para empezar! Puede usar almendras si las muele hasta el punto de que se asemejen a la harina. Tiene que echar una o dos tazas de almendras en la batidora y luego batirlas hasta que tenga una harina muy fina. Si no le interesa licuar sus propios frutos secos, puede comprar harina de almendras en la tienda.

Necesitará:
- ½ cucharadita de sal marina
- ½ cucharadita de canela
- 1 cucharadita de polvo de hornear
- 1 cucharadita de extracto de vainilla

- ¼ de taza de azúcar moreno
- ¼ de taza de mantequilla de almendras
- 1 taza de harina de almendras
- 1 huevo
- 1 plátano (maduro, triturado)

- **Instrucciones:**

1. Precaliente el horno a 375 grados Fahrenheit.
2. Coja un bol y eche todos los ingredientes secos. Mezcle bien.
3. Coja otro bol y eche los ingredientes húmedos. Mezcle bien.
4. Mezclar bien la mezcla seca y la húmeda hasta que esté todo bien combinado.
5. Ahora, coja la masa y colóquela en la bandeja del horno. Lo ideal es utilizar 2 cucharadas de masa para cada galleta para que el resultado sea bonito y uniforme.
6. Introdúzcalas en el horno y déjelas reposar durante 15 minutos. Si le gustan crujientes, déjelas más tiempo, pero tenga cuidado de no quemarlas.
7. Espere a que se enfríen y disfrute.
8. Para guardar las sobras, colóquelas en una bolsa Ziploc o en un recipiente Tupperware para que conserven su deliciosa textura.

Batido solar

Este batido no solo es absolutamente delicioso, sino que hará maravillas con su chakra al beberlo conscientemente.

Necesitará:

- 2 kiwis (frescos, picados)
- ½ taza de col rizada
- ½ aguacate (picado)
- ¼ de lima (fresca, exprimida)
- 1 taza de espinacas (frescas)
- 1 cucharadita de espirulina
- ¾ de taza de agua de coco/leche de almendras/agua fría

- Hielo (basta con un puñado)

Instrucciones:

Ponga todo esto en la licuadora y bata hasta que tenga una mezcla suave. Beba y disfrute de inmediato. Esta es una buena opción para acompañar sus galletas.

Consejos para comer de forma consciente

En primer lugar, empiece siempre sus comidas con una dosis saludable de alimentos crudos. Empiece con frutas y verduras frescas. También puede añadir a su dieta algunos granos germinados y enteros como la quinoa o el arroz integral. Son muy saludables, pero también llenan más y satisfacen más.

La comida no es simplemente una necesidad. Es una forma de comunicarnos con nuestro entorno, con otras personas e incluso con la propia tierra. Cuando vaya a comer, piense en lo que va a comer y en por qué es importante para usted. Al fin y al cabo, reconozca que nuestros alimentos proceden de la Madre Tierra, por lo que es importante que mostremos nuestra gratitud al comer de forma consciente.

Disfrute de cada experiencia sensorial. Al ser consciente de cada uno de los movimientos que implica comer, participa en todo el proceso relacionado con la comida en lugar de sólo ingerirla. Cuando se hace esto, la vida puede volverse placentera y satisfactoria. Por ejemplo, puede utilizar palillos en lugar de tenedor. Al comer con palillos, las manos deben estar limpias, así que tómese un momento antes de la comida para lavarlas bien. Después, sujete los palillos firmemente con una mano mientras coge la comida. Ahora llévese la comida a la boca. Puede hacer que la comida fluya y observe lo que hace mientras viaja de la mano a la boca. Con la práctica, descubrirá cómo disfrutar de cada experiencia sensorial al comer y estar plenamente presente en cada momento.

Utilice las manos. A veces, la comida tiene que ver con el placer táctil (como los alimentos crudos) o con el sabor. Sea cual sea su forma favorita de comer, puede utilizar ese sentido para conectar más profundamente con la comida. Algunas culturas siguen comiendo con las manos hasta el día de hoy y, sinceramente, la comida es diferente cuando se come sólo con las manos. El sabor de la comida no tiene que competir con el sabor del metal, el plástico o la madera, y se es más consciente del proceso de comer de esta manera. Pruébelo con sus seres queridos y observe cuánto más conectados están entre ustedes cuando comen sólo con las manos.

Cuando coma, relaje los hombros y el cuello y respire plenamente para ayudarle a disfrutar de las sensaciones del contacto con la comida. Preste atención al sabor de la comida en su lengua y explore lo que puede hacerle en un nivel más profundo.

Coma despacio. Cuando comemos deprisa, llenamos el estómago con demasiada rapidez, lo que crea un desequilibrio intestinal que puede provocar trastornos digestivos como la indigestión y las enfermedades cardíacas. Comer despacio también da al cuerpo más tiempo para digerir los alimentos y regular los procesos celulares. Comer despacio beneficia especialmente a las personas con estrés crónico, ya que tienden a comer demasiado rápido.

Coma alimentos que le hagan feliz. Hay algunas pruebas que muestran que comer alimentos que nos hacen sentir alegres puede tener también beneficios para la salud. Un estudio descubrió que comer galletas hacía que la gente se sintiera bien. El estímulo del estado de ánimo que supone comer estos alimentos puede contribuir a la salud emocional y ayudar a afrontar el estrés. Estos alimentos suelen ser muy nutritivos, por lo que ofrecen un plus en ese sentido. Una dieta rica en estos «alimentos felices» puede ayudarnos a afrontar el estrés y contribuir a nuestra salud física. Eso sí, asegúrese de que estos alimentos no sean comida basura.

Ame las sobras. Planifique sus comidas de forma que las sobras puedan consumirse durante varios días seguidos. De este modo, conseguirá comer lo mismo sin aburrirse y sin tener desperdicios. Las legumbres y el arroz son excelentes para las sobras, y las frutas son deliciosas frías. Asegúrese de elegir alimentos que se recalienten bien para disfrutarlos todos los días.

Capítulo 10: Rutina de siete días para el plexo solar

Por fin hemos llegado al último capítulo de este libro. Sin duda, usted acaba de recibir mucha información y puede preguntarse qué hacer con todo aquello. ¿Por dónde empezar? No tiene ninguna razón para preocuparse porque está a punto de recibir una rutina de siete días que le ayudará a saber qué hacer para que su chakra del plexo solar encuentre el equilibrio. Se recomienda que sea constante en su práctica para que funcione.

Algunas personas, por ejemplo, no hacen nada durante varios días seguidos, para intentar acumular cinco días de práctica en unas pocas horas en un solo día. Esto no es en absoluto el camino a seguir, porque no obtendrá resultados consistentes de esta manera, si es que consigue algún resultado. Ahora bien, a veces la vida se interpone en el camino. Es posible que tenga que asistir a un evento especial, o que tenga que hacer frente a una emergencia en el trabajo o con sus hijos. En este caso, no pasa nada si tiene que saltarse un día, pero lo importante es que no se retrase y piense que debe empezar de nuevo desde el primer día.

Hay dos reglas sencillas que puede seguir para asegurarse de que es constante y obtiene los resultados que desea para su plexo solar. La regla número uno es que no debe saltarse más de un día consecutivo. La regla número dos es que no debe empezar de nuevo desde el primer día cuando se salta un día. Es mucho más beneficioso para usted continuar como si no se hubiera saltado ningún día porque se sentirá más motivado para continuar que si siente que tiene que empezar desde el principio y no ha hecho ningún progreso desde entonces.

Otra cosa importante que debe tener en cuenta: desbloqueará o equilibrará su chakra del plexo solar a su propio ritmo. En otras palabras, nunca debe intentar compararse con otra persona. Intentar hacer comparaciones es una receta para el desastre. Además, no le darán una medalla por ser el más rápido en abrir o desbloquear su chakra del plexo solar. Esto no es una carrera y no debe verlo como tal.

Insisto en este punto de no convertir esto en una especie de competición extraña porque si lo hace, se pondrá una presión innecesaria. El problema de hacer esto es que cuando se trata de asuntos espirituales y energéticos, las cosas sucederán a su propio tiempo, y no pueden ser apresuradas. Si se apresura en este proceso, corre el riesgo real de corregir demasiado, en el caso de los principiantes. O, por el contrario, podría descubrir que no experimenta ningún resultado, lo que podría disuadirle de seguir este camino para encontrar el equilibrio espiritual. Debe ser paciente consigo mismo; intente no estar pendiente de los progresos de los demás o de seguir su ritmo. Este es un viaje que debe hacer por su cuenta.

Además, recuerde que algunos días puede experimentar un cambio dentro de usted energéticamente, mientras que otros días, puede no notar nada en absoluto. No hay nada inusual en esto. No caiga en la trampa de asumir que no pasa nada porque no ha notado nada todavía. De hecho, no es raro salir de un proceso de meditación sólo para ir a gritar como un loco ante algo que pensaba que podría manejar. Por favor, sea siempre amable y cariñoso consigo mismo porque lo importante es que se dispuso a hacer este viaje.

En la medida de lo posible, debe seguir la rutina descrita aquí. Sin embargo, si nota que se siente inclinado intuitivamente a hacer algo diferente, por favor no ignore su instinto porque hay una razón por la que recibe ese empujón. Su alma sabe mejor que un libro lo que necesita en cada momento, así que si se siente guiado a hacer algo distinto de lo que debería hacer ese día o esa sesión, hágalo.

Debe embarcarse en esta rutina sin expectativas sobre lo que debería o no debería ocurrir. Tener expectativas es una receta para la decepción, lo cual impedirá su progreso. La actitud correcta que hay que adoptar es la de una mente abierta, en la que le parece bien que ocurra algo o no. Cuando simplemente mantiene su mente abierta y libre de expectativas, permite a su subconsciente y a su alma dar rienda suelta a lo que hay que hacer para corregir los desequilibrios y bloqueos de su chakra del plexo solar. También evite caer en la trampa de intentar encajar su experiencia en alguna noción preconcebida que tenga.

Una última nota sobre la visualización. Si encuentra que tiene problemas para imaginar o visualizar algo con el ojo de su mente, debe prestar atención a esto. En lugar de imaginar una imagen real por ahora, lo que puede hacer es simplemente sentir la energía de la que se habla. Por ejemplo, si no puede visualizar una bola amarilla o una flor amarilla que se abre y se cierra, puede simplemente imaginar la energía conectada a su chakra del plexo solar y sentir que se hace más grande o más pequeña, más fuerte o más débil. Sin embargo, a largo plazo, es mucho más beneficioso que aprenda a entrenar sus facultades imaginarias para reproducir imágenes con precisión en su mente.

Un ejercicio sencillo para entrenar su imaginación es elegir un objeto sencillo a su alrededor. Ahora estudie sólo una pequeña sección de ese objeto y mírela con toda la atención que pueda, fíjese en cada mancha, en cada detalle. Después de hacer esto, cierre los ojos e intente reproducir en su mente la sección que ha estudiado. Abra los ojos una vez más y estudie otra pequeña sección de ese objeto. A continuación, cierre los ojos y recree esa nueva sección. Cuanto más lo haga, más superficie del objeto podrá abarcar. Con el tiempo podrá empezar a hacer esto con habitaciones enteras llenas de cosas. Si tiene la intención de potenciar sus ejercicios de meditación y visualización, esta es una práctica que vale la pena para tener resultados verdaderos, concretos y rápidos con sus chakras.

Día 1

1. Cuando se despierte por la mañana, cante RAM en voz alta durante cinco minutos antes de hacer cualquier otra cosa.
2. Tómese cinco minutos más para practicar la respiración del abejorro.
3. Más tarde en el día, tómese diez minutos para contemplar las siguientes afirmaciones: «estoy en paz conmigo mismo. Mi alma está en reposo». Diga estas palabras en voz alta, y luego espere 30 segundos entre cada repetición para reflexionar realmente sobre lo que esas palabras significan para usted.
4. Haga el *rudra mudra* mientras medita con un poco de aceite esencial para el chakra del plexo solar en el cuello o la

mandíbula, justo debajo de ambas orejas. Mantenga este mudra durante cinco minutos mientras visualiza que la energía se mueve desde ambas manos y desde el aceite directamente a su chakra del plexo solar.

5. Haga la postura del arco durante cinco minutos mientras practica la respiración del abejorro. Haga los descansos que necesite durante este tiempo.

Reflexión: ¿Qué significa la paz para mí?

Día 2

1. Cuando se levante a la mañana, cante primero el sonido de la vocal OO. Hágalo en voz alta y durante cinco minutos.
2. En cuanto salga de la cama, póngase en la postura de la silla. Hágalo durante cinco minutos, con descansos entre cinco o diez respiraciones en la postura.
3. Más tarde, siéntese con las manos en *agni mudra* mientras contempla las siguientes afirmaciones y lo que significan para usted: «Veo la belleza en mí mismo. Veo la belleza en todos».
4. Realice la meditación de visualización guiada para equilibrar su *manipura* (del capítulo cinco). Le ayudará si primero graba la meditación con su voz y luego la reproduce.
5. Siéntese con un cristal, si tiene uno para su chakra del plexo solar, y practique la respiración del abejorro mientras respira su energía en su chakra del plexo solar y exhala todos los bloqueos y pensamientos negativos.

Reflexión: ¿Qué me hace sentir poderoso?

Día 3

1. Empiece el día diciendo y contemplando la siguiente afirmación: «me permito estar a gusto. Fluyo con todos y cada uno». Hágalo durante diez minutos y piense en lo que realmente significa para usted.
2. En cuanto salga de la cama, tómese cinco minutos para fluir desde la postura de la silla hasta la postura del triángulo girado. Recuerde seguir las instrucciones indicadas en el capítulo seis, y haga descansos entre ellas.
3. Aplique aceite esencial en sus puntos preferidos, y luego siéntese a meditar durante diez minutos mientras sus manos hacen el

mudra del gurú. Haga la respiración del abejorro durante todo el tiempo y visualice la energía amarilla de sus manos y del aceite que alimentan su chakra del plexo solar.

4. Prepare una comida para el plexo solar (puede comer un solo alimento si es lo único que tiene o si le resulta más fácil) y cómala con atención. Imagínese que su luz amarilla desciende a su plexo solar para equilibrarlo.

5. Cuando se quede dormido esa noche, cante RAM repetidamente hasta que venga el hombre de arena (de la mitología anglosajona).

Reflexión: ¿Cómo puedo jugar más cada día?

Día 4

1. Comience su día cantando RAM durante cinco minutos, luego cambie a OO durante otros cinco minutos.

2. Durante los siguientes diez minutos, alterne entre la postura del barco, la postura de la silla y la postura del triángulo girado. Haga los descansos que necesite y no se esfuerce más de lo necesario. Más difícil no significa mejor.

3. Prepare una comida para su chakra del plexo solar. Hágala y luego cómala con atención. Agradezca que nutre y repone este centro energético.

4. Haga la visualización guiada para desbloquear su chakra del plexo solar (del capítulo cinco) con cristales en la mano y su aceite esencial. Utilice la respiración del abejorro.

5. Cante el siguiente mantra durante diez minutos mientras hace el *mudra pushan*: «el juego es mi energía; el juego es lo que soy».

Reflexión: ¿Cuál es el propósito de mi vida? ¿Qué es lo que más me importa en la vida?

Día 5

1. Comience el día cantando OO durante diez minutos mientras tiene las manos en forma de mudra del gurú.

2. Contemple y repita la siguiente afirmación hoy durante sólo diez minutos: «la diversión y la plenitud son mi derecho de nacimiento». Puede aumentar el poder de esta afirmación con un aceite esencial de su elección.

3. Medite hoy con un cristal y visualice cómo se funde con su energía durante cinco minutos.
4. Durante al menos cinco minutos, haga algo creativo. Puede dibujar algo, escribir algo, imaginar que las cosas que le rodean tienen un color diferente al que tienen en realidad... no importa. Simplemente cree.
5. Termine el día cantando la RAM durante quince minutos y luego váyase a la cama.

Reflexión: ¿Quién soy yo? ¿Cuál es mi verdadera naturaleza?

Día 6

1. Comience el día cantando RAM durante quince minutos. Mantenga las manos en el *agni mudra*.
2. Prepare una comida para su *manipura*. Coloque sus manos encima antes de comer y cante mentalmente RAM. Mientras lo hace, imagine que la energía amarilla sale de su boca y de las palmas de las manos y baña la comida con una poderosa luz amarilla. Cante sólo cinco veces, y luego coma conscientemente.
3. Haga la postura del arco, de la silla y del triángulo girado durante sólo diez minutos, y alterne de una a otra. Asegúrese de hacer descansos entre ellas. Mantener una postura durante más tiempo del necesario no significa resultados más rápidos o mejores.
4. Haga algo creativo durante diez minutos. Por favor, no juzgue lo que haga. Recuerde que es divertido. Así que diviértase con esto.
5. Termine su día cantando OO en su mente mientras se va a dormir.

Reflexión: ¿Dónde reside mi verdadero poder?

Día 7

1. Cante RAM en su mente durante 7 minutos mientras hace el *rudra mudra*, luego cante OO en su mente durante otros 7 minutos, y cambie al *guru mudra*.
2. Practique la respiración del abejorro mientras se visualiza a usted mismo como una hermosa bola de energía amarilla durante diez minutos.
3. Haga algo creativo durante 15 minutos. Si nota que ha pasado más de 15 minutos y todavía quiere seguir, hágalo. Deténgase en cuanto sienta que debe hacerlo, en lugar de intentar forzarlo.

4. Prepare una comida, bendígala con ambas manos e infunda energía mientras canta OO, y luego cómala con atención. Acuérdese de darle las gracias por nutrirle cuando termine.
5. Termine su día una vez más, imaginándose que es una bola de luz amarilla brillante durante quince minutos esta vez, mientras hace la respiración del abejorro y el *gni mudra*. Puede potenciar esto con sus cristales y aceites.

Reflexión: ¿Cómo puedo expresar mi creatividad divina más y más cada día?

Si realmente quiere tener buenos resultados, puede repetir esta rutina durante los próximos 21 a 30 días y ver qué resulta. Si continúa, ¡verá que es una persona completamente diferente cuando haya terminado! Todavía no he conocido a una sola persona que no haya experimentado cambios dramáticos para mejorar al seguir esta rutina. La clave es la constancia. Debe saber que habrá algunos días en los que realmente no tenga ganas de hacer nada de esto. Sin embargo, vale la pena hacerlo de todos modos. No tiene absolutamente nada que perder y todo que ganar.

Bono: De *manipura* a los chakras superiores

Ha aprendido que es importante establecer una base clara y fuerte si trabaja primero con su chakra raíz, sube a su chakra sacro y luego se mueve a su chakra del plexo solar. Sin duda, ya es consciente de que también es necesario abordar otros centros energéticos. El hecho de que este libro sólo trate del chakra del plexo solar no significa que deba terminar su viaje hacia el desarrollo de su ser energético allí. Por lo tanto, pensé en darle una sección extra en este libro que le permita continuar su trabajo con sus centros de energía para que no sienta que se estanca después de limpiar el plexo solar. Sin más preámbulos, echemos un vistazo rápido al chakra del corazón, de la garganta, del tercer ojo y al de la corona.

El chakra del corazón

El chakra del corazón es el centro o raíz de la bondad amorosa y la compasión en la mayoría de las personas. El corazón regula los sentimientos, las emociones, el amor y las relaciones. Nos dice qué es lo que más valoramos en la vida y cómo debemos tratarnos cuando no sentimos que nuestras necesidades están satisfechas. Este chakra se considera el centro de nuestra mente consciente. Su color es el verde.

El corazón es el lugar donde almacenamos nuestros recuerdos y nuestras relaciones. Nuestros corazones también guardan mucho dolor y tristeza de eventos que pueden haber sucedido en nuestras vidas, pero este dolor puede ser transmutado en una vibración positiva y energía basada en el corazón. La clave para abrir el chakra del corazón es el perdón. El perdón es una habilidad que la mayoría de la gente no puede aprovechar porque requiere un acto de perdón dentro de nosotros mismos primero.

La capacidad de perdonar a los demás es una herramienta poderosa para el crecimiento espiritual, pero la capacidad de perdonarnos a nosotros mismos nos da un verdadero sentido de libertad y amor propio, que puede conectar a todas las personas.

Una buena manera de expresar el amor y la compasión en nuestra vida diaria es mostrar bondad y gratitud hacia otros menos afortunados que nosotros. Piense en alguien en su vida que le haya ayudado a mantener algún tipo de base o estabilidad que haya necesitado durante un momento difícil de su vida.

Síntomas de un chakra del corazón bloqueado

- Una sensación de pérdida o de vacío en el corazón.
- Dificultad para aceptarse como persona.
- Sentir que algo le impide ser quien quiere ser.
- Dificultad para ser cariñoso y compasivo con otras personas.
- Falta de amor propio y cuidado de sí mismo, bajo nivel de emoción positiva en la vida.

Cómo equilibrar el chakra del corazón

- Realice actos de bondad hacia usted mismo y hacia los demás.
- Muestre autocuidado lea, medite, trabaje en su jardín y haga cosas que le gusten
- Sea consciente de sus propias necesidades, deseos y anhelos. Exprésese cuando lo necesite.
- Ría un poco más y reserve un tiempo para el humor cada día.
- Practique el perdón hacia usted mismo y hacia los demás.

El chakra de la garganta

El chakra de la garganta es el centro de la autoexpresión, la comunicación y la creatividad. El color de este chakra es el azul, y regula lo que podemos crear y lanzar al mundo, ya sea poesía o pintura. El chakra de la garganta también regula nuestra capacidad de expresar el amor a través de las palabras. La frecuencia vibratoria para decir nuestra verdad y comunicarnos con los demás proviene de este centro del cuerpo. El chakra de la garganta es también el centro de la escritura creativa, el canto y la música. Grabar esa autoexpresión creativa en una película o en un diario puede ayudarnos a clarificar nuestro camino y traer más amor propio a nuestras vidas. Si se siente estancado o inseguro de qué dirección tomar en la vida y su creatividad está bloqueada, pruebe a escribir de forma más intuitiva.

La clave para abrir el chakra de la garganta es la autoexpresión. Nos expresamos al decir nuestras verdades, cuando nos comunicamos con los demás, cantamos o escribimos de forma creativa. Es importante expresarse de alguna manera para poder liberar la energía creativa que existe dentro de todos nosotros. Esto nos ayudará a sentirnos mejor con nosotros mismos y a abrir más nuestro corazón.

Síntomas de un chakra de la garganta bloqueado

- Poca confianza en uno mismo.
- Falta de autoexpresión.
- Una sensación de estar aprisionado o bloqueado de alguna manera.
- Dificultad para abrazar su verdadera identidad.
- Tener la sensación de no ser visto como realmente es por los demás.
- Sentir que representa un papel o que necesita ajustarse a las expectativas de los demás.
- Sentir que su vida no va a ninguna parte, o que no sabe qué dirección tomar en la vida.
- Falta de pasión e inspiración en la vida.

Cómo equilibrar el chakra de la garganta

- Visualice el color azul que emana de su chakra de la garganta.
- Escriba lo que siente, diga lo que le llega y cante o baile.

- Encuentre tiempo para la soledad donde pueda estar solo y en silencio.
- Haga cosas que le hagan sentir creativo. Ensúciese las manos en el jardín, pase tiempo en la naturaleza o vaya a dar un paseo creativo.
- Dedique más tiempo a hablar sólo con la verdad y con el sentido de lo que dice. Tenga cuidado de evitar los chismes y la difusión de rumores.
- Encuentre un lugar para expresarse de forma creativa, ya sea en un diario, un blog o una obra de arte.

El chakra del tercer ojo

Se conoce como el chakra del tercer ojo, y su color es el índigo. El chakra del tercer ojo está situado en el centro de la frente y regula nuestra intuición, imaginación, inspiración y perspicacia. La energía del tercer ojo nos conecta con nuestra naturaleza divina y el cielo. Cuando esta zona está bloqueada, puede faltar la intuición o la imaginación porque no recibimos esos mensajes de nuestro ser superior. Cuando no somos capaces de acceder a nuestra intuición, nos lleva a una falta de dirección en la vida.

La clave para abrir el chakra del tercer ojo es la meditación. Este centro de nuestro cuerpo regula nuestra imaginación, capacidad psíquica y creatividad. La intuición es una poderosa herramienta a la que podemos recurrir cada día para que nos ayude a comprender lo que necesitamos en la vida. Nuestra intuición nos proporciona mensajes del universo y nos ayuda a decidir qué dirección tomar en la vida. También nos ayuda a interpretar los sueños, las visiones y las corazonadas que pueden llevarnos por un nuevo camino o mostrarnos algo importante sobre nosotros mismos.

A muchas personas se les ha enseñado a ignorar su intuición y se han vuelto escépticas por naturaleza porque han crecido en una cultura que les ha enseñado a no creer en la capacidad psíquica. Pero esto no significa que no podamos aprovechar el poder de nuestra intuición. Como resultado, podemos confundirnos y dejar de saber qué es lo correcto para nosotros. Podemos creer que ser psíquico es algo que sólo hacen otras personas o que estamos locos por creer en estas cosas. En cambio, podemos practicar la meditación diaria para ayudarnos a conectar con nuestra propia intuición. Cuando estamos en sintonía con nuestra intuición y recibimos mensajes del universo, es más probable que el universo nos guíe en lugar de caer en un desvío.

Síntomas de un chakra del tercer ojo bloqueado

- La falta de conexión con su intuición.
- La falta de imaginación.
- Falta de creatividad.
- Falta de confianza en lo que siente y en su instinto.
- Dificultad para inspirarse con ideas y pensamientos.
- Sentir que la vida es un poco aburrida o mundana.
- Sentir que nada de lo que se hace tiene sentido porque nada tiene sentido.
- No sentirse conectado con el mundo.
- Sentir que carece de propósito en la vida o que no sabe por qué está aquí. Puede sentirse desconectado del mundo que le rodea.
- Sentir que pierde ciertas oportunidades o percepciones en la vida.

Cómo equilibrar el chakra del tercer ojo

- Comience a meditar diariamente.
- Visualice el color índigo o turquesa que emana de su chakra del tercer ojo.
- Pase tiempo en la naturaleza. El poder del universo fluye a través de todos los seres vivos del mundo natural.
- Haga algo creativo como pintar, dibujar, cantar o bailar.
- Escriba un diario de sus sueños y visiones; escriba de forma intuitiva.
- Preste atención a sus sueños porque son mensajes de su ser superior para ayudarle en su viaje por la vida.

El chakra de la corona

El chakra de la corona está situado en la parte superior de la cabeza y regula nuestra conexión con los reinos superiores y lo divino. Cuando este centro está bloqueado, puede sentirse desconectado del espíritu o no tener una conexión con Dios. Aquellos que no tienen una conexión con su espíritu pueden sentir que algo falta en sus vidas. Las personas que están bloqueadas en este centro se sentirán desconectadas de sí mismas, de los demás y de su verdadera naturaleza divina.

La clave para abrir el chakra de la corona consiste en sentirse conectado con el mundo y con uno mismo. No se les ha enseñado a las personas a abrazar su verdadera naturaleza divina. Esto puede confundirnos sobre quiénes somos y por qué estamos aquí. Para aprender más sobre nuestra naturaleza divina y conectar con ella, podemos comenzar un viaje de transformación de autodescubrimiento que abre nuestros corazones y nuestras mentes para siempre.

Para ayudar a abrir su chakra de la corona, puede visualizar el color violeta o rosa que emana de él. Recuerde que el color violeta es uno de los más fuertes para abrir el chakra de la corona.

Síntomas de un chakra coronario bloqueado

- Sentirse desconectado de sí mismo o de su espíritu.
- Sentir que no existe en este mundo.
- Sentir que no está conectado con nadie ni con nada.
- Sentirse perdido, como si no supiera qué hacer o quién es. Puede sentirse sin esperanza y sin valor.
- Falta de capacidad para conectar con los demás a un nivel más profundo.
- Dificultad para encontrar su propósito en la vida.

Cómo equilibrar el chakra de la corona

- Comience a abrazar su verdadera naturaleza divina como un ser espiritual que tiene una experiencia terrenal. Esto puede ayudarle a aprender más sobre usted mismo y por qué está aquí.

- Empiece a hacer algo creativo como pintar, cantar, bailar o escribir. Esto le ayudará a abrir su espíritu y a sentirse más conectado con él.

Pase tiempo en la naturaleza. El poder del universo fluye a través de todos los seres vivos del mundo natural.

Conclusión

Por fin ha llegado al final de este libro, y estoy bastante seguro de que ha aprendido mucho y está a punto de cambiar de forma que nunca habría imaginado. Es algo bueno. Aprovéchelo. Una cosa es saber todo lo que sabe ahora, y otra muy distinta ponerlo en práctica. Ahí es donde se encuentra la verdadera magia.

El hecho de que se haya tomado el tiempo de leer este libro y tenga la intención de hacer algo con respecto a su estado actual dice mucho de usted. Es el tipo de persona que sabe cuándo es el momento de hacer algo diferente y, claramente, cuando se decide, lo hace realidad. Estoy muy contento y orgulloso de que haya llegado hasta aquí, y deseo que vea cómo se convierte en alguien radicalmente diferente.

La elección de trabajar en el chakra del plexo solar afectará inevitablemente a los demás chakras, lo que significa que experimentará efectos secundarios interesantes y agradables que no hemos tratado en este libro. Es diferente para cada persona, pero siempre vale la pena. Por favor, practique la rutina de siete días, y después de haberla hecho una o dos veces, puede modificarla. La cuestión es que nunca debe dejar de cuidar su cuerpo energético, no si quiere disfrutar de su vida más de lo que jamás creyó posible. Tengo la sensación de que ya lo sabe. Ya tiene todo lo que necesita. Ahora vaya a hacer realidad el cambio, y le encantará la nueva persona en quien se convertirá. Se lo garantizo.

Cuarta Parte: Chacra del corazón

La guía definitiva para abrir, equilibrar y sanar el anahata

Introducción

Probablemente haya oído hablar del sistema de chacras si le gusta la espiritualidad y la meditación o ha considerado la posibilidad de probar sesiones de curación energética. Es posible que también haya aprendido que juegan un papel importante en la revitalización del cuerpo y la promoción del flujo de energía. Todos los sanadores subrayan la importancia de mantener los chacras equilibrados y desbloqueados por el modo en que afectan a nuestra salud física y emocional.

La palabra "chacra" se refiere a los centros de energía que se encuentran en todo el cuerpo. Cada chacra está asociado a un órgano principal o a un conjunto de nervios del cuerpo. Para mantener un funcionamiento óptimo, estos chacras tienen que estar equilibrados. Muchas dolencias mentales, emocionales y físicas que corresponden a esa parte específica del cuerpo se producen cuando se obstruyen o bloquean.

Aunque se cree que hay más de 114 chacras en el cuerpo, los siete principales recorren la columna vertebral. Comienzan en su raíz y se extienden hasta la coronilla. El corazón (o chacra anahata) es el enfoque principal de su libro; se encuentra en el centro del pecho, cerca del corazón.

En este libro, aprenderá más sobre los chacras y los orígenes del anahata. El primer capítulo trata en profundidad sus características, su simbolismo y su función. A continuación, descubrirá qué puede esperar si el chacra del corazón se bloquea y cómo puede determinar si necesita equilibrar el suyo.

Exploramos varios métodos para abrir su chacra del corazón y equilibrarlo. Descubrirá todo sobre los mantras, mudras y cómo puede utilizarlos en sus prácticas espirituales. El siguiente capítulo le enseñará cómo construir una fuerte práctica de visualización y meditación para abrir el anahata. El capítulo 6 cubre el uso del yoga y el pranayama para equilibrar el chacra del corazón. A continuación, aprenderá la diferencia entre las piedras, los cristales y las cualidades que hacen que una piedra o un cristal sean buenos para el anahata, como su color, sus propiedades o su formación. Los dos últimos capítulos recomiendan opciones de alimentos, recetas y adiciones a la dieta que podrían ayudar a equilibrar el anahata. Además, se proporciona una rutina semanal para practicar la apertura y la curación del chacra del corazón. El libro también incluye un capítulo extra que le da una idea de sus posibilidades ahora que el chacra del corazón está equilibrado y de cómo puede ascender a chacras superiores.

Aunque es muy educativo y está lleno de información indispensable, este libro es también una lectura muy interesante. Es adecuado tanto para los principiantes como para las personas más experimentadas que deseen repasar sus conocimientos sobre el anahata. El libro es muy fácil de entender y seguir. También incluye métodos prácticos e instrucciones paso a paso para guiarle a través de nuevas prácticas. Es la lectura perfecta para cualquier persona que desee aprender más sobre el chacra del corazón y obtener amplios conocimientos con el fin de equilibrarlo y desbloquearlo. Siga leyendo si desea mantener su salud física, mental, emocional y espiritual.

Capítulo 1: ¿Qué es anahata?

Chacras
mpan, CC0, via Wikimedia Commons:
https://commons.wikimedia.org/wiki/File:Chakras_map.svg

Antes de hablar del chacra del corazón (anahata), deberíamos entender un poco más qué son los chacras, su propósito y su función. Si está familiarizado con el yoga o la meditación, habrá oído hablar de ellos.

"chacra" deriva de la palabra sánscrita "cakra", que significa rueda o círculo. Según los yoguis, el chacra es el centro de la energía espiritual del cuerpo.

Todo el mundo tiene siete chacras situados a lo largo de la columna vertebral.

El chacra raíz (chacra muladhara)

El chacra sacro (chacra svadhishtana)

El chacra del plexo solar (chacra manipura)

El chacra del corazón (chacra anahata)

El chacra de la garganta (chacra vishudha)

El chacra del tercer ojo (chacra ajna)

El chacra corona (chacra sahasrara)

Los chacras se originaron entre el 1500 y el 500 a. C. en la India y fueron nombrados por los budistas e hindúes. Cada uno de los siete chacras corresponde a órganos y nervios vitales del cuerpo humano. Cada chacra influye en un aspecto de nuestra vida, ya sean nuestras emociones, nuestra salud mental, nuestra salud física o nuestro bienestar espiritual, y cada uno es responsable del flujo de energía en nuestro cuerpo. Esto lo hacen dando, recibiendo y almacenando energía.

Aunque los chacras son invisibles, ya que existen en el cuerpo astral, cada uno emite un color determinado. También se cree que los chacras son muy pequeños y tienen formas, pero nadie sabe exactamente cuál es esa forma. Cada uno tiene una idea diferente. Algunos creen que se parecen a conos de helado, mientras que otros creen que son similares a discos giratorios o a una flor de loto. Usted puede creer lo que quiera, ya que los chacras no se ven, a menos que sea un psíquico.

Los chacras deben estar siempre abiertos y equilibrados. Si están bloqueados o se desequilibran, esto puede afectarte negativamente y alterar su bienestar emocional. Por ejemplo, si su chacra del corazón está bloqueado, le consumirán emociones negativas como el miedo, la ira, los celos o el odio. Por esta razón, debe mantener el equilibrio de sus chacras y asegurarse de que estén siempre abiertos mediante el yoga, la meditación, un diario y el ejercicio. Cuando sus chacras estén abiertos, será más consciente de su presencia y de cómo influyen en todos los aspectos de su vida, incluyendo su carrera y sus relaciones personales.

El cuerpo energético

Un dibujo esquemático del cuerpo en el que se muestran los centros y canales de energía da una idea de dónde están los chacras. Son los responsables del movimiento del prana (fuerza vital) a través del cuerpo. Hay cientos de estos canales en nuestro cuerpo. Estos canales albergan nuestros chacras. Aunque hay cientos de ellos, los siete chacras mencionados anteriormente son los más grandes y conocidos. Estos cuerpos energéticos se mueven de forma circular, por lo que se denominan chacras.

Los chacras funcionan como canales para distribuir la energía a todos los sistemas de nuestro cuerpo. Las energías vitales fluyen sin obstáculos cuando están abiertas y equilibradas. La energía nunca debe estar inmóvil o estancada; siempre debe estar en movimiento. Es lo mismo que el agua; si se estanca, se vuelve inútil e incluso perjudicial. Cuando nuestros canales de energía (chacras) están bloqueados, nuestra energía vital se estanca y empezamos a sentirlo en nuestro cuerpo, mente, corazón y alma.

El anahata

Anahata es una palabra sánscrita; no encontrará una palabra en español que pueda captar su significado exacto. Sin embargo, puede traducirse a grandes rasgos como "no golpeado", "no herido" o "no vencido". Como todos los demás chacras, anahata se originó en la India y se mencionó por primera vez en las escrituras hindúes de las vedas (libros sagrados de la India y los primeros registros literarios que tenemos sobre la civilización indoaria). Según los textos de las vedas, anahata está simbolizado por la imagen de anahata nada (sonido no golpeado). El anahata nada es puro y creado desde el interior. Es un sonido del universo que solo el corazón puede crear. Si abre su corazón y se concentra en el silencio interior, podrá conectar con la vibración del anahata nada, que le conectará con todo lo que le rodea.

Anahata está asociada a dos de las deidades hindúes más populares, Sakti y Shiva. También es el cuarto de los siete chacras principales, y al estar en el centro de nuestro pecho se encuentra en la ubicación perfecta para actuar como puente entre los chacras inferiores y superiores. Esto confiere al anahata una función especial, que lo hace destacar entre los demás chacras. Los chacras inferiores son responsables de nuestro bienestar mental, emocional y físico. En cambio, los superiores son responsables de nuestro lado espiritual, centrándose en la guía divina, la visión divina y el propósito de nuestra alma. El chacra del corazón se sitúa en el centro entre el mundo físico y el cosmos, o el cuerpo y el espíritu, para integrar estas energías.

¿Por qué el anahata es el puente entre los chacras inferiores y superiores? Porque el chacra anahata está situado en el corazón, que es donde *existen todos los aspectos de nosotros mismos*. El corazón nos conecta con nosotros, con el mundo que nos rodea y con el mundo espiritual. Cerramos los ojos para rezar y llegar a lo divino a través del corazón, nos conectamos con nuestro lado espiritual a través del corazón, y amamos, odiamos y sentimos todas las diferentes emociones a través del corazón. Es el centro de nuestro ser, lo que confiere al anahata su papel especial.

El aire es el elemento de este chacra y aporta conexión, amor y compasión a todo lo que nos rodea. El aire es bastante parecido al amor, ya que lo encontrará y lo sentirá allá donde vaya. Al igual que el aire, nuestra mente puede moverse libremente y vagar por donde quiera. El elemento aire está asociado a nuestros pensamientos, movimientos, sentimientos y emociones.

El anahata, al igual que el corazón, es responsable de nuestras emociones, del alma y de nuestras relaciones con lo divino, con otras personas y con nosotros mismos. Como resultado de su papel único, el chacra del corazón tiene dos colores y es un símbolo fascinante.

Dato interesante: *¡La Tierra también tiene un chacra del corazón! Se cree que el anahata de nuestro planeta se encuentra en Inglaterra en dos ciudades: Shaftesbury y Glastonbury. A pocos kilómetros de estos pueblos, se alza uno de los monumentos más misteriosos y encantadores, Stonehenge. Muchas historias tuvieron lugar en el anahata de la tierra, como la leyenda del rey Arturo.*

El símbolo del anahata

El símbolo del anahata
Morgan Phoenix, CC BY-SA 3.0 https://creativecommons.org/licenses/by-sa/3.0 via Wikimedia Commons: https://commons.wikimedia.org/wiki/File:Anahata_Mandala.svg

El símbolo del chacra del corazón representa su función especial de conectar los chacras superior e inferior. Como puede ver en la ilustración anterior, el símbolo del chacra del corazón es un loto verde formado por 12 pétalos. Cada pétalo representa una de las 12 cualidades divinas del corazón.

Bondad

Empatía

Amor

Compasión

Armonía

Perdón

Paz

Comprensión

Claridad

Dicha

Pureza

Unidad

En el centro del loto, encontrará una shatkona, una estrella de seis puntas. Como puede ver, esta estrella está formada por dos triángulos opuestos que se integran, lo que representa la unidad de los chacras superior e inferior creada por el anahata. La estrella también simboliza la unidad masculina y femenina.

El símbolo del anahata es verde porque es uno de los dos colores del chacra del corazón; el otro color es el rosa. El verde simboliza el amor, la transformación, la vida, la tierra, el crecimiento y la armonía. El verde es la naturaleza y se puede encontrar en todas partes. Nutre nuestras almas y tranquiliza nuestras mentes. Muchos sentimientos positivos están asociados al verde, como la empatía, la apertura, la compasión y el desarrollo. Curiosamente, el verde es el cuarto color del arco iris, y anahata es el cuarto chacra. Nos sentimos esperanzados, optimistas y armoniosos cuando vemos este color. El verde también está relacionado con la buena salud.

Rasgos y funciones del chacra del corazón

El anahata representa sentimientos positivos y hermosos como la alegría y la compasión. En el chacra del corazón se encuentran nuestros sentimientos más profundos y nuestras verdades que nunca pueden describirse ni ponerse en palabras. El chacra del corazón representa el amor y no cualquier tipo, sino el amor incondicional. A través del amor, el anahata nos cura y nos hace completos. Nos ayuda a ver que el amor es una fuerza curativa y que siempre es la respuesta. Cuando ve y siente el amor en todo lo que le rodea, empieza a ver el mundo de forma diferente y se vuelve más amable y compasivo, no solo con las personas de su vida, sino también con usted mismo. El cuarto chacra también nos permite desarrollar relaciones profundas y significativas con otras personas, centradas en el respeto y la empatía.

Este chacra nos une al mundo porque facilita nuestro vínculo con las personas y los animales. Nos ayuda a ver cómo estamos todos conectados, lo que nos lleva a mostrar amor a todos los que conocemos. Le ayuda a desarrollar relaciones románticas y a crear amistades duraderas. Podrá amarse a sí mismo y a todas las personas de su vida de forma incondicional y desinteresada. Y al hacerlo, tratará a todos los que le rodean con comprensión y respeto. Será considerado con los sentimientos de los demás y respetará sus límites y pensamientos. El chacra del corazón le da sabiduría y le hace más maduro emocionalmente, por lo que empieza a tratar a los demás con el amor y la compasión que se merecen.

El chacra del corazón eleva su nivel de empatía, lo que le lleva a ser más comprensivo y empático con el dolor y el sufrimiento de los demás. Se convertirá en una persona cálida con la que la gente se siente segura. No se puede negar que hay muchas emociones negativas a nuestro alrededor, y siempre habrá personas que le harán daño, le mentirán y se aprovecharán de usted. No ceda a estos sentimientos negativos y deje que le consuman. Generarán energías negativas que se mueven por su cuerpo, reemplazando las emociones positivas dentro de usted y destruyendo su corazón, mente, cuerpo y espíritu.

Dicho esto, el amor cura, y el chacra del corazón le ayudará a perdonar y olvidar. Le dará el poder de dejar atrás el pasado y seguir adelante con el dolor que otros le han causado. Se convertirá en una persona más madura que entiende que todos somos humanos y cometemos errores. No guardará rencores ni se aferrará al dolor; sentirá sus sentimientos y luego los dejará ir. Sabrá que le esperan cosas mejores, así que ¿por qué vivir en el pasado? El perdón es una elección, y puede vivir con la amargura y el dolor del pasado o elegir el amor y abrir su corazón a él, lo que este chacra le ayuda a hacer. Ya no será un esclavo del pasado ni vivirá con recuerdos dolorosos y dolores de cabeza. No dejará que el fantasma del pasado se cierna sobre su vida actual, arruinando todos sus momentos felices y especiales.

¿Recuerda cómo reaccionaba ante el mundo que le rodeaba cuando era niño? Nos permitíamos sentir y expresar todas nuestras emociones, ya fuera esperanza, amor, compasión o incluso miedo. Nunca nos avergonzábamos de nuestros sentimientos. Sin embargo, a medida que crecemos, nos volvemos más reservados y vulnerables con nuestras emociones. El chacra del corazón le ayudará a sentir, aceptar y expresar sus diferentes emociones sin vergüenza, como los niños. También le ayudará a desprenderse de todos sus problemas de la infancia para superarlos y convertirse en un mejor adulto por ellos.

El anahata es responsable de nuestras respuestas emocionales y de todo lo que sentimos en nuestro interior, como nuestras ideas, pensamientos e inspiración. También le permite sanar, ser agradecido y mostrar generosidad con las personas de su vida. Se convierte en alguien que puede crear relaciones saludables.

El anahata funciona como puente entre los chacras inferior y superior. Cuando el chacra del corazón está equilibrado, le proporcionará armonía y mejorará su experiencia con lo divino porque en lo más profundo de nuestro corazón se encuentra la autoaceptación incondicional.

Nuestra energía vital suele estar estancada, pero al practicar la meditación, el pranayama o cualquier técnica para desbloquear nuestros chacras, comienza a fluir a través del anahata. Experimentamos varias emociones como la alegría, el amor propio y la motivación, y empezamos a comprender nuestro propósito en la vida. Además, nos ayuda a soltar nuestros egos porque nos humilla y nos muestra que todos estamos conectados.

El chacra del corazón no solo es responsable de nuestras emociones y nuestra alma; también tiene un gran impacto en nuestra salud física. Mantiene la salud de nuestro sistema inmunológico, el plasma sanguíneo, el sistema respiratorio, la glándula del timo y el sistema circulatorio. Además, está conectado con nuestros órganos vitales y partes del cuerpo, como el corazón, la parte superior de la espalda, los pulmones, el tórax, los hombros, la caja torácica y la piel y las manos, debido a la conexión del corazón con nuestro sentido del tacto.

Los beneficios de alinear el chacra del corazón

Todos los chacras deben estar abiertos, alineados y equilibrados. Cuando el anahata está alineado, se encontrará experimentando emociones positivas como el amor y la autoaceptación. Se sentirá bien y tendrá ganas de experimentar todo lo que la vida le ofrece. Sean cuales sean los retos que la vida le depare, será capaz de manejarlos con una actitud positiva y de "sí se puede". No dejará que la depresión se apodere de usted; se sentirá en paz incluso cuando nada le salga bien. También podrá resolver fácilmente todos sus problemas de relación. Dondequiera que mire, verá amor y belleza. Se volverá uno con el mundo que le rodea y se conectará consigo mismo y con las personas que ama.

Un chacra del corazón equilibrado le proporciona autoaceptación y amor propio. Aceptará y amará plenamente todos sus defectos, ya sea en su aspecto o en su cuerpo, y también será capaz de reconocer sus debilidades. Nadie es perfecto, y no tendrá que intentar serlo; simplemente será usted mismo. Un anahata abierto le llevará a ello. Dejará de lado el odio y solo elegirá el amor. Ya no será terco ni dejará que su ego se interponga; admitirá felizmente cuando se equivoque y se disculpará cuando cometa un error. Se encontrará con una persona más generosa y caritativa, siempre dispuesta a echar una mano. No juzgará a los demás y será más comprensivo con sus defectos.

Estará más tranquilo y hallará la alegría y la paz en su interior. Sus habilidades de comunicación mejorarán drásticamente; se convertirá en alguien que escucha mejor y en alguien directo y capaz de transmitir su punto de vista con claridad. Experimentará una sensación de pureza y se volverá más intuitivo. Su energía espiritual también aumentará. Su salud física mejorará, su corazón se hará más fuerte, la salud de su glándula tiroides mejorará y notará un aumento en la fuerza de la parte superior del cuerpo.

No buscará venganza ni deseará el mal si alguien le hace daño. Esto le liberará, ya que no se dejará llevar por la ira, la negatividad o el odio. Un chacra del corazón abierto le dará el coraje para ser abierto y vulnerable con los más cercanos a usted. Ya no tendrá miedo a la intimidad y a dejar entrar a alguien. Confiará en los demás y será usted mismo con ellos. No se aislará de la gente, sino que se alegrará de estar cerca de sus seres queridos.

Suena a muchos cambios, ¿verdad? En definitiva, se convertirá en una mejor persona que simpatiza con los sentimientos y las necesidades de los demás. Tendrá la confianza y la fuerza suficientes para ser su versión de sí más auténtica y vivir su propia verdad. Cuando su corazón esté abierto y lleno de positividad, estará emocional, mental, espiritual y físicamente más sano. Será una persona más feliz y todos los aspectos de su vida mejorarán.

Los Beatles lo dijeron mejor: *Todo lo que necesitamos es amor.* Abra su chacra del corazón y deje que el amor, la alegría y la compasión le rodeen. Es posible que ahora piense: "no siento alegría" o "soy incapaz de confiar o intimar con las personas que amo". Puede que no lo sepa, pero su chacra puede estar bloqueado. No se preocupe. Para cada problema hay una solución. Aprenda a desbloquear su chacra del corazón en el siguiente capítulo.

Capítulo 2: Cuando su chacra del corazón está bloqueado

El bienestar espiritual reconoce nuestra necesidad de encontrar un propósito y un significado más profundo en la vida. Nuestra salud espiritual nos conecta con quienes nos rodean y nos guía hacia algo, o una entidad, mucho más grande que la vida. Nos permite tomar decisiones y seguir con nuestra vida diaria con una mente más clara. Cuando estamos espiritualmente sanos, nuestras acciones y comportamientos se alinean con nuestra moral, valores y creencias.

Todo el mundo puede aprovechar los beneficios de mantener una buena salud espiritual. Al hacerlo, construirán relaciones compasivas y podrán mantener la paz interior. Cuando se encuentra en un buen estado espiritual, puede reconocer su propia percepción de la vida y cultivar su significado. También es tolerante y acepta las creencias de los demás. Los que no se sienten bien en su espiritualidad son más bien cerrados de mente y muy intolerantes con las mentalidades contrarias. Los que luchan espiritualmente también tienen dificultades para mantenerse en sintonía con sus creencias y valores, lo que les impide desarrollar un verdadero sentido de sí mismos.

Las personas que pueden mantener una buena salud espiritual tienen esperanza y siempre ven el vaso medio lleno. Pueden perdonar, comprometerse y aceptarse a sí mismas cultivando un claro sentido de valor y autoestima. En cambio, las personas que necesitan revigorizar su espiritualidad suelen sentirse vacías, ansiosas, autocríticas, apáticas y luchan por perder el sentido de la finalidad y el significado.

El chacra del corazón y el bienestar espiritual

Las emociones negativas asolan constantemente nuestras vidas. Aparte de las crisis políticas, económicas y mundiales, que sin duda nos dejan dañados espiritualmente, nuestras relaciones y actividades diarias pueden comprometer nuestro bienestar espiritual. El rencor, la represión emocional, la ansiedad, la frustración romántica, la evasión y el lamento por los acontecimientos pasados son algunos de los síntomas que todo el mundo experimenta. Estos síntomas, esencialmente, están todos asociados con el chacra del corazón.

Si usted ha estado experimentando cualquier emoción negativa como estas, es seguro decir que su chacra del corazón está bloqueado. Un chacra del corazón obstruido, que dificulta el flujo de energía en todo el cuerpo, es suficiente para crear una plétora de dolencias emocionales e impedimentos para nosotros mismos y para quienes nos rodean.

No es saludable estar en constante dolor, decepción y soledad. Son signos de bloqueos espirituales, y estos sentimientos también afectan a la salud física y mental, lo que demuestra lo importante que es mantener los chacras equilibrados.

Cada chacra es responsable de ciertos aspectos de nuestro bienestar y es responsable de la función de la parte del cuerpo en la que se encuentran. Cada chacra está vinculado a sensaciones y emociones en el vasto sistema energético del cuerpo. Por ello, el equilibrio de cada chacra desempeña un papel igual de importante para garantizar nuestro bienestar general.

Desgraciadamente, el flujo energético del cuerpo puede verse fácilmente obstaculizado, ya que nuestros chacras se bloquean rápidamente. Si nos dejamos influir por emociones y experiencias negativas, es probable que se produzca esta obstrucción. Cuando la energía no fluye eficazmente, la vitalidad de nuestro cuerpo se ve afectada. Así, un chacra del corazón bloqueado puede dejarnos con problemas cardiovasculares y circulatorios y problemas como bronquitis y problemas pulmonares.

El anahata, o chacra del corazón, está vinculado a las conexiones sociales y románticas, y al amor. El cuarto chacra sirve de enlace entre lo mundano y las aspiraciones más elevadas. El chacra del corazón es el más propenso a la obstrucción. Cuando se bloquea, nuestra satisfacción, realización, relación y felicidad se debilitan significativamente.

Este capítulo explorará las causas de un chacra del corazón bloqueado. Luego, enumeraremos los síntomas comunes de un chacra anahata bloqueado y de uno hiperactivo. Por último, encontrará un breve cuestionario que le ayudará a identificar el estado actual de su chacra del corazón y su estado de salud.

Causas del bloqueo del chacra del corazón

Hay varias razones por las que el chacra del corazón puede estar bloqueado, por lo que es imposible dar una única razón detrás de esta experiencia. La causa de un chacra del corazón bloqueado varía mucho de una persona a otra y puede identificarse por los bajos niveles de energía y una sensación general de desequilibrio. Si sospecha que está luchando con un chacra anahata obstruido, tendrá que reflexionar profundamente sobre lo que puede estar contribuyendo a su dolencia.

En general, un chacra del corazón bloqueado es el resultado de emociones negativas y odiosas prominentes en la vida de uno. Las enfermedades físicas y mentales, la agitación y el malestar emocional, el estrés y los conflictos pueden hacer que el sistema de chacras se desequilibre. Los siete chacras existen dentro de una red única y están interconectados. Por lo tanto, cuando un chacra se obstruye, todos los demás están sujetos a desequilibrios y bloqueos. Esta alteración de la vitalidad y la energía del cuerpo hace que el cuerpo, la mente y el espíritu de la persona afectada sufran.

La emoción principal detrás de un chacra del corazón bloqueado es el dolor. Esta intensa emoción suele ser el resultado de una experiencia increíblemente traumática o negativa. La carga que acompaña a este sentimiento supone una pesada carga para la mente y el cuerpo, provocando paradas en el flujo de energía en todo el cuerpo y deteniendo el flujo de amor y compasión.

El amor es la emoción más poderosa que conocemos, ya que es la que más energía aporta a nuestra red espiritual. Esto significa que, sin amor, nuestro bienestar estará muy desequilibrado. Aunque los chacras no son perceptibles a simple vista, podemos identificar fácilmente un bloqueo energético a través de su manifestación en muchas dolencias emocionales y físicas.

Sin embargo, antes de profundizar en los síntomas de un chacra del corazón desequilibrado, debemos conocer los diferentes estados del chacra.

Chacras poco activos frente a chacras hiperactivos

Cada uno de sus chacras puede existir en tres estados principales: hiperactivo, equilibrado o poco activo (bloqueado). Cuando uno de sus chacras está hiperactivo, está emitiendo demasiada energía, lo que resulta en un desequilibrio de ese chacra. Cuando está equilibrado, funciona de forma eficiente y armoniosa. Está dando la cantidad justa de energía vibratoria. Cuando un chacra está poco activo o bloqueado, está sujeto a algún tipo de obstrucción. Un chacra poco activo es deficiente y emite energía de baja vibración, lo que también provoca un desequilibrio en ese chacra.

Como hemos mencionado, los comportamientos y emociones negativas, como la falta de ejercicio, las dietas poco saludables, el estrés, las condiciones físicas y emocionales, los conflictos y la angustia emocional, pueden desequilibrar el chacra. Estas causas pueden promover una distribución excesiva o deficiente de la energía vibratoria del chacra afectado.

Este es un resumen de los síntomas que acompañan a los tres estados del chacra del corazón:

Síntomas de un chacra del corazón hiperactivo: Celos, exceso de generosidad, tendencias de autosacrificio, codependencia.

Síntomas de un chacra del corazón equilibrado: Interacciones amorosas y compasivas, tolerancia, apertura, conexión, tranquilidad y calidez.

Síntomas de un chacra del corazón poco activo: Amargura, intolerancia, problemas de compromiso, problemas de confianza, falta de compasión y falta de empatía.

Como puede ver, las cualidades asociadas al chacra del corazón se amplifican y exageran cuando está hiperactivo, son correctas cuando está equilibrado y son deficientes cuando está bloqueado. Estos son los tres estados de dar y recibir amor y conectar con el mundo y la gente que nos rodea.

Señales de que su chacra del corazón está hiperactivo

Le cuesta establecer límites

Es necesario que establezca límites de forma intencionada en todas sus relaciones e interacciones, ya sea con usted mismo o con los demás. Los límites son esenciales para la autoprotección y la conservación, la curación y el amor propio. Le ayudan a conocer y afirmar su autoestima. Si usted tiene un chacra hiperactivo, puede resultarle difícil establecer y mantener límites saludables. Cuando su chacra está desequilibrado, tiende a pasar por alto sus propias necesidades y emociones. Esto puede dificultar mucho la identificación de los límites que debe establecer y cuándo hacerlo. Incluso cuando puede identificarlos, establecerlos y mantenerlos puede ser bastante agotador. Esto es especialmente cierto cuando los demás desafían sus límites.

Usted siempre está en segundo lugar

Ayudar a los demás y preocuparse por ellos no es algo malo. Sin embargo, nunca debe ser a expensas de su energía y bienestar. Su chacra del corazón está probablemente hiperactivo si sus necesidades y deseos siempre están por encima de los de los demás. Siempre siente la necesidad de ayudar a los demás y cuidarlos hasta que se siente descuidado, cansado y agotado.

Le cuesta recibir amor

El chacra del corazón se ocupa de dar y recibir amor y compasión. La dificultad para recibir amor de los demás es un signo de que el chacra anahata está bloqueado o hiperactivo. Esto se debe a que la hiperactividad le lleva a dirigir toda su energía y atención a dar a los demás en lugar de estar abierto a recibir gestos de cariño y amor de los que le rodean. Esto puede no parecer un problema. Sin embargo, es probable que le haga sentirse agotado y resentido con los demás porque no corresponden a su atención.

Usted es una persona que complace a la gente

Ser una persona que complace a la gente significa que siente una necesidad constante de complacer a los demás y buscar su validación para sentirse emocionalmente satisfecho. En lugar de ser autosuficiente y aceptarse a sí mismo, usted repone su confianza o valor a través de la constante retroalimentación positiva de los demás. Esto es un signo de que su chacra del corazón está hiperactivo y puede hacer que haga todo lo posible por complacer a los demás sin tener en cuenta sus propias necesidades.

Usted es bastante necesitado

Este puede ser un tema delicado de reconocer. Sin embargo, si la gente le señala repetidamente que usted es necesitado o desesperado, o si ha llegado a descubrir que desprende estas cualidades en sus relaciones, es una señal de que su chacra del corazón está hiperactivo. Este punto está muy conectado con los mencionados anteriormente y se asocia con las tendencias de complacer a la gente. Además de buscar la validación de los demás, es posible que esté desesperado por su atención, su afecto o su energía nutritiva.

Usted tolera el abuso

Tolerar el abuso físico, verbal o emocional es un signo de un chacra del corazón hiperactivo. Usted tiende a permanecer en relaciones tóxicas porque siempre se las arregla para inventar excusas que justifiquen ese comportamiento o tiene demasiado miedo de perder esa relación. Una vez más, trata de proporcionarles energía amorosa y nutritiva mientras usted descuida sus propias necesidades.

Usted es codependiente

Cuando usted es codependiente en una relación, pierde todo el sentido de sí mismo, la identidad y el valor. Le cuesta tomar sus propias decisiones y no puede determinar sus deseos y necesidades. Las personas codependientes también suelen tener una autoestima muy baja. Esto es un síntoma de un chacra anahata hiperactivo.

Señales de que su chacra del corazón está bloqueado

Usted se encuentra atascado en una relación pasada

No estamos hablando de rupturas y heridas recientes. Si no puede superar una antigua relación o ruptura, es probable que esté experimentando un bloqueo en su chacra del corazón. Es posible que esté pensando en sus errores o reevaluando la separación, diciéndose a sí mismo lo que podría haber sido diferente para que esta conexión pudiera haber sido preservada.

Usted está guardando rencor

El rencor es una parte muy normal de estar herido. Sin embargo, en algún momento, se supone que el sentimiento se vuelve menos intenso para poder seguir adelante. Sin embargo, si le resulta difícil perdonar y dejar de lado los rencores, esto es una señal de que su chacra del corazón está poco activo. Cuanto más se aferre a los rencores, más reforzará su dolor y alejará la alegría y la felicidad de su vida.

Usted tiene problemas de confianza

Esto no es fácil de hacer. Sin embargo, si no quiere que todas sus relaciones tengan un impacto negativo, no debe dejar que los problemas de confianza de experiencias pasadas desagradables dicten sus interacciones e impresiones sobre los demás. Tener un chacra del corazón bloqueado puede ser la razón por la que le resulte difícil confiar en los demás y hacerles confidencias. Esto puede hacer que crea que los demás están tramando planes contra usted para traicionarle de nuevo.

Usted es excesivamente tímido

La timidez no es un rasgo negativo de la personalidad. Cuando es excesiva, puede influir en sus relaciones y en su autoestima. Esto puede hacer que usted se autosabotee las amistades y relaciones fructíferas.

Usted se siente solo

La soledad es un sentimiento normal que todo el mundo experimenta de vez en cuando. Sin embargo, una cantidad excesiva de soledad podría significar que su chacra del corazón está poco activo. Aunque suene contradictorio, es posible que recurra al aislamiento para protegerse de la confusión emocional, aunque tenga más sentido conectar con los demás. Lo más probable es que las experiencias negativas del pasado con las relaciones sean las razones de su soledad.

Usted tiene problemas de compromiso

Los problemas de compromiso surgen por muchas razones. Tanto si tiene miedo de sentirse encerrado, como si le preocupa elegir a la persona equivocada o duda de su pareja, puede sentirse incapaz de comprometerse con una relación. Si quiere establecer relaciones sanas con los que le rodean, tiene que empezar a trabajar en la curación y el equilibrio de su chacra del corazón.

Usted está muy a la defensiva

Estar constantemente a la defensiva y con los nervios de punta puede dificultar que se sienta a gusto y cómodo con los demás. El dolor emocional del pasado o los traumas son la razón principal del comportamiento y las tendencias excesivamente defensivas. Esto es una señal de que necesita desbloquear su chacra del corazón.

Cuestionario: ¿cuál es la salud de su chacra del corazón?

Las señales que hemos mencionado anteriormente pueden ayudarle a identificar el estado de su chacra. Sin embargo, si todavía tiene dudas, haga este breve cuestionario para ayudarle a determinar si su chacra del corazón está hiperactivo, equilibrado o bloqueado.

Me resulta fácil perdonar a los demás.

Rara vez me enfado con la gente de todos modos. Siempre encuentro excusas para sus acciones.

Me tomo mi tiempo para procesar mis emociones, pero al final las perdono.

Tiendo a guardar rencor, y puede ser muy difícil para mí perdonar a los que me hacen daño.

Conozco los límites de todas mis relaciones, y no tengo miedo de mantenerlos.

Normalmente me resulta difícil distinguir si la gente está sobrepasando mis límites. Cuando sé que lo hacen, no me atrevo a llamarles la atención.

Conozco mis límites. Si alguien sobrepasa sus límites en nuestra relación, me aseguro de comunicárselo.

Mis límites son muy rígidos. Apenas dejo entrar a nadie.

Siempre doy prioridad a los deseos y necesidades de los demás.

Su felicidad y satisfacción son mi prioridad, aunque sea a costa de mi bienestar.

Me gusta cuidar de los demás y ayudarles cuando me necesitan. Sin embargo, no me asusta decir que no cuando mis necesidades y deseos están en peligro.

Suelo tener dificultades para empatizar con los demás, por lo que no sé realmente cuándo necesitan mi ayuda.

Busco relaciones enriquecedoras.

Busco relaciones en las que la gente me haga sentir validado, nutrido y querido. A veces me preocupa parecer necesitado o desesperado.

Busco relaciones en las que doy y recibo la misma cantidad de atención, afecto y cariño.

Me resulta difícil aceptar la atención y el amor de los demás.

Mantener los límites y el espacio personal, las creencias y los pensamientos son importantes para mí en cualquier relación.

Me dejo influenciar y convencer fácilmente por las decisiones, pensamientos y creencias de los demás. Cuando tengo una relación, dependo de mi pareja para tomar decisiones importantes.

Mantener mi identidad y mi sentido de identidad es importante para mí. Aunque sería bueno tener cosas en común, mi pareja y yo no necesitamos compartir los mismos intereses, pensamientos, creencias, etc.

Soy bastante cerrado e hiperindependiente.

Acepto que cada uno tiene su propia visión de la vida.

Suelo estar de acuerdo con los argumentos y las opiniones de los demás en las conversaciones, incluso cuando no coinciden con las mías. Tengo miedo de que me juzguen o me quieran menos si me expreso.

Soy tolerante y acepto diferentes visiones del mundo, pero no me asusta decir mi verdad.

Me pongo a la defensiva cuando se trata de mis opiniones y creencias. No acepto fácilmente las opiniones de los demás.

Me defiendo ante cualquier forma de abuso.

Me cuesta abandonar a la persona porque siempre hay una razón detrás de su comportamiento.

Sé cuándo dejar las relaciones tóxicas.

Nunca confío en nadie lo suficiente como para dejar que me haga daño.

Estoy abierto a recibir amor, cuidado y afecto de los demás.

Normalmente no sé cómo responder a estos gestos porque estoy acostumbrado a ser el que da en cualquier relación.

Mis esfuerzos deben ser recíprocos en todas las relaciones.

No me resulta fácil aceptar los gestos positivos de los demás.

Me apresuro a entrar en relaciones.

Confío en la gente con mucha facilidad y suelo precipitarme en las amistades y las relaciones románticas.

Suelo tomarme las cosas con calma hasta que la persona me demuestra que puedo confiar en ella.

Tengo miedo de que me defrauden o me traicionen, así que nunca me comprometo con las relaciones.

Me encanta estar cerca de los demás y asegurarme de que se sientan realizados.

Ayudar a los demás y dar sin restricciones me hace sentir bien, así que me gusta estar rodeado de gente.

Me gusta salir con los demás y ser una fuente de confianza y ayuda, pero puedo notar cuando mi batería social se agota.

Me siento al límite con otras personas, por lo que tiendo a aislarme.

Resultados

La mayoría de las veces, A: Es probable que luche con un chacra del corazón hiperactivo.

La mayoría de las veces, B: Su chacra del corazón está equilibrado.

La mayoría de las veces, C: Su chacra del corazón está probablemente bloqueado y poco activo.

El mundo actual es increíblemente exigente y acelerado. Todos estamos consumidos por la tecnología y preocupados por la vida empresarial, la educación y la rutina diaria. Bajo toda esa presión, la mayoría de nosotros se olvida de algo fundamental: la salud espiritual. Todo el mundo conoce la importancia de tener una buena salud física, mental y emocional. Sin embargo, por desgracia, no se habla lo suficiente de la necesidad de un buen bienestar espiritual. Muchas personas no se dan cuenta de que mantener el equilibrio espiritual es vital para vivir con vigor.

Lograr la salud espiritual puede hacerse equilibrando los chacras, especialmente el anahata. El objetivo de todos debería ser alinear todos los chacras y mantenerlos abiertos. Todos deberíamos aspirar a promover un flujo de energía sano y fácil entre todos los chacras, porque los otros seis se ven afectados cuando uno se debilita. Todos deben trabajar juntos de forma armoniosa para garantizar nuestro bienestar mental, físico, emocional y espiritual.

Capítulo 3: Empezar con una base sólida de chacras

En el capítulo anterior, leyó sobre el papel del anahata en su bienestar y lo mucho que depende de este chacra para desarrollar emociones positivas. Ahora, es el momento de que vea en qué medida afecta a sus otros centros energéticos y, lo que es más importante, cómo sus funciones afectan a su chacra del corazón. Un bloqueo en su centro puede no ser la única causa de un anahata cerrado, y aunque el chacra del corazón puede abrirse sin abrir los otros chacras, es muy beneficioso que los chacras inferiores también estén abiertos. En este capítulo, verá cómo el equilibrio de sus otros chacras permite que la energía fluya libremente hacia el anahata. Además, trabajar en uno mismo equilibrando primero todos los demás chacras ayudará a sanar y fortalecer un chacra del corazón ya abierto.

El entorno afecta a su concentración
https://www.pexels.com/photo/woman-sitting-on-brown-stone-near-green-leaf-trees-at-daytime-1234035/

La importancia de una sólida base de chacras

Como recordará, su sistema de chacras es una compleja red de líneas entrelazadas, y su energía se concentra en los siete puntos principales. No solo cada línea afecta a todas las demás, sino también los propios centros. Por ejemplo, sin emociones positivas, sus acciones hacia su entorno pueden volverse poco amables, lo que puede hacer que se sienta infeliz con su entorno. Esto puede causar depresión y falta de sueño, lo que, a su vez, conduce a problemas físicos. Los problemas físicos le causarán malestar, por lo que sus niveles de motivación y productividad disminuyen. Esto disminuye aún más el nivel de energía positiva en su cuerpo. Pronto llegará al punto de que lo único que siente es odio, miedo y envidia hacia aquellos que encuentran inspiración para seguir adelante con su vida. Un ejemplo de esto sería el desarrollo de trastornos alimenticios, que afectan al plexo solar y al chacra del corazón. Un trastorno alimentario suele tener su origen en la inestabilidad emocional, una característica regulada por el chacra sacro. Si la negatividad se sigue acumulando y este centro se está viendo afectado, es solo cuestión de tiempo que su chacra raíz también se vea afectado. El ejemplo se refiere al flujo descendente de energía negativa, pero también puede haber vías inversas. En estos, el problema comienza con su centro raíz y viaja lentamente hacia el anahata.

El papel de la polaridad en el equilibrio de los chacras

Aunque los siete chacras se corresponden con diferentes partes del cuerpo y transportan diversas formas de energía, estas diferencias se equilibran de forma natural. Esto se llama polaridad y representa la base de todas las dimensiones espirituales y físicas. Todo lo que ocurre en un lugar se refleja en otro, lo que es cierto para las dimensiones del cuerpo y los centros de energía. Esto significa que, además de que cada centro esté en armonía, los chacras inferiores deben estar en equilibrio con los superiores. La mayor polaridad se da entre los chacras de la raíz y del corazón, situados en el extremo opuesto de su sistema energético. Sin embargo, su existencia puede distinguir enormemente entre estar alineado con usted mismo o no. Por lo tanto, establecer la polaridad es el objetivo principal cuando se trata de sanar el chacra del corazón. Sin embargo, a veces también es necesario alinear sus otros centros y desbloquearlos. Existe un equilibrio similar entre el tercero y el quinto, así como entre el segundo y el sexto chacra.

Para entender cómo es esta polaridad en la práctica, hay que observar los dos centros que contribuyen al equilibrio. Por ejemplo, se revela un patrón claro al examinar el sexto y el segundo chacra y el camino entre ellos. El segundo del centro inferior, el chacra sacro, refleja su creatividad y sus sentimientos. Rige todas las emociones que experimentamos durante nuestras relaciones y sus contrapartidas físicas: las caderas, los riñones, la vejiga, el tracto gastrointestinal inferior y los órganos reproductores. Si este chacra está afectado, el deseo de experimentar emociones positivas disminuye, y su nivel de creatividad se reduce. Todo este desequilibrio en su chacra sacro se refleja en un desequilibrio en su chacra del tercer ojo. La energía que se centra aquí determina su estado de ánimo y afinidad con el crecimiento espiritual. También se alinea con las neuronas que viajan por la columna vertebral, afectando sus patrones de sueño y funciones cognitivas.

Además de todos los métodos recomendados para nutrir su chacra sacro, también debe prestar atención a su tercer ojo. Cuando su chacra del tercer ojo está afectado, no está de humor para buscar nuevas relaciones y emociones positivas. Aunque todos los demás chacras (incluido el anahata) estén abiertos y correctamente equilibrados, no podrá establecer una relación de confianza si su sexto chacra está bloqueado. En el resto del capítulo, encontrará los signos de bloqueo de cada chacra, seguidos de algunos consejos y trucos para desbloquearlos. Esto le permitirá comprender mejor cómo afectan a su cuerpo y a cada uno de ellos.

Teniendo en cuenta la importancia de la polaridad entre los chacras, resulta mucho más fácil encontrar una solución a su chacra del corazón bloqueado o desequilibrado. Recuerde comenzar con sus síntomas físicos para ver si apuntan a otro centro energético. Después de hacer lo mismo con sus emociones y señalar algunas áreas problemáticas, puede proceder a limpiarlas. La alimentación y las actividades destinadas a desbloquear cualquiera de los canales inferiores pueden restablecer el equilibrio en el anahata. Si el bloqueo persiste, puede observar la polaridad entre los chacras de la raíz y del corazón. Quizá descubra que hacer algo que beneficie al primero repercute positivamente en el segundo.

El camino hacia el anahata

El camino energético hacia el anahata parte del chacra de la raíz (muladhara), envuelve los chacras del sacro (svadhishtana) y del plexo solar (manipura), y finalmente culmina en el centro de su corazón (anahata). Si alguno de los chacras inferiores está bloqueado o desequilibrado, el flujo de energía se interrumpe y todo lo que afecta a su chacra del corazón se resiente. He aquí los signos de bloqueo de cada chacra, desde la raíz hasta los centros del corazón, y cómo remediarlos.

El chacra raíz

También llamado muladhara, el chacra de la raíz es un centro energético situado en la base de la columna vertebral. Está representado por el color rojo y el elemento tierra. Su nombre significa fundamento, y su función está relacionada con la seguridad, el arraigo y los cimientos. Además de proporcionar los cimientos de toda la vida, muladhara puede otorgar una sensación general de seguridad. Un chacra raíz bloqueado puede privarle de estabilidad en varias áreas de su vida, incluida la emocional, normalmente debido a una abrumadora sensación de estar en peligro causada por la negligencia y el abuso emocional o físico, los traumas de la infancia o la inestabilidad financiera actual.

Los signos de un chacra raíz bloqueado pueden incluir:

- Pensar demasiado, analizar en exceso cada situación de su vida
- Miedo o pánico a los acontecimientos futuros o a la repetición de experiencias negativas pasadas
- Depresión o ansiedad debido a la falta de motivación para establecer y completar objetivos e inseguridad
- Falta de sueño e incapacidad para procesar sus experiencias, emociones y todo a través de sus sueños
- Estar emocionalmente desconectado de todo y de todos los que le rodean
- No confiar en que las cosas funcionarán, especialmente si se ve obligado a vivir una nueva experiencia
- Sentir rabia y frustración por su incapacidad para afrontar los problemas de la misma manera que los demás.
- Falta de confianza para buscar nuevas experiencias que puedan ayudarle a crecer espiritual y emocionalmente
- Ser perezoso y ni siquiera intentar hacer un esfuerzo para avanzar en su vida y alcanzar sus sueños

Las formas de abrir el muladhara pueden ser:
- Ya sea utilizando el color rojo en la decoración de su casa y su lugar de trabajo como vistiendo ropa de ese color con la mayor frecuencia posible
- Comer alimentos rojos, sobre todo frutas y verduras, como las bayas, la remolacha y la col roja.
- Meditar específicamente en el chacra de la raíz mientras canta el sonido "LAM".
- Realizar otros ejercicios de enraizamiento: meditaciones, respiraciones profundas, escribir un diario, etc.
- Hacer posturas de yoga que promuevan la estabilidad, como la postura del niño, el pliegue hacia delante de pie o la sentadilla.
- Caminar descalzo por su casa también puede ayudarle a sentirse más cerca de la naturaleza y conectado a tierra en su situación actual.

Adopte un enfoque proactivo para afrontar sus traumas pasados, ya sea a través de la familia, los amigos, la terapia profesional o cualquier otro tipo de sistema de apoyo.

El chacra sacro

El chacra sacro, o svadhishtana, es un centro energético asociado al color naranja y al elemento agua. Situado ligeramente por debajo del ombligo, representa la capacidad de relacionarse con las emociones. Ya sea hacia uno mismo o hacia los demás, la intimidad, la pasión, la confianza, la creatividad, la fluidez, la sexualidad y la necesidad de procrear son algunas de las sensaciones vinculadas a este chacra. El svadhishtana suele estar bloqueado por emociones persistentes de eventos traumáticos pasados en sus relaciones, como la culpa, la vergüenza o la ira. Estar en conflicto con sus sentimientos o desconectado de su lado apasionado y creativo también puede impedir su equilibrio. Dado que muchas de sus emociones y acciones hacia los demás están regidas por el svadhishtana, su capacidad para establecer nuevas relaciones (causada por un chacra del corazón bloqueado) también puede afectar al funcionamiento de este centro.

Estos son algunos signos de un chacra sacro bloqueado:
- Un bloqueo creativo duradero que le impide ser más flexible en diferentes áreas de su vida

- Culpa y vergüenza causadas por experiencias traumáticas pasadas, muy extendidas en los traumas sexuales y las relaciones tóxicas
- Toxicidad en sus relaciones actuales debido a la falta de voluntad para romper el ciclo perpetuo de búsqueda de este tipo de acuerdos
- Sentir que no merece el amor, la confianza y la compasión de los demás, y mucho menos de usted mismo
- Creer que los demás no se preocupan por su felicidad y su salud, lo que se traduce en que usted no se las arregla tan bien
- Estar desmotivado para establecer objetivos y trabajar para conseguirlos
- Falta de deseo sexual o de intimidad en general
- La falta de emociones o los sentimientos dirigidos hacia cosas inapropiadas
- Buscar dispositivos adictivos y otras herramientas de autodestrucción
- Ser inseguro sobre todo y todos en su vida
- La necesidad constante de controlar todo lo que le rodea en su entorno
- Síntomas físicos relacionados con la vejiga y los riñones

Las formas de abrir el chacra sacro pueden consistir en:

- Ya sea utilizando el color naranja en la decoración de su casa y su lugar de trabajo o vistiendo ropa de color naranja tan a menudo, puede
- Comer alimentos de color naranja, sobre todo frutas y verduras, como mangos, zanahorias y calabazas.
- Mediar específicamente en el chacra sacro mientras canta el sonido "VAM".
- Hacer posturas de yoga de apertura de cadera que promuevan una zona sacra saludable
- Caminar descalzo por su casa también puede ayudarle a sentirse más cerca de la naturaleza y con los pies en la tierra en su situación actual

- Tomar medidas conscientes para construir relaciones sanas, tanto en el frente emocional como en el sexual
- Recitar la afirmación de que usted se merece su propio amor y el de los demás
- Utilizar su creatividad para facilitar sus experiencias cotidianas y así poder tener una vida más plena y equilibrada

El chacra del plexo solar

También conocido como manipura, el chacra del plexo solar es un centro energético que se encuentra en medio del abdomen. Vinculado al color amarillo y al elemento fuego, este chacra alberga la autoestima y a menudo determina el grado de control que se tiene sobre la vida. Representa una fuente inagotable de poder interior, vitalidad e independencia si se desbloquea. Puede ser saboteado por una baja autoestima que proviene de experiencias traumáticas pasadas, como el abuso, el abandono, el acoso o la victimización. Comer alimentos inadecuados y, en general, creer que no se es lo suficientemente fuerte para afrontar los retos de la vida también puede causar problemas en este centro. Además, el chacra del plexo solar también afecta a la funcionalidad de su tracto gastrointestinal, ya sea ralentizándolo o acelerándolo drásticamente, incluso ante un pequeño bloqueo de su energía. Esto es causado por la falta o abundancia de su fuego interior llamado "tapas".

Algunos signos de un chacra del plexo solar bloqueado pueden ser:

- Sentirse ansioso incluso por los cambios menores en su vida y muy temeroso por los más grandes
- Ser impotente para enfrentarse a los traumas del pasado o para deshacerse de la influencia que tienen en su vida presente y futura
- Tener una mentalidad de víctima, incluso en situaciones en las que no lo es
- Renunciar voluntariamente al poder sobre su vida en favor de otros, diciendo que no tiene control sobre nada de todos modos
- Incapacidad o falta de voluntad para aceptar que es capaz de lograr mucho más en la vida

- Mostrar tendencias egoístas o una agresividad innecesaria en sus relaciones con los demás
- Dolores o molestias frecuentes en el estómago y en la zona abdominal superior
- Problemas con el hígado, el páncreas y el bazo

He aquí algunas formas de resolver estos problemas y abrir el chacra del plexo solar:

- Utilizando el color amarillo en la decoración de su casa y lugar de trabajo o vistiendo ropa amarilla tan a menudo como pueda
- Comiendo alimentos amarillos, centrándose en las frutas y las verduras, incluidos los cítricos, la coliflor y los pimientos amarillos.
- Mediar específicamente en el chacra del plexo solar mientras se canta el sonido "RAM".
- Realizar posturas de yoga de apertura de cadera que promuevan la curación en la zona del plexo solar
- Realizando otros ejercicios de yoga que estimulen la producción saludable de tapas, incluyendo la postura del barco, la cobra, las posturas del arco o los saludos al sol.
- Recitar afirmaciones acerca de tener suficiente poder para superar los desafíos de la vida
- Escribir un diario sobre lo que le hace especial: una individualidad única, la capacidad de ver a la gente buena, etc.
- Practicar ejercicios de atención plena y técnicas de respiración como el bhastrika pranayama (respiración de fuelle) o el kapalabhati pranayama (respiración de fuego).

El chacra del corazón

Dado que el chacra del corazón se tratará más a fondo a lo largo de este libro, solo se presentará aquí un resumen de cómo se manifiesta su bloqueo en relación con los chacras y cómo resolverlo. Situado en el centro del cuerpo, el anahata representa el punto central de su sistema energético. El anahata suele representarse como la capacidad de desarrollar sentimientos como la compasión y el amor. Sin embargo, su mal funcionamiento se puede sentir por la falta de mucho más que simplemente estas emociones. Su asociación con el corazón, el color verde y el aire apunta a la afinidad con la naturaleza y su polaridad con el chacra raíz. Tanto si está bloqueado por la falta de amor, el estrés cotidiano o un trauma profundo, el anahata afectará también a los chacras inferiores.

Del mismo modo, aferrarse a lo negativo causado por un bloqueo en los centros inferiores afectará al chacra del corazón. Solo manteniendo abiertos todos los chacras podrá acceder a la fuente ilimitada de emociones positivas que ofrece el anahata.

Los signos de un anahata bloqueado que se manifiesta en los centros inferiores pueden incluir:

- La falta de compromiso derivada de los problemas de intimidad se traslada a menudo a la falta de objetivos en la vida personal.
- La creciente tendencia a guardar rencores y su falta de compasión hacen que sea difícil tratar con usted profesionalmente.
- La falta de voluntad para dejar atrás las heridas del pasado provoca ansiedad, insomnio o pensamientos depresivos, que a menudo se convierten en síntomas físicos.
- Debido a su aislamiento, no puede mantener relaciones, privándose de un cúmulo de nuevas experiencias espirituales..
- A pesar de estar solo, su capacidad de amar disminuye diariamente, lo que lleva a que todos sus centros energéticos se bloqueen, hasta el chacra de la corona.

Las formas de abrir el anahata a través de los otros centros pueden ser:

- Meditando en el chacra, ha encontrado problemas durante su autoinspección.
- Cantar los sonidos apropiados mientras se medita.
- Comer alimentos que promuevan la curación de todos los chacras inferiores.
- Llevar colores que representen estos centros.
- Recitar afirmaciones de amor hacia usted mismo: su cuerpo, su mente y su espíritu.

- Hacer diferentes posturas de yoga asociadas a los cuatro chacras inferiores en días alternos de la semana.
- Pasar tiempo en un entorno natural también es beneficioso para todo su sistema energético.
- Recitar afirmaciones que abran cada uno de los chacras inferiores suele influir positivamente en el equilibrio del centro que está por encima de ellos.

Reflexiones finales

Al abrir sus chacras inferiores se establece un camino claro para que su energía siga hacia el chacra del corazón. Al hacerlo, es posible que descubra algunas cuestiones ocultas que deben resolverse antes de poder dejar de lado todas sus emociones y recuerdos negativos.

Equilibrar todo su sistema de chacras le aliviará de muchas cargas y mejorará su bienestar físico y mental. Porque al igual que una carga emocional puede manifestarse en síntomas físicos, los problemas físicos generarán sentimientos negativos, como la frustración, la ira y la duda, si se prolongan en el tiempo. Así que, si quiere asegurarse de que su chacra del corazón recibe toda la energía que necesita, tendrá que empezar por sus chacras inferiores.

Para obtener los mejores resultados, le recomendamos que realice todos los ejercicios durante las horas de la mañana, nada más levantarse y antes de desayunar. De este modo, sus chacras estarán preparados para los desafíos del día y será menos probable que se bloqueen con energía negativa. Si necesita limpiarlos por la noche, puede hacer los ejercicios antes de acostarse, al menos dos horas después de la última comida.

Este capítulo puede ser un gran paso para cualquier persona interesada en evaluar todos sus chacras y aprender a reconocer su bloqueo. Al fin y al cabo, al igual que este libro está diseñado para ayudarle a sanar su chacra del corazón, hay muchos otros dedicados a los centros inferiores. Contienen información más extensa sobre prácticas específicas de yoga, afirmaciones y técnicas de atención plena. También obtendrá algunos consejos para abrirlos, pero siéntase libre de hacer su propia investigación con respecto a este tema.

Otras formas de abrir los chacras pueden ser el uso de cristales, mudras o tonos. A fin de cuentas, la composición energética de cada persona es diferente. Esto significa que los síntomas y las soluciones de cada bloqueo de los chacras también pueden variar de una persona a otra. Una solución que funciona para otra persona puede no traerle los resultados deseados. Tener una mente abierta y estar dispuesto a encontrar soluciones alternativas es crucial para reequilibrar sus chacras. Puede mejorar su creatividad, lo que, a su vez, tendrá un efecto inmenso en su centro emocional, así que querrá comprobarlo.

Capítulo 4: Mantras y mudras del anahata

Cuando nos topamos con imágenes de practicantes de yoga de renombre mundial como B.K.S, Iyengar y Tao Porchon-Lynch no vemos necesariamente las posturas de yoga que hemos conocido al aprender sobre pranayama o asana. Esto se debe a que el propósito detrás del pranayama y otras prácticas orientadas a la curación es construir una fuerte conexión entre el cuerpo y la mente. Los terapeutas de yoga adoptan en gran medida este tipo de actividades de yoga, ya que no solo ayudan a promover la atención plena, la paz mental y la relajación. Sin embargo, también ayudan en numerosos aspectos de la salud física, como el apoyo a las funciones de varios órganos vitales. Pueden ayudarle a mejorar su bienestar mental, emocional, físico y espiritual.

Los mudras son una práctica para mover las manos con el fin de ayudar a concentrarse
https://unsplash.com/photos/ktPKyUs3Qjs

Puede hacer numerosas cosas para potenciar la vitalidad y el estado de su chacra del corazón, incluida la meditación, que trataremos con más profundidad en el siguiente capítulo. Cuando meditamos, podemos aprovechar al máximo la actividad incorporando el uso de mantras y mudras. Los mantras son frases o ciertas palabras que puede recitar para usted mismo o en voz alta. La clave de los mantras es alinear su repetición o recitación con el ritmo de la respiración. Por otro lado, los mudras son una práctica que le lleva a mover sus manos de una manera que puede ayudarle a enfocar su cerebro.

Cómo funcionan

Hay mantras y mudras específicos que puede utilizar para ayudar a activar cada uno de sus chacras. Cuando los hace, se conectan con la parte de su cuerpo a la que usted los dirige. Por ejemplo, recitar los mantras y hacer los mudras que se corresponden con el chacra del corazón puede ayudar a promover la curación. Los terapeutas de yoga utilizan mantras y mudras en sus prácticas porque se centran en las zonas del cuerpo que tienen más terminaciones nerviosas. Mientras que los mudras se centran en las manos y los dedos, los mantras involucran la boca y los labios. Su alta sensibilidad los hace más eficaces en la curación y el apoyo curativo.

Por esta razón, tanto los mudras como los mantras pueden ayudarle a reforzar la correspondencia entre sus acciones físicas y el funcionamiento de su mente, aumentando la concentración, la intención, la habilidad y mucho más. Las personas que no pueden realizar posturas de meditación debido a limitaciones físicas o de ubicación pueden beneficiarse significativamente del aprendizaje de mudras y mantras para abrir sus chacras. Estas prácticas pueden servir como grandes puntos de acceso al mundo de la meditación.

Mudras

Las manos, especialmente las puntas de los dedos, albergan el mayor número de terminaciones nerviosas del cuerpo. Por eso, emplearlas en su rutina de meditación ha demostrado ser la práctica física de yoga más beneficiosa para mejorar el funcionamiento del cerebro. Dado que se trata de una práctica basada en el cuerpo, puede abordarse fácilmente en asana. El mudra es un gran punto de partida para los principiantes.

Mantras

La mayoría de los practicantes de yoga cantan mantras en silencio para sí mismos o en voz alta. Esto crea una atmósfera que pone en marcha el proceso de curación y refuerza el vínculo entre el cerebro y las partes del cuerpo que se utilizan para cantar: los labios, la lengua y la boca. Los mantras siguen siendo igual de eficaces si elige tararearlos o recitarlos en silencio porque le permiten mantener la concentración durante toda la meditación.

Aunque inicialmente era una práctica ayurvédica, el resto del mundo ha empezado a interesarse por los beneficios de los mantras. Incluso aquellos que no se dedican al yoga o a prácticas meditativas similares son ahora conscientes del poder de las palabras y de cómo pueden influir en las energías vibratorias de uno. El uso de frases y palabras es ahora una práctica frecuente entre los círculos de autoayuda y las personas que desean mejorar su vida. Es una forma de anunciar una intención a uno mismo y al universo, de influir en uno mismo para adoptar una nueva mentalidad o de atraer la positividad a la vida. Usted probablemente piense que los mantras son lo mismo que las afirmaciones. Para ser claros, en este capítulo exploraremos la diferencia entre ambos.

Este capítulo ilustra los beneficios de los mantras y proporciona uno que puede recitar y su significado, pronunciación y usos. También encontrará algunas afirmaciones útiles para ayudarle a abrir su chacra del corazón. En la segunda parte del capítulo, aprenderá todo sobre los mudras y cómo y cuándo puede utilizarlos. Aquí encontrará algunos ejemplos e instrucciones detalladas sobre los mudras que pueden hacer que usted desbloquee, sane y equilibre su chacra del corazón.

Afirmaciones vs. mantras

Hay momentos en los que todos nos sentimos abrumados, estresados y desmotivados. Afortunadamente, los mantras y las afirmaciones son prácticas fáciles pero muy eficaces que nos ayudan a controlar e influir en nuestros pensamientos y sentimientos. Puede incorporar ambos a su rutina diaria o experimentar con el método con el que se sienta más cómodo. Sin embargo, es importante destacar que cada una de estas prácticas se centra en algunas regiones de la superación personal, por lo que es mejor utilizarlas juntas.

¿Qué son las afirmaciones?

Las afirmaciones son declaraciones breves, positivas y específicas que usted se dice a sí mismo. Es un anuncio que se dirige a sí mismo, arrojando luz sobre sus cualidades positivas o confirmando la persona que desea ser. Esencialmente, funcionan a través de la ley de la atracción. Sus afirmaciones pueden ser sobre cualquier cosa que desee. Por ejemplo, si una persona desea trabajar para aumentar su autoestima, puede repetir afirmaciones que hagan hincapié en su autoestima, aceptación, amor y compasión. Un buen ejemplo de afirmación para aumentar la confianza sería "estoy en paz con todo lo que soy". En su caso, su objetivo principal es desbloquear su chacra del corazón, así que ahí es donde dirigirá su atención.

Hay varias formas de utilizar sus afirmaciones, como escribirlas o repetirlas varias veces durante el día. Sin embargo, cuando las recite, le sugerimos que se ponga delante de un espejo. Puede resultar extraño al principio, pero mirarse a los ojos mientras recita estas afirmaciones ilustrará su poder. Puede incorporarlas a su rutina matutina o a la hora de acostarse, para que sean fáciles de seguir. Piense en ellas como una rutina de autocuidado que necesita que usted sea constante para que pueda funcionar.

¿Qué son los mantras?

Los mantras son cánticos que usted se dice a sí mismo repetidamente durante el yoga, la meditación o cualquier otra práctica espiritual. Mantra es una palabra sánscrita que se traduce como "liberar la mente". Estos cantos pueden ser palabras o frases que se repiten varias veces en una sesión de 10 minutos. Puede confeccionar una lista de afirmaciones que le lleve tres minutos recitar. Sin embargo, es necesario que se entregue por completo a las palabras del mantra durante la meditación. No bastará con decirlo una vez o repetirlo durante unos minutos.

Al verbalizar un mantra, tiene que estar totalmente involucrado y concentrado. En definitiva, debe desconectarse por completo de todo lo que le rodea y dirigir toda su atención a las palabras que pronuncia. Aunque esto puede ser muy difícil de hacer al principio, es algo que logrará con el tiempo. Como requieren tanta conciencia y atención, es mejor incluirlas en forma de meditación.

Designe un espacio tranquilo y silencioso para realizar la práctica con regularidad. Si vive con un compañero de piso o con miembros de su familia, pídales que no le molesten durante el período de la sesión. Siéntese en una posición cómoda en el suelo y tome conciencia de su respiración. Comience a cantar sus mantras para que coincidan con el ritmo de sus respiraciones. La armonía que crea al repetir el mantra genera una vibración que se mueve por todo su cuerpo y libera su mente. Notar las vibraciones del mantra y cómo le hace sentir puede ayudarle a reducir la ansiedad y el estrés y promover una sensación de paz interior. Además de la armonía del mantra, las propias palabras, que están en sánscrito, tienen un poder inmenso. Ayudan a quien lo recita a comprender quién es y ofrecen una visión de sus capacidades y habilidades.

Hay muchas cosas que desconocemos y que no podemos controlar en el mundo, lo que puede causar una gran cantidad de estrés y ansiedad, que los mantras pueden ayudarnos a superar. Nos permiten hacer las paces porque no podemos controlar todo lo que nos rodea. No solo eso, sino que recitar mantras nos permite comprender el mundo que nos rodea y nos ayuda a dar sentido a toda su dinámica. Recitar estos cantos le da mucho poder. En lugar de fijarse en las acciones de otras personas y en las circunstancias que escapan a su control, le animan a responsabilizarse e influir en lo único que puede controlar usted mismo. Al igual que las afirmaciones, hay mantras diseñados para cada propósito. Cada chacra tiene también su propio mantra que le ayuda a mantener su equilibrio.

Afirmaciones del chacra del corazón

Estas son algunas afirmaciones que puede utilizar para abrir y equilibrar su chacra del corazón:

"Soy digno de afecto y amor puro".

"Estoy totalmente abierto a recibir y aceptar el amor".

"Dejo ir el dolor y el resentimiento del pasado".

"Vivo en armonía y en paz con todos los demás seres".

"Atraigo a parejas cariñosas y solidarias".

"Construyo relaciones románticas sanas y afectuosas".

"Me perdono por todos los errores del pasado, y los veo como una forma de aprender y avanzar".

"Mi corazón está lleno de compasión por mí y por los que me rodean".

Creando sus propias afirmaciones

Escribir sus propias afirmaciones no es difícil. Aunque las anteriores pueden ser de gran ayuda, aprender a escribir sus propias afirmaciones le permite adaptarlas a sus propias necesidades y experiencia. También vale la pena mencionar que si desea abordar otros aspectos de su vida y abrir su chacra del corazón, puede hacerlo. Solo usted puede determinar el número de afirmaciones y los temas que mejor le funcionan.

Cuando escriba sus afirmaciones, seleccione un lugar tranquilo donde pueda concentrarse. Elija un pensamiento negativo o un aspecto de su vida que desee desafiar y contrarreste con una frase positiva opuesta. Por ejemplo, si siempre ha creído que es incapaz o que siempre comete numerosos errores, puede escribir afirmaciones similares a "soy capaz y tengo experiencia" o "mis errores me ayudan a crecer y aprender".

Sus afirmaciones deben ser cortas para que no le cueste recordarlas. No se preocupe por crear afirmaciones demasiado cortas. Incluso las que solo tienen cuatro palabras pueden ser impactantes. Todo depende de la elección de las palabras y de cómo las diga y sienta. Estos son algunos consejos que pueden ayudarle a crear afirmaciones poderosas:

Hágalas personales y comience con "mi" o "yo". Sus afirmaciones se refieren a usted mismo, por lo que deben reflejar precisamente eso. "*Atraigo el amor*" es mucho más potente que "*el amor me encuentra*".

Manténgalas en tiempo presente. La clave de las afirmaciones es actuar como si estuviera experimentando sus deseos ahora. Por ejemplo, "*soy influyente*" es mejor que "*seré influyente*". Evite limitar sus afirmaciones, como "t*endré una relación en cuatro meses*".

Evite expresar que quiere o necesita que su afirmación ocurra. Usted no desea declarar lo que le falta. En su lugar, desee anunciar que ya tiene lo que quiere y lo agradecido que está por ello.

No utilice afirmaciones negativas. Por ejemplo, si no quiere fracasar, no lo diga. Una afirmación mejor redactada sería "*tengo éxito*". Evite utilizar palabras como "no", "parar", "no puedo", etc.

Incluya las emociones siempre que pueda. Ejemplo: "*me **entusiasma** subir de categoría en el trabajo*".

Creer. Si quiere que sus afirmaciones funcionen, debe creer en ellas. Por eso no debe crear afirmaciones fuera de su alcance. Por ejemplo, si amarse a usted mismo suena increíble en este momento, puede empezar con una afirmación como "*me acepto a mí mismo a pesar de mis defectos*". Cuando se sienta preparado o se resista menos a la idea del amor propio, cámbiela por una afirmación más poderosa como "*me amo incondicionalmente*".

Mantra del chacra del corazón

Hay siete mantras bija (semillas) asociados a cada chacra. Recitarlos durante su práctica meditativa le permite vibrar con la misma energía del chacra al que se dirige. YAM es el bija mantra que corresponde al chacra del anahata.

Mientras que los mantras bija constan de una sola sílaba, los mantras pueden constar generalmente de palabras y frases. Sin embargo, estos cantos más largos se recitan principalmente por su significado vibratorio más que por el significado de sus palabras. Cuando se incorporan a la práctica del yoga, los mantras bija pueden ayudar a calmar la mente y el cuerpo, mantenerlos equilibrados y alineados, y limpiarlos.

Cuando se recita el canto YAM, el enfoque se dirige hacia la energía del chacra del corazón. El anahata es el lugar donde el cuerpo físico se encuentra con la esencia espiritual, impactando en su salud física, emocional y espiritual.

Pronunciación

Las VA, LA, YA y RA son las semivocales o "antahstha" del alfabeto sánscrito. Los mantras bija se realizan principalmente con estas semivocales. Para generar estos sonidos, se utilizan principalmente cinco posiciones de la lengua, cada una de las cuales estimula los cinco elementos que ayudan a equilibrar los chacras. Según la creencia ayurvédica, el cuerpo tiene 72.000 canales de energía sutil o "nadis". También hay 84 puntos reflejos (paladar duro: 64, paladar blando: 20) que se encuentran en la boca y que puede estimular cantando los mantras bija. Cada punto corresponde a varios nadis. El canto hace que la energía fluya por todo el cuerpo activando las partes pasivas del cerebro. Cada elemento está vinculado a un símbolo único. Cuando lo visualiza durante el canto, puede reforzar su conexión con su elemento.

Cuando cante el YAM, visualice el chacra del corazón. Lo representa una flor de loto verde con doce pétalos y una shatkona (estrella de seis puntas) en su interior. El canto del YAM suena como el YANG. Presione con la lengua la parte delantera del paladar blando en el paladar. Puede buscar el canto y escucharlo si todavía está confundido.

¿Qué es un mudra?

Un mudra es un gesto sagrado, típicamente físico. Esta práctica simbólica es importante en varias creencias y actividades espirituales, como el budismo, el jainismo y el hinduismo. Sin embargo, los mudras más populares se incorporan a las prácticas de meditación y yoga. En ellos nos centraremos en este capítulo.

Los yoguistas utilizan los mudras para facilitar el flujo de prana, o "energía vital", por todo el cuerpo. Mudra es una palabra sánscrita que se traduce en "gesto" o "sello". Existen unos 400 mudras en total si se tienen en cuenta las numerosas tradiciones y religiones. Además de su uso espiritual, los mudras se utilizan a menudo en la danza y la coreografía indias.

Cada mudra tiene un propósito único y afecta a la mente y al cuerpo de forma diferente. Hay tres tipos principales de mudras que se pueden utilizar: hasta, que se refiere a los mudras de las manos (son los más comunes), *kaya*, que son los mudras del cuerpo, y citta, que se refiere a los mudras de la conciencia.

Los mudras se utilizan en la meditación y el pranayama por la forma en que influyen en el prana, sirviendo como una gran fuente de apoyo en la práctica.

Estos dos mudras pueden ayudarle a equilibrar y sanar su chacra del corazón:

Hridaya mudra

Coloque un dedo índice en la raíz del pulgar de la misma mano. Toque las puntas de los dedos medio y anular con la punta de ese pulgar. Mantenga el dedo meñique apuntando hacia arriba. Mantenga las palmas de las manos hacia arriba y llévelas a las rodillas.

Este mudra puede ayudarle a liberar las emociones que le han agobiado. Puede ayudarle a soltar el estrés y las emociones

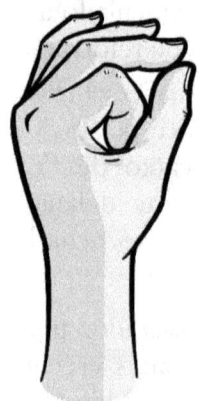

Padma mudra o mudra del loto

Presione la parte inferior de ambas manos. Deje que los lados de los dedos meñique y pulgar se toquen. Los dedos índice, corazón y anular deben estar muy separados. La mano debe parecerse a un loto. Lleve la mano al centro del corazón antes de juntar los antebrazos. Elévelos por encima del corazón, abriéndolo.

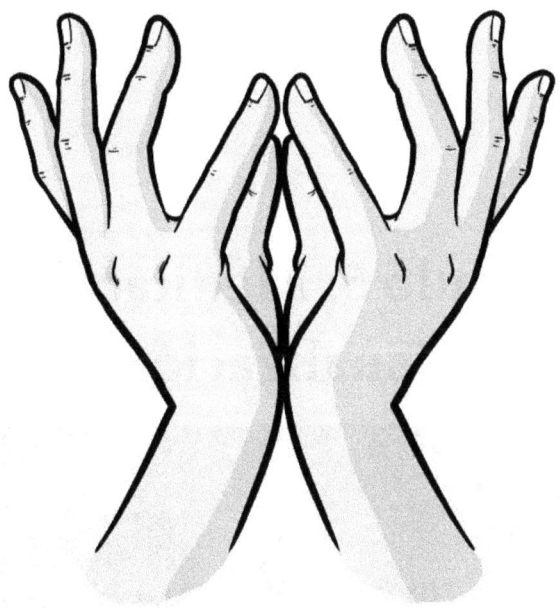

Este mudra puede ayudarle a mantener los pies en la tierra. Es un gesto edificante que simboliza la pureza. Practicar el mudra del loto puede ayudarle a liberar emociones negativas como la soledad, la tristeza y la insuficiencia.

Los mantras, las afirmaciones y los mudras pueden ser excelentes herramientas para abrir y equilibrar los chacras. También pueden ayudarle a eliminar las emociones negativas y a mejorar ciertos aspectos de su vida. Estas tres prácticas, sencillas pero muy eficaces, pueden beneficiar sus esfuerzos diarios y espirituales.

Capítulo 5: Meditación y visualización

Meditando
https://pixabay.com/images/id-198958

La meditación es una herramienta brillante para abrir el chacra del corazón. Es una práctica en la que permite que su mente se relaje y que sus emociones afloren y se desarrollen. Sin embargo, muchas personas son reacias a probarla, por no saber cómo añadirla a su agenda diaria, a pesar de ser uno de los ejercicios de atención plena más accesibles que puede elegir. Meditar solo unos minutos al día puede abrir, reequilibrar o limpiar su chacra del corazón, incluso si no está familiarizado con las técnicas de meditación. En este capítulo, aprenderá varias técnicas de mediación y visualización, cada una de ellas con un enfoque ligeramente diferente para tratar los problemas del anahata.

Meditación guiada para desbloquear el chacra del corazón

"La vida solo puede encontrarse en el momento presente. El pasado se ha ido, el futuro aún no ha llegado, y si no volvemos a nosotros mismos en el momento presente, no podemos estar en contacto con la vida". - Thich Nhat Hanh

Esta es una meditación guiada relativamente simple pero efectiva para abrir su chacra del corazón. A pesar de su sencillez, requiere un tiempo de preparación, pero solo para que le resulte más fácil despejar cualquier cosa que obstruya este centro energético. La preparación consiste en leer el guión que encontrará a continuación un par de veces hasta que esté seguro de que puede leer en voz alta sin equivocarse, ya que tendrá que grabárse usted mismo. Debe haber una pausa larga de 5 a 10 segundos entre los párrafos. Si se siente nervioso al hacerlo, puede pedirle a otra persona que lo lea por usted mientras que lo graba.

Cuando haya terminado la grabación y se sienta preparado, comience la sesión de la siguiente manera:

- Siéntese con la espalda recta en el suelo con las piernas cruzadas o en una silla. También puede hacerlo acostado si está lo suficientemente despierto.

- Cierre los ojos, respire relajadamente unas cuantas veces y escuche las instrucciones grabadas.

- Inhale profundamente y, al exhalar, visualice su chacra del corazón como un árbol verde en su pecho. Concéntrese en la luz verde esmeralda que emite y que irradia hacia distintas partes de su cuerpo.

- Luego, cambiando su enfoque a una rama individual del árbol exuberante, visualícese trepando por ella. Al pasar por las ramas más pequeñas cargadas de gruesas hojas verdes, sentirá su frescura. El sol no puede atravesarlas, así que siempre permanecerá a salvo en la sombra.

- Cuando llegue a la rama más alta y mire hacia abajo, todo lo que verá son más árboles exuberantemente verdes que brillan con la misma luz verde esmeralda.

- Concéntrese en cómo le hace sentir estar allí, en la copa del árbol. Sienta su efecto de enraizamiento, su poder y su naturaleza protectora, ya que le protege con sus hojas.
- Ahora imagine que este árbol está dentro de un orbe que representa su chacra del corazón. El orbe está girando y, al hacerlo, impregna su cuerpo con el poder del árbol verde.
- Respire profundamente unas cuantas veces y permítase ser cada vez más consciente de la fuerza que ahora emana del chacra.
- Cuando esté preparado, baje lentamente del árbol sintiendo su protección durante todo el trayecto.
- Cuando llegue al suelo, vuelva a mirar al árbol y siéntase orgulloso de que su poder esté dentro de usted.
- Luego abra los ojos y levántese con el chacra verde del corazón transmitiendo libremente la energía en todas las direcciones de su cuerpo.

Un ejercicio de atención plena para la curación y la autocompasión

Otra gran manera de abrir o sanar su chacra del corazón es encontrar la compasión por usted mismo. Esto le enseñará a ser amable con los demás y le permitirá superar las experiencias traumáticas que dañan su centro del corazón. La práctica regular de este ejercicio despejará la negatividad del anahata y le reconectará con la creatividad. También promueve la autoexpresión y el crecimiento espiritual.

He aquí cómo sanar su chacra del corazón a través de la autocompasión:

- Busque un espacio tranquilo donde pueda concentrarse sin interrupciones y adopte una posición cómoda.
- Respire profundamente y trate de visualizar una situación que le cause ansiedad o cualquier emoción negativa.
- Ahora cierre los ojos y observe detenidamente la situación. Su reacción inicial sería evitar el malestar que le causa, pero se está ayudando a sí mismo a superarlo al aceptarlo.
- Tómese el tiempo necesario para reconocer plenamente qué es lo que le está causando el estrés y por qué. No dude en decirlo en voz alta para mejorar el mensaje.

- También debe reconocer que este tipo de experiencias lo hacen crecer y que no está solo. Y, al igual que usted mismo condonaría a cualquier persona que estuviera luchando de la misma manera, debería hacer lo mismo consigo mismo.
- Afírmese usted mismo que es digno de ser amado y que el amor tiene que partir de su propio ser.
- Ponga su mano sobre el anahata, y trate de liberar la negatividad con un par de respiraciones profundas.
- Sienta cómo se levanta la carga de sus hombros y cómo su mano se apoya en el pecho como efecto de conexión a tierra. Permita que la energía que sale de su mano sane su chacra del corazón.
- Así, sentirá la energía en todo su cuerpo, promoviendo que sea amable consigo mismo en el futuro.

Ahora tiene la oportunidad de pedir y cultivar para sí mismo, lo que sea que le falte de antemano, ya sea la incapacidad de perdonar la transgresión pasada, la debilidad, la falta de compasión o bondad, o cualquier otra cosa.

Meditación de equilibrio anahata

A veces las emociones solo están causando un ligero desequilibrio en el flujo de energía a través de su centro del corazón. En este caso, el problema es más fácil de solucionar. Esta sencilla meditación de reequilibrio de Anahata restablecerá su flujo de energía y eliminará la negatividad de este centro. A continuación le explicamos cómo hacerla en unos sencillos pasos:

- Busque un espacio donde no se distraiga durante la sesión para poder concentrarse en sus emociones. Necesitará al menos 20 o 30 minutos.
- Siéntase cómodamente en el suelo o en una silla. Mantenga la espalda en posición vertical con los hombros ligeramente inclinados hacia delante.
- Respire profundamente y cierre los ojos. Durante unos segundos más, siga concentrándose en su respiración para no distraerse con sus pensamientos acelerados.
- Cuando su mente esté lo suficientemente relajada, cambie su atención a las sensaciones que puede sentir en su cuerpo. Siga

inhalando y exhalando profundamente y sienta cómo el aire recorre su cuerpo.
- Cuando llegue al chacra del corazón, el aire puede causar una ligera molestia. Si siente esto, intente hacer aflorar sus sentimientos en ese momento concreto.
- A continuación, comience a enviar sentimientos positivos hacia los negativos en su chacra del corazón para equilibrarlo.
- Continúe el ejercicio hasta que sienta que el malestar desaparece tras las crecientes emociones positivas.
- Cuando esté preparado, abra los ojos y termine la sesión con una exhalación.

Reconectar con el chacra del corazón

En este mundo tan ajetreado, es fácil perder de vista el estado de sus chacras. Sin embargo, si no se mantiene el contacto con ellos, no podrá examinarlos en busca de bloqueos. Al igual que la meditación de autocompasión, esta también se basa en reconocer lo que hay dentro de usted, solo que con un propósito ligeramente diferente. Este ejercicio le ayudará a reconectar con su chacra del corazón:

- Empiece por ponerse cómodo acostándose de espaldas o sentándose con la espalda recta. Siéntase libre de probar varias posiciones hasta que encuentre la que le haga sentir más cómodo.
- Comience a concentrarse en la respiración cuando sienta que su cuerpo y su mente se han calmado.
- Haga una pausa de unos segundos y luego abra las clavículas. Ponga una mano en el corazón y la otra en el estómago.
- Observe el espacio que rodea a su corazón y lo que hay en él. Puede que vea que crece y se encoge con cada respiración. Esto se debe a que los pulmones obligan a su vientre a expandirse al inspirar.
- Ahora haga otra pausa y pase a la siguiente parte: visualice la luz verde de su chacra del corazón. Está inhalando su poder, que viaja por su cuerpo y finalmente termina en su centro del corazón.
- Sienta el calor del poder que está recibiendo. Esto permitirá que su corazón se abra al amor. Puede que se sienta

vulnerable. Debe luchar contra esto porque solo avanzando podrá encontrar motivación en la vida.

- Ahora haga otra pausa, después de la cual puede llamar a su guía. Puede ser alguien a quien amó en el pasado y con quien comparte buenos recuerdos.

- Concéntrese en el rostro de su ser querido, acercándolo cada vez más y permitiendo que la luz verde lo envuelva.

- Llega la parte más difícil: debe visualizar a alguien con quien no haya tenido la mejor relación. Deje que ellos también se bañen en la luz.

- Por último, debe imaginarse a sí mismo justo donde está, solo que con el chacra del corazón abierto. Acérquese tanto como lo hizo con las otras imágenes.

- Proceda a cubrir su propia imagen con compasión, amor y apertura ahora que es consciente de sus sentimientos.

- Una vez hecho esto, podrá enviar estos sentimientos hacia los demás o mantenerlos cerca de sí mismo.

Después de descansar tres minutos, abra los ojos, levántese y siga con su día.

Abrir el corazón con la meditación de visualización

Aumentar su conciencia de sí mismo es una de las mejores maneras de abrir su chacra del corazón. A diferencia de sus pensamientos, sus emociones son mucho más permanentes, lo que significa que sacarlas a la luz es una de las mejores cosas que usted puede hacer por sí mismo. No hace falta ni siquiera mirar a su alrededor y comprender cómo se relaciona con sus propios sentimientos y los de los demás. A menudo se denomina inteligencia emocional, y encontrar la bondad, la compasión y el amor es más fácil de lo que se cree, pero hay que estar dispuesto a buscarlos.

He aquí cómo abrir el corazón en la meditación con la visualización:

- Empiece por encontrar un espacio tranquilo en el que se sienta seguro y con más posibilidades de que surja el amor y el deseo.

- Siéntese en una posición cómoda y cierre los ojos mientras intenta relajarse. El objetivo es renunciar al control de sus sentimientos.

- La espalda debe estar erguida y los hombros relajados.
- Respire profundamente y déjese llevar por las emociones que surjan, por muy incómodas que le hagan sentir.
- Exhale e inhale de nuevo, repitiendo esto un par de veces, y permitiendo que algo de negatividad abandone su cuerpo y su mente con cada respiración.
- Si siente la tensión en cualquier parte del cuerpo (excepto en su anahata), trate de dejarla ir.
- Ahora comience a concentrarse en su corazón. Compruebe si hay algo que le haga sentirse incómodo en esa zona.
- Si hay alguna negatividad, intente visualizar su respiración viajando hacia ella, relajando su corazón al igual que lo hizo con su mente.
- Examine las sensaciones más de cerca para ver su peso y si están bloqueando el camino de la energía o manteniéndola desequilibrada.
- Independientemente del peso de las sensaciones, permita que surjan plenamente enviando pensamientos amorosos hacia su centro del corazón.
- Ahora imagine que cada uno de estos pensamientos alimenta diferentes emociones positivas que borrarán las negativas.
- Visualice sus pensamientos viajando físicamente hacia su corazón y su respiración y eliminando los sentimientos incómodos uno a uno.
- Siga repitiéndolo hasta que perciba que su corazón se abre a los nuevos y nutritivos sentimientos. Incluso puede preguntar a su anahata si está listo para seguir adelante o no.
- La respuesta vendrá instintivamente de sus emociones. No piense en ello, pero deje que sea la primera emoción que aflore.
- Siga inhalando y exhalando profundamente para que su corazón capte las nuevas emociones que está experimentando.
- Cuando sienta que su corazón está lo suficientemente abierto, lleve la mano delante de él en posición de oración e incline la cabeza.

Asegúrese de expresar su gratitud por todo el amor y la bondad que ahora podrá sentir antes de continuar con sus actividades diarias.

Técnicas de meditación sencillas para los días ajetreados

En contra de la creencia popular, no todos los ejercicios de meditación deben ser guiados y practicados en una sala silenciosa. De hecho, al principio de su viaje, puede resultarle más fácil incorporar algunas técnicas a su vida para que le resulte más fácil seguir los guiones de meditación. Intente aquietar su mente mientras acude al trabajo puede ser una buena práctica, y no le llevará más de unos minutos. Del mismo modo, si le sobran entre 5 y 10 minutos durante la hora del almuerzo, puede caminar hasta el parque más cercano y sumergirse en la naturaleza. Esto mejorará su capacidad de visualización, y será más eficaz cuando llegue a utilizarla.

Consejos y trucos para la meditación y visualización del anahata

Probablemente haya notado algunos temas recurrentes en todas las técnicas de mediación y visualización presentadas anteriormente. El primero es que todas ellas requieren que encuentre un lugar tranquilo donde pueda trabajar en paz. Tanto si la duración de la sesión es de 5 o de 45 minutos, debe procurar relajar su mente lo máximo posible. Sin embargo, esto puede ser todo un reto si hay gente moviéndose de un lado a otro, ruidos de distracción en el fondo... por no hablar de un teléfono que aparece constantemente con notificaciones a su lado. Tendrá que eliminarlos para obtener los mejores resultados antes de abordar su sesión.

La segunda cosa que puede haber notado es que las instrucciones siempre señalan que la espalda debe estar recta. Tanto si está de pie como sentado o tumbado durante la sesión, encorvarse puede hacer que la columna vertebral y las costillas presionen los órganos. Esto hace que la actividad sea incómoda y que no pueda realizarla correctamente. Lo ideal es hacer las meditaciones en el suelo, pero si prefiere utilizar una esterilla de yoga o sentarse en una silla (o tiene que hacerlo por razones médicas), no dude en hacerlo.

Lleve ropa adecuada para la meditación. Una vez más, lo que lleve depende de sus preferencias, pero tiene que ser ropa que no sea restrictiva. La ropa de yoga también es perfectamente aceptable. Idealmente, el mejor momento para hacer estos ejercicios es por la mañana, cuando su mente está relajada justo después de despertarse. Además, el efecto del aire que respira le resultará más refrescante. No hay mejor manera de rejuvenecer su centro del corazón y despertarlo que enviar energía positiva hacia él por la mañana. Si las mañanas no le sirven, no hay nada malo en hacerlo durante el día. Puede utilizar otros estímulos de canalización del pensamiento para realizar ejercicios que no requieran que escuche la meditación guiada. Algunas personas prefieren combinar la meditación con mantras, algo sobre lo que leerá más en otro capítulo de este libro. Escuchar música curativa es otra opción popular, ya que las frecuencias vibratorias le permitirán sentir las sensaciones que se propagan por su cuerpo. Eso, si no se distrae demasiado. Si está acostumbrado a que sus pensamientos vayan a toda velocidad, puede resultarle difícil evitar que le distraigan sin estar en completo silencio. Aunque debe reconocer su existencia, debe aprender a descartarlos.

Puede que sienta que su apretada agenda limita su capacidad para meditar o visualizar sus chacras. Afortunadamente, no tiene que hacerlo necesariamente con la frecuencia que recomiendan la mayoría de las guías. Basta con que se grabe leyendo unas cuantas sesiones guiadas y las escuche siempre que tenga tiempo para ello. No importa si lo hace por la noche, por la mañana, de pie en la cola del supermercado o mientras está atrapado en el tráfico: no hay reglas sobre cuándo practicar la compasión y la generosidad.

Si le apetece probar algunas de las prácticas de mediación o visualización descritas en este capítulo, también puede consultar el siguiente capítulo para ver qué técnicas de respiración puede utilizar durante sus sesiones. Muchas son perfectas para los estilos de meditación que promueven el chacra del corazón y son increíblemente fáciles de incorporar a cualquier rutina.

Capítulo 6: El pranayama y el yoga para el corazón

Postura de yoga
https://unsplash.com/photos/F2qh3yjz6Jk

La respiración es una parte esencial de nuestra vida. Es algo que hacemos automáticamente, estemos conscientes o dormidos. En su estado vivo, el cuerpo humano tiene que respirar para funcionar y es, de hecho, una parte vital de nuestra vida. La práctica del yoga utiliza esta función humana fundamental para ayudarnos a controlar nuestra salud mental y física. La palabra pranayama proviene de las palabras sánscritas prana, que se traduce como la respiración que sostiene el cuerpo, y ayama, que significa sacar o extender. Por lo tanto, pranayama significa control de la respiración o extensión de la misma. El yoga combina las técnicas de asana y pranayama para ayudarnos a alcanzar una sensación de paz y calma más profunda.

Todas las células de nuestro cuerpo necesitan oxígeno para funcionar correctamente, por lo que no es de extrañar que la práctica de técnicas de respiración controlada pueda ayudar a mejorar la salud mental e incluso física y tener un buen efecto general en nuestro bienestar. Las técnicas de pranayama no son fáciles de entender al principio; sin embargo, una vez que haya integrado estos métodos en sus rutinas de yoga, verá un cambio casi instantáneo en su salud. Este capítulo incluye una guía detallada sobre el uso de las técnicas de pranayama para obtener el control de su cuerpo e incorporarlas a sus rutinas de yoga para obtener el control de su chacra del corazón.

La ciencia de la respiración controlada

La respiración consciente nos ayuda a conectar con la energía sutil presente en nuestro interior y a navegar por los diferentes niveles de conciencia. La respiración controlada, combinada con la atención plena, nos ayuda a conectar con diferentes partes de nuestro cerebro. Cuando usted se enfoca la respiración y deja de lado cualquier otro pensamiento, usted hace presente; la mente deja de lado el pasado y el futuro y se centra simplemente en la inhalación y la exhalación de la respiración.

Mientras que la respiración inconsciente está controlada por la médula oblonga, la parte más primitiva del cerebro, la respiración consciente está conectada con la corteza cerebral, responsable de los procesos de pensamiento más evolucionados. La respiración controlada ayuda a activar la corteza cerebral, lo que tiene un efecto relajante sobre nuestras emociones. En palabras sencillas, al controlar su respiración, podrá controlar qué partes de su mente dominan sobre las demás, lo que dará lugar a la elevación de sus pensamientos de primitivos a evolucionados.

Practicando diferentes patrones de respiración, puede controlar su estado emocional. Por ejemplo, ralentizar la respiración hace que se relaje. Cuando su respiración controlada activa la corteza cerebral, esta envía señales de impulso inhibidor al centro respiratorio de su cerebro. Estas señales se desbordan hacia el hipotálamo, que está asociado a sus emociones, y relajan esta zona.

Pranayama para equilibrar el chacra del corazón

El chacra del corazón o anahata tiene más importancia que cualquier otro de los siete chacras del cuerpo. El chacra central se asocia con el amor, la alegría y la compasión; anahata conecta los chacras superiores e inferiores, conectando con los chacras espirituales. Su chacra del corazón debe estar equilibrado para lograr una actitud despreocupada y empática. Si siente que su chacra del corazón puede estar bloqueado por energía negativa, hay muchas técnicas de pranayama que puede probar para conseguir que el qi fluya a través de su anahata en poco tiempo.

Agni sara

Pranayama
https://pixabay.com/it/photos/il-kundalini-yoga-yoga-pranayama-4941150

El agni sara es una de las formas más eficaces de desbloquear el chacra del corazón a través del pranayama. Se define como la purificación del abdomen mediante el calor generado durante la respiración. Sencillo de practicar, el agni sara se puede realizar siguiendo estos pasos:

Inhale profundamente antes de contraer el bajo vientre y el suelo pélvico. El bajo vientre debe estar contraído hacia dentro y hacia arriba.

Cuando toda la pared abdominal esté completamente contraída, succione el diafragma bajo las costillas.

Ahora, suelte el diafragma y comience a inhalar lentamente. Suelte los músculos abdominales mientras sigue inhalando.

Suelte el vientre bajo, inhale y, finalmente, suelte los músculos pélvicos.

Después de repetir esto tres o cuatro veces, notará una sensación de calor que viaja desde los músculos abdominales hasta el corazón.

Anuloma viloma

Esta técnica es perfecta para equilibrar el chacra del corazón y ayuda a solucionar cualquier problema respiratorio que se pueda tener. También conocido como técnica de respiración con fosas nasales alternas, el pranayama anuloma viloma ayuda a que los pulmones funcionen correctamente para que la respiración sea fluida, manteniendo a raya el estrés. Para practicar el anuloma viloma, siga estos pasos:

- Colóquese en una posición cómoda, preferiblemente en sukhasana o padmasana.
- Asegúrese de que la columna vertebral está recta y los hombros empujados hacia atrás.
- Utilice el pulgar para bloquear la fosa nasal derecha e inhale profundamente por la izquierda.
- Ahora, bloquee la fosa nasal izquierda y exhale lentamente por la derecha.
- Asegúrese de que su mente se concentra en la respiración y no se deja llevar por otros pensamientos.

Repita este proceso sesenta veces o durante cinco minutos.

Bhramari

El bhramari pranayama es una de las técnicas de respiración más utilizadas para activar el chacra del corazón. También llamada técnica de respiración del abejorro, puede ayudarnos a conectar con nuestros sonidos internos y mejorar nuestra actividad cerebral en general. Al practicar esta técnica se produce el zumbido de una abeja, que tiene un efecto calmante para nuestra salud mental y física. Es una técnica bastante sencilla, que incluye los siguientes pasos.

- Póngase en una posición de meditación cómoda y utilice los dedos índices para taparse los oídos.
- Mantenga la columna vertebral recta, con la cabeza mirando al frente.
- Cierre los ojos, pero no los fuerce. Mantenga la boca cerrada, pero los dientes superiores e inferiores deben estar separados.
- Inhale profundamente durante unos segundos.
- Al exhalar, cree un zumbido sincronizado con su respiración. Asegúrese de exhalar lentamente.
- Cuando termine de exhalar, deje de producir el zumbido e inhale profundamente.
- Mantenga los oídos tapados mientras hace esto, y tararee con la siguiente exhalación.
- Repita este proceso durante unos cinco minutos.

Vyana vayu

Vyana vayu es una de las cinco corrientes dinámicas que fluyen por nuestros chacras. Ayuda a activar la energía de expansión que se mueve en todas las direcciones para conectar sus componentes físicos y espirituales. Esta técnica se dirige principalmente a su chacra del corazón y ayuda a activarlo. Siga estos pasos para practicarla:

- Siéntese en una posición cómoda, con la columna vertebral recta y la cabeza mirando al frente.
- Forme el anjali mudra (posición de oración) con las manos y acérquelas al corazón.
- Piense en algo o en alguien a quien ama; esto le ayudará a abrir la energía de su chacra del corazón.
- Inhale profundamente por la nariz mientras abre los brazos como si abrazara a alguien.
- Mientras lo hace, imagine que un color de su elección fluye desde su corazón, a través de sus manos y de la punta de sus dedos, llenando su entorno de amor.
- Exhale lentamente y vuelva a colocar las manos en la posición de oración cerca del corazón.

Continúe este proceso durante diez o quince rondas hasta que sienta que el amor envuelve su mente y su cuerpo.

Beneficios del yoga para equilibrar anahata

Cuando el chacra del corazón está activado, se siente en paz y observa todo con amor y compasión. El anahata yoga combina técnicas de pranayama y asanas para estimular y activar el chacra del corazón mediante técnicas de respiración, posturas controladas y meditación consciente. El anahata yoga aporta muchos beneficios, algunos de los cuales son:

- Forme un puente entre los chacras inferiores y superiores y conecte su bienestar mental, físico y espiritual.
- Activar y equilibrar el chacra del corazón no solo garantiza una mejor salud para el corazón, sino también para los pulmones, el pecho y los brazos.
- Un desequilibrio en el chacra del corazón puede provocar problemas de salud mental, como depresión, ansiedad, estrés, trastornos de pánico, etc. Practicar yoga anahata ayudará a tratar estos problemas.
- Las posturas del anahata ayudan a liberar la energía negativa de su cuerpo físico y de su conciencia mental.

Posturas recomendadas para equilibrar el chacra del corazón

Ustrasana (postura del camello)

La palabra ustrasana es una combinación de dos términos sánscritos, ustra, que significa camello, y asana, que significa postura. Por lo tanto, la palabra se traduce literalmente en la postura del camello. Es una técnica de yoga muy común que se utiliza para abrir el chacra del corazón, y aunque no es muy difícil, todavía se considera una postura de nivel intermedio. Ciertos tecnicismos de esta postura tienen que ser ejecutados perfectamente para una práctica efectiva. Antes de empezar, se recomienda realizar algunos ejercicios de calentamiento de la flexión de la espalda y luego seguir estos pasos.

Postura del camello

lululemon athletica, CC BY 2.0 <https://creativecommons.org/licenses/by/2.0>, via Wikimedia Commons https://commons.wikimedia.org/wiki/File:Ustrasana_-_Camel_Pose.jpg

- Comience con las rodillas en el suelo, bien separadas, con los muslos directamente perpendiculares al suelo.
- Empuje ligeramente las nalgas hacia fuera mientras junta los codos.
- Ahora, suba el pubis y empuje las nalgas hacia delante. En este punto, empezará a sentir una ligera tensión en los muslos.
- A continuación, levante el pecho y gire las manos hacia fuera para agarrar los talones por detrás.
- Abra más el pecho apretando los omóplatos lo más posible.
- Mantenga esta postura de cinco a diez segundos.
- Para terminar la postura, levante ambos brazos y llévelos hacia delante. Siéntase en la posición vajrasana para relajarse.

Bhujangasana (postura de la cobra)

Bhujangasana es una palabra sánscrita que se traduce básicamente en la postura (asana) de la cobra (bhujanga). Esta técnica de yoga tiene muchos resultados positivos, especialmente en la activación del chacra del corazón. No solo ayuda a reducir el estrés y la fatiga, sino que también fortalece los músculos, tonifica el abdomen, mejora la flexibilidad de la parte superior e inferior de la espalda y ayuda a tratar algunos problemas médicos relacionados con la respiración. Siga estos pasos para practicar la postura de la cobra para activar su anahata.

Postura de la cobra
https://pixabay.com/it/illustrations/yoga-posa-del-cobra-posa-di-backbend-5494709

- Acuéstese boca abajo, con las plantas de los pies hacia arriba y los dedos de los pies tocando el suelo.
- Asegúrese de mantener las piernas juntas, con los pies tocándose ligeramente.
- Coloque la mano en el suelo justo debajo de los hombros y mantenga los codos paralelos al torso.
- Inhale lentamente, levantando el cuello, la cabeza y el pecho hacia arriba, pero manteniendo el ombligo en el suelo.
- Ahora, levante también el torso del suelo con la ayuda de las manos. Sin embargo, asegúrese de poner el mismo peso en ambas manos.

- Curve lentamente la columna vertebral y respire profundamente. Sea consciente de sus respiraciones y de cada movimiento que haga.
- Si es posible, enderece los brazos estirando la espalda e inclinando la cabeza incluso hacia arriba.
- Mantenga esta postura de cinco a diez segundos.
- Ahora, exhale lenta y suavemente, lleve la parte superior del cuerpo hacia el suelo y descanse unos segundos.

Repita este proceso de cuatro a cinco veces.

Camatkarasana (postura Salvaje)

Camatkarasana es una postura de yoga desafiante pero divertida que tiene como objetivo el chacra del corazón. Esta técnica requiere fuerza y flexibilidad en los hombros, las articulaciones de la cadera y, sobre todo, el núcleo. Por lo tanto, se recomienda realizar ejercicios de calentamiento antes de comenzar este ejercicio. Siga estos pasos para la postura de camatkarasana.

La postura salvaje
Mr. Yoga, CC BY-SA 4.0 <https://creativecommons.org/licenses/by-sa/4.0>, via Wikimedia Commons https://commons.wikimedia.org/wiki/File:M1-yoga-wild-thing.jpg

- Póngase en una posición cómoda y centre su cuerpo y su mente en la respiración.
- Haga algunos ejercicios de calentamiento para los hombros, el pecho, la columna vertebral y el cuello.
- Ahora, es el momento de activar los músculos de la chaturanga haciendo la postura del perro mirando hacia abajo y las posturas de la mesa. Esto ayudará posteriormente a la

estabilidad de la articulación de los hombros durante la postura.

- A continuación, estire la parte delantera del cuerpo con posturas de centro de gravedad bajo. Estas pueden incluir el resorte, la langosta, la cobra, el medio arco y el arco.
- Realice algunos saludos al Sol para ayudar a fortalecer la columna vertebral, la espalda, las caderas y los hombros.
- Ahora, realice algunas planchas laterales para preparar su cuerpo aún más para camatkarasana. Asegúrese de desplazar los talones hacia atrás antes de cambiar de plancha a plancha lateral.
- Continúe con los ejercicios para tensar aún más los cuádriceps, el psoas y los oblicuos mediante una combinación de posturas de cola de escorpión y una postura de perro mirando hacia abajo.
- Ahora, inhale profundamente y levante las caderas mientras está en la combinación de la postura del perro que mira hacia abajo y de la plancha lateral.
- Exhale lentamente mientras vuelve a apoyar el pie izquierdo en el suelo y mantiene las rodillas parcialmente dobladas.
- Curve la parte superior de la espalda y cree una acción de barrido con los hombros hacia la parte posterior de la caja torácica.
- Mantenga esta postura durante unas diez o quince respiraciones y luego vuelva a la postura del perro mirando hacia abajo. Repita la operación para el otro lado.

Matsyasana (postura del pez)

Matsyasana, o la postura del pez, es una de las mejores posturas de yoga para practicar si es un principiante y quiere centrarse en la activación de su anahata. Esta técnica estira eficazmente varias partes del cuerpo, especialmente las que a menudo se descuidan en las asanas de yoga.

Postura del pez
Mr. Yoga, CC BY-SA 4.0 <https://creativecommons.org/licenses/by-sa/4.0>, via Wikimedia Commons https://commons.wikimedia.org/wiki/File:Mr-yoga-fish-pose.jpg

La postura del pez ayuda a estimular dos regiones muy importantes de su cuerpo que son muy difíciles de alcanzar. Además de estimular el chacra del corazón, la postura del pez también estimula el flujo de qi a través del chacra de la garganta y el chacra de la coronilla. Comience este método acostándose de espaldas y siguiendo estos pasos:

- Coloque los antebrazos en la esterilla y mantenga la parte superior de los brazos perpendicular al suelo.
- Infle el pecho curvando los hombros hacia fuera y metiendo los omóplatos detrás de la espalda. Esto creará un efecto de flexión de la espalda con el cuerpo.
- Meta las manos debajo de los glúteos o colóquelas en la esterilla.
- Baje la cabeza hacia el suelo, hacia atrás, hasta llegar a la garganta.
- Inhale profundamente y exhale después de unos segundos. Mantenga esta postura de cinco a diez segundos.

Marjariasana (postura del gato)

Marjariasana, o la técnica del estiramiento del gato, incorpora la gracia y el estiramiento felinos a la práctica del yoga. Al igual que las otras técnicas para la activación del chacra del corazón, el marjariasana ayuda a dar flexibilidad a la médula espinal al tiempo que fortalece los músculos. También estimula el flujo de qi a través de su cuerpo y mejora la circulación sanguínea. Para realizar la postura del gato, siga estos pasos:

- Arrodíllese en el suelo mientras coloca las palmas de las manos en el suelo. Forme una mesa con su cuerpo donde su espalda será el tablero, mientras que sus piernas y manos actuarán como las patas de la mesa.
- Los brazos deben estar perpendiculares al suelo, con las manos colocadas en el suelo justo debajo de los hombros. Las rodillas deben estar muy separadas y debe mirar al frente.
- Inhale lentamente, levante la barbilla ligeramente, incline la cabeza hacia atrás, levante el coxis y mueva el ombligo hacia abajo. Comprima los glúteos y mantenga esta posición durante unos segundos.
- Ahora, exhale lentamente y relaje la postura. Arquee la espalda como un gato y acerque la barbilla al pecho. Este movimiento actuará como un contramovimiento. Mantenga esta postura durante unos segundos antes de volver a la primera posición.

Repita este proceso de cinco a seis veces.

Setu bandha sarvangasana (postura del puente)

La postura del puente es una de las posturas de yoga de flexión de espalda más practicadas por los principiantes para abrir el chacra del corazón. Setu bandha sarvangasana se traduce como "puente, todo y extremidades" en sánscrito. Por lo tanto, la técnica Setu bandha sarvangasana utiliza todas las extremidades para hacer un puente. Siga estos pasos para realizar el yoga setu bandha sarvangasana.

- Acuéstese de espaldas, con las rodillas flexionadas a la distancia de las caderas y las piernas y los pies paralelos.
- Ahora, acerque los pies a los glúteos y eleve las caderas de forma que la mitad inferior quede suspendida.
- Junte las manos por debajo de la espalda arqueada, ensanche el pecho y equilibre el cuerpo sobre los hombros.
- Ahora, exhale lentamente, suelte las manos y baje el cuerpo hasta el suelo. Deje que su cuerpo descanse durante unos segundos antes de repetir el proceso.

El chacra del corazón es uno de los chacras esenciales que, si se bloquea, puede causar bastantes problemas. Se pueden utilizar muchos métodos de pranayama para activar el anahata. Sin embargo, el yoga no consiste solo en hacer posturas o realizar diferentes técnicas de respiración. Hay que canalizar muchos niveles para activar el chacra del corazón. Por lo tanto, las técnicas de asana o pranayama por sí solas no pueden ser suficientes para ello. En su lugar, debe intentar integrar estos procesos para formar una rutina de yoga adecuada que incluya meditación, asana, conciencia, mantras, mudras y otras soluciones necesarias para abrir su anahata. El último capítulo de este libro le proporcionará una rutina adecuada que integra todas estas soluciones para la activación efectiva de su anahata.

Capítulo 7: Uso de cristales y piedras

Cristales y piedras
Maatpublishing, CC BY-SA 4.0 https://creativecommons.org/licenses/by-sa/4.0 via Wikimedia Commons: https://commons.wikimedia.org/wiki/File:Crystals_002.jpg

Como se ha comentado en capítulos anteriores, el anahata, o chacra del corazón, es donde se centran los sentimientos. Situado en el centro del pecho, justo encima del corazón, representa la capacidad de una persona para amar y ser amada.

Cuando está equilibrado, el chacra del corazón está relacionado con la empatía, el cuidado personal y la capacidad de conectar con otras personas. Sin embargo, cuando está desequilibrado, puede causar una gran tensión emocional. Puede hacer que se sienta alejado del mundo que le rodea y que sea más habitual que guarde rencor.

Además, descubrirá que tiene una autoestima más baja y puede encontrar que tiene niveles de energía más bajos. En los casos más graves, puede hacer que se sienta deprimido o ansioso, lo que provoca síntomas físicos como ataques de pánico, problemas respiratorios, palpitaciones, etc.

Teniendo en cuenta estos problemas, es esencial buscar formas de equilibrar el chacra del corazón. Algunas de las opciones que ya se han discutido incluyen:

- Mantras y mudras
- Meditación y visualización
- Pranayama y yoga

Sin embargo, estas no son las únicas opciones disponibles. Otra forma de considerar el equilibrio del chacra del corazón es mediante el uso de cristales y piedras.

Comprender la sanación con cristales

Si nunca ha experimentado la curación con cristales antes, es natural que pueda ser un poco escéptico sobre el uso de piedras y cristales para equilibrar su chacra del corazón. Antes de que podamos ver las opciones de cristales disponibles para usted, primero debemos ver la curación con cristales con un poco más de detalle.

Mientras que la curación con cristales parece otra moda de la Nueva Era, esta tiene cientos e incluso miles de años de antigüedad. Se utilizan para la curación, la protección y mejorar su meditación, proporcionando un objeto de enfoque que se puede utilizar para tomar conciencia de su ser superior.

La idea detrás de la curación con cristales es simple: dependiendo de sus preocupaciones, usted utiliza cristales específicos para ayudar a equilibrar y realinear los sistemas de su cuerpo. La idea es utilizar la frecuencia única y el campo de energía que tiene cada cristal y equilibrar el campo de energía de su cuerpo de una manera que ayude a tratar sus preocupaciones.

Hay que tener en cuenta que cada cristal tiene un efecto diferente, y tiene que saber lo que está utilizando. No puede simplemente elegir la piedra o el cristal más cercano a usted y utilizarlo para desequilibrar su chacra del corazón o mejorar su capacidad de meditación. Tendrá que elegir uno que esté destinado a tratar sus preocupaciones específicas.

Piedras vs. cristales

Como habrá notado, hemos utilizado los términos piedras y cristales indistintamente cuando se trata de la curación con cristales. Esto puede llevarle a preguntarse si hay alguna diferencia entre ambos y si uno es mejor que el otro.

La respuesta corta es no. En la curación con cristales, las piedras preciosas y los cristales son tan buenos como el otro, la única diferencia es que usted elige una piedra o un cristal que aborde sus preocupaciones específicas.

Sin embargo, aunque no hay una diferencia entre los dos en términos de curación con cristales, hay una diferencia en su composición mineral.

Cuando hablamos de piedras en el contexto de la curación, generalmente nos referimos a las piedras preciosas, no a cualquier piedra vieja que se pueda encontrar en el camino. Estas piedras preciosas tienen una base mineral u orgánica; son semipreciosas y se clasifican en función de su composición mineral. Algunos ejemplos son el jade y la amazonita.

Los cristales se eligen en función de su composición atómica, que les confiere una estructura única. Se clasifican según su estructura y forma, y algunos ejemplos son el cuarzo rosa, la amatista y el ojo de tigre.

Decidir si un cristal o una gema es mejor para usted depende de varias consideraciones, como el beneficio que espera obtener. Sin embargo, uno de los factores decisivos más comunes es el coste: aunque los precios individuales pueden variar, los cristales suelen ser menos caros que las piedras preciosas, lo que los hace accesibles a más personas.

Cómo elegir una piedra o un cristal para el chacra del corazón

Algunos factores ayudan a determinar qué piedras son buenas para equilibrar su chacra del corazón. Este chacra está representado por el color verde y el elemento aire, y ambos juegan un papel importante a la hora de elegir los cristales y piedras adecuados.

Dada su conexión con el color verde, las piedras verdes son buenas para este chacra. Junto con el verde, el rosa también es bueno para el chacra anahata, por lo que el cuarzo rosa es una piedra popular para equilibrarlo. Este tipo de piedras (verde y rosa) resuenan con las ideas de amor, compasión y verdad, vinculadas a su chacra del corazón.

Además, su chacra es uno de los más altos y requiere una piedra o cristal de vibración más fuerte para equilibrarlo, lo que afecta a las opciones más adecuadas para usted. Por último, las piedras y los cristales para este chacra se eligen en función de la energía amorosa que tienen y de su capacidad para ayudarle a aumentar su autoestima, su felicidad, su fuerza interior y su armonía.

Veamos algunas piedras y cristales que son especialmente buenos para el chacra del corazón.

Cuarzo rosa

Como se ha mencionado anteriormente, este es quizás el cristal más comúnmente utilizado para equilibrar el chacra del corazón. A menudo se le conoce como la piedra del amor incondicional y está llena de energía amorosa, compasiva y calmante. Además, es fácil de encontrar, lo que contribuye a aumentar su popularidad.

Es una gran opción cuando se tiene una angustia emocional insignificante; por ejemplo, puede estar pasando por un divorcio contencioso, una ruptura o cualquier otra pérdida en su vida que le esté causando mucho dolor emocional. Cuando se utiliza correctamente, puede:

- Ayudar a potenciar su sentido del amor propio
- Ayudarle a sanar de traumas y dolores pasados permitiéndole aceptar y comprender las situaciones que los causaron
- Apoyarlo en la superación de esas emociones negativas
- Abrir su corazón a todo tipo de amor nuevo, incluyendo el romántico, el familiar, el amistoso y, por supuesto, el amor propio

Así es como puede utilizar este cristal:

- Llévelo en joyas para poder beneficiarse de su energía durante todo el día
- Colóquelo debajo de la almohada o cerca de la cama para recibir las vibraciones relajantes por la noche, que le ayudarán a dormir plácidamente.
- Colóquelo en su chacra del corazón durante las sesiones de sanación, y sosténgalo en sus manos durante la meditación.

- Colóquelo en el marco de la ventana de una habitación para atraer la paz y la curación al espacio. Idealmente, elija una habitación en la que pase una cantidad significativa de tiempo. Si desea llevarlo a un lugar de trabajo, puede guardarlo en su escritorio o llevarlo con usted en forma de joyas.

Esmeralda

La esmeralda es una piedra preciosa común, e incluso puede ser algo que ya tenga en forma de joya. Conocida como la "piedra del amor exitoso", promueve la amistad, el amor incondicional y la unidad, y ayuda a mantener en equilibrio tanto las relaciones románticas como las platónicas.

Cuando se trabaja con la esmeralda para el chacra del corazón, esta piedra tiene propiedades curativas para el corazón físico y emocional. Ayuda a eliminar la negatividad, mejora la capacidad psíquica y abre los canales de clarividencia, por lo que es una buena opción para usar durante la meditación. También aumenta la claridad de pensamiento, mejora la memoria y afecta a los trastornos de la columna vertebral, los pulmones y el corazón, entre otros.

Puede utilizar esta piedra como herramienta de meditación para ayudar a promover la curación del cuerpo, la mente y el alma. Aunque también puede llevarla como parte de una joya, es esencial recordar que la piedra puede rayarse fácilmente y debe quitársela antes de realizar actividades extenuantes que puedan dañarla, como nadar, hacer deporte, etc.

Esta piedra:

- Ayuda a protegerlo de los daños emocionales
- Aumenta la confianza en uno mismo y la autoestima
- Le ayuda a comprender su sabiduría interior y su perspicacia sacando a la superficie cosas que conoce inconscientemente
- Le ayuda a comprender los mensajes del universo

Malaquita

Esta piedra verde ayuda a equilibrar y despejar el chacra del corazón, aliviando el estrés que pueda tener y ayudándole a curarse a sí mismo y a su relación con los demás a través de las disculpas y aprendiendo a dejar ir. Se dice que esta piedra atrae el amor y se asocia con la diosa romana Venus. También se dice que puede atraer relaciones amorosas.

Puede utilizar esta piedra para:

- Llevarla en joyas. En un momento dado, se llevaba como amuleto protector, y esta sigue siendo la mejor manera de llevarlo contigo para experimentar sus efectos durante todo el día.
- Como elemento decorativo que puede reutilizarse en ceremonias de curación. Por ejemplo, los cuencos de malaquita son una opción decorativa habitual, pero también pueden utilizarse para la curación con cristales.

Rodonita

Esta piedra rosa es perfecta para las personas que buscan superar momentos difíciles de su pasado. La rodonita le ayuda a desarrollar un sentido saludable de curación y límites para usted mismo. Le ofrece una forma de sanar las heridas del pasado para que su chacra del corazón se desbloquee y pueda seguir adelante, emitiendo vibraciones positivas al mundo una vez más.

Ayuda a derribar los muros emocionales que pueda haber construido, permitiéndole continuar su viaje por la vida sin miedo. También puede ayudar a combatir la baja energía y la fatiga y a conectar con el corazón y el sistema circulatorio. También aumenta su autoestima, la confianza en sí mismo y el amor propio.

Así es como puede utilizar esta piedra:

- Colocarla en su casa u oficina para que brille su luz curativa en toda la propiedad
- Llevarla como joya: la rodonita tiene un precioso tono rosa y, combinada con la naturaleza relajante de la piedra, la convierte en la opción perfecta como accesorio.
- Si elige llevar la rodonita como joya, considere la posibilidad de llevarla lo más cerca posible de su punto de pulso; de este modo, la energía calmante de la piedra irradia directamente a su chacra del corazón.

Rodocrosita

Es el hermano mayor de la rodonita; la rodocrosita ayuda a la curación, la autoestima y el amor propio. La piedra también se conoce como "la piedra del corazón compasivo" o la "piedra del niño interior".

Esta piedra actúa como un cristal de liberación, ayudándole a llorar y afrontar el dolor de su pasado, permitiéndole seguir adelante. Como sugiere su nombre, ayuda a curar los traumas de su infancia o vidas pasadas y otras viejas heridas emocionales.

Puede utilizarla llevándola como joya o dejándola en una habitación en la que pase mucho tiempo, permitiendo que sus vibraciones llenen la habitación.

Jade

Otra piedra popular, el jade, ayuda a curar las heridas románticas y atrae más energía amorosa a su vida. Se considera la piedra de la suerte por excelencia y también puede atraer la prosperidad y la abundancia hacia usted.

Los efectos del jade como piedra purificadora y protectora se conocen desde hace miles de años, y los mayas, aztecas, chinos y otras culturas antiguas lo utilizaban por sus propiedades curativas. En China se le da tanto valor que se sitúa por encima del oro.

A continuación le explicamos cómo puede utilizar esta piedra para equilibrar su chacra:

- Exponga esculturas de jade en su casa, permitiendo que la energía de la piedra pavimente el espacio
- Coloque las piedras directamente en su chacra del corazón durante una sesión de curación
- Utilice joyas hechas con esta piedra si desea atraer a una pareja romántica a su vida

Heliotropo

Esta piedra preciosa y de aspecto único es principalmente verde, atravesada por manchas y parches rojos. Aporta una curación emocional general y es especialmente eficaz para sanar y equilibrar el chacra del corazón.

La curación emocional que promueve le ayuda a trabajar a través del trauma que está causando su chacra a ser bloqueado para que pueda sanar saludablemente. Además, puede ayudar a ofrecer noches de sueño tranquilo y relajante, y la energía que emite también puede ayudar a calmar los desagradables efectos secundarios de la desintoxicación y/o de dejar de fumar.

Estas son algunas de las formas en las que puede utilizar el heliotropo para curar su chacra del corazón:

- Coloque la piedra de sangre cerca de su cama o bajo su almohada antes de dormir. A continuación, lleve un diario de curación con cristales en el que escriba lo que le venga a la mente a primera hora de la mañana. Puede utilizarlo para comprender mejor las comunicaciones de su subconsciente.
- Cuando se acueste, coloque el heliotropo justo en el pecho y permita que trabaje en su chacra del corazón.

Limpieza de cristales y piedras

Aunque todos los cristales y piedras mencionados anteriormente tratan eficazmente un desequilibrio del chacra del corazón, algunos factores hacen que sus capacidades sean más (o menos) eficaces. Uno de estos factores es el grado de limpieza de una piedra.

Saber cómo limpiar sus cristales y piedras es una parte esencial de la curación con cristales, ya que le permite restaurarlos y "recargarlos". El acto relajante de cuidar sus piedras también puede aumentar su sentido de autoestima y propósito.

A continuación le explicamos cómo limpiar sus cristales y piedras:

- Lavar las piedras bajo el agua corriente durante un minuto cada una. Asegúrese de que la piedra esté completamente sumergida. Esto se recomienda para las piedras duras, incluido el cuarzo.
- Sumerja y remoje su cristal o piedra en agua salada durante unas horas, pero no más de dos días. Siga este método para cristales y piedras duras, como la amatista y el cuarzo.
- Llene un cuenco con arroz integral seco y entierre la piedra o los cristales en su interior. Déjelo hasta 24 horas antes de sacarlo. Tire el arroz inmediatamente, ya que absorbe la energía negativa de la piedra que estaba limpiando.
- Deje su piedra en el exterior justo antes de que caiga la noche, déjela reposar allí y vuelva a introducirla en su casa antes de las 11 de la mañana del día siguiente. La exposición a la luz del sol y de la luna puede ayudar a limpiarla de energías negativas. Cuando guarde sus piedras en el exterior, colóquelas directamente en contacto con la tierra. Cuando las traiga de

vuelta, enjuáguelas suavemente para eliminar cualquier residuo. Este es un método que funciona con la mayoría de las piedras talladas.

- Difumine su piedra con salvia. Tendrá que encender un manojo de salvia para hacerlo, moviendo la piedra a través del humo. Continúa durante unos 30 a 60 segundos, dependiendo del tiempo que haya pasado desde la última limpieza de la piedra.

- Utilice la curación por sonido para limpiar una zona grande de cristales o piedras si no puede limpiarlos de uno en uno. Puede utilizar cualquier cosa, desde un diapasón hasta una campana o incluso cantar para lograr la curación por sonido; el sonido debe ser lo suficientemente grande como para abarcar la zona objetivo.

Una vez limpiado, tendrá que reprogramar su cristal o piedra. Para ello, coloque la piedra en su chacra del corazón o sosténgala mientras medita, hablándole a la piedra mientras lo hace y pidiéndole ayuda para su necesidad actual.

Por último, si su cristal se siente más pesado de lo normal, es posible que tenga que dedicar tiempo a activarlo. Esencialmente necesitará prestar algo de su propia energía al cristal para rejuvenecerlo. Puede hacerlo hablándole al cristal, enviándole energía vital a través de la respiración o cantándole.

También puede llevar su piedra al exterior, a una zona natural. Allí, deje que absorba la energía natural de su entorno para que se active. Por último, también puede considerar la posibilidad de establecer una rejilla de activación, que consiste en rodear la piedra que desea activar con otras alternativas más energéticas. Puede utilizar cualquier piedra de su elección para esta tarea, solo tiene que asegurarse de que rodean el cristal principal por completo, permitiendo que tome las vibraciones y la energía de la rejilla.

Tenga en cuenta, por supuesto, que el uso de cristales y piedras como parte del equilibrio de su chacra del corazón no es para todo el mundo. Algunas personas no se sienten cómodas utilizando estos materiales, mientras que otras simplemente encuentran que otras formas de equilibrar los chacras les funcionan mejor.

En última instancia, es simplemente una cuestión de lo que es más eficaz para usted. También existe la posibilidad de que ninguno de los métodos descritos anteriormente le parezca adecuado. En ese caso, continúe con el siguiente capítulo, que explora otra opción para equilibrar su chacra del corazón: la aromaterapia.

Este libro también se ocupará de otras preguntas que pueda tener, incluyendo qué alimentos son los mejores para el chacra anahata. También le proporcionaremos una rutina semanal para abrir y sanar este chacra esencial. Todo lo que tiene que hacer es seguir leyendo.

Capítulo 8: Aromaterapia del chacra del corazón

Incienso y aceites esenciales
https://unsplash.com/photos/AuhPy2NofM0

Los aceites esenciales se utilizan mucho en la aromaterapia para equilibrar los chacras. Actúan como mediadores entre la energía interior de una persona y el mundo natural, permitiéndole dirigir la energía positiva hacia sí misma. De este modo, los aceites esenciales pueden sanar el cuerpo y la mente, promover el crecimiento personal y hacer mucho más. Este capítulo ofrece una visión completa de los beneficios de la aromaterapia para el chacra del corazón. También contiene una lista de aceites esenciales recomendados para equilibrar anahata.

Cómo los aceites esenciales ayudan a equilibrar anahata

Para comprender cómo afectan los aceites esenciales a su chacra del corazón, primero debe aprender un poco más sobre ellos. Estos aceites son compuestos bioquímicos activos extraídos de las plantas y llevan su energía vibratoria natural. Esta energía se refuerza cuando los componentes individuales de cada extracto interactúan entre sí. También pueden interactuar con su cuerpo, por eso se utilizan en aromaterapia. Porque al interactuar con su energía, pueden afectar a su salud y estado emocional y promover el bienestar espiritual. La aromaterapia para anahata se basa en las propiedades terapéuticas de los aceites esenciales, aunque se utilicen en pequeñas cantidades. A veces, basta con una pequeña gota en la piel o unas cuantas respiraciones de aire impregnado de aceite esencial para que la mente se aclare y el corazón se abra.

Cada planta tiene su propio perfil vibratorio, lo que significa que los aceites extraídos de ellas afectarán a el anahata de forma diferente. Algunos ayudarán a corregir un ligero desequilibrio, mientras que otros pueden conceder una experiencia completa de rejuvenecimiento y curación. Al utilizar los aceites esenciales para remodelar los viejos patrones energéticos, se está potenciando para convertirse en una persona abierta y valiente que puede superar cualquier reto. Después de todo, su chacra del corazón determina algunas de las experiencias críticas de su vida.

Los aceites esenciales tratan de sustituir las emociones, los patrones de pensamiento y las energías negativas por otras positivas. El impacto más significativo en la salud mental, emocional o física solo puede lograrse combinando los aceites esenciales con otras técnicas de equilibrio del chacra del corazón. Por ejemplo, su uso puede ayudar a relajar el cuerpo y la mente antes de la mediación para explorar la energía del chacra del corazón. Incorporar los aceites esenciales a las prácticas de atención plena también puede ayudar a ampliar el estado, y tendrá más tiempo para aprender sobre usted mismo. Puede revelar la positividad oculta y sacarla adelante para equilibrar el anahata, creando una base para nuevas experiencias y crecimiento personal.

El primer paso para encontrar el producto adecuado es adaptar los aceites esenciales al estado actual del chacra del corazón. Esto puede estar determinado por los síntomas mentales, físicos o emocionales que presenta un chacra que funciona mal. Las funciones excesivas y bajas del anahata requieren energías diferentes, por lo que hay que tratarlas con aceites diferentes. Si no está seguro de qué aceite esencial debe utilizar, consulte a un sanador de chacras y pídale que determine la naturaleza exacta de su desequilibrio de anahata. Asegúrese de mencionar si tiene un motivo específico, como abrir su corazón a los demás, crecimiento personal, etc.

Aceites esenciales para la aromaterapia del anahata

Romero

El romero se utiliza como aceite terapéutico por su efecto potenciador de la espiritualidad. La inhalación de su aroma aumenta la confianza en uno mismo, permitiéndole recorrer el camino elegido. Nutre el chacra del corazón reduciendo los niveles de las hormonas que provocan el estrés. Esto alivia los síntomas físicos de las emociones reprimidas, como el aumento de peso, la presión arterial alta y otros problemas circulatorios. Utilice el aceite de romero en su difusor para calmar sus sentidos y liberar la negatividad de su cuerpo durante un ejercicio de atención plena. O bien, inhale un spray de aromaterapia casero para combatir los efectos del estrés agudo. Puede crearlo combinando seis cucharadas de agua con 10 gotas de aceite esencial de romero y dos cucharadas de alcohol. Viértalo en un frasco pulverizador y rocíelo en el aire que le rodea o en las superficies con las que esté en contacto durante largos periodos.

Cardamomo

El cardamomo favorece la liberación de hormonas que reducen el estrés, proporcionándole la máxima felicidad. Su inhalación puede aumentar su estado de ánimo y su productividad, ayudándole a ver que puede alcanzar sus sueños y objetivos. Como es un aroma picante, el refrescante aroma de los aceites cítricos puede potenciar aún más sus efectos edificantes en el anahata. Mezcle cantidades iguales de gotas de cardamomo y gotas de aceite de limón, y coloque la mezcla en su difusor para tener una estimulante sesión de meditación o yoga. Colóquelo en un nebulizador e inhale profundamente mientras se libera el aroma. Llévelo en joyas de aromaterapia para tener un acceso constante a la apertura. Las opciones son casi ilimitadas, ya que incluso los niños pueden utilizar este aceite.

Bergamota

La bergamota es uno de los mejores aceites para fomentar la liberación de emociones profundamente ocultas que podría estar albergando de traumas pasados. Ya sea ira, culpa, vergüenza o tristeza, la bergamota le anima a aceptarlas y expresarlas. Así que, cada vez que se sienta desanimado debido a experiencias negativas del pasado, todo lo que tiene que hacer es aprovechar la energía del aceite de bergamota para elevar su estado de ánimo. Los alérgicos a este aceite pueden optar por tomarlo como saborizante en sus tés cada vez que se sientan abrumados por los recuerdos de eventos pasados. Utilícelo en su difusor para tener la mente despejada y encontrar todas esas emociones reprimidas durante un ejercicio de conciencia plena.

Toronjil

También conocido como melisa, este aceite esencial restablece la claridad mental y emocional, llenándole de energía positiva. Su vigorizante aroma cítrico despierta sus sentidos, permitiéndole ver la belleza de ser independiente. Si su anahata está sufriendo debido a que es complaciente con las emociones de otras personas, pero no con las suyas propias, el poder único del bálsamo de limón le ayudará a ver el error de sus formas, equilibrando su chacra del corazón. El bálsamo de limón alivia los síntomas físicos de un centro del corazón bloqueado, incluyendo la hipertensión, la circulación sanguínea alterada y un sistema nervioso sobreestimulado. Combine el bálsamo de limón con un aceite portador neutro y nutritivo y aplíquelo de forma tópica para aprovechar al máximo sus propiedades curativas.

Neroli

Otro aceite esencial increíblemente versátil aporta una amplia gama de beneficios a su chacra del corazón. Por un lado, sus efectos calmantes promueven el perdón, la confianza y el desarrollo emocional, lo que le permite estar tranquilo en situaciones de estrés. Por otro lado, también puede tener un efecto calmante. Al ayudar a liberar las emociones negativas reprimidas hacia uno mismo, el nerolí alivia los síntomas de la depresión. El aceite de nerolí también actúa como refuerzo de su autoestima al prevenir las infecciones en la piel, mejorar la digestión y contribuir a la pérdida de peso. Puede usar unas gotas como desodorante natural para equilibrar su chacra del corazón.

Rosa

Como uno de los símbolos universales del amor, la rosa es uno de los aceites esenciales más utilizados para nutrir el chacra del corazón. Pocas personas pueden oler el aroma de una rosa y no recordar la naturaleza y nuestra conexión con ella. La belleza natural de la rosa puede ser una excelente herramienta para la autorreflexión. Fomenta la devoción, la compasión y la bondad, empezando por el propio interior. Al motivar a entrar en contacto con los verdaderos sentimientos, la rosa promueve la apertura del anahata para la conexión con los demás.

La rosa es también uno de los aceites esenciales más versátiles para equilibrar el chacra del corazón. Su difusión favorece la belleza desde el interior, ya que sus propiedades naturales antienvejecimiento suavizan las líneas de expresión, aportando paz a su corazón cada vez que se mira en el espejo. Mímese añadiendo unas gotas de aceite de rosa mezcladas con un aceite portador en bombas de baño, para disfrutar de su aroma mientras se evapora en el agua. Para el día a día, mézclelo con agua, rocíe un poco de esa combinación en el suelo de la ducha y deje que se impregne en el aire mientras disfruta de su baño. Utilícelo en su difusor mientras medita sobre asuntos del corazón o cuando practica el yoga de autosanación.

Lavanda

La lavanda tiene un aroma tranquilizador que calma los nervios y relaja la mente, permitiéndole hacer frente a las emociones dolorosas. Promueve la autocuración, por lo que se considera uno de los mejores aceites esenciales para equilibrar el anahata. Al cuidar de su bienestar mental y espiritual, la lavanda puede ayudar a encontrar la armonía y el apoyo que necesita para el funcionamiento saludable del chacra del corazón. No solo eso, sino que este aceite también es perfecto para nutrir algunos de los otros centros energéticos asociados con el anahata, promoviendo aún más su equilibrio.

Algunos de los usos más populares del aceite de lavanda incluyen la adición de dos o tres gotas en el agua del baño o su uso en un difusor. Ponga de 5 a 10 gotas en su nebulizador y deje que impregne el aire mientras medita o practica yoga para el corazón. O, mejor aún, consiga un collar de aromaterapia que lo difunda en su cuerpo durante todo el día. Si no desea invertir en un collar, también puede mezclar el aceite de lavanda con un aceite portador y poner una o dos gotas de la mezcla detrás de la oreja. Así tendrá acceso continuo a este bello aroma, lo que le dará la claridad mental necesaria para lidiar con sus emociones en situaciones difíciles. Los que no tengan una piel demasiado sensible pueden incluso utilizarlo sin un aceite portador.

Naranja dulce

La naranja dulce es otro aceite que fomenta la disposición alegre ayudándole a lidiar con la ansiedad y la frustración. Inhalar su dulce aroma cítrico le anima a adaptarse a cualquier situación, por difícil que parezca. Mézclelo en su bomba de baño o ponga unas gotas en su agua de baño para dispersar sus emociones negativas y equilibrar su anahata después de un día difícil. Le dará la claridad emocional necesaria para hacer frente a todas las situaciones irritantes que haya encontrado durante el día.

Flor de cananga

Al igual que la madera de cedro, la flor de cananga también tiene un aroma bastante potente que puede utilizarse para hacer aflorar sentimientos y deseos ocultos. Reconciliar sus aspectos emocionales y físicos le permite experimentar una mayor alegría en la vida. Promueve una sensualidad que muchas personas poseen, pero que temen mostrar. Debido a su fuerza, la flor de cananga debe diluirse siempre. Puede usar una o dos gotas de este aceite por vía tópica o utilizarlo en un difusor de aceite.

Madera de cedro

La madera de cedro es uno de los mejores aceites de aromaterapia si su energía negativa proviene de la inseguridad y la falta de sentimientos intuitivos. Este aroma terroso le ayudará a sentirse con los pies en la tierra, haciendo aflorar sus convicciones internas y afianzándolas en su conciencia. Úselo ocasionalmente en un difusor para fortalecer su intención y voluntad durante las prácticas de meditación y yoga.

Manzanilla romana

La manzanilla romana tiene un efecto armonizador único en el chacra del corazón. Promueve la esperanza, la paz y la apertura y alimenta la energía positiva dentro de usted, ayudándole a disipar el miedo. También fomenta el desarrollo de un aprecio más profundo por uno mismo. Este autodesarrollo le enseña a aceptar también a los demás. Aunque todos tenemos limitaciones, podemos compensarlas con entusiasmo y motivación para alcanzar nuestros objetivos. Tiene un efecto centrado que anima a la acción, pero también ayuda a establecer límites. Utilice la manzanilla romana de forma tópica alrededor de la muñeca y el cuello, o rocíela diluida en la almohada para un sueño reparador.

Pino

El pino es un aroma refrescante que recuerda a los bosques siempre verdes, exactamente el color que alimenta el anahata. Puede contribuir a equilibrar su chacra del corazón ayudándole a lidiar con viejos traumas, a aceptar las emociones dolorosas y a seguir adelante con su vida. La capacidad de experimentar estos sentimientos negativos es algo con lo que muchas personas luchan, pero sacarlos adelante en tiempo real es la mejor manera de liberar la energía negativa. Utilice el aceite esencial de pino en un difusor, preferiblemente durante las horas de la noche.

Consejos para la difusión de aceites esenciales

Seguramente habrá notado que la mayoría de los aceites deben utilizarse en un difusor. Aunque hay muchos difusores comerciales de nebulización en el mercado, crear una niebla natural puede tener un efecto aún más potente. Además, es barato y sostenible, lo que lo convierte en el favorito de muchos. Solo tiene que verter agua destilada y gel de aloe vera en un frasco pulverizador, añadir hasta 20 gotas de aceite esencial y tendrá una mezcla que podrá rociar donde quiera. Puede rociarlo alrededor de su espacio antes de comenzar su práctica de yoga o sobre su esterilla o ropa.

Aviso legal y reflexiones finales

Los aceites esenciales pueden abrir su corazón y permitirle alimentar emociones positivas como el amor, la bondad, la compasión y el valor. También le ayudarán a desarrollar prácticas saludables, como la atención plena y el acercamiento a los demás. Cuando se encuentre deprimido, ansioso o temeroso, puede utilizar la aromaterapia para equilibrar el chacra del corazón. Combinados con ejercicios regulares de atención plena, los aceites esenciales le ayudarán a calmar su cuerpo y mente para que pueda reflexionar sobre su situación. Se dará cuenta de que es mucho mejor concentrarse en los sentimientos positivos incondicionales que fijarse en los negativos.

La elección de los aceites esenciales que utilizará en la aromaterapia suele depender de su intuición. El anahata le dirá lo que necesita, solo tiene que escuchar y optar preferentemente por aceites esenciales puros. Debido a sus numerosos beneficios para la salud física y mental, los aceites esenciales pueden ser un valioso instrumento para abrir, curar o equilibrar el anahata. Desde elevar su estado de ánimo hasta aliviar los síntomas del estrés, pasando por darle la claridad necesaria para ver el valor de las emociones positivas; sus efectos son inestimables. Sin embargo, cada aceite esencial tiene su propia finalidad y, como la mayoría de las cosas, debe utilizarse con precaución.

Aunque los aceites orgánicos puros contienen menos elementos potencialmente dañinos, siguen siendo una forma muy concentrada de productos químicos naturales. Asegúrese de leer las etiquetas para saber exactamente qué cantidad y qué método utilizar. Por ejemplo, las etiquetas suelen advertir del peligro de utilizar el producto de una determinada manera, ya sea por vía tópica o por inhalación. También le indicarán si son adecuados para los niños y, en caso afirmativo, en qué cantidades.

A pesar de todas las ventajas, no todos los aceites son inofensivos, especialmente en grandes cantidades. Algunos aceites esenciales son adecuados para los niños a partir de cierta edad, pero no para los bebés y las mujeres embarazadas, ya que pueden provocar problemas de desarrollo. Uno de los aceites esenciales equilibradores de anahata de los que se habla en este capítulo y que debe evitar durante el embarazo es el romero. Incluso si esto no se aplica a usted, es una buena idea tener en cuenta el uso de aceites esenciales cerca de los niños y las mujeres embarazadas.

Las alergias son otra razón para tener cuidado con el uso de aceites naturales. Debido al entorno industrial y a la falta de elementos naturales en la que suele vivir la gente, cada vez hay más personas que desarrollan alergias a las plantas y a los productos vegetales. Si tiene asma, su capacidad para utilizar aceites esenciales puede verse limitada. Pida siempre consejo a su médico sobre los aceites que puede utilizar. Si va a utilizar un aceite en la piel o en el baño, siempre debe hacer una prueba de parche de antemano. Se recomienda hacerla incluso si no le han diagnosticado alergias. Proceda a la aplicación solo si no hay reacción a la prueba. Diluya el producto según las instrucciones o utilice una herramienta en línea para calcular las tasas de dilución.

Algunos aceites esenciales son adecuados para personas de todas las edades, pero pueden ser extremadamente tóxicos para los animales. Asegúrese de investigar a fondo cómo pueden afectar los aceites a sus mascotas, especialmente si los va a utilizar en un difusor. Evite el contacto con los animales cuando aplique aceites esenciales por vía tópica.

Tenga en cuenta que diferentes problemas pueden justificar el uso de diferentes aceites esenciales. El aceite utilizado para equilibrar el chacra del corazón en un momento determinado puede no ser el adecuado la próxima vez que un problema diferente provoque un desequilibrio. Por ejemplo, un aceite esencial de limón puede ayudar a despejar la mente cuando uno está deprimido, pero no será de mucha ayuda cuando se sienta estresado.

Capítulo 9: Dieta y nutrición del anahata

En los capítulos anteriores de este libro, ha aprendido cómo cuidar su cuerpo y su mente con ejercicio dedicado puede contribuir a la salud del anahata. Hay otra parte esencial de su vida a la que debe prestar atención, y es cómo nutrir su corazón a través de una dieta equilibrada y un plan de nutrición. Este capítulo está dedicado a todos los maravillosos alimentos ideales para introducir en su dieta con el fin de nutrir este chacra. Al incorporarlos a su régimen alimenticio diario, pronto sentirá una serie de beneficios, y equilibrar su chacra del corazón es solo uno de ellos. También alimentará los demás chacras y mejorará su forma física y su salud general.

La importancia de una dieta anahata saludable

Como es de esperar, comer alimentos poco saludables no le hace mucho bien e igualmente afecta negativamente a su anahata. Por un lado, no está nutriendo a su cuerpo con los elementos necesarios, y tarde o temprano, esto provoca una reacción física, que conduce a un centro del corazón bloqueado. El consumo de comidas con un bajo valor nutricional puede conducir a un comportamiento adictivo, que da lugar a problemas de salud mental, como la ansiedad, la depresión, y mucho más. La adicción también puede ser causada por una relación poco saludable con la comida, lo que indica problemas anteriores con su chacra del corazón. No es raro que las personas utilicen la comida (o la falta de ella) como una muleta emocional en tiempos difíciles. Sin embargo, al hacerlo, solo se está dando una falsa sensación de seguridad y no se está abordando realmente el problema. Aunque sienta que está alimentando su alma con los platos que le apetecen, no es así. Empeora las cosas, haciendo que las energías negativas desequilibren o bloqueen completamente al anahata.

Como todas las cosas de la vida, los alimentos vibran a una determinada frecuencia. Al comerlos, usted transfiere sus vibraciones a su cuerpo, haciendo que su energía vibracional baje o suba, dependiendo del tipo de alimento que elija. Los alimentos crudos y naturales son los más saludables, ya que pueden equilibrar, abrir o sanar sus chacras. No solo eso, sino que cada centro energético de su cuerpo es susceptible a diferentes vibraciones que se encuentran en ciertos alimentos. Aunque una dieta bien equilibrada es beneficiosa para todo el sistema de chacras, comer los artículos específicos relacionados con el chacra que desea nutrir proporcionará resultados aún mejores.

La dieta más adecuada para cada chacra viene determinada por varios factores:

- Las funciones de los chacras
- El color asociado al chacra
- Las preferencias personales
- El perfil nutricional de los alimentos
- Condiciones subyacentes

Como verá en la continuación de este capítulo, todos estos elementos desempeñan un papel crucial para que su chacra del corazón prospere. Salvo en el caso de cualquier condición subyacente, todos ellos pueden ser abordados simplemente implementando unos simples cambios en su dieta.

La teoría del color

El color de los alimentos es uno de los principales factores determinantes para una dieta de curación de los chacras. Cada chacra resuena con un color diferente, de donde provienen sus asociaciones. El anahata está vinculado al color verde porque resuena con la vibración elemental de la naturaleza. Por lo tanto, si tiene problemas con este centro, tiene sentido utilizar alimentos verdes para sanar, limpiar o desbloquearlo. Muchos elementos de la naturaleza representan el color verde. Desde los frondosos bosques hasta el fitoplancton del océano, sus efectos purificadores están en todas partes. Introducirlo en el cuerpo promueve la conexión con la naturaleza, abriendo su corazón a nuevas energías, emociones y experiencias positivas.

Otra razón por la que se recomiendan los alimentos verdes para una dieta basada en el anahata es por su perfil nutricional. Cada chacra se nutre de diferentes nutrientes y, en el caso del anataha, se trata de fitoquímicos. Estos son compuestos naturales que se producen en varias etapas del crecimiento de las plantas. Entre ellos se encuentran las vitaminas, los minerales y los antioxidantes que el cuerpo necesita para funcionar de forma óptima. Los alimentos abundantes en fitoquímicos incluyen verduras y frutas verdes, cereales, frutos secos y legumbres de varios colores.

Esta es la lista de verduras que contienen más fitoquímicos:

Verduras crucíferas: Brócoli, lechuga, coles de Bruselas y bok choy.

Hortalizas de hoja verde: Espinacas, acelgas, berros, berza y col rizada.

Otros tipos de verduras: Guisantes, pepino y calabacín.

Plantas comestibles amargas: Hojas de mostaza, diente de león y rúcula.

Microverdes: Brotes con más nutrientes que su planta madre.

Frutas verdes: Aguacate, uva verde, lima, kiwi, guayaba y manzana verde.

También existen los superalimentos, que contienen aún más fitonutrientes en envases más pequeños y pueden aumentar su aporte nutricional. Algunos de los alimentos de esta categoría son:

Espirulina: Un alga verde que nutre directamente su chacra del corazón, y también tiene azul en él, que impulsa su creatividad, lo que lleva a un mayor sentido de satisfacción de sí mismo, que de nuevo alimenta el anahata.

Moringa: También conocida como marango, contiene nutrientes que pueden ayudar a combatir la depresión y otras emociones perjudiciales causadas por la energía negativa. Su contenido en vitaminas favorece unas mejores funciones cognitivas y una vida plena.

Pasto de trigo: Contiene una forma de clorofila vital que ayuda a la nutrición y promueve la salud y el bienestar general. La clorofila también contiene suficiente magnesio para proporcionar suficiente energía para superar los días estresantes.

Algas marinas: Repleta de fitonutrientes y minerales y baja en calorías, es sin duda una de las mejores opciones para equilibrar el chacra del corazón.

Matcha: Normalmente se utiliza en forma de polvo, contiene cafeína, que actúa como potenciador natural de la energía y tiene un efecto calmante al mismo tiempo. En lugar de angustiarle como lo hace el café normal, el matcha le energiza dándole la claridad necesaria para concentrarse en las tareas importantes.

Té verde: Lleno de fitoquímicos que trabajan activamente para aliviar los síntomas de las enfermedades cardiovasculares y mejorar las funciones cognitivas, el té verde es uno de los mejores tés para despejar la mente.

Cebada: Promueve una nutrición más saludable al reducir los antojos y disminuir el apego a la comida. También contribuye a reducir el riesgo de enfermedades cardíacas.

La última categoría de verduras que hay que mencionar aquí son las hierbas verdes:

Menta: Esta robusta planta le proporcionará la misma resistencia que se encuentra en sus células ricas en nutrientes. Contienen fibra y aceites esenciales en altas cantidades, que sanarán su chacra del corazón.

Salvia: Una planta con efecto calmante perfecta para la meditación, la visualización o la limpieza espiritual.

Perejil: Rico en antioxidantes y vitaminas, el perejil contribuye a su salud general.

Hojas de apio: Contienen varias vitaminas y minerales que refuerzan la inmunidad y las funciones tiroideas.

No hace falta decir que la mejor manera de consumir todos estos alimentos es en su forma cruda. Por lo tanto, consérvelos tan crudos como pueda, y cocínelos solo si es absolutamente necesario. Hay muchas formas de incorporar productos frescos a su dieta. Desde tazones de batidos hasta ensaladas, hay innumerables combinaciones para crear. Los alimentos deshidratados siguen considerándose crudos si no se procesan a alta temperatura.

Comer para mejorar las funciones del chacra del corazón

Hay otra razón de peso por la que comer verduras orgánicas nutre su chacra del corazón. Su cuerpo siente instintivamente la conexión con la naturaleza a través de estos alimentos y todos los beneficios que pueden proporcionar. Piense en cómo se siente cuando camina por el parque y observa la naturaleza que le rodea. Si escucha atentamente a su cuerpo, notará una sensación de calma y apertura cuando está rodeado del color verde. Al observar las plantas y los árboles, la asociación con la abundancia y el crecimiento se hace más clara. Esto le inspira a prepararse para nuevas emociones y experiencias, nutriendo a anahata. Así que, ¿qué mejor manera de abrazar esta energía edificante que a través de los alimentos verdes? Comience por incorporarlos a su dieta, especialmente si no está acostumbrado a su sabor. Experimente diferentes combinaciones de sabores hasta que encuentre las que sean de su agrado. Porque habrá algunos que no le gusten, seguro, y eso es totalmente normal. Pero los que sí le apetescan, empezarán a llenarle poco a poco de nuevas emociones positivas, dándole cada vez más y más poder.

Las verduras ecológicas son ricas en compuestos que favorecen la salud física, especialmente la del sistema circulatorio. Contienen folatos y vitamina K, esenciales para proteger el corazón. Si añadimos los altos niveles de magnesio, calcio, potasio, hierro y fibra que contienen las verduras de hoja verde, obtenemos una mezcla increíblemente saludable. Los alimentos verdes están cargados de antioxidantes y vitaminas y también están relacionados con el aumento de la producción de oxitocina, la hormona del amor.

También puede explorar otras partes del espectro de colores, especialmente las regiones vinculadas a los chacras inferiores. Si lo recuerda, nutrirlas desempeña un papel crucial para proporcionar al anahata un flujo de energía continuo. Así que no dude en combinar sus verduras con productos que beneficien a sus chacras de la raíz, el sacro y el plexo solar. Otra razón para hacer esto es que no todos los mejores alimentos nutritivos para anataha son verdes. Probablemente haya oído hablar de cómo el cacao hace que la gente se sienta mejor, y no es ni remotamente verde. A diferencia del cacao, el cacao no se procesa a altas temperaturas. Sin embargo, puede abrir su corazón en más de un sentido.

Sin embargo, hay que tener cuidado al elegir este producto. Tras ser extraído inicialmente de las habas de cacao mediante prensado en frío, el cacao pasa por varias etapas de refinamiento. Busque productos de cacao crudo para aprovechar al máximo este delicioso alimento. El cacao ecológico contribuye a la liberación de dopamina y serotonina, las hormonas responsables de levantar el ánimo en situaciones de estrés.

También contiene magnesio, que le proporciona energía y mejora sus funciones cognitivas, lo que conduce a una mayor productividad y una sensación de plenitud. El magnesio también mejora el estado de ánimo, ahuyentando las preocupaciones de forma similar a la serotonina y la dopamina. Los antioxidantes del cacao pueden aclarar su piel, protegerla de los efectos del envejecimiento y los daños de los rayos UV. También se ha demostrado que aumentan la inmunidad y reducen el riesgo de formación de placas en las arterias.

Después de levantar su estado de ánimo y hacer que se sienta bien consigo mismo, es fácil ver cómo el cacao puede ayudarle a reconectar con los que le rodean. Después de todo, ¿quién puede resistirse a la tentación de una oferta de cacao? Así que no dude en compartir su experiencia con los demás y anímelos a cambiar los productos de cacao refinados por el cacao ecológico. Puede que pronto les resulte más fácil abrirse a sus emociones, lidiar con el estrés cotidiano y sanar juntos de experiencias negativas pasadas, haciendo crecer eficazmente vuestra inteligencia emocional y el anahata.

Recetas divertidas, sanas y sencillas de anahata

Incorporar a su dieta alimentos nutritivos para los chacras del corazón es más fácil de lo que cree. Aquí tiene algunas recetas sencillas para que las pruebe en el desayuno, el almuerzo y la cena.

Batido de superalimentos verdes

No hay mejor manera de preparar su chacra del corazón para el día que le espera que desayunar un delicioso batido verde. Esta receta utiliza col rizada, manzanas verdes, kiwi, menta, pasto de trigo y leche de almendras. Los vegetales verdes, la fruta y los superalimentos son equilibradores distintivos del anahata, mientras que las hierbas añaden un poco de sabor a la mezcla. Lave la col rizada, la pasto de trigo y las manzanas y córtelas en trozos pequeños. El tamaño que necesite dependerá de si utiliza una batidora o un procesador de alimentos para hacer su batido. Introduzca todos los ingredientes en la máquina y procéselos hasta obtener una consistencia suave. Cuando haya terminado, vierta su batido en su taza favorita, y llévese su desayuno para el camino.

Batido de la diosa verde

Este smoothie bowl es la opción perfecta si lo que busca es un desayuno rápido y fácil pero saludable con un poco más de potencia. También es bastante refrescante en las mañanas cálidas de verano. Para ello, necesitará aguacates, mangos congelados, plátanos congelados, col rizada, kiwi, leche de coco y coco rallado. Lave la col rizada y corte la fruta congelada y los aguacates en trozos. Añádalos a su batidora o procesador de alimentos y vierta la leche de coco sobre ellos. Bata hasta que la mezcla adquiera una consistencia suave. Debe ser lo suficientemente espesa como para poder comerla con una cuchara. Viértalo en un bol y espolvoree la parte superior con el coco rallado. Añada unas finas rodajas de kiwi por encima y su bol de batido estará listo para servir.

Ensalada de espinacas y aguacate saludable para el corazón

Las espinacas y los aguacates son los dos alimentos más recomendados para abrir o equilibrar el anahata. Las espinacas elevan los niveles de oxitocina, ampliando su capacidad de sentir amor y compasión, mientras que las grasas saludables de los aguacates mantendrán su corazón a raya físicamente. Además de estos dos ingredientes, solo necesita cebollas rojas, limas, sal marina y aceite de oliva. Lave las espinacas y corte los tallos si utiliza hojas maduras (puede omitir este paso con las pequeñas espinacas). Corte las cebollas rojas y los aguacates en trozos del tamaño de un bocado. Rocíe las espinacas con el zumo de lima y el aceite de oliva, y sazone con sal a su gusto. Mezcle hasta que las espinacas estén cubiertas. Añada los aguacates y las cebollas y vuelva a mezclar hasta que estén bien combinados.

Ensalada corazón feliz

Esta receta es ideal para una ensalada ligera de verano porque contiene espinacas pequeñas, col rizada pequeña, semillas de granada, semillas de girasol y chirivía rallada. Lave y seque las verduras de hoja verde y colóquelas en un bol. Desmenuce la chirivía y espolvoréela sobre las verduras, junto con las semillas de girasol. Añada los granos de granada, rocíe la mezcla con zumo de lima y mézclela hasta que esté bien combinada. También puede añadir alcachofas frescas cortadas en rodajas finas para hacerla aún más sustanciosa y saciante, o disfrutar de la ensalada.

Ensalada de col rizada y coles de Bruselas

La col rizada es un excelente alimento para embellecer las coles de Bruselas, algo que todos deseamos. También necesitará almendras tostadas (fileteadas, a ser posible), semillas de sésamo tostadas, copos de pimienta roja, sirope de arce, tahini, un vinagre aromatizado de su elección y un poco de agua. Lave, seque, pique y coloque la col rizada en un bol. Corte el tallo de las coles de Bruselas y luego córtelas en trozos del tamaño de un bocado. Agréguelos a la col rizada y, a continuación, prepare el aliño en un bol más pequeño. Vierta el vinagre, el sirope de arce, los copos de pimienta roja y el tahini en el bol y mézclelo todo bien. Añada un poco de agua para obtener una consistencia más suave. Cubrir la ensalada con el aderezo y mézclelo todo una vez más. Rematar con las semillas de sésamo tostadas y las láminas de almendra.

Aviso legal

Por último, es importante tener en cuenta que un nutricionista profesional no ha creado este capítulo; por lo tanto, debe ser tratado solo como una guía general sobre qué alimentos pueden contribuir a su salud del anahata. Para obtener los mejores resultados, siempre es una buena idea consultar a un nutricionista con experiencia en la curación de los chacras antes de hacer cualquier cambio drástico en su dieta. Un profesional puede evaluar sus necesidades y determinar qué alimentos necesitan su cuerpo y su mente para gozar de una salud óptima. Al ayudarle a crear un plan de alimentación personalizado, también puede ayudarle a incorporar estos alimentos a su dieta habitual. Si tiene alguna afección subyacente, también deberá consultar a su especialista de la salud para evitar que los problemas empeoren. Ellos pueden determinar cómo una nueva dieta concreta podría afectar a su cuerpo y mente.

Una vez que su médico y su nutricionista le hayan dado luz verde, puede empezar a hacer los cambios para desbloquear, sanar o equilibrar su chacra del corazón. Al hacerlo, recuerde que debe comer alimentos que le gusten y no solo porque se los recomienden. Aunque una dieta variada y llena de verduras mejorará su salud física y mental, su anahata seguirá sufriendo si no encuentra alegría en sus comidas. Debe alimentar su alma para que su centro del corazón esté completamente abierto y su función como puente para la energía natural de su cuerpo esté empleada en todo momento.

Tenga en cuenta que muchas verduras crudas contienen compuestos orgánicos que pueden ser tóxicos si se consumen en grandes cantidades. Esto es especialmente cierto en el caso de las verduras de hoja verde como las espinacas y la col rizada, que contienen oxalato, un compuesto relacionado con los cálculos renales. Aunque las verduras de hoja verde contienen menos cantidades de oxalato, hay que tener cuidado con la frecuencia de su consumo. Asegúrese de rotar sus verduras de hoja verde diariamente para evitar ingerir demasiados compuestos tóxicos. También le ayudará incorporar a su dieta el mayor número posible de ellas para no aburrirse. Aunque las verduras pueden contribuir en gran medida a equilibrar el anahata, tener una dieta bien equilibrada le asegurará que se mantenga feliz y saludable, y que su chacra del corazón se mantenga abierto para recibir energía positiva.

Capítulo 10: Rutina de siete días del chacra anahata

Ahora que ha leído casi todo el libro, probablemente se dé cuenta de que abrir el chacra del corazón no puede hacerse de la noche a la mañana. Necesita probar varias actividades y experimentar con diferentes métodos para entender lo que funciona mejor para usted. Lo que ocurre con el sistema de chacras es que requiere un cuidado y mantenimiento continuos. Si finalmente libera los bloqueos en el chacra del corazón, pero nunca hace un seguimiento, es probable que el anahata se desequilibre en cuanto se encuentre con una serie de eventos y emociones negativas. No siempre podemos evitar que ocurran cosas malas, pero podemos aprender a responder de forma sana, consciente y aceptando. Todo lo que hemos mencionado en los capítulos anteriores, desde los mantras, los mudras y la meditación hasta los cristales y las dietas, le ayudará a conseguir este objetivo.

Cuando se embarca en el viaje que supone abrir sus chacras y equilibrarlos, tiene que darse cuenta de que los cambios que haga en su estilo de vida deben ser sostenibles. Seguir una rutina de siete días cada vez que sienta que está empezando a retrasarse puede ayudarle a mantenerse en el camino. Aunque solo sea durante una semana, esta rutina le ayudará a recordar su objetivo y lo que es más importante. Puede ser difícil levantarse de la cama para empezar una sesión de meditación. Sin embargo, si se siente obligado a hacerlo como parte de su rutina semanal, le recordará lo divertido que es y lo bien que le hace sentir. La persona media tarda unos 21 días en crear un hábito y 90 días en fijar un estilo de vida. Puede seguir esta rutina cada semana hasta que convierta estas actividades positivas en un hábito. Con suerte, cuando consiga dominarlo, podrá hacer algunos cambios para variar un poco.

Los primeros siete días serán divertidos y se sentirán como una brisa. Sin embargo, cuanto más tiempo pase, más peligro habrá de desmotivarse y agotarse. Cuando esto ocurra, no tenga miedo de hacer una pausa durante uno o dos días antes de continuar con la rutina. También puede disminuir la intensidad o eliminar algunas tareas de cada día. Recuerde que la constancia es la clave, y no podrá serlo si está demasiado cansado y carece de motivación. No se estrese. Se supone que esta es una forma divertida y experimental de equilibrar su anahata.

Este capítulo incluye una rutina de siete días que le permitirá abrir el chacra del corazón y mejorar diferentes aspectos de su vida. La rutina viene con una mezcla de mantras, mudras, afirmaciones y recomendaciones dietéticas para ayudarle a trabajar hacia su objetivo. Como mencionamos anteriormente, puede repetir esta rutina cuando lo desee. Después de haber completado esta rutina tantas veces como sea necesario, puede volver a realizar el cuestionario del capítulo dos para reevaluar el estado de su chacra del corazón.

Rutina de siete días para equilibrar el chacra del corazón

Cada día de la semana se enfoca en un tema determinado, por lo que se centra en un aspecto diferente del chacra del corazón cada día.

Día 1: Vuelvase verde

El verde es el color de la naturaleza a nivel universal. Simboliza los árboles, las plantas, los prados y los pastos. Al oír la palabra "verde", la mayoría de la gente se imagina vastos bosques, piensa en el aroma de la hierba recién cortada o en la fragancia refrescante de la lluvia y la tierra, también recuerdan el tacto de las hojas cubiertas de rocío o escuchan el sonido del piar de los pájaros en sus mentes. El color verde también es el del chacra del corazón.

Nos sentimos inspirados, seguros, revigorizados y en paz cuando vemos el color verde. Este color también promueve emociones positivas como el optimismo, la esperanza, la compasión y la armonía. Se ha demostrado científicamente que el verde hace que la mente y el corazón se sientan en paz. Todos estos son elementos que se asocian esencialmente con el chacra anahata. Además de los árboles y las plantas, el color verde también corresponde a la naturaleza del cuerpo humano. Es un símbolo de buena salud y gran bienestar. Cuando el chacra del corazón está en su estado óptimo, hace honor a las correspondencias del color verde. Le otorga paz mental y le permite sentirse tranquilo y relajado. Un chacra del corazón abierto le permite conectar fácilmente con todos y todo lo que le rodea, incluida la naturaleza. Así que tiene sentido que le dedique un día de su rutina a ser verde.

La rutina

Afirmación: *"Vivo en armonía con todos los demás seres".*

Esta es su afirmación principal para el día 1 de la rutina. Si lo desea, puede combinarla con otras afirmaciones para establecer su intención para el día.

Dé un largo paseo por la naturaleza.

Salga a dar un paseo de media hora por la naturaleza. Escuche música relajante, observe las distintas tonalidades de verde y fíjese en los animales y sus comportamientos. Puede quitarse los zapatos y sentir la hierba o la tierra bajo sus pies. Sumérjase por completo en la experiencia, y no olvide respirar profundamente, llenando sus pulmones con el aire fresco.

Tome un plato de ensalada verde y abundante.

Reúna todos los ingredientes verdes que tenga a mano, como guisantes, lechuga romana, pepinos, cebollas verdes, col rizada y aguacates, y prepare la ensalada más verde que pueda comer.

Practique el mudra del loto.

Este mudra es ideal para el chacra del corazón y permite mantener los pies en la tierra. Además de ser representativo de la naturaleza, este mudra es conocido por ofrecer pureza mental.

Lleve una aventurina.

Este cristal verde puede ayudarle a liberar sentimientos y emociones negativas. También le permite dar la bienvenida a nuevas oportunidades y desafíos, lo que lo convierte en el cristal perfecto para el primer día de la rutina.

Día 2: Construya límites

Los límites son los que debe establecer en todas sus relaciones (sí, incluso en su relación consigo mismo). Son necesarios para preservar su salud mental, emocional, física y espiritual. Cuando no se tienen límites fuertes y saludables, el chacra del corazón es propenso a perder el equilibrio. Si le resulta difícil establecer los tan necesarios límites en sus interacciones sociales, románticas y profesionales, este es el momento de hacer algo al respecto.

El segundo día de la rutina consiste en identificar las áreas de su vida en las que permite que la gente sobrepase los límites establecidos. ¿Dice a menudo que sí a las peticiones y favores de otras personas, incluso cuando comprometen sus propias necesidades y su bienestar? ¿Se pone a usted o a los demás unos niveles de exigencia y unas expectativas muy elevadas? Hoy se pondrá a sí mismo en primer lugar y practicará la asertividad.

La rutina

Afirmación: "Doy prioridad a nutrir mi espíritu, mi alma y mi cuerpo".

La afirmación principal para el día 2 de la rutina le ayudará a establecer la intención para su día: practicar la asertividad y el propio cuidado.

Practique la meditación de equilibrio del anahata.

Consulte el capítulo cinco para obtener instrucciones sobre cómo llevar a cabo esta meditación. Cuando carece de límites personales, corre el riesgo de quemarse y promover un obstáculo en el flujo de energía a través de su centro cardíaco. Esta meditación le ayudará a restablecer el equilibrio y a liberar la negatividad.

Diga "no".

Piense en este día como una oportunidad para decir "no" a cualquier cosa que no le apetezca hacer. Puede que le resulte incómodo, pero le ahorrará salud mental y espiritual. Repetirse a sí mismo la afirmación del día le ayudará a mantenerse firme.

Utilice aceites esenciales.

Puede poner aceites esenciales en un difusor o añadir unas gotas a su baño como forma de cuidado personal. Esto le ayudará a relajarse y a aliviar parte de su tensión, y los aceites esenciales como la flor de cananga, el incienso y el sándalo pueden ayudar a equilibrar su chacra del corazón.

Día 3: Ámese a sí mismo

Un desequilibrio en el chacra del corazón conlleva a un estado alterado de amor propio y compasión. Cuando el anahata está hiperactivo o desequilibrado, tendemos a buscar la validación, la compasión y la aceptación de quienes nos rodean. A las personas con un chacra del corazón poco saludable les resulta difícil lograr la autosuficiencia y recurren a tácticas como la de complacer a la gente y la desesperación.

Para restablecer el equilibrio del chacra del corazón, hay que practicar el amor propio. El tercer día de la rutina se centra en tratarse a uno mismo con compasión y tolerancia.

La rutina

Afirmación: *"Me acepto y me quiero profundamente".*

Esta es la afirmación principal del día 3. Puede combinarla con otras afirmaciones similares relacionadas con el amor propio para ayudar a reforzar el objetivo del día.

Cante el mantra YAM.

Busque un espacio cómodo para cantar el matra YAM durante al menos 10 minutos. Esto le ayudará a encontrar la paz y la compasión hacia sí mismo y hacia los demás.

Haga la postura del camello.

Consulte el capítulo seis para ver las instrucciones sobre cómo hacer la postura del camello o ustrasana. El camello abre su corazón y le ayuda a construir la confianza en sí mismo y la fe. Nada promueve el amor propio como una postura de yoga que le permite abrazar su cuerpo y su fuerza.

No reprima sus pensamientos y emociones.

En el tercer día de la rutina, evite reprimir cualquier pensamiento o emoción que pueda recibir. Permítase sentir todas sus emociones, incluso las negativas. Tómese el tiempo necesario para reflexionar sobre ellas y acéptelas. Del mismo modo, no tenga miedo de decir su verdad incluso cuando alguien desafíe sus creencias.

Lleve una amazonita.

Este cristal le ayudará a resolver los trastornos emocionales. También le ayudará a defender lo que cree y a abrazar su pasión y compasión.

Día 4: Difunda el amor

El chacra del corazón tiene que ver con el amor, la compasión y la tolerancia hacia uno mismo y hacia los demás. Todos fuimos creados para interactuar y comunicarnos con los demás. Un chacra del corazón bloqueado puede hacer que se cierre y se sienta solo. Para romper este ciclo, tiene que sentirse cómodo dando y recibiendo amor. Este es el enfoque principal del día 4 de la rutina.

La rutina

Afirmación: *"Estoy abierto a recibir y dar amor"*.

La afirmación del día 4 declara su apertura para dar amor a los demás y recibirlo de vuelta. En este día, no se resistirá a los intercambios compasivos.

Cante el mantra YAM.

Cante el mantra YAM durante el tiempo que necesite para poder cultivar sentimientos de amor y compasión en sus interacciones.

Medite para reconectarse con el chacra del corazón.

Consulte el capítulo 5 para ver las instrucciones. Esta meditación le ayudará a reconectar con su chacra anahata y a abrirlo para el amor. Le enseñará a reparar las relaciones y a soltar las emociones negativas.

Haga un acto de bondad al azar.

Día 5: Limpie su corazón

Cuando se tiene un chacra del corazón bloqueado, se aferran las emociones negativas y los rencores. Reprime los sentimientos y le resulta difícil dejar atrás los traumas y las experiencias desagradables del pasado. Cuanto más alimenta esto, más difícil es desbloquear su chacra del corazón. Es un círculo vicioso.

La rutina

Afirmación: "Dejo ir las heridas del pasado".

La afirmación del día 5 le permite soltar las experiencias dolorosas anteriores, que es el principal objetivo del día.

Practicar el perdón.

Sienta todas las emociones negativas, como el arrepentimiento, la culpa, la tristeza y la pena, que le pesan actualmente. Escriba todas las cartas que necesite a quien le haya hecho daño (aunque sea a usted mismo). Exprese sus emociones y cómo le han afectado las acciones de los demás (o las suyas propias). Una vez que lo haya desahogado todo, queme esas cartas y visualice que todas las emociones negativas se disipan con el humo.

Abra su corazón con la meditación de visualización.

Consulte el capítulo 5 para ver las instrucciones. Esta meditación le ayudará a sustituir las emociones negativas por sensaciones más satisfactorias.

Haga la postura de la vaca.

La postura de la vaca le ayudará a invitar al amor y a las emociones positivas a lo largo del día. Consulte el capítulo seis para ver las instrucciones.

Día 6: Respire

Respirar profundamente es una de las soluciones definitivas para sanar los chacras. Le permite revitalizar la fuerza vital que fluye por su cuerpo. Los ejercicios de respiración pueden ayudarle a liberar el dolor reprimido y la negatividad en su cuerpo, permitiéndole hacer el espacio para el amor puro y la paz.

La rutina

Afirmación: *"Mi espacio del corazón emite una vigorosa luz verde".*

El día 6 se trata de revitalizar el espacio del corazón y aprender a controlar las emociones mediante ejercicios de respiración.

Dé un largo paseo.

Dé un largo paseo y permítase despejar la mente. Inhale y exhale profundamente sus pulmones y concéntrese en respirar a un ritmo adecuado y recogido.

Practique el bhramari pranayama.

Consulte el capítulo 6 para ver las instrucciones. Este ejercicio de respiración le permitirá liberarse de la frustración y la ansiedad. Es una técnica sencilla que le ayuda a calmar su mente.

Día 7: Reflexione

Muchos de nosotros arrastramos traumas y experiencias vitales negativas a lo largo de nuestra vida. Cuanto más tiempo nos aferramos a ellos, más difícil es liberarlos. Esto, sin duda, hace que sea imposible mantener el chacra del corazón equilibrado.

La rutina

Afirmación: *"Me libero de los sentimientos de resentimiento".*

Esta afirmación marca el tono del último día de la rutina: la reflexión.

Lleve un diario por el día.

Reflexione sobre todos los traumas o sentimientos indeseables que ha arrastrado a lo largo de su vida. Piense en cómo dificultan la calidad de su vida. ¿Qué puede hacer para solucionarlos? ¿Puede alguna de las actividades que hizo durante la rutina de siete días (incluido el diario) ayudarle a lidiar con esas emociones negativas?

Escriba sobre las diferentes maneras (incluso si son sutiles) en que esta rutina ha cambiado la calidad de su día.

Haga el mudra hridaya.

Consulte el capítulo 4 para ver las instrucciones. Este mudra puede ayudarle a soltar el estrés y otras emociones no deseadas que le agobian.

Haga el ejercicio de atención plena para la curación y la autocompasión.

Consulte el capítulo 5 para ver las instrucciones. Este ejercicio promueve el crecimiento espiritual, por lo que es la forma perfecta de terminar su rutina.

Seguir esta rutina puede ser una muy buena oportunidad para poner a prueba su paciencia, resistencia y determinación. También le expondrá a actividades nuevas y saludables mientras eleva varios aspectos de su vida. Aunque esta rutina es divertida, tiene que tener en cuenta que puede perder la ilusión si piensa hacerla todas las semanas. Saber cuándo hay que reducir la actividad para no desgastarse.

Bono: Ascenso a los chacras superiores

A medida que hemos explorado el mágico mundo del chacra del corazón, hemos visto que ocupa un lugar vital para asegurar la longevidad de nuestro bienestar general. ¿Siempre ha tenido problemas para confiar o amar a los que le rodean, o quizás siempre le ha resultado difícil conectar con los demás? Las personas que luchan por equilibrar su chacra del corazón suelen tener problemas en sus relaciones o conexiones. También se observa que tienen problemas para perdonar a los demás y tienden a guardar rencores muy arraigados contra los demás. También pueden luchar con el problema de la ansiedad social. Este capítulo extra hablará de los beneficios de equilibrar su chacra del corazón y de cómo ascender a los chacras superiores.

Un vistazo al chacra del corazón

Como hemos aprendido, el chacra del corazón en sánscrito significa "anahata" o "sin daño" y está situado en el centro del pecho. El elemento aire está ligado a este chacra y su color es el "verde". En general, el anahata o chacra del corazón aporta estabilidad a las relaciones con los demás y con uno mismo al mejorar la capacidad de perdonar o amar a uno mismo o a los demás. Sin embargo, un desequilibrio en este chacra puede sacar la artillería pesada: los sentimientos de celos, odio o egoísmo y su empatía, perdón y compasión por uno mismo y por los demás. En otras palabras, los centros energéticos de nuestro cuerpo tienen un papel importante en el desarrollo del bienestar psicológico, emocional, espiritual y físico. Con los principales chacras bien equilibrados, se puede emprender rápidamente un estilo de vida saludable.

Abarcar todos los beneficios y la prosperidad que puede aportar la apertura del anahata va más allá del alcance de este libro. Esto se debe a la amplitud del chacra del corazón y a todos los numerosos beneficios asociados a él. Es un vínculo místico entre los chacras superiores e inferiores y conecta a los reinos espiritual y físico.

Abrir el anahata

Hay varias razones para abrir o desbloquear el chacra del corazón, y una de las más obvias es ascender a otros chacras superiores. Por ejemplo, si quiere ascender al chacra de la garganta, del tercer ojo o de la corona, debe asegurarse de que el Anahata ya está equilibrado. Para abrir el chacra del corazón, puede empezar a aplicar cuatro cosas sencillas en su rutina diaria.

La primera cosa que ayuda a equilibrar el anahata es quemar incienso y usar aceites esenciales porque la aromaterapia tiene fuertes atributos curativos. También es útil para descubrir los sentimientos de perdón y amor. Puede utilizar aceite esencial e incienso perfumado (aroma de lavanda, naranja, rosa, jazmín o sándalo). Este ritual tiene un impacto generalmente calmante sobre los nervios.

La siguiente actividad significativa que debe convertir en una parte integral de su rutina diaria es ensayar afirmaciones positivas sobre el abrazo de la energía del amor. Puede formular cualquier frase que solidifique esta emoción. El objetivo principal es establecer intenciones poderosas que le ayuden a romper con los viejos hábitos y avanzar hacia los más saludables (nuevos). Por lo tanto, cualquier afirmación que hable de compasión y amor sería útil para abrir el anahata y mantenerlo en equilibrio. También puede probar las posturas que ayudan a abrir el chacra del corazón, como la postura del camello, la del puente y la del perro mirando hacia arriba.

Una de las cosas más esenciales que hay que tener en cuenta es asegurarse de acoger la emoción del amor. Para ello, tiene que estar en una posición de intercambio, es decir, tiene que "dar amor" antes de recibirlo. Así pues, piense diariamente en todas las cosas que puede hacer en su día para hacer felices a los que le rodean expresando su amor. Puede ser algo tan sencillo como sonreír a alguien que le mira, dejar de lado viejas discusiones o dejar de criticar o chismorrear.

Mostrar aprecio y reconocer los esfuerzos de los que le rodean también le ayudará a abrir el chacra del corazón.

No tiene que limitarse a estas pocas ideas para equilibrar su chacra del corazón y ascender a otros chacras superiores. Debe dar más de lo que espera. Tiene que pensar fuera de la caja y simplemente superar su mejor versión de usted mismo. Ahora que hemos discutido las formas de equilibrar el chacra del corazón, vamos a explorar más acerca de la apertura del chacra de la corona, chacra de la garganta, y el chacra del tercer ojo.

Una visión general del chacra de la garganta

El chacra de la garganta pertenece al grupo de los chacras superiores y también se conoce como "chacra vishuddha". Se asocia con el elemento "espacio" o "sonido" y está representado por el color azul. Los cristales vinculados son la turquesa, las piedras azules y la aguamarina. El chacra vishuddha es el principal responsable de la autoexpresión y de una mejor comunicación. Tener un chacra de la garganta bien equilibrado significa que puede decir su verdad abiertamente, sin ningún obstáculo ni vacilación. Antes de pensar en trabajar para equilibrar este chacra superior, tiene que reconocer los posibles bloqueos que suelen estar relacionados con este y cómo eliminarlos.

Dado que el chacra de la garganta desempeña un papel en la expresión creativa, la comunicación y la autoexpresión, cualquier bloqueo o desequilibrio en el chacra vishuddha conducirá a una comunicación difícil e ineficaz. Un bloqueo en el chacra de la garganta puede manifestarse como:

- Miedo a compartir su verdad con el mundo
- Tener dificultades para practicar la autoexpresión
- Sentir una gran ansiedad por comunicar o decir su verdad

Mientras el chacra vishuddha permanezca desequilibrado y desatendido, puede haber cambios repentinos en las expresiones de comportamiento. Por ejemplo, la persona puede mostrar arrebatos emocionales o emociones opuestas (a las normales). Un desequilibrio del quinto chacra (chacra del corazón) provoca una crítica extrema haci uno mismo y hacia los demás. La persona también puede sufrir de "garganta rasposa", "úlceras bucales", laringitis, dolor de garganta, problemas de tiroides o trastornos de la articulación temporomandibular. A continuación se ofrecen algunos consejos rápidos para ayudarle a resolver estos obstáculos para equilibrar su chacra de la garganta sin más demora.

Lo primero que puede hacer es añadir más color azul a su vida cotidiana. Puede optar por cristales de color azul porque el chacra de la garganta está relacionado con la energía del sonido y la resonancia. Esto significa que los cristales serán bastante efectivos para trabajar en la apertura del bloqueo en este chacra. Puede usar un anillo u otra pieza de joyería con estas piedras azules. (Se recomienda usar un collar, ya que cuelga cerca de la garganta).

Estirar el cuello es otra estrategia útil para tratar el chacra de la garganta bloqueado. Estos ejercicios para el cuello no tienen que ser complejos, y tampoco es necesario realizar ningún tipo de parada de cabeza. Puede empezar a trabajar para abrir su chacra de la garganta con un simple ejercicio para el cuello o el área de la garganta que evite la acumulación o el estrés de su cuello.

El siguiente consejo rápido y sencillo es prestar atención a su patrón de respiración. Deberá utilizar la estrategia de respiración conocida como la respiración del león. Es bastante útil para deshacerse de las toxinas y estimula las áreas de su pecho y garganta liberando el estrés o la tensión acumulada.

También puede realizar posturas de yoga que alivien su cuerpo de las tensiones alrededor de esta zona. Además, el yoga le ayudará en general a mantener la energía almacenada. Puede practicar la postura de yoga de "pararse, arar y pescar".

Otra opción intuitiva es probar una sesión de curación de reiki. El reiki es beneficioso para todos los chacras de nuestro cuerpo, por lo que merece la pena invertir en ello.

Además de los consejos, puede añadir a su rutina diaria el escribir un diario y asegurarse de que su cuello está en la alineación natural con la columna vertebral mientras está sentado. Trabajar con el mantra bija también ayuda con el chacra superior de la garganta.

La gente suele confundir los signos que apuntan a un chacra de la garganta desequilibrado, pero son bastante difíciles de pasar por alto si se observan con atención. La persona con un chacra de la garganta bloqueado puede experimentar baja autoestima, depresión o ansiedad. También puede mostrar dificultad para expresarse e incapacidad para hablar. Es necesario desbloquear este chacra si se quiere ser un comunicador eficaz. Con un chacra de la garganta equilibrado y sano, cualquiera puede decir lo que piensa y al mismo tiempo ser compasivo con la forma de hablar y lo que dice.

Una visión general del chacra del tercer ojo

Algunas personas etiquetan el chacra del tercer ojo como un sexto sentido y suelen señalar su ubicación en el centro de ambos ojos. El ajna, o chacra del tercer ojo, es el sexto en la rueda de los chacras energéticos y se cree que está relacionado con la ascensión espiritual, la conciencia y la claridad perceptiva. Según la creencia popular, tener un chacra del tercer ojo abierto ayuda a la perspicacia y a la sabiduría y mejora los vínculos espirituales. Se considera que este chacra es una puerta al reino espiritual.

Un ajna bloqueado causaría varios problemas, incluyendo cinismo, pesimismo, confusión, falta de propósito e incertidumbre. Mientras se trabaja para abrir este chacra, se puede disfrutar de una claridad mental serena, claridad de autoexpresión, una sensación de felicidad y una mejora en la capacidad de concentración. La persona con un ajna abierto también tendrá cualidades muy fuertes de intuición y decisión. Para activar su chacra del tercer ojo, puede probar uno de los siguientes y explorar lo que mejor funciona para usted.

Puede comenzar en la fase de activación enviando un mensaje de gratitud al tercer ojo.

Es posible que también tenga que desintoxicarse y comer alimentos puros para lograr el equilibrio en su chacra del tercer ojo.

Al abrir el tercer ojo, el uso de aceites esenciales es también una parte integral del ritual de curación.

Otro método es intentar contemplar el Sol, y aunque no pueda mantener el contacto visual durante mucho tiempo, este ejercicio puede ser muy útil para abrir el chacra del tercer ojo para usted. La meditación y el canto de diferentes afirmaciones también son muy útiles para desbloquear el chacra del ojo.

Una visión general del chacra de la corona

Este chacra está especialmente vinculado a los pensamientos y, como elemento, controla las conexiones espirituales. También le ayuda a conectar con la conciencia universal y a tocar el reino de la sabiduría y el autoconocimiento. El color vinculado a este chacra es el violeta, que refleja su conexión con la iluminación o la espiritualidad.

El chacra de la corona es el más alto y tiene un papel importante en el proceso de iluminación y autorrealización de un individuo. Un chacra de la corona bloqueado se manifestará como un desequilibrio general en diferentes áreas de su vida, mala coordinación y una disminución sustancial de la funcionalidad física.

Si piensa trabajar con este chacra, tendrá que dedicar una buena cantidad de tiempo a reflexionar sobre el mundo que le rodea. Piense en usted mismo y practique la introspección. Tal vez quiera plantearse algunas preguntas mayores, como: "¿cómo ser mejor que hoy?" o "¿cómo conectamos el mundo y yo entre nosotros?" o "¿cómo eliminar la confusión sobre mi papel en el plan universal?".

Es comprensible que, si está luchando con un chacra bloqueado, se sienta confuso en general y haya una menor conexión con el mundo que le rodea. También es posible que experimente una hiperespiritualización o una disminución del funcionamiento mental. Para evitar todos los efectos negativos de un desequilibrio en el chacra de la corona, debe alinearlo. Dado que el chacra de la corona es reconocido como una puerta de entrada a la superconciencia, no sería prudente dejarlo desatendido. Puede lograrlo practicando el pranayama para este chacra. Otra forma de desbloquear el chacra de la corona es invirtiendo tiempo en la lectura de libros y adquiriendo conocimientos. También puede activar su chacra de la corona practicando el "silencio". Cuando se encuentra en silencio, escucha activamente, lo que permite la adquisición de información.

Aunque el trabajo con los chacras superiores es necesario (*y su alineación manifestará diversos beneficios físicos, psicológicos, emocionales y espirituales*), debe recordar que no es obligatorio. Sin embargo, dados los beneficios y el potencial de crecimiento, es ciertamente un esfuerzo que vale la pena realizar.

Conclusión

A menudo relacionado con el amor, la inocencia y la compasión, el anahata es el cuarto chacra de su sistema energético. Situado en el corazón, actúa como puente entre los chacras inferiores y superiores, lo que lo convierte en uno de los chacras más influyentes. Cuando está obstruido, el chacra del corazón puede afectar a la función de todos los demás centros energéticos, especialmente los inferiores. Este efecto puede manifestarse únicamente dentro de un anahata inactivo o hiperactivo, aunque rara vez es así. Los síntomas físicos, emocionales y cognitivos en los órganos gobernados por los otros chacras son igualmente comunes.

Al mismo tiempo, los chacras inferiores bloqueados o desequilibrados no permitirán que la energía fluya libremente hacia el anahata, obstaculizando sus funciones de salud. Por esta razón, al tratar el bloqueo del chacra del corazón, no debe centrarse solo en la apertura de este centro. Debe explorar también los centros inferiores. Descubrirá que, a menudo, la solución a su problema radica en limpiar la energía negativa de sus otros chacras.

Esta negatividad suele estar causada por traumas del pasado que afectan a su salud emocional en el presente, algo de lo que no era consciente hasta que decidió profundizar en el tema. Este libro contiene herramientas fáciles de usar que le ayudarán a evaluar sus síntomas y determinar el estado actual de su anahata.

Dado que el anahata está vinculado a tantas emociones poderosas, incluyendo el sentido de la confianza, la paz, la intrepidez, la seguridad, la generosidad, la capacidad de cambiar, de crecer, de establecer límites, de desarrollar el control emocional y el amor por uno mismo, hay muchas razones para mantener el chacra del corazón en equilibrio. Afortunadamente, hay muchas maneras de conseguirlo, ya sea alimentando este centro o los inferiores.

Después de establecer una base sólida de chacras, puede pasar a explorar los mantras y los mudras. Recuerde que estos son ligeramente diferentes de las típicas afirmaciones, ya que su efecto sobre el cuerpo y la mente es infinitamente mayor. También puede encontrar consuelo en la gama de técnicas de meditación y visualización diseñadas para abrir el anahata. Algunas técnicas resultan atractivas para un público amplio, sea cual sea su estilo de vida o sus conocimientos de yoga, meditación o cualquier otra filosofía de atención plena. La respiración profunda y otras técnicas similares de atención plena que aprenda también pueden ser útiles si decides probar las posturas de yoga para el corazón. Al fin y al cabo, el yoga no se limita a mantener la postura, sino que le hace sentir cómodo y se entrelaza con muchas otras capas de curación de los chacras. Aparte de la actividad física, también tendrá que prestar atención a su dieta y nutrición y consumir alimentos que promuevan la apertura de su chacra del corazón. El uso de la aromaterapia también puede aportarle algunos beneficios en este frente, junto con los cristales y las piedras curativas.

Al ser una parte esencial del flujo de energía hacia los chacras superiores, equilibrar el chacra del corazón abre la posibilidad de conseguirlo. Si tiene problemas con la garganta, el tercer ojo o el chacra de la corona bloqueados, la solución puede encontrarse en su chacra del corazón. No solo eso, sino que equilibrarlos podría traer la armonía que necesita en su vida. No es un paso necesario, pero puede ser lo que necesita para mejorar su vida y crecer espiritualmente.

Quinta Parte: Chakra de la garganta

La guía definitiva para desbloquear, equilibrar y abrir el Vishuddha

Introducción

No podría haber elegido un mejor libro para aprender sobre el chakra de la garganta y cómo afecta su vida de muchas maneras. Desafortunadamente, pocas personas comprenden lo vital que es este chakra y por qué deben tomarse el tiempo para sanarlo y mantenerlo en equilibrio. Sin embargo, usted es diferente. ¿Cómo lo sé? Porque está leyendo esto ahora. Ya sea a través del estudio o de la intuición, se da cuenta de la importancia del chakra de la garganta, y sabe que cuando se ponga a trabajar en él, experimentará cambios radicales en su vida. Lo que tal vez no sepa es cómo proceder para ordenar el flujo de energía en este chakra, y eso es lo que este libro le ayudará a conseguir.

Ciertos hábitos son vitales para la existencia humana. Por ejemplo, si quiere asegurarse de que su cuerpo físico está en perfectas condiciones, debe bañarse, comer bien, dormir lo suficiente, ejercitar sus músculos y hacerse revisiones periódicas para estar seguro de que está bien. Del mismo modo, debe cuidar el espíritu. Debe cuidar el cuerpo energético y aprender a decidir sobre el tipo de energías que recibe y que emite, porque dictan el tipo de vida que vive, por encima de todo lo que hace físicamente. Ya está haciendo lo más inteligente, que es investigar cómo cuidar su *Vishuddha*, y esto es elogiable. No todo el mundo se toma el tiempo y el esfuerzo de aprender esto, y por hacerlo, definitivamente será recompensado.

A diferencia de otros libros del mercado, que explican los chakras de manera innecesariamente complicada, usted encontrará en este una lectura muy simple y fácil de entender. Las ideas y explicaciones que se presentan aquí están en un español sencillo que no da lugar a confusiones. Encontrará instrucciones prácticas que podrá implementar para generar los cambios que desea en su chakra de la garganta. Incluso si ya está familiarizado con los centros de energía, seguro que descubrirá algo nuevo al leer este libro. Cuando haya terminado, no solo será un experto en el chakra de la garganta, sino que sabrá exactamente qué pasos seguir para que este centro energético se mantenga sano y abierto. Desde el yoga y los mudras hasta los cristales y los mantras (y mucho más), este libro tiene todo lo que necesita para empezar a trabajar con su *Vishuddha* y empoderarse. Si está listo para descubrir el poder de su chakra de la garganta, vamos a sumergirnos y explorar. Va a pasar un buen rato. Abróchese el cinturón de seguridad.

Capítulo 1: ¿Qué es Vishuddha?

¿Qué es un chakra?

No, no es el diminutivo de Chaka Khan. Bueno, dejando de lado las bromas, seguro que ha oído hablar de los chakras, y no solo lo sé porque está leyendo sobre ello ahora mismo, sino también porque ha elegido un libro sobre el chakra de la garganta, lo que, con suerte, significa que se ha tomado el tiempo de investigar los chakras que vienen antes de este y de hacer lo necesario para que funcionen de forma correcta.

Entonces, ¿qué es un chakra? Es una bola de energía que gira, y usted tiene siete. En realidad, tiene más de siete, pero esos son los principales en su cuerpo. La traducción literal de esta palabra sánscrita es «rueda» o «disco». El chakra es un centro de energía responsable de procesar el chi, también llamado prana o fuerza vital. Esta fuerza vital es literalmente la fuerza de la vida. Es la razón por la que se mueve, respira, piensa, su corazón late y sus órganos saben qué hacer en cada momento. También es la razón por la que su salud, sus relaciones amorosas, su amistad, sus finanzas y todo en su vida son como son para usted. Cuanta más fuerza vital permita fluir a través de usted, más amor, abundancia, prosperidad, salud y paz mental experimentará en la vida. Así es como funciona.

Ahora, volvamos a los chakras. Los siete están ubicados uno encima del otro en una línea recta a lo largo de la columna vertebral. Se extienden por delante y por detrás del cuerpo, así que no asuma que solo están contenidos en el centro. Son:

- El chakra raíz o *Muladhara*.
- El chakra sacro o *Svadhisthana*.
- El chakra del plexo solar o *Manipura*.
- El chakra del corazón o *Anahata*.
- El chakra de la garganta o *Vishuddha*.
- El chakra del tercer ojo o *Ajna*.
- El chakra de la corona o *Sahasrara*.

¿Qué es el cuerpo energético?

La verdad es que usted es más que su mente y su cuerpo físico. De hecho, tiene varios cuerpos, pero en este libro vamos a concentrarnos solo en el cuerpo energético, que es un marco invisible de su cuerpo físico. Si es clarividente, podrá ver el cuerpo energético como un campo de luz que se extiende a partir del cuerpo físico alrededor de cinco pulgadas. Este cuerpo está conectado con el físico, por lo que cualquier cosa que haga en uno afectará al otro. Algunas personas se refieren a este cuerpo energético como cuerpo etérico o doble etérico porque está compuesto de éter puro. Sus chakras son parte de este cuerpo energético. Le permiten canalizar la energía según sea necesario y dirigirla a varios aspectos de su cuerpo y de su vida. Sin el cuerpo energético, no podría existir, ni sería capaz de interactuar con el conocimiento que hay más allá de este mundo 3D. No tendría cosas como la intuición, no sentiría conexiones con asuntos espirituales ni sabría que hay mucho más en la vida que lo aparentemente físico. Además, aunque no le interesen los asuntos del espíritu, este cuerpo energético es el responsable de mantener el físico vivo y próspero.

¿Por qué hablamos del cuerpo energético cuando el tema central es el chakra de la garganta? Bueno, porque los chakras actúan como portales que alimentan el cuerpo energético, que a su vez puede ayudar al cuerpo físico con sus necesidades y funciones. También afecta a la mente y las emociones. Por todo esto es importante. Si no tiene los centros energéticos abiertos o el flujo de prana a través de ellos está impedido de alguna manera, podría experimentar efectos adversos en su cuerpo energético, que a su vez tienen horribles repercusiones para usted física, mental, emocional y espiritualmente si permite que continúen sin control.

Sobre el *Vishuddha*

Este chakra o centro energético es el quinto del sistema energético. *Vishuddha* es una palabra sánscrita que tiene sus raíces en otras dos palabras: *Vi*, una palabra utilizada para intensificar el significado de cualquiera que venga después de ella (como el equivalente en español de «muy»); y *Suddhi*, que significa puro. Se le llama chakra de la garganta porque está situado en esta zona del cuerpo. Su color es el azul.

En este centro de energía es donde comienza su divinidad. Mientras que los chakras anteriores son de naturaleza más material, trabajar con la energía de este chakra tiene que ver menos con las cosas físicas de la vida y más con los asuntos espirituales. A partir de este punto, empieza a pensar fuera del ámbito de lo mundano. Va más allá del mundo físico tal y como aparece, y empieza a tocar la verdad. No hay otra manera de describirlo. Cuando se usa esta energía en todo lo que se hace, las motivaciones no son egoístas. Es más desinteresado y está en mejor sintonía con sus cualidades nobles. Cuando su conciencia se eleva al nivel de *Vishuddha*, comienza a despertar su naturaleza sobrenatural.

Este chakra es la puerta de entrada a los chakras superiores y a los dones que tienen reservados para usted. En otras palabras, antes de que pueda aprovechar el poder verdadero del tercer ojo y del chakra de la corona, tiene que equilibrar la energía del *Vishuddha*.

Físicamente, este chakra se conecta con las glándulas paratiroides y tiroides, que son extremadamente vitales. Cuando estas glándulas producen demasiadas hormonas, se presenta una condición conocida como hipertiroidismo. Si experimenta esto, notará taquicardia, problemas de alimentación, pérdida de peso, problemas respiratorios, y otros síntomas. Cuando produce muy pocas hormonas, en cambio, ocurre lo contrario, y tiene que lidiar con sensaciones de pesadez persistente, estreñimiento y aumento de peso inusual. Estas glándulas también son importantes para la salud del cerebro y la mente, ya que están conectadas con el *Vishuddha*. Cuando despierte este chakra, notará que piensa con más claridad. Su energía será nítida y suave en lugar de disruptiva.

El centro energético de la garganta tiene mucho que ver con el sentido de la audición y con el sonido en general. Cuando tiene un *Vishuddha* claro y fuerte, no tiene dificultades para expresar sus pensamientos, y quienes han trabajado en este chakra tienden a hablar claramente y con una voz fuerte. De hecho, casi se podría decir que hay una musicalidad en su forma de decir las cosas e incluso sus silencios están cargados de significado y son placenteros de escuchar. Dan la sensación de que hay verdadera compasión en todo lo que dicen, y es un placer escucharles hablar. Las personas con el *Vishuddha* equilibrado suelen ser muy carismáticas y pueden impulsar a otros a la acción como nadie más puede hacerlo.

Este chakra tiene que ver con los sentidos más finos, muy por encima de la naturaleza básica de los animales y los humanos. Por esta razón, le permite acceder a los mundos que se encuentran más allá de este, atravesando las ilusiones del espacio y el tiempo. Allí es donde puede ser bendecido con la omnisciencia o la clarividencia, que es la capacidad de conocer la verdad sobre algo sin necesidad de presentar ninguna prueba a los sentidos físicos. Gracias a este chakra, puede acceder al conocimiento místico y oculto y entender los asuntos del espíritu con facilidad. A medida que desarrolla este chakra, su ser psíquico se despierta poderosamente.

Símbolo y origen

Símbolo del Chakra de la garganta
https://pixabay.com/images/id-2533108/

El símbolo de este centro energético es un círculo con dieciséis pétalos a su alrededor. La tradición hindú sostiene que puede expresar sus pensamientos con claridad gracias a este centro energético. Este símbolo es la representación de la comunicación en su forma más verdadera. La comunicación no consiste necesariamente en hablar con los demás para transmitir un mensaje, sino también en recibir mensajes de lo divino y de su ser superior.

El origen del sistema de chakras se encuentra en la India, entre los años 1500 y 500 antes de Cristo. Estos centros de energía se mencionaron por primera vez en los Vedas hindúes, que son textos religiosos sagrados, algunos de los más antiguos a los que tenemos acceso. También se mencionan en los *Upanishads*.

La simbología de los chakras se remonta a los cinco símbolos del *yajna*. El *yajna* es un antiguo ritual que se realiza antes de que un fuego se considere sagrado. Los símbolos originales son el círculo, el cuadrado, la media luna, el triángulo y el semicírculo.

Volvamos al símbolo del chakra *Vishuddha*. Representa la conciencia, la sabiduría y el sonido. A menudo se representa con un color azul brillante. El color azul representa la pureza, la sabiduría, la fe y la confianza implícita. La media luna del símbolo representa a la propia luna. Este símbolo es la representación del sonido divino, que es la pureza absoluta. Notará que la pureza es un concepto importante en este chakra en particular. Cuando menciono la pureza, no hablo solo de asuntos espirituales, sino de la pureza mental y corporal. El símbolo del chakra también representa el éter, que es uno de los elementos clásicos. Los dieciséis pétalos están conectados con los siete tonos musicales que conocemos. El sonido semilla de este mantra es HAM, y puede verlo dentro del símbolo escrito en blanco.

Temas del chakra de la garganta

Autenticidad y voz: Este centro de energía tiene que ver con la capacidad de expresar sus aspiraciones y afirmar con confianza sus sueños. Gracias a este centro, podemos hablar con claridad y confianza sobre lo que queremos lograr en esta tierra. Esto es lo que nos permite expresarnos ante los demás, independientemente de lo que piensen o de si nos apoyan o no. Para que este chakra funcione como debe, la clave es la confianza. Tiene que entender que expresar quién es realmente y no tratar de camuflarse o esconderse es un derecho divino.

Pureza y honestidad: Según el Noble Camino Óctuple del budismo, una de las mejores maneras de acabar con el sufrimiento en la vida es elegir siempre las palabras correctas. Esto significa que no se le permite mentir ni usar la palabra para calumniar o herir a otros. No se involucrará en ninguna conversación que haga quedar mal a otra persona o cause disputas e ira. Solo debe decir cosas que levanten a los demás en cada momento. Si no lo ilumina a usted mismo o a otra persona, entonces no debe salir de su boca. Cuando comprenda bien lo perjudiciales que pueden ser los chismes, los prejuicios y las suposiciones al hablar, optará por ser muy consciente de las palabras que pronuncia.

Usar el poder de su lengua para propósitos equivocados es una gran manera de asegurar que su chakra de la garganta permanezca bloqueado e inactivo. Así que, antes de decir algo, debería preguntarse si es cierto. Lo siguiente que debe preguntarse es si lo que va a decir hará el bien a otra persona. Cuando sepa que lo que va a decir es bueno para ser escuchado, debe preguntarse: «¿Por qué voy a decir esto? ¿Cuál es mi motivo?». Debería preguntarse si las palabras que va a decir son realmente suyas o si solo está repitiendo lo que otras personas o la sociedad lo han condicionado a decir.

Para comunicarse desde un lugar de verdad y pureza, debe asegurarse de que sabe cómo se siente realmente y de que es exactamente eso lo que está diciendo en voz alta. Esto no significa que deba convertirse en una persona terrible y herir los sentimientos de la gente, sino que debe asegurarse de que está siendo honesto en todo momento. Descubrir su verdad personal requerirá algo de tiempo y observación de su parte. Si alguna vez se pregunta si algo que dice es cierto, tiene que fijarse en lo que siente en su cuerpo cuando lo pone en palabras. Cuando haya algo de deshonestidad o mentira en sus palabras, notará un pequeño cambio de energía en su cuerpo, casi como si se debilitara más de lo habitual. Cada vez que note esa sensación, haga una pausa, reflexione sobre la verdad del asunto y exprésela verbalmente de inmediato.

Puede parecer que este chakra tiene que ver con palabras, palabras y más palabras, pero no es así. Se trata de la intención al hablar y de honrar la necesidad de silencio. Las palabras comunican muchas ideas, pero el silencio tiene aún más significado.

Funciones del *Vishuddha*

El tercer chakra es un centro de energía que le permite estudiar, planificar, etc. También se dice que está fuertemente relacionado con el *Svadhisthana*, que es el chakra sexual o chakra sacro. Ambos chakras tienen que ver con la creatividad. Mientras que el chakra sacro está más relacionado con la creación física, el chakra de la garganta está relacionado con la creación espiritual y mental. La conexión entre los dos es la razón por la que notará que las personas creativas tienden a tener impulsos sexuales excepcionalmente poderosos. Sin embargo, no debe tomarlo como un absoluto; no crea que tendrá poder solo porque su chakra sacro es poderoso.

Fisiológicamente hablando, este chakra está conectado con su boca y con todo lo que necesita para crear sonido. También con su sistema linfático. La garganta, el esófago, la caja vocal y las glándulas salivales también se rigen por la influencia del centro de energía de la garganta. El *Vishuddha* puede ayudarle a procesar el prana de los alimentos que come. Espiritualmente hablando, este chakra es esencial para ascender en conciencia. El camino hacia la ascensión espiritual significa vigilar lo que sale de su boca porque, como dice la Biblia, tiene un efecto aún más perjudicial para usted que lo que entra en ella. El hecho de que no deba decir cosas que hieran a la gente no significa que tenga vía libre para tener esos pensamientos negativos. La idea que subyace al concepto «de la abundancia del corazón habla la boca» es que solo puede decir lo que dice si lo piensa y siente. Por lo tanto, debe centrarse en mantener sus palabras puras y asegurarse de que su mente es igual de pura. Esto puede parecer difícil, pero en realidad no lo es tanto. Todo lo que tiene que hacer es decidir que es el tipo de persona que quiere pensar y ver lo mejor en todo y en todos los que le rodean, y será difícil que los pensamientos negativos se instalen en su mente.

Capítulo 2: Cuando el chakra de la garganta está bloqueado

Los bloqueos en los chakras no son lo mismo que los bloqueo en algún órgano vital de su cuerpo, ya que los chakras no son físicos. Sin embargo, eso no significa que los bloqueos no puedan causar efectos terribles y muy reales. Cuando los chakras están bloqueados, el prana no puede fluir libremente como debería para permitirle prosperar en la salud, la riqueza y todas las demás áreas de la vida. Por eso debe asegurarse de mantener los centros energéticos libres y despejados para seguir recurriendo al prana cuando sea necesario.

¿Qué causa los bloqueos de los chakras?

Conozca a los gemelos: ansiedad y estrés: El estrés y la ansiedad son dos de las principales causas de los chakras bloqueados. El mundo en el que vivimos es muy acelerado. La lucha por mantener el ritmo es más que suficiente para causar, incluso a la persona más relajada, un poco de estrés al menos una vez a la semana. La información vuela hacia nosotros a la velocidad de la luz, lo que hace difícil mantenerse al día con lo que sucede en el mundo. La forma en que está estructurada la sociedad parece implicar que hay que saber lo que está pasando en cada momento, lo cual es imposible. Las redes sociales, las revistas, los libros y las noticias quieren que consumamos todo lo posible.

Para consumir tanto como sea posible, tiene que ir a trabajar. A veces debe trabajar en exceso, porque cuanto más trabaja, más dinero gana, y entonces más puede consumir. Entonces trabaja en exceso, demasiado tiempo y demasiado tarde, lo que aumenta sus niveles de estrés y ansiedad. Estos dos factores tienen un efecto muy real y notable en su cuerpo energético. Si sigue viviendo así, inevitablemente desarrollará bloqueos en sus chakras.

Ahora más que nunca, debe aprender a proteger su energía, porque el estrés y la ansiedad pueden dar paso a problemas más graves como la adicción y la depresión que tendrán efectos terribles en sus centros energéticos. Las emociones negativas son como las toxinas, y pueden crear un cuerpo energético terriblemente enfermo.

Enfermedad: ¿Recuerda que mencionamos que el cuerpo físico también puede afectar al cuerpo energético? Si tiene problemas con su cuerpo, podrían traducirse fácilmente en un chakra bloqueado. Es muy importante tratar su cuerpo como un templo. No es una buena idea entregarse a las drogas ilícitas. Su vida será horrible si insiste en ser un teleadicto, no dormir lo suficiente, no tomar agua o no recibir luz solar. El estrés también invita a la enfermedad a su vida, así que tiene que encontrar la forma de jugar más y relajarse un poco. No se tome esto como una invitación a tratar sus enfermedades solo a nivel energético. Los médicos profesionales existen por una razón, y es inteligente buscar su consejo para sentirse mejor con su cuerpo. Tenga esto en cuenta con cada recomendación relativa a la salud y al bienestar a medida que avancemos en este libro.

Cuestiones kármicas: Karma es una palabra sánscrita que significa «acción», es la acumulación de todos nuestros actos, ya sean buenos, malos o neutros. Por ejemplo, obtiene buen karma si hace algo bueno por alguien sin esperar nada a cambio. Cuando engaña o miente, acumula puntos de karma malo. Cuando hace algo neutro, como cepillarse los dientes, su karma se mantiene neutro (al menos no ahuyenta a la gente con su aliento a ajo, así que tiene algo positivo).

Puede acumular karma en una vida y llevarlo a otras vidas. En otras palabras, vive varias vidas. Esta no es su primera partida. Por lo tanto, podría llevar algo de karma bueno o malo de una vida anterior que necesita ser equilibrado. El mal karma puede aparecer como un bloqueo en sus chakras, así que cuando se dé cuenta de que nada de lo que hace o intenta funciona, es una buena idea equilibrar un posible mal karma haciendo cosas buenas. Pero cuidado, hay una trampa aquí. Si hace el bien para acumular buen karma, su motivación es el interés, y no cuenta. Por lo tanto, es mejor que simplemente decida ser una buena persona y se deje inspirar por esta decisión para hacer lo correcto en el momento adecuado.

Otra cuestión espiritual que puede causar bloqueos en sus chakras es el rechazo a quien realmente es y a explorar su verdadero propósito en la Tierra. Esto puede ser muy perjudicial, especialmente para los chakras superiores.

Síntomas de un *Vishuddha* bloqueado, débil e hiperactivo

Un chakra de la garganta saludable es cooperativo, fructífero y nutritivo. Esto significa que el chakra de la garganta le ayuda a sentirse seguro cuando habla y da lugar a su creatividad. Pero si su chakra de la garganta está desequilibrado, puede hacer que su voz cambie y que sienta miedo al hablar. También puede atragantarse o toser fácilmente con los alimentos o los líquidos, lo que puede ocasionarle más problemas de salud.

Cuando el chakra de la garganta está débil o bloqueado, provoca diversos síntomas en la garganta, como dolor, ronquera y dificultad para tragar. Algunas personas también experimentan picor en la garganta, pus en algún diente abscesado, nudos en la garganta al tragar saliva, secreción o congestión nasal y/o inflamación de las amígdalas. Los chakras débiles o bloqueados pueden deberse al estrés crónico en el sistema inmunológico y el sistema nervioso, la mala alimentación y los malos hábitos de sueño. Cuando se tiene un chakra de la garganta debilitado, se tienen dificultades para recuperar la energía. También son más probables las enfermedades y los síntomas de resfriado o gripe.

Un chakra de la garganta bloqueado o débil puede ser una fuente de estrés crónico, ya que provoca dolor en la zona baja de la espalda y en el cuello. El chakra de la garganta está vinculado a la glándula tiroides, lo que ayuda a entender por qué algunos de los síntomas de su desequilibrio o bloqueo están relacionados con las dificultades de esa glándula. Estos síntomas pueden incluir:

- Deformación de la zona del cuello y/o de los rasgos faciales.
- Problemas para tragar, incluyendo dolor y ahogo.
- Manos o pies fríos con coloración azulada bajo las uñas.

- Hinchazón alrededor de los ojos.
- Hinchazón en la cara, las manos y los pies.
- Sensibilidad a los cambios de temperatura, como cuando se entra en una habitación fría desde el exterior en un día de verano.

Las personas con el chakra de la garganta bloqueado o debilitado también pueden tener dificultades para tragar y pueden no tener suficiente saliva para proteger la garganta. El bloqueo también puede hacer que la voz cambie, dificultando que se hable con claridad. Las personas con un chakra de la garganta desequilibrado o demasiado activo pueden presentar signos físicos como tos, resfriados, secreción nasal y dolores de garganta continuos. También pueden experimentar cambios en su estado de ánimo.

Un chakra de la garganta hiperactivo puede dar lugar a que alguien hable en exceso y a menudo domine las conversaciones porque se siente con derecho a que todo el mundo escuche sus opiniones o sus historias. También puede preocuparse demasiado por la comida y los hábitos alimenticios. Puede tender a hincharse y ganar peso con facilidad. Otros síntomas de un chakra de la garganta hiperactivo pueden ser la escasa capacidad para contar historias, la poca capacidad para escuchar las historias de los demás, las continuas interrupciones, el egocentrismo o el sentirse con derecho a la atención de todo el mundo.

Un chakra de la garganta poco activo puede llevar a una persona a ser callada, retraída, contemplativa, repentinamente tímida o paranoica y excesivamente crítica con el comportamiento de los demás. Las personas con un chakra de la garganta poco activo tienen dificultades para hablar por sí mismas por miedo a que lo que tienen que decir no sea escuchado. También se abstienen de hablar porque se sienten amenazados. Otros síntomas de un chakra de la garganta poco activo pueden ser:

- Un cambio en la voz o en el discurso, como detenerse a mitad de una frase sin explicación.
- La repetición de frases que se acaban de escuchar en la cabeza.
- Dificultad para articular y hablar con claridad, como tropezar con las palabras o no encontrar la palabra adecuada.
- No ser capaz de organizar una frase completa en una conversación sin hacer una pausa para pensar.

- Decir muy poco o no hablar en absoluto.

Signos de equilibrio en el *Vishuddha*

Cuando tiene un Vishuddha equilibrado, es muy claro con los demás y con usted mismo. No tiene problemas para defender lo que cree, y si necesita establecer un límite con alguien que está tratando de manipularle o incitarle a hacer algo, lo hace con claridad y seguridad. No siente ningún tipo de vergüenza, porque eso no tiene lugar cuando se trata de imponerse en el mundo que lo rodea. También escucha con atención sin dejarse llevar por las emociones u otros factores externos.

Puede evitar cualquier comportamiento innecesario. Está anclado en el momento presente y con los pies en la tierra. Puede distinguir entre lo que es cierto y lo que no. Su mente se concentra en lo que es real objetivamente, no en sus deseos internos. Cuando este centro energético se bloquea, sus pensamientos están plagados de ilusiones y confusión, lo que le dificulta expresar las emociones con claridad, porque sus palabras no tienen sentido. También tendrá dificultades para confiar en los demás porque no le parecen reales. Tampoco son siempre quienes dicen ser.

Un *Vishuddha* equilibrado lo hará sentir realizado y satisfecho. Tendrá un propósito en la vida y se entusiasmará con él. Sentirá compasión sin perderse en ella; una compasión integrada, que permitirá que sus acciones se alejen de lo miserable y que lo hará consciente de que marca la diferencia y de que la vida de otros puede ser ligeramente mejor gracias a sus acciones.

Con este chakra abierto, será certero en lo relacionado con la ley, la verdad y la realidad. Podrá seguir fácilmente el camino de la curación y encontrar la alegría de ayudar a los demás. Como resultado, no tendrá problemas con la confianza, la intuición y la capacidad de tomar decisiones correctas. Tampoco tendrá dificultades para controlar la ira ni para tratarla de forma correcta.

Cuando su *Vishuddha* está en equilibrio, se siente fuerte, especialmente en su ser interior. No deja que los demás se interpongan en su camino para sentirse bien con usted mismo, y no deja que el miedo o cualquier otro sentimiento similar inunde su cuerpo, porque cuando intentan surgir, usted simplemente respira y sigue adelante. La vida es demasiado corta para dejar que esas cosas lo retengan. No tiene problemas con su rutina diaria. Sabe que nunca está fuera de sintonía con su verdadero yo. El aprendizaje le resulta fácil y lo aplica automáticamente en el contexto adecuado.

Cuestionario: ¿Cómo de equilibrado está su *Vishuddha*?

El siguiente cuestionario le mostrará cuán equilibrado o desequilibrado está su chakra *Vishuddha*:

- ¿Siente a menudo que tiene problemas con algo o con alguien?
- ¿Le resulta difícil comunicarse fluidamente con los demás?
- ¿Le cuesta entender lo que ocurre en el mundo que le rodea?
- ¿Le cuesta mantener la compostura en situaciones incómodas?
- ¿La mayoría de sus amistades son superficiales y sin profundidad?
- ¿Alguna vez los demás han intentado manipular o utilizar su verdadera naturaleza en su contra?
- ¿Le cuesta decir la verdad?
- ¿Tiene problemas para sostener alguna emoción o relación porque siente que no puede decir lo que piensa?
- ¿Siente su corazón a menudo pesado y cargado de preocupaciones?
- ¿Le cuesta escuchar la verdad, por muy fea que sea?
- ¿Hay discordia en su vida familiar?
- ¿Suprime constantemente sus verdaderos pensamientos, incluso cuando debería hablar?
- ¿Siempre siente que «no es lo suficientemente bueno»?
- ¿Tiende a hablar demasiado o demasiado poco?
- ¿Siempre lo traicionan?

Si tiene 8 respuestas afirmativas o más: Tiene el chakra de la garganta **bloqueado**, o está muy débil por falta de uso o uso excesivo. Tiene que hacer lo que pueda para equilibrar este chakra y así podrá expresar su verdad en el amor.

Si tiene de 6 a 7 respuestas afirmativas: Su *Vishuddha* está a punto de bloquearse.

Si tiene de 4 a 5 respuestas afirmativas: Significa que su *Vishuddha* está **bastante activo**, pero podría ganar mucho si hace algún trabajo en este chakra.

Si tiene de 2 a 3 respuestas afirmativas: Su *Vishuddha* está bastante bien. Solo asegúrese de ser proactivo para mantenerlo así.

Si tiene de 0 a 1 respuestas afirmativas: Tiene un *Vishuddha* **equilibrado**. También está abierto a las energías que fluyen de los chakras inferiores y está listo para trabajar con los chakras superiores, lo cual es excelente para usted.

Beneficios de sanar su *Vishuddha*

Una vez que limpie su *Vishuddha*, el mundo que lo rodea se volverá más brillante y más hermoso. Será capaz de ver la realidad sin tener ninguna duda sobre nada. Sentirá una sensación de satisfacción y sabrá que está en el camino correcto de la vida y que puede ser feliz con los demás a su alrededor sin importar los problemas que surjan. Incluso si los demás están enfadados entre sí o pasan por un mal momento, usted será el pilar al que recurren, porque saben que pueden contar con su amor incondicional, que nunca depende de cómo actúen o cómo lo traten.

Capítulo 3: Construir sobre los otros chakras

Para aprovechar al máximo el proceso de apertura del chakra de la garganta, es mejor trabajar primero con los chakras inferiores para que la energía pueda fluir libremente hacia el *Vishuddha*. Hay que asegurarse de que los chakras inferiores también estén abiertos y equilibrados. Es bastante arriesgado trabajar en los chakras superiores (garganta, tercer ojo y corona) sin empezar desde abajo, desde el *Muladhara* hasta el *Anahata* antes de abordar el *Vishuddha*, el *Ajna* y el *Sahasrara*. En este capítulo, echaremos un vistazo a los chakras anteriores al *Vishuddha* para que se esté seguro de que están abiertos y equilibrados y de que todo está preparado para proporcionarle la energía adecuada. Piénselo así... nunca construiría una casa sin cimientos, a menos que quiera que se derrumbe en la nada, ¿verdad? De la misma manera, cuando se trata de su cuerpo energético y de sus centros, debe empezar desde la base. Como dijo una vez Fraulein Maria, «Empecemos desde el principio; un muy buen lugar para empezar».

El chakra raíz o *Muladhara*

El chakra raíz está situado en la base de la columna vertebral, un poco más arriba del coxis. Es su conexión con todo lo sólido y estable de la vida. Su chakra raíz tiene que ver con la supervivencia, con que sea capaz de superar cualquier obstáculo y seguir adelante. Tiene que ver con la capacidad de sobrevivir a tiempos difíciles y avanzar con fuerza y perseverancia. El chakra de la raíz lo mantiene anclado en el momento presente cuando hay desafíos a su alrededor. Le ayuda a tomar buenas decisiones sin dejarse llevar por la ira o la depresión, y también le ayuda a poner límites cuando es necesario. El color de este chakra es el rojo.

Cuando su chakra raíz está equilibrado, tiene los pies en la tierra y está conectado con su entorno. Su vida tiene sentido y propósito, y sabe que está exactamente donde necesita estar en todo momento. Sabe cuándo es el momento de dejar atrás el pasado y avanzar, que es la única manera de liberarse de la negatividad. Este centro le ayuda a soltar el dolor, porque conecta con la energía negativa que se almacena en su cuerpo. Cuando este chakra funciona correctamente, se siente muy conectado con otras personas, porque no las siente como extrañas. Son familia; son personas que intentan abrirse camino en la vida, como usted y como todos los demás.

Síntomas de un chakra raíz bloqueado

Cuando su chakra raíz está bloqueado, el estrés y la ansiedad comienzan a manifestarse. Le resultará difícil mantenerse con los pies en la tierra si hay desafíos a su alrededor y el mundo le parecerá más doloroso que antes. Le resultará difícil establecer límites, porque se tomará todo como algo personal, lo que le hará sentirse utilizado y manipulado.

Puede perder oportunidades por culpa del miedo. Por ejemplo, si alguien le pide que haga algo con él y tiene miedo de perder el tiempo, dirá que no, aunque en el fondo quiera hacerlo. Es una pena que esto ocurra en su vida, porque las oportunidades pasan de largo.

Por ejemplo, si alguien le pide que haga algo y usted dice que no por cualquier motivo, entonces esa persona se enfadará con usted. Cuando esto sucede, es como si todo el estrés de su vida se elevara y lo rodeara, haciéndole aún más difícil manejar el día a día porque tiene muchos problemas.

Sanar su chakra raíz

Si quiere devolver el equilibrio a este centro energético, hay muchas maneras de hacerlo. Solo tiene que encontrar lo que funciona mejor para usted, y solo puede hacerlo probando varios métodos.

Meditar y visualizar: No hay mejor manera de empezar a trabajar en sus chakras que meditando. Este proceso consiste simplemente en enfocar toda su atención en el aquí y el ahora, ya sea prestando atención a su respiración, a un sonido, a una sensación, a algo que pueda ver o a cualquier otra cosa. Cuando concentra toda su atención en una cosa, se obliga a estar aquí y ahora, lo que lo hace sentir más seguro. Entonces puede utilizar esa energía enraizada para trabajar en sus chakras, y el chakra raíz no es una excepción. Una forma sencilla de meditar es concentrarse en la respiración. Si su mente empieza a alejarse de ella, simplemente dese cuenta y vuélvale a prestar atención con amor y cuidado. No deje que le afecte, no importa cuántas veces se distraiga. Nos pasa a los mejores, y si se castiga, solo conseguirá frenarse.

Trabajar en la alimentación y nutrición: También puede ayudar a equilibrar su chakra raíz comiendo los alimentos adecuados y bebiendo mucha agua. Su cuerpo necesita vitaminas, minerales y fitoquímicos que le ayuden a equilibrarse, así como proteínas y grasas saludables. Concéntrese en obtener muchos nutrientes, ya sea comiendo una comida saludable o simplemente tomando algo. Su cuerpo sabrá naturalmente cuánto necesita sin tener que adivinar. Además, ayudará incorporar una gran cantidad de alimentos rojos en su dieta.

Trabajar con aceites esenciales: Los aceites esenciales son una muy buena manera de sanar su chakra raíz. Utilice cualquiera de los siguientes aceites para devolver el equilibrio a su vida: pimienta negra, cardamomo, canela, clavo, eucalipto, incienso, geranio, jengibre, helicriso, mirra y pachulí. Si no le apetece elegir un solo aceite, utilice una mezcla de dos o más, ya que pueden ayudarse mutuamente y añadir otra dosis de energía a su proceso de curación.

Hacer yoga: El yoga es una de las mejores maneras de devolver el equilibrio a su chakra raíz. Hay un montón de posturas de yoga que puede usar para entrar en contacto con este centro de energía, lo que le permitirá relajarse y concentrarse en el momento presente. El yoga también es una gran manera de pasar tiempo meditando. Definitivamente, debería probarlo si quiere trabajar en la apertura de su chakra raíz.

El chakra sacro o *Svadhisthana*

¿Qué es el chakra sacro? Es el segundo centro energético, también conocido como *Svadhisthana*. Es responsable de las emociones, la creatividad y la sexualidad, así como de la capacidad de expresión y comunicación. El chakra sacro tiene que ver con la sensibilidad emocional y su expresión en forma positiva o negativa. Se trata de mantener un estado emocional saludable y la capacidad de expresarse. Piense en él como el puente entre su ser espiritual y su cuerpo físico.

El chakra sacro está asociado con el color naranja, el elemento agua y el planeta Venus. Su asociación emocional es la felicidad. Este segundo centro energético tiene que ver con las emociones y la creatividad, por lo que puede sanarlo concentrándose en su bienestar emocional. Se dice que los objetos naranjas estimulan este chakra y le ayudan a reconectar su interpretación del mundo con sus emociones.

¿Qué aspectos emocionales pueden curarse sanando el chakra sacro? Hablemos de la ansiedad. Las emociones son un factor importante en la ansiedad. Ser demasiado emocional puede ser una forma de evitar el miedo. En lugar de enfrentarse a lo que le produce ansiedad, se pierde en su drama y olvida la razón por la que verdaderamente está ansioso. Pero si las emociones no se expresan o liberan adecuadamente, pueden convertirse en algo destructivo. Las emociones son energía, y para vivir plenamente y con felicidad, tenemos que aprender a honrar esa energía y expresarla adecuadamente.

Para abrir y equilibrar el chakra sacro, primero se debe reconocer su función en la vida diaria. Una vez comprendido esto, se puede saber más claramente cómo obtener el control de este centro de energía vital, lo que finalmente acerca a la naturaleza espiritual.

Síntomas de un chakra sacro bloqueado

Uno de los síntomas de un *Svadhisthana* bloqueado es la incapacidad de sentir amor, alegría y placer. Cuando alguien tiene un bloqueo en este centro de energía, puede estar en negación de las necesidades emocionales que tiene. Puede que no exprese gratitud o aprecio por las personas de su vida o por su entorno. Puede tener dificultades para abrirse a los demás sobre su vida personal y resultarle difícil conectar emocionalmente con los demás o sentirse cómodo tomando decisiones.

Otra cosa que se nota con los problemas del chakra sacro es que los patrones de respiración se vuelven dramáticos y rápidos o dificultosos e interrumpidos. Si este es su caso, habrá notado que le cuesta respirar cuando está alterado. También puede tener un patrón de respiración superficial o irregular.

Es posible que experimente síntomas físicos como dolor lumbar o trastornos urinarios con un chakra sacro bloqueado. Otros problemas físicos pueden ser la tensión y una sensación de presión constante en la zona pélvica. Es posible que le cueste relajarse debido al estrés. A veces, ese estrés puede ser tan grave que puede ocasionar problemas con su sistema digestivo, como diarrea o estreñimiento. Es posible que experimente problemas de aumento o pérdida de peso.

Los síntomas emocionales incluyen agitación, miedo, inseguridad y depresión. Las personas que padecen bloqueos del chakra sacro pueden sentir que carecen de emociones o que no tienen sentimientos de alegría o felicidad. También pueden experimentar ansiedad y ataques de pánico. Pueden tener sentimientos de confusión y frustración en sus vidas y sentirse siempre como víctimas. Pueden sentir que no logran salir adelante, que no saben lo que quieren de su existencia o que no tiene sentido querer nada. Estas emociones pueden llevarlos a pensar en el suicidio o en autolesionarse.

Sanar su chakra sacro

Necesita sanar su chakra sacro para reconocer su potencial y conectar con su ser espiritual. Puede aplicar las mismas estrategias de la sección sobre la curación de su chakra raíz, excepto que se concentrará en el chakra sacro. A continuación, hay otras cosas que puede hacer para equilibrar este chakra trabajando con sus emociones y su mente:

Eliminar creencias limitantes sobre usted mismo. Dígase a sí mismo que es una persona especial y única que merece amor y aceptación incondicionales. Si hay dudas o inseguridades flotando en su mente, dígase a usted mismo que no lo definen como persona, sino simplemente como alguien que está perdido. Recuerde las cualidades y rasgos que lo hacen valioso, hermoso, inteligente y talentoso. Escriba las cosas que le gustan de usted mismo y guárdelas en algún lugar donde pueda leerlas todos los días.

Aprecie las cosas de la vida que lo hacen feliz, aunque parezcan pequeñas. Encuentre la felicidad en su vida, sea cual sea. Dígase a sí mismo diariamente que merece ser feliz y sentirse amado. Si tiene alguna creencia negativa sobre usted mismo o sobre su capacidad para ser feliz, tómese un momento y repita esas afirmaciones hasta que sean sustituidas por el agradecimiento por lo que es y por su vida.

Viva en el momento presente, practique diariamente la conciencia plena de sus pensamientos, emociones y acciones. Cuando esté con otras personas, présteles toda su atención y demuéstreles su aprecio. Su conciencia le permitirá responder adecuadamente en todas las situaciones.

Practique el amor incondicional hacia usted mismo, sin importar lo que haya hecho o cómo se sienta. Tenga compasión de usted mismo y entienda que en ocasiones es perfectamente normal sentirse triste, enfadado, traicionado o solo. Esto no significa que no merezca amor y aceptación. Pida perdón cuando sea necesario. Aprenda de sus errores para convertirse en una persona más fuerte. Mire las cosas buenas de su vida e intente concentrarse en los aspectos positivos. Visualícese hermoso y feliz mientras realiza actos de amor hacia usted mismo diariamente.

Sea paciente y muestre tolerancia con sus seres queridos. Comprenda que todo el mundo es humano y comete errores de vez en cuando. Deje de lado los rencores y aprenda a perdonar a los demás por sus malas acciones. Las peleas solo traerán negatividad a su vida. Mantenga un ambiente de amor y paz en el que pueda vivir cómodamente.

Aprenda a fijarse objetivos, pero no se apegue a los resultados. No tome decisiones basadas en sus emociones, sino en la lógica, la razón y el panorama general de lo que es mejor para usted y para quienes lo rodean. Recuerde que sus objetivos no tienen que estar grabados en piedra. Puede cambiarlos cuando sea necesario, pero no cree objetivos poco prácticos o irreales.

Concéntrese en sus puntos fuertes y sus habilidades. Intente encontrar un equilibrio entre lo que puede hacer y lo que es beneficioso para su vida y sus relaciones a largo plazo. Pida ayuda cuando la necesite y permita que los demás le ayuden cuando se ofrezcan. Comparta sus talentos con los demás, ya sea mediante actos sencillos como el voluntariado o con grandes gestos, incluyendo volver a la academia para ampliar su formación y hacerse más empleable en el futuro (dependiendo de sus circunstancias actuales).

Concéntrese en su salud física, mental y espiritual. Coma comidas nutritivas cinco veces al día y tome vitaminas para promover el bienestar general. Haga ejercicio con regularidad para que la sangre fluya, fortalezca sus músculos, mejore su inmunidad y manténgase en la mejor forma posible. Dedique al menos diez minutos diarios a meditar o hacer ejercicios de yoga para relajarse y concentrarse en su interior por un momento. Pase tiempo en la naturaleza o encuentre actividades que le rejuvenezcan espiritualmente, como aprender sobre diferentes culturas o ser voluntario para causas benéficas.

Rodéese de personas positivas que lo apoyen en todos los aspectos de su vida. Sea positivo, pero no tenga miedo de decir lo que piensa si no está de acuerdo con los demás en asuntos importantes. Defienda lo que cree, pero elija bien sus batallas. Cuide esas relaciones importantes y acérquese a quienes lo aman y apoyan **incondicionalmente**.

Pruebe cosas nuevas para que su vida sea interesante y emocionante. Explore el mundo que lo rodea con una mente abierta, incluso si eso significa viajar fuera de su zona de confort (también tenga cuidado de no viajar demasiado ni gastar dinero innecesariamente). Considere la posibilidad de mudarse a un lugar nuevo (si las finanzas lo permiten) o de probar una carrera diferente que lo lleve por un nuevo camino en la vida.

El chakra del plexo solar o *Manipura*

El chakra del plexo solar se asocia con el elemento fuego y el color amarillo, y sus partes del cuerpo asociadas son el estómago y el intestino grueso. Este centro está situado en el abdomen, y se extiende desde debajo del ombligo hasta el esternón. Gobierna el poder personal, la fuerza de voluntad, la confianza en sí mismo y la ambición.

El chakra del plexo solar está conectado con el centro del ser y con la fuerza de voluntad. La fuerza vital está concentrada aquí, pero muchas veces esta zona se descuida durante mucho tiempo. Puede saber que ha descuidado su chakra del plexo solar cuando se encuentra en una situación en la que está cargado emocionalmente, pero se siente «fuera de control». Esto puede ocurrir durante un momento difícil o desafiante, cuando alguien es grosero o no lo apoya, o cuando está bajo mucho estrés por algún motivo. También es posible que lleve mucho tiempo sintiéndose así. Antes de que se estanque por demasiado tiempo, tómese un momento para ver si está conectado con su chakra del plexo solar.

Síntomas de un *Manipura* bloqueado

Cuando las emociones nos abruman y nos hacen sentir impotencia, perdemos la conexión con el chakra del plexo solar. Cuando me dejo llevar por mis emociones y no puedo evitar que me abrumen (especialmente emociones negativas), siento que pierdo el control de mi vida, como si mi «yo superior» ya no estuviera guiándome. He llegado a sentirme como un niño pequeño cuyos sentimientos me controlan.

Sé que esto puede sonar gracioso, pero a menudo lo he comparado con la sensación que tengo cuando uno de mis hijos tiene una rabieta. Ya sabe, la sensación de ver a un niño fuera de control cuando no obtiene lo que quiere, y llora y grita a pleno pulmón, o incluso se pone físicamente violento. Cuando se encuentran en este estado, y no sabemos qué más hacer, a veces nos limitamos a abrazarlos con fuerza para mantenerlos a salvo. Solo conseguimos que se calmen si les rodeamos con nuestros brazos y les retenemos físicamente para que no huyan o se salgan de control. Estoy seguro de que la mayoría de ustedes ha tenido esta experiencia.

Para mí, es una sensación abrumadora de estar «fuera de control». Como el chakra del plexo solar es el lugar donde se encuentra la fuerza vital, siento que ya no está ahí para guiarme y que he perdido la conexión con mi ser superior. Puede ser difícil para algunos tener una idea de lo que se siente al experimentar una emoción que se apodera de su ser.

Puede que se sienta enfadado y odioso con alguien o con cierta situación sin ninguna razón. Puede ser crítico y juzgar a los demás o las cosas en general, incluso juzgarse a sí mismo. Puede envidiar a alguien que tiene una vida más agradable o más recursos que usted. Puede sentir que necesita algo que otra persona tiene o que no está recibiendo su parte justa.

También puede experimentar estos síntomas cuando se siente impotente y fuera de control. Puede estar en una situación en la que alguien tiene autoridad sobre usted, pero no está de acuerdo con sus opiniones o valores. Puede que no tenga suficiente comida o dinero para mantenerse. Es posible que no pueda conseguir lo que quiere o necesita, ya sea por causas ajenas a su voluntad o porque algo ha salido mal y ha tenido poco control.

Sanar su *Manipura*

Utilice el mantra RAM: Cantar esto durante unos minutos al día puede ayudarle a devolver el equilibrio a este chakra. Puede hacerlo mientras practica su meditación o mientras hace trabajos de respiración como la respiración del abejorro.

Utilice el trabajo de respiración: Una gran forma es la respiración *ujjayi*, la respiración del abejorro que acabo de mencionar. La veremos en detalle en un capítulo posterior, así que asegúrese de estar atento.

Coma alimentos amarillos: Asegúrese de que estos alimentos son naturales. Elija avena, plátanos, papayas, limones, almendras, nueces, etc. Mientras sean sanos y no estén procesados, disfrutará de los efectos que tendrán en su chakra. Además, si los come con atención, obtendrá mejores resultados.

Haga yoga: Las mejores posturas para este chakra son la postura de la silla, la del arco y la del triángulo giratorio.

Utilice afirmaciones: Son frases cortas que afirman que está en contacto con usted mismo y le ayudan a sanar este chakra. Por ejemplo, puede intentar con las siguientes:

- Mi chakra del plexo solar está completo y equilibrado.
- Estoy en paz conmigo mismo y con el mundo.
- Estoy en contacto con mi lado creativo.
- Me siento cómodo expresándome a través del juego.
- Mi vida es mi patio de recreo y cada día es un día de diversión.
- Veo la belleza en todos y cada uno.

Si necesita más información sobre cómo trabajar con estos tres chakras, le aconsejo que investigue más y lea más libros sobre ellos para hacer el trabajo necesario antes de sanar su chakra de la garganta.

Capítulo 4: Mantras y mudras

¿Qué es un mantra?

Un mantra es una palabra, sonido o frase que se repite para obtener un beneficio particular. Son frases espirituales que se utilizan para estimular la energía. Puede usarlas para concentrarse y enfocar su energía en las cosas importantes de su vida. En los esfuerzos por sanar, primero se debe averiguar qué es lo que impide avanzar y luego determinar cómo cambiarlo o eliminar los obstáculos del camino para avanzar en la curación. Este proceso no es fácil, así que se recurre a los mantras porque tienen el poder de generar los cambios que se buscan y hacer que duren para siempre.

Los mantras más poderosos están en sánscrito y son la base de gran parte de la filosofía tántrica. Se dice que fueron entregados por Shiva a su consorte Parvati. Los mantras no solo se utilizan para curar, sino también para conectarse con el yo superior. Son una herramienta que ayuda a conectarse con la espiritualidad.

¿Cuál es la diferencia entre los mantras y las afirmaciones?

Las afirmaciones son declaraciones positivas que se repiten regularmente, como «estoy sano» o «soy feliz». Pueden ayudar a hacer cambios buenos en la vida construyendo una mentalidad positiva. Sin embargo, no pueden utilizarse para curar, sino solo para facilitar el proceso de curación mediante el pensamiento positivo. No cambian la vida en sí mismas. Por otro lado, los mantras no hacen una declaración directa sobre lo que se busca, sino que trabajan a través del sistema psíquico para contribuir a la curación. Por eso los mantras son poderosos. La forma en que estimulan la energía es mucho más dinámica que las afirmaciones.

Los mantras no son solo las palabras, también contienen la energía de esas palabras, por lo que son mucho más potentes. El poder de un mantra reside en el hecho de que es una vibración particular que tiene efectos muy específicos en el cerebro. Esto nos permite «hablar» con el ser superior y el alma. Esta comunicación resulta muy poderosa para la curación, ya que permite aprovechar las energías y el conocimiento del ser superior y el alma, el conocimiento que va más allá de lo físico.

Un mantra que los gobierne a todos

Los mantras pueden ayudarle a sacar más provecho de la vida, pero también pueden utilizarse para sanar los chakras. Son capaces de estimular la energía de una forma muy positiva con el poder de mejorar su salud y bienestar. Cuando repite un mantra con regularidad, está energizando el chakra en cuestión, a la vez que lo imprime con la energía creada por las vibraciones del mantra.

Cada uno de los chakras corresponde a una parte concreta de nosotros, por lo que debemos familiarizarnos con estas partes y sus mantras correspondientes antes de empezar a trabajar con ellas. Aunque es posible que ya conozca algunos de los mantras que corresponden a cada chakra, es importante que se asegure de que su conocimiento es correcto.

Puede que haya oído a alguien decir «OM» y se pregunte qué significa. Aunque muchos lo escuchen y piensen que es un sonido común, en realidad es un mantra muy poderoso. Lo más importante de este mantra es que no solo se dice el nombre de Dios, sino que también se exagera el sonido para que cuando se libere a través de los labios, lo que ocurre cuando se dice OM, haya una vibración o energía similar a una onda que viaja a través del ser hacia el universo.

Se cree que el OM fue creado por Shiva como un sonido universal para la curación. Es un mantra increíblemente poderoso y uno de los más efectivos. Esto se debe a que nos ayuda a aprovechar el poder de lo divino y utilizarlo en nuestras vidas, y también ser más conscientes de las bendiciones que tenemos. De este modo, podemos ver nuestra conexión espiritual y empezar a sentirnos más conectados con nuestro alrededor. La energía divina que genera el OM induce un sentimiento de amor en el cuerpo, lo que permite que nuestros chakras se abran más fácilmente.

El mantra *bija* o sonido semilla conectado con el chakra de la garganta es HAM, pronunciado H-Ah-M, y no «jam» como en «jamás». Puede cantar este sonido repetidamente para obtener resultados impresionantes en este chakra.

Afirmaciones para el Chakra de la Garganta

Las afirmaciones pueden ayudar a su chakra de la garganta por medio de la ley de la atracción. Pregúntese: «¿Qué quiero manifestar en mi vida?» y reafírmelo varias veces a lo largo del día. Empezará a atraer cosas positivas y felices a su vida, lo que le llevará a una existencia más rica y satisfactoria. Dicho esto, las afirmaciones también ayudan a soltar la negación o la incredulidad respecto de lo que está manifestando.

Las siguientes son excelentes afirmaciones que puede utilizar para su chakra de la garganta:

- Digo mi verdad con confianza y claridad.
- Soy una persona poderosa, positiva y segura de sí misma.
- Me siento poderoso y claro cuando me expreso.
- Digo mi verdad con claridad y alegría.
- Mi voz es fuerte, clara, autoritaria e inspiradora.
- Hablo con claridad y verdad como si no hubiera dudas en el mundo.
- Mis palabras se pronuncian con claridad de propósito y sinceridad.
- Hablo desde mi corazón, solo con amor.
- Me siento feliz y realizado.
- Tengo el don de la palabra.
- Mis pensamientos son positivos y solidarios.
- Encuentro alegría en ayudar a los demás.
- Mis palabras son de oro.
- Hablo por mí mismo.

Esta lista podría ser interminable, ya que hay miles de afirmaciones que puede utilizar para mejorar su chakra de la garganta. Tiene la opción de crear sus propias afirmaciones si lo desea. Todo lo que tiene que hacer es pensar en las formas particulares en que el bloqueo de su chakra de la garganta se manifiesta para usted y afirmar lo contrario. Por ejemplo, si nota que tiene problemas para hablar en voz alta y con confianza, puede afirmar: «Digo la verdad con audacia, siempre».

¿Por qué funcionan las afirmaciones? Las afirmaciones son una forma estupenda de hacer que su mente subconsciente trabaje para usted. Pasan por alto la mente consciente, que es donde residen la mayoría de los bloqueos y miedos, y van directamente a la mente subconsciente, que controla sus capacidades creativas. Su mente consciente es el juez crítico de lo que piensa, y las afirmaciones lo aflojan un poco y dejan que el subconsciente se encargue de ese trabajo mientras usted se concentra en otras cosas como la meditación.

Su mente y los mantras

¿Cómo es que los mantras tienen un efecto tan poderoso en el cerebro a pesar de estar en sánscrito? Seguro que estas palabras pueden parecer completamente extrañas para quienes no conocen el idioma, pero incluso si solo habla su lengua materna, podrá reconocer el efecto que estas significativas frases tienen en su psique.

Las palabras sánscritas son acústicamente más complejas que las de otros idiomas, y ofrecen la oportunidad de cantar aprovechando la energía de los propios sonidos. Por ejemplo, Om es un sonido que trasciende la dualidad. Se cree que estos sonidos afectan la actividad neuronal del cerebro, liberando el estrés asociado a las prácticas y los compromisos rutinarios.

El uso terapéutico de mantras existe desde hace siglos, y apenas se han empezado a explorar sus posibles aplicaciones. Los mantras se traducen como «palabras sagradas» y tienen un significado en su idioma original. Un mantra puede repetirse como parte de una práctica de mediación o una disciplina espiritual. Estas palabras se eligen porque son fáciles de recordar y tocan la sensibilidad de la persona que las canta.

El poder puede provenir de la frecuencia que crean al ser cantadas o porque quienes los cantan los consideran especiales. Ofrecen visiones de lo que los buscadores espirituales aspiran a ser, desprovistos de las distracciones cotidianas, como las percepciones y los juicios que surgen al utilizar afirmaciones regulares o al meditar sin un mantra en mente.

Mudras para su *Vishuddha*

Los mudras son gestos con las manos.
https://www.pexels.com/photo/woman-in-white-dress-holding-mans-hand-8710846/

Los mudras son gestos con las manos. Durante siglos, se han utilizado en la cultura india y en otras culturas orientales, como el Tíbet y Japón. La gente utiliza varios tipos de gestos con las manos para comunicar significados específicos y también para curar a otros o como parte de prácticas espirituales. Se conocen más de 500 tipos de mudras del hinduismo y el budismo. Algunas variantes implican el uso de todo el cuerpo en lugar de solo las manos o los dedos. Los mudras pueden actuar como un conducto a través del cual los cristales pasan energía al cuerpo y a la mente. Cada gesto de la mano se trabaja con un cristal específico para aumentar su eficacia.

¿Por qué son tan poderosos? Hay tres razones principales. En primer lugar, cada mudra tiene una vibración específica que anima al campo energético del cuerpo a resonar en esa frecuencia, lo que lo refuerza y equilibra. En segundo lugar, cada mudra activa glándulas y órganos específicos del cuerpo que se corresponden con su vibración. En tercer lugar, cada mudra envía energía positiva a los chakras. Los mudras son una forma eficaz de dirigir la mente, el cuerpo y el espíritu hacia la curación y la conciencia.

Aunque los mudras se pueden hacer con los dedos de una mano, a menudo se hacen con ambas para darles más potencia. Suelen combinarse con el *pranayama* (ejercicios de respiración) o la meditación. Además de utilizarse como herramienta de curación directa, los mudras sirven para diagnosticar problemas o fomentar la conciencia de cómo utilizamos nuestro cuerpo. Cuando se combinan con el *pranayama*, los mudras ayudan a equilibrar los chakras y potencian los estados mentales meditativos mejorando el flujo de energía a través de ellos.

Mudra *Granthita*: También se conoce como el mudra del nudo y es perfecto para el chakra de la garganta. Le ayudará a activarlo, y además hará que su voz suene mucho más clara y musical para los oídos. Este mudra también trabajará en su glándula tiroides para ayudarla a funcionar mejor, y se dice que tiene un efecto curativo en quienes tienen cáncer. Sin embargo, no debe utilizarlo como sustituto de lo que le recete su médico, sino solo como complemento. Siempre debe consultar a su médico profesional sobre cualquier problema que tenga con su salud. A continuación, se explica cómo hacer el mudra de la Granthita:

- Junte los dedos.
- Conecte el dedo índice y el pulgar derechos en las puntas para formar un círculo.
- Con el dedo índice y el pulgar de la mano izquierda, cree un círculo como hizo con los dedos de la derecha, pero entrelazando los dos círculos entre sí. En otras palabras, debe tener dos círculos entrelazados con los dedos indicados mientras los demás dedos están cruzados entre sí como si estuvieran rezando.
- Asegúrese de estar sentado cuando haga este mudra y de tener la columna vertebral recta y neutral.
- Mantenga este mudra justo delante del *Vishuddha*.
- Respire profundamente mientras relaja su cuerpo y medita en el *Vishuddha*.
- Imagine que la luz azul llena su chakra de la garganta.

- Permanezca en esta posición entre los siguientes cinco a diez minutos mientras respira regularmente.
- Puede concentrarse en una afirmación mientras mantiene el mudra. Pruebe lo siguiente: «Mi *Vishuddha* se está abriendo. Todas las impurezas han desaparecido».

Mudra *Vishuddha*: Este mudra es para su *Vishuddha* y le ayudará a restablecer el equilibrio del flujo de energía allí. Así es como se hace:

- Siéntese cómodamente con la columna vertebral erguida.
- Con las palmas de las manos mirando al cielo, entrelace los dedos.
- Presione las puntas de los pulgares una contra otra.
- Coloque este mudra cerca de su ombligo, dejando que sus manos se relajen sobre los muslos.
- Puede hacer esto mientras canta HAM e imagina que el aliento que inhala es una luz azul brillante y fría que limpia su chakra de la garganta.
- Hágalo entre cinco y diez minutos.

Mudra *Shankh*: También se conoce como el mudra de la concha, porque parece una concha. Así es como se hace:

- Enrolle todos los dedos de la mano derecha alrededor del pulgar izquierdo.
- Coloque la punta del pulgar derecho contra la punta del dedo corazón izquierdo. Si lo hace bien, su mano debería parecerse a la concha de un caracol.
- Mantenga este mudra frente a su esternón.
- Cante el mantra OM o el mantra HAM siete veces, y luego permanezca en silencio mientras se mantiene sentado durante los siguientes quince minutos.
- Puede imaginar que sus manos son literalmente una concha marina y que su pulgar es la perla que hay dentro.

El pulgar izquierdo representa el yo superior, y su mano derecha es el amor, así que se está envolviendo en la energía del amor, que hace maravillas para su chakra de la garganta.

Mudra *Udana*: Este trabaja con la energía del aire, y es la base misma del sonido. Así es como se hace:

- Junte las puntas de los dedos índice, corazón y anular y deje que se conecten con la punta del pulgar.
- En cuanto al meñique, deje que sobresalga.

Este mudra en particular es encantador porque puede utilizarlo para ayudarse con el *Vishuddha* y le aporta optimismo y alegría, ayudándole a sentirse más creativo y dispuesto a expresarse, ya que aumenta su autoestima.

Mudra *Shunya*: Si tiene problemas para escuchar a la gente, o últimamente se siente desconectado, descentrado y sin conexión a tierra, entonces este es el mudra para usted. Puede usarlo para sentirse más conectado con todo, más arraigado a la vida, más claro en sus pensamientos y capaz de comunicarse sin problemas. También podrá escuchar a los demás, en lugar de esperar a que terminen solo para poder hablar. Así es como se hace:

- Doble el dedo corazón de cada mano para conectarlo con la parte inferior del pulgar.
- Coloque el pulgar sobre el dedo corazón para mantenerlo en su sitio.
- Extienda el resto de los dedos alargándolos tanto como pueda.

Tenga en cuenta que está haciendo el mismo mudra con ambas manos.

Debe practicar estos mudras con regularidad si quiere obtener resultados poderosos. No puede hacerlos una sola vez y asumir que ha terminado. Convertirlo en una práctica diaria hará que su chakra de la garganta se libere de todos los bloqueos y vuelva a estar en equilibrio si está poco o demasiado activo. Puede usarlos cuando quiera, pero es mucho mejor que tenga un horario fijo para hacerlos para lograr disciplina y no perder ningún día de práctica debido a alguna distracción. Además, es útil poner un temporizador antes de empezar para que pueda concentrarse en el mudra en lugar de preocuparse por tardar demasiado.

Capítulo 5: Meditación y visualización

La meditación reduce el estrés.
https://pixabay.com/images/id-1851165/

¿Qué es la meditación?

Es el proceso de concentrar la mente en algo concreto, como la respiración, para calmarse. La meditación es una práctica que ayuda a reducir el estrés y la tensión, a aumentar la concentración y a aportar relajación a la vida. Se dice que el mejor momento para meditar es por la mañana. Sin embargo, cualquier momento puede ser bueno para meditar si quiere hacerlo. Solo se necesitan unos minutos de concentración sin interrupciones.

En los últimos años se han realizado muchos estudios sobre la meditación y sus efectos en pacientes que sufren depresión, ansiedad o dolores crónicos como la fibromialgia y la artritis. Estos estudios demuestran que la meditación tiene un efecto calmante en las personas que padecen una o varias de estas enfermedades.

Existen pruebas médicas de que la meditación ayuda a reducir el estrés. Varios estudios científicos demuestran que las personas que meditan con regularidad tienen un ritmo cardíaco más bajo, respiran más lenta y profundamente y tienen una presión arterial más baja que los que no meditan. Estos factores físicos ayudan a sobrellevar el estrés sin caer en enfermedades físicas. El estado emocional de una persona también es más positivo después de meditar, porque el cuerpo está en reposo y más calmado, ayudando así a que la mente también se mantenga más clara y positiva.

También existe la teoría alternativa de que la meditación ayuda a encontrar un significado más profundo de la vida. Las personas que meditan pueden aceptarse a sí mismas y a sus problemas y obtener nuevas perspectivas sobre las dificultades. La meditación ayuda a ver el panorama general y a cambiar patrones de pensamiento generando el beneficio secundario de una mejor calidad de vida.

En resumen, hay pruebas científicas de que la meditación funciona. Se sabe que algunas personas tienen un gran éxito después de una sola sesión de meditación, mientras que otras tardan semanas o incluso meses en experimentar todos los beneficios de esta práctica. La meditación puede hacer maravillas por usted. Puede que esté harto de que su mente funcione a toda velocidad, de pensar en lo que puede pasar en el futuro o de preocuparse por el pasado. Solo quiere descansar de sus pensamientos. Puede sentirse como si estuviera tratando de llenar un balde agujereado que nunca se llena, y siempre tratando de ponerse al día en lugar de avanzar. La meditación ayuda a domar esas ansiedades y a liberar la mente de todas esas preocupaciones que lo mantienen atascado.

Puede que se sienta mal físicamente y busque algo que le ayude a restablecer el equilibrio en su cuerpo. Se ha demostrado que la meditación tiene un efecto calmante en el cuerpo: libera la tensión muscular, favorece un mejor sueño, reduce la presión arterial y mejora la salud cardiovascular.

Probablemente ya haya oído hablar del término «atención plena». Se trata del hábito, bueno para su cerebro, de ejercer el control sobre sus pensamientos y sentimientos en lugar de sucumbir a ellos. La meditación le ayuda a entrenar su mente y a concentrarse en lo que es importante. Es como tomarse unas minivacaciones del ruido constante en la cabeza, lo que resulta refrescante y energizante.

¿Quién puede meditar?

La meditación es accesible para todos. Todo lo que necesita es a usted mismo, su capacidad de respirar y unos minutos al día. Se recomienda tener la mente abierta a las diferentes formas de meditación y probar unas cuantas hasta encontrar una que funcione para usted. Cuando la gente está estresada o ansiosa, suele pensar que la mejor manera de relajarse es emborracharse o consumir sustancias ilegales para conseguir un subidón que es efímero. Sin embargo, cuando utilizan estos métodos perjudiciales para relajarse, se vuelven adictos y sufren daños físicos y emocionales más adelante. Al practicar la meditación, las personas encuentran una nueva forma de relajarse maravillosa para el cuerpo, la mente y el espíritu. La meditación es una de las pocas actividades de las que se puede disfrutar de forma gratuita y sin efectos negativos. Meditar regularmente durante un tiempo determinado puede tener un impacto increíble en su salud y bienestar.

El mejor momento para meditar es cuando su mente está abierta, su corazón está feliz y su cuerpo se siente bien, estos tres aspectos deben estar en paz al mismo tiempo. Aunque hay muchos tipos diferentes de meditación, por lo general ayuda concentrarse en una cosa a la vez y hacerlo durante al menos quince minutos cada día. En teoría, la meditación es un proceso fácil que implica simplemente concentrarse en el presente y habitar el momento.

Hay numerosas formas de meditar, pero la mayoría de ellas implican disponerse cómodamente, ya sea erguido o acostado, con los ojos cerrados o entrecerrados. Puede elegir una técnica que le funcione, como contar el tiempo de su respiración, simplemente ser consciente de ella, concentrarse en una flor o planta del jardín que hay fuera de su ventana o cualquier otra cosa.

La meditación permite a las personas aliviar el estrés concentrándose en una sola cosa, su respiración, lo que les permite estar más relajados y ser capaces en el futuro de enfrentar mejor el estrés. Esto hace maravillas no solo para el cuerpo físico, sino también para el cuerpo energético.

Las siguientes son las razones por las que debería meditar:

- Reduce el estrés.
- Mejora la salud.
- Aumenta la felicidad.
- Aumenta la duración de la vida.
- Aumenta la atención.
- Mejora la concentración.
- Aumenta la creatividad y la productividad.
- Ayuda a combatir la depresión y la ansiedad.
- Aumenta las defensas del sistema inmunológico.
- Alivia el dolor crónico.
- Reduce el nivel de azúcar en la sangre y favorece la pérdida de peso.
- Aumenta la energía positiva y disminuye la negativa.
- Mejora el rendimiento físico y las habilidades atléticas.
- Ayuda a dormir mejor, más profundamente y con mayor facilidad.

¿Qué es la visualización?

La meditación es una práctica que ayuda a cultivar la paz interior y la conciencia. Es el arte de estar quieto, fluyendo y notando todo lo que surge en su mente sin juzgar ni analizar. Se ha demostrado que la meditación tiene muchos beneficios para la salud, como la reducción del estrés y el alivio de la ansiedad. Juntas, la meditación y la visualización son potentes para resolver los problemas de los vínculos y curar las heridas del pasado relacionadas con la angustia u otras experiencias vitales dolorosas.

Puede compararse con un diapasón, en el sentido de que la vibración que emite calma cualquier desequilibrio dentro del cuerpo. Mantener su energía equilibrada puede ayudarle a conseguir una salud y un bienestar óptimos, por eso es tan importante dominar la meditación. Su energía fluye a través de su cuerpo físico, sus emociones y sus pensamientos, creando una reacción en cadena responsable de muchas de las dolencias físicas que aparecen. El objetivo de la meditación es ponerse en sintonía con estos flujos de energía y curarse desde dentro. Cuanto más fuerte sea su flujo de energía, más capaz será de manejar cualquier obstáculo que se le presente.

¿Qué es la visualización? La visualización es el proceso que le permite crear imágenes en el ojo de su mente. Es una forma estupenda de desconectarse de su entorno y concentrarse en una cosa a la vez. Puede aprender a hacerlo en casa o escuchar una guía para los ejercicios de visualización.

La imaginación y la visualización suelen considerarse como lo mismo, pero esto puede resultar inexacto en algunos casos. Las investigaciones recientes demuestran que la imaginación no es tanto un proceso de imágenes mentales como una actividad mental que implica la cooperación entre los sistemas de percepción y acción. La imaginación implica diversos componentes, como la emoción, la motivación y la visualización. Esto se ve respaldado por el hecho de que los procesos mentales dejan una huella diferente en el cerebro si están vinculados a la acción que si tienen que ver con la percepción. Esto puede apoyar la idea de que la imaginación y la visualización son indistintas, pero yo prefiero utilizar la imaginación, ya que es más comúnmente utilizada.

La visualización es una gran manera de apoyar el chakra de la garganta durante sus sesiones de meditación. Si se combinan las dos, la visualización es una excelente manera de relajar y abrir el chakra de la garganta, abriendo nuevas posibilidades en su vida. Es importante establecer esa intención antes de comenzar para sacar el máximo provecho de su visualización para este centro energético.

Meditación guiada para la apertura del Vishuddha

Cierre los ojos y tómese un momento para concentrarse y conectarse con la tierra. Respire profunda y lentamente, tomando conciencia de su respiración al inhalar y exhalar. Imagine que respira por el centro del pecho, justo debajo de la garganta, donde se encuentra el chakra

Vishuddha. Al inhalar, hágalo hasta el fondo de esa región del cuerpo. Al exhalar, imagine que toda la tensión abandona esta zona.

Cuando se sienta preparado, coja una vela blanca y póngala delante de usted. Encienda la vela con un mechero o con cerillas. Tómese un momento para disfrutar de su brillo mientras parpadea ante usted, y luego vuelva a cerrar los ojos.

Mientras inhala y exhala con su vientre relajado, imagine que respira dentro de la vela blanca. Sienta el cálido resplandor de la vela mientras emana luz a través del pecho y la garganta. A medida que la luz y la energía se mueven hacia esta zona del cuerpo, es posible que sienta calor u hormigueo, o incluso que vea luces de colores delante de sus ojos.

Cuando esté preparado, concéntrese en el chakra de la garganta, que se abre para recibir más energía y luz. Tómese unos minutos para absorber esta energía antes de continuar con la visualización del chakra de la garganta. Después de unos minutos, vuelva a abrir los ojos. Tómese un momento para concentrarse en la llama de la vela, luego cierre los ojos y siga viéndola en el ojo de su mente.

Mientras se concentra en la vela, imagine que crece cada vez más, casi como un árbol con ramas. Imagine que una semilla crece en el interior de la vela. Sienta que empieza a crecer a medida que la luz y la energía se mueven desde ella hacia su chakra de la garganta. Puede que vea flores blancas o semillas saliendo de la vela. Mantenga la visualización hasta que la vela se consuma o hasta que transcurran quince minutos, lo que ocurra primero. Ha terminado esta visualización para el chakra de la garganta.

Meditación guiada para sanar el *Vishuddha*

Siéntese en un lugar cómodo y tranquilo donde no le molesten ni le distraigan durante los próximos quince minutos. Cierre los ojos y dedique unos instantes a concentrarse en su respiración. Inhale por la nariz y separe ligeramente los labios para exhalar. Cuando note que está relajado y cómodo, es el momento de visualizar.

Visualice en su mente una bola azul de energía que gira lentamente en su garganta. Preste mucha atención a esta bola de energía y observe lo brillante que es su color. ¿Qué tan rápido o lento se mueve? ¿Ve alguna coloración oscura en ella? Si se mueve muy lentamente y nota que hay algo de oscuridad en ella, significa que hay bloqueos de los que debe deshacerse.

Inhale profundamente y, mientras lo hace, imagine que inhala una luz azul brillante a través del chakra de la garganta. Sienta la sensación de esta energía al entrar en su chakra, sanándolo y haciendo que se mueva más rápido. Al exhalar, note que la oscuridad sale también a través del chakra, dejando su centro de energía ligeramente más brillante y luminoso que antes. Continúe visualizando la oscuridad saliendo de su chakra de la garganta hasta que no quede nada más que la energía azul brillante.

Ahora imagine que una pequeña bola de luz azul está justo delante de usted. Mientras continúa inhalando a través de su chakra, imagine que esta bola se hace cada vez más brillante. Preste atención al sonido que sale de esta bola de energía y note cómo se hace más y más fuerte mientras se hace más grande. Permita que esta bola de energía se vuelva tan grande que llene toda la habitación en el ojo de su mente. Ahora, imagine que se disuelve en esta bola de luz azul, de modo que ya no existe por sí mismo, sino que es la luz. Sienta lo poderoso que es. Esta es su verdadera esencia. Acéptela. Permita que esta luz sea absorbida por su chakra de la garganta hasta que brille dentro de este centro de energía en lugar de la habitación. Cuando esté listo, puede salir de la visualización y abrir los ojos.

Meditación guiada con el tacto para desbloquear el *Vishuddha*

Coloque los pulgares en el *Vishuddha*, justo encima de las clavículas. Inhale profundamente y exhale completamente tres veces. Sienta cómo el aire sale de los pulmones y pasa por la garganta. Suelte cualquier tensión en esta zona respirando profundamente durante unos instantes más.

A continuación, coloque una mano en la nuca y otra en la base de la garganta.

Inhale profundamente por la nariz y exhale completamente. Imagine que el aire que se mueve por la garganta y baja por la columna vertebral despeja cualquier bloqueo en el chakra de la garganta. Con cada exhalación, siga soltando las tensiones alrededor del *Vishuddha* hasta que sienta que la zona se relaja por completo.

Por último, cuando esté preparado, coloque ambas manos juntas sobre el corazón. Inhale profundamente por ambas fosas nasales y exhale completamente tres veces, agradeciendo que su chakra de la garganta está ahora funcionando como debería. Sienta que se llena de ligereza en el chakra de la garganta mientras su respiración desbloquea todas sus partes. Esto completa la meditación guiada.

Meditación guiada para recibir detalles sobre cómo sanar el chakra de la garganta

Busque un lugar cómodo para sentarse o acostarse. Concéntrese en su respiración. Cuando inhale, llene sus pulmones y su estómago tanto como sea posible. Concentrarse en la respiración es una forma de entrar en un estado mental meditativo, que le ayudará a relajarse.

Eche los hombros hacia atrás y libere cualquier tensión de ellos. Los músculos tensos pueden dificultar la concentración durante largos periodos de tiempo, así que asegúrese de ocuparse de eso primero.

Cierre los ojos e imagine que se abre la puerta que tiene delante (o detrás, si le resulta más cómodo). Esta puerta conduce al lugar donde se manifiesta la intuición. En este lugar, todo es posible.

A través de la puerta, ve una pequeña luz azul en la distancia. Es una pequeña bola brillante que se mueve hacia usted, haciéndose más grande a medida que se acerca. Se detiene a un brazo de distancia y luego se desplaza lentamente por su cuerpo para posarse en su chakra de la garganta. Observe que la luz irradia con tanta intensidad que toca el cielo, conectándolo con el espíritu. Preste atención a los hermosos y variados tonos de azul y en los patrones geométricos que cambian y se mueven a medida que su chakra vibra con más fuerza.

Mirando esta bola de luz en su chakra de la garganta, note lo que le hace sentir. Concéntrese en los símbolos o formas del interior de la bola. Si no está seguro de lo que significan los símbolos, pida ayuda al universo, a sus ángeles o a sus guías espirituales.

Pregunte a sus ángeles y guías espirituales si hay algo que quieran que sepa sobre el chakra de la garganta. ¿Qué parece importante en este momento? Confíe en su intuición a la hora de recibir información de los espíritus, aunque al principio le parezca extraño.

Si está recibiendo un mensaje, pida a sus ángeles que le ayuden a aceptarlo y a llevarlo a su conciencia.

Diga «sí» a lo que se le pide que sepa o haga en este momento, confiando en que la información se está descargando en su *Vishuddha*. Ahora que su chakra de la garganta sabe lo que necesita y quiere, las respuestas llegarán a su mente consciente en el futuro.

Pregúntese: «¿Qué debo hacer ahora?». Compruebe si alguna de las ideas que recibe puede beneficiar a su chakra de la garganta. Si no le convence ninguna, opte por la que le parezca mejor por el momento.

Termine la meditación agradeciendo el apoyo a sus ayudantes espirituales y enviándoles luz y amor. Disfrute de la sensación de la energía en su chakra de la garganta, sabiendo que puede volver a este lugar sagrado en cualquier momento.

Consejos para hacer meditaciones guiadas

Mi primer consejo es que recuerde siempre que este es su momento. No es asunto de nadie lo que esté haciendo durante su meditación, así que no se preocupe por defraudar a los demás «perdiendo el tiempo». También le recomiendo que cuando empiece con las meditaciones guiadas, las grabe y las reproduzca para que pueda seguirlas sin consultar este libro y perder la concentración. Otro gran beneficio de grabarlas es que puede escucharlas mientras se queda dormido, y así obtendrá los beneficios adicionales de tener su subconsciente programado para el éxito con su objetivo de desbloquear el *Vishuddha*.

Es posible que no pueda evitar que su mente divague mientras escucha sus meditaciones. Puede que haya probado varias veces, pero termina divagando en sus pensamientos sin importar cuánto lo intente. ¿Cómo se puede solucionar esto? No se preocupe. No está solo en esta lucha. Muchas personas pueden atestiguar el reto que supone evitar que sus mentes divaguen cuando escuchan una meditación guiada. Cuando esté preparado, una buena idea es seguir la grabación mientras escribe en un diario algunos de sus pensamientos a medida que van surgiendo, para no olvidarlos más tarde. Estas anotaciones en el diario no tienen por qué ser largas, pero es importante escribir las palabras antes de que desaparezcan de su memoria.

Otro gran consejo para hacer meditaciones guiadas es establecer un entorno cómodo y asegurarse de que no lo van a molestar. Apague el teléfono móvil y dígale a su familia que no lo moleste salvo en caso de emergencia. La idea es que mantenga las distracciones al mínimo para que su mente pueda concentrarse en la meditación sin que se desvíe por algo tan simple como una llamada telefónica o que alguien toque a la puerta.

Otro consejo para hacer meditaciones guiadas es prepararse mentalmente antes de empezar. He hablado del poder de la expectativa y de cómo la mente consciente a menudo no sabe la diferencia entre algo que es real y algo que no lo es, aunque usted lo sepa. La creencia de su subconsciente puede ayudarle a hacer realidad una profecía propia. Supongamos que se prepara para esta meditación guiada como si ya hubiera experimentado un resultado positivo de ella, ya que lo cree. En ese caso, su mente subconsciente creerá en su realidad y le ayudará a crear el resultado final.

Yo mismo he descubierto que el mejor momento para hacer meditaciones guiadas es a primera hora de la mañana. Me parece que es más fácil mantener mi mente en lo que estoy haciendo y es menos probable que divague pensando en todas las cosas que tengo que hacer en el día. También es una buena idea preparar su espacio de meditación la noche anterior, en lugar de conformarse con el desorden que puede haber por la mañana si no lo prepara a tiempo. Tener todo preparado de antemano le dará una sensación satisfactoria cuando su mente y su cuerpo se despierten, y será menos probable que se salte su sesión de meditación.

Al entrar en una meditación guiada, debe utilizar el mismo tipo de mentalidad que para entrar en su propio estado de meditación. Esto significa que no debe tener expectativas de lo que va a suceder y que debe estar completamente abierto a cualquier forma de manifestación. Ubíquese en un lugar tranquilo con el menor ruido posible a su alrededor. Ponga una música de fondo relajante y entre en un estado de meditación relajado. Al igual que la mayoría de las formas de meditación, es importante que haga lo que le parezca correcto y lo siga. Si la meditación guiada es nueva para usted, no es necesario que se sienta presionado o incómodo por seguir los consejos de otra persona sobre dónde instalarse o cómo hacerlo.

Capítulo 6: El *pranayama* y el yoga

¿Qué es el *pranayama*?

La palabra *pranayama* significa en sánscrito «control de la respiración». Las técnicas de respiración que se practican en el yoga se denominan *pranayama*. Las técnicas y ejercicios de control de la respiración, como la respiración profunda, se practican antes o durante la meditación como forma de energizar el cuerpo y centrar la mente.

Los expertos en yoga afirman que, con la práctica, se puede aprender a controlar el sistema nervioso autónomo mediante ejercicios de control de la respiración. La capacidad de calmarse sin necesidad de medicación puede ser enormemente beneficiosa para quienes sufren trastornos de ansiedad o depresión. Las prácticas de respiración del yoga también ayudan a liberar la tensión acumulada en músculos y articulaciones.

Se cree que el *pranayama* es una de las prácticas de yoga más antiguas, e implica una serie de técnicas de respiración que se combinan con otros ejercicios de yoga. Se utiliza una variedad de técnicas de *pranayama* para centrar y calmar la mente, liberar la tensión en el cuerpo o proporcionar energía durante la meditación. Una persona que practica yoga puede mejorar su salud general si practica el *pranayama* con regularidad.

Prana es la palabra sánscrita que significa «fuerza vital» o «respiración». En la práctica del yoga, se refiere a la energía vital que llena todo el cuerpo. Al respirar con estas técnicas especiales, se practica la contemplación, que ocurre cuando la respiración y la mente se aquietan. Esto puede ocurrir a través de varias prácticas, como *dhyana* o meditación.

Cuando se practica correctamente, el *pranayama* puede inducir varios efectos, como ralentizar y equilibrar las ondas cerebrales, desintoxicar el cuerpo, reducir los niveles de ansiedad y estrés, aumentar la energía, mejorar el enfoque y la concentración y mejorar el estado de ánimo y la creatividad. También tiene algunas propiedades contra la ansiedad.

Todos los métodos de *pranayama* comparten ciertas características comunes, como el uso del sonido y el silencio, las respiraciones centradas en una parte específica del cuerpo, un ritmo uniforme y el uso armonioso de la respiración y la concentración.

¿Por qué es bueno el *pranayama*?

El *pranayama* es una técnica poderosa y revitalizante que tiene muchos efectos beneficiosos. Es especialmente bueno para las personas con trastornos de ansiedad o depresión y para quienes sufren de dolor físico o agotamiento.

Esta práctica es popular entre las personas que quieren estar más relajadas y las que buscan reducir sus niveles de ansiedad. También ayuda a los que quieren estar más enraizados, centrados y conscientes de los ritmos del cuerpo.

Cuando se practica la técnica de *pranayama* con regularidad, se comprueba que mejora el funcionamiento de los sistemas esenciales del cuerpo, entre ellos:

- La respiración.
- El tono muscular.
- La circulación.
- La digestión.
- La función endocrina.
- El metabolismo celular (producción de energía).
- La inmunidad.

- Desintoxica.
- Relaja.
- Beneficia la meditación.

Los beneficios a largo plazo del *pranayama* incluyen una mayor relajación y concentración, mejor sueño, mejor salud y una perspectiva más positiva.

En sánscrito significa la unión. Los ejercicios de respiración yóguica son una de las seis divisiones clásicas del yoga. La palabra yoga viene del sánscrito y significa «unión». Hay cuatro objetivos en el yoga clásico: la iluminación espiritual, la autorrealización, la perfección intelectual y la liberación de la esclavitud a los objetos materiales.

El objetivo principal del *pranayama* es ayudar a controlar la mente, el cuerpo y la respiración para que las acciones físicas y psicológicas se complementen o, dicho de otro modo, funcionen al unísono. Es una herramienta que ayuda a alcanzar el objetivo más elevado de la práctica del yoga, el *samadhi*, un estado de conciencia meditativa.

El segundo propósito del *pranayama* es despertar el sonido interior y guiarlo en la comunicación con su ser interno. El objetivo es lograr un autoconocimiento completo mediante la apertura de los canales del corazón y el desarrollo de una conexión armoniosa entre la mente y el cuerpo. Además, como está despertando su sonido interno, va a ayudar maravillosamente a que su Vishuddha trabaje mejor de lo que ya lo hace, y verá que esto se traduce en resultados muy reales y positivos para su vida.

Los ejercicios de *pranayama* están diseñados para ayudarle a desarrollar el control sobre su respiración y utilizarla como un instrumento para una meditación más profunda, para obtener tranquilidad y una sensación de paz dentro de usted mismo. El objetivo es equilibrar las acciones con la concentración, lo que le ayuda a tener una mayor claridad emocional, mejorar la atención y aumentar la sensibilidad a la hora de enfrentarse tanto a la realización de una acción concreta como hacia la no realización de la misma. Todas estas cosas ayudarán a su cuerpo energético en general.

Por qué es importante el *pranayama* en el yoga y la meditación

El *pranayama* es esencial para el yoga y la meditación. Son grupos de prácticas interconectadas con algunas de sus raíces en los mismos principios espirituales, pero no son lo mismo. El yoga es un grupo de técnicas diseñadas para ayudar al cuerpo a ganar flexibilidad, desarrollar fuerza y resistencia, y mejorar la postura y las técnicas de respiración a través de varias posiciones conocidas como asanas. Las asanas pueden combinarse con ejercicios de respiración *pranayama* o «trabajo respiratorio». Según los Sutras Yoga de Patanjali (que datan del año 200 a. C.), las asanas deben practicarse con el estómago vacío. El yoga ayuda a alcanzar la iluminación mediante la práctica de *Kriya*, una serie de acciones combinadas con la meditación, para lograr el *Samadhi*, un estado de conciencia meditativa e iluminación. El yoga le enseña a abrir su corazón y a conectar con una conciencia superior o a amigarse con su ser interior para alcanzar el *samadhi*. Esto implica aprender a controlar la mente, el cuerpo, la respiración, las emociones y la palabra para obtener el autoconocimiento.

Por otro lado, la meditación es una forma de conciencia que incluye cerrar los ojos y concentrarse en el momento presente con atención y sin juicio. El objetivo es alcanzar la paz y la tranquilidad y llevar la conciencia a su ser interior. Esta acción le ayudará a romper el ciclo de patrones de pensamiento negativos, permitiéndole pensar con claridad, formar pensamientos positivos y tener una mejor capacidad de comunicación en todos los niveles. La capacidad de comunicarse efectivamente es el signo de un *Vishuddha* saludable, y por lo tanto vale la pena que haga del *pranayama*, el yoga y la meditación parte de su rutina diaria. Según Los Sutras Yoga de Patanjali (fechados en el año 200 a. C.), para alcanzar la iluminación, un practicante debe desarrollar primero la capacidad de enfocar la atención, lo que se consigue con las técnicas de meditación y *pranayama*.

Pranayama para el chakra de la garganta

Lo que ocurre con la comunicación es que no podemos escapar de ella. Es una parte esencial de nuestro día a día. Si no lo cree, lo reto a que pase unos días sin comunicarse. Y no, no me refiero solo a un voto de silencio. Intente no escribir, no usar símbolos, no utilizar nada para señalar ninguna intención o significado a las personas que lo rodean, ni siquiera hacer muecas. Verá cómo no podemos escapar de la comunicación. Si acepta mi reto y de alguna manera lo consigue, intente no recibir mensajes ni comunicarse con su propia mente o no recibir mensajes de su cuerpo sobre el hambre o la necesidad de ir al baño. Como ve, ¡no puede escapar de ello! Definitivamente, debe practicar *pranayama*, no solo para comunicarse, sino para hacerlo de forma efectiva, lo que significa que nunca se pierda de nada a la hora de enviar y recibir el verdadero significado y la intención de los mensajes del exterior, del interior y de lo divino. Con esto en mente, hablemos de algunas de las mejores técnicas de *pranayama* que puede utilizar y cómo hacerlas bien.

La respiración victoriosa, también llamada *Ujjayi Pranayama*: A veces, oirá referirse a esta como «respiración oceánica» porque imita los sonidos del océano cuando sube y baja. Esta respiración lo llevará a un estado de calma pura. También aumentará el flujo de oxígeno en su cuerpo y generará calor interno si siente frío. La idea que subyace a esta técnica es que respire con los labios cerrados, trabajando solo con las fosas nasales. De todas formas, mientras sus labios están sellados, prestará atención a su garganta. Piense en ello como si estuviera intentando respirar a través de una pajita muy fina.

Me gustaría aprovechar este momento para advertirle que no debe tener tensión en la mandíbula. El hecho de que sus labios estén cerrados no significa que deba hacer fuerza. Sea suave al respecto. Además, tenga cuidado con la tensión en el cuello y trate de no apretar los dientes.

Tenga en cuenta que la inhalación y la exhalación deben ser movimientos suaves y continuos, sin interrupciones, para que no se note la diferencia entre una y otra. Además, ambas deben ser uniformes, por lo que puede practicar con un metrónomo o una aplicación, trabajando con 75 pulsaciones por minuto. Debe inhalar durante cuatro tiempos y exhalar durante otros cuatro. También debe asegurarse de que cada respiración llene sus pulmones y su vientre por completo, esa es otra cosa que debe tener en cuenta mientras trabaja. Si está empezando, es una buena idea respirar con la boca abierta para familiarizarse con la parte posterior de la garganta y el sonido de la respiración antes de pasar a cerrar los labios. Esto es lo que debe hacer:

- Siéntese cómodamente de una forma que le resulte natural y con los pies en la tierra, asegurándose de que su peso se distribuye uniformemente sobre los huesos de la cintura. Lo ideal es que las rodillas estén más bajas que las caderas. Si utiliza una silla, asegúrese de que la cabeza está asentada sobre el cuello, los hombros están cuadrados y la columna vertebral está bien, larga y neutral. Las costillas también deben estar en línea con las caderas y la barbilla debe estar paralela al suelo.

- Abra la boca y exhale por ella. Imagine que intenta empañar sus gafas o un espejo. Si lo hace bien, debería oír el «sonido del océano». Si lo desea, puede acercarse la palma de la mano a la boca para notar el calor de su respiración.

- Cuando vuelva a inhalar, haga el mismo sonido. Repita esto diez veces, con una inhalación y una exhalación en cada repetición, y cada inhalación y exhalación de cuatro tiempos. Preste atención a la parte que más le cuesta, ya sea la inhalación o la exhalación.

- Cuando sienta que lo ha dominado, puede cerrar la boca al inhalar y abrirla al exhalar. Fíjese si puede mantener el mismo sonido, aunque sus labios estén juntos.

- A continuación, pruebe a inhalar con la boca abierta y a exhalar con ella cerrada, asegurándose de que la sensación de empañar un vaso permanece en su garganta y de que el sonido no cambia. Haga esto durante las siguientes cinco a diez repeticiones.

- Cuando esté listo para continuar, ponga su mano en el regazo para unirla con la otra y luego instálese completamente en su meditación *ujjayi pranayama*. Quizá le convenga poner un temporizador para no dejarse llevar. Un metrónomo le ayudará a asegurarse de que mantiene cada inhalación y exhalación exactamente en cuatro tiempos.

A medida que practique, fíjese en lo que le cuesta trabajo, para que pueda prestar más atención a ello en las siguientes sesiones.

La respiración del abejorro o *Bhramari Pranayama*: Es una práctica relajante y calmante. Lleva el nombre del abejorro porque su respiración debe sonar así. Es muy útil, no solo para despertar el chakra de la garganta, sino también para deshacerse del estrés, lo que permite sanar aún más a nivel energético y, posteriormente, físico. También puede utilizarlo para ayudar a bajar la presión arterial y experimentar alivio de la hipertensión. También es excelente para el sueño. Sin embargo, si tiene estos problemas de salud, no confíe solo en este *pranayama*, acuda a un profesional médico para que lo asesore y supervise. A continuación, se explica cómo realizar este trabajo de respiración:

- Comience por sentarse en una posición cómoda. Asegúrese de no distraerse y lleve ropa suelta y cómoda.
- Utilice los dedos índices para tapar ambos oídos y luego cierre los ojos.
- Con ambos oídos tapados, inhale profundamente por la nariz.
- Exhale hasta que sus pulmones estén vacíos, haciendo un sonido de zumbido mientras lo hace. Piense que es casi como un ronroneo.
- Repita esto hasta que hayan transcurrido entre cinco y quince minutos. Puede hacer pausas intermedias si le resulta incómodo.

Yoga para su *Vishuddha*

El yoga es un conjunto de movimientos que ayudarán a que la energía fluya mejor en su cuerpo etérico y físico, por lo que vale la pena practicarlo. Puede hacer posiciones específicas que ayudarán a su chakra de la garganta, en particular para mejorar el flujo de energía allí. Vamos a entrar en ellas de inmediato.

La postura del camello o *Ustrasana*

Postura del camello.
lululemon athletica, CC BY 2.0 <https://creativecommons.org/licenses/by/2.0>, vía Wikimedia Commons: https://commons.wikimedia.org/wiki/File:Ustrasana - Camel Pose Purple Top.jpg

- Comience arrodillándose en su esterilla de yoga o en el suelo alfombrado. Si no tiene ninguno de los dos, puede trabajar con una manta o algo suave para no lastimar sus rodillas.
- Suba las dos manos por los costados hasta la caja torácica. Coloque los pulgares en la espalda y deje que los otros dedos le sujeten los costados y el frente con los codos extendidos. Desde aquí, presione con las manos para elevar el pecho y la caja torácica hacia el cielo.

- Con el pecho aún levantado, extienda las manos detrás de usted, una por una, para sujetar los talones. Si nota que necesita algo más de altura, puede poner los dedos de los pies debajo. Si no, puede dejar que la parte superior de cada pie permanezca conectada al suelo.
- Lleve sus caderas hacia el frente de la habitación. Es conveniente que permanezcan por encima de las rodillas.
- Si siente que puede hacerlo, deje caer la cabeza hacia atrás para abrir el chakra de la garganta hacia el cielo. Si no puede soportar esa extensión, está bien dejar la barbilla recogida.
- Salga de esta posición llevando la barbilla al pecho y volviendo a colocar las manos en las caderas, haciendo que los músculos centrales lo sostengan mientras vuelve a arrodillarse.

La postura de la cobra bebé o *Bhujangasana*

- Comience acostándose boca abajo.
- Coloque ambas manos en el suelo, con las palmas hacia abajo. Deben estar alineadas con los hombros.
- Lleve los codos a los lados mientras los dobla para que apunten hacia atrás.
- Apoye las caderas en el suelo mientras su mirada también se mantiene en el piso. Asegúrese de que su cuello está en una posición neutral.
- Inhale profundamente mientras levanta el pecho del suelo, echando hacia atrás ambos hombros mientras las costillas inferiores siguen en el suelo. Preste atención a sus codos y asegúrese de que siguen pegados a sus costados, sin sobresalir de su cuerpo.
- Cuando esté listo para salir de esta postura, exhale mientras vuelve a estar acostado.

La postura del pez o *Matsyasana*

La postura del pez.
Mr. Yoga, CC BY-SA 4.0 <https://creativecommons.org/licenses/by-sa/4.0>, vía Wikimedia Commons: https://commons.wikimedia.org/wiki/File:Mr-yoga-fish-pose.jpg

- Empiece acostándose en la esterilla boca arriba.
- Apóyese sobre los codos, manteniendo ambos antebrazos en la esterilla, con las palmas hacia abajo. La parte superior de los brazos formará un ángulo de 90 grados con el suelo.
- Con los antebrazos y las palmas de las manos apoyadas en el suelo, saque el pecho hacia el cielo. Para ello, simplemente ruede ambos hombros hacia atrás mientras mete los omóplatos para crear un apoyo firme. Sentirá que su espalda se arquea.
- Empuje hacia el suelo con las palmas de las manos. Si no le resulta cómodo, puede ponerlas justo debajo de los huesos de la cintura para sentirse más estable.
- Baje la parte superior de la cabeza para alcanzar el suelo y que el chakra de la garganta se abra hacia el cielo.
- Compruebe las piernas y los pies y asegúrese de que los músculos están fuertes y trabajando mientras mantiene la postura y respira.
- Cuando esté listo para soltar la postura, empuje hacia abajo las palmas de las manos y los antebrazos una vez más y levante la coronilla del suelo. A continuación, deje que la parte superior del cuerpo vuelva a la tierra.

Notas finales

Tenga en cuenta que cuando practica yoga no se trata solo de las posturas. Está trabajando para sanar su chakra de la garganta, lo que significa que debe concentrarse en él, trabajar con toda la información de este libro y combinarla para obtener una experiencia verdaderamente envolvente y transformadora de la vida. En otras palabras, ¿por qué no hacer la respiración victoriosa mientras trabaja en estas posturas? ¿Podría hacer también un mudra? Además, ¿podría añadir algunos ejercicios de visualización? ¿Y qué hay de los cristales, las piedras y los aceites esenciales? No se preocupe; hablaremos de todo el resto en capítulos posteriores, y cuando ponga en práctica toda esta información junta, su mundo se sacudirá. Si quiere un plan estelar para hacer que todo funcione, le recomiendo que eche un vistazo al capítulo final, donde encontrará rutinas para sanar su *Vishuddha*.

Capítulo 7: Uso de cristales y piedras

Cristales.
https://www.pexels.com/photo/close-up-photo-of-assorted-crystals-4040644/

Los cristales y las piedras preciosas son otro elemento que puede añadir a sus prácticas de yoga, meditación, *pranayama* y visualización para que su chakra de la garganta saque el máximo provecho de su trabajo de sanación energética.

¿Qué son los cristales?

Los cristales son sólidos inorgánicos de origen natural que ofrecen poder y energía curativa al cuerpo. Pueden encontrarse en depósitos naturales de roca o en el suelo, pero también se producen como formaciones únicas dentro de las rocas volcánicas, cuando las capas sedimentarias de tierra o arena se someten al calor, la presión y/o el agua. Los seres humanos han utilizado los cristales durante miles de años. En América Central y del Sur, se utilizaban en prácticas rituales desde el año 1500 a. C. Los aztecas tenían en gran estima los cristales de cuarzo, ya que creían que tenían propiedades energéticas curativas. Los antiguos egipcios utilizaban el lapislázuli y la cornalina para las dolencias oculares, mientras que los mayas y los aztecas empleaban la malaquita para conciliar el sueño y calmar a los niños.

Hoy en día, los cristales se utilizan en joyas, baldosas, mesadas y en la decoración del hogar. Algunas personas incluso se los implantan bajo la piel. Sin embargo, la tecnología moderna no ha explorado ni definido completamente las verdaderas propiedades de los cristales. Se ha descubierto que pueden favorecer la salud de un órgano o sistema concreto del cuerpo y regular importantes procesos fisiológicos. Los cristales son únicos para cada individuo. Aunque tengan estructuras internas similares, no se comportan exactamente igual. De hecho, cada cristal tiene su propio patrón de flujo de energía.

¿De qué está hecho un cristal? Todos los cristales están hechos de los mismos elementos básicos, como calcio y oxígeno. Estos elementos activos interactúan entre sí de diversas maneras para crear su estructura y forma. Los cristales se forman cuando un material se entierra bajo otro durante un largo periodo de tiempo, lo que hace que reaccione y forme nuevos compuestos o minerales basados en sus propias propiedades químicas. Una vez que se han formado los cristales, pueden transformarse en muchos minerales diferentes en función del material que los rodea.

El proceso de formación de los cristales es similar al de un sistema de raíces. También se cree que los cristales realizan los «trabajos» de equilibrar los niveles de energía y purificar el cuerpo. Pueden absorber la energía negativa y transformarla en energía positiva en forma de sanación o electricidad. Pueden utilizarse para equilibrar y desbloquear el flujo energético de los órganos del cuerpo, facilitando el tránsito de los nutrientes y la eliminación de toxinas.

Los cristales también pueden utilizarse para amplificar ciertas energías, como el sonido o la vibración, y por lo tanto pueden ayudar a curar de muchas maneras. Algunos métodos de curación con cristales consisten en colocarlos en la sien, en los distintos chakras y en otras zonas importantes del cuerpo para amplificar sus propiedades energéticas curativas. Algunos incluso utilizan los cristales como una forma de medicina alternativa.

¿Cómo funciona un cristal? Cuando pone un cristal bajo la almohada o lo sostiene en la mano, está indirectamente conectado con ese cristal en particular. Un vínculo energético entre usted y el cristal le permite absorber sus pensamientos, sentimientos e intenciones. Los cristales se han utilizado a lo largo de la historia con muchos fines diferentes. Por ejemplo, para ayudar con problemas de visión como el glaucoma o las cataratas y también para ayudar con trastornos respiratorios como el asma y la bronquitis.

¿Son iguales los cristales y las gemas?

Mucha gente asume que lo son, pero no es necesariamente el caso, aunque puede ser más fácil llamarlos simplemente piedras. La diferencia clave entre los cristales y las gemas es que las gemas solo pueden encontrarse en ciertas partes del mundo, y son bastante limitadas y raras, mientras que los cristales tienen una estructura más definida. Algunos cristales se consideran gemas, pero una gema no es un cristal. Otra diferencia clave entre ambos es que, cuando se trata de la clasificación de los cristales, depende de su estructura y forma. Las gemas o piedras preciosas se clasifican en función de su composición química.

Las gemas se forman bajo tierra, mientras que los cristales son parte de las fuerzas naturales de la tierra. Las gemas están formadas por materiales orgánicos que contienen diferentes minerales y metales. Por ejemplo, los diamantes, los rubíes y las esmeraldas están compuestos de carbono. Los cristales como el cuarzo, el feldespato y la calcita suelen estar formados por minerales inorgánicos y en su mayoría carecen de ingredientes metálicos u orgánicos.

Además, los cristales están formados por partículas más pequeñas que las piedras preciosas, por lo que son más densos. También tienen menos impurezas que las piedras preciosas, ya que no aumentan de tamaño durante su proceso de creación debido a la presión de las moléculas de aire o agua. En este capítulo, nos referiremos a los cristales y las gemas indistintamente.

Cómo las piedras sanan sus chakras

¿Cómo trabajan los cristales y las gemas para sanar los chakras? Los cristales regulan el flujo de energía en el cuerpo. Lo hacen absorbiendo y liberando energía en todo aquello con lo que entran en contacto, lo que significa que pueden equilibrar los chakras del cuerpo y una parte de la salud física.

Los cristales pueden utilizarse para estimular o promover funciones específicas dentro del cuerpo, ya sea para equilibrar los niveles de energía, fortalecer la salud o regular procesos hormonales. Necesitamos constantemente un equilibrio de energía. Los cristales regulan este proceso para que mantengamos el balance y no experimentemos desequilibrios o desajustes debido a influencias externas, como el estrés excesivo.

Por ejemplo, si se presta demasiada atención a un área, se producirá un desequilibrio en el sistema de chakras. Ciertas piedras ayudarán a promover el equilibrio, mientras que otras pueden ayudar a estimular un chakra en particular.

Los cristales regulan el flujo general de energía en los chakras, que es crucial para el bienestar del cuerpo. Dado que todos los aspectos de la salud y el bienestar están interrelacionados, no se puede mantener una salud óptima si alguno de los chakras está bloqueado o no funciona correctamente. Todos sus chakras trabajan en conjunto para mantener la armonía en su cuerpo, mente y emociones.

¿Cómo puede saber qué piedra funciona bien para su chakra de la garganta? Una pista obvia es el color de la piedra. Si coincide con el azul del *Vishuddha* o simplemente es cualquier tono de azul, experimentará sus efectos curativos usándola en ese centro energético. Esto es así porque el color es una clara expresión de qué energías coinciden o no entre sí. Por lo tanto, optar por las piedras azules será una buena idea.

Otra cosa que debe tener en cuenta es su intuición. A veces una piedra le llama, y puede sentirlo en sus entrañas. Incluso puede ser una piedra que no se considera típicamente como una piedra *Vishuddha*, pero debe confiar en lo que el espíritu le dice e ir por ella.

Piedras para el *Vishuddha*

Aguamarina: Es un poderoso cristal azul nublado conocido como la «piedra del coraje». Se sabe que atrae naturalmente la abundancia, el amor y la felicidad a la vida de quien la usa. La aguamarina también ayuda a calmar la mente, promoviendo mayores niveles de creatividad, sabiduría y autoconfianza. Puede ayudarle con su chakra de la garganta, facilitando que manifieste su verdad y se exprese plenamente sin retener sus pensamientos y sentimientos.

Lapislázuli: Es una de las piedras más antiguas conocidas por el hombre. Los egipcios creían que esta piedra contenía el alma de sus antepasados. Debido a su capacidad para ayudarle a decir lo que piensa sin reservas ni juicios y darle valor para sus decisiones, es también conocida como la piedra de la verdad. El lapislázuli ayuda a activar el chakra de la garganta permitiéndole ser auténtico en sus palabras y compartir sus sentimientos más abiertamente con los demás. También se puede utilizar en la meditación para aliviar la tensión física y emocional y mejorar la fuerza interior, el equilibrio y la sabiduría.

Howlita azul: Esta es una piedra excelente para quienes están pasando por un momento difícil en sus vidas. La howlita puede ayudar a encontrar la paz interior y la fuerza para seguir adelante, sin importar las circunstancias. También le ayuda a compartir sus emociones con los demás sin miedo a ser juzgado o ridiculizado. La howlita puede ayudarle a equilibrar su chakra de la garganta permitiéndole expresarse plena y libremente sin miedo a quedar mal o ser juzgado. Se sentirá más cómodo hablando con los demás y utilizando su voz como una herramienta poderosa para el bien.

Ágata azul: Se cree que esta piedra cura el chakra de la garganta y ayuda a aliviar el dolor que se produce cuando este chakra está bloqueado. El ágata azul trabaja en armonía con el chakra de la garganta ayudándole a decir su verdad, promoviendo la autoexpresión y la honestidad en todos los aspectos de su vida. Aporta claridad y paz mental. Si se siente inseguro o con falta de confianza, esta piedra devolverá el equilibrio a su vida para que pueda experimentar todo tal y como es. Tiene muchas energías que ayudan a activar el chakra de la garganta permitiéndole hablar sin reservas ni juicios y dándole valor para tomar decisiones. El ágata azul también se puede utilizar en la meditación para aliviar la tensión física y emocional y aumentar la fuerza interior, el equilibrio y la sabiduría.

Crisocola: Esta piedra se utiliza en la meditación para aliviar la tensión física y emocional y mejorar la fuerza interior, el equilibrio y la sabiduría. Da energía directamente al cuerpo, llenándolo de fuerza y vitalidad. Si se siente agotado todo el tiempo, esta piedra le devolverá el vigor para que saque más provecho de la vida en lugar de quedarse sentado todo el día. Las vibraciones de esta piedra ayudan a estimular el chakra de la garganta, ayudándole a saber cuándo hablar y cuándo callar. Le da el valor de ser quien es plenamente, sin ocultar nada a los demás. Tiene una energía calmante y curativa que le ayuda a equilibrarse y a relajar su cuerpo físico, permitiendo una expresión más fácil de su voz y creatividad en todos los ámbitos de la vida.

Calcedonia azul: Esta es una de las piedras que más calma el chakra de la garganta y es conocida por traer amor y felicidad. Le ayuda a decir su verdad y a expresarse plenamente sin retener sus pensamientos o sentimientos. Le ayudará a desarrollar la paciencia y la sabiduría para dejar que los demás crezcan a su propio ritmo y que experimenten sus lecciones en su propio tiempo. La calcedonia azul le permite equilibrar su chakra de la garganta, dándole la capacidad de hablar honesta, abierta y claramente sobre cómo se siente con respecto a algo, permitiendo que otros sepan comunicarse con usted con la misma honestidad, apertura y claridad. Le mostrará la mejor manera de expresar las cosas sin herir a nadie, pero sin desviar la verdad para evitar sus sentimientos.

Cianita azul: Esta piedra tiene una energía profunda y calmante y se utiliza en la meditación para ayudarle a entrar en contacto con lo divino y aprender la verdad sobre quién es realmente y cómo alcanzar sus objetivos. A veces, no somos honestos con nosotros mismos sobre lo que realmente necesitamos para convertirnos en la persona que nos gustaría ser. Esta piedra ayuda a atravesar la niebla del ego y permite que el yo superior nos comunique la verdad. La cianita azul es conocida por calmar la mente, promoviendo mayores niveles de creatividad, sabiduría y autocontrol. Esta piedra devolverá el equilibrio a su vida para que saque más provecho de ella en lugar de quedarse sentado todo el día. Fortalece la confianza en usted mismo, ayudándole a decir auténticamente su verdad, asegurando que quienes prefieren la mentira y el engaño no encontrarán un hogar o una buena compañía a su lado y tendrán que buscar en otra parte.

Azurita: Una piedra muy calmante para el chakra de la garganta. Será difícil que las mentiras salgan de su boca cuando trabaje con esta hermosa piedra azul. Es la piedra de la pureza y la luz, y todos los pensamientos o sentimientos verdaderos quedarán expuestos. Le ayudará a desarrollar la paciencia y la sabiduría para dejar que los demás crezcan a su propio ritmo y que experimenten sus lecciones en su propio tiempo. La azurita puede ayudarle a equilibrar su chakra de la garganta, dándole la capacidad de hablar con honestidad, abiertamente y con claridad sobre cómo se siente con respecto a algo. Esto permitirá a los demás aprender a comunicarse con usted con la misma honestidad, franqueza y claridad. Le da el valor de ser quien es plenamente sin ocultar nada a los demás. Además, le ayudará a identificar la niebla en las palabras y acciones de otras personas y a ver a través del corazón, para que pueda escuchar no solo lo que se dice sino lo que se oculta. Una piedra verdaderamente poderosa.

Celestita: Esta piedra tiene una vibración muy alta con un efecto calmante en la mente y el espíritu. Ayuda a despejar la confusión y le da el valor para afrontar sus retos con sabiduría, fuerza y honestidad. La celestita tiene varios efectos espirituales, como ayudar a ver el panorama general y permitirle ver que las cosas no son siempre lo que parecen. Ayuda a ser más honesto y veraz en la vida cotidiana. Aportar equilibrio a su vida trayendo paz interior y armonía al chakra de la garganta, permitiéndole comunicarse con claridad para que todos entiendan sus palabras. Esta piedra también mejorará su capacidad de escuchar a los demás. Esto es bueno para el *Vishuddha*, porque a veces nos dejamos llevar tanto por nuestras propias respuestas que nos perdemos lo que otros dicen. Como resultado, podríamos perder oportunidades de establecer vínculos, sanar y crecer con nuestros seres queridos. Si nota que siempre está discutiendo y peleando con otros (y puede ser honesto con usted mismo en que no es que la gente tóxica lo rodea), entonces debería hacerse mejor amigo de esta piedra. Le ayudará a decir la verdad con dulzura y a escuchar lo que los demás tienen que decir sin sentir que lo atacan. La celestita es realmente una piedra celestial y proporciona apoyo en momentos de cambio o estrés, aportando claridad de pensamiento y una sensación de conexión con la tierra en momentos de estrés, dispersión o confusión.

Cómo limpiar sus cristales

Los cristales y las piedras preciosas actúan como sanadores físicos y como guías a un estado superior de conciencia. Pero cuando se utilizan con demasiada frecuencia, pierden su potencia. Esto sucede porque su energía se vuelve demasiado pesada y les cuesta más hacer vibrar la energía de su cuerpo. Necesitan una limpieza para que la energía pueda volver a su nivel óptimo. Además, antes de que las piedras con las que está trabajando lleguen a usted, todo tipo de personas pueden haberlas manipulado y tocado, lo que significa que pueden estar cargadas de energías que no son buenas para su chakra de la garganta y su sistema energético. Más vale prevenir que curar, así que limpie sus cristales una vez que los compre o los encuentre, y asegúrese de limpiarlos periódicamente cuando su intuición le diga que es el momento.

Para limpiar sus cristales, puede hacer cualquiera de las siguientes cosas:

- Enterrarlos en la arena durante un día.
- Limpiarlos con agua salada (si son de los que admiten agua).
- Respirar sobre ellos tres veces por la boca diciendo: «Te limpio».
- Enterrarlos en la tierra de una maceta.
- Colocarlos en el alféizar de la ventana para que absorban la luz del sol durante todo un día.
- Dejar que absorban la luz de la luna, que los limpiará.
- Utilizar otros cristales, como el cuarzo, para limpiar y cargar sus cristales, simplemente colocándolos juntos
- Sentado con sus manos sobre ellos, visualizar la luz blanca que entra por sus palmas para limpiar su energía. Puede hacer esto entre cinco y quince minutos o el tiempo que considere necesario. Deténgase cuando sienta que están bien.

Capítulo 8: Aromaterapia para el chakra de la garganta

Antes que nada, debe saber que, si tiene algún problema de salud, lo mejor es que consulte a un médico profesional y no se fíe solo del contenido de este libro. Todo aquí debe ser considerado como un complemento, en el mejor de los casos, de cualquier recomendación profesional y de los medicamentos recetados por su proveedor de atención médica para abordar cualquier condición de salud a la que se esté enfrentando. Además, no ingiera aceites esenciales para curarse, ya que esto podría ser riesgoso para su salud. Con eso fuera del camino, hablemos de la aromaterapia.

¿Qué es la aromaterapia?

La aromaterapia es el uso terapéutico de aceites esenciales para curar y promover el bienestar. Los aceites esenciales contienen sustancias químicas (como los terpenos) que interactúan con el cuerpo humano para producir efectos beneficiosos y a menudo terapéuticos. Un aromaterapeuta puede influir en la salud emitiendo estos compuestos volátiles en el aire mediante la difusión de una fragancia, aplicándolos de forma tópica en la terapia de masaje o inhalándolos a través del vapor.

Los aceites esenciales se extraen de las plantas por destilación. La destilación es un proceso que consiste en calentar un líquido para vaporizarlo sin quemarlo. El material vaporizado sale como una fina niebla llamada destilado. Como los aceites esenciales son volátiles, se evaporan rápidamente y son propensos a estropearse si se conservan solos. También tienden a oxidarse rápidamente a temperatura ambiente. Los aceites esenciales puros tardan entre uno y tres años en madurar tras ser destilados de la materia vegetal.

¿Cómo funciona la aromaterapia?

Si uno de sus chakras está desequilibrado y causa estragos en su vida, es bueno trabajar con aceites esenciales. Sin embargo, tiene razón en preguntarse por qué. ¿Cómo puede un extracto de aceite vegetal al azar trabajar en su cuerpo energético? ¿Se trata de más cosas «mágicas»? Permítame que lo lleve de vuelta a la fuente y al origen de todas las cosas, la energía.

Verá, en el corazón de todo y de todos está la energía. Es la materia de la que estamos hechos. Todas las cosas vibran a distintas frecuencias, pero vibran de todos modos. Cuando interactúa con sustancias como las drogas, el alcohol y otros productos químicos dañinos, su energía afecta a la suya haciendo que vibre a su ritmo. De la misma manera, ciertas cosas elevan su vibración cuando interactúa con ellas y son positivas para la salud, el bienestar, la abundancia, etc. Los aceites esenciales hacen lo mismo que los cristales y las piedras, ayudándolo con su cuerpo energético. Llevan la vibración y la inteligencia de las plantas, o al menos de ciertas plantas, seres vivos que tienen la capacidad de curar. Puede utilizar aceites esenciales para sanar sus chakras. Todo lo que necesita es saber cuáles son los adecuados para el chakra en cuestión.

Cómo estar seguro con los aceites esenciales

Es importante tener en cuenta que antes de trabajar con cualquier aceite esencial aplicándolo sobre la piel, debe hacer una prueba de parche para asegurarse de que no lo irritará. Incluso cuando descubra que el aceite es seguro para usted, sigue siendo una buena idea mezclarlo en un aceite básico como el de coco o el de jojoba antes de utilizarlo en sus baños o en su piel. Esto es solo para estar más seguro de que estará bien.

Debe prestar atención a las instrucciones del frasco en cuanto a la dosis y a cuánto debe diluirlo. Tenga en cuenta que esto cambiará de una marca a otra, y, aun así, tiene que usar algo de sentido común, porque algunas partes del cuerpo son más sensibles que otras. Además, si trabaja con aceites en niños, debe usar mucho menos de lo que usaría en usted mismo como adulto. Lo mismo ocurre con las mascotas.

Otra cosa que debe tener en cuenta es quién va a estar alrededor suyo, respirando este aroma. No todo el mundo reacciona positivamente al olor de estos aceites. Por ejemplo, si usted tiene un ser querido que lucha con el asma, usar demasiados aceites podría convertirse en un problema. Es posible que no puedan permanecer en una habitación con un difusor de olor funcionando. Además, tiene que pensar en sus mascotas, porque ciertos aceites serán tóxicos para ellas. Por lo tanto, es importante que investigue antes de conseguir aceites y empezar a trabajar con ellos.

Una última cosa a tener en cuenta es que, por muy útiles que sean estos aceites, la Administración de Alimentos y Medicamentos (FDA por sus siglas en inglés) no examina de cerca la pureza de los aceites que se venden y no analiza a fondo si son realmente seguros o no. Por lo tanto, siempre debe buscar una marca con buena reputación y consultar a su médico u otro profesional de la salud antes de empezar a trabajar con ellos.

Aceites esenciales para el *Vishuddha*

Antes de hablar de qué aceites funcionan bien para curar el *Vishuddha*, me gustaría aclarar que estos no son los únicos con los que puede trabajar. Es posible que se sienta intuitivamente atraído a trabajar con un aceite que no está en esta lista o que ni siquiera se use convencionalmente para el chakra de la garganta. Eso está bien. Por encima de todo, debe seguir su instinto y hacer lo que le parezca correcto. Todo el mundo es diferente, y como dice el viejo refrán, «la carne de un hombre es el veneno de otro». Ahora, veamos los aceites.

Lavanda: Este es uno de los aceites que puede usar para muchos propósitos. Funciona bien para limpiar las energías y para ayudarle a relajarse cuando se siente ansioso o estresado. Se puede combinar con cualquier aceite que le guste para potenciar sus efectos.

Los seres humanos estamos en nuestro mejor momento cuando nos relajamos. Es cuando somos nuestro verdadero yo y no tenemos problemas para expresarlo. Es cuando nuestros pensamientos están claros y nuestra mente está libre de las cadenas del miedo, lo que significa que podemos tomar decisiones que sirven a nuestra evolución y, lo que es más importante, somos capaces de manifestar nuestros deseos rápida y fácilmente. Durante miles de años, la lavanda ha inducido este estado de facilidad y fluidez.

Los registros muestran que este aceite fue utilizado hace 2.500 años por los antiguos egipcios para preservar sus momias y como fragancia natural. Todavía se utiliza en productos para el cuidado de la piel y no es de extrañar, ya que limpia a nivel energético y espiritual. También es bueno para trabajar con la ansiedad y conseguir equilibrio emocional, espiritual y físico.

Menta: Este es un gran aceite para usar si quiere abrir su chakra de la garganta. Puede añadir menta a cualquier aceite que le guste y hacerlo más fuerte y potente. Si necesita sentirse más creativo o inspirado, intente usar la menta con otros aceites que fomentan la expresividad, como la mandarina, la lavanda y la bergamota. Si busca tener suficiente coraje en la vida, la menta hará maravillas para su crecimiento en esta área. Si algo le ha estado impidiendo vivir la vida plenamente y alcanzar el éxito, la menta le ayudará a sentirse más seguro de usted mismo. También le ayudará a ser más productivo y a no asumir demasiadas responsabilidades para tener tiempo para lo verdaderamente importante.

Eucalipto: Este aceite le ayudará a limpiar la energía de su casa y oficina, y si lo usa con otros aceites, los resultados pueden ser sorprendentes. Utilice el eucalipto con menta y lavanda si quiere librarse de la ansiedad o la tensión. Debería sentir un cambio a los pocos minutos de aplicar esta mezcla. Le hará sentir como si su cuerpo estuviera completamente limpio. Si ha estado trabajando demasiado últimamente y no tiene tiempo para relajarse, use el eucalipto con unas gotas de aceite de pachulí, jazmín o sándalo para pasar el día sin sentirse agobiado o quemado. Esto puede hacerle sentir como si estuviera tomando una agradable y larga siesta, y desde este estado estará más en sintonía con su verdad. Recuerde que la relajación es nuestro estado natural.

Incienso: Inspira funciones mentales elevadas y lo hace más consciente de los niveles de energía sutil. Si se aplica incienso y unas gotas de aceite de mirra en la piel, el impacto será inmediato y poderoso. Se sentirá más claro sobre lo que quiere decir, y lo mejor de todo es que lo que venga de usted será auténtico porque saldrá de su corazón. Esto es especialmente bueno para quienes han utilizado las palabras para encubrir sus verdaderos sentimientos o presentar una imagen que no es la suya realmente.

Geranio: Este es un aceite muy potente que debe utilizar con precaución. Puede combinarlo con otros aceites para hacerlo menos intenso, pero incluso así, debe tener cuidado. Cuando el geranio se utiliza solo, los resultados son muy profundos y se notan de inmediato. Purificará su mente de preocupaciones pasadas y futuras, haciendo que se concentre en el momento presente y en sus verdaderos deseos. Si está demasiado abrumado para saber qué hacer a continuación, este es el aceite al que debe recurrir.

Ylang Ylang: Este es otro aceite que es mejor utilizar en combinación con otros en lugar de puro. Es muy poderoso, y si lo usa solo, podría fácilmente tener dolor de cabeza por el intenso cambio en su sistema energético. Añadir el Ylang Ylang a otros aceites como el incienso, la canela y el aceite de neroli ayuda a liberar sus miedos y a despejar todo lo que lo retiene. Cuando usa el aceite de Ylang Ylang para su chakra de la garganta, le ayuda a entender su verdadero propósito y hace que su energía sea más ligera y positiva. Este es un gran aceite para utilizar si usted es un maestro o un entrenador, especialmente cuando trabaja con otros en sus viajes espirituales.

Rosa: Este es uno de los aceites que más preocupa a la gente, simplemente porque es muy fuerte. Para evitar problemas, es mejor utilizarlo en combinación con otros aceites. El aceite esencial de rosa potencia su naturaleza intuitiva y le hace sentir que fuerzas superiores lo guían. No es raro que las personas que se inician en el uso de este aceite se emocionen cuando lo utilizan por primera vez, simplemente porque están desconectadas de su intuición. Trabajar con el aceite esencial de rosa en el chakra de la garganta hace que se sienta más en contacto con sus sentimientos y sus deseos.

Salvia: La salvia es otro de esos aceites que se utiliza mejor en combinación con otros. Cuando se usa solo, es demasiado potente para algunas personas y, en muchos casos, le hará sentir físicamente agotado. He tenido experiencias tanto positivas como negativas con este aceite, así que hay que tener cuidado con su uso. Uno de los usos más comunes del aceite esencial de salvia es deshacerse de la energía no deseada y romper con los malos hábitos que no sirven. En mi experiencia, la salvia funciona mejor cuando se combina con otros aceites como el limón, la menta o el eucalipto. Cuando trabaja con ella para equilibrar su *Vishuddha*, puede sentir una sensación de calma y conexión con todo lo que le rodea, incluida su propia alma. La salvia le ayuda a deshacerse de la ira y el resentimiento, y disipa el miedo y la preocupación al instante. Por eso se ha utilizado como agente limpiador o ingrediente mágico a lo largo de los tiempos.

Jazmín: Este es otro gran aceite para complementar el trabajo de equilibrar su *Vishuddha*. El jazmín aumenta el flujo de energía en este chakra, independientemente del tipo de aceites esenciales que utilice con él. Si tiene problemas de autoexpresión o le falta confianza en esta área, el jazmín es justo lo que necesita. Le hará sentir que puede expresar todos los aspectos de usted mismo con facilidad, y eso puede ser un gran paso si está empezando su viaje espiritual.

Romero: El romero le ayuda a protegerse contra el miedo, incluso si tiene miedo del cambio y de la pérdida. El miedo de este tipo es uno de los mayores bloqueos para el crecimiento, así que cualquier cosa que pueda hacer para eliminarlo de su vida es importante. El aceite esencial de romero también puede utilizarse en el chakra de la garganta para liberar la ansiedad y el nerviosismo. Los antiguos creían que este era uno de los aceites más importantes que había que tener a mano para hacer la vida más satisfactoria. Por esta razón, debería utilizarlo con regularidad, aunque no sepa con qué tipo de malos hábitos o bloqueos está lidiando en cada momento. Podrían estar enterrados en lo más profundo de su subconsciente y aparecer en cualquier momento. Hasta que pueda ocuparse de estos problemas, es mejor no decir ni hacer nada que pueda hacerlos aflorar.

Meditar con aceites esenciales

Para meditar con aceites esenciales no se necesita demasiado. Solo una o dos gotas aplicadas en la clavícula, en la mandíbula o detrás de las orejas, para que pueda olerlo. Luego puede trabajar con la energía del aceite. He aquí cómo meditar con aceites para sanar su *Vishuddha*:

- En primer lugar, asegúrese de llevar ropa suelta y cómoda.
- Siéntese en un lugar donde no le molesten durante los próximos cinco a quince minutos. Asegúrese de estar en una posición cómoda.
- Aplique su aceite esencial en la línea de la mandíbula o en la clavícula.
- Cierre los ojos y concéntrese en su respiración para estar en el presente.

- Respire tan profundamente como pueda, dejando que el aire se impregne del aroma del aceite.
- Al respirar, imagine que el aroma del aceite esencial es en realidad energía y que lo está respirando justo en el chakra de la garganta. Vea esta energía como una luz azul brillante.
- Al inhalar, imagine que el aroma del aceite esencial carga su chakra de la garganta, limpiándolo de todos los bloqueos.
- Al exhalar, imagine que la oscuridad de un bloqueo en este centro energético se libera como una bocanada de humo gris o negro.
- Después de unos minutos de inhalar, exhalar y visualizar, ponga los dedos entre la clavícula y el cuello para canalizar la energía de sus manos hacia el chakra.
- Cuando haya terminado, siéntese durante alrededor de un minuto y concéntrese en su respiración.
- Cuando esté preparado, abra los ojos y levántese lentamente.

Capítulo 9: Dieta y nutrición *Vishuddha*

Permítame decir de entrada que no soy nutricionista, y que no tengo ninguna licencia para decirle qué hacer con su dieta. Así que, antes de que decida hacer cualquier cambio basado en lo que aprenda en este capítulo, por favor consulte con un nutricionista profesional u otro experto médico, especialmente si tiene alguna condición preexistente que podría empeorar.

Alimentos azules para *Vishuddha*

El chakra de la garganta está asociado con los colores azul, índigo y turquesa. Estos colores son relajantes, calmantes y persuasivos. Una dieta rica en estos colores mejorará la comunicación a través del chakra de la garganta, lo que significa que será capaz de compartir sus ideas con mayor claridad y eficacia.

Es necesario consumir alimentos ricos en antioxidantes, como los arándanos, el zumo de uva morada y la cúrcuma para promover un discurso claro. Los arándanos son ricos en antioxidantes y antocianinas, que ayudan a bloquear los radicales libres que dañan las cuerdas vocales. Los arándanos también son ricos en flavonoides, que reducen la inflamación de las cuerdas vocales, reduciendo así el daño causado por los radicales libres.

Los alimentos azules contienen antocianinas, que son antioxidantes y antiinflamatorias. Las antocianinas presentes en los alimentos azules promueven una piel sana, previenen la inflamación y combaten los radicales libres. Las antocianinas también ayudan al chakra de la garganta a mantener la integridad de las cuerdas vocales, aumentando el control de la respiración, conservándolas suaves y fuertes y controlando los niveles de colesterol.

Los mejores alimentos para incorporar a su dieta son las frutas y verduras, el té verde y las carnes orgánicas. Estos alimentos proporcionan los ingredientes necesarios para que su cuerpo combata el estrés de forma eficaz. La salsa de soja sin glutamato, el tamari y el miso también benefician la salud de su chakra de la garganta, ya que proporcionan una fuente vital de ácido glutámico, que beneficia la función de este centro energético. Dado que el cerebro no puede sintetizar su propio ácido glutámico en cantidades suficientes debido a una escasez de enzimas causada por el estrés, una dieta rica en alimentos naturales con ácido glutámico puede ser vital para mejorar la función cerebral.

Las especias como la canela, el cardamomo, el jengibre y la cúrcuma son excelentes para nutrir el chakra de la garganta. Estas hierbas y especias pueden añadirse a la dieta cocinando con ellas o bebiendo sus aceites esenciales. Muchos aceites esenciales son extremadamente concentrados y deben utilizarse con moderación para evitar que su ingestión supere los niveles seguros. Investigue por su cuenta antes de ingerir cualquier aceite esencial, sobre todo si padece alguna enfermedad que se agrava con alimentos picantes, como la acidez estomacal o las úlceras. Una advertencia: cada vez que ingiera una hierba o especia, asegúrese de que está bien preparada mediante técnicas como el remojo (en agua caliente) o el tostado. Cuando consuma aceites esenciales de cualquier tipo, utilícelos de forma segura, verificando que sean aptos para su ingesta, difusión o aplicación tópica y en las dosis correctas.

Otra hierba nutritiva que es estupenda para el chakra de la garganta es la equinácea, que ayuda a reforzar el sistema inmunitario. Tenga a mano una taza de té de equinácea cuando sienta que se está enfermando. Al primer síntoma de enfermedad, aumente inmediatamente su consumo de alimentos ricos en vitamina C, como las bayas (especialmente las fresas), los cítricos (naranjas, limones, limas) y los kiwis.

Alimentación consciente

Comer con atención es una buena manera de equilibrar su cuerpo energético. No se trata solo de poner en forma su *Vishuddha*, sino también de hacer lo mejor para usted. La decisión de comer solo alimentos buenos para su salud es más que suficiente para ayudar a su chakra de la garganta. Sin embargo, la alimentación consciente es algo más que la elección de alimentos sanos y naturales. También se trata de ser consciente del proceso de comer en sí mismo.

Decida que será plenamente consciente de todo lo relacionado con la forma en que se alimenta, desde cómo prepara la comida hasta el aspecto que tiene en el plato y cómo son las texturas y los sabores en su boca. No puede estar comiendo de forma consciente mientras ve su programa de televisión favorito. Tiene que asegurarse de que su atención se concentra únicamente en la comida. Tiene que entender que no solo está comiendo alimentos, sino también energía y luz. Puede canalizar esta energía hacia lo que quiera que la comida le ayude a conseguir, y obtendrá resultados.

Recetas para su *Vishuddha*

Pudín de chía y arándanos

Esta es una comida encantadora que encontrará absolutamente deliciosa para consumir a primera hora de la mañana.

Necesitará:
- 2 cucharadas de coco.
- 2 tazas de moras.
- ¼ de taza de sirope de arce.
- 1 taza de leche de avena.
- ½ taza de semillas de chía.

Instrucciones:
- Tome un bol y mezcle el jarabe de arce con la leche y las semillas de chía. Déjelo reposar en la nevera durante ocho horas.
- Coja una cacerola pequeña y ponga las moras en ella. Cocínelas durante veinte minutos a fuego lento para que el líquido se

reduzca a la mitad.

- Cuando su chía esté lista, puede servirla en tazones separados, cubrirla con la mermelada de mora y decorar con el coco.

Kale de quinoa azul

Este es un buen plato para comer, y sabe tan bien como se ve. Puede conservar las sobras durante un día o dos en su nevera.

Necesitará:

- ½ taza de brotes de col.
- 2 tazas de hojas de *kale*.
- 1 taza de lentejas (bien enjuagadas).
- 1 taza de arándanos.
- 1 taza de quinoa (sin cocinar).

Para la salsa:

- 1 cucharada de sirope de arce.
- 1 cucharadita de ralladura de limón.
- 2 cucharaditas de zumo de limón.
- ¼ de taza de aceite de oliva.
- Sal (al gusto).
- Pimienta (al gusto).

Instrucciones:

- Prepare la quinoa como indica el paquete y déjela enfriar.
- Coja un bol y mezcle los brotes, las lentejas, el *kale*, los arándanos y la quinoa fría.
- Ahora es el momento de hacer la vinagreta. Solo tiene que mezclar la pimienta, la sal, el sirope de arce, el zumo de limón y el aceite de oliva.
- Mezcle la ralladura de limón.
- Añada los arándanos a la mezcla y mézclelos bien.

Wrap azul de ensalada de pollo

Este es un encantador y ligero *wrap* que puede tomar cuando tenga hambre y no quiera comer nada pesado.

Necesitará:

- ½ taza de arándanos.
- 4 hojas de lechuga.
- ½ cucharadita de ajo en polvo.
- 2 cucharadas de yogur natural.
- 2 tazas de pollo (cocido y picado fino).
- ¼ de taza de cebolla (picada fina).
- 1 tallo de apio (picado fino).
- Albahaca fresca (al gusto).
- Sal (al gusto).
- Pimienta (al gusto).

Instrucciones:

- Ponga el ajo en polvo, el yogur, la cebolla, el apio y el pollo en un bol lo suficientemente grande para mezclar y sazonar según sea necesario.
- Coloque la mezcla sobre sus hojas de lechuga.
- Cubra con arándanos y albahaca fresca.

Batido *Vishuddha*

Esta es una receta muy sencilla para un batido refrescante que su chakra de la garganta le agradecerá.

Necesitará:

- 2 tazas de leche vegetal.
- ½ taza de moras (congeladas).
- 1 ½ cucharadita de espirulina.
- 1 taza de arándanos.
- 2 plátanos congelados.
- Semillas de chía (opcional).

- Polen de abeja (opcional).
- Hielo.

Instrucciones:
- Mezcle todo hasta que esté integrado y suave.
- Sirva y disfrute.

Crema de coliflor azul

Esta receta hace maravillas para el *Vishuddha*. Seguramente lo sentirá cuando la prepare.

Necesitará:
- 1 cucharadita de espirulina azul.
- ¼ de taza de marañones (crudos y sin sal) o ½ taza de leche de coco (entera).
- 1 cabeza de coliflor (grande, picada).
- 1 cucharada de aceite de sésamo (puede utilizar aceite de semillas de uva o de coco en su lugar).
- ½ tallo de hinojo (o cebolla amarilla).
- 2 dientes de ajo picados. (Puede usar menos o no usarlos).
- 1 litro de caldo de verduras.
- ½ cucharadita de sal marina (añadir un poco más al gusto).
- 2 cucharadas de semillas de cáñamo (para decorar).

Instrucciones:
- Caliente un poco de aceite a fuego medio.
- Añada el ajo y la cebolla y saltéelos durante tres minutos. Quiere que se doren un poco.
- Añada la coliflor y deje que se saltee durante un minuto más.
- Añada el caldo de verduras y suba el fuego para que la mezcla hierva.
- Cuando hierva, baje el fuego dejando la olla destapada. Cocine hasta que la coliflor esté tierna. Esto debería llevar entre 20 minutos y media hora.

- Retire la sopa del fuego y deje que se enfríe hasta que esté a temperatura ambiente.
- Vierta la sopa en una batidora con algunos marañones y tritúrela hasta que todo esté cremoso y suave. Esto no debería llevar más de un minuto.
- Añada la espirulina azul y bata durante unos instantes. Tenga en cuenta que el calor de la batidora le quitará los nutrientes, así que hágalo brevemente.
- Añada un poco de sal al gusto.
- Cubra con las semillas de cáñamo.

Parfait Vishuddha

Esta receta está llena de ingredientes que nutrirán su chakra de la garganta y todos los demás, promoviendo un excelente flujo de energía por todo el cuerpo etérico.

Necesitará:
- ½ taza de agua.
- 2 cucharadas de semillas de chía.
- ¼ de taza de yogur natural (es recomendable el de coco con vainilla).
- De 4 a 8 frambuesas (partidas por la mitad).
- 1 kiwi (pelado y cortado en dados).
- ½ naranja (cortada en julianas, sin fibra).
- ½ plátano (cortado en círculos).
- 8 arándanos (cortados por la mitad).
- 8 moras (cortadas por la mitad).
- ⅛ cucharadita de clavo de olor.
- ⅛ cucharadita de cardamomo.
- ¼ cucharadita de nuez moscada.
- ½ cucharadita de jengibre (molido).
- 2 cucharaditas de canela.
- 2 cucharaditas de aceite de coco.

- 1 cucharada de sirope de arce.
- 2 cucharadas de mantequilla de almendra blanca (la marrón también puede funcionar).
- 1 taza (5 onzas) de batata morada (pelada y cocida).
- 1 cucharada de semillas de chía.
- 1 cucharadita de extracto de vainilla.
- ¼ de cucharadita de zumo de limón.
- 1/16 de cucharadita de sal marina.
- 1 a 1 ¼ tazas de agua (más o menos, según las preferencias).

Instrucciones:
- En un recipiente de cristal, bata el yogur y el agua.
- Añada las semillas de chía poco a poco mientras bate. Es importante que se mezclen bien.
- Deje que la chía se asiente durante cinco minutos. Vuelva a batir y deje que la mezcla repose durante diez minutos. Bata una vez más. (No se salte este paso, o las semillas se mezclarán).
- Cubra la mezcla y déjela reposar en la nevera toda la noche, o un par de horas si tiene prisa.

Para el parfait:
- Coja un vaso y disponga las frutas como quiera, ayudándose con palillos para ponerlas en el vaso en capas circulares, trabajando desde el exterior del círculo hacia el interior.
- A medida que vaya poniendo una capa de cada fruta, añada una capa de su pudín de chía y luego otra capa de frutas. La batata morada debe ser la última capa.

Para el pudin de batata morada:
- Ponga una sartén a fuego lento y derrita un poco de aceite de coco.
- Añada las especias y mézclelas con su cuchara de madera, removiendo hasta que empiece a olerlas. Retírelas del fuego.
- Mezcle la mantequilla de almendras, el sirope de arce, el agua, la sal marina y la batata en una batidora, utilizando la velocidad

más alta, hasta que quede suave.

- Pase a un nivel más lento y añada el extracto de vainilla y el zumo de limón. Deje de batir cuando todo esté bien incorporado.
- Vierta media taza de su batido en un vaso. Puede beberlo todo o puede guardarlo para otro momento.
- Bata las semillas de chía en la mezcla y déjela reposar durante dos horas o toda la noche.

Si quiere que este parfait tenga un sabor aún más dulce, lo mejor es utilizar un edulcorante natural como la miel o el sirope de arce. Puede rociarlo sobre las capas de chía. También es bueno usar el yogur de coco sin agentes blanqueadores, gomas, carragenina o azúcares añadidos. Además, si no quiere usar coco, cualquier otro yogur de origen vegetal está bien.

Pastel de arándanos

Esta es una deliciosa comida que seguro disfrutará física y energéticamente.

Necesitará:
- 1 cucharadita de canela.
- 1 cucharadita de extracto de vainilla.
- 1 cucharadita de bicarbonato de sodio.
- 1 huevo (en su lugar puede utilizar 1 cucharadita de harina de linaza y 2 cucharadas de aceite de girasol).
- ⅔ taza de azúcar moreno (puede utilizar azúcar de coco o de dátiles en su lugar).
- De 3 a 4 cucharadas de aceite de girasol o mantequilla.
- 1 ½ tazas de harina de repostería (puede optar por harina sin gluten).
- 1 taza de arándanos.
- ¾ de taza de nueces.
- 2 tazas de dátiles (secos, picados).
- 1 taza de café fuerte (o agua hirviendo).

Instrucciones:

- Precaliente su horno a 350 grados Fahrenheit.
- En un bol, añada la vainilla, la canela, el bicarbonato, el azúcar, el aceite (o la mantequilla) y los dátiles picados.
- Vierta el café o el agua caliente sobre la mezcla. Deje que se enfríe durante quince minutos.
- Pique las nueces.
- Mezcle los ingredientes húmedos con la harina.
- Engrase el molde y vierta la mezcla en él.
- Hornee durante 35 o 40 minutos. Cuando introduzca un cuchillo de mantequilla o un palillo y salga limpio, estará listo.

Tenga en cuenta que puede utilizar la masa para hacer magdalenas en lugar de pan.

Galletas de arándanos rellenas

Esta es una delicia dulce que puede consumir en cualquier momento y en cualquier lugar.

Necesitará:

- 1 cucharadita de canela o vainilla.
- ¼ de taza de aceite.
- ¼ de taza de proteína en polvo.
- ⅓ taza de mermelada natural de arándanos.
- ½ taza de mantequilla de maní.
- ½ cucharadita de polvo de hornear.
- ½ cucharadita de sal.
- 1 taza de harina de coco (o cualquier otra harina sin gluten).
- 1/taza de azúcar (puede utilizar azúcar de dátiles o de coco en su lugar).
- 1 huevo (se puede omitir si es vegano y sustituirlo por 3 cucharadas extra de mantequilla de maní).
- Una cuchara o su dedo pulgar.

Instrucciones:

- Precaliente el horno a 350 grados Fahrenheit.
- Mezcle los ingredientes secos.
- Mezcle los ingredientes húmedos.
- Mezcle los ingredientes secos con los húmedos lentamente.
- Cuando la masa no esté tan espesa o pegajosa como al principio, utilice papel pergamino o una cuchara medidora para sacarla y colocarla en una bandeja para hornear.
- Con el pulgar o una cuchara, presione hacia abajo en el centro para crear una cavidad en la galleta.
- Rellene esta cavidad con la mermelada.
- Métalo en el horno durante quince minutos. La masa debe adquirir un bonito color dorado.
- Deje que se enfríen y luego sírvalos y disfrútelos.

Cómo comer

Cuando esté comiendo, siéntese y preste atención a los colores de la comida. Tómese su tiempo para expresar gratitud por la energía con la que van a impregnar su *Vishuddha*. Coloque ambas manos sobre los alimentos e imagine que la luz blanca fluye desde sus manos hasta ellos. Mientras mastica y traga, imagine que está comiendo energía azul. Vea y sienta que esa energía se mueve hacia su chakra de la garganta, recargándolo y limpiándolo. Sienta gratitud con cada bocado. Piense en cómo le gustaría que mejorara su vida, ya sea porque quiere hablar más por usted mismo o porque quiere relacionarse mejor con los demás. Coma con agradecimiento, sabiendo que la comida le ayudará a usted y a su chakra a cumplir su deseo.

Por favor, trate su hora de comer igual que su meditación. En otras palabras, no vea televisión, mire el teléfono o mantenga una conversación con alguien. Debe concentrarse por completo en la comida y en la visualización para sacar el máximo provecho de esta práctica.

Capítulo 10: Rutina de 7 días para el chakra *Vishuddha*

Ha aprendido mucho desde el comienzo de este libro hasta este punto. La pregunta es: ¿cómo se puede poner todo junto? En este capítulo, encontrará una rutina que puede seguir durante siete días. Pero antes de entrar en la rutina, tenemos que establecer algunas reglas básicas.

La coherencia es la clave

Lo primero es entender que no obtendrá los resultados que busca si no es consistente con la rutina. Algunas personas asumen erróneamente que todo lo que tienen que hacer es sentarse durante varias horas seguidas para dominar una práctica. No es así como funciona. Obtendrá resultados mucho mejores si hace esto de forma consistente durante cinco minutos al día que si intenta meter el trabajo de varios días en una sola sesión.

Habrá ocasiones en las que, por alguna razón, no pueda hacer su sesión. En este caso, debe tener en cuenta dos cosas. En primer lugar, nunca debe saltarse dos días seguidos si puede evitarlo. En segundo lugar, si se salta un día, no debe empezar de nuevo desde el primer día. En su lugar, continúe desde donde lo dejó para que no se vuelva un ciclo interminable en el que empieza y no acaba nunca. Si vuelve a empezar desde el primer día cada vez que se salta un día, al final ya no estará motivado para empezar, y mucho menos para terminar.

Su cuerpo, su ritmo

Otra cosa que debo enfatizar es que desbloqueará su chakra de la garganta a su propio ritmo. Es una muy mala idea poner un límite de tiempo a esto. En la rutina hay ejercicios para siete días, y si se siente impulsado intuitivamente a hacerla de nuevo, siga su instinto. No asuma que solo por hacer la rutina una vez, todo el potencial de su chakra de la garganta estará desbloqueado. Algunas personas empiezan a notar los efectos desde el primer día, y otras necesitan una semana o incluso más. No se hace ningún favor comparando sus experiencias con las de otros.

En ese sentido, debe saber que a veces puede sentir cambios definitivos en su energía, y otras veces puede no sentir nada. Esto es muy natural. También es la razón por la que le sugiero que entre en esta rutina de siete días sin expectativas de ningún tipo. Cuando tiene expectativas que no se cumplen, puede sentirse desanimado y no continuar. Es mucho mejor que simplemente realice los ejercicios sin preocuparse por el resultado. Los resultados llegarán cuando deban llegar.

Piense que es como hacer ejercicio después de haber estado en el sofá durante mucho tiempo. Si asume que puede rendir como un atleta de élite después de los primeros días, estará muy decepcionado. Si intenta ir al mismo ritmo que alguien que lleva décadas haciendo ejercicio, acabará haciéndose daño o no estará satisfecho con sus resultados. Del mismo modo, debe saber que esta rutina toma su tiempo. No se ponga bajo una presión innecesaria para rendir o impresionar. La paciencia es la clave. Tendrá la tentación de lograr mucho más de lo que debería, y cuando eso ocurra, recuerde que esto es un maratón, no una carrera de velocidad.

Confíe en su intuición

La rutina descrita en este libro ha sido diseñada específicamente para ofrecer resultados extraordinarios. Sin embargo, es posible que algunos días se sienta atraído por un ejercicio totalmente diferente. Su intuición puede guiarlo por un camino diferente al descrito en este libro, porque eso es lo que su chakra de la garganta necesita en ese momento. Si esto ocurre, siga su instinto. No se sienta confundido o molesto por tener que prescindir de los ejercicios de un día.

Sobre la visualización

Algunas personas tienen serios problemas para ver imágenes en su mente. Si usted es una de ellas, preste atención. No tiene que trabajar solo con su sentido imaginario de la vista. Verá, algunos somos más hábiles para manejar un determinado sentido que otro. Por ejemplo, a mí me va especialmente bien con el oído y el tacto. También puedo visualizar cosas en mi mente, pero otros sentidos son más fuertes que el de la vista. Por eso, si le cuesta visualizar una bola de luz azul, puede sentir su energía. También puede oír cómo suena.

De todas formas, a largo plazo vale la pena aprender a ver con el sentido imaginario de la vista. Para ello, escoja un objeto pequeño y sencillo a su alrededor y estúdielo detenidamente. Puede ser una manzana, un ratón de computador o su teléfono móvil. Fíjese en sus pequeños detalles y luego cierre los ojos. Ahora, en su mente, recree el objeto que ha estudiado con la mayor precisión posible. Abra los ojos y compruebe si hay algún detalle que se le haya escapado. Cierre los ojos una vez más y vuelva a visualizar la imagen hasta que finalmente la consiga. Con el tiempo, puede empezar a visualizar habitaciones enteras, comprobando la precisión con la que las recrea en su mente.

Si quiere, también puede entrenar los otros sentidos imaginarios: el tacto, el oído, el olfato y el gusto. ¿Por qué debería molestarse? Porque además de trabajar con el sentido de la vista, puede profundizar realmente en la experiencia de las visualizaciones incorporando los otros sentidos, lo que significa que obtendrá resultados mucho más potentes. Para mejorar su sentido del olfato, puede rociar una servilleta con perfume o aplicar un aceite esencial, olerla y salir de la habitación. Intente recrear el aroma en su mente. Cuando lo haga bien, descubrirá que puede trabajar con la energía de los aceites esenciales sin tenerlos.

Para el sentido del oído, tiene que escuchar a las personas que lo rodean y luego recrear lo que han dicho en el oído de su mente. Para el sentido del tacto, basta con que intente sentir diferentes objetos con las manos de su mente. No se fije solo en la textura, sino también en el peso de las cosas. En cuanto al sabor, recordar diferentes alimentos le ayudará.

Día 1

- Apenas se levante por la mañana, cante HAM en voz alta durante cinco minutos.
- Durante los siguientes cinco minutos, haga la respiración victoriosa.
- Después, contemple esta afirmación durante diez minutos: «Digo mi verdad con confianza y claridad». Debe decir la afirmación en voz alta y darse al menos treinta segundos entre cada vez para interiorizar el significado.
- Haga el mudra *granthita* mientras medita con un aceite esencial para el *Vishuddha*. El aceite esencial debe estar en la clavícula, debajo de las dos orejas o en la mandíbula. Mantenga el mudra durante cinco minutos e imagine la energía azul moviéndose desde el aceite y el mudra hacia su chakra de la garganta.
- Haga la postura del camello durante cinco minutos mientras practica la respiración victoriosa. Descanse cuando lo necesite.

Reflexión: ¿Qué significa la verdad para mí?

Día 2

- Esta mañana, cante el sonido vocálico I en voz alta durante cinco minutos (I como en «ir»). Este es el sonido vocálico del *Vishuddha*.
- Cuando se levante de la cama, pase cinco minutos haciendo la postura de la cobra bebé mientras hace la respiración victoriosa. Descanse cuando lo necesite durante este tiempo.
- Más tarde en el día, siéntese con las manos en el mudra *Vishuddha* mientras repite esta afirmación: «Digo mi verdad claramente con alegría». Recuerde tomarse treinta segundos entre cada repetición para contemplar lo que significa.
- Durante diez minutos, haga la respiración del abejorro mientras visualiza que su chakra se limpia. Puede colocar los cristales que prefiera a su alrededor y utilizar la combinación de aceites esenciales que desee.
- Realice la meditación guiada para sanar el *Vishuddha* (capítulo cinco).
- **Reflexión:** ¿Cuál es mi verdad y cómo puedo vivirla mejor?

Día 3

- Comience el día contemplando esta afirmación: «Mis palabras son de oro». Hágalo durante diez minutos y sienta la verdad de lo que dice.
- Cuando se levante de la cama, haga la postura del pez durante cinco minutos. Descanse cuando lo necesite. Puede incorporar un aceite esencial si lo desea mientras hace la respiración victoriosa.
- Siéntese con su cristal o piedra preferida y coloque sus manos en el mudra *shankh*. Cante el mantra HAM durante los siguientes diez minutos.
- Prepárese una comida para el chakra de la garganta (si le resulta más fácil, solo coma un alimento azul y natural). Coma con atención, imaginando que la luz azul impregna de poder al *Vishuddha*.
- Cuando se vaya a dormir por la noche, cante HAM hasta que se quede profundamente dormido.

Reflexión: ¿Cómo reconozco la verdad cada día?

Día 4

- Comience el día cantando HAM durante cinco minutos. Luego, cambie al sonido vocálico I durante cinco minutos más.
- Durante los siguientes diez minutos, alterne la postura del camello con la de la cobra bebé y la del pez mientras realiza la respiración victoriosa. Tómese los descansos necesarios entre la respiración y la postura.
- Prepare una comida para su chakra de la garganta y cómala con atención. Agradezca cuando empiece y cuando termine.
- Haga la meditación guiada para sanar el *Vishuddha* (capítulo cinco).
- Cante esta afirmación durante diez minutos mientras hace el mudra *udana*: «Hablo desde mi corazón, solo con amor».

Reflexión: ¿Cómo puedo escuchar más la verdad?

Día 5

- Comience el día cantando I durante diez minutos con las manos en el mudra *shunya*.

- Contemple y repita la siguiente afirmación durante diez minutos «Soy una persona poderosa, positiva y segura». Puede hacer esto con el aceite esencial que prefiera.
- Medite sobre un cristal. En su mente, vea y sienta cómo lo llena de energía azul amorosa durante diez minutos.
- Piense en algo que le ha querido decir a alguien. Durante cinco minutos, repítase a usted mismo: «Digo la verdad con amor». Siéntese con esa persona o llámela y dígale lo que deba.
- Termine el día cantando HAM durante quince minutos antes de acostarse.

Día 6

- Comience el día cantando HAM durante quince minutos con las manos en el mudra *Vishuddha*.
- Prepare una comida para su *Vishuddha*. Antes de comerla, deje que sus manos se cierren sobre ella y cante HAM cinco veces. Imagine que una luz azul vibrante emana de sus manos y de su boca para bendecir la comida. A continuación, coma con atención.
- Durante diez minutos, haga las posturas del bebé cobra, el camello y el pez mientras hace la respiración victoriosa. Descanse cuando lo necesite.
- Durante diez minutos, cante una canción. No intente sonar agradable y no se preocupe por cómo suena. Cante a pleno pulmón y diviértase con ello. Observe cualquier tentación de sentirse cohibido y déjela caer suavemente mientras vuelve a divertirse.
- Termine el día cantando I mientras se duerme.

Reflexión: ¿Cómo puedo ser más audaz cada día?

Día 7

- Cante HAM en su mente durante siete minutos. Luego, cante I en su mente durante los siguientes siete minutos. Mantenga su atención en el *Vishuddha* y sus manos en el mudra *granthita*.
- Practique la respiración del abejorro mientras imagina que no es más que una poderosa, grande y brillante bola azul de energía. Hágalo durante diez minutos.

- Durante diez minutos, vuelva a cantar. Si nota que quiere cantar durante más tiempo, continúe. Si alguien lo juzga, no se lo tome a pecho. Se trata de esa persona, no de usted. Si se siente incómodo, cante más alto y decida divertirse.
- Prepare una comida para el chakra de la garganta e infúndala con la energía de sus manos y su boca mientras canta I. Coma con atención y agradezca a la comida por ayudar a su *Vishuddha*.
- Termine su día visualizándose como una bola de luz azul durante quince minutos mientras hace la respiración victoriosa y el mudra *shankh*. Puede reforzar esto con sus aceites y cristales preferidos.

Reflexión: ¿Cómo puedo ser más yo mismo independientemente del mundo que me rodea?

¿Quiere resultados más poderosos? Cuando termine con los primeros siete días, puede repetir la rutina durante los siguientes 21 a 30 días. Puede cambiar los mudras, los mantras y las afirmaciones como quiera. También debería investigar por su cuenta para ver qué otras posturas de yoga le pueden ayudar con este chakra y aprender más sobre lo que puede visualizar para ayudarse en su viaje. Tenga en cuenta que algunos días puede no tener ganas de hacer esto, pero la constancia dará sus frutos al final. Por lo tanto, siga con ello. No es necesario que tenga ganas de hacer algo antes de hacerlo.

Bono: Primero los chakras

Ahora ya sabe todo lo que debe hacer para limpiar su chakra de la garganta. También ha aprendido que debe trabajar en los chakras anteriores antes de hacerlo, así que tiene una base sólida. Sin embargo, su viaje no termina aquí. Está desarrollando todo su cuerpo energético, lo que significa que debe abordar cada centro de energía. Por eso he incluido esta sección extra en este libro, para que continúe su trabajo en los chakras por encima de su *Vishuddha*. Echemos un vistazo rápido a cada uno.

El Chakra del Tercer Ojo

Nombre en sánscrito: *Ajna* (centro de mando).

Ubicación: Entre y por encima de las cejas.

Elemento Luz.

Función: Intuición, imaginación.

Bloqueado por: Ilusiones.

Color: Índigo.

Sonido de la semilla: Om.

Sonido Vocal: Mmm.

Alimentos: Los alimentos azules y todos los enteógenos que provocan un cambio de conciencia se utilizan a menudo en contextos religiosos y espirituales para acceder al mundo del más allá.

Piedras: Cuarzo, lapislázuli, amatista.

El chakra del tercer ojo concentra la mente intuitiva y la conciencia superior. Este chakra regula los pensamientos, sueños, visiones y la imaginación. Nos dice lo que nos ayudará a manifestar nuestros objetivos y sueños de una manera que está alineada con lo que somos como individuos. Nuestra intuición proviene de este centro del cuerpo.

A medida que avanzamos hacia nuestra conciencia superior, el chakra del tercer ojo se agranda para dar cabida a un mayor sentido de la comprensión de las cosas como realmente son. Nuestro chakra del tercer ojo está cerrado al nacer, pero cada ser humano tiene una pequeña apertura en este centro de energía que permite la clarividencia o, en ocasiones, la previsión. La clave para abrir el chakra del tercer ojo es escuchar a la intuición y actuar conforme con ella para el bien común. Su intuición puede llegar de muchas maneras: un sentimiento, una visión, un sueño o una voz interior. Un mensaje intuitivo puede decirle que debe cambiar algo en su vida, o puede contener información sobre la vida de otra persona.

El chakra del tercer ojo está asociado con las habilidades psíquicas, la clarividencia y la clariaudiencia.

Síntomas de un Chakra del Tercer Ojo bloqueado

- Sentirse aislado de su intuición o de su lado espiritual.
- No ser capaz de confiar en su voz interior. Sentir que no es lo suficientemente bueno o que no merece tener éxito en la vida.
- Dificultad para tomar decisiones o confiar en sus instintos cuando se enfrenta a una situación difícil.
- Dificultades para soñar y realizar esos sueños. Complicaciones para manifestar las cosas que quiere en la vida.
- Dificultad para ser creativo o encontrar inspiración.
- Sentir que no encaja o que no está haciendo nada significativo con su vida.
- Sentirse desconectado de los demás.
- No aceptarse como persona y no poder identificarse con uno mismo.
- Dolores de cabeza.

- Migrañas.
- Problemas de la vista.
- Pesadillas.

Cómo equilibrar el chakra del tercer ojo

- Visualice el color índigo emanando desde su chakra del tercer ojo.
- Medite escuchando su voz interior o su intuición. Si no oye nada, espere oír algo pronto. Empezará a escuchar la guía de su ser superior a medida que medite y practique la escucha.
- Lleve un diario de sueños. Anote lo que sueña cuando despierte por la mañana. Esto puede darle una visión de su futuro.
- Encuentre la manera de actuar sobre sus sueños. Utilice su imaginación para hacer realidad sus sueños.
- Salga de su cabeza y tome decisiones basadas en lo que le parece correcto en cada momento. Actúe desde su corazón. Tome decisiones desde el amor.
- Practique la aceptación de usted mismo y de los demás. Sea compasivo con usted mismo y con los demás.
- Utilice el poder del pensamiento positivo.
- Haga cosas significativas y satisfactorias para su vida.
- Sea sincero con usted mismo sobre lo que le impide tener éxito en la vida.
- Encuentre un propósito significativo en la vida y comprométase con su pasión.

Afirmaciones para el Chakra del Tercer Ojo

- Soy intuitivo y estoy en sintonía con mi lado espiritual.
- Confío en mí mismo y tengo fe en mi voz interior.
- Escucho mi intuición y la sigo diariamente.
- Soy suficientemente bueno.
- Estoy aquí para cumplir los propósitos y deseos de mi alma.

- Soy una persona positiva, cariñosa y sabia.
- Confío en mí mismo y en mi intuición.
- Sé que puedo tomar buenas decisiones alineadas con quien soy.

El chakra de la corona (*Sahasrara*)

Nombre en sánscrito: *Sahasrara* (Mil veces).
Ubicación: En la parte superior de la cabeza.
Elemento: Pensamiento.
Función: Felicidad y comprensión.
Bloqueado por: Apego.
Color: Blanco, violeta.
Sonido semilla: Ninguno.
Sonido vocal: Ng (como en mango).
Alimentos: Brócoli, remolacha, mora, ajo, ciruelas, uvas moradas.

El chakra de la corona es el centro del yo espiritual superior, la conexión con lo divino, la espiritualidad y la iluminación. El chakra de la corona regula el bienestar mental, espiritual, emocional y físico. Cuando el chakra de la corona está equilibrado y abierto, se siente en la cima del mundo. Cuando está bloqueado o inactivo, puede provocar un desequilibrio en otros centros energéticos.

El *Sahasrara* nos aporta nuestra conciencia superior y nuestra capacidad de conectar con niveles superiores de comprensión. Es parte del cuerpo de luz del que todos los seres humanos estamos hechos, llamado «conciencia de Cristo». El chakra de la corona se abre naturalmente a medida que avance en su viaje de iluminación, pero también es necesario que trabaje conscientemente para abrirlo.

Cuando está en un estado de conciencia superior, su alma brilla y se siente despierto y vivo en todos los sentidos. Puede manifestar todo lo que desea en esta realidad, incluyendo la curación de cualquier enfermedad o dolencia que tenga dentro de su cuerpo físico. Tendrá una mejor comprensión de la vida y su propósito de estar aquí. Esto sucede cuando realmente cobramos vida y nos sentimos conectados con todos los seres vivos del planeta.

Síntomas de un chakra de la corona bloqueado

- Sentir que ya no tiene una razón para vivir. Sentirse deprimido y tener pensamientos suicidas.
- Sentirse desconectado de su lado espiritual.
- No sentir que las cosas que hace en la vida son significativas y satisfactorias.
- Tener dificultades para creer en usted mismo y poner su fe en usted para lograr lo que quiere en la vida.
- No tener un propósito en la vida o sentirse fracasado como persona.
- Sentirse abrumado por la vida en general.
- Tener dificultades para encontrar el equilibrio en la vida.
- Sentir que nunca tiene suficiente tiempo.
- Sentirse desconectado de otras personas y agotado después de la interacción social.
- No tener conexión con su Ser Superior.

Cómo equilibrar su chakra de la corona

- Visualice el color violeta emanando de su chakra de la corona.
- Busque la conexión con un propósito y una dirección superiores.
- Haga de la meditación una práctica regular.
- Escuche su instinto y aprenda a confiar en él.
- Pregúntese sobre su verdadero propósito en este planeta.
- Utilice afirmaciones positivas para manifestar lo que quiere en la vida.
- Salga de su cabeza y utilice el poder del pensamiento positivo.
- Recuerde que es un poderoso ser divino, digno y merecedor de amor, atención y salud.
- Observe cómo se siente. Observe cómo esos sentimientos influyen en su cuerpo energético.

- Contemple lo que significa estar plenamente vivo y por qué existe esta realidad para usted.
- Practique técnicas de relajación progresiva y afirmaciones positivas (para darse fe).
- Aprenda y practique la proyección astral.
- Deje de lado la negatividad y aprenda a ver lo bueno de cada persona.

Afirmaciones

- Soy un ser divino.
- Estoy bellamente vivo y no tengo miedo.
- Celebro la abundancia en mi vida y prospero en ella.
- La vida fluye a través de mí tan fácilmente como el agua sobre las rocas.
- Veo mi propósito divino.
- Disfruto siendo yo.
- Me encanta sentirme equilibrado y centrado.
- Mi mente está abierta a la creatividad y a las nuevas ideas.
- Me acepto plenamente como una persona completa, con todos mis defectos y fortalezas.
- Expreso amor en cada una de mis acciones.
- El mundo se transforma en la belleza que me rodea desde un lugar de armonía, paz y alegría dentro de mí.

Conclusión

Por fin hemos llegado al final de este libro, ¡y ha sido todo un viaje! Tiene a su disposición mucha información que le ayudará a llevar su chakra de la garganta a un estado óptimo. Pero no basta con lo que ya sabe. Tiene que trabajar. En la práctica es donde ocurre la magia. Debo advertirle que está a punto de experimentar una transformación que nunca creyó posible. Las técnicas de este libro son muy poderosas y han funcionado en el pasado para innumerables personas, por lo que es seguro que funcionarán para usted, siempre y cuando se mantenga constante.

Su decisión de trabajar en su *Vishuddha* afectará su sistema energético para mejor, lo que significa que todos los demás chakras se beneficiarán indirectamente de este trabajo. Experimentará efectos muy interesantes como resultado. ¿Qué experimentará? Eso difiere de una persona a otra, y solo hay una manera de averiguarlo. Practicar.

Aquí hay una advertencia que debo compartir. A veces, le parecerá que no está progresando con esto. No se deje engañar por las apariencias vacías. Es especialmente en momentos como ese cuando debe perseverar y continuar con su práctica, porque hay algo que se está gestando a nivel energético. Para cuando empiece a manifestarse en su mundo físico, estará absolutamente sorprendido y encantado por los saltos cuánticos que dará. Cuando eso ocurra, se alegrará de no haberse dado por vencido. Solo sea amable con usted mismo y no trate de poner una fecha límite u otra forma de presión. Relájese y confíe en el proceso. Los resultados llegarán con toda seguridad.

No me cabe duda de que va a poner en práctica todo lo que ha aprendido. Lo sé porque ha llegado hasta el final del libro, lo que dice mucho de sus intenciones. Tenga en cuenta que su chakra de la garganta es el comienzo de la conciencia superior, y por eso, a medida que lo desarrolle, empezará a experimentar ciertos fenómenos interesantes. En otras palabras, podrá notar que está más en contacto con su lado psíquico. Ahora es un momento tan bueno como cualquier otro para pedirle que, por favor, sea responsable del don que se le ha concedido y no permita que su ego se apodere de usted. La tentación de permitir que ese poder se le suba a la cabeza es muy real y siempre está presente. Si cede a ella, frenará su crecimiento espiritual y no podrá acceder a los niveles superiores de conciencia que están esperando a ser aprovechados.

Por favor, no se limite a la información que ha obtenido de este libro. Investigue por su cuenta para encontrar mejores formas para que su chakra funcione como debe. Cuando se trata de asuntos de espíritu y energía, recuerde que no existen los límites. Ahora salga y vea lo alto que puede volar.

Sexta Parte: Chakra del Tercer Ojo

La guía definitiva para despertar, equilibrar y sanar el Ajna

Introducción

«Hay una profunda sabiduría dentro de nuestro cuerpo; si tan solo pudiéramos seguir nuestros sentidos y experimentarla». - Elizabeth A. Behnke

¿Siente curiosidad por el chakra del tercer ojo? ¿Quiere saber cómo abrirlo y qué beneficios se experimentan con este despertar?

El chakra del tercer ojo, también llamado chakra *Ajna*, está situado entre las cejas, en el centro de la frente. Es el sexto chakra del cuerpo y está asociado con la intuición, la imaginación, la sabiduría y las habilidades psíquicas. Mientras que el chakra de la corona expresa la conexión con lo divino, el chakra del tercer ojo es la conexión con la guía interior, también conocida como «intuición».

Pero el chakra del tercer ojo es mucho más que solo intuición. También está asociado con el enfoque, la concentración y la capacidad de ver el panorama general. Esta guía presenta el chakra del tercer ojo y da consejos para abrirlo. Al final del libro, comprenderá mejor este centro energético y sabrá cómo equilibrarlo.

El primer capítulo ofrece una visión general del chakra del tercer ojo, incluida su ubicación, su color, su elemento y las partes del cuerpo asociadas a él. El segundo capítulo explora los bloqueos que impiden que funcione correctamente. En el tercer capítulo se analiza la importancia de equilibrar los demás chakras antes de trabajar con el chakra del tercer ojo.

El capítulo cuatro presenta mantras y mudras, poderosas herramientas para abrir el chakra del tercer ojo. En el capítulo cinco, se exploran las técnicas de meditación y visualización. El capítulo seis expone técnicas de yoga y respiración que también pueden utilizarse para equilibrar el chakra del tercer ojo.

En el capítulo siete, se discute el uso de cristales y piedras para equilibrar el chakra del tercer ojo. El capítulo ocho introduce el concepto de aromaterapia *Ajna* y proporciona recetas de mezclas para equilibrar este chakra. El capítulo nueve trata sobre la dieta y la nutrición para este centro energético. Por último, el capítulo diez proporciona una rutina de siete días para equilibrar el chakra del tercer ojo.

También se incluye un capítulo extra, que es una hoja de consejos sobre el chakra del tercer ojo y su conexión con el chakra de la corona, para quienes buscan una guía rápida. Conocido como el séptimo chakra, el chakra de la corona se encuentra en la parte superior o coronilla de la cabeza y está asociado con la conexión con lo divino. El chakra del tercer ojo suele llamarse el «ojo del alma».

Los beneficios de equilibrar el chakra del tercer ojo son diversos y abundantes. Con este libro como guía, pronto estará en camino de experimentar los beneficios de un chakra del tercer ojo equilibrado. Los consejos, técnicas e información proporcionados en esta guía están pensados para ser un punto de partida del viaje de autodescubrimiento. Recuerde que usted es el único que determina qué es lo mejor para usted. Confíe en su intuición y deje que su tercer ojo le guíe en el camino hacia el equilibrio y la armonía.

Esperamos que disfrute de esta guía sobre el chakra del tercer ojo. Que le proporcione la orientación y el conocimiento necesarios para abrir este chakra y experimentar todos los beneficios que trae consigo.

Capítulo 1: ¿Qué es Ajna?

Los chakras son centros de energía que se encuentran a lo largo de la columna vertebral y controlan distintas áreas del cuerpo físico, mental y emocional. Los chakras inactivos pueden despertarse a través de la meditación, el yoga y otras prácticas espirituales. Aunque hay otros chakras, este libro se centra en *Ajna*, también conocido como el chakra del tercer ojo.

Este capítulo presenta una visión general de lo que son los chakras, explica los orígenes del *Ajna* y proporciona información sobre su ubicación, color y características. También explica la función del chakra del tercer ojo y cómo está conectado con la intuición y los poderes psíquicos.

¿Qué son los chakras?

Los chakras son centros energéticos del cuerpo humano encargados de procesar y distribuir la energía vital por todo el organismo. Hay siete de ellos, y están situados a lo largo de la columna vertebral, desde la base hasta la coronilla. Cada uno tiene una función física, emocional y mental diferente.

Los chakras son centros de energía

Peter Weltevrede, CC BY-SA 2.5 <https://creativecommons.org/licenses/by-sa/2.5>, via Wikimedia Commons https://commons.wikimedia.org/wiki/File:Siete_chakras.jpg

1. El *Muladhara* (o chakra raíz) es el primero y es el responsable de la supervivencia y el enraizamiento.
2. El *Svadhisthana* (o chakra sacro) es el segundo y es responsable de la sexualidad y la creatividad.
3. El *Manipura* (o chakra del plexo solar) es el tercero y controla la autoestima y el poder personal.
4. El *Anahata* (o chakra del corazón) es el cuarto y está relacionado con la compasión y el amor.
5. El *Vishuddha* (o chakra de la garganta) es el quinto y es para la expresión y la comunicación.
6. El *Ajna* (o chakra del tercer ojo) es el sexto y es responsable de los poderes psíquicos y la intuición.
7. Por último, el *Sahasrara* (o chakra de la corona) es responsable de la iluminación espiritual y la conexión con lo divino.

Los chakras son ruedas giratorias que reciben la energía, la procesan y la transmiten por todo el cuerpo. También están conectados con el sistema endocrino y la producción de hormonas en el cuerpo. Como están interconectados entre sí, cada uno de ellos influye en los demás. Cuando alguien tiene uno o más chakras bloqueados, experimenta desequilibrios físicos, mentales y emocionales.

Por otro lado, cuando estos centros energéticos están equilibrados y fluyen libremente, producen buena salud y bienestar. Los chakras pueden equilibrarse mediante diversos métodos, como la meditación, el yoga y el reiki.

El cuerpo energético

El cuerpo energético es un sistema complejo formado por los chakras, los nadis y el campo áurico. Los chakras, que giran a diferentes velocidades y vibran en diferentes frecuencias, son responsables de nutrir el cuerpo físico con energía vital. Los nadis son canales sutiles de energía que conectan los chakras con todo el resto del cuerpo.

El campo áurico es un campo electromagnético que rodea el cuerpo y se extiende a partir de él. Se compone de tres capas: la más interna es la más cercana al cuerpo físico, la intermedia está conectada con el cuerpo emocional y la capa más externa se relaciona con el cuerpo mental. Juntos, estos tres componentes forman el cuerpo energético humano.

El papel de los chakras

La *Kundalini* es una potente energía que reside en la base de la columna vertebral. Es la responsable del despertar y del crecimiento espiritual. A medida que la energía *Kundalini* se eleva a través de los chakras, se experimentan diferentes estados de conciencia.

El primer chakra es *Muladhara*, o chakra raíz, que se encuentra en la base de la columna vertebral. Este chakra es responsable del instinto de supervivencia y está asociado con el elemento tierra. El *Svadhisthana*, o chakra sacro, es el segundo chakra y está situado justo debajo del ombligo. Este chakra es responsable de la creatividad y sexualidad, y se asocia con el elemento agua.

El *Manipura*, o chakra del plexo solar, es el tercer chakra y está justo encima del ombligo. Este chakra es responsable del poder y la autoestima, y se asocia con el elemento fuego. El cuarto es el *Anahata*, o chakra del corazón, que se encuentra en el centro del pecho. Este chakra es responsable del amor y la compasión y se asocia con el elemento aire.

El *Vishuddha*, o chakra de la garganta, es el quinto chakra y se encuentra en el centro de la garganta. Este chakra es responsable de la comunicación y la expresión y se asocia con el elemento éter. El *Ajna*, o chakra del tercer ojo, es el sexto chakra y está situado entre las cejas. Este chakra es responsable de la intuición y los poderes psíquicos y se asocia con el elemento mente.

El *Sahasrara*, o chakra de la corona, es el séptimo chakra y está situado en la parte superior de la cabeza. Este chakra es responsable de la conexión con lo divino y la iluminación espiritual y está asociado con el elemento del espíritu. Cuando todos los chakras están abiertos y equilibrados, se experimenta buena salud y bienestar. Por el contrario, si uno o más de ellos están bloqueados, se producen desequilibrios físicos, mentales y emocionales.

Ajna: El chakra del tercer ojo

El chakra *Ajna* es la sede de la visión interior, por lo que su ubicación entre los ojos tiene mucho sentido. Cuando este chakra está equilibrado, se puede ver todo con claridad, tanto visual como emocionalmente, externa e internamente. Si funciona correctamente, genera una fuerte conexión con la intuición y permite confiar en los instintos viscerales sin ninguna preocupación. También favorece la introspección y la conciencia de los pensamientos y sentimientos. Incluso se experimentan fenómenos psíquicos, como la clarividencia o la precognición.

Cuando el chakra *Ajna* está desequilibrado, son frecuentes las migrañas, el insomnio o los dolores de cabeza, y se produce una sensación general de malestar y mal humor. También puede resultar difícil concentrarse y es común la indecisión. Si necesita equilibrar su chakra *Ajna*, hay varias cosas que puede hacer. La meditación y la visualización son dos métodos muy populares, así como el trabajo con cristales y aceites esenciales. Al aportar equilibrio a su chakra *Ajna*, accede a su visión interior y a su intuición, lo que le permite vivir con mayor claridad y propósito.

Orígenes

El chakra *Ajna* es uno de los más importantes del cuerpo energético humano y su origen se remonta a los Vedas, una colección de antiguos textos indios. Al chakra *Ajna* se le llama chakra del tercer ojo porque está conectado con la «visión interior».

Los Vedas revelan una conexión entre el chakra *Ajna* y la glándula pineal, que se encuentra en el cerebro. Esta glándula produce melatonina, hormona responsable de regular los ciclos del sueño. También se dice que el *Ajna* está conectado con la glándula pituitaria, responsable de la producción de hormonas que regulan el crecimiento y el desarrollo.

Además de estas asociaciones, los Vedas dicen que el «tercer ojo» también está conectado con el espacio y la luz. Cuando se medita en el chakra *Ajna*, se accede a las profundidades de la conciencia y se conecta con el espacio infinito de alrededor, así como con la capacidad de ver con claridad, tanto externa como internamente.

Los textos védicos también revelan que el chakra *Ajna* está conectado con el sol. Se dice que el sol es la fuente de la vida y que solo a través de él se puede ver con claridad. El sol es también la fuente de la visión interior. Cuando se medita en el chakra *Ajna*, se establece una conexión con el sol y se tiene acceso a la visión interior.

Representación simbólica

El símbolo de este chakra es un ojo, porque el término «*Ajna*» significa tanto «mando» como «percepción», lo que muestra la conexión que tiene con la intuición y con la perspicacia intelectual. El simbolismo del ojo también se hace eco de la creencia de que el *Ajna* es el «ojo del alma». En otras palabras, a través del *Ajna* se accede a la sabiduría más íntima. Y al igual que un ojo físico necesita luz para ver, *Ajna* necesita estar abierto y receptivo para percibir con claridad.

El Símbolo de *Ajna*
https://pixabay.com/es/illustrations/frente-chakra-energ%c3%ada-chi-2533110/

El símbolo del *Ajna* también tiene dos pétalos de loto, que representan la dualidad de la naturaleza humana. El loto es una flor sagrada en muchas culturas y a menudo se considera un símbolo de pureza e iluminación. Los dos pétalos de loto en el símbolo del *Ajna* representan los dos lados de la naturaleza: la luz y la oscuridad, lo positivo y lo negativo. Todos contamos con estas dos dimensiones y es crucial aprender a equilibrarlas. Los pétalos de loto recuerdan que ese equilibrio se alcanza elevándose por encima de la naturaleza inferior y expandiendo la conciencia.

Cuando el *Ajna* está equilibrado, nos vemos a nosotros mismos y al mundo que nos rodea con mayor claridad. También experimentamos momentos de inspiración e intuición clara. Si el *Ajna* está desequilibrado, en cambio, nos resulta difícil concentrarnos y tomar decisiones. *Ajna* nos recuerda que somos seres tanto físicos como espirituales. Al equilibrar este chakra, accedemos a una rica visión e intuición del mundo interior y podemos vivir con claridad y propósito.

Color

El chakra *Ajna* se asocia con el color índigo. Este color tiene muchas tonalidades y, aunque se ve a menudo como un azul profundo, también puede tener tonos púrpuras o incluso rojos. El índigo representa la sabiduría y la intuición. En muchas culturas, se asocia con la realeza y la riqueza, porque es un color muy raro de encontrar puro y solo aquellos con sangre real o gran riqueza podían permitirse llevar ropas de este color.

El índigo también se relaciona con el cielo nocturno. Si miramos al cielo en la noche, recordamos la inmensidad del universo y nuestro lugar en él. Cuando se medita en el chakra *Ajna*, se establece una conexión con esa inmensidad y se accede a la sabiduría interior. También los poderes psíquicos están asociados con el índigo y, lógicamente, las visiones interiores que emanan del chakra *Ajna*. Cuando el chakra *Ajna* está equilibrado, se pueden aprovechar las capacidades psíquicas y utilizarlas para el bien.

Cualidades

Todas estas cualidades (sabiduría, intuición, perspicacia, imaginación, creatividad, claridad y concentración) proceden de este chakra místico. El chakra del tercer ojo rige la capacidad de ver con claridad, tanto física como intuitivamente. Con un chakra del tercer ojo equilibrado, nos vemos a nosotros mismos y al mundo que nos rodea con mayor claridad. También es más probable experimentar momentos de intuición e inspiración. Si el chakra del tercer ojo está desequilibrado, en cambio, resulta difícil concentrarse o tomar decisiones. También aparecen dolores de cabeza, visión borrosa o fatiga visual. Además, resulta difícil confiar en la intuición y se generan dudas sobre las propias capacidades psíquicas.

Función

El chakra del tercer ojo es responsable de la capacidad de ver con claridad por medio de todos los sentidos, tanto externa como internamente. A través del *Ajna*, se percibe el mundo circundante y se comprende el lugar de cada uno en él. El *Ajna* también es responsable de la capacidad para ver el futuro y acceder a la intuición. Con el tercer ojo abierto, se accede a la sabiduría superior y a la intuición. Este chakra permite ver más allá del mundo físico y conectar con el mundo espiritual.

Cuando *Ajna* está en equilibrio, accedemos a las cosas como realmente son, sin engaños de los prejuicios ni de las ilusiones del mundo. También se pueden aprovechar mejor las habilidades psíquicas y la percepción extrasensorial. Cuando el *Ajna* está desequilibrado, resulta difícil concentrarse o tomar decisiones. También son comunes las pesadillas, los dolores de cabeza y los problemas oculares.

Beneficios de alinear el chakra del tercer ojo

1. Intuición

Cuando el *Ajna* está en equilibrio, es más probable que experimentemos conexiones con la intuición y tengamos momentos de inspiración. Percibimos las cosas desde una perspectiva más elevada y conectamos con nuestra sabiduría interior. También tenemos una mayor sintonía con el mundo sutil y captamos patrones energéticos e intenciones de los que no seríamos conscientes de otra manera. En resumen, cuando el *Ajna* está equilibrado, vemos el panorama general y encontramos orientación interna. Confiamos más en el instinto y podemos seguir a nuestro corazón.

2. Claridad

Cuando el *Ajna* está equilibrado, nos vemos a nosotros mismos y al mundo que nos rodea con mayor claridad. Tomamos decisiones con facilidad y nos sentimos más seguros de nuestras elecciones. También mejoran nuestros poderes mentales, como la telepatía o la precognición. Para mantener el *Ajna* en equilibrio, se puede meditar en el color índigo y visualizar una luz azul brillante que se origina en el tercer ojo. También es provechoso comer alimentos azules o morados, como arándanos o uvas.

3. Sabiduría

Cuando este chakra está en equilibrio, accedemos a nuestra sabiduría y conocimiento interiores. Vemos el panorama general y encontramos sentido a la vida. También tomamos decisiones alineadas con el bien más elevado. Cuando el *Ajna* está desequilibrado, en cambio, nos sentimos perdidos y confundidos. Tenemos dificultades para concentrarnos y tomar decisiones. También podemos experimentar dolores de cabeza, fatiga visual o sinusitis. Mantener el *Ajna* equilibrado ayuda a mantener la paz interior y la sabiduría.

4. Creatividad

Cuando este chakra está en equilibrio, vemos las cosas desde perspectivas diferentes y encontramos nuevas soluciones a los problemas. También estamos abiertos a nuevas ideas y formas de hacer las cosas. Nos sentimos más inspirados, motivados y entusiasmados de perseguir nuestros objetivos. También mejora nuestra comunicación con los demás, ya que nos expresamos con más claridad. Somos más capaces de conectar con nuestro lado espiritual. Así que, si quiere potenciar su creatividad e innovación, mantenga su chakra *Ajna* en equilibrio.

5. Concentración

Cuando nuestro chakra *Ajna* está equilibrado, nos resulta más fácil concentrarnos y llevar a cabo nuestras tareas. Nos distraemos con menos facilidad y en general estamos más enfocados. Esto es beneficioso para el trabajo, la escuela o cualquier otro ámbito de la vida en el que necesitemos concentrarnos. Cuando nuestro *Ajna* está desequilibrado, en cambio, nos alejamos de nuestros objetivos. Nos sentimos dispersos y se nos dificulta completar tareas, incluso las más sencillas.

6. Poderes psíquicos

Cuando el *Ajna* está en equilibrio, las habilidades psíquicas y la percepción extrasensorial se desarrollan más, y estas habilidades nos ayudan a ver cosas que no percibiríamos de otra manera. Podemos comunicarnos con otros a través del pensamiento o la energía. También podemos ver el futuro o recibir orientación de nuestro yo superior. Si está interesado en desarrollar sus habilidades psíquicas, mantenga su chakra *Ajna* equilibrado y abierto.

7. Conexión con el mundo espiritual

Cuando el *Ajna* está en equilibrio, nos sentimos más conectados con el mundo espiritual. Tenemos un fuerte sentido de la intuición y recibimos orientación de nuestro yo superior y de los guías espirituales. Podemos realizar viajes astrales o tener experiencias extracorpóreas. El velo entre el mundo físico y el espiritual es más fino, por lo que podemos ver espíritus y comunicarnos con ellos más fácilmente. Mantenga su chakra *Ajna* abierto y equilibrado si quiere reforzar su vínculo con el reino espiritual.

8. Perspectiva

Con un *Ajna* equilibrado, tenemos una mejor percepción de nosotros mismos y del mundo. Vemos las cosas desde diferentes perspectivas y encontramos significados ocultos. También abordamos los problemas y tomamos decisiones con más solvencia. Encontramos claridad y dirección en la vida. Para lograr este equilibrio, se puede meditar en el color índigo y visualizar una luz azul brillante que nace en el tercer ojo. También resulta beneficioso comer alimentos azules o morados, como arándanos o uvas.

9. Balance

Cuando el *Ajna* está equilibrado, la vida goza de balance. Vemos tanto el lado luminoso como el oscuro de nosotros mismos y aprendemos a aceptarlos. Encontramos equilibrio en nuestras relaciones y vemos con claridad los aspectos positivos y negativos de las personas que forman parte de nuestra vida. Somos capaces de mantener los pies en la tierra y centrarnos, incluso en medio del caos. La clave para lograr este equilibrio es mantener el chakra *Ajna* abierto y despejado.

10. Unidad

Un tercer ojo que funciona bien nos da una sensación de unidad con el universo. Nos sentimos conectados con toda la vida y vemos la interconexión de todas las cosas. También experimentamos una sensación de unidad con lo divino. Es una experiencia muy poderosa y transformadora. Si quiere profundizar en su conexión espiritual, mantenga su chakra *Ajna* en equilibrio. Con un chakra *Ajna* equilibrado, se puede abordar la vida con paz y armonía.

11. Imaginación

Nuestra imaginación se libera y podemos soñar con cosas maravillosas cuando el *Ajna* está en equilibrio. Vemos cosas más allá del mundo físico. Podemos crear realidades y manifestar nuestros deseos. Cuando el chakra *Ajna* está en equilibrio, no hay límites creativos. Utilizamos la imaginación para resolver problemas, tener nuevas ideas o simplemente divertirnos. Cuando el tercer ojo está abierto, el cielo es el límite.

12. Poder

Un *Ajna* sano conlleva una sensación de poder personal. Crea confianza y seguridad en nosotros mismos. Sabemos lo que valemos y nos defendemos. También gozamos de claridad en los límites personales, por lo que sabemos qué toleramos y qué no. Cuando el chakra *Ajna* está en equilibrio, podemos construir la vida que queremos. Si quiere sentirse más poderoso y seguro de sí mismo, mantenga su chakra *Ajna* en equilibrio.

13. Manifestación

Cuando *Ajna* está en equilibrio, manifestamos nuestros deseos, creamos nuestra realidad y materializamos nuestros sueños. También comprendemos las leyes del universo y sabemos cómo trabajar con ellas. Todo nuestro poder de manifestación viene a través del tercer ojo. Si quiere mejorar sus habilidades de manifestación, mantenga su chakra *Ajna* en equilibrio. Puede equilibrar este chakra meditando en el color índigo y visualizando una luz azul brillante que nace desde su tercer ojo.

Este chakra vital está asociado con la intuición, los poderes psíquicos y la manifestación, y proporciona poder y confianza cuando está equilibrado. Permite manifestar los deseos y crear la propia realidad. También se desarrolla un fuerte sentido de la intuición y se ven las cosas desde diferentes perspectivas.

La clave para desbloquear estas habilidades es mantener el chakra *Ajna* en equilibrio. Esto se puede hacer meditando en el color índigo y visualizando una luz azul brillante que nace desde el tercer ojo. También es beneficioso comer alimentos azules o morados, como arándanos o uvas. Mantener el chakra *Ajna* en equilibrio aporta balance a la vida, proporciona acceso a la imaginación y da una sensación de poder personal. También permite comprender mejor las leyes del universo y cómo trabajar con ellas.

Si quiere sentirse más conectado con lo divino, manifestar sus deseos o simplemente vivir una vida más equilibrada, ¡siga leyendo!

Capítulo 2: Cuando el tercer ojo está bloqueado

Para recapitular lo aprendido en el primer capítulo: el chakra del tercer ojo o *Ajna* es el sexto de los siete sistemas y se encuentra en medio de los ojos. Se asocia con la claridad de pensamiento, la intuición, la imaginación y la perspicacia. Cuando está bloqueado o desequilibrado, genera falta de concentración y de enfoque, incluso en las tareas diarias.

Pero, ¿qué significa realmente que el tercer ojo esté bloqueado? Este capítulo explora los síntomas de un chakra del tercer ojo bloqueado (y las causas), así como algunas historias de la vida real. Al final del capítulo hay cuestionario para comprobar el grado de equilibrio de su chakra *Ajna*.

Chakra del tercer ojo bloqueado

Al estar conectado con la glándula pineal, que regula los patrones de sueño y produce melatonina, cuando este chakra está bloqueado provoca problemas de sueño como insomnio o pesadillas. También hace difícil la concentración en las tareas cotidianas y genera indecisión. Produce estancamiento e impide ver el panorama general de las cosas. Aunque el bloqueo del chakra del tercer ojo puede deberse a problemas físicos, como un tumor en la glándula pineal, lo más frecuente es que se deba a problemas mentales o emocionales.

Síntomas de un tercer ojo bloqueado

Los síntomas más comunes de un chakra del tercer ojo bloqueado son la fatiga visual y los dolores de cabeza. También genera presión en la cabeza, el cuello y los hombros. Puede que le resulte difícil concentrarse o enfocarse en sus actividades cotidianas si tiene bloqueado el chakra del tercer ojo. También genera pensamientos confusos y la sensación de estar entre la niebla. Puede tener problemas para recordar cosas o tomar decisiones. Otros síntomas son:

- Ansiedad.
- Depresión.
- TDA/TDAH.
- TOC.
- TEPT.
- Esquizofrenia.

Causas de un chakra del tercer ojo bloqueado

Hay muchas causas posibles de un chakra del tercer ojo bloqueado. Una de las más comunes es el exceso de emociones negativas como ira, miedo o tristeza. Estas emociones impiden ver el mundo con claridad y llevan a que las decisiones basadas en la intuición sean malas. Otras causas posibles son dolencias físicas como dolores de cabeza, fatiga visual y una extrema susceptibilidad a la radiación electromagnética de los dispositivos electrónicos. Si se identifican las causas del bloqueo del chakra del tercer ojo, se pueden tomar medidas para desbloquearlo y restablecer el equilibrio.

- Emociones negativas: ira, miedo, tristeza, etc.
- Dolencias físicas: dolores de cabeza, fatiga visual, etc.
- Bloqueos energéticos: radiaciones electromagnéticas, etc.

Historia de la vida real

Andy llevaba años sufriendo ansiedad y depresión. Había probado medicación y terapia, pero nada le ayudaba. Sentía su vida estancada y era incapaz de ver el panorama general. Entonces oyó hablar del chakra del tercer ojo y decidió trabajarlo. Empezó meditando y visualizando una luz brillante en su entrecejo. También empezó a dedicar tiempo a cosas que le gustaban, como pintar y hacer senderismo. Al cabo de unos meses, notó la diferencia. Se concentraba mejor en el trabajo y podía manejar su ansiedad. Recuperó las ganas de vivir.

Chakra del tercer ojo desequilibrado

Cuando el chakra del tercer ojo está en equilibrio, hay un fuerte sentido de la intuición y se puede ver más allá del mundo físico. La imaginación es creativa y se comprenden mejor los sueños. En cambio, cuando el chakra del tercer ojo no está sincronizado, no se puede ver con claridad, ni física ni metafísicamente. Si tiene problemas en estos aspectos, hay cosas que puede hacer para volver a equilibrar su chakra del tercer ojo. Si dedica algún tiempo a enfocarse en su chakra del tercer ojo, logrará más armonía y equilibrio en su vida.

Historias de la vida real

Ronald empezó a tener migrañas poco después de conseguir un nuevo empleo. Estaba muy estresado y sentía que su vida estaba fuera de control. Las migrañas eran tan fuertes que a veces tenía que faltar al trabajo. Probó con medicamentos, pero no le ayudaban. Su médico le sugirió que probara la meditación enfocándose en el chakra del tercer ojo. Tras unas semanas de práctica regular, Ronald empezó a sentirse mejor. Sus migrañas eran menos frecuentes y tenía más control de su vida. Incluso redujo su medicación.

Otra historia es la de Harry, a quien le diagnosticaron un cáncer y le dieron solo unos meses de vida. Estaba asustado y no sabía qué hacer. Un amigo le sugirió la meditación enfocada en el chakra del tercer ojo. Era escéptico, pero decidió intentarlo. Tras unas semanas de práctica regular, Harry empezó a sentirse mejor. Tenía más energía y su dolor era más llevadero. Incluso empezó a tener esperanzas para el futuro. Aunque sabe que no puede curarse completamente del cáncer, la meditación le ha ayudado a aprovechar al máximo el tiempo que le queda.

Emma tuvo un accidente de auto que le causó graves lesiones. Tenía mucho dolor y problemas para dormir. El médico le recetó medicamentos, pero seguía sintiéndose confundida y desequilibrada. Su madre le sugirió que probara la meditación enfocada en el chakra del tercer ojo. Tras unas semanas de práctica regular, Emma empezó a sentirse mejor. Su dolor era más llevadero y podía dormir durante toda la noche. Incluso empezó a tener más fe en su recuperación.

Estas historias de la vida real demuestran el poder del chakra del tercer ojo. Los ojos físicos solo ven un pequeño porcentaje del mundo, pero se puede ver más allá abriendo el tercer ojo: solo hace falta práctica e intención.

Chakra del tercer ojo débil

Cuando el chakra del tercer ojo está débil, tenemos problemas para confiar en nuestra intuición y somos muy fácilmente influenciables. Por esto, nos volvemos crédulos y manipulables. También nos puede resultar difícil concentrarnos en las tareas cotidianas o tomar decisiones. Si tiene dificultades en estos aspectos, puede hacer algunas cosas para fortalecer el chakra del tercer ojo. Pase tiempo en la naturaleza, medite o practique yoga. También puede utilizar cristales conocidos por su capacidad para abrir y equilibrar el chakra del tercer ojo, como la amatista o el lapislázuli.

Síntomas de un chakra del tercer ojo débil

Cuando el chakra del tercer ojo está débil, dudamos de nuestra intuición y cuestionamos nuestras decisiones. También nos sentimos desconectados del mundo y tenemos dificultades para comprender conceptos complejos. Otros síntomas de un chakra del tercer ojo débil son:

- Indecisión.
- Desorganización.
- Confusión.
- Falta de concentración.
- Distracción.
- Problemas de memoria.

Causas de un chakra del tercer ojo débil

Hay muchos factores que debilitan el chakra del tercer ojo, como la dieta, el estilo de vida y los traumas no resueltos. Ingerir alimentos ricos en toxinas también debilita el chakra del tercer ojo, así como pasar demasiado tiempo frente a pantallas o llevar un estilo de vida caótico. Los traumas emocionales no resueltos son otra causa del bloqueo de este chakra e impiden acceder a la sabiduría interior. Se puede fortalecer al chakra del tercer ojo mejorando la dieta y el estilo de vida y curando las heridas del pasado.

Historia de la vida real

Tras años de trabajo estresante, Karen empezó a sentirse desconectada de su intuición. Le costaba tomar decisiones y cuando lo hacía, a menudo se cuestionaba a sí misma. También se distraía con facilidad y le costaba concentrarse en sus tareas cotidianas. Su terapeuta le sugirió meditación y yoga para equilibrar el chakra del tercer ojo. Tras unas semanas de práctica regular, Karen empezó a sentirse en sintonía con su intuición. Le resultaba más fácil tomar decisiones y su concentración mejoró. También se sentía más conectada con el mundo que la rodeaba.

Chakra del tercer ojo hiperactivo

La hiperactividad de un chakra significa que la energía de ese centro energético es demasiado alta. Puede provocar paranoia, ansiedad y demasiados pensamientos. También pueden aparecer visiones o voces que otras personas no ven ni oyen. Si su chakra del tercer ojo está hiperactivo, puede obsesionarse con ideas espirituales y perder el contacto con la realidad. También puede tener problemas para dormir y agitarse con facilidad. Es posible que vea y oiga cosas que los demás no, lo que puede provocarle sentimientos de paranoia.

Si está luchando con estos síntomas, hay cosas que puede hacer para devolver el equilibrio a su chakra del tercer ojo. Pase tiempo en la naturaleza, medite o practique yoga. También puede utilizar cristales conocidos por su capacidad para abrir y equilibrar el chakra del tercer ojo, como la amatista o el lapislázuli.

Síntomas de un tercer ojo hiperactivo

Un chakra del tercer ojo hiperactivo provoca paranoia, ansiedad y pensamientos excesivos. También produce problemas para dormir y agitación extrema. Puede generar alucinaciones con destellos de luz o patrones geométricos de colores. Puede crear la sensación de ser observado o perseguido, incluso cuando no hay nadie, lo que también es un síntoma común de un chakra del tercer ojo hiperactivo. Otros síntomas de un chakra del tercer ojo hiperactivo son:

- Paranoia.
- Ansiedad.
- Insomnio.
- Agitación.
- Alucinaciones.

Causas de la hiperactividad del chakra del tercer ojo

Hay varias causas posibles de un chakra del tercer ojo hiperactivo. Una de ellas es el exceso de energía *yin* en el cuerpo. Esto puede suceder por pasar demasiado tiempo en casa, trabajar demasiado o ser demasiado sensible. Otra posible causa es un desequilibrio en los otros chakras. Cuando uno o más de los chakras están desalineados, pueden desequilibrar todo el sistema y provocar una hiperactividad del chakra del tercer ojo. Por último, un chakra del tercer ojo hiperactivo también puede ser una señal de ser psíquico o tener alguna capacidad extrasensorial. Si experimenta alguno de estos síntomas, vale la pena que investigue si su chakra del tercer ojo está hiperactivo.

Historia de la vida real

Gina siempre había sido una persona muy sensible, pero tras una experiencia traumática, empezó a sentir que se estaba volviendo loca. Estaba nerviosa y paranoica todo el tiempo, y veía cosas que nadie más veía. Sus amigos y familiares empezaron a preocuparse por ella y fue diagnosticada con un chakra del tercer ojo hiperactivo. Su terapeuta le sugirió que probara la meditación y el yoga para equilibrar el chakra. Tras unas semanas de práctica regular, Gina empezó a sentirse mejor. Podía concentrarse con más claridad y ya no se sentía perseguida ni vigilada. También dormía mejor y su nivel general de ansiedad disminuyó.

Síntomas comunes de un chakra *Ajna* bloqueado e hiperactivo

Cuando el chakra del tercer ojo está bloqueado, no se ve con claridad, tanto en sentido literal como figurado. Cuesta enfocar la vista y ser empáticos para percibir las cosas desde el punto de vista de los demás.

Por otra parte, cuando el chakra *Ajna* está hiperactivo, se experimentan alucinaciones visuales u obsesión con un punto de vista concreto. También dificulta dormir, ya que el flujo constante de imágenes es abrumador. En definitiva, tanto si el chakra *Ajna* está bloqueado como si está hiperactivo, es crucial buscar el equilibrio para mantener la salud mental y física. He aquí algunos síntomas comunes de un chakra del tercer ojo bloqueado o hiperactivo:

1. Incapacidad para concentrarse

Hay varios síntomas comunes de un chakra *Ajna* bloqueado e hiperactivo, y uno de los más notables es la incapacidad para concentrarse. Cuando el chakra *Ajna* está desequilibrado, resulta difícil concentrarse en algo durante más de unos minutos. Las distracciones son constantes y la mente se siente nublada y abrumada. Esto puede dificultar la realización de cualquier trabajo, el estudio o incluso una simple conversación. Si tiene problemas para concentrarse, es una señal de que su chakra *Ajna* necesita atención.

2. Sensación de estancamiento

Otro síntoma común de un chakra *Ajna* desequilibrado es sentirse estancado. Esto se manifiesta de varias maneras, como el atascamiento, la falta de inspiración o la sensación de no avanzar. Si está estancado, puede deberse a que no ve el panorama completo. Cuando el tercer ojo está desequilibrado, es fácil quedar atrapado en los detalles y no ver el bosque más allá de los árboles. Si se siente estancado, es el momento de dar un paso atrás y aclarar su situación.

3. Depresión

La depresión es otro síntoma común de un chakra *Ajna* desequilibrado. Cuando el tercer ojo está desequilibrado, se siente desesperanza, impotencia y falta de dignidad. Se pierde el interés por cosas que se solían disfrutar y hay un alejamiento en el ámbito social. Si padece depresión, es importante que busque ayuda profesional. La depresión es una enfermedad grave que es difícil de superar solo.

4. Ansiedad

La ansiedad es otro síntoma común de un chakra *Ajna* desequilibrado. Cuando alguien la padece, se siente constantemente al límite. Se preocupa por cosas que aún no han sucedido y le resulta difícil relajarse. Si sufre ansiedad, es importante que busque ayuda profesional, ya que es una enfermedad debilitante que afecta la vida diaria.

5. Dolores de cabeza o migrañas

Cuando el chakra *Ajna* está bloqueado o hiperactivo, aparecen dolores de cabeza o migrañas. Esto se debe a la ubicación de este chakra. Si está desequilibrado, puede causar tensión en los músculos y nervios alrededor de la cabeza, lo que provoca dolor. Otros síntomas comunes de un chakra *Ajna* bloqueado son fatiga visual, dolor de cuello y mareos.

Si experimenta alguno de estos síntomas, es fundamental que consulte a un médico o profesional de la salud holística para descartar otras posibles causas. De todas formas, si busca alivio para los dolores de cabeza crónicos o las migrañas, vale la pena que equilibre el chakra *Ajna*. Hay muchas formas sencillas y eficaces de hacerlo, como la meditación, el yoga y la aromaterapia.

¡Ponga a prueba sus conocimientos! (Cuestionario)

Ahora que conoce algunos de los síntomas de un chakra *Ajna* bloqueado, débil, desequilibrado o hiperactivo, es hora de que realice un cuestionario para saber cómo está su chakra. Elija una respuesta para cada una de las nueve preguntas de la siguiente lista y contéstelas con la mayor sinceridad posible. Recuerde que no hay respuestas correctas o incorrectas, así que déjese llevar por su instinto.

1. **¿Le resulta difícil concentrarse en algo durante más de unos minutos?**

    a) Mi mente está siempre acelerada y no puedo concentrarme en nada durante mucho tiempo. (Bloqueado).

    b) Normalmente puedo concentrarme si lo necesito, pero a veces mi mente divaga. (Débil).

    c) Normalmente puedo concentrarme en lo que necesito, pero me distraigo con facilidad. (Desequilibrado).

    d) Puedo concentrarme en lo que quiero siempre que lo necesito. (Hiperactivo).

2. **¿Le cuesta recordar sus sueños?**

    a) No suelo recordar mis sueños. (Bloqueado).

    b) A veces recuerdo mis sueños, pero no siempre. (Débil).

    c) Normalmente recuerdo mis sueños, pero no siempre tienen

sentido. (Desequilibrado).

d) Siempre recuerdo mis sueños y suelen tener mucho sentido. (Hiperactivo).

3. ¿Se preocupa por cosas que aún no han sucedido?

   a) Siempre estoy preocupado por algo. (Bloqueado).

   b) A veces me preocupo, pero no todo el tiempo. (Débil).

   c) No suelo preocuparme por las cosas, pero a veces me cuesta soltar el estrés. (Desequilibrado).

   d) No suelo preocuparme por las cosas y me libero del estrés con facilidad. (Hiperactivo).

4. ¿Le cuesta dormirse por la noche?

   a) Me cuesta conciliar el sueño y permanecer dormido. (Bloqueado).

   b) Suelo dormir bien, pero a veces me despierto en mitad de la noche. (Débil).

   c) Normalmente duermo bien, pero a veces me cuesta mantener el sueño. (Desequilibrado).

   d) No suelo tener problemas para dormir ni para permanecer dormido. (Hiperactivo).

5. ¿Ve cosas que otros no pueden ver?

   a) A veces veo cosas que los demás no pueden ver. (Bloqueado).

   b) A veces veo cosas que los demás no pueden ver, pero no estoy seguro de que sean reales. (Débil).

   c) A veces veo cosas que otras personas no pueden ver, pero sé que no son reales. (Desequilibrado).

   d) Nunca veo cosas que los demás no pueden ver. (Hiperactivo).

6. ¿Siente que le cuesta comprenderse a sí mismo?

   a) No me comprendo. (Bloqueado).

   b) A veces me comprendo, pero otras veces me siento perdido. (Débil).

   c) Me comprendo bastante bien, pero hay algunas cosas que todavía estoy explorando. (Desequilibrado).

   d) Tengo una comprensión muy clara de mí mismo. (Hiperactivo).

7. ¿Tiene dificultades para comunicar sus pensamientos y sentimientos?

a) Tengo muchas dificultades para comunicar mis pensamientos y sentimientos. (Bloqueado).

b) A veces me cuesta comunicar mis pensamientos y sentimientos. (Débil).

c) Normalmente no tengo problemas para comunicar mis pensamientos y sentimientos, pero todavía hay algunas cosas que estoy explorando. (Desequilibrado).

d) Siempre tengo problemas para comunicar mis pensamientos y sentimientos. (Hiperactivo).

8. ¿Se pierde en sus pensamientos?

a) A menudo me pierdo en mis pensamientos y me resulta difícil concentrarme en otra cosa. (Bloqueado).

b) A veces me pierdo en mis pensamientos, pero normalmente puedo salir de ellos. (Débil).

c) No suelo perderme en mis pensamientos, pero a veces mi mente divaga. (Desequilibrado).

d) Nunca me pierdo en mis pensamientos. (Hiperactivo).

9. ¿Le cuesta estar en el presente?

a) Siempre estoy en mis pensamientos y me cuesta estar en el presente. (Bloqueado).

b) A veces me cuesta estar en el presente, pero estoy trabajando en ello. (Débil).

c) Normalmente no tengo problemas para estar en el presente, pero a veces mi mente divaga. (Desequilibrado).

d) Siempre estoy presente y nunca tengo problemas para estar en el momento. (Hiperactivo).

Un bloqueo en el chakra del tercer ojo genera problemas físicos y mentales. Si su tercer ojo está bloqueado, puede que tenga dificultades para dormir, que vea cosas que los demás no pueden ver o que no se comprenda a sí mismo. Además, puede que le cueste transmitir sus sentimientos y pensamientos a los demás. Es importante trabajar para desbloquear el chakra del tercer ojo y vivir una vida más equilibrada y plena.

Si cree que su chakra del tercer ojo está bloqueado, hay algunas cosas que puede hacer para desbloquearlo. En los capítulos siguientes encontrará más información sobre cómo hacerlo.

Capítulo 3: Primero, equilibrar los demás chakras

Algo esencial sobre los chakras es que están interconectados. Aunque es posible abrir el chakra del tercer ojo sin abrir los demás, no es aconsejable. Esto se debe a que el tercer ojo se encuentra en la parte superior del sistema de chakras y la energía debe fluir libremente a través de todos los chakras para que estén equilibrados.

La energía debe fluir libremente para que los chakras estén equilibrados
https://pixabay.com/es/photos/meditar-mujer-yoga-zen-meditando-1851165/

Cuando los demás chakras están abiertos y en equilibrio, la energía fluye libremente a través de ellos hasta el chakra del tercer ojo. Este capítulo ofrece una visión general de los otros seis chakras, desde el chakra raíz hasta el de la garganta. En primer lugar, se da una visión general del símbolo y la función de cada chakra, así como de los síntomas que indican que está bloqueado.

La conexión entre los chakras

Los siete chakras son centros de energía situados a lo largo de la columna vertebral. Cada uno está asociado con una zona distinta del cuerpo y un aspecto específico de la vida. Cuando todos los chakras están abiertos y en equilibrio, nos sentimos sanos y completos. En cambio, cuando uno o más chakras se bloquean, experimentamos problemas físicos, emocionales o espirituales. La mejor manera de despertar el *Ajna*, o chakra del tercer ojo, es asegurarse de que los demás chakras ya están abiertos y equilibrados.

Despertar el *Ajna* es mejor cuando los demás chakras están abiertos

Cuando se trata de abrir los chakras, lo mejor es empezar por abajo e ir subiendo. Este no es el caso del chakra *Ajna*, también conocido como chakra del tercer ojo. El chakra *Ajna* se encuentra en la parte superior del sistema de chakras y, aunque se puede abrir solo, funciona mejor cuando todos los otros chakras están abiertos también. A continuación, se explica por qué es así y cómo puede abrir su chakra *Ajna* para obtener resultados óptimos.

Si hay un bloqueo en cualquiera de los chakras inferiores, la energía no fluye libremente hacia arriba. Como resultado, es difícil acceder a las capacidades superiores del *Ajna*. Para garantizar que la energía fluya libremente, es vital seguir una dieta sana, hacer ejercicio con regularidad y realizar actividades que fomenten la relajación y el autoconocimiento. Despertar el *Ajna* es mucho más fácil una vez que los chakras inferiores están abiertos y equilibrados. Al abrir *Ajna*, se accede a la sabiduría interior y se conecta con el yo superior.

La mejor manera de prepararse es trabajar en uno mismo

Una de las mejores formas de prepararse para abrir el tercer ojo es trabajar en uno mismo. Esto significa ocuparse de los demás chakras y asegurarse de que están abiertos y equilibrados. Si hay un bloqueo en cualquiera de los otros chakras, será difícil abrir el tercer ojo. La mejor forma de eliminar los bloqueos es seguir una dieta sana, hacer ejercicio con regularidad y participar en actividades que fomenten la relajación y el autoconocimiento. Una vez que los demás chakras estén abiertos y equilibrados, despertar el tercer ojo será mucho más fácil.

El chakra del tercer ojo está asociado con intensas experiencias espirituales y habilidades psíquicas que pueden resultar abrumadoras para alguien que no esté preparado. Por lo tanto, es crucial trabajar primero en el equilibrio de los demás chakras. Esto le ayudará a estar listo para abrir el chakra del tercer ojo y le permitirá manejar sus intensas energías.

Estas incluyen cosas como habilidades psíquicas y experiencias espirituales. Para empezar, le ofrecemos un resumen de cada uno de los otros seis chakras, desde el chakra raíz hasta el chakra de la garganta.

El chakra raíz

En la base de la columna vertebral se encuentra el chakra raíz, relacionado con la supervivencia, la seguridad y la protección. Es la base del sistema de chakras y el responsable de la salud física y el bienestar. Cuando está equilibrado genera enraizamiento, seguridad y protección. Permite satisfacer las necesidades básicas y confiar en la propia capacidad para hacerlo. Por lo tanto, el chakra raíz gobierna el cuerpo físico y es el chakra más importante cuando se trata de la salud física y el bienestar.

Símbolo y funciones del chakra raíz

El chakra raíz, *Muladhara* en sánscrito, está asociado con el elemento tierra y con el sentido del olfato. El símbolo del chakra raíz es una flor de loto de cuatro pétalos. Su color es el rojo y representa su relación con el elemento tierra. La función del chakra raíz es ser una base para los demás chakras. Gobierna el cuerpo físico y es responsable de la salud física y el bienestar.

Síntomas de bloqueo

Cuando su chakra raíz está bloqueado, se siente desconectado de su cuerpo y de la Tierra. También puede experimentar ansiedad o inseguridad y resultarle difícil confiar en los demás. Los síntomas físicos de un chakra raíz bloqueado incluyen dolor en la parte baja de la espalda, problemas en los pies, las piernas, las caderas. También puede sufrir estreñimiento o problemas digestivos.

Cómo equilibrar el chakra raíz

Para abrir el chakra raíz, pase tiempo en la naturaleza, coma alimentos que lo enraícen, como los tubérculos, y practique yoga u otras formas de ejercicio. El rojo es el color asociado al chakra raíz, por lo que también puede usar ropa roja o piedras rojas como el granate o el rubí. Al abrir el chakra raíz, se sentirá más conectado consigo mismo y con el mundo que lo rodea.

El chakra sacro

El chakra sacro, situado justo debajo del ombligo, está relacionado con el placer, la creatividad y la sexualidad. Se encarga de las emociones y de la capacidad de sentir placer y dolor. Cuando está equilibrado, genera una sensación de seguridad y confianza en las capacidades creativas. Permite disfrutar del placer sin ataduras ni apegos. El chakra sacro también controla la energía física y los deseos.

Símbolo y funciones del chakra sacro

Conocido como *Svadhisthana* en sánscrito, se asocia con el elemento agua. También está relacionado con el sentido del gusto. El símbolo del chakra sacro es una flor de loto de seis pétalos y su color es naranja. La función del chakra sacro es producir placer, creatividad y energía. Gobierna las emociones y es responsable de la capacidad de sentir placer y dolor.

Síntomas de bloqueo

Cuando su chakra sacro está bloqueado, se siente desconectado de su lado creativo y su energía física. Puede sentirse apático e incapaz de disfrutar de las cosas que solía disfrutar. Es posible que busque cosas nocivas o que adopte comportamientos autodestructivos. Puede sentirse insensible e incapaz de experimentar placer. También puede sufrir síntomas físicos, como infertilidad, impotencia, problemas urinarios o dolor lumbar.

Cómo equilibrar el chakra sacro

Para abrir el chakra sacro, haga actividades que fomenten la creatividad, como pintar o bailar. También conecte con su sexualidad de forma más consciente, ya sea explorando sus fantasías o disfrutando de momentos más íntimos con su pareja. El color asociado al chakra sacro es el naranja, así que también puede usar ropa naranja o llevar naranjas con usted. Al abrir el chakra sacro, aporta más vitalidad y placer a su vida.

El chakra del plexo solar

El chakra del plexo solar se encuentra encima del ombligo y está relacionado con la autoestima, la confianza en uno mismo y el poder. Es responsable de la capacidad de hacerse valer y tomar las riendas de la vida. Cuando está en equilibrio, genera confianza y la sensación de ser dueño de sí mismo y de la propia vida. Se pueden establecer límites y defenderse.

Símbolo y funciones del chakra del plexo solar

El chakra del plexo solar también recibe el nombre sánscrito de *Manipura* y está relacionado con el elemento fuego. Además, se asocia con el sentido de la vista. El símbolo del chakra del plexo solar es una flor de loto de diez pétalos y su color es el amarillo. El chakra del plexo solar mejora la autoestima, la confianza en uno mismo y el poder personal. Es responsable de la capacidad para hacerse valer y tomar el control de la propia vida.

Síntomas de bloqueo

Cuando el chakra del plexo solar está bloqueado, puede sentirse sin energía y fuera de control. Puede sentir que no es suficientemente bueno y que no merece el éxito. Se cuestiona todo lo que hace y evita los riesgos. También puede sufrir dificultades físicas, como problemas digestivos, úlceras o diabetes.

Cómo equilibrar el chakra del plexo solar

Para abrir el chakra del plexo solar, realice actividades que fomenten el poder personal, como el entrenamiento en comunicación asertiva o para hablar en público. También es importante conectar con su poder de forma más consciente estableciendo límites y defendiéndose. El color asociado al chakra del plexo solar es el amarillo, por lo que puede usar ropa amarilla u objetos amarillos. Al abrir el chakra del plexo solar, aporta más confianza y poder a su vida.

El chakra del corazón

Situado en el centro del pecho, el chakra del corazón está relacionado con el perdón, el amor y la compasión. Es responsable de la capacidad de dar y recibir amor. Cuando el chakra del corazón está equilibrado, se puede sentir amado y dar amor. Se siente compasión por los demás y se puede perdonar.

Símbolo y funciones del chakra del corazón

El chakra del corazón también se conoce por su nombre sánscrito, *Anahata*, y está relacionado con el elemento aire y con el sentido del tacto. Su símbolo es una flor de loto con doce pétalos y su color es el verde. La función del chakra del corazón es promover el perdón, el amor y la compasión. Es responsable de la capacidad de dar y recibir amor.

Síntomas de bloqueo

Se siente poco amado e indigno de amor cuando su chakra del corazón está bloqueado. Le resulta difícil dar o recibir amor. También puede sentirse desconectado de los demás y tener dificultades para sentir compasión. Además, puede experimentar dificultades físicas, como problemas cardíacos, respiratorios o del sistema inmunológico.

Cómo equilibrar el chakra del corazón

Para abrir el chakra del corazón, puede hacer actividades que promuevan el amor, como dar o recibir un abrazo, escribir cartas de amor o pasar tiempo con amigos y familiares. También conectar con el chakra del corazón de forma más consciente meditando sobre el amor o practicando yoga. El color asociado al chakra del corazón es el verde, así que también puede usar ropa verde o llevar objetos verdes con usted. Cuando abre el chakra del corazón, invita a la compasión y el amor a su vida.

El chakra de la garganta

Este chakra está situado en el centro de la garganta y se asocia con la autoexpresión, la comunicación y la verdad, y ayuda a decir la propia verdad y a expresarse bien. Un chakra de la garganta equilibrado permite comunicar con claridad y sinceridad. Genera seguridad en la propia capacidad para expresarse y para escuchar a los demás.

Símbolo y funciones del chakra de la garganta

El chakra de la garganta, conocido como *Vishuddha* en sánscrito, está asociado con el elemento del sonido. También está relacionado con el sentido del oído. El símbolo del chakra de la garganta es una flor de loto de dieciséis pétalos y su color es el color azul. Su función es ayudar a expresarse y a decir la propia verdad.

Síntomas de bloqueo

Si le cuesta expresarse, es probable que su chakra de la garganta esté bloqueado. Puede que le resulte difícil comunicarse y decir su verdad. Quizás tenga la sensación de que no le escuchan y de que le cuesta escuchar a los demás. También puede experimentar síntomas físicos, como problemas de garganta, boca o dientes.

Cómo equilibrar el chakra de la garganta

Para abrir el chakra de la garganta, realice actividades que fomenten la comunicación y la autoexpresión, como cantar, escribir o pintar. Además, conecte con este chakra de forma más consciente meditando sobre la comunicación o practicando yoga. El color asociado al chakra de la garganta es el azul, por lo que también puede usar ropa azul u objetos azules. Abriendo el chakra de la garganta traerá más comunicación y autoexpresión a su vida.

El chakra de la corona

Situado en la parte superior de la cabeza, el chakra de la corona está relacionado con la espiritualidad, la iluminación y la conexión con lo divino. Es responsable de la conexión con el yo superior y con el mundo circundante. Cuando el chakra de la corona está equilibrado, se siente conexión espiritual y alineación con los propósitos más elevados. Se está en paz y en conexión con todo.

Símbolo y funciones del chakra de la corona

El chakra de la corona, conocido como *Sahasrara* en sánscrito, está relacionado con el elemento de la conciencia y el sentido de la intuición. El símbolo del chakra coronario es una flor de loto de mil pétalos de color violeta. La función de este chakra es la iluminación, la espiritualidad y la conexión con lo divino. Es responsable de la capacidad para conectar con el yo superior y con el mundo circundante.

Síntomas de bloqueo

Cuando su chakra corona está bloqueado, se siente desconectado de su espiritualidad. Le resulta difícil conectar con su yo superior y con el mundo que le rodea. También puede sentir que no está viviendo su propósito más elevado. Puede experimentar síntomas físicos, como dolores de cabeza, migrañas o problemas en el sistema nervioso.

Cómo equilibrar el chakra de la corona

Para abrir el chakra coronario, realice actividades que promuevan la espiritualidad y la conexión con lo divino, como la meditación, el yoga y la oración. También debe conectar con el chakra de la corona de forma más consciente meditando sobre su conexión con el universo. El color asociado al chakra de la corona es el violeta, por lo que también puede usar ropa violeta o llevar objetos violetas con usted. Al abrir el chakra de la corona, aporta a su vida espiritualidad y conexión con lo divino.

Formas sencillas de equilibrar los chakras

Hay muchas formas de equilibrar los chakras. Algunos necesitan trabajar en un chakra más que en otros. He aquí algunas formas sencillas de empezar:

1. Use el color correspondiente a cada chakra. Por ejemplo, si quiere enfocarse en el chakra de la corona, use el violeta.
2. Lleve consigo objetos del color correspondiente. Por ejemplo, una piedra verde si quiere concentrarse en el chakra del corazón.
3. Medite sobre el elemento asociado a cada chakra. Por ejemplo, si quiere enfocarse en el chakra raíz, medite en el elemento tierra.
4. Visualice el color correspondiente a cada chakra. Por ejemplo, el color amarillo si quiere enfocarse en su chakra del plexo solar.
5. Haga posturas de yoga que correspondan a cada chakra. Por ejemplo, si quiere enfocarse en el chakra de la garganta, haga una postura de yoga que abra la garganta, como la del camello.
6. Lea libros dedicados a cada chakra. Por ejemplo, si quiere enfocarse en el chakra de la corona, lea un libro sobre la iluminación o la espiritualidad.

Los chakras son siete centros energéticos que corresponden a tres estados: físico, emocional y espiritual. Cuando están equilibrados, la mente y el cuerpo están alineados. Hay muchas formas de equilibrar los chakras. Puede vestirse con el color correspondiente o llevar objetos de ese color, meditar sobre el elemento asociado o visualizar el color correspondiente a cada chakra. También puede hacer posturas de yoga y leer libros dedicados específicamente a cada chakra. Elija el método que más le guste y empiece a equilibrar sus chakras hoy mismo.

Capítulo 4: Mantras y mudras

Los mantras y los mudras son herramientas magníficas para abrir y equilibrar el chakra del tercer ojo. Los mantras son palabras o sonidos sagrados que se repiten durante la meditación en cualquier idioma, pero a menudo en sánscrito. Los mudras son gestos con las manos que también se utilizan durante la meditación. El poder de los mantras y los mudras reside en su capacidad para enfocar la mente.

El chakra del tercer ojo puede abrirse y equilibrarse mediante estos ejercicios. Este capítulo trata sobre los mantras y mudras y sus beneficios para abrir el chakra *Ajna*. También proporciona algunas afirmaciones y consejos para crear mantras propios.

Mantras

Una forma de eliminar bloqueos en el chakra del tercer ojo y de abrir este centro energético es mediante el uso de mantras. Estos son los sonidos sagrados que ayudan a enfocar la mente y conectarse con la naturaleza espiritual. Se utilizan muchos mantras diferentes para el chakra del tercer ojo; algunos de los más populares son «*Om Namah Shivaya*» y «*Aham Brahma Asmi*». Simplemente repetir estos mantras en voz alta o mentalmente ayuda a abrir el chakra del tercer ojo y a acercarse a la verdadera naturaleza.

Definición

Un mantra es una palabra o frase que se repite a menudo, normalmente como parte de una práctica religiosa o espiritual. La palabra «mantra» procede del sánscrito «*man*», que significa «pensar», y «*trai*», que significa «proteger». En el hinduismo y el budismo, los mantras se repiten durante la meditación para enfocar la mente y conectar con lo divino. También se recitan con otros fines, como la sanación o atraer la buena suerte.

Aunque los mantras suelen asociarse a las religiones orientales, también se encuentran en otras tradiciones espirituales. Algunos cristianos recitan el padrenuestro como un mantra, por ejemplo, y los nativos americanos utilizan mantras en sus cantos ceremoniales. En última instancia, un mantra es simplemente una herramienta que se utiliza para promover la paz mental y la conexión con el yo superior.

Diferencia entre mantras y afirmaciones

Un mantra es una pronunciación sagrada, un sonido numinoso, una sílaba, una palabra o un grupo de palabras en sánscrito a las que se atribuyen poderes psicológicos y espirituales. Los mantras son herramientas para la contemplación, la reflexión y la meditación. Las afirmaciones son oraciones positivas que ayudan a desafiar y superar pensamientos negativos y de autosabotaje.

Puede generar cambios positivos en su vida repitiendo afirmaciones con la mayor frecuencia posible y creyendo realmente en ellas. Por ejemplo, si quiere correr una maratón, una afirmación podría ser: «Soy un corredor fuerte y poderoso». Repetirse eso varias veces, sobre todo si duda de su capacidad para correr la maratón, le ayudará a aumentar su creencia de que puede hacerlo.

Los mantras suelen ser más generales y tener objetivos menos específicos que las afirmaciones. Se repiten muchas veces (el 108 es un número sagrado en muchas religiones orientales), mientras que las afirmaciones suelen decirse una o dos veces. Los mantras también se cantan o se pronuncian en voz alta, mientras que las afirmaciones pueden pronunciarse en voz alta o repetirse en la mente.

Las afirmaciones cambian sus creencias para que pueda actuar y alcanzar sus objetivos, mientras que los mantras lo conectan con lo divino o con su yo superior.

Ejemplos de afirmaciones

Las afirmaciones son oraciones positivas que se repiten para desafiar los pensamientos negativos y superar el autosabotaje. Cuando cree en lo que dicen y las repite a menudo, las afirmaciones pueden transformar lo negativo de su vida en positivo. Estos son algunos ejemplos de afirmaciones para abrir el chakra del tercer ojo:

Si quiere aumentar su autoconciencia:

«*Estoy en sintonía con mi intuición*».

«*Estoy abierto a la guía de mi yo superior*».

«*Confío en mi conocimiento interior*».

«*Estoy conectado con mi poder superior*».

Si quiere superar los pensamientos negativos:

«*Suelto toda la negatividad*».

«*Estoy lleno de energía positiva*».

«*Merezco amor y felicidad*».

«*Estoy agradecido por todo lo bueno que hay en mi vida*».

Consejos para crear afirmaciones propias

Crear sus propias afirmaciones es una forma estupenda de mejorar la confianza en sí mismo y de introducir cambios positivos en su vida. Aquí tiene algunos consejos para empezar.

En primer lugar, elija afirmaciones que sean realistas y alcanzables. Si se dice a sí mismo que va a ser millonario a final de año, es poco probable que suceda y se sentirá decepcionado. En cambio, si se concentra en afirmaciones alcanzables, como «Soy digno de amor y respeto», es más probable que usted mismo las crea.

En segundo lugar, asegúrese de que sus afirmaciones están en presente. Por ejemplo, en lugar de decir «tendré éxito», diga «tengo éxito». Esto programa su mente para que crea que el éxito está ocurriendo ahora mismo, no en el futuro.

Por último, repita sus afirmaciones con regularidad. Cuanto más a menudo las repita, más probabilidades tendrá de creerlas. Así que repítalas varias veces al día, en voz alta o mentalmente. Escríbalas y póngalas donde las vea a menudo, por ejemplo, en el espejo del baño o en la nevera.

Si sigue estos consejos, creará afirmaciones poderosas para mejorar su vida de muchas maneras.

Efectos de los mantras en el cuerpo y el cerebro

El acto de repetir un mantra ayuda a enfocar la mente, aquietar los pensamientos y generar calma interior. Pero lo que mucha gente no sabe, es que los mantras también tienen un poderoso impacto en el cuerpo y en el cerebro. Varios estudios han demostrado que la repetición de mantras baja la tensión arterial, mejora la respiración y reduce los niveles de estrés.

Además, los mantras mejoran la atención y la concentración, la memoria y el rendimiento cognitivo. Así que, la próxima vez que se sienta estresado o abrumado, repita un mantra. Le sorprenderá lo rápido que sus pensamientos se centran y se alivia la tensión.

El mantra «AUM»

El mantra «AUM» es una poderosa herramienta para activar y equilibrar el chakra del tercer ojo. AUM es considerado el sonido del universo y el sonido más sagrado en el hinduismo. La palabra AUM consta de tres partes: A, U y M. Estas tres partes representan los estados de vigilia, ensoñación y sueño. Son tres letras sánscritas: A, U y M. Cada una tiene un significado y un propósito específicos. La «A» representa el estado de vigilia, la «U» el estado de ensoñación y la «M» el estado de sueño. Cuando estos tres estados se unen, forman el campo unificado de conciencia necesario para activar el chakra del tercer ojo.

Al cantar el mantra «AUM», se crea un puente entre la mente consciente y el subconsciente, lo que permite acceder a la sabiduría superior. La vibración del mantra también limpia y purifica el chakra del tercer ojo, favoreciendo la claridad y la visión. En resumen, el mantra «AUM» es una herramienta inestimable para quien desee despertar su chakra del tercer ojo.

Otros mantras del chakra del tercer ojo

Además del mantra «AUM», hay muchos otros mantras que se utilizan para activar y equilibrar el chakra del tercer ojo. Algunos de los más populares son:

«Om Mani Padme Hum» (Pronunciación: Om Ma-nii Padme Hom)

Este mantra significa «Salve a la joya en el loto» y proviene de la tradición budista tibetana. Se utiliza con fines de purificación y protección. También es increíblemente poderoso para abrir el chakra del tercer ojo y desarrollar habilidades psíquicas.

«Om Namah Shivaya» (Pronunciación: Om Na-ma-ha Shi-va-ya)

Este mantra es de la tradición hindú, y significa «Honro lo divino dentro de mí». Se utiliza a menudo para la limpieza y la purificación. También es muy útil para abrir el chakra del tercer ojo y acceder a estados superiores de conciencia.

«So, Hum» (Pronunciación: Suu Hom)

Este mantra procede de la tradición védica y significa «Yo soy eso». Se utiliza para la autorrealización y el despertar, y también ayuda a abrir el chakra del tercer ojo y a acceder a estados superiores de conciencia.

Mudras

Los *Mudras* son gestos y formaciones con las manos que se utilizan a menudo en la práctica de yoga y meditación. Sirven para enfocar la mente, dirigir el flujo de energía y favorecer la relajación. Hay muchos mudras diferentes, y cada uno tiene una finalidad distinta. Por ejemplo, el Mudra *Gyan* se utiliza para promover la concentración y ayudar en la meditación. Se pueden utilizar mudras diferentes para distintos fines. Experimente con varios para ver cuáles le funcionan mejor.

Cuándo y cómo utilizar los mudras

Los mudras pueden utilizarse en cualquier momento y lugar. Son una forma estupenda de enfocar la mente y dirigir el flujo de energía si se siente disperso o desconcentrado. Los mudras también se utilizan para promover la relajación y calmar la mente. Si es la primera vez que los practica, empiece con unos minutos al día. Puede utilizar los mudras a lo largo del día según sus necesidades o practicarlos con un fin específico, como la meditación o la relajación.

Mudras para el chakra del tercer ojo

Los mudras son una excelente forma de desbloquear y equilibrar el chakra del tercer ojo. Si tiene problemas para meditar o acceder a sus habilidades psíquicas, utilice uno de los mudras que se enumeran a continuación. Otra forma es combinar los mudras con otros ejercicios para el chakra del tercer ojo, como la visualización o las afirmaciones. Experimente y encuentre lo que funciona mejor para usted.

Se pueden utilizar mudras diferentes para activar y equilibrar el chakra del tercer ojo. Algunos de los más populares son:

Mudra *Shambhavi* (Pronunciación: *Shaam-baa-vii Muu-dra*)

Shambhavi significa «conquistador de la mente». Se dice que este mudra es muy útil para la concentración y la meditación. Ayuda a abrir el chakra del tercer ojo y a acceder a estados superiores de conciencia.

Siéntese en una postura cómoda con la columna recta para hacer este mudra. Concentre su atención en el entrecejo. Luego, junte las cejas lenta y suavemente. Puede mantener este mudra todo el tiempo que desee.

Mudra *Bhumisparsha* (Pronunciación: *Buu-mii-spar-sha Muu-dra*)

Bhumisparsha significa «tocar la tierra». Se dice que este mudra está específicamente diseñado para ayudar a poner los pies en la tierra y estabilizarse. Además, ayuda a abrir el chakra del tercer ojo, favoreciendo el acceso a estados superiores de conciencia.

Siéntese en una postura cómoda con los ojos cerrados para hacer este mudra. Concentre su atención en el entrecejo. A continuación, lleve lenta y suavemente la mano derecha a la rodilla derecha con la palma hacia abajo. A continuación, coloque la mano izquierda con la palma hacia arriba sobre su regazo. Puede mantener este mudra todo el tiempo que desee.

Mudra *Anjali* (Pronunciación: *Aan-jaa-lii Muu-dra*)

Anjali significa «ofrenda». Se dice que este mudra es muy útil para promover la paz y la calma, desbloquea el chakra del tercer ojo y propicia el acceso a estados superiores de conciencia. Se utiliza a menudo como gesto de respeto o plegaria. Si lo desea, puede añadir una ligera reverencia.

Mudra Anjali
https://pixabay.com/es/photos/budismo-theravada-budista-monja-1769528/

Siéntese en una posición cómoda con los ojos cerrados para hacer este mudra. Concentre su atención en el entrecejo. Junte las palmas de las manos delante del pecho con los dedos apuntando hacia arriba. Puede hacer este mudra en cualquier momento que sienta la necesidad de conectar con su yo superior o con lo divino.

Mudra *Gyan* (Pronunciación: *Jii-yan Muu-dra*)

Gyan significa «conocimiento». Este mudra es muy útil para la concentración y como ayuda en la meditación. También desbloquea el chakra del tercer ojo, con lo que se accede a estados superiores de conciencia. Siéntese en una postura cómoda con la columna recta para hacerlo.

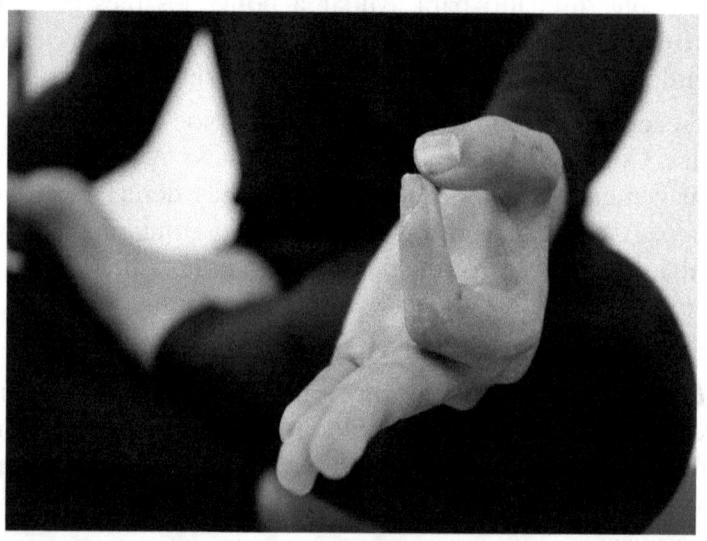

Mudra *Gyan*
https://pixahive.com/photo/gyan-mudra-mudra-of-knowledge/

Concentre su atención en el entrecejo. Luego, junte los dedos índice y pulgar para formar un círculo. Los otros tres dedos deben estar extendidos. Puede mantener este mudra todo el tiempo que desee.

Mudra *Shakti* (Pronunciación: *Shaak-tii Muu-dra*)

Shakti significa «poder». Se dice que este mudra ayuda a aumentar la energía y la motivación, a desbloquear el chakra del tercer ojo y a lograr estados superiores de conciencia. Para hacer este mudra, junte las manos delante del corazón con las palmas enfrentadas. A continuación, doble los dedos índice y corazón hacia las palmas. Los dedos anular y meñique deben estar extendidos. Puede mantener este mudra todo el tiempo que desee.

Mudra *Apana* (Pronunciación: *Aa-paa-na Muu-dra*)

Apana significa «movimiento hacia abajo». Este mudra favorece la desintoxicación y ayuda a la digestión. También es útil para abrir el chakra del tercer ojo y acceder a estados superiores de conciencia. Siéntese en una postura cómoda con la columna recta para hacer este mudra. Concentre su atención en el entrecejo. A continuación, junte los dedos pulgar, corazón y anular. Los otros dos dedos deben estar extendidos. Puede mantener este mudra todo el tiempo que desee.

Mudra *Kalesvara* (Pronunciación: *Kaal-ay-shvaara Muu-dra*)

Kalesvara significa «señor del tiempo» y ayuda a comprender el pasado, el presente y el futuro. Este mudra también es útil para sanar el chakra del tercer ojo y acceder a estados superiores de conciencia. Para hacerlo, junte las manos con los dedos corazón y anular extendidos y los demás dedos hacia dentro. A continuación, toque su entrecejo con las puntas de los dedos extendidos. Puede mantener este mudra todo el tiempo que quiera.

Los mudras y los mantras son herramientas poderosas para abrir el chakra del tercer ojo y acceder a estados superiores de conciencia. Mientras que los mudras son gestos físicos que activan energías específicas en el cuerpo, los mantras son sonidos sagrados que generan vibraciones en la mente. Los mudras y los mantras pueden utilizarse juntos o por separado para lograr los resultados deseados. Se pueden utilizar muchos mantras y mudras para desbloquear y equilibrar el chakra del tercer ojo. Experimente con varios de ellos y compruebe cuáles funcionan mejor para usted.

Capítulo 5: Meditación y visualización

La meditación y la visualización son herramientas poderosas para abrir y equilibrar el chakra del tercer ojo. La meditación aquieta la mente y calma los pensamientos, proporcionando un espacio para la quietud y la paz interior. La visualización se utiliza para enfocar y dirigir la atención hacia el interior, hacia el chakra del tercer ojo.

Con la práctica regular, la meditación y la visualización abren y equilibran el chakra del tercer ojo, promoviendo una mayor claridad de pensamiento, intuición y capacidad psíquica. Este capítulo explora algunas técnicas básicas para la meditación y visualización del chakra del tercer ojo. No existe una forma «correcta» de meditar o visualizar. Experimente con diferentes técnicas y encuentre la que mejor funcione para usted.

El poder de la meditación

La meditación se practica desde hace siglos y tiene muchos beneficios. Mejora la salud mental y física y fomenta la creatividad y el bienestar. Uno de los principales beneficios de la meditación es que reduce los niveles de estrés. Cuando se medita, se enfoca la atención en la respiración y se deja de lado cualquier otro pensamiento. Esto permite encontrar paz y calma interior. Como resultado, es menos probable que los factores estresantes de la vida sean abrumadores.

La meditación también ayuda a mejorar la atención y la concentración. Al practicar la meditación con regularidad, se entrena la mente para estar más presente y dejar de lado las distracciones. Esto puede ser muy beneficioso, tanto en la vida personal como en la profesional. Además, la meditación ayuda a mejorar el estado de ánimo y aumenta la sensación de bienestar.

Varios estudios han demostrado que la meditación regular disminuye la ansiedad y la depresión y mejora la autoestima y la felicidad. Si está buscando una forma de mejorar su salud y bienestar general, no necesita más que la meditación. Es una forma sencilla y eficaz de relajarse y aliviar el estrés.

Beneficios de la meditación para el chakra del tercer ojo

Muchas guías describen la meditación como la principal forma de calmar la mente. Aunque es sin duda uno de sus beneficios, también se utiliza para desarrollar la claridad y la perspicacia. Una de las áreas en las que más se enfoca la meditación es el chakra del tercer ojo. Al dirigir la atención a este centro energético, se desarrolla una comprensión más profunda de las propias experiencias. Se aprende a ver más allá del nivel superficial y se obtiene un sentido más intuitivo de lo que ocurre alrededor.

Además, al abrir el chakra del tercer ojo se aumenta la capacidad para conectar con el yo superior y recibir guía de la intuición. A medida que se desarrolla una conexión más fuerte con el chakra del tercer ojo, se experimenta una mayor claridad y perspicacia en la vida. Con la práctica regular, se aprende a confiar más en la intuición y a utilizarla para tomar mejores decisiones en todos los ámbitos de la vida.

Cómo meditar para el chakra del tercer ojo

Para quienes se inician en la meditación, la idea de abrir el chakra del tercer ojo puede parecer desalentadora. Sin embargo, con un poco de práctica, cualquiera puede aprender a meditar, y no solo para este chakra. El primer paso es encontrar un lugar cómodo para sentarse o acostarse. Una vez que esté cómodo, cierre los ojos y respire profundamente algunas veces. Mientras inhala, imagine que una luz blanca entra en su cuerpo por la frente. Visualice que la luz desciende hasta el chakra del tercer ojo, situado en el centro de la frente.

Mientras exhala, imagine que la luz blanca se expande hacia fuera desde el chakra del tercer ojo. Siga respirando profundamente y concéntrese en la luz hasta que sienta que el chakra del tercer ojo empieza a abrirse. Puede sentir un hormigueo o ver colores o imágenes detrás de los párpados. Cuando esté preparado, abra lentamente los ojos y tómese unos instantes para poner los pies en la tierra antes de levantarse. Con la práctica, podrá abrir el chakra del tercer ojo con facilidad y disfrutar de todos sus beneficios.

Técnicas de meditación para el chakra del tercer ojo

Meditar es una de las cosas más beneficiosas que puede hacer por su mente, su cuerpo y su alma. La meditación mejora la salud mental y física, así como las relaciones y la vida laboral. Sin embargo, a muchas personas les resulta difícil meditar, ya que no pueden despejar su mente o concentrarse en la respiración. Si esto le sucede, puede beneficiarse de desbloquear su chakra del tercer ojo.

Mientras medita, respire profundamente y suelte cualquier pensamiento o preocupación de su mente. Con la práctica, podrá despejar su mente y conectar con su yo superior. Si siente que su chakra del tercer ojo está bloqueado, es útil que medite en el color púrpura. Aquí tiene algunas técnicas de meditación para desbloquear, sanar y equilibrar su chakra del tercer ojo:

1. Visualización

La *visualización* es una poderosa técnica de meditación que se utiliza para centrar y equilibrar el chakra del tercer ojo. Para empezar, busque un lugar cómodo para sentarse o acostarse. Cierre los ojos y respire profundo varias veces. Una vez relajado, visualice una bola de luz púrpura brillante en el centro de su frente. Observe cómo la bola se vuelve cada vez más brillante hasta llenar todo su campo de visión.

Sienta cómo se abre y expande el chakra del tercer ojo mientras contempla la bola de luz. A continuación, imagine rayos de luz que irradian desde el centro de la bola, llenando todo su cuerpo de energía y luz. Tómese un tiempo para disfrutar la experiencia de estar lleno de esta energía pacífica y sanadora. Cuando haya terminado, abra lentamente los ojos y respire profundamente unas cuantas veces antes de levantarse.

2. Contemplación de velas

Una técnica de meditación muy popular es la *contemplación de velas*, que consiste en fijar la mirada en la llama de una vela encendida. La clave es mantener la mirada suave, permitiendo que la visión se nuble ligeramente. Al principio, puede resultarle útil practicar esta meditación con los ojos cerrados, hasta que la domine. Mientras se concentra en la llama de la vela, deje que su mente se aquiete y simplemente observe cualquier pensamiento o sentimiento que surja.

Contemplación de velas
https://pixabay.com/es/photos/las-manos-abierto-vela-1926414/

Si su atención se desvía, vuelva lentamente al momento presente. También puede visualizar la llama de la vela como una bola de luz morada e imaginar que abre y expande el chakra del tercer ojo. Con la práctica regular, desarrollará claridad y concentración, y puede que empiece a notar cambios sutiles en sus percepciones y su conciencia.

3. Meditación consciente

La meditación consciente es una técnica sencilla pero poderosa que se utiliza para concentrarse y calmar la mente. Busque un lugar cómodo para sentarse o acostarse, cierre los ojos y respire profundo varias veces. A continuación, centre su atención en la respiración y en las sensaciones corporales.

Fíjese en cómo sube y baja el pecho, en el aire que entra y sale de los pulmones y en la sensación de los pies en el suelo. Si su mente divaga, vuelva a concentrarse en la respiración de forma consciente. Con la práctica, desarrollará una mayor atención y concentración, y puede que su mente se vuelva más tranquila y sosegada.

4. Meditación sonora

La *meditación sonora* es otra forma eficaz de desbloquear y equilibrar el chakra del tercer ojo. Busque un lugar cómodo para sentarse o acostarse, cierre los ojos e inhale profundamente varias veces. A continuación, concentre su atención en el sonido de la respiración.

También puede concentrarse en un mantra o afirmación repitiéndola para usted mismo. La clave es observar el sonido de la respiración y el mantra sin pensar en ellos. Si su mente empieza a divagar, devuélvala suavemente al momento presente. Con la práctica regular, desarrollará mayor enfoque y concentración, y puede que su mente se vuelva más tranquila y sosegada.

Consejos y trucos para el chakra del tercer ojo

Si tiene problemas para meditar o para abrir el chakra del tercer ojo, aquí tiene algunos consejos y trucos que pueden ayudarle:

1. Grábese

Si le resulta difícil meditar por su cuenta, intente grabarse leyendo una meditación guiada o una visualización. Grabe su propia voz para la posteridad, así podrá mirar atrás y ver dónde estaba y lo lejos que ha llegado. Escribir sus pensamientos es una forma estupenda de obtener claridad y elevar sus vibraciones. Cuando se grabe, asegúrese de utilizar una voz relajada.

Luego, busque un lugar cómodo para sentarse o acostarse y reproduzca la grabación. Mientras escucha, olvídese de cualquier expectativa u objetivo. Relájese y deje que las palabras fluyan a través de usted. Si su mente se distrae, vuelva a concentrarse en el sonido de su voz. Esta es una forma estupenda de relajarse y centrar su mente y puede ayudarle a conectar con su yo superior.

2. Incorpore técnicas de respiración

Incorporar técnicas de respiración a su rutina diaria es otra forma de equilibrar el chakra del tercer ojo. Por ejemplo, puede inhalar profundamente por la nariz y exhalar lentamente por la boca. También puede contener la respiración durante unos segundos después de exhalar. Cuando se concentra en su respiración, su mente se aquieta y le permite conectar con su yo superior.

Hay otros ejercicios de respiración que puede hacer para abrir su chakra. Uno de los más populares se conoce como «respiración de fuego». Siéntese con la columna recta y respire profundamente por la nariz. A continuación, exhale con fuerza por la boca, emitiendo un sonido «ha». Haga esta respiración rápida durante máximo un minuto. Es normal si al principio se siente mareado. Escuche a su cuerpo y tome los descansos necesarios.

Estas técnicas le ayudarán a despejar la mente y le permitirán concentrarse en su visión interior. Con la práctica regular, verá el mundo que lo rodea bajo una nueva luz. El chakra del tercer ojo está asociado con el elemento de la luz, por lo que es importante incorporar alguna forma de luz a sus prácticas. Puede ser cualquier cosa, desde velas hasta la luz del sol.

3. Vístase de morado

El color morado se asocia con el chakra del tercer ojo y usarlo fomenta el equilibrio en este centro energético. Además de favorecer la conciencia psíquica, el morado alivia las tensiones cefaleas y mejora la comunicación. Si desea abrir el chakra del tercer ojo, use el púrpura la próxima vez que medite o realice algún trabajo energético. Le ayudará a acceder a su sabiduría innata.

El color morado también se asocia con el chakra de la corona, situado en la parte superior de la cabeza. Llevar púrpura fomenta el equilibrio en estos dos centros energéticos. Otra forma de incorporar el color morado a su vida es comiendo alimentos morados. Algunas opciones son las uvas, las berenjenas y los arándanos.

4. Use aceites esenciales

Los aceites esenciales se utilizan para promover el equilibrio en el chakra del tercer ojo. Algunas de las mejores opciones son la lavanda, el incienso y la menta. Estos aceites pueden utilizarse en un difusor o añadirse a un baño. También puede añadir unas gotas a un algodón e inhalar el aceite. Cuando utilice aceites esenciales, comience con una pequeña cantidad y auméntela según sea necesario.

La mayoría de los aceites pueden aplicarse directamente sobre la piel, pero algunos deben diluirse antes. Lea atentamente la etiqueta y siga las instrucciones. Si tiene alguna duda, consulte a un aromaterapeuta cualificado. Con su uso regular, estos aceites ayudan a abrir el chakra del tercer ojo y fomentan la conciencia psíquica.

5. Conecte con la naturaleza

Pasar tiempo en la naturaleza es una forma estupenda de conectar con el chakra del tercer ojo. Este centro de energía está asociado con el elemento de la luz y pasar tiempo bajo el sol es una forma muy fácil de llenarse de luz. Le ayudará a energizar y equilibrar el chakra del tercer ojo. Además de pasar tiempo al aire libre, puede llevar la naturaleza a su hogar. Lo puede hacer de muchas maneras, usando desde plantas hasta cristales.

Una de las mejores formas de conectar con la naturaleza es pasar tiempo en el bosque. Esto se debe a que los bosques están llenos de iones negativos que ayudan a mejorar el estado de ánimo y el bienestar mental. Si no tiene acceso a un bosque, pase tiempo cerca de una masa de agua. El sonido de las olas aquieta la mente y fomenta la reflexión.

6. Cúrese con cristales

La curación con cristales es un método popular para equilibrar el chakra del tercer ojo. Algunos de los mejores cristales para este fin son la amatista, el lapislázuli y la sodalita. Puede llevar estas piedras en forma de joyas o ponerlas en alguna parte de su cuerpo cuando medite. También puede tenerlas en su oficina o en su casa para fomentar la paz y la calma dondequiera que esté.

Si es nuevo en la sanación con cristales, es importante que empiece con una piedra que resuene con usted. Cuando haya encontrado el cristal adecuado, sosténgalo en la mano y respire profundo varias veces. Al exhalar, visualice cómo se libera la energía negativa de su cuerpo. También puede colocar la piedra sobre el chakra del tercer ojo durante la meditación; *asegúrese de limpiarlo regularmente para eliminar cualquier energía negativa.*

7. Reciba un masaje

Un masaje es una forma estupenda de equilibrar el chakra del tercer ojo. Este centro de energía está situado en el centro de la frente, por lo que masajear esta zona fomenta la conciencia psíquica. Además del masaje tradicional, hay algunas técnicas específicas de masaje del chakra del tercer ojo que puede probar. Entre ellas se incluyen la acupresión y la reflexología.

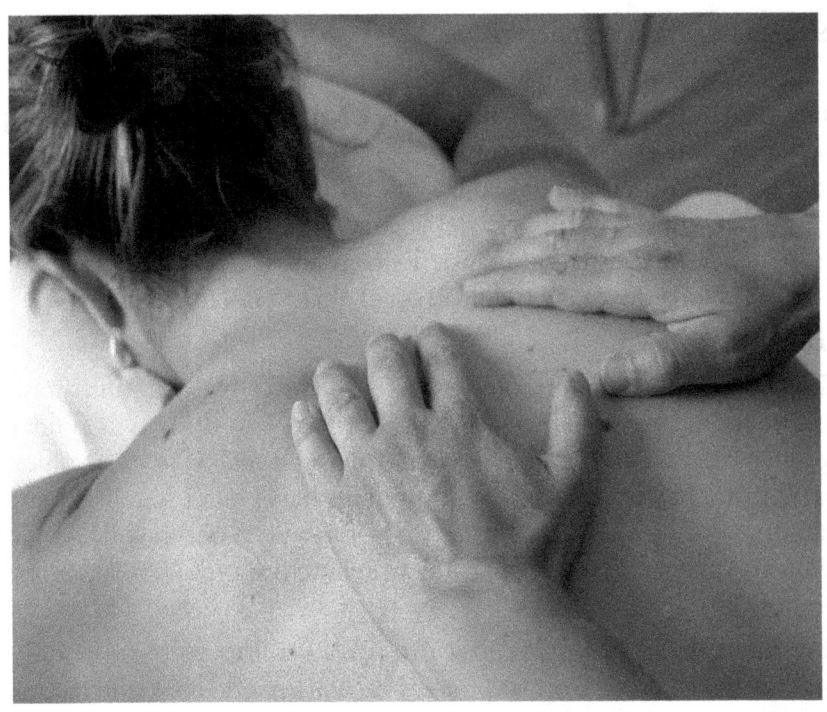

Recibir un masaje
https://pixabay.com/es/photos/mujer-las-manos-masaje-masajeando-567021/

Al masajear el chakra del tercer ojo, es importante que la presión que se ejerce sea ligera. Esta zona es delicada, por lo que no conviene usar demasiada fuerza. Si no está seguro de cómo masajear esta zona, busque un terapeuta cualificado. Con un masaje regular, ayuda a abrir el chakra del tercer ojo y fomenta la conciencia psíquica.

8. Practique la meditación regularmente

La meditación es una de las mejores y más cómodas formas de equilibrar el chakra del tercer ojo. Esta práctica aquieta la mente y fomenta la introspección. Al meditar, puede centrarse en su respiración o en un mantra. También puede visualizar un color o un símbolo en particular.

Hay muchas formas de meditar, por lo que es importante que encuentre un método que funcione para usted. Si no está familiarizado con la meditación, hay excelentes recursos en internet. Meditando regularmente, puede abrir su chakra del tercer ojo y promover la conciencia psíquica.

9. Siga una dieta equilibrada

Lo que come tiene un impacto directo en su chakra del tercer ojo. Este centro de energía está asociado con el elemento de la luz, por lo que debe incluir muchas frutas y verduras en su dieta. Estos alimentos tienen un alto contenido en antioxidantes que ayudan a proteger el cuerpo de los radicales libres. Además de seguir una dieta sana, también es importante mantenerse hidratado. Esto ayudará a eliminar las toxinas del cuerpo y promover el equilibrio en el chakra del tercer ojo.

10. Duerma bien

El chakra del tercer ojo está asociado a la glándula pineal, responsable de regular el sueño. Esto significa que dormir lo suficiente es esencial para equilibrar este centro de energía. Si tiene problemas para dormir, hay algunas cosas que puede hacer para lograr un sueño reparador. Por ejemplo, establecer un horario de sueño regular, evitar la cafeína antes de acostarse y crear un ambiente tranquilo y relajante en el dormitorio.

La meditación y la visualización son dos formas estupendas de equilibrar los chakras. Con su práctica regular, puede abrir su chakra del tercer ojo y ser más hábil en la conciencia psíquica. Además de estas prácticas, es importante que siga una dieta equilibrada y duerma lo suficiente. Cuidando su cuerpo y su mente, fomenta el equilibrio de su chakra del tercer ojo.

Si desea aprender más sobre yoga y técnicas de respiración, pase al siguiente capítulo.

Capítulo 6: Yoga y técnicas de respiración

El *pranayama*, o respiración controlada, es crucial para la meditación y el yoga. Las rutinas de *pranayama* ayudan a equilibrar y sanar el chakra del tercer ojo. Si alguna vez ha meditado o practicado yoga, sabe que la respiración es un elemento clave en ambas prácticas. La palabra «*pranayama*» proviene de las palabras sánscritas «*prana*», que significa fuerza vital o aliento, y «*ayama*», que significa control o extensión.

A menudo se dice que el *pranayama* aquieta la mente, lo que facilita la concentración durante la meditación. Aunque no le interese la meditación, el *pranayama* puede ser beneficioso para su salud general de todas maneras. Así que la próxima vez que despliegue su esterilla de yoga o se siente a meditar, tómese un momento para concentrarse en su respiración y vea cómo afecta a su práctica. Este capítulo se centra en ejercicios de *pranayama* y posturas de yoga especialmente útiles para equilibrar el chakra del tercer ojo.

Pranayama

El *pranayama* es la práctica de controlar la respiración para mejorar la salud y el bienestar generales. Hay muchas técnicas diferentes de *pranayama* y todas implican regular la respiración de alguna manera. El *pranayama* puede practicarse exclusivamente o como parte de una práctica de yoga más amplia.

Pranayama
https://commons.wikimedia.org/wiki/File:The_Sundhya_Plate_6_Fig_3.jpg

El *pranayama* es una forma estupenda de equilibrar el chakra del tercer ojo. Es un tipo de yoga que se concentra en el control de la respiración. Al controlar la respiración, se manejan mejor los pensamientos y emociones (piense en lo que pasó con su respiración la última vez que se sobresaltó; eso le dará una idea del papel que juega en el control de las emociones). Tradicionalmente, el *pranayama* ha sido asociado con el elemento espacio y por eso es importante crear amplitud en la mente al practicarlo.

Para ello, concéntrese en una respiración profunda y lenta. Haga que sus inhalaciones y exhalaciones tengan la misma duración y que su vientre se expanda completamente en cada inhalación. Al exhalar, imagine que sus pensamientos y preocupaciones se van flotando con el aire. Con la práctica regular, le resultará más fácil aquietar la mente y acceder a su intuición.

La importancia de controlar la respiración

La respiración es, obviamente, una función esencial de la vida, pero también una que a menudo damos por sentada. Cuando estamos tranquilos y relajados, nuestra respiración es lenta y constante. En cambio, cuando estamos estresados, nuestra respiración se vuelve superficial y rápida. Esos cambios en la respiración pueden afectarnos profundamente, tanto física como mentalmente.

La respiración lenta y profunda desencadena en la relajación del cuerpo, reduciendo los niveles de estrés, la frecuencia cardíaca y la presión arterial. La respiración controlada también alivia la ansiedad y promueve la calma. En otras palabras, no solo es importante respirar, sino hacerlo correctamente. Dedicar unos minutos al día a concentrarse en la respiración ayuda a mejorar la salud y el bienestar generales.

Ejercicios *pranayama* para el chakra del tercer ojo

Los ejercicios de *pranayama* son una buena forma de equilibrar el chakra del tercer ojo. Diferentes ejercicios de *pranayama* ayudan a hacerlo. A continuación, se presentan algunos de los más usados:

1. *Nadi shodhana* (Respiración por fosas nasales alternas)

Nadi Shodhana, también conocida como Respiración por fosas nasales alternas, es una técnica sencilla pero poderosa que se utiliza para refrescar y rejuvenecer el cuerpo y la mente. Requiere tapar y abrir las fosas nasales alternativamente, creando un equilibrio energético entre el lado derecho y el izquierdo del cuerpo. El lado izquierdo se asocia con la luna; el derecho, con el sol. *Nadi shodhana* ayuda a equilibrar estas dos energías y a armonizarlas.

Además de favorecer la relajación, *Nadi shodhana* mejora la concentración, reduce los niveles de estrés y refuerza la inmunidad. Lo mejor es que puede practicarse en cualquier momento y lugar. Así que, si busca una forma rápida y sencilla de centrarse y aportar paz a su día a día, pruebe la *Nadi shodhana*.

Primero, siéntese cómodamente con la columna recta. Apoye la mano izquierda en la rodilla izquierda y utilice el índice y el pulgar derechos para cerrar la fosa nasal derecha. Inhale profundamente por la fosa nasal izquierda y, a continuación, tápela con el dedo anular derecho. Exhale profunda y lentamente por la fosa nasal derecha e inhale de nuevo. Cambie de lado; utilice el dedo anular derecho para bloquear la fosa nasal derecha y desbloquee la izquierda. Continúe alternando los lados entre cinco y diez minutos.

2. *Bhastrika* (Respiración de fuelle)

Bhastrika es un tipo de *pranayama* que consiste en exhalar con fuerza e inhalar profundamente. Se dice que esta práctica tiene un sonido y movimiento similares a los del fuelle de un herrero, de ahí su nombre. *Bhastrika* es una respiración vigorizante que aumenta los niveles de energía y vitalidad.

Esta práctica es ideal para las mañanas o para cualquier momento en que se necesite un impulso de energía. Sin embargo, no se recomienda para personas con hipertensión o problemas cardíacos. Si tiene alguna duda, consulte a su médico antes de probar el *Bhastrika*.

Para empezar, siéntese cómodamente, mantenga la columna recta e inhale profundamente. Exhale con fuerza por la nariz. Repita esta operación entre diez y quince respiraciones, procurando que cada exhalación sea más fuerte que la anterior. A continuación, respire profundamente algunas veces y retome su patrón respiratorio normal.

3. *Kapalabhati* (*Respiración* de cráneo brillante)

Kapalabhati es un tipo de *pranayama* que consiste en exhalar rápida y enérgicamente. Se dice que produce un sonido similar al de un tambor, de ahí su nombre. *Kapalabhati* es una respiración vigorizante que aumenta los niveles de energía y vitalidad. Es beneficiosa para el sistema respiratorio y despeja los senos paranasales.

La práctica consiste en exhalar con fuerza por la nariz mientras se contrae el vientre e inhalar profundamente por la nariz mientras se expande el vientre. *Kapalabhati* puede practicarse con diversos objetivos específicos, como mejorar la función respiratoria, aumentar los niveles de energía y reducir el estrés. Se dice que limpia los pulmones y los senos nasales y despeja la mente.

No se recomienda *Kapalabhati* a las mujeres embarazadas ni a las personas con hipertensión, cardiopatías o epilepsia. Sin embargo, este ejercicio de respiración ofrece muchos beneficios a los adultos sanos. Incorpore *Kapalabhati* a su rutina diaria y compruebe cómo modifica su bienestar general.

Yoga

El *yoga* existe desde hace siglos y es una forma estupenda de ejercitar el cuerpo y la mente. Hay muchos tipos diferentes de yoga, pero todos tienen algo en común: el uso de posturas, o asanas, para estirar y fortalecer el cuerpo. Pueden practicarlo personas de todas las edades y formas físicas. Es una manera estupenda de aliviar el estrés, aumentar la flexibilidad y mejorar la salud en general. Tanto si busca un entrenamiento suave como si quiere una práctica más vigorosa, hay una clase de yoga para usted. Puede que descubra que el yoga es exactamente lo que necesita.

Los beneficios del yoga para el equilibrio del *Ajna*

Uno de los principales beneficios de este antiguo arte es su capacidad para equilibrar el *Ajna*. Cuando el *Ajna* está en equilibrio, se accede al yo superior y se conecta con el verdadero propósito. El yoga ayuda a equilibrar el *Ajna* fomentando la quietud y la introspección. Cuando se aquieta la mente y se centra la energía en la respiración, se crea espacio para que surjan ideas y orientación. El yoga también ayuda a fortalecer y limpiar el tercer ojo, mejorando la capacidad de ver con claridad tanto externa como internamente. Se puede mantener el *Ajna* en equilibrio practicando yoga con regularidad, mientras se aumenta la sabiduría, la intuición y la claridad.

Las asanas son posturas físicas de yoga que estiran, fortalecen y aumentan la flexibilidad del cuerpo. Hay muchas asanas diferentes, y cada una tiene sus beneficios. He aquí algunas especialmente beneficiosas para el chakra del tercer ojo:

1. *Ustrasana* (Postura del camello)

La *Ustrasana*, o Postura del camello, es una forma estupenda de abrir la parte delantera del cuerpo y mejorar la flexibilidad de la columna vertebral. Esta postura también estimula el chakra del tercer ojo. Es una postura suave que pueden practicar personas de todos los niveles. Cuando realice la postura *Ustrasana*, asegúrese de mantener la columna larga y de trabajar los músculos centrales.

Ustrasana

lululemon athletica, CC BY 2.0 <https://creativecommons.org/licenses/by/2.0>, via Wikimedia Commons https://commons.wikimedia.org/wiki/File:Ustrasana_-_Camel_Pose.jpg

Para adoptar la postura, colóquese sobre las manos y las rodillas en posición de mesa. A continuación, coloque las manos en la parte baja de la espalda con los dedos apuntando hacia abajo. Al inhalar, presione los pies y envíe las caderas hacia delante, arqueando la espalda. Deje que la cabeza caiga hacia atrás mientras mantiene alargada la columna vertebral.

Una vez que alcance la máxima amplitud de movimiento, aguante unas cuantas respiraciones antes de volver a la posición de la mesa. Esta postura puede resultar difícil para los principiantes, por lo que es importante ir despacio y escuchar al cuerpo. Recuerde respirar profundamente durante toda la postura.

2. *Matsyasana* (Postura del pez)

La *Matsyasana*, o Postura del pez, es una posición de yoga que activa el chakra del tercer ojo. También mejora la postura, alivia el dolor de espalda y aumenta la flexibilidad de la columna vertebral. Si se practica con regularidad, la *Matsyasana* mantiene sana la columna vertebral y reduce el riesgo de lesiones.

Postura del pez
Mr. Yoga, CC BY-SA 4.0 <https://creativecommons.org/licenses/by-sa/4.0>, via Wikimedia Commons https://commons.wikimedia.org/wiki/File:Mr-yoga-fish-pose.jpg

Para practicar la *Matsyasana*, acuéstese boca arriba con las rodillas flexionadas y los pies apoyados en el suelo. A continuación, coloque las manos debajo de las nalgas con las palmas hacia arriba. Luego, arquee lentamente la espalda y levante el pecho del suelo. Por último, presione la cabeza hacia atrás y coloque la parte superior de la cabeza en el suelo. Mantenga esta postura durante al menos treinta segundos. Mientras inhala y exhala profundamente, concéntrese en abrir el chakra del tercer ojo.

Es posible que sienta una presión en el centro de la frente al hacer esta postura. *Matsyasana* es una forma suave de abrir este chakra y mejorar la claridad mental y la concentración. Con la práctica regular, notará un aumento de claridad en sus pensamientos y tomará decisiones con facilidad.

3. *Halasana* (*Postura del arado*)

Halasana se conoce también como Postura del arado y sirve para abrir el chakra del tercer ojo y equilibrarlo. Acuéstese boca arriba y estire las piernas. Inhale profundamente, levante los pies utilizando los músculos abdominales y eleve las piernas por encima de la cabeza. Apoye las manos en el suelo junto a usted y mantenga la espalda recta y plana mientras lleva los pies al suelo por detrás de la cabeza.

Si no puede tocar el suelo, mantenga las piernas elevadas y apoye el peso sobre los hombros. Mantenga la postura durante al menos cinco respiraciones profundas antes de volver lentamente a la posición inicial. Los desequilibrios del chakra del tercer ojo pueden manifestarse como dolores de cabeza, insomnio o dificultad para concentrarse. Si experimenta alguno de estos síntomas, pruebe la *Halasana*.

4. *Sarvangasana* (Postura de la vela)

Sarvangasana, o Postura de la vela, aporta una gran variedad de beneficios. Mejora la circulación, aumenta los niveles de energía y calma la mente. También ayuda a aliviar el estrés y las cefaleas tensionales. Para el chakra del tercer ojo, *Sarvangasana* abre el espacio alrededor de los ojos y la frente, mejorando la circulación y permitiendo claridad mental.

Para realizar la *Sarvangasana*, comience acostándose boca arriba con las piernas estiradas. A continuación, suba lentamente las piernas hacia el techo, manteniendo la espalda y las nalgas apoyadas en el suelo. Una vez que las piernas estén verticales, sujete la parte inferior de la espalda con las manos y presione los hombros y la cabeza contra el suelo. Puede subir las manos por la espalda y entrelazar los dedos detrás de la cabeza para un estiramiento más profundo.

Mantenga la postura el tiempo que le resulte cómodo antes de bajar lentamente las piernas hacia el suelo. Con una práctica regular, pronto disfrutará de todos los beneficios de la *Sarvangasana*.

5. *Prasarita Padottanasana* (Postura del gran ángulo)

Prasarita Padottanasana, o Postura del gran ángulo, es una postura fantástica para principiantes. Estira los isquiotibiales y abre las caderas, a la vez que proporciona una suave flexión hacia delante. Puede hacerse con las manos en las caderas o entrelazadas detrás de la espalda. Si entrelaza las manos detrás de la espalda, asegúrese de mantener los hombros hacia abajo y alejados de las orejas.

Para adoptar la postura, comience de pie en la Postura de la montaña. Separe los pies, con los dedos apuntando a cada lado. Inclínese hacia delante desde las articulaciones de la cadera, manteniendo la columna larga. Si puede, apoye las palmas de las manos en el suelo delante de usted. Si no, coloque las puntas de los dedos sobre un bloque o una esterilla de yoga. Mantenga la postura entre cinco y ocho respiraciones antes de volver a la Postura de la montaña.

Estas son solo algunas posturas de yoga y técnicas de respiración que ayudan a abrir y equilibrar el chakra del tercer ojo. Con la práctica regular, disfrutará de todos los beneficios de un chakra del tercer ojo equilibrado.

6. *Utthan pristhasana* (Postura del lagarto)

Una de las posturas de yoga más infravaloradas es la *Utthan Pristhasana*, o Postura del lagarto. Esta sencilla pero eficaz asana ofrece numerosos beneficios, desde una mayor flexibilidad hasta una mejor circulación. Cualquiera puede hacer la Postura del lagarto, independientemente de su forma física o de su experiencia en el yoga.

Empiece en la posición de luna menguante, estirando la pierna derecha hacia delante y la izquierda hacia atrás. Baje los antebrazos hacia el suelo y abra las caderas para que la pierna izquierda quede paralela a la esterilla. Déjese caer suavemente en la postura, manteniendo el tronco contraído. Sentirá el estiramiento en las caderas y los isquiotibiales. Mantenga la postura entre treinta segundos y un minuto, y luego cambie de lado.

Utthan Pristhasana es una postura excelente para principiantes porque fortalece y mejora la flexibilidad de piernas y caderas. También es una buena forma de liberar la tensión en la zona lumbar y mejorar la circulación por todo el cuerpo. Los yoguis más experimentados usan la *Utthan Pristhasana* como postura preparatoria para posturas más profundas de apertura de caderas, como la *Kapotasana* (Postura de la paloma) o la *Eka Pada Rajakapotasana* (Postura de la paloma en una sola pierna).

Unirlo todo: una práctica integral

Cuando la gente piensa en el yoga, se imagina a alguien contorsionando su cuerpo en posturas de aspecto imposible. Sin embargo, el yoga es mucho más que posturas físicas. Las asanas (posturas de yoga) son solo una parte de la práctica. Si le interesa trabajar con el chakra del tercer ojo, debe concentrarse en la meditación y el *pranayama* (trabajo respiratorio).

Las posturas descritas anteriormente ayudan a abrir los centros energéticos del cuerpo, pero la respiración y la meditación ayudarán a calmar y centrar la mente. Y no olvide incluir mudras (gestos con las manos) en su práctica. Los mudras son una forma poderosa de dirigir la energía por todo el cuerpo y resultan muy útiles para equilibrar el chakra del tercer ojo. Al incluir todos estos elementos, creará una rutina completa que le ayudará a sanar y equilibrar todos sus chakras, especialmente el del tercer ojo.

El chakra del tercer ojo es un poderoso centro de energía desde el que se desarrollan las habilidades psíquicas y se conecta con la intuición. Sin embargo, es solo una parte de un sistema más grande. Para mantener el equilibrio en su vida, es crucial mantener todos los chakras alineados.

Si usted cree que su chakra del tercer ojo está desequilibrado, hay varias posturas de yoga y técnicas de respiración que le ayudarán a abrir y sanar este centro de energía. Además de las posturas físicas, es importante centrarse en la meditación y el *pranayama*. Incluyendo estos elementos en su cotidianidad, tendrá una rutina completa para devolver el equilibrio a su vida.

Capítulo 7: Uso de cristales y piedras

Si se siente muy crítico, piensa demasiado o le preocupa lo que los demás piensen de usted, es probable que su chakra del tercer ojo esté desequilibrado. Los cristales son herramientas poderosas para equilibrar el chakra *Ajna*. Este es el chakra de la intuición y la claridad, por lo que cuando está equilibrado, lo vuelve más decidido y seguro de sí mismo, además de aclarar su mente.

Cristales y piedras
https://pixabay.com/es/photos/cristales-piedras-roca-cristal-1896077/

Al igual que la meditación o el yoga ayudan a equilibrar los chakras, el uso de cristales es una forma de curación energética que promueve el equilibrio en el cuerpo. Cada cristal tiene una frecuencia vibratoria única que restablece el equilibrio y la armonía. Este capítulo le enseña todo lo que necesita saber sobre el uso de cristales y piedras para el chakra del tercer ojo.

Para empezar, veamos qué son los cristales y cómo ayudan a equilibrar el chakra *Ajna*.

¿Qué son los cristales?

Los cristales son minerales sólidos con una estructura atómica repetitiva. Esto les confiere su forma y dureza características. Se encuentran en muchos colores diferentes, dependiendo de los minerales que contengan. Por ejemplo, el cuarzo está formado por átomos de silicio y oxígeno, lo que le da un color transparente o blanco.

Los cristales se utilizan como joyas, pero también por sus propiedades metafísicas. Cada cristal tiene una frecuencia vibratoria única que promueve el equilibrio y la armonía en el cuerpo. Todavía se está estudiando la ciencia que hay detrás de esto, pero la evidencia anecdótica sugiere que los cristales equilibran los chakras.

Los cristales y el chakra *Ajna*

Los cristales se utilizan para equilibrar y sanar el chakra *Ajna*. Por ejemplo, la amatista es un cristal morado que se asocia con la calma y la paz, se utiliza para reducir la ansiedad y el estrés y favorece la relajación y el sueño reparador. Otros cristales que se utilizan para equilibrar el chakra *Ajna* son el lapislázuli, la sodalita y la turquesa. Cuando se colocan sobre o alrededor del chakra del tercer ojo, fomentan la claridad de pensamiento y la intuición.

Pero no solo son importantes las piedras en sí, sino la energía que se pone en ellas. Antes de usar cristales para el chakra del tercer ojo, es fundamental comprender el concepto de intención. La intención es una fuerza poderosa para manifestar los deseos. Cuando establece una intención para sus cristales, los está programando para que vibren a una frecuencia determinada. Esto alinea su energía con la de ellos, facilitando la recepción de los beneficios curativos.

¿Cómo ayudan los cristales a equilibrar el chakra del tercer ojo?

Los cristales absorben, almacenan, liberan y regulan energía. Pueden equilibrar las energías del cuerpo y generar una sensación de bienestar. Cuando sostiene un cristal o lo coloca sobre su cuerpo, se expone a su frecuencia vibratoria. Esto equilibra su energía.

Además de la frecuencia vibratoria, los cristales también tienen una estructura física que promueve el equilibrio en el cuerpo. Por ejemplo, la turmalina es un cristal negro que se utiliza para enraizarse y protegerse. Tiene una estructura piramidal que disipa la energía negativa y promueve la calma y la paz.

Incorporar cristales a la vida cotidiana

Ahora que sabe un poco más sobre los cristales, veamos cómo puede incorporarlos en su vida diaria para equilibrar el chakra del tercer ojo. Hay varias maneras de utilizar los cristales. Una es simplemente llevarlos con usted a lo largo del día. También puede colocarlos sobre su cuerpo, ya sea en el chakra del tercer ojo o a su alrededor.

Otra forma de utilizar los cristales es meditar con ellos. Esto ayuda a aquietar la mente y le permite concentrarse en su respiración. Cuando se concentra en la respiración, conecta mejor con su intuición. Si no está seguro de cómo meditar con cristales, hay muchos recursos disponibles en internet.

Una última forma de utilizar los cristales es convertirlos en un elixir. Para ello, añada cristales al agua y déjelos en infusión durante 24 horas. Una vez que el elixir esté listo, puede beberlo o aplicarlo tópicamente. Sin embargo, no todos los cristales son seguros para su ingesta. Si no está seguro de si un cristal es seguro o no para ingerir, lo mejor es que consulte con un profesional cualificado.

Piedras y cristales

Las piedras y los cristales se han utilizado durante siglos por sus propiedades curativas. Pero, ¿cuál es la diferencia entre estos dos elementos? Las piedras están hechas de minerales, mientras que los cristales se componen de átomos dispuestos en una estructura muy ordenada. Como resultado, los cristales tienden a ser más vibrantes y brillantes que las piedras. También se cree que vibran a una frecuencia más alta, lo que los hace ideales para la curación energética.

Las piedras, por su parte, son más arraigadas. Su vibración más lenta calma y equilibra la mente y el cuerpo. Elegir piedras o cristales es una cuestión de preferencia personal. De todas formas, ambas son herramientas eficaces para fomentar el bienestar y la relajación. Los cristales se utilizan para favorecer la claridad de pensamiento y la intuición en el chakra del tercer ojo, mientras que las piedras se emplean más frecuentemente para conectar con la tierra y proteger el cuerpo.

Qué hace que una piedra o un cristal sea bueno para el *Ajna*

No todas las piedras y cristales son igual de beneficiosos para el chakra *Ajna*. La piedra ideal para este propósito debe resonar con la energía del sexto chakra, que se asocia con la intuición, la clarividencia y la sabiduría interior. Algunas de las piedras más populares para equilibrar el *Ajna* son la amatista, el lapislázuli y la sodalita. Estos cristales ayudan a abrir el chakra del tercer ojo, fomentando la conciencia psíquica y la protección.

Al elegir una piedra o un cristal para trabajar el chakra *Ajna*, es importante seleccionar una que resuene con su energía. Otras piedras útiles para esto son el cuarzo cristal, la piedra lunar y la turmalina. Investigar un poco sobre las diferentes piedras y cristales puede ayudarle a identificar las más beneficiosas. Esperar resultados de la noche a la mañana no es realista, pero debería ver mejoras en sus capacidades intuitivas con el uso regular.

Estos son algunos factores que debe tener en cuenta al elegir una piedra o un cristal para el chakra del tercer ojo:

Color

El color de la piedra o el cristal determina parte de su energía. Las piedras y cristales azules o morados suelen asociarse con el sexto chakra. Esto se debe a que estos colores se relacionan con el elemento agua, que a su vez está relacionado con las emociones y la intuición. Otros colores efectivos para el chakra del tercer ojo son el blanco, el plateado y el dorado.

Propiedades

Al seleccionar una piedra o cristal para el chakra del tercer ojo, querrá elegir un que resuene con la energía de este chakra. Se dice que la amatista, la turmalina, el lapislázuli, el cuarzo cristal, la sodalita y la piedra lunar son las mejores para el chakra del tercer ojo. Estas piedras se asocian con la intuición, la clarividencia y la sabiduría interior.

Formación

La formación de la piedra o cristal también determina su energía. Las piedras y los cristales se forman naturalmente y tienen una vibración más alta que los fabricados por el hombre. Por esta razón, se recomienda elegir piedras y cristales naturales. Al seleccionar una piedra o cristal para el chakra del tercer ojo, querrá elegir uno que sea liso y redondeado, ya que los bordes afilados son demasiado estimulantes para el chakra del tercer ojo.

Diferentes tipos de piedras y cristales para el chakra *Ajna*

Hay una variedad de piedras y cristales para activar y equilibrar el chakra *Ajna*. Algunas de las más populares para este propósito son la amatista, la sodalita y el lapislázuli. Cada una de estas piedras tiene energías y propiedades únicas que favorecen el desarrollo de la intuición y la capacidad psíquica.

Labradorita

La labradorita es una piedra de transformación que ayuda a limpiar y equilibrar el chakra *Ajna*. Esta piedra provoca cambios en la vida proporcionando claridad y comprensión en cada viaje. También disipa las energías negativas y promueve una sensación de paz interior.

Labradorita
https://pixabay.com/es/photos/labradorita-cristal-roca-1430906/

La labradorita se puede utilizar en meditación o colocarse sobre el chakra del tercer ojo durante el yoga. También se puede cargar como joya o en el bolsillo o la cartera. Sea cual sea la forma que elija para trabajar, esta piedra le ayudará a abrir y equilibrar el chakra *Ajna*, fomentando las habilidades psíquicas y la percepción espiritual.

Cuarzo cristal

El cuarzo cristal es una piedra excelente para equilibrar y limpiar el chakra *Ajna*. Desarrolla las capacidades psíquicas y mejora la comprensión espiritual. Meditar con cuarzo cristal ayuda a conseguir una profunda sensación de paz y claridad. El cuarzo también se utiliza para conectar con el yo superior y el reino de lo divino. Si busca orientación o claridad en su camino espiritual, el cuarzo es un aliado útil. Mientras medita, coloque un cuarzo cristal sobre el chakra *Ajna*. También puede llevar joyas que incluyan la piedra para asegurarse de que su energía permanece cerca de usted todo el día.

Selenita

La selenita es un poderoso cristal para limpiar y abrir el chakra *Ajna*. Despeja cualquier congestión o bloqueo en este chakra para que la energía fluya libremente. También mejora la claridad de pensamiento y la intuición. Por esta razón, la selenita es un cristal excelente para la meditación o para conectar con su yo superior. Si busca piedras y cristales que le ayuden a equilibrar su chakra *Ajna*, la selenita es una gran elección.

Lapislázuli

Se dice que la piedra azul de la sabiduría, el lapislázuli, es muy eficaz para ajustar el chakra Ajna. Al meditar con Lapislázuli, se abre a nuevos niveles de comprensión. La piedra también ayuda a liberar emociones negativas como la ira y el dolor, facilitando la superación del pasado. Además, es conocida por potenciar las capacidades psíquicas y expandir la conciencia. Si busca mayor claridad y perspicacia, esta puede ser la piedra que necesita.

Amatista

La amatista es una piedra violeta que se asocia desde hace tiempo con el chakra *Ajna*. Se dice que mejora las capacidades psíquicas y la comprensión espiritual. La amatista también ayuda a abrir el chakra del tercer ojo, fomentando una mayor claridad y perspicacia. Es conocida por su capacidad para calmar y tranquilizar la mente, lo que la convierte en una gran elección para la meditación. Si busca una piedra para equilibrar el chakra *Ajna*, la amatista puede ser la elección adecuada. Además, es muy bonita y la puede incorporar fácilmente a sus joyas.

Sodalita

La sodalita es una piedra azul que ayuda a equilibrar y abrir el chakra *Ajna*. Esta piedra mejora la capacidad psíquica y la intuición. También elimina cualquier bloqueo o congestión en este chakra, promoviendo una mayor claridad y comprensión. La sodalita puede utilizarse en meditación, durante la práctica del yoga o colocarse sobre el chakra del tercer ojo. También se puede llevar como joya o en el bolsillo o la cartera. Sea cual sea la forma que elija para trabajar, la sodalita le ayudará a abrir y equilibrar su chakra *Ajna*.

Estas son solo algunas piedras y cristales para equilibrar y limpiar el chakra *Ajna*. Si busca mayor claridad, perspicacia y comprensión, considere trabajar con una o más de estas piedras. También puede consultar a un terapeuta de cristales cualificado o a alguien que trabaje con la energía para encontrar las piedras adecuadas.

Cuidar sus piedras y cristales

Las piedras y los cristales son algo más que objetos bonitos: también tienen poderosas energías curativas. Si le atraen las propiedades metafísicas de estos objetos, es fundamental que los proteja y limpie con regularidad. Haciéndolo, preservará sus energías y hará que sigan siendo eficaces.

Limpieza

Hay varias formas de limpiar las piedras y los cristales. Una es simplemente enjuagarlos con agua, ya sea de una fuente natural, como un río o un arroyo, o del grifo de su casa. También puede utilizar agua salada, que es especialmente limpiadora. Si elige este método, asegúrese de enjuagar bien las piedras con agua dulce después. La limpieza de piedras también puede hacerse con humo de salvia o incienso. Simplemente mantenga la piedra en el humo durante unos minutos y deje que se airee antes de volver a utilizarla.

Mandala de cristales

Además de la limpieza, es importante cuidar regularmente de sus piedras y cristales. Una forma de hacerlo es creando un mandala de cristales. Esto implica crear patrones con sus piedras que amplifiquen y enfoquen sus energías. También puede colocar sus piedras en zonas específicas de su casa u oficina que se correspondan con el tipo de energía que quiere atraer. Por ejemplo, puede colocar una piedra de la prosperidad en la entrada de su casa para atraer la abundancia, o una piedra del amor en su dormitorio para fomentar las relaciones.

Almacenamiento

Hay algunas cosas que debe tener en cuenta a la hora de guardar sus piedras y cristales. En primer lugar, es importante guardarlos en un lugar seguro donde no se dañen. En segundo lugar, es mejor mantenerlos alejados de otros objetos que puedan drenar su energía. Por último, se deben limpiar con regularidad, sobre todo si llevan tiempo guardados. La mejor forma de almacenar las piedras depende del tipo y del tamaño de la colección. Las más pequeñas pueden guardarse en una bolsita o caja, mientras que las más grandes pueden necesitar su propio espacio.

Con los cuidados adecuados, sus piedras y cristales serán un valioso recurso para su viaje hacia el autodescubrimiento y el crecimiento. Si se toma el tiempo necesario para limpiarlas, cargarlas y guardarlas correctamente, se asegura de que le proporcionen el máximo beneficio.

Consejos para trabajar con piedras y cristales

1. **Elija la piedra adecuada:** Al seleccionar una piedra o cristal, elija uno que resuene con usted. Si no está seguro de qué piedra elegir, consulte con un terapeuta de cristales cualificado o alguien que trabaje con energías.
2. **Límpielos regularmente**: Asegúrese de limpiar sus piedras y cristales con regularidad. Esto ayudará a preservar sus energías y mantenerlos trabajando con eficacia.
3. **Almacénelos apropiadamente:** Cuando guarde sus piedras y cristales, asegúrese de mantenerlos en un lugar seguro donde no se dañen. Además, manténgalos alejados de otros objetos que puedan drenar sus energías.
4. **Utilícelos con intención:** Cuando utilice sus piedras y cristales, asegúrese de establecer su intención. Esto ayudará a enfocar las energías y amplificar sus efectos.
5. **Confíe en su intuición:** Confíe siempre en su intuición cuando trabaje con piedras y cristales. Si no está seguro de cómo utilizar una piedra en particular, pida orientación a sus guías.

6. El uso de cristales y piedras para el chakra del tercer ojo es una forma poderosa de conectar con su intuición y su yo superior. Al seleccionar las piedras, asegúrese de elegir aquellas que resuenen con usted. Recuerde limpiar y cargar sus piedras con regularidad y guardarlas en un lugar seguro. Y lo más importante, confíe siempre en su intuición cuando trabaje con estas poderosas herramientas. Siga estos consejos para sacar el máximo provecho de su experiencia.

Capítulo 8: Aromaterapia Ajna

Los aceites esenciales son muy útiles para equilibrar *Ajna*, el chakra del tercer ojo. Purifican y limpian el cuerpo y la mente y eliminan los patrones de pensamientos y emociones negativas, a la vez que mejoran la claridad, la concentración y la intuición.

Este capítulo se centra en los aceites esenciales que favorecen el equilibrio del chakra del tercer ojo. Primero, habla de cómo equilibran el *Ajna* y qué hace que un aceite esencial sea apropiado para esta tarea. Explica las propiedades de cada aceite, por qué ayuda a abrir el *Ajna* y cómo utilizarlo. También hay una lista de aceites recomendados para abrir el *Ajna*.

Aceites Esenciales

Los aceites esenciales son líquidos concentrados que contienen la esencia de una planta. Se extraen mediante un proceso de destilación al vapor o prensado en frío y tienen varios usos. Algunas personas utilizan los aceites esenciales por sus propiedades curativas, mientras que otras simplemente disfrutan de su agradable aroma.

Hay muchos aceites disponibles, cada uno con su aroma y beneficios únicos. Algunos de los más populares son la lavanda, el limón y la menta. Si se utilizan correctamente, los aceites esenciales son una forma segura y eficaz de mejorar la salud y el bienestar.

Algunos de los mejores aceites para trabajar el chakra del tercer ojo son la lavanda, el incienso y el sándalo. Pueden utilizarse en un difusor o aplicarse tópicamente en la zona del entrecejo. También puede colocarse una gota de aceite en cada muñeca e inhalar profundamente cada vez que necesite sintonizar con su guía interior.

Trabajando con estos aceites como apoyo, puede equilibrar su chakra *Ajna* y recuperar su poder de percepción. Una vez que este chakra esté abierto y equilibrado, podrá ver con claridad, tomar decisiones sabias y conectar con su intuición.

Beneficios de la aromaterapia

La aromaterapia es una medicina alternativa que utiliza aceites esenciales para la relajación y el bienestar. Los aceites suelen diluirse en un aceite portador y luego se aplican sobre la piel o se inhalan. La aromaterapia ofrece varios beneficios para la salud, como reducir el estrés, mejorar el sueño y aliviar el dolor.

Algunas investigaciones han demostrado que la aromaterapia ayuda a tratar ciertas afecciones. Por ejemplo, un estudio descubrió que el aceite de lavanda reduce la ansiedad, mientras que otro demostró que el aceite de menta mejora el rendimiento cognitivo. Sin embargo, se necesitan más investigaciones para confirmar estos efectos.

En general, la aromaterapia es segura si se utiliza correctamente. Sin embargo, algunas personas pueden experimentar irritación cutánea o reacciones alérgicas a determinados aceites esenciales. Si está interesado en probar la aromaterapia, asegúrese de consultar con un profesional cualificado.

He aquí algunos beneficios de la aromaterapia que ayudan a equilibrar el chakra del tercer ojo:

- Reduce el estrés.
- Mejora el sueño.
- Alivia el dolor.
- Aumenta el rendimiento cognitivo.
- Combate la depresión y la ansiedad.
- Ayuda a la digestión.
- Regula las hormonas.
- Reduce la tensión arterial.

Cómo ayudan los aceites esenciales a equilibrar el *Ajna*

Otros aceites para este chakra son la albahaca, el incienso y el sándalo. La albahaca agudiza la concentración y aumenta la claridad, el incienso abre el tercer ojo y equilibra la mente, y el sándalo calma los nervios y favorece la introspección. Se puede alinear el *Ajna* utilizando estos aceites con regularidad. A medida que el chakra del tercer ojo se equilibra, resulta más fácil confiar en la intuición y tomar decisiones alineadas con el bien supremo.

¿Qué hace que un aceite esencial sea adecuado?

Cuando se trata de aceites esenciales, hay algunas cosas que debe tener en cuenta para elegir el adecuado. En primer lugar, pregúntese para qué desea utilizar el aceite. ¿Es para relajarse?, ¿para obtener energía?, ¿para concentrarse? Una vez que lo haya determinado, podrá reducir sus opciones.

A continuación, eche un vistazo a la lista de ingredientes y asegúrese de que no es alérgico a ninguno de ellos. Cuando haya encontrado aceites que cumplan estos dos criterios, puede experimentar diferentes aromas para ver cuál le gusta más. Por último, cuando esté listo para comprarlo, asegúrese de que procede de una fuente de confianza.

A la hora de elegir un aceite esencial para el *Ajna*, busque uno que sea enraizante y calme la mente. Algunos de los mejores aceites para este chakra son la albahaca, el incienso y el sándalo. Estos aceites ayudan a abrir el tercer ojo y favorecen la claridad de pensamiento. Con un poco de investigación, puede encontrar el aceite esencial perfecto para equilibrar su chakra *Ajna*.

Aceites esenciales recomendados

Los aceites esenciales se utilizan para equilibrar el *Ajna*. Algunos aceites sugeridos incluyen el romero, la salvia, el incienso y la lavanda. El romero es estimulante y aumenta la claridad mental y la concentración, mientras que la salvia es un aceite de limpieza que purifica la mente y libera la negatividad. El incienso es enraizante y promueve la quietud y la sabiduría interior, y la lavanda es un aceite calmante que ofrece consuelo y paz. El uso de estos aceites esenciales ayuda a equilibrar el *Ajna* y fomenta la armonía interior.

Además de los aceites mencionados, otras opciones que ayudan a equilibrar el *Ajna* son el ciprés puro, la mirra y el enebro. A continuación, se ven las propiedades de cada uno de estos aceites y cómo ayudan a mantener sano el *Ajna*.

1. Ciprés puro

El aceite esencial de ciprés es una poderosa herramienta para equilibrar el chakra *Ajna*. Su aroma fresco y amaderado enraiza y centra la mente. Puede utilizarse para aliviar la ansiedad y el estrés, favorecer la claridad de pensamiento y aumentar la concentración. También ayuda a abrir el chakra del tercer ojo, fomentando la conciencia psíquica y la intuición. El aceite esencial puro de ciprés es una excelente herramienta para quienes buscan equilibrar su chakra *Ajna*.

2. Mirra

El aceite de mirra tiene una amplia gama de beneficios, pero es particularmente bueno para el chakra *Ajna*. Ayuda a equilibrar el *Ajna* favoreciendo la claridad de pensamiento y la paz interior. También mejora la conexión espiritual y la orientación intuitiva. Para utilizar el aceite de mirra y equilibrar el chakra *Ajna*, basta añadir unas gotas al difusor o aplicarlo directamente sobre la piel. También puede añadirlo a un baño o masajearse las sienes y la frente. Para obtener mejores resultados, repita este proceso diariamente o según sea necesario.

3. Enebro

El aceite de enebro se ha utilizado durante mucho tiempo en la medicina tradicional por sus numerosos beneficios para la salud. Hoy en día, sigue siendo apreciado por su capacidad para calmar y relajar la mente y el cuerpo. Uno de los usos más populares del aceite de enebro es la terapia de masaje, ya que alivia la tensión muscular y el dolor. También favorece la circulación y mejora el drenaje linfático. El aceite de enebro también se utiliza en aromaterapia.

En un difusor, purifica el aire y reduce los niveles de estrés. También puede aplicarse tópicamente sobre la piel. Diluido en un aceite portador, ayuda a mejorar el cutis y reducir la inflamación. Es un aceite versátil con muchos beneficios para la salud. Ya sea en masajes, aromaterapia o cuidado de la piel, renueva y rejuvenece.

4. Albahaca

El aceite de albahaca es refrescante y estimulante. Tiene un aroma dulce y herbáceo que favorece la claridad mental y la concentración. También reduce el estrés y la ansiedad. Añadir unas gotas de aceite de albahaca a un difusor o usarlo directamente sobre la piel ayuda a equilibrar el chakra *Ajna*. También puede añadirlo a un baño o masajearse las sienes y la frente. Para obtener mejores resultados, repita el proceso a diario o cuando lo necesite.

En un difusor, el aceite de albahaca purifica el aire y reduce los niveles de estrés. Además, puede usarse tópicamente sobre la piel. Cuando se diluye con un aceite portador, mejora la tez y reduce la inflamación.

5. Romero

El aceite de romero es estimulante. Tiene un aroma penetrante y refrescante que despeja la mente y favorece la concentración. También alivia los dolores de cabeza y favorece la claridad mental. Añada unas gotas de aceite de romero a un difusor o masajéese las sienes y la frente. También puede añadirlo a un baño o utilizarlo en una compresa. Repita el proceso a diario o cuando lo necesite.

6. Menta

El aceite de menta se utiliza desde hace mucho tiempo para remediar la fatiga mental y los problemas de concentración. Su refrescante aroma despeja la mente y mejora la concentración. Además, se dice que estimula el chakra *Ajna*, que es el centro de energía asociado a la intuición y la perspicacia. Para el chakra *Ajna*, añada unas gotas de aceite de menta a un difusor o aplíquelas directamente en la frente. También puede masajearse las sienes o la nuca.

7. Lavanda

El aceite de lavanda es versátil y puede utilizarse para el chakra *Ajna*. Tiene un aroma calmante y floral que favorece la tranquilidad y la paz interior. Se cree que ayuda a reducir el estrés y la ansiedad. Además, el aceite de lavanda mejora la relajación y el sueño, lo que resulta beneficioso para quienes tienden a la ansiedad o el estrés, ya que alivia la tensión y permite que la mente se relaje.

Al igual que con el de albahaca, la aplicación de aceite de lavanda directamente sobre la piel o su uso en un difusor ayuda a equilibrar el chakra *Ajna*. También puede añadirlo a un baño o masajearse las sienes y la frente. Para obtener mejores resultados, repita este proceso a diario o cada vez que lo necesite.

Cómo usar aceites esenciales para equilibrar el chakra *Ajna*

Hay muchas maneras de utilizar los aceites esenciales para favorecer al chakra *Ajna*. Algunos prefieren un solo método, mientras que otros prefieren una combinación de varios. Lo más importante es encontrar lo que funcione mejor para usted y ser constante con su práctica.

1. Difusión

Uno de los métodos más populares es la difusión, que consiste en dispersar el aceite en el aire para inhalarlo. Esto permite que el aceite entre en el torrente sanguíneo y viaje hasta el cerebro, lo que tiene un efecto equilibrante. Para difundir aceites esenciales, se necesita un difusor. Los hay de varios tipos, pero todos funcionan liberando el aceite caliente en el aire. La difusión de aceites esenciales permite disfrutar de su aroma y beneficiarse de sus propiedades terapéuticas.

2. Aplicación Tópica

Los aceites esenciales también pueden aplicarse directamente sobre la piel. Basta añadir unas gotas en el entrecejo o masajear las sienes. Se logra un efecto más potente mezclando el aceite con un aceite portador, como el de coco, y aplicándolo en la frente con movimientos circulares.

La clave está en utilizar la cantidad de aceite justa para que la piel lo absorba con facilidad. Si nota que no se absorbe, puede añadir un poco más del portador. El objetivo es crear una mezcla equilibrada que no sea ni demasiado grasa ni demasiado seca. La aplicación tópica de aceites esenciales es una forma excelente de equilibrar el chakra *Ajna*, pero solo si se hace correctamente.

3. Baños

Añadir aceites esenciales a un baño es una forma estupenda de disfrutar de sus efectos relajantes y equilibrantes. Para ello, basta con añadir unas gotas a la bañera antes de meterse en ella. También puede mezclar el aceite con una taza de sal de Epsom y añadir la mezcla a la bañera. Esto ayudará a que el aceite se disperse uniformemente y le proporcionará una dosis más concentrada. Sumergirse en un baño de aceites esenciales es una forma estupenda de relajarse y desconectarse después de un largo día.

4. Inhalación

Inhalar aceites esenciales es una forma rápida y sencilla de disfrutar de sus efectos equilibrantes. Basta con añadir unas gotas sobre un pañuelo e inhalar profundamente. También puede añadir unas gotas a su difusor e inhalar el aroma a medida que se libera en el aire. Si no tiene un difusor, puede añadir las gotas a una olla de agua hirviendo e inhalar el vapor.

5. Masaje

Masajear la piel con aceites esenciales es una forma estupenda de disfrutar sus efectos relajantes y equilibrantes. Puede añadir unas gotas de aceite a un aceite portador, como el de coco, y masajear las sienes y la frente con la mezcla. También puede añadir unas gotas a su loción favorita y masajearse la piel. El objetivo es crear una mezcla equilibrada que no sea ni demasiado grasa ni demasiado seca. Cuando se hace correctamente, el masaje es una forma muy eficaz de equilibrar el chakra *Ajna*.

6. Compresas

Las compresas son otro método eficaz para beneficiarse con los aceites esenciales sin aplicarlos directamente sobre la piel. Para crear una compresa, añada unas gotas de aceite a un recipiente con agua caliente y empape un paño en la mezcla. Escúrralo una vez saturado y colóquelo sobre la frente.

También puede añadir unas gotas de aceite a un recipiente con agua fría y empapar un paño en la mezcla. Una vez saturado el paño, escúrralo y aplíquelo sobre la frente. El objetivo es encontrar una temperatura cómoda para usted, lo que ayudará a equilibrar el chakra *Ajna*.

7. Suplementos

Varios suplementos también son de gran ayuda para equilibrar el chakra *Ajna*. Uno de ellos son los ácidos grasos omega-3. Se encuentran en el aceite de pescado y ayudan a mantener la salud del cerebro y del sistema nervioso. Otro suplemento útil es el magnesio. Se trata de un mineral que interviene en diversas reacciones bioquímicas del organismo y contribuye a la salud del sistema nervioso. Puede encontrar magnesio en forma de suplemento o en alimentos como las verduras, los frutos secos y las semillas.

Los aceites esenciales son una forma natural y eficaz de promover el equilibrio del chakra *Ajna*. Cuando se utilizan correctamente, son una herramienta segura y poderosa para apoyar la salud mental y emocional. Además, son una forma eficaz de mejorar la concentración, la atención y la memoria y de aliviar el estrés, equilibrando el chakra *Ajna*.

Descargo de responsabilidad: Este contenido no pretende sustituir el consejo, diagnóstico o tratamiento de un médico profesional. Para cualquier pregunta que tenga con respecto a una condición médica, siempre busque el consejo de su médico u otro proveedor de salud calificado. Lea siempre las etiquetas de los aceites esenciales y tenga cuidado cuando los utilice cerca de animales domésticos, personas alérgicas, mujeres embarazadas o niños.

Capítulo 9: Dieta y nutrición para el Ajna

Como dice el refrán, somos lo que comemos. Y eso nunca ha sido más cierto que cuando se trata de la dieta para el *Ajna*. Mantener la mente, el cuerpo y el espíritu en equilibrio es fundamental para gozar de buena salud. La mejor manera de hacerlo es darle al cuerpo alimentos nutritivos llenos de la energía necesaria para vivir una vida sana y feliz.

La dieta *Ajna* se basa en el principio de la alimentación equilibrada. Hace hincapié en los alimentos sanos y ricos en nutrientes que además son fáciles de digerir y proporcionan al cuerpo la energía que necesita para funcionar de la mejor manera. Este capítulo trata sobre los mejores alimentos y la nutrición para el chakra del tercer ojo.

La dieta en la curación del chakra *Ajna*

El papel de la dieta en la curación del chakra *Ajna* es, en primer lugar, nutrir. Cuando el cuerpo no recibe la nutrición adecuada, los desequilibrios físicos y mentales son frecuentes. Una de las cosas más importantes por hacer es seguir una dieta sana. Los alimentos ricos en antioxidantes, como los arándanos y las verduras, ayudan a limpiar y purificar el chakra *Ajna*.

Otros alimentos que equilibran son la sal del Himalaya, que ayuda a eliminar el exceso de energía, y el ghee, que lubrica y calma la mente. Seguir una dieta rica en estos alimentos nutritivos mantiene el chakra *Ajna* en equilibrio y favorece la salud y el bienestar generales.

Técnicas de ayuno para abrir y curar el *Ajna*

Si quiere abrir y sanar su chakra *Ajna*, las técnicas de ayuno también son beneficiosas. La idea del ayuno es limpiar el cuerpo y la mente, dejando una pizarra en blanco para centrar sus intenciones. También ayuda a reducir el estrés y promueve la claridad de pensamiento. Antes de ayunar para el chakra *Ajna*, enfóquese en comer alimentos ligeros y purificadores para desintoxicar y limpiar el cuerpo. Las frutas y verduras, las proteínas magras y mucha agua son excelentes elecciones. Evite los alimentos procesados, la cafeína y el alcohol.

Hay muchas formas de ayunar, así que busque el mejor método para usted. A continuación, se muestran distintos tipos de ayuno que puede probar:

Ayuno con agua

Cuando oímos la palabra «ayuno», solemos pensar en un tiempo sin comer. Sin embargo, el ayuno con agua es totalmente distinto. En lugar de abstenerse de todo alimento, quienes ayunan con agua no consumen nada más que agua durante un periodo determinado, generalmente 24 horas o más. Aunque puede ser muy beneficioso, es importante consultar a un médico antes de hacerlo.

Si se realiza correctamente, el ayuno con agua limpia y purifica el cuerpo, y también es una forma eficaz de abrir y sanar el chakra *Ajna*. Abre y limpia el chakra *Ajna*, facilitando una mayor claridad y comprensión. Además, mejora la concentración y el enfoque mental.

Si está pensando en ayunar con agua, asegúrese de investigar y consultar antes con un médico. Si lo hace correctamente, es una herramienta poderosa para abrir y sanar el chakra *Ajna*.

Ayuno con zumos

Una forma de abrir y curar el *Ajna* es a través del ayuno con zumos. Esta práctica de limpieza purga el cuerpo de toxinas y energía negativa, creando espacio para el nuevo crecimiento. Cuando se combina con la meditación y la visualización, el ayuno con zumos es una herramienta poderosa para abrir y sanar el tercer ojo.

Cuando se ayuna con zumos, es importante utilizar frutas y verduras frescas y orgánicas. Los zumos deben prepararse en un exprimidor o licuadora, y deben consumirse inmediatamente. Si es la primera vez que ayuna con zumos, empiece por hacerlo un día y vaya aumentando la duración. Si busca mejorar su intuición y conectar con su yo superior, considere la posibilidad de ayunar con zumos.

Ayuno intermitente

El ayuno intermitente implica periodos de abstinencia de alimentos seguidos de periodos de ingesta. La forma más común de ayuno intermitente es el método 16/8, que consiste en ayunar durante 16 horas y comer durante ocho. Otros métodos populares son la dieta 5:2 y la dieta del guerrero.

El ayuno intermitente tiene muchos beneficios como la pérdida de peso, la mejoría de la claridad mental y el aumento de los niveles de energía. Cuando se hace correctamente, también abre y sana el chakra *Ajna*. El ayuno intermitente despeja la mente y facilita una mayor claridad de pensamiento. Además, ayuda a mejorar la concentración y el enfoque.

Ayuno seco

El ayuno seco consiste en abstenerse tanto de alimentos como de agua. Aunque el ayuno seco tiene muchos beneficios, es importante consultar con un médico antes de embarcarse en un ayuno de este tipo. El ayuno seco ayuda a limpiar y purificar el cuerpo y también es una forma eficaz de abrir y sanar el chakra *Ajna*. También ayuda a despejar la mente y facilita la claridad de pensamiento. Además, mejora la concentración y el enfoque.

Alimentos para desbloquear o equilibrar el *Ajna*

Algunos alimentos ayudan a desbloquear o equilibrar el chakra *Ajna*. Por ejemplo, se cree que los que son ricos en magnesio y potasio son beneficiosos. Entre ellos están las verduras, los plátanos, los aguacates y los frutos secos. Además, comer alimentos azules y morados es beneficioso para el chakra *Ajna*. Esto se debe a que estos colores se asocian con la conciencia espiritual y la intuición. Así que, la próxima vez que quiera desbloquear o equilibrar su chakra *Ajna*, incorpore algunos de estos alimentos a su dieta.

Muchos alimentos ayudan a desbloquear o equilibrar el *Ajna*. He aquí algunos ejemplos:

Alimentos morados

Los alimentos morados ayudan a desbloquear o equilibrar el *Ajna*. Las uvas moradas, por ejemplo, son ricas en antioxidantes y flavonoides, que han demostrado mejorar la función cognitiva. Los arándanos son otra excelente opción, ya que favorecen la función cerebral y la memoria. Por último, la lavanda es una hierba popular que se utiliza desde hace mucho tiempo para la relajación y el sueño.

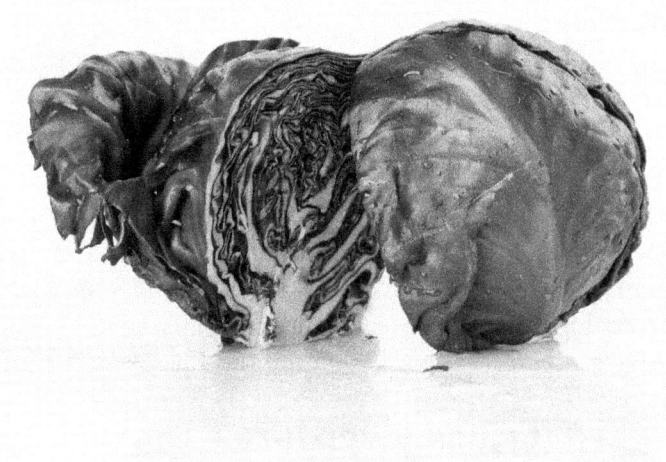

Repollo morado
https://pixabay.com/es/photos/vegetal-alimentos-col-4357039/

También puede beneficiarse de otros alimentos morados, como las zanahorias moradas, la berenjena, las moras y el repollo morado. Estos alimentos ayudan a desbloquear o equilibrar el *Ajna*, promoviendo sentimientos de paz y bienestar. Cuando elija alimentos morados, es importante que sean orgánicos y no contengan pesticidas.

Alimentos ricos en magnesio

El magnesio es un mineral que desempeña un papel importante en la función cerebral. También se ha demostrado que favorece la relajación y reduce los niveles de estrés. Los alimentos ricos en magnesio son las verduras, los frutos secos, las nueces y las legumbres. Las semillas de calabaza, la espirulina y el chocolate negro también son excelentes opciones. Si busca desbloquear o equilibrar su chakra *Ajna*, incorpore algunos de estos alimentos a su dieta.

Alimentos ricos en potasio

El potasio es un mineral esencial para el buen funcionamiento del cerebro y los nervios. También es uno de los nutrientes clavepara mantener el *Ajna* en equilibrio, por lo que la incorporación de alimentos ricos en potasio a su dieta es una gran manera de mantener bien este importante chakra. Algunas fuentes de potasio son los plátanos, los aguacates, las papas, las acelgas y las lentejas. Por lo tanto, si quiere desbloquear o equilibrar su *Ajna*, asegúrese de consumir estos deliciosos alimentos ricos en potasio.

Cereales integrales

Muchos cereales integrales ayudan a desbloquear o equilibrar el *Ajna*, el chakra del tercer ojo. El arroz integral es un gran cereal, ya que enraiza la energía del chakra. La quinoa es otro grano útil porque tiene un alto contenido de magnesio, que alivia el estrés.

La avena también es beneficiosa, ya que contiene avenantramidas que mejoran el flujo sanguíneo al cerebro. Por último, la cebada es un cereal maravilloso para el equilibrio del *Ajna*, ya que calma y tranquiliza la mente. Comer cualquiera de estos cereales con regularidad le ayudará a conseguir un chakra del tercer ojo más equilibrado.

Frutas y verduras

Algunas frutas y verduras especialmente beneficiosas son clave para desbloquear o equilibrar el chakra *Ajna*. Algunas de las mejores opciones son:

- **Piña:** Esta fruta tropical no solo es deliciosa, sino que también contiene bromelina, una enzima que descompone las proteínas y reduce la inflamación.

- **Pepino:** Los pepinos son refrescantes e hidratantes, por lo que son ideales para el chakra *Ajna*. Además, contienen sílice, un mineral que fortalece el tejido conectivo.

- **Arvejas verdes:** Las arvejas verdes son ricas en nutrientes que mejoran la circulación y desintoxican el cuerpo.

- **Espinacas:** La espinaca es otra verdura rica en nutrientes y antioxidantes. Aumenta los niveles de energía y promueve la salud en general.

Estas son solo algunas de las frutas y verduras que ayudan a desbloquear o equilibrar el chakra *Ajna*. Incorporarlas a su dieta es una forma sencilla y deliciosa de apoyar su salud y bienestar.

Recetas divertidas, sanas y sencillas

Con los ingredientes anteriores, puede preparar algunas recetas deliciosas y saludables que le ayudarán a desbloquear o equilibrar el chakra *Ajna*. Aquí tiene algunas ideas para empezar:

1. Batido de piña y pepino

Este refrescante batido es perfecto para una merienda o un desayuno veraniego. Está repleto de nutrientes y solo se tarda unos minutos. Simplemente combine piña fresca, pepino, yogur y miel en una batidora y bata hasta obtener una mezcla homogénea. Para darle un toque extra de sabor, añada un chorrito de zumo de limón. Si le parece demasiado espeso, añada un poco de agua o hielo hasta que adquiera la consistencia deseada. Disfrute inmediatamente de su batido de piña y pepino, o guárdelo en la nevera para más tarde. De cualquier forma, seguro que le encantará este delicioso y saludable placer.

2. Ensalada de arvejas verdes

Esta ensalada sencilla y saludable es perfecta para un almuerzo ligero o como guarnición. Está repleta de nutrientes y sabor y se prepara en cuestión de minutos. Simplemente combine arvejas verdes cocidas, tomates cortados en dados, cebolla roja picada y queso feta desmenuzado en un bol. Bata con aceite de oliva, zumo de limón y ajo para el aliño. Sazone la ensalada con sal y pimienta al gusto. Mezcle todo y disfrute. Puede servir esta ensalada inmediatamente o guardarla en la nevera para más tarde. ¡Buen provecho!

3. Bol de espinacas y quinoa

Este bol sustancioso y nutritivo es perfecto para una comida o cena rápida y fácil. Está repleto de proteínas y fibra y se prepara en pocos minutos. Simplemente cocine la quinoa según las instrucciones del paquete. A continuación, mézclela con espinacas, tomates cortados en dados y pollo desmenuzado en un bol. Bata con aceite de oliva, vinagre balsámico y ajo para el aliño. Sazone la ensalada con sal y pimienta al gusto. Mezcle todo y disfrute. Puede servir esta ensalada inmediatamente o guardarla en la nevera para más tarde.

4. Batido de superalimentos morados

Este batido rico en nutrientes es perfecto para un desayuno o tentempié rápido y fácil. Está lleno de antioxidantes y sabores y se prepara en cuestión de minutos. Simplemente ponga frutos rojos frescos o congelados (como arándanos, moras y frambuesas), yogur y miel en una licuadora y mezcle hasta que quede suave. Para darle un toque extra de sabor, añada un chorrito de zumo de limón. Si el batido le parece demasiado espeso, añada un poco de agua o hielo hasta que adquiera la consistencia deseada. Disfrute de su batido de superalimentos morados inmediatamente o guárdelo en la nevera para más tarde. En cualquier caso, le encantará este delicioso y saludable batido.

5. Bol fácil morado para chakras

Este bol sencillo y saludable es perfecto para una comida o cena rápida y fácil. Está repleto de antioxidantes y sabores y su preparación lleva solo unos minutos. Simplemente cocine quinoa según las instrucciones del paquete. A continuación, mézclela con tomates cortados en dados, moras y pollo desmenuzado en un bol. Para el aliño, bata vinagre balsámico y ajo. Sazone la ensalada con sal y pimienta al gusto. Mezcle todo y disfrute.

6. Bol de remolacha, bayas y semillas de chía

Este bol rico en nutrientes es perfecto para un desayuno o tentempié rápido y fácil. Está repleto de antioxidantes, proteínas y fibra y se prepara en cuestión de minutos. Simplemente combine remolachas cocidas, bayas frescas o congeladas, semillas de chía y yogur en un bol. Para el aliño, bata miel con zumo de limón. Sazone la ensalada con sal y pimienta al gusto. Mezcle todo y disfrute. Puede servir este bol inmediatamente o guardarlo en la nevera para más tarde.

7. Tazón chakra arcoiris

Este bol colorido y saludable es perfecto para una comida o cena rápida y fácil. Está repleto de antioxidantes y sabores y se prepara en pocos minutos. Simplemente cocine quinoa o arroz según las instrucciones del paquete. A continuación, ponga la quinoa o el arroz cocidos, tomates cortados en dados, moras, frambuesas y pollo o tofu desmenuzado en un bol. Para el aliño, bata vinagre balsámico, miel y ajo. Sazone la ensalada con sal y pimienta al gusto. Mezcle todo y disfrute.

8. Limonada de lavanda

Esta bebida refrescante y relajante es perfecta para un caluroso día de verano. Está repleta de sabor y se prepara en cuestión de minutos. Simplemente mezcle zumo de limón fresco, agua, miel y lavanda en una jarra. Remueva hasta que se integre la miel. A continuación, añada hielo y disfrute. Si la limonada le parece demasiado ácida, añada un poco más de miel. Si le parece demasiado dulce, añada un poco más de zumo de limón. En cualquier caso, le encantará esta deliciosa y saludable bebida.

9. Berenjenas a la parmesana

Este clásico plato italiano es perfecto para una cena rápida y fácil. Está repleto de sabor y se prepara en pocos minutos. Basta con cocinar las rodajas de berenjena en una sartén. A continuación, añada salsa de tomate, queso mozzarella y queso parmesano a la sartén. Cocine hasta que el queso se derrita. Sírvalo con una guarnición de pan o pasta. Disfrute de sus berenjenas a la parmesana inmediatamente, o guárdelas en la nevera para más tarde.

Estas son solo algunas de las muchas recetas que puede preparar con estos ingredientes. Con un poco de creatividad, encontrará fácilmente formas de incorporar estos alimentos a su dieta y favorecer su salud y bienestar.

Consejos dietéticos y nutricionales

Seguir algunos consejos dietéticos y nutricionales puede ayudar a mantener el equilibrio del chakra *Ajna*. En primer lugar, es importante comer muchas frutas y verduras frescas, porque están repletas de vitaminas y minerales esenciales para una buena salud. En segundo lugar, los cereales integrales son beneficiosos para el chakra *Ajna*, ya que ayudan a promover la claridad mental y la concentración. En tercer lugar, es importante comer muchos alimentos ricos en proteínas, como carnes magras, tofu, legumbres y frutos secos.

Las proteínas proporcionan los componentes básicos para todos los procesos bioquímicos del cuerpo, incluidos los que tienen lugar en el cerebro. Por último, también es importante mantenerse hidratado bebiendo mucha agua a lo largo del día. El agua elimina las toxinas del cuerpo y permite que todas las células funcionen correctamente.

En conclusión, los consejos de dieta y nutrición para el equilibrio del chakra *Ajna* son:

- Coma mucha fruta y verdura fresca.
- Coma cereales integrales.
- Coma abundantes alimentos ricos en proteínas.
- Manténgase hidratado bebiendo mucha agua.
- Evite los alimentos procesados.
- Evite la cafeína y el alcohol.
- Coma despacio y con atención.

Así como muchos alimentos son beneficiosos para el chakra *Ajna*, hay algunos que deben evitarse. Los alimentos procesados, la cafeína y el alcohol provocan desequilibrios en este chakra.

Los alimentos procesados suelen tener un alto contenido de azúcar, lo que provoca ansiedad e irritabilidad. La cafeína también provoca estos síntomas, además de inquietud e insomnio. El alcohol provoca deshidratación, lo que a su vez causa problemas de concentración y atención.

Para mantener el equilibrio del chakra *Ajna* es fundamental seguir una dieta equilibrada y saludable. Siguiendo la dieta y los consejos de nutrición presentados, puede incorporar fácilmente estos alimentos a su cotidianidad y mejorar su salud y bienestar.

Descargo de responsabilidad: La información proporcionada en este capítulo es únicamente para fines informativos y no pretende sustituir el consejo de un profesional médico. Si tiene alguna duda o pregunta sobre su salud, consulte siempre a un médico u otro profesional sanitario.

Capítulo 10: Rutina de siete días del chakra del tercer ojo

¿Está preparado para abrir el chakra del tercer ojo y desarrollar su intuición? En los capítulos anteriores ha leído abundante información sobre el chakra del tercer ojo y ha llegado el momento de poner en práctica esos conocimientos. Mantener el chakra *Ajna* en equilibrio le permitirá vivir plenamente el momento presente y confiar en su intuición. Con la práctica regular, desarrollará una conexión más fuerte con su intuición y empezará a ver el mundo con el lente de su tercer ojo.

Este capítulo proporciona una rutina de siete días para abrir y equilibrar el chakra del tercer ojo. Para cada día hay posturas de yoga, meditaciones específicas y otros ejercicios. También tendrá la oportunidad de probar otras cosas para equilibrar este chakra, como leer libros espirituales, pasar tiempo en la naturaleza y practicar la gratitud.

Aquí tiene una rutina de siete días para abrir y equilibrar el chakra del tercer ojo:

Día 1

Posturas de yoga

Postura del medio camello, Postura de la vaca y el gato, Postura del niño, Postura del perro boca abajo con tres piernas.

Para empezar, practique algunas posturas básicas de yoga para abrir el chakra del tercer ojo. La Postura del medio camello es buena para empezar, ya que libera la tensión del cuello y los hombros. La Postura de la vaca y el gato también es beneficiosa, ya que aumenta la flexibilidad de la columna vertebral. La del niño es una postura reparadora que calma la mente y el sistema nervioso. Por último, la Postura del perro boca abajo con tres piernas es ideal para estirar todo el cuerpo.

Meditación

Cuando esté preparado, siéntese en una posición cómoda y cierre los ojos. Empiece respirando profundamente y relajando el cuerpo. Una vez que se sienta en calma, centre su atención en el chakra del tercer ojo. Visualice una bola de luz brillante en el centro de la frente. Dedique unos minutos a concentrarse en esa luz y luego deje que su mente divague.

Ejercicio adicional

Hoy, pase tiempo en la naturaleza y tómese un rato para estar bajo el sol. Además, lea un libro o artículo espiritual durante al menos diez minutos. Cuanto más se sumerja en las enseñanzas espirituales, más fácil le resultará abrir el chakra del tercer ojo. Al final del día, reflexione sobre las siguientes preguntas:

- ¿Cómo me he sentido hoy?
- ¿Qué he notado en mis pensamientos y emociones?
- ¿He tenido alguna intuición?

Día 2

Posturas de yoga

Postura de la cobra, Postura del perro boca abajo, Postura del pez, Postura del gran ángulo.

Hoy, comience con algunas flexiones básicas hacia atrás para liberar la tensión de la columna vertebral. La postura de la cobra es buena para empezar, ya que abre el pecho y los hombros. La postura del perro boca abajo también es beneficiosa, ya que estira toda la parte posterior del cuerpo. La postura del pez es reparadora y ayuda a abrir el pecho y los pulmones. Por último, la postura del gran ángulo es ideal para estirar los isquiotibiales.

Mantras

Mantra del Chakra *Ajna* – «*Om Namah Shivaya*»

Este mantra se utiliza para conectar con la energía del Señor Shiva, que está asociada con el chakra del tercer ojo. Cuando repita este mantra, visualice la energía del Señor Shiva abriendo y equilibrando su chakra del tercer ojo. Puede encontrar más información sobre este mantra en el capítulo «Mantras y mudras».

Segundo Mantra – «*Om Shreem Maha Lakshmiyei Namaha*»

Este mantra se utiliza para conectar con la energía de Maha Lakshmi, que está asociada con el chakra del tercer ojo. Este mantra se centra en la abundancia, así que cuando lo repita, visualice su chakra del tercer ojo abriéndose y recibiendo la energía de la abundancia. Si quiere saber más sobre este mantra, puede encontrar información en internet.

Ejercicio adicional

Dedique un tiempo a reflexionar sobre sus objetivos y sueños. ¿Qué quiere conseguir en el próximo mes, año o incluso en su vida? Visualice que alcanza esos objetivos. Asegúrese también de escribir un diario durante al menos diez minutos. Al final del día, reflexione sobre las siguientes preguntas:

- ¿Cuáles son mis objetivos y mis sueños?
- ¿Qué pasos puedo dar para alcanzarlos?
- ¿Qué cosas me frenan?

Día 3

Pranayama:

Nadi Shodhana **(Respiración por fosas nasales alternas)**

Este *pranayama* calma la mente y el sistema nervioso y equilibra los hemisferios derecho e izquierdo del cerebro.

Siéntese en una postura cómoda con los ojos cerrados. Coloque la mano derecha en el Mudra *Vishnú* (para más información, consulte el capítulo «Yoga y técnicas respiratorias»). Tape la fosa nasal derecha con los dedos índice y pulgar e inspire profundamente por la izquierda. A continuación, utilice los dedos meñique y anular para tapar la fosa nasal izquierda y exhale por la derecha. Continúe alternando los lados durante varios minutos.

Mudra

1. Mudra *Gyan* (Mudra del conocimiento): Este mudra estimula el chakra del tercer ojo y favorece la claridad de pensamiento.

Para practicar este mudra, siéntese en una postura cómoda y cierre los ojos. Coloque las manos sobre su regazo con las palmas hacia arriba. Doble el dedo índice y toque la punta del pulgar. Los demás dedos deben permanecer extendidos. Apoye las manos en el regazo y respire profundamente durante varios minutos.

2. Mudra *Shuni* (Mudra de la paciencia): Este mudra calma la mente y promueve sentimientos de paz.

Para realizar el Mudra *Shuni*, basta con tocar la punta del dedo índice con la yema del pulgar. Los tres dedos restantes deben estar extendidos hacia fuera. Este mudra representa un estado de completa determinación y se utiliza a menudo durante la meditación y la oración. El Mudra *Shuni* aquieta la mente, promoviendo una sensación de paz y tranquilidad. Fomenta cualidades como la paciencia, la sabiduría y la compasión.

También puede utilizar este mudra para conectar con su yo superior. Al adoptar el Mudra *Shuni*, se alinea con su propósito más elevado y se abre a la guía divina. Tanto si lo utiliza para meditar como si lo usa para reflexionar sobre sí mismo, el Mudra *Shuni* es una poderosa herramienta de crecimiento personal.

3. Mudra *Akasha* (Mudra del espacio): Este mudra promueve una sensación de amplitud y apertura.

El Mudra *Akasha*, o Mudra del espacio, es uno de los más básicos y versátiles. A menudo se utiliza como punto de partida para otros mudras, ya que centra y enfoca la mente. El Mudra *Akasha* se realiza tradicionalmente tocando las puntas de los dedos pulgar e índice, pero también puede hacerse con los dedos corazón y anular.

Este mudra promueve ideas de expansión, apertura y vulnerabilidad. Puede utilizarse para conectar con otros a un nivel profundo o simplemente para abrirse a nuevas posibilidades. El Mudra *Akasha* es una poderosa herramienta para promover el crecimiento personal y espiritual. Incorpórelo a su práctica diaria y verá lo que ocurre.

Ejercicio Adicional

Hoy, tómese un tiempo para reflexionar sobre su práctica espiritual. ¿Qué hace para crecer espiritualmente?, ¿lee libros espirituales?,

¿escucha enseñanzas en audio?, ¿practica la meditación con regularidad?, ¿hace yoga? Encuentre algo para profundizar su práctica espiritual. Al final del día, reflexione sobre las siguientes preguntas:

- ¿Cuál es mi práctica espiritual?
- ¿Estoy contento con ella?
- Si no es así, ¿qué puedo hacer para cambiarla?

Día 4
Afirmaciones

Tómese su tiempo para leer las siguientes afirmaciones y elija una o dos que le gusten. Repítalas a lo largo del día, en voz alta o en silencio.

- Estoy abierto a nuevas ideas y perspectivas.
- Mi tercer ojo está abierto y veo con claridad.
- Confío en mi intuición y escucho mi voz interior.
- Estoy conectado con mi yo superior.
- Soy sabio y tomo buenas decisiones.
- Estoy en sintonía con las energías que me rodean.

Práctica de la gratitud

Tómese un tiempo para reflexionar sobre lo que agradece en su vida. Escriba estas cosas en un diario o simplemente piense un rato en ellas. Asegúrese de concentrarse en las cosas positivas de su vida, por pequeñas que parezcan. Escriba algunas cosas por las que esté agradecido o, mejor aún, comparta su gratitud con alguien.

Ejercicio adicional

Busque un lugar tranquilo para sentarse o acostarse y practique la meditación durante al menos diez minutos. Si necesita orientación, puede encontrar audios o videos de meditación en internet o en el capítulo «Meditación y visualización». Después de su meditación, reflexione sobre las siguientes preguntas:

- ¿Cómo me siento después de meditar?
- ¿Por qué estoy agradecido hoy?
- ¿Qué cosas doy por sentadas?

Día 5
Secuencia de Yoga

1. *Sarvangasana* (Postura de la vela): Esta postura de yoga mejora la circulación, estimula la glándula tiroides y calma la mente.

Para hacer esta postura, acuéstese boca arriba con los pies juntos y los brazos a los lados. Levante lentamente las piernas por encima de la cabeza, manteniendo la espalda y los hombros apoyados en el suelo. Utilice las manos para apoyar la parte baja de la espalda una vez que las piernas estén perpendiculares al torso. Respire profundamente y mantenga la postura durante varios minutos.

2. *Halasana* (postura del arado): Esta postura de yoga mejora la circulación, estimula la glándula tiroides y calma la mente.

Para practicarla, acuéstese boca arriba con los pies juntos y los brazos a los lados. Levante lentamente ambas piernas por encima de la cabeza, manteniendo la espalda y los hombros apoyados en el suelo. Utilice las manos para apoyar la parte baja de la espalda una vez que las piernas estén perpendiculares al torso. Respire profundamente y mantenga la postura durante varios minutos.

3. *Karnapidasana* (Postura de la presión en la oreja): Esta postura mejora la circulación, estimula la glándula tiroides y calma la mente.

Para comenzar, siéntese en una posición cómoda con las piernas cruzadas. A continuación, coloque las manos en el suelo a su lado e inclínese lentamente hacia atrás, dejando que la cabeza caiga hacia atrás. Sienta un ligero estiramiento en la parte delantera del cuello. Si siente dolor, deténgase y descanse en la postura del niño.

Para salir de la postura, simplemente vuelva a sentarse y levántese lentamente. La postura *Karnapidasana* es una excelente forma de liberar la tensión acumulada en el cuello y los hombros, y puede realizarse en cualquier momento y lugar.

Ejercicios de Visualización

1. El color Naranja: Imagine una bola de luz naranja brillante delante de usted. Observe cómo el color llena todo su campo de visión. Sienta la calidez y la energía del naranja impregnando todo su ser. Ahora, vea cómo la bola de luz se mueve lentamente hacia su chakra del tercer ojo, en su entrecejo. Observe cómo la luz naranja llena su chakra y elimina cualquier negatividad o bloqueo. Respire profundamente y relájese en la visualización.

2. La flor de loto: Imagine una hermosa flor de loto frente a usted. Observe cómo los pétalos se abren lentamente y el centro de la flor comienza a brillar. Es su chakra del tercer ojo abriéndose y activándose. Observe cómo la luz que emana del centro de la flor entra en su chakra del tercer ojo y lo llena de luz. Respire profundamente y relájese en la visualización.

3. El sol: Imagine un sol brillante delante de usted. Mire los rayos de luz que llegan hasta su chakra del tercer ojo. Sienta cómo el calor del sol llena su chakra y lo activa. Ahora, vea cómo el sol empieza a salir lentamente, llevándose su chakra del tercer ojo con él. El sol representa su yo superior y, a medida que se eleva, siente que se ilumina y se vuelve más sabio. Respire profundamente y relájese en la visualización.

Expresión creativa

Hoy, dedique algún tiempo a una actividad creativa. Puede ser cualquier cosa, desde pintar o dibujar hasta escribir o trabajar en el jardín. Deje volar su imaginación y diviértase con ello. Al final de su sesión creativa, reflexione sobre las siguientes preguntas:

- ¿Cómo me he sentido al hacer algo creativo?
- ¿Lo he disfrutado?
- ¿Qué he creado?
- ¿Qué podría haber hecho de otra manera?

Día 6

Secuencia de Yoga

1. *Paschimottanasana* (Postura sentada de flexión hacia delante): *Paschimottanasana* es una postura sentada de flexión hacia delante que se practica a menudo en yoga. El nombre de la postura proviene de las palabras sánscritas «*Pascha*», que significa «oeste» o «espalda», «*Uttana*», que significa «estiramiento intenso», y «*asana*», que significa «postura». Esta postura estira toda la parte posterior del cuerpo, incluidos los isquiotibiales, la espalda y los hombros. También calma la mente y mejora la flexibilidad general.

Para practicar *Paschimottanasana*, empiece por sentarse en el suelo con las piernas estiradas hacia delante. Luego, inclínese lentamente hacia delante desde las caderas, extendiendo las manos hacia los pies. Si no alcanza los pies, coloque las manos sobre las canillas o los muslos. Mantenga esta postura durante al menos treinta segundos antes de soltarla y repítala cuando sea necesario. Recuerde respirar profundamente durante todo el ejercicio para relajar su cuerpo.

2. *Ardha matsyendrasana* (Postura de media torsión espinal): Esta postura debe su nombre a Matsyendra, un legendario profesor de yoga del que se decía que era capaz de retorcer su cuerpo en todo tipo de formas. Aunque no consiga el mismo nivel de flexibilidad, esta postura le ayudará a estirar y alargar la columna vertebral, liberando la tensión del cuello y los hombros.

Siéntese en el suelo y estire las piernas hacia delante. Suba la rodilla derecha por encima de la izquierda y apoye el pie en el suelo junto a la cadera izquierda. Gire el cuerpo hacia la derecha, de modo que el codo izquierdo quede en la parte exterior del muslo derecho. Siga girando, inhalando y exhalando profundamente, y apóyese con la mano derecha en el suelo, detrás de usted. Mantenga la postura, inhalando y exhalando profundamente cinco veces, y luego suéltela. Repita hacia el otro lado.

3. *Anjaneyasana* (postura de la luna menguante): *Anjaneyasana*, también conocida como postura de la luna menguante, es una buena forma de estirar la cadera y el músculo psoas. Para adoptar esta postura, colóquese de pie con los pies separados a la anchura de las caderas. Dé un paso adelante con el pie derecho, doblando la rodilla en un ángulo de noventa grados. Apoye las manos en el suelo a ambos lados del pie. A continuación, estire la pierna izquierda y apoye la rodilla izquierda en el suelo. Puede mantener las manos en el suelo o colocarlas sobre el muslo derecho.

Para profundizar el estiramiento, inclínese hacia delante y presione la pelvis contra el muslo derecho. Mantenga la postura de treinta segundos a un minuto y repítala hacia el otro lado. *Anjaneyasana* es una buena forma de prepararse para posturas más exigentes como el Guerrero III y la Postura del camello. También es una buena forma de liberar la tensión de las caderas y la zona lumbar.

Compasión

Hoy, muestre compasión por alguien en su vida. Puede ser un familiar, un amigo o incluso un desconocido. Puede hacer algo tan sencillo como abrirle la puerta o hacerle un cumplido. Tómese un momento para reflexionar sobre cómo se ha sentido después de mostrar compasión. ¿Lo hizo sentir bien? ¿Por qué sí o por qué no?

Día 7
Reflexión e integración

Tómese un tiempo para reflexionar sobre su viaje al chakra del tercer ojo. ¿Qué ha aprendido sobre usted mismo? ¿A qué retos se ha enfrentado? ¿Cómo ha crecido? ¿En qué aspectos quiere seguir trabajando? Escriba sus pensamientos en un diario o compártalos con un amigo. Esto le ayudará a integrar las lecciones que ha aprendido y a consolidar su comprensión del chakra del tercer ojo.

Aquí tiene algunas cosas que puede hacer para integrar más el chakra del tercer ojo en su vida:

- Leer libros espirituales o escuchar podcasts.
- Crear un tablero de visiones.
- Comenzar una práctica diaria de gratitud.
- Meditar al menos diez minutos al día.
- Pasar tiempo en la naturaleza.
- Practicar yoga u otra forma de ejercicio.
- Hacer algo creativo cada día.
- Evitar los alimentos procesados, la cafeína y el alcohol.
- Dormir lo suficiente.
- Limitar el tiempo con aparatos electrónicos.
- Pasar tiempo con personas que le apoyen.
- Ser paciente con usted mismo. Recuerde que el crecimiento lleva su tiempo. Roma no se construyó en un día.
- Y lo más importante, confíe en su intuición y muéstrese abierto al cambio.

La rutina de siete días para abrir y sanar el chakra del tercer ojo está completa. Recuerde que es importante ser paciente consigo mismo y confiar en el proceso. Lo más importante es que se tome el tiempo necesario para nutrir su mente, su cuerpo y su alma.

Abrir y equilibrar el chakra del tercer ojo puede ser un reto, ¡pero vale la pena! Si sigue los consejos y ejercicios de este libro, estará en buen camino para conseguir un chakra del tercer ojo sano y equilibrado. Siga trabajando y disfrute del viaje.

Bonus: Hoja de ruta para la conexión del tercer ojo y la corona

¿Alguna vez ha sentido que un poder superior o la intuición lo guían? ¿Se pregunta cómo conectar con lo divino y recibir mensajes claros? Trabajando con el chakras del tercer ojo y el de la corona, puede desarrollar una conexión más profunda con el reino espiritual y mejorar su vida en todos los sentidos.

Mientras que el chakra del tercer ojo se asocia con la intuición y la conexión con lo divino, el chakra de la corona se conoce como la «flor de loto de mil pétalos» y representa la conexión con el universo. A través de este chakra, se recibe orientación y perspectiva de un poder superior.

Entonces, ¿cómo trabajar con estos dos chakras para desarrollar una conexión más fuerte con el reino espiritual? Este capítulo contiene toda la información y los ejercicios necesarios para empezar este viaje. Habla del rol y el símbolo del chakra de la corona, de cómo abrirlo y equilibrarlo, e incluye consejos sobre ejercicios de visualización para trabajar tanto con el chakra del tercer ojo como con el de la corona.

El chakra de la corona

El chakra de la corona es el séptimo y más elevado de los centros energéticos del cuerpo. Se encuentra en la parte superior de la cabeza y se asocia con la espiritualidad, la iluminación y la conciencia cósmica. Se ilustra a menudo como un loto de mil pétalos y se considera la puerta de entrada a los estados superiores de conciencia.

Cuando el chakra de la corona está en equilibrio, nos sentimos conectados con nuestro yo superior y con lo divino. Nos sentimos inspirados, creativos y en sintonía con nuestro propósito. También experimentamos felicidad, éxtasis y unidad con todo lo que está vivo. Por otro lado, cuando el chakra de la corona está desequilibrado, nos sentimos desconectados de lo que nos rodea, confundidos sobre el camino a seguir o como si buscáramos algo fuera de nuestro alcance.

Hay muchas formas de equilibrar el chakra de la corona. La visualización y la curación energética son métodos excelentes para eliminar bloqueos y restablecer el equilibrio de este centro energético.

El rol del chakra de la corona

Al ser la puerta de entrada a la conciencia superior, este chakra es responsable de la conexión con el reino espiritual. Un chakra coronario equilibrado genera sensaciones de felicidad, paz y unidad con el universo. Favorece la apertura a nuevas ideas y perspectivas, y genera conexión con algo más grande. En cambio, cuando el chakra de la corona está desequilibrado, nos sentimos desconectados de la espiritualidad, perdidos en la confusión o el caos mental. También experimentamos dolores de cabeza, insomnio o distanciamiento.

La meditación, el yoga y la respiración son prácticas excelentes para abrir este centro energético. También puede usar ropa morada o blanca o ponerse cristales en la frente mientras duerme. Si dedica algo de tiempo a nutrir su chakra de la corona, podrá expandir su conciencia y conectar con su yo más elevado.

Relación entre el tercer ojo y el chakra de la corona

El chakra de la corona, o *Sahasrara*, está asociado con el color violeta y el elemento del pensamiento. El chakra del tercer ojo, o *Ajna*, que está justo debajo, en el centro de la frente, se asocia con el color índigo y el elemento de la luz. Ambos chakras son muy poderosos y están interconectados.

El chakra de la corona es la puerta de entrada a los reinos superiores de la conciencia. Se asocia con la sabiduría, la comprensión y la iluminación. El chakra del tercer ojo es la sede de la intuición y la perspicacia, y se asocia con las habilidades psíquicas y la clarividencia. Cuando ambos chakras están abiertos y equilibrados, se accede al máximo potencial y a una vida llena de pasión, propósito y claridad.

La relación entre el tercer ojo y el chakra de la corona es muy estrecha. Antes de abrir el chakra coronario y conectar con el yo superior, se debe abrir el tercer ojo y expandir la conciencia. El tercer ojo es la llave que abre la puerta del chakra de la corona.

Síntomas de bloqueo del chakra de la corona

Los síntomas de bloqueo del chakra de la corona pueden manifestarse tanto a nivel físico como mental. A nivel físico, un chakra de la corona bloqueado provoca dolores de cabeza, problemas en el cuero cabelludo y dificultades auditivas o visuales. También puede generar una sensación de distancia o desconexión del cuerpo. Mentalmente, un bloqueo en el chakra de la corona puede manifestarse con depresión, apatía o desconexión de los demás.

También puede generar dificultades espirituales o aislamiento de un poder superior. Por el contrario, cuando el chakra de la corona está equilibrado, genera seguridad en las propias creencias y conexión con un poder superior. También propicia la creatividad y la apertura de mente. Si tiene alguno de los síntomas de un chakra de la corona bloqueado, hay muchas formas de equilibrarlo y mejorar su bienestar general.

Consejos para abrir el chakra de la corona

Hay muchas formas de abrir el chakra de la corona y mejorar su conexión con el reino espiritual. En esta sección se ofrecen algunos consejos para empezar.

1. Medite

Una de las mejores formas de abrir el chakra de la corona es la meditación. Tranquiliza la mente y conecta con lugares interiores más elevados. Busque un lugar cómodo para sentarse o acostarse, cierre los ojos y concéntrese en su respiración. Mientras inhala y exhala, imagine una luz blanca que emana de la parte superior de su cabeza y llena todo su cuerpo. La luz representa la energía divina o la conciencia pura. Permítase absorber esta energía y sienta cómo le llena de paz, amor y alegría.

Dedique entre cinco y diez minutos a concentrarse en su respiración y visualizar la luz blanca. Puede hacer esta meditación a diario o cada vez que necesite conectarse espiritualmente. Hay muchas maneras diferentes de meditar, así que encuentre el método que mejor funcione para usted. Si es nuevo en la meditación, hay muchos recursos disponibles para ayudarle a empezar. La clave es ser paciente y constante con su práctica.

2. Haga ejercicios de visualización

La visualización es otra buena forma de abrir el chakra de la corona. Estos ejercicios pueden realizarse con o sin meditación. El objetivo es enfocar la atención en el chakra coronario e imaginarlo abriéndose y expandiéndose.

Hay muchas formas de equilibrar y desbloquear el chakra de la corona. Una de ellas es mediante ejercicios de visualización. A continuación, encontrará tres de ellos específicamente pensados para el chakra de la corona:

1. Visualice una luz blanca que emana de la parte superior de su cabeza. Vea cómo esta luz se expande y envuelve todo su cuerpo. Sienta cómo la luz penetra en cada célula, llenándolo de una sensación de paz y conexión.
2. Visualícese en un hermoso entorno natural: un campo de flores silvestres en la cima de una montaña junto a un lago virgen. Llene sus sentidos con la belleza que lo rodea y respire la pureza del aire. Sienta su conexión con toda la naturaleza y sepa que es uno con todo lo que es.
3. Imagínese rodeado de energía amorosa. Vea esta energía como una suave luz blanca que emana de los corazones de quienes lo rodean. Sienta ese amor entrar en su cuerpo y llenarlo de una sensación de calidez y conexión. Sepa que es amado y apoyado.

Elija uno de estos ejercicios de visualización o cree uno propio. Dedique entre cinco y diez minutos a visualizarse en un entorno tranquilo y hermoso. Concéntrese en su respiración e imagine que su chakra de la corona se abre y se expande.

3. Conecte con la naturaleza

Otra forma de abrir el chakra de la corona es pasar tiempo en la naturaleza. Rodeado de la belleza del mundo natural, puede desprenderse de las preocupaciones y conectar con algo más grande que usted mismo. Respire el aire fresco, sienta el sol en la piel y escuche el canto de los pájaros y las olas rompiendo contra la orilla. Pasar tiempo en la naturaleza permite recargar las pilas y abrir el chakra de la corona. Como resultado, se sentirá más conectado con el mundo que le rodea y en paz consigo mismo.

4. Pase tiempo con personas afines

Otra forma de abrir este chakra es pasar tiempo con personas afines. Si está rodeado de personas que siguen un camino espiritual similar al suyo, se sentirá más apoyado y menos solo en su viaje. También puede aprender y enseñar a sus compañeros y adquirir nuevos conocimientos sobre sus prácticas espirituales. Además, pasar tiempo con personas afines ayuda a sentirse más conectado con la comunidad de la que forma parte.

5. Ábrase a nuevas experiencias

Cuando está abierto a nuevas experiencias, alimenta a su chakra de la corona. Amplía sus horizontes y se abre a nuevas posibilidades probando cosas nuevas. También descubre nuevos intereses y talentos que no sabía que tenía. Por tanto, salga de su zona cómoda y ábrase a nuevas experiencias. Nunca se sabe lo que puede descubrir.

6. Practique la atención plena

La atención plena es un estado de presencia en el presente. Cuando está atento, no vive en el pasado ni se preocupa por el futuro. Simplemente está presente en el aquí y el ahora. La atención plena le ayuda a conectar con su yo más íntimo y a abrir su chakra coronario.

Le permite estar más presente y ser más consciente de sus pensamientos y sentimientos, proporcionándole una sensación de calma y claridad. Además, le ayuda a conectar con su yo superior y a acceder a su sabiduría interior. Por ello, es una práctica ideal para quienes desean abrir su chakra de la corona.

7. Conecte con el poder superior

Otra forma de abrir el chakra de la corona es conectar con su poder superior. Puede hacerlo rezando, meditando o simplemente pasando tiempo en la naturaleza. Cuando conecta con su poder superior, se abre a la guía y la sabiduría. Además, conecta con algo más grande que usted mismo. Esto le ayuda a liberarse de sus miedos y preocupaciones y a sentirse más en paz.

8. Suelte los apegos

Uno de los mayores obstáculos para abrir el chakra de la corona es el apego. Cuando está apegado a las posesiones materiales, a su ego o a la opinión que tiene de sí mismo, bloquea el flujo de energía hacia su chakra de la corona. Como resultado, se siente desconectado de su yo superior y del resto del mundo.

Necesita soltar el apego para abrir se chakra de la corona. Esto no significa que tenga que deshacerse de todas sus posesiones; simplemente tiene que soltar su apego hacia ellas. También debe soltar el apego por su ego, la opinión que tiene de sí mismo y la necesidad de aprobación de los demás. Cuando suelta el apego, abre espacio para que la energía del universo fluya a través de usted.

9. Agradezca

Otra forma de abrir el chakra de la corona es ser agradecido. Cuando es agradecido, se abre a recibir lo bueno que el universo le ofrece. También envía una vibración de amor y aprecio que atrae cosas buenas a su vida. Así que, si quiere abrir su chakra de la corona, agradezca por todo lo bueno que hay en su vida y escriba su propia lista de agradecimientos.

10. Escuche su intuición

Una de las mejores maneras de abrir este chakra es escuchar a su intuición. Cuando lo hace, conecta con su yo superior y con la sabiduría del universo. También se abre a la orientación y consejo de sus guías y ángeles. Así que, si quiere abrir su chakra de la corona, escuche su intuición.

Estas son solo algunas de las muchas maneras en que puede abrir su chakra de la corona. Experimente y compruebe cuáles le funcionan mejor. Recuerde que no hay una forma correcta de hacerlo. Siga a su corazón y confíe en que su yo superior le guiará.

Comprender el símbolo

El símbolo del chakra de la corona es una flor de loto de 1.000 pétalos. Representa la naturaleza infinita del universo y el potencial humano para el despertar espiritual. Los mil pétalos también representan los diversos aspectos del ser que se integran y se unen a través del chakra de la corona. También simboliza la conexión con lo divino y la capacidad de florecer hasta alcanzar el máximo potencial.

Otros símbolos asociados al chakra de la corona son una luna creciente enjoyada, un sol brillante y un diamante radiante. Cada uno de estos símbolos representa un aspecto diferente del chakra de la corona. La luna creciente simboliza la vida creciente y menguante, el sol representa la luz del conocimiento y el diamante representa la pureza de la conciencia.

Juntos, estos símbolos nos recuerdan que estamos en constante crecimiento y evolución y que tenemos el potencial de alcanzar nuestros niveles más elevados de conciencia. Recuerde que el chakra de la corona no solo tiene que ver con la espiritualidad, sino también con la conexión con el mundo natural y con toda la vida. Para alcanzar el equilibrio en este chakra, debemos estar abiertos a nuevas experiencias y perspectivas.

Los colores asociados al chakra de la corona

Los colores asociados al chakra coronario son el violeta, el blanco y el dorado. El violeta es el color de la transformación y la conciencia espiritual, mientras que el blanco es el color de la pureza y la verdad y el dorado es el color de la iluminación y la sabiduría. Estos colores representan los niveles más altos de conciencia que podemos alcanzar.

El chakra de la corona también se representa a veces como algo transparente, como un cristal. Esto representa la claridad de la mente y la conciencia pura que podemos alcanzar cuando este chakra está equilibrado. A veces, el chakra de la corona también se representa con un arco iris, que simboliza los diferentes aspectos del ser que se unen a través de este chakra.

Cómo mejorar su vida con los chakras del tercer ojo y la corona

Cuando los chakras del tercer ojo y de la corona están abiertos y equilibrados, se experimentan una serie de beneficios que incluyen:

1. Una conexión más profunda con su intuición y sabiduría interior.
2. Sensación de paz, calma y claridad.
3. Mejor concentración y enfoque.
4. Mayor creatividad e imaginación.
5. Aumento de las capacidades psíquicas y la intuición.

6. Una conexión más profunda con su yo superior, sus guías y sus ángeles.
7. Una mejor salud mental y emocional.

Puntos clave

- El chakra de la corona está situado en la parte superior de la cabeza. Se asocia con el color morado, dorado y blanco.
- El chakra de la corona es la conexión con lo divino. A través de este chakra, se recibe orientación y sabiduría del yo superior.
- El chakra de la corona es responsable de la sensación de conexión con el universo. Cuando está bloqueado, se produce desconexión del yo superior y de los demás.
- Hay muchas formas de abrir el chakra de la corona. Algunas de ellas son la meditación, la atención plena, la conexión con el poder superior, la liberación del apego y el agradecimiento.
- Escuche su intuición y confíe en que su ser superior lo está guiando. No hay una forma única de abrir el chakra de la corona. Siga a su corazón y confíe.

El chakra de la corona se asocia con la espiritualidad, la iluminación y la conexión con un poder superior. Cuando este chakra está abierto, nos sentimos conectados con algo más grande que nosotros mismos y experimentamos una sensación de paz y felicidad. Además, puede que nos sintamos atraídos por la meditación u otras prácticas espirituales.

Si quiere abrir el chakra de la corona, hay varias cosas que puede hacer. En primer lugar, pase tiempo en la naturaleza y conecte con la belleza que lo rodea. Esto puede ser tan sencillo como dar un paseo por el parque o pasar tiempo en su jardín. También puede meditar en el color morado o en el blanco, que se asocian con el chakra de la corona.

Respire profundamente y enfóquese en el aire entrando y saliendo de su cuerpo. Visualice una luz morada o blanca que brilla desde arriba y llena todo su ser de energía divina. Mientras lo hace, sienta su conexión con la fuente infinita de amor y sabiduría a su disposición.

Permítase relajarse con esta energía y sienta cómo fluye a través de usted, limpiando y purificando su cuerpo, mente y alma. También puede cantar «om» u otro sonido sagrado mientras se concentra en su respiración. Esto le ayudará a abrir el chakra de la corona y conectarse con lo divino.

Recuerde que no hay una forma correcta o incorrecta de hacerlo. Permítase estar abierto a la experiencia y vea qué surge.

Conclusión

«Tenemos dos ojos para ver dos lados de las cosas, pero debe haber un tercer ojo que lo vea todo al mismo tiempo y al mismo tiempo no vea nada. Eso es entender el Zen». – D.T. Suzuki

El chakra del tercer ojo se conoce como chakra *Ajna* en sánscrito. Está situado entre las cejas y se asocia con el color violeta o el blanco. El chakra del tercer ojo está relacionado con la capacidad de ver con claridad física e intuitivamente. Cuando está equilibrado, se desarrolla la intuición y se ve más allá del mundo físico.

Cuando el chakra del tercer ojo está desequilibrado, se experimentan problemas con la visión, tanto física como metafóricamente. Se dificulta ver el panorama general o mirar más allá de la propia perspectiva. También puede ocasionar dolores de cabeza, migrañas o problemas de sueño.

Esta guía abarca todo lo que necesita saber sobre el chakra del tercer ojo, desde su ubicación y color hasta sus cualidades asociadas. En el primer capítulo se exploró el chakra del tercer ojo y su incidencia en la vida. También sobre la conexión del chakra con la intuición y la capacidad de ver más allá del mundo físico.

En el segundo capítulo, se vio cómo puede bloquearse el chakra del tercer ojo. También algunos de los signos que indican un desequilibrio en este centro energético. El capítulo tres mostró cómo equilibrar los otros chakras antes de trabajar en el chakra del tercer ojo.

En el capítulo cuatro, se habló de mantras y mudras que ayudan a activar y equilibrar el chakra del tercer ojo. El capítulo cinco exploró las técnicas de meditación y visualización para este chakra. En el capítulo seis se habló sobre el yoga y ejercicios de respiración para equilibrar el chakra del tercer ojo. En el capítulo siete, se habló sobre el uso de cristales y piedras para equilibrar el chakra del tercer ojo.

La aromaterapia y la dieta se trataron en los capítulos ocho y nueve, respectivamente. Por último, en el capítulo diez, se vio una rutina de siete días para equilibrar el chakra del tercer ojo. El capítulo extra fue sobre la conexión entre el chakra del tercer ojo y el chakra de la corona. También se exploraron las diferentes formas de saber si el chakra del tercer ojo está desequilibrado.

El chakra del tercer ojo está asociado con la capacidad de ver con claridad, tanto física como intuitivamente. Para abrirlo y equilibrarlo se pueden utilizar mantras y mudras, meditar, visualizar, hacer yoga y ejercicios de respiración, o utilizar cristales y piedras. También se puede equilibrar el chakra del tercer ojo con una dieta nutritiva o con la aromaterapia. Por último, se puede equilibrar siguiendo una rutina diaria que incluya estas actividades.

Si sigue los consejos de esta guía, estará en camino de equilibrar su chakra del tercer ojo. Sea paciente y constante con su práctica y confíe en que las respuestas llegarán con el tiempo. Recuerde que es fundamental equilibrar todos sus chakras antes de centrarse en uno en particular. Lo más importante es la paciencia y la constancia en la práctica. Con tiempo y dedicación, verá los resultados.

Séptima Parte: Chakra de la Corona

La guía definitiva para limpiar, abrir y equilibrar el Sahasrara

Introducción

Desvelar los misterios del séptimo y más alto chakra le puede cambiar la vida. El *Sahasrara*, o chakra de la corona, está situado en la parte superior de la cabeza y se asocia con la conciencia superior, la iluminación y la autoconciencia. Cuando este chakra está bloqueado o desequilibrado, puede sentirse desconectado de su ser espiritual o experimentar dificultades en el pensamiento crítico y la resolución de problemas.

Esta guía, explora los fundamentos del chakra de la corona y proporciona consejos para abrirlo y energizarlo. También habla de cómo puede bloquearse el *Sahasrara* y ofrece orientación sobre cómo remediar estos problemas.

El primer capítulo proporciona una visión general de lo que son los chakras y el cuerpo energético, y habla sobre el rol que tienen los chakras en el flujo de energía del cuerpo. El segundo capítulo explica los síntomas de un chakra de la corona bloqueado, desequilibrado, débil o hiperactivo.

El tercer capítulo ofrece una variedad de técnicas para elevar su energía a través de los chakras. Entre ellas se incluyen posturas de yoga, meditación, uso de mantras y mudras, y aromaterapia.

El cuarto capítulo se centra específicamente en los mantras y mudras que se pueden utilizar para energizar y abrir el *Sahasrara*. El capítulo cinco trata sobre diferentes tipos de meditaciones y técnicas de visualización que estimulan el chakra de la corona. El capítulo seis proporciona información sobre el *pranayama* y las asanas de yoga que pueden utilizarse para equilibrar y abrir el *Sahasrara*.

En el capítulo siete, se explora el uso de cristales y piedras para la curación del chakra de la corona. Se discuten las propiedades de algunos de los cristales y piedras más populares y se proporciona una guía sobre cómo utilizarlos. En el capítulo ocho, se da un vistazo a la aromaterapia para la curación del chakra de la corona. Se discuten las propiedades de algunos de los aceites esenciales más populares para este propósito y se proporciona una guía para utilizarlos.

El capítulo nueve se centra en la nutrición y la dieta adecuada para el chakra de la corona. Se proporciona una guía sobre la alimentación alineada con la energía del chakra de la corona y se muestran algunos de los alimentos más beneficiosos. El décimo capítulo de esta guía ofrece una rutina de siete días para abrir y energizar el chakra de la corona.

Por último, encontrará un capítulo extra con una hoja de trucos sobre los chakras, una guía completa de los chakras principales y del sistema que componen. Incluye información sobre la ubicación de cada chakra, sus colores y sus funciones.

A diferencia de otras guías sobre chakras, esta también incluye información sobre cómo sanar y equilibrar cada chakra. Esta guía tiene algo para usted, tanto si acaba de empezar su viaje hacia la iluminación como si es experimentado. Descubrirá todo lo que necesita saber sobre el chakra de la corona y cómo abrirlo. Herramientas que le ayudarán a abrir la puerta a la conciencia superior y a la iluminación y le permitirán experimentar la dicha de la autoconciencia.

Así que, ¡comencemos nuestro viaje!

Capítulo 1: ¿Qué es el *Sahasrara*?

Cuando oye hablar de yoga, puede que le vengan a la mente algunas cosas, como la meditación, el trabajo de la respiración y la atención plena. Pero, ¿sabía que el yoga es un sistema utilizado para la superación personal y un medio para conectarse con el universo?

Los chakras son centros de energía o portales dentro de nuestro cuerpo que nos conectan con la energía vital o «*prana*». A través de esta conexión, podemos recibir alimento y curación y encontrar el sentido de la vida. Entender los chakras puede optimizar nuestra salud física, mental y emocional.

El *Sahasrara* es el séptimo chakra primario, según la tradición hindú. La palabra significa «mil pétalos» en sánscrito, y el *Sahasrara* también se conoce como el chakra de la corona. Está situado en la parte superior de la cabeza, justo encima del punto blando de un bebé.

Este capítulo le ayudará a entender los chakras, el cuerpo energético y el papel del *Sahasrara* en el bienestar general. Exploraremos sus orígenes, lo que las primeras escrituras de los Vedas revelan sobre él y por qué algunos textos lo omiten.

También analizaremos su símbolo, su color, hablaremos sobre dónde se encuentra este chakra y de sus rasgos y función. Por último, hablaremos de los beneficios de alinear este chakra.

Los Chakras

Los seres humanos son cuerpos complejos de energía. Nuestro cuerpo físico se compone de miles de millones de células, cada una con conciencia e inteligencia. Nuestra mente está hecha de energía, al igual que nuestras emociones y sentimientos. Además, tenemos un cuerpo energético en tres dimensiones que refleja nuestro cuerpo físico en todos los sentidos. Este cuerpo energético se conoce como cuerpo sutil o aura.

Hay siete centros energéticos principales dentro del cuerpo sutil que se conocen como chakras. Estos chakras son los responsables de enviar y recibir energías dentro de las diferentes dimensiones.

Hay siete chakras principales:

1. *Manipura* (o chakra del plexo solar).
2. *Muladhara* (o chakra de la raíz).
3. *Vishuddha* (o chakra de la garganta).
4. *Ajna* (o chakra del tercer ojo).
5. *Swadhisthana* (o chakra sacro).
6. *Sahasrara* (o chakra de la corona).
7. *Anahata* (o chakra del corazón).

Son esenciales para nuestra salud y bienestar, y nos ofrecen equilibrio y armonía en todos los niveles de conciencia: física, emocional, mental y espiritualmente. Actúan como antenas que absorben y transmiten la energía de los reinos superiores. Si se bloquean por emociones o pensamientos negativos, causan interferencias en nuestra vida e incluso provocan enfermedades.

El cuerpo energético

Además del cuerpo físico, cada uno de nosotros tiene un cuerpo energético compuesto por múltiples capas de campos energéticos sutiles llamados cuerpos áuricos. A través de estas capas sutiles, nos conectamos con el mundo que nos rodea. Los chakras están situados en puntos específicos de esta anatomía energética y actúan como puertas para transmitir información entre el cuerpo físico y el sutil.

El cuerpo energético está en constante movimiento, enviando y recibiendo información a través de los chakras. A través de este intercambio, interactuamos con el entorno y recibimos el alimento y la curación necesarios para mantener el equilibrio.

El cuerpo energético es un sistema de energía sutil que rodea e impregna el cuerpo físico. Está formado por los chakras, los nadis y el aura. Los chakras son los principales centros energéticos del cuerpo. Los siete chakras principales giran a diferentes velocidades y vibran a diferentes frecuencias. Absorben, procesan y distribuyen la energía por todo el cuerpo.

Los nadis son los canales de energía por los que fluye la fuerza vital (*prana*). Hay miles de nadis en el cuerpo, pero hay tres principales: *Ida*, *Pingala* y *Sushumna*. *Ida* y *Pingala* se cruzan en cada chakra, mientras que *Sushumna* recorre el centro de los chakras.

El aura es el campo energético que rodea e impregna el cuerpo físico. Está formada por los chakras, los nadis y los cuerpos sutiles. Con entrenamiento, se puede aprender a ver y sentir el aura.

El papel de los chakras

Los chakras son partes importantes de nuestro sistema energético. Son poderosas ruedas de energía que se sitúan en diferentes puntos de la columna vertebral. Hay siete chakras, cada uno conectado con una parte diferente del ser físico y espiritual. Cada chakra tiene una función dentro del cuerpo y unas características únicas que ayudan a entenderlo y a trabajar con él.

Cada uno de los siete chakras principales es responsable de determinadas funciones, desde la creatividad hasta la intuición y la sexualidad. Pueden trabajar solos o en conjunto para llevar a cabo nuestras funciones. Cada uno de estos chakras tiene un color, un símbolo y algunos cristales y aceites correspondientes. Echemos un vistazo más de cerca a las funciones de los chakras cuando se trata del flujo de energía en todo el cuerpo.

El chakra raíz

Encontrará este chakra en la parte baja de la espalda, en la raíz (base) de la columna vertebral. Generalmente se asocia con el color rojo, y el poder que proviene de él se muestra a menudo a través de nuestro instinto de supervivencia. El chakra de la raíz es la base de nuestro cuerpo energético y proporciona una sensación de estabilidad y conexión con la tierra. Nos ayuda a sentirnos seguros y protegidos en nuestro entorno.

El chakra sacro

Está situado en la parte delantera del cuerpo, bajo el ombligo. Es responsable de la sexualidad y se asocia con el color naranja. El chakra sacro ayuda a crear y mantener relaciones saludables. También da la capacidad de sentir placer y disfrutar del cuerpo.

El chakra del plexo solar

El chakra del plexo solar está situado justo encima del ombligo. El amarillo es su color, y ayuda a canalizar la fuerza y el poder. El chakra del plexo solar ayuda a afirmar el poder de cada uno y a tener el control. También da la capacidad de actuar y hacer que las cosas sucedan.

El chakra del corazón

Como es de esperar, el chakra del corazón se encuentra en el corazón. El verde es su color, y a pesar de ello, sigue estando asociado con el amor, tanto hacia nosotros mismos como hacia los demás. También da la capacidad de perdonar y dejar ir el pasado.

El chakra de la garganta

Al igual que el chakra del corazón, el nombre del chakra de la garganta revela su ubicación. El azul es su color. El chakra de la garganta ayuda a comunicar las necesidades y deseos. También da la capacidad de expresarse creativamente.

El chakra del tercer ojo

Es posible que haya visto imágenes de un tercer ojo situado en la frente. Como su nombre indica, este chakra se ocupa de ver lo invisible y potencia el subconsciente y la intuición. El púrpura es el color de este chakra, que también nos da la capacidad de conectar con nuestro ser superior.

El chakra de la corona

Al igual que la corona se encuentra en la parte superior de la cabeza, el chakra de la corona se encuentra en la parte superior de cada persona. Es responsable de nuestra conexión espiritual y está asociado con el color violeta. El chakra de la corona ayuda a conectar con el propósito superior. También da la capacidad de ver el mundo desde una perspectiva superior.

Sahasrara: Orígenes

El *Sahasrara* se representa a menudo como una flor de loto con mil pétalos, representando las muchas maneras en que podemos conectar con lo divino. Se cree que este chakra es el punto de conexión entre el mundo físico y el espiritual. Cuando se activa, puede ayudarnos a trascender las limitaciones del cuerpo físico y a conectar con nuestro yo más elevado.

Los orígenes del *Sahasrara* no están claros, pero se cree que los Vedas, los textos más antiguos del hinduismo, pueden haberlo mencionado. Algunos estudiosos creen que el chakra fue mencionado por primera vez en los Vedas bajo el nombre de «séptimo loto».

Sahasrara: Los Vedas

Los Vedas fueron el primer registro del pensamiento indio. Se escribieron entre el 1500 y el 1000 a. C. y contienen más de cien himnos para alabar a diferentes deidades que representaban distintos aspectos de la naturaleza. Una de esas deidades era Indra, asociada con las tormentas eléctricas y los rayos.

Indra tiene 1.000 ojos, que representan el chakra *Sahasrara* y que utiliza para ver todos los aspectos de la realidad. En el Rig Veda se describe a Indra como «el de los mil ojos». Esto puede ser una referencia al chakra *Sahasrara*.

En los Vedas, *Sahasrara* se asocia con la conciencia pura y la trascendencia espiritual. El texto sagrado ayuda a entender el *Sahasrara*, detallándolo como una flor de loto. El loto tiene mil pétalos, cada uno relacionado con una faceta de la realidad. Cuando todos los pétalos están abiertos, se alcanza la iluminación.

Aunque el camino hacia la iluminación puede ser largo y difícil, la recompensa merece el esfuerzo. Se dice que quienes alcanzan el *Sahasrara* experimentan una profunda sensación de paz y felicidad y una profunda comprensión de la realidad.

Tanto si está empezando su viaje como si se acerca al final, el *Sahasrara* es un poderoso símbolo del potencial de crecimiento y transformación espiritual.

Sahasrara: Omisiones

Aunque el *Sahasrara* se menciona a menudo en las escrituras y textos, algunos lo omiten. El Svetasvatara Upanishad, por ejemplo, solo menciona seis chakras. Es posible que la omisión del *Sahasrara* fuera deliberada, ya que el Upanishad fue escrito para principiantes que aún no estaban preparados para abordar las complejidades del séptimo chakra.

También es posible que la omisión haya sido simplemente un error. El Svetasvatara Upanishad fue escrito en el siglo VI a. C., y tal vez el autor no conocía el chakra *Sahasrara*. Dado que este chakra se asocia con la trascendencia espiritual, es posible que aún no se comprendiera en el siglo VI a. C.

Independientemente de la razón, el *Sahasrara* es una parte importante del sistema de chakras. Es la culminación del viaje espiritual y el punto en el que podemos conectar con nuestro yo más elevado. El *Sahasrara* es un símbolo de nuestro potencial de crecimiento y transformación.

Sahasrara: Simbolismo

En sánscrito, *Sahasrara* significa «mil pétalos». Se describe como el loto de mil pétalos que se encuentra en la coronilla o ligeramente por encima de ella. En el budismo tibetano, se conoce como «el reino del diamante».

El *Sahasrara* se representa a menudo en forma ovalada, y cada uno de los mil pétalos es de un color diferente. El centro tiene un anillo dorado alrededor, y dentro de ese anillo hay una luna llena blanca. Los pétalos desplegados representan los *Vrittis* de todas las modificaciones mentales (*Chitta Vritti*). En su centro hay una llama, que representa la conciencia, y se dice que es de color blanco o rosa muy claro. Al alcanzar el conocimiento de este centro, se puede saber todo sobre el pasado, el presente y el futuro.

El loto de mil pétalos simboliza el estado de conciencia más elevado, y cada pétalo representa un aspecto diferente de la realidad. El loto se ve a menudo como un símbolo de crecimiento y transformación espiritual, ya que crece desde el suelo de la Tierra hacia la luz del sol.

El loto de los mil pétalos

阿橋 *HQ, CC BY-SA 2.0 <https://creativecommons.org/licenses/by-sa/2.0>, via Wikimedia Commons https://commons.wikimedia.org/wiki/File:%E8%93%AE%E8%8A%B1-%E7%B4%85%E8%88%9E%E8%A3%99_Nelumbo_nucifera_%27Red_Dancing_Skirt%27_-%E9%A6%99%E6%B8%AF%E5%85%AC%E5%9C%92_Hong_Kong_Park-_(12359941485).jpg*

Sahasrara: Color

El *Sahasrara*, o chakra de la corona, se asocia tradicionalmente con el color violeta. El violeta es la frecuencia más alta de la luz visible y representa nuestra conexión con lo divino. Cuando el *Sahasrara* está equilibrado, produce una sensación de unidad con toda la creación. Vemos la belleza en todo y sentimos compasión por todos los seres. Experimentamos una profunda sensación de paz y alegría.

Cuando el *Sahasrara* está desequilibrado, podemos sentirnos desconectados de nuestra espiritualidad. Podemos sentirnos ansiosos o deprimidos y sufrir dolores de cabeza, insomnio o problemas de memoria. Equilibrar el *Sahasrara* puede ser tan sencillo como pasar tiempo en la naturaleza o meditar con luz violeta. También es útil llevar ropa o joyas de color violeta o rodearse de flores de ese color.

El *Sahasrara* se asocia tradicionalmente con el color violeta, pero también puede representarse con el blanco o el dorado. Estos colores se utilizan a menudo para simbolizar la sabiduría y la comprensión espiritual. Independientemente de los colores específicos que se utilicen, el *Sahasrara* se considera un lugar de iluminación y paz. Se dice que quienes pueden abrir su *Sahasrara* son capaces de ver más allá del mundo físico y conectarse con lo divino.

Sahasrara: Rasgos

Algunos dicen que el *Sahasrara* representa la compasión universal, mientras que otros creen que representa la unión del cielo y la tierra. También se dice que representa una reflexión sobre el conocimiento y la comprensión de la autorrealización de la propia mente con respecto a la humanidad en su conjunto.

Es donde experimentamos la conciencia pura y empezamos a comprender nuestro lugar en el universo, más allá de nuestros cuerpos físicos (Atman). En este estado, podemos aprovechar la sabiduría interior proveniente de experiencias pasadas, lo que puede llevarnos hacia la iluminación.

Cuando este chakra está equilibrado y abierto, tendrá una sensación de conexión con todos los seres vivos y sentimientos de paz y compasión hacia usted mismo y hacia los demás. Podrá asimilar rápidamente nueva información mientras procesa lo que ya sabe para tomar decisiones inteligentes en la vida.

Sahasrara: Función

El *Sahasrara* se asocia con la conciencia pura, la integración de los opuestos y la trascendencia del mundo físico. La conexión con nuestra identidad se expande aquí para favorecer un sentido más amplio de nuestro lugar en el universo.

Cuando el chakra *Sahasrara* está equilibrado y abierto, se sentirá iluminado, espiritualmente consciente y en sintonía con el universo. Esto incluye sentimientos de autorrealización y realización espiritual. También será capaz de aprovechar su intuición, sabiduría y comprensión de su lugar en el mundo. No tendrá problemas para encontrar respuestas a las preguntas importantes de la vida.

El *Sahasrara* puede bloquearse cuando alguien no se siente inspirado o no encuentra un propósito. Cuando esto ocurre, puede generar depresión o una carencia de la energía necesaria para las actividades cotidianas. Un bloqueo también puede manifestarse como un aislamiento de los demás o una falta de conexión con la propia espiritualidad. Esto puede hacer que se sienta confundido e incapaz de encontrar respuestas sobre el sentido general de la vida.

Beneficios de la alineación del *Sahasrara*

Alinear su *Sahasrara* puede traer una sensación de claridad y paz. Puede sentirse más conectado con su espiritualidad y comprender mejor su lugar en el universo. También puede notar una mejora en su memoria y en su concentración. Pero eso no es todo. Hay muchos otros beneficios que vienen con la alineación de su *Sahasrara*. Algunos de ellos son:

1. Aumento de la creatividad

Cuando su *Sahasrara* está abierto y alineado, sus niveles de creatividad aumentan. Esto se debe a que no está limitado por la simplicidad de sus pensamientos y creencias. Puede acceder a un nivel superior de conciencia lleno de ideas creativas. Este chakra también está asociado con el elemento éter, que es la sustancia de la que están hechas todas las cosas. Esto significa que cuando su *Sahasrara* está abierto, puede conectar con la fuerza creativa de todas las cosas.

2. Mejora de la intuición

Uno de los beneficios de alinear su *Sahasrara* es que puede empezar a confiar más en su intuición. Esto se debe a que su racionalidad ya no lo limita. Cuando su *Sahasrara* está abierto, puede conectar con su ser superior, que lo conoce todo. Puede recibir orientación y respuestas a las preguntas que tenga sobre su vida.

3. Mejores habilidades psíquicas

Otro beneficio de alinear su *Sahasrara* es que puede desarrollar habilidades psíquicas. Esto se debe a que ya no está limitado por el cuerpo físico. Cuando su *Sahasrara* está abierto, puede conectarse con el reino espiritual. Puede recibir mensajes de sus guías espirituales y ángeles. También puede ver cosas que no son de este mundo.

4. Mayor conexión con lo divino

Cuando su *Sahasrara* está abierto, puede conectar con la Fuente Divina de todas las cosas. Esta conexión provoca una sensación de paz y felicidad. También empezará a sentir una sensación de unidad con todo. Muchas personas sienten una profunda conexión con la naturaleza cuando su *Sahasrara* está abierto.

5. Aumento de la sabiduría

Uno de los beneficios de alinear su *Sahasrara* es el acceso a los Registros Akáshicos. Esta es una biblioteca de todo el conocimiento que se almacena en el éter. Cuando alinea su *Sahasrara*, accede a esta sabiduría. También puede recordar sus vidas pasadas. Además, se dice que puede acceder a los Registros Akáshicos a través de los sueños.

6. Mejora de la salud

Cuando su *Sahasrara* está abierto y alineado, su salud mejora, ya que el flujo de energía del cuerpo está equilibrado. Cuando sus chakras están alineados, su cuerpo puede curarse a sí mismo. Muchas personas se sienten más vibrantes y vivas cuando su *Sahasrara* está abierto. Un *Sahasrara* equilibrado también previene enfermedades.

7. Aumento de la felicidad

Un sentimiento de éxtasis o felicidad es uno de los beneficios más comunes de alinear su *Sahasrara*. La conexión con lo divino trae una sensación de júbilo y felicidad. También se siente un amor inmenso cuando el *Sahasrara* está abierto. Puede sentir más amor y compasión hacia los demás. Cuando su *Sahasrara* está abierto, el mundo entero empieza a parecerle diferente.

8. Sentido de unidad

Si está buscando una unidad con el universo, alinear su *Sahasrara* es una buena forma de empezar. Cuando su *Sahasrara* está abierto, puede acceder a la conciencia colectiva. Esta es la parte del universo que contiene todo el conocimiento. Toda la humanidad está conectada a la conciencia colectiva. Cuando alinea su *Sahasrara*, puede sentir esta conexión.

El *Sahasrara* (chakra de la corona) se encuentra en la parte superior de la cabeza, como una corona. Su representación tradicional es un loto con mil pétalos, cada uno de un color diferente. El chakra de la corona representa su conciencia (está cerca de su mente), y los demás chakras obtienen su energía de él. Este chakra es el responsable de su sistema nervioso y de las funciones cerebrales.

Si quiere mejorar su vida, alinear su *Sahasrara* es un buen punto de partida. Los beneficios de hacerlo son muchos. Cuando su *Sahasrara* está abierto, puede acceder a un nivel superior de conciencia. También puede desarrollar habilidades psíquicas y una mayor conexión con lo divino.

Alinear su *Sahasrara* también puede traer más sabiduría, mejor salud, más felicidad y un sentido de unidad con el universo. Si su chakra de la corona está bloqueado, puede experimentar desconexión, soledad y depresión. También puede sufrir dolores de cabeza, problemas de memoria y fatiga.

Para saber más sobre el *Sahasrara* y cómo alinearlo, pase al siguiente capítulo. Hablaremos de los pasos que debe dar para abrir su *Sahasrara* y beneficiarse de ello.

Capítulo 2: Cuando su chakra de la corona está bloqueado

¿Alguna vez ha sentido que su cerebro va a un millón de millas por hora y que no hay manera de frenarlo?, ¿siente un muro invisible entre usted y el mundo? ¿Siente que siempre le falta algo, pero no puede averiguar qué es?

Si alguna de estas situaciones le resulta familiar, es posible que tenga el chakra coronario bloqueado.

Un chakra coronario bloqueado puede provocar todo tipo de problemas en su vida. Puede ser la razón por la que se siente desconectado de todo lo que lo rodea. Puede ser la razón por la que su cerebro trabaja horas extras, incluso cuando su cuerpo quiere relajarse. Puede ser el motivo por el que se siente atascado o desesperado por superar lo que lo frena.

Un chakra coronario bloqueado puede causar estrés
https://unsplash.com/photos/wuo8KnyCm4I

El chakra de la corona es la conexión con su ser interior y con el universo. Le ayuda a sentirse centrado, seguro y en paz con lo que es. Por desgracia, como todos los chakras, puede bloquearse por el estrés, las emociones negativas y las dolencias físicas.

Cuando se conecta con su chakra de la corona, empieza a entenderse como parte de un todo. Y cuando este chakra está bloqueado, siente que su vida no tiene sentido ni propósito.

Veamos cómo los desequilibrios en este centro energético pueden manifestarse en su vida, cómo reconocer estas señales y cómo corregirlas.

Causas de un chakra coronario bloqueado

Cuando el chakra de la corona está equilibrado, nos sentimos conectados espiritualmente y alineados con nuestro propósito. En cambio, cuando está bloqueado, nos sentimos desconectados de nuestra espiritualidad y anclados en las preocupaciones materiales. Varias cosas pueden causar un bloqueo en el chakra de la corona, algunas de ellas son:

1. Falta de autoconciencia

Una de las causas más comunes de un chakra coronario bloqueado es la falta de autoconciencia. Cuando no somos conscientes de nuestros pensamientos y emociones, estos pueden tomar el control y evitar nuestra conexión con el yo superior. Si no está seguro de lo que ocurre en su interior, puede ser difícil conectar con su espiritualidad.

2. Miedo a lo desconocido

Otra causa común de un chakra coronario bloqueado es el miedo a lo desconocido. Cuando tenemos miedo al cambio o a las nuevas experiencias, podemos frenar nuestro crecimiento. Este miedo puede impedirnos explorar la espiritualidad y conectar con un poder superior. Podemos quedarnos atascados en la rutina si tenemos miedo de soltar nuestras viejas costumbres.

3. Apego a las posesiones materiales

Otra causa de un chakra coronario bloqueado es el apego a las posesiones materiales. Cuando estamos más concentrados en adquirir cosas que en nuestro crecimiento espiritual, podemos perder de vista lo verdaderamente importante. Este apego puede impedir que nos conectemos con nuestro yo superior y con el universo. Las personas demasiado apegadas a sus posesiones son más propensas a experimentar codicia, envidia y otras emociones negativas.

4. Emociones negativas

Las emociones negativas como la ira, el miedo y los celos también pueden bloquear el chakra de la corona. Cuando estamos atrapados en estas emociones, no podemos ver la belleza de la vida ni conectar con nuestro propósito superior. Estas emociones negativas también pueden impedirnos conectar con los demás y experimentar el verdadero amor y la compasión.

5. Enfermedades físicas

Las dolencias físicas también pueden bloquear el chakra de la corona. Puede ser difícil concentrarse en cualquier otra cosa cuando hay dolor o enfermedad. Esto puede impedir que conectemos con nuestra espiritualidad y encontremos paz interior. Con un chakra de la corona bloqueado, también somos más susceptibles a la ansiedad y la depresión.

6. Traumas

Los traumas también pueden bloquear el chakra de la corona. Cuando hemos experimentado un evento traumático, puede ser difícil soltar el pasado y seguir adelante. Esto puede impedirnos contactar con nuestro yo superior y vivir el momento presente. Los traumas también pueden hacer que experimentemos *flashbacks*, pesadillas y pensamientos invasivos.

7. Falta de creatividad

La falta de creatividad también puede bloquear el chakra de la corona. Cuando no expresamos nuestro lado creativo, podemos sentir que no estamos a la altura de nuestro potencial. Esto puede impedirnos conectar con nuestra espiritualidad y encontrar nuestro verdadero propósito en la vida. La falta de creatividad también puede conducir al aburrimiento, la depresión y la desesperanza.

8. Apagar las emociones

Cuando cerramos nuestras emociones, no podemos procesarlas adecuadamente, y esto puede conducir a una acumulación de energía negativa en el chakra de la corona. Si no nos permitimos sentir, podemos tener dificultades para conectar con nuestro yo superior y nos perdernos importantes lecciones de la vida.

¿Por qué la mayoría de las personas tienen el chakra coronario bloqueado?

El chakra de la corona es el más alto, y está asociado con la espiritualidad. Por ello, a muchas personas les cuesta abrirlo. Pueden sentir que no son dignos o tener miedo de lo que pueden encontrar si se abren espiritualmente.

Si tiene dificultades para abrir su chakra de la corona, debe saber que no está solo. Muchas personas luchan contra este problema. Pero usted es digno de abrirse espiritualmente. Cuanto más aproveche su chakra coronario, más verá y sentirá el mundo. Cuando el chakra coronario está bloqueado, podemos experimentar varios síntomas. Estos pueden incluir problemas físicos, mentales y emocionales. Podemos sentirnos desconectados de nuestra espiritualidad en nuestra cotidianidad. También podemos sentir que no estamos alcanzando nuestro potencial.

A medida que la vida pasa, es natural que el chakra coronario se bloquee. Hay muchas cosas que pueden hacer que esto ocurra, como los pensamientos negativos, la falta de espiritualidad, los traumas y el estrés. Si está lidiando con alguno de estos problemas, busque ayuda para abrir su chakra de la corona y vivir una vida más equilibrada.

Síntomas de un chakra de la corona bloqueado

Un chakra coronario bloqueado puede sentirse como un peso sobre los hombros. Puede manifestarse físicamente con dolores de cabeza o migrañas, haciéndolo sentir constantemente cansado. También puede sufrir de depresión, ansiedad o desconexión. Si su chakra de la corona está bloqueado, puede resultarle difícil concentrarse durante la meditación.

Estos son algunos síntomas comunes de un chakra coronario bloqueado:

1. Dolores de cabeza o migrañas.
2. Fatiga.
3. Depresión.
4. Ansiedad.
5. Desconexión.
6. Dificultad para concentrarse durante la meditación.

7. Insomnio.
8. Sensibilidad a la luz o al sonido.
9. Sensación de estar perdido o confundido.
10. Problemas de memoria.

Si usted está experimentando cualquiera de estos síntomas, es una señal de que su chakra de la corona está bloqueado. Aunque los síntomas pueden ser alarmantes, hay formas de desbloquear su chakra corona y volver al camino del crecimiento espiritual.

Síntomas de un chakra coronario débil

Un chakra de la corona poco activo puede provocar una sensación de pérdida o desesperación. Puede sentir como si hubiera perdido algo importante, pero sin saber qué es, lo que resulta aún más frustrante. Puede experimentar sentimientos de soledad a pesar de estar rodeado de personas que le apoyan. Puede sentirse desconectado del mundo que lo rodea y resultarle difícil conectar con su espiritualidad. Estos son algunos síntomas comunes de un chakra de la corona débil:

1. Sensación de pérdida o desesperación.
2. Sentimientos de soledad.
3. Desconexión del mundo que le rodea.
4. Dificultad para conectar con su espiritualidad.
5. Sensación de que algo falta en su vida.
6. Sensación de estar perdido o confundido.
7. Falta de propósito en la vida.
8. Depresión.
9. Ansiedad.
10. Adicciones.

Si está luchando con alguno de estos síntomas, es una señal de que su chakra de la corona está débil. Es imperativo tomar medidas para fortalecerlo y que pueda vivir una vida más equilibrada y plena.

Síntomas de un chakra coronario hiperactivo

Un chakra coronario hiperactivo puede generar la sensación de tener demasiadas cosas en la cabeza. Puede tener dificultades para concentrarse en una tarea o sentir que sus pensamientos van a toda velocidad. También puede experimentar ansiedad, manías o alucinaciones. Un chakra coronario hiperactivo puede manifestarse en enfermedades mentales, por lo que es importante que busque la ayuda de un profesional si tiene problemas.

Aquí hay algunos síntomas comunes de un chakra de la corona hiperactivo:
1. Dificultad para concentrarse.
2. Pensamientos precipitados o difíciles de controlar.
3. Ansiedad.
4. Manías.
5. Alucinaciones.
6. Enfermedades mentales.

Si usted está luchando con cualquiera de estos síntomas, es importante que busque ayuda profesional. Un chakra coronario hiperactivo puede derivar en una enfermedad mental grave, por lo que es importante obtener la ayuda que necesita.

Historias de la vida real

Hay muchos casos en los que el chakra de la corona se bloquea, se desequilibra, se debilita o se hiperactiva. He aquí algunas historias reales de personas que han experimentado estos problemas:

María nació en una familia de devotos católicos. Desde pequeña le enseñaron que Dios era todopoderoso y que su propósito en la vida era servirle. A medida que crecía, María empezó a cuestionar su fe. Empezó a leer sobre otras religiones y filosofías y se dio cuenta de que había algo más en la vida que lo que le habían enseñado. Sin embargo, no quería molestar a su familia, así que se guardó sus preguntas para sí misma.

Con el tiempo, el cuestionamiento de María la llevó a dudar de su fe. Perdió su conexión con Dios y se sintió perdida y confundida. Empezó a experimentar síntomas de un chakra coronario débil, como depresión y ansiedad. Sentía que le faltaba algo en su vida, pero no sabía qué era.

La historia de María es común. Muchas personas experimentan una pérdida de fe en algún momento de sus vidas. Esto puede ser difícil, pero es importante encontrar su propia verdad y conectar con su espiritualidad.

Otra historia es la de Sarah, que siempre fue una persona brillante y extrovertida. Tenía muchos amigos y siempre era el alma de la fiesta. Sin embargo, cuando Sarah cumplió treinta años, empezó a sentir que le faltaba algo a su vida. Empezó a alejarse de sus amigos y dejó de salir. Empezó a experimentar síntomas de un chakra coronario débil, como soledad y desconexión del mundo que la rodeaba.

Muchas personas sienten que les falta algo cuando llegan a cierta edad. Puede ser un momento difícil, pero es crucial encontrar su verdad y conectar con su espiritualidad. Un chakra de la corona bloqueado puede impedirle vivir su vida bien, pero hay muchas maneras de desbloquearlo y vivir de forma más equilibrada.

John es un ejemplo de alguien con un chakra coronario hiperactivo. Siempre fue una persona brillante y extrovertida. Sin embargo, cuando cumplió treinta años, empezó a experimentar síntomas de manía. Tenía pensamientos acelerados y le costaba concentrarse en una sola tarea. También estaba muy agitado y le costaba dormir. El médico de John le diagnosticó trastorno bipolar y empezó a recibir tratamiento.

La historia de John nos recuerda que un chakra coronario hiperactivo puede ser un signo de una enfermedad mental grave. Si tiene síntomas de hiperactividad del chakra de la corona, es importante que busque ayuda profesional.

El test del chakra coronario

Realice el siguiente cuestionario para hacerse una idea del grado de equilibrio de su chakra coronario. Simplemente seleccione la respuesta que mejor describa su estado actual.

1. ¿Cómo siente su conexión con su espiritualidad?
    a) No creo en nada espiritual.
    b) Creo en un poder superior, pero no me siento especialmente conectado a él.
    c) Siento una fuerte conexión con mi espiritualidad, y es una parte importante de mi vida.
    d) No estoy seguro; todavía estoy explorando mi espiritualidad.

2. ¿Con qué frecuencia experimenta síntomas de ansiedad o depresión?
   a) Raramente.
   b) Ocasionalmente.
   c) Con frecuencia.
   d) Casi siempre.
3. ¿Siente que le falta algo a su vida?
   a) No, estoy contento con mi vida.
   b) A veces siento que me falta algo, pero no estoy seguro de qué es.
   c) Sí, siento que me falta algo, pero no sé qué es.
   d) Sí, siento que me falta algo, y sé lo que es.
4. ¿Le cuesta dormir?
   a) No, generalmente duermo bien.
   b) A veces tengo problemas para dormir, pero no es algo habitual.
   c) Sí, tengo problemas para dormir con regularidad.
   d) No, no necesito dormir; solo necesito 3-4 horas de sueño.
5. ¿Le cuesta concentrarse en una tarea?
   a) No, puedo concentrarme cuando lo necesito.
   b) A veces me cuesta concentrarme, pero no es algo habitual.
   c) Sí, me cuesta concentrarme regularmente.
   d) No, no necesito concentrarme. Puedo realizar varias tareas a la vez con facilidad.
6. ¿Se siente desconectado del mundo que lo rodea?
   a) No, me siento conectado con el mundo que me rodea.
   b) A veces me siento desconectado, pero no es algo habitual.
   c) Sí, a menudo me siento desconectado del mundo que me rodea.
   d) No, no siento la necesidad de estar conectado al mundo; prefiero estar solo.

7. ¿Le resulta difícil meditar?
    a) No, puedo despejar mi mente con facilidad y concentrarme en mi respiración.
    b) A veces me cuesta despejar la mente, pero al final puedo centrarme en la respiración.
    c) Sí, me resulta muy difícil despejar la mente y nunca consigo concentrarme en la respiración.
    d) No, no necesito meditar. Puedo despejar mi mente fácilmente sin concentrarme en mi respiración.
8. ¿Ve colores y formas cuando cierra los ojos?
    a) No, no veo nada.
    b) A veces veo colores o formas, pero no es algo habitual.
    c) Sí, a menudo veo colores o formas cuando cierro los ojos.
    d) No, no necesito cerrar los ojos para ver colores y formas. Puedo verlos con los ojos abiertos.
9. ¿Siente que tiene rabia sin resolver?
    a) No, generalmente no me enfado.
    b) A veces me enfado, pero normalmente lo enfrento de forma saludable.
    c) Sí, tengo mucha ira no resuelta y no sé cómo manejarla.
    d) No, no me enfado. Solo siento amor y compasión.
10. ¿Le cuesta recordar sus sueños?
    e) No, generalmente recuerdo mis sueños.
    f) A veces me cuesta recordar mis sueños, pero no es algo habitual.
    g) Sí, tengo problemas para recordar mis sueños con regularidad.
    h) No, no necesito recordar mis sueños; puedo tener sueños lúcidos.

Los resultados del cuestionario

Una vez que haya respondido a todas las preguntas, calcule sus resultados para ver el grado de equilibrio de su chakra coronario.

Si ha seleccionado mayoritariamente:
a) Su chakra coronario está bloqueado. Esto significa que está desconectado de su espiritualidad y puede experimentar síntomas de ansiedad o depresión. Puede sentir que le falta algo a su vida, pero no está seguro de qué es. Puede tener problemas para dormir, concentrarse o meditar. También es posible que se sienta desconectado del mundo que lo rodea y que tenga rabia sin resolver.

Si la mayoría de las veces seleccionó:
b) Su chakra de la corona está débil. Esto significa que está parcialmente desconectado de su espiritualidad. Es probable que experimente algunos síntomas de ansiedad o depresión. Muy ocasionalmente, puede sentir que le falta algo a su vida o tener problemas para dormir, concentrarse o meditar. También puede sentirse desconectado del mundo que lo rodea ocasionalmente, aunque no es algo habitual. Es posible que tenga algo de ira no resuelta, pero no es un problema importante.

Si selecciona mayormente:
c) Su chakra de la corona está equilibrado. Esto significa que tiene una buena conexión con su espiritualidad. Es probable que no experimente ningún síntoma de ansiedad o depresión. Sin embargo, es posible que sienta que le falta algo a su vida o que tenga problemas para dormir, concentrarse o meditar de vez en cuando. También puede sentirse desconectado del mundo que lo rodea en ocasiones, pero no es algo habitual. Es posible que tenga algo de ira no resuelta, pero no es un problema importante.

Si selecciona mayormente:
d) Su chakra de la corona está hiperactivo. Esto significa que tiene una fuerte conexión con su espiritualidad. Es probable que no experimente ningún síntoma de ansiedad o depresión. Puede que sienta que le falta algo a su vida, pero es probable que sepa qué es. Puede tener problemas para dormir, concentrarse o meditar. También es posible que se sienta desconectado del mundo que lo rodea y que tenga rabia sin resolver. Pero es probable que sea capaz de afrontar estos problemas de forma saludable.

Cuando se habla del séptimo chakra, se habla de su conexión con lo divino. Estamos hablando de ser capaz de comunicarse con el universo y de ser consciente de su relación con el resto de la existencia.

De la misma manera que un desagüe obstruido impide que el agua fluya libremente, un chakra coronario bloqueado impide que la energía fluya libremente por su cuerpo. Cuando esto ocurre, puede experimentar síntomas físicos como dolores de cabeza y fatiga crónica; y síntomas emocionales como confusión, frustración y depresión.

Si su chakra coronario está bloqueado, débil o desequilibrado, hay varias cosas que puede hacer para sanarlo y desbloquearlo. Elevar la energía hacia el chakra de la corona puede ayudar. Esto puede hacerse a través de la meditación, la visualización, las afirmaciones o el trabajo energético. En el siguiente capítulo se explicará con más detalle cómo hacerlo.

Capítulo 3: Cómo elevar la energía a través de los chakras

Los chakras son centros de energía en su cuerpo que trabajan para ayudarle a hacer todo tipo de cosas mágicas. Comienzan en su chakra raíz y se extienden hacia afuera como una flor hasta llegar a su chakra corona. *Sahasrara* es el chakra más alto y está asociado a su conexión espiritual con el universo. Para despertar su *Sahasrara*, lo mejor es tener los demás chakras abiertos y en equilibrio, para que la energía pueda fluir libremente a través de ellos.

El primer capítulo de esta guía cubrió los fundamentos de los chakras y su funcionamiento. Si necesita un repaso, consúltelo. Ahora, repasaremos cada chakra, desde la raíz hasta el tercer ojo. Para cada uno, primero proporcionaremos una visión general de los síntomas de bloqueo y luego enumeraremos algunas formas sencillas de equilibrarlo.

Sahasrara y los otros chakras

Sahasrara es el séptimo y último chakra, situado en la coronilla. Se asocia con la iluminación, la conciencia pura y la felicidad. Aunque es el chakra más alto, no está separado de los demás. Al contrario, está íntimamente conectado con ellos.

Cada chakra proporciona energía e información a *Sahasrara*, que, a su vez, afecta a nuestro estado de conciencia. Por ejemplo, equilibrar el chakra *Muladhara* ayuda a sentirse más arraigado y estable. Si el chakra *Ajna* está equilibrado, se puede acceder a la intuición y sabiduría interiores. Si se mantienen todos los chakras en equilibrio, se puede mantener la conexión con los estados superiores de conciencia.

La energía de los chakras fluye hacia arriba desde el chakra raíz hasta el de la corona. Este flujo de energía se conoce como *kundalini* y permite conectar con el yo superior. Se puede pensar la energía *kundalini* como una bobina, o una serpiente, que envuelve la columna vertebral desde abajo hacia arriba (siempre positivamente).

Cuando la energía *kundalini* está bloqueada, podemos sentirnos atascados, o como si no estuviéramos aprovechando todo nuestro potencial. Al limpiar los bloqueos y abrir los chakras, podemos permitir que la energía *kundalini* fluya libremente, lo que ayudará a alcanzar el máximo potencial.

Muladhara: El chakra raíz

El chakra raíz está situado en la parte inferior de la columna vertebral. Se asocia con el elemento tierra y es el responsable de que nos sintamos seguros y protegidos. Cuando *Muladhara* está equilibrado, nos sentimos enraizados, estables y seguros. Podemos manejar situaciones difíciles con fluidez y sentir que pertenecemos al mundo.

El rojo es el color del chakra raíz. Es el color de la pasión, la vitalidad y la seguridad. Es el color del cuerpo físico y de la conexión con la tierra. El chakra raíz es la base del sistema energético y es fundamental mantenerlo equilibrado para sentirse estable y con los pies en la tierra.

Resumen de los síntomas de bloqueo

Si *Muladhara* está desequilibrado, se pueden experimentar diferentes síntomas. Estos son algunos de los más comunes:

- Sentirse inseguro o en peligro.
- Sentir que no pertenece al mundo.
- Sentirse ansioso o estresado.
- Tener dificultad para concentrarse o prestar atención.
- Sentirse aislado o desconectado de su cuerpo.
- Sentir dolores y molestias en el cuerpo.

Si siente que estas cosas lo describen, empiece con algunas posturas sencillas de yoga y ejercicios de respiración para limpiar la energía estancada en su chakra raíz. Una vez hecho esto, manténgase positivo y concentrado en sus objetivos. En la siguiente sección hay algunas formas

sencillas de hacerlo.
Formas de equilibrar *Muladhara*
Hay muchas maneras de equilibrar *Muladhara*. Aquí hay algunas de las más efectivas:

- Practicar *Tadasana* (postura de yoga).
- Pasar tiempo en la naturaleza.
- Llevar ropa roja y rodearse de objetos rojos.
- Comer verduras con raíces.
- Hacer ejercicios de enraizamiento como el yoga o el Tai Chi.
- Recibir un masaje.
- Pasar tiempo con animales.

Swadhisthana: el chakra sacro

El segundo chakra es el *Swadhisthana*, situado justo debajo del ombligo. Se asocia con el elemento agua y es responsable del placer y la creatividad. Cuando *Swadhisthana* está equilibrado, nos sentimos seguros y deseables. Tenemos la libertad de apreciar nuestro ser físico. Nos sentimos creativos y conectados con nuestras emociones.

Swadhisthana se asocia con el color naranja. El naranja es el color de la alegría, el entusiasmo y el placer. Es el color de nuestra sexualidad y creatividad. El chakra sacro es la base del cuerpo emocional, y es fundamental mantenerlo equilibrado para sentirse seguro y creativo.

Resumen de los síntomas de bloqueo

Si *Swadhisthana* está desequilibrado, podemos experimentar diferentes síntomas. Estos son algunos de los más comunes:

- Dificultad para experimentar placer.
- Baja autoestima o confianza.
- Disfunción sexual.
- Bloqueo creativo.
- Inestabilidad emocional.
- Cambios de humor.

Formas de equilibrar *Swadhisthana*

Hay muchas maneras de equilibrar *Swadhisthana*. He aquí algunas de las más eficaces:

- Practicar *Matsyasana* (postura de yoga).
- Llevar ropa de color naranja o rodearse de objetos de ese color.
- Comer cítricos.
- Realizar actividades creativas como pintar o escribir.
- Bailar o mover el cuerpo de forma lúdica.
- Pasar tiempo en el agua.
- Conectar con su lado sensual.

Manipura: el chakra del plexo solar

El chakra número tres, el chakra del plexo solar, está situado alrededor del ombligo. Se asocia con el elemento fuego y es el responsable del poder y la vitalidad. Cuando *Manipura* está equilibrado, nos sentimos seguros y con el control de nuestras vidas. Podemos establecer límites y alcanzar nuestros objetivos.

El amarillo es el color del *Manipura*. Es el color de la claridad, la sabiduría y el intelecto. Es el color del cuerpo mental y de la capacidad de pensar con claridad. El chakra del plexo solar es la base del poder y es fundamental mantenerlo equilibrado para sentirse seguro y en control de la vida.

Resumen de los síntomas de bloqueo

Si *Manipura* está desequilibrado, se pueden experimentar diferentes síntomas. Estos son algunos de los más comunes:

- Baja autoestima o falta de confianza.
- Dificultad para establecer límites.
- Ser complaciente con otros.
- Codependencia.
- Problemas de control.
- Ira o resentimiento.
- Sentimiento de impotencia o de ser víctima.

Formas de equilibrar *Manipura*

Hay muchas maneras de equilibrar *Manipura*. He aquí algunas de las más eficaces:

- Practicar *Paschimottanasana* (postura de yoga).
- Usar ropa amarilla o rodearse de objetos amarillos.
- Comer frutas y verduras amarillas.
- Realizar actividades mentales como rompecabezas o sudokus.
- Pasar tiempo al sol.
- Visualizar que es poderoso y que tiene el control.
- Afirmar su propio poder.

Anahata: El chakra del corazón

El chakra del corazón se encuentra donde está el corazón. Al estar cerca de sus pulmones, su símbolo es de aire, y al igual que su corazón, se ocupa de las emociones, del amor y la compasión. Cuando *Anahata* está equilibrado, nos sentimos amorosos y compasivos con nosotros mismos y con los demás. Podemos dar y recibir amor incondicionalmente.

El verde es el color del chakra del corazón. Es el color de la curación, el crecimiento y la abundancia. Es el color de nuestro cuerpo físico y emocional, y es fundamental mantener este chakra equilibrado para poder sentir amor y compasión.

Resumen de los síntomas de bloqueo

Si *Anahata* está desequilibrado, se pueden experimentar diferentes síntomas. Estos son algunos de los más comunes:

- Dificultad para dar o recibir amor.
- Falta de compasión.
- Adormecimiento emocional.
- Amargura o resentimiento.
- Celos o envidia.
- Dificultad para perdonar a los demás o a uno mismo.

Formas de equilibrar *Anahata*

Hay muchas formas de equilibrar *Anahata*. He aquí algunas de las más eficaces:

- Practicar *Anahatasana* (postura de yoga).
- Llevar ropa verde o rodearse de objetos verdes.
- Comer frutas y verduras verdes.
- Pasar tiempo en la naturaleza.
- Visualizarse rodeado de amor.
- Afirmar su capacidad de dar y recibir amor.
- Ser amable y compasivo con usted mismo y con los demás.

Vishuddha: El chakra de la garganta.

Puede que ya haya adivinado (o sepa) dónde se encuentra el chakra de la garganta: en sus tres zonas. Está asociado con el elemento éter y es responsable de la capacidad para comunicar la propia verdad. Cuando *Vishuddha* está equilibrado, somos capaces de expresarnos con claridad y honestidad. También de escuchar a los demás con franqueza y respeto.

El azul es el color del chakra de la garganta. Es el color de la comunicación, la expresión y la verdad. Es el color de nuestro cuerpo mental, y es fundamental mantener este chakra equilibrado para poder comunicar nuestra verdad con integridad.

Resumen de los síntomas de bloqueo

Si *Vishuddha* está desequilibrado, se pueden experimentar diferentes síntomas. Estos son algunos de los más comunes:

- Dificultad para comunicarse.
- Miedo a decir la verdad.
- Deshonestidad.
- Contar chismes o hablar a espaldas de los demás.
- Comunicarse de forma manipuladora o pasivo-agresiva.
- Mentir.

Formas de equilibrar *Vishuddha*

Hay muchas maneras de equilibrar *Vishuddha*. Estas son algunas de las más eficaces:

- Practicar *Halasana* (postura de yoga).
- Llevar ropa azul o rodearse de objetos azules.
- Comer frutas y verduras azules.
- Realizar actividades vocales, como cantar o recitar.
- Visualizarse comunicando con facilidad y confianza.
- Afirmar su derecho a expresarse con libertad y veracidad.

Ajna: Chakra del tercer ojo

El chakra del tercer ojo está situado en la frente, y es posible que haya visto sus representaciones en diversos medios. Está asociado con el elemento de la luz y es responsable de la capacidad de ver con claridad. Cuando *Ajna* está equilibrado, podemos ver claramente el mundo que nos rodea y tomar decisiones sabias. Aprendemos a confiar en nuestra intuición y a seguir nuestra brújula interior.

Ajna se asocia con el color índigo. Es el color de la intuición, la perspicacia y la capacidad psíquica. Es el color del cuerpo espiritual, y es esencial mantener este chakra equilibrado para ver con claridad y tomar decisiones sabias.

Resumen de los síntomas de bloqueo

Si *Ajna* está desequilibrado, se pueden experimentar diferentes síntomas. Estos son algunos de los más comunes:

- Dificultad para tomar decisiones.
- Confusión.
- Falta de concentración.
- confusión cerebral.
- Ansiedad.
- Depresión.

Formas de equilibrar *Ajna*

Hay muchas maneras de equilibrar *Ajna*. He aquí algunas de las más eficaces:

- Practicar el *Ajna* Mudra (postura de yoga).
- Llevar ropa de color índigo o rodearse de objetos de ese color.
- Comer frutas y verduras de color índigo.
- Visualizarse tomando decisiones sabias con facilidad.
- Afirmar su capacidad para confiar en su intuición y seguir su guía interior.

Sahasrara: El Chakra de la Corona

La coronilla está situada en la parte superior de la cabeza, al igual que el chakra de la corona. Este chakra está asociado con el pensamiento y es responsable de la capacidad de conectar con los seres superiores. Cuando *Sahasrara* está equilibrado, nos sentimos conectados con algo más grande que nosotros mismos. Nos sentimos iluminados y en paz.

Sahasrara está asociado con el color violeta. Este es el color de la espiritualidad, la iluminación y la conexión. También del cuerpo divino, y es esencial mantener este chakra equilibrado para sentir una conexión con lo divino.

Resumen de los síntomas de bloqueo

Si *Sahasrara* está desequilibrado, se pueden experimentar diferentes síntomas. Estos son algunos de los más comunes:

- Sensación de desconexión con algo más grande.
- Sensación de vacío o soledad.
- Falta de propósito o sentido.
- Depresión.
- Ansiedad.

Formas de equilibrar *Sahasrara*

Hay muchas maneras de equilibrar *Sahasrara*. Aquí están algunas de las más efectivas:

- Practicar el *Sahasrara* Mudra (postura de yoga).
- Usar ropa violeta o rodearse de objetos violetas.

- Comer frutas y verduras de color violeta.
- Visualizarse conectado con lo divino.
- Afirmar su conexión con algo más grande que usted mismo.

Abrir todos los chakras

Ahora que sabe más sobre los chakras, se preguntará cómo abrirlos. Para experimentar la dicha total, necesitará tener los siete chakras abiertos y equilibrados. Si uno solo está desequilibrado, puede desequilibrar todo el sistema.

Su cuerpo energético es la red de energía que lo atraviesa y rodea. Cuando esta energía fluye libremente y con facilidad, se siente feliz y saludable. Pero cuando se bloquea o circula lento, puede sentirse deprimido o decaído.

Aunque no existe una forma única para abrir los chakras, hay algunas cosas que puede hacer para empezar. He aquí algunas sugerencias:

Una dieta sana

Lo que entra en el cuerpo es muy importante para la energía. Comer muchos alimentos procesados y comida chatarra puede hacerlo sentir perezoso y lento, mientras que una dieta saludable con muchos cereales integrales, verduras y proteínas limpias ayudará a que el cuerpo energético funcione sin problemas.

Una alimentación sana es crucial para mantener sus chakras equilibrados
https://unsplash.com/photos/jUPOXXRNdcA

Una de las mejores formas de abrir los chakras es comer de forma saludable. Comer alimentos asociados con cada chakra ayuda a equilibrarlos y abrirlos. Así, si quiere abrir su chakra raíz, coma mucha fruta y verdura roja. Para abrir el chakra sacro, coma frutas y verduras de color naranja.

Asegúrese de consumir muchos cereales integrales, frutas y verduras, y proteínas magras en su dieta. Los alimentos con alto contenido en azúcar y grasa pueden restarle energía. Si tiene hambre o está cansado, coma una manzana o un puñado de frutos secos para reponer fuerzas.

Además de comer los alimentos adecuados, también es importante beber mucha agua. El agua es esencial para el buen funcionamiento de los chakras. Elimina las toxinas y mantiene el cuerpo hidratado.

Yoga

El yoga es una forma excelente de abrir los chakras y hacer fluir la energía. Hay varias posturas de yoga que puede practicar para tratar cada uno de los chakras. Por ejemplo, si quiere abrir el chakra del corazón, puede hacer un ejercicio de apertura del corazón como la postura del camello. Si quiere abrir el chakra de la raíz, puede hacer una postura de conexión con la tierra, como la de la montaña.

Hacer yoga regularmente mantiene los chakras abiertos y equilibrados. Si es nuevo en el yoga, hay muchos recursos disponibles para empezar. Puede encontrar clases de yoga en su gimnasio local o en un centro comunitario, o incluso encontrar videos instructivos en internet.

Cada chakra tiene un color diferente asociado. Cuando haga yoga, intente usar ropa del color del chakra que está intentando abrir. El chakra del corazón está representado por el color verde, así que use ropa verde si quiere abrirlo completamente. No debe ser mucho, solo lo suficiente para sentirse más conectado con el chakra.

Comience con unos pocos minutos de yoga al día y aumente gradualmente el tiempo que dedica a medida que se siente más cómodo con la práctica. Concéntrese en el chakra raíz al principio, ya que es la base del sistema. Una vez que esté abierto y equilibrado, puede pasar a los demás.

Meditación

La meditación es otra forma excelente de abrir los chakras y promover un flujo de energía saludable. Calma la mente y le permite concentrarse en el momento presente. Cuando hace esto, sintoniza con su cuerpo y su energía.

Hay muchas formas de meditar, así que encuentre la que mejor se adapte a usted. Puede probar una meditación guiada, en la que alguien le hable a través del proceso, o puede hacerlo por su cuenta. También puede probar una meditación en movimiento, en la que se concentra en su respiración y en sus pasos mientras camina.

Lo mejor es empezar poco a poco e ir aumentando. Unos pocos minutos al día es todo lo que hay que hacer al principio para mantener la concentración mientras va aumentando su resistencia. El equilibrio de los chakras no tiene por qué ser difícil o llevar mucho tiempo. Algunos minutos harán maravillas para equilibrar y abrir sus chakras.

Conexión a tierra

La conexión a tierra es una forma estupenda de concentrarse y conectar con la Tierra. Cuando se conecta a tierra, libera el exceso de energía y se conecta con la energía de la Tierra. Esto lo calma y concentra, además de abrir y equilibrar sus chakras.

Hay muchas maneras de conectarse a tierra. Puede caminar descalzo, trabajar en el jardín o hacer una meditación de conexión a tierra. También puede comer alimentos que lo conecten con la tierra, como los tubérculos, o utilizar aceites esenciales como el vetiver o el sándalo.

Dedique uno o dos minutos al día a trabajar en la conexión a tierra y aumente el tiempo a medida que se sienta más cómodo. Esta práctica le ayudará a sentirse más conectado a la tierra y a su propio cuerpo, además de abrir y equilibrar sus chakras.

Afirmaciones

Las afirmaciones son declaraciones positivas que puede decirse a usted mismo para cambiar su mentalidad. Cuando repite afirmaciones, entrena a su cerebro para que se concentre en lo positivo. Esto puede abrir y equilibrar sus chakras, promoviendo un flujo de energía saludable.

Puede utilizar diferentes afirmaciones, así que encuentre las que más le resuenen. Algunos ejemplos son:

- «Estoy seguro».
- «Soy amado».
- «Soy digno».

- «Soy suficiente».
- «Soy fuerte».
- «Estoy sano».
- «Soy feliz».
- «Soy abundante».

Empiece repitiendo afirmaciones para usted mismo durante unos minutos cada día. A medida que su habilidad progresa, puede dedicar más tiempo cada día. También puede escribir sus afirmaciones y repetírselas a lo largo del día.

Visualizaciones

Las visualizaciones son otra gran forma de abrir y equilibrar los chakras. Cuando visualiza, crea imágenes mentales que cambian su energía y promueven un flujo saludable. Algunos ejemplos de visualizaciones que puede utilizar son:

- Visualice una luz blanca que brilla desde el cielo y llena su cuerpo de luz.
- Visualice cada uno de sus chakras como una rueda giratoria de energía.
- Visualice que sus chakras se abren y se equilibran mientras inhala y exhala.

No necesita mucho tiempo para visualizar, y lo mejor es empezar poco a poco y crecer en el proceso. Las visualizaciones son una gran manera de cambiar su energía y promover el flujo saludable de los chakras.

El equilibrio de los chakras es una gran manera de promover un flujo de energía saludable en el cuerpo. Incorporando algunas prácticas sencillas en su rutina diaria, puede mantener sus chakras abiertos y equilibrados. Hay muchos libros y recursos disponibles si está interesado en aprender más sobre esto.

Recuerde que debe empezar poco a poco y aumentar el tiempo de cada práctica a medida que se sienta más cómodo. Con un poco de tiempo y esfuerzo, estará en camino hacia una vida más equilibrada y saludable.

Capítulo 4: Mantras y mudras

Un chakra de la corona equilibrado le permite sentirse conectado con los demás y con el universo en su conjunto, tener la mente abierta y estar dispuesto a aprender y vivir en el momento presente. Sin embargo, puede ser difícil de equilibrar porque este chakra está muy alejado de los demás chakras.

Por suerte, hay dos herramientas muy poderosas que pueden ayudarle a abrir su chakra coronario: los mantras y los mudras. Veamos qué son y cómo puede utilizarlos.

Qué son los mantras

La forma de utilizar los mantras varía según la escuela y la filosofía. De todas formas, los mantras, que se consideran sonidos, sílabas o grupos de palabras, pueden favorecer la transformación definitiva. Se utilizan principalmente como conductos o vibraciones espirituales que proporcionan un enfoque y una concentración nítidos. También se incluyen en ceremonias religiosas para atraer riqueza, proteger del peligro y alejar a los enemigos.

Los mantras son una práctica ancestral que consiste en cantar, recitar o repetir una palabra o frase para lograr un objetivo. Son herramientas muy eficaces para eliminar viejos patrones de pensamiento y sustituirlos por otros nuevos. Ayudan a alcanzar la paz y la serenidad, así como a establecer y lograr objetivos.

El concepto mantra combina dos palabras sánscritas: «manas» (la mente) y «tra» (entregar). La mente es una herramienta muy poderosa, por lo que la idea que subyace al uso de los mantras es que repetir algo al subconsciente sirve para manifestar lo que se quiere en la vida.

Los mantras han sido utilizados durante miles de años por personas con objetivos específicos. Los estudios demuestran que el cerebro es muy receptivo a los pensamientos positivos, y estos estudios son los que han probado la ciencia detrás de los mantras. El cerebro libera unas sustancias químicas llamadas neurotransmisores cuando tenemos pensamientos positivos. Estos neurotransmisores ayudan a sentirse más felices y relajados. Y cuando nos sentimos más felices y relajados, es más probable que consigamos nuestros objetivos.

Los mantras son fáciles de aprender y utilizar porque no requieren más que su voz. No se necesita ningún equipo ni entrenamiento especial. Además, pueden practicarse en cualquier lugar y en cualquier momento.

La diferencia entre mantras y afirmaciones

En la psicología moderna y la terapia cognitiva, las afirmaciones son cualquier forma de enunciado positivo sobre sí mismo diseñado para afectar a la mente consciente. Estas afirmaciones pueden ser cualquier cosa, desde «me quiero incondicionalmente» hasta «soy bueno en mi trabajo» o «estoy sano». Teniendo esto en cuenta, los mantras entran en esta categoría.

En el yoga y el ayurveda, se cree que los mantras tienen un impacto mucho más profundo en la mente consciente y efectos de mayor alcance en todo nuestro ser, más allá de la mente consciente, en la mente subconsciente y el cuerpo.

Los mantras y las afirmaciones se parecen en que ambos son enunciados positivos que nos repetimos a nosotros mismos. La diferencia es que los mantras se basan en la sabiduría antigua, mientras que las afirmaciones son más modernas y laicas. Por otro lado, los mantras se basan en textos sagrados, mientras que las afirmaciones no.

Las afirmaciones se centran más en la mente consciente, mientras que los mantras están diseñados para penetrar en el subconsciente. Las creencias, pensamientos y sentimientos sobre nosotros mismos residen en el subconsciente, que además es la parte de la mente que controla los comportamientos y hábitos automáticos.

Dado que los mantras están diseñados para penetrar en las capas más profundas de la mente subconsciente, son más poderosos y efectivos que las afirmaciones.

Afirmaciones para abrir el chakra de la corona

Hay muchas afirmaciones que puede utilizar para abrir su chakra de la corona. He aquí algunos ejemplos:

- Estoy conectado con la sabiduría infinita del universo.
- Busco la guía y la dirección de mi Ser Superior.
- Soy digno de amor, respeto y abundancia.
- Mis pensamientos son claros y están enfocados.
- Estoy rodeado de amor y luz.
- Estoy en paz conmigo mismo y con el mundo que me rodea.

Si tiene problemas con las afirmaciones anteriores, también puede escribir las suyas propias. Lo importante es que las afirmaciones sean positivas y estén en consonancia con lo que quiere conseguir. Aquí tiene una guía rápida para hacer sus afirmaciones.

1. Lista de cualidades

Haga una lista de las cualidades que quiere cultivar en usted. Por ejemplo, si quiere abrir su chakra de la corona, puede hacer una lista de cualidades como la paz, el amor, la alegría y la sabiduría. Mire su lista y elija una en la que quieras centrarse.

2. Haga una declaración

Una vez que haya elegido una cualidad, conviértala en una declaración «Yo soy...». Por ejemplo, si ha elegido la paz, su afirmación podría ser: «Estoy en paz conmigo mismo y con el mundo que me rodea».

3. Repita su afirmación

Repita su afirmación en voz alta varias veces al día. Cuanto más la repita, más la creerá. También es útil escribirla y ponerla en un lugar donde la vea a menudo, en el espejo o en el escritorio. Si le cuesta recordar su afirmación, ponga un recordatorio en su teléfono o cree un tono de llamada de mantra.

4. Visualice

Además de repetir su afirmación, visualícese como si ya tuviera las cualidades que quiere cultivar. Por ejemplo, si está trabajando en la paz, visualícese como una persona pacífica, rodeada de paz y calma. Sienta la paz en su interior. Cree una plantilla visual o una imagen que le ayude con esta visualización.

5. Crea en usted mismo

El paso más importante para elaborar afirmaciones es creer en usted mismo. Cuando se visualice con las cualidades que quiere cultivar, crea que puede conseguirlas. Confíe en que es digno de tener esas cualidades. Cuanto más crea en usted mismo, más probable será que consiga sus objetivos.

Cómo afectan los mantras al cuerpo y al cerebro

Los mantras son sonidos de mucho poder que se dice a sí mismo. Afectan a su cuerpo y a su cerebro, aunque solo sean palabras. Los estudios relacionados con los mantras sánscritos han demostrado que ayudan a reducir el estrés, la ansiedad y la depresión. También mejoran el sueño y aumentan la atención y la concentración.

Los mantras funcionan afectando a las ondas cerebrales. Cuando se dice un mantra, se crean vibraciones en las cuerdas vocales. Estas vibraciones llegan al cerebro y modifican las ondas cerebrales. Dependiendo del mantra que diga, puede cambiar sus ondas cerebrales a unas asociadas con la relajación, el sueño o la concentración.

Los mantras también afectan al cuerpo. Cuando se dice un mantra, se crean vibraciones en el cuerpo. Estas vibraciones liberan la tensión, mejoran la circulación y refuerzan el sistema inmunitario. En lo que respecta al alivio del estrés y la curación energética, hay pruebas de que los mantras afectan la frecuencia vibratoria del cuerpo, es decir, la velocidad a la que se mueven las moléculas.

Los mantras tienen un profundo efecto en la mente y el cuerpo. Pueden ayudarle a sanar, a ser más consciente o a abrir los canales de energía de su cuerpo. Uno de los mayores beneficios de esta práctica es que puede realizarse en cualquier lugar. No es necesario vivir en un *ashram* para practicar mantras.

El mantra «OM»

En el hinduismo, Om (o Oum) es el sonido del universo. Es el sonido más sagrado y se utiliza a menudo en la meditación. Este sonido representa la vibración del universo y toda su energía. Si se siente desconectado de su vida, este mantra puede ayudarle a conectarse de nuevo con usted mismo y restaurar el equilibrio.

La pronunciación de Om es oum, con un sonido «o» largo. La «u» suena como en «luna». La «m» suena como la «ng» de «canguro». El mantra debe decirse con la boca ligeramente abierta, como si se fuera a tomar un sorbo de agua.

Al decir Om, es importante conectar con la vibración. Sienta cómo el sonido se mueve por su cuerpo y note cómo lo hace sentir. No se preocupe por conseguir una pronunciación perfecta, simplemente deje que el sonido fluya a través de usted.

Puede cantar «Om» tres veces al principio y tres veces al final de su meditación o práctica de yoga. Cante la primera con los ojos bien abiertos, la segunda después de cerrar los ojos y la tercera después de abrirlos de nuevo.

Cómo cantar «Om»

1. Siéntese en una posición cómoda con la espalda recta.
2. Respire profundamente y cierre los ojos.
3. Cuando esté preparado, empiece a cantar «Om».
4. Repita el mantra tantas veces como quiera.
5. Respire profundamente dos veces más y vuelva a abrir los ojos.

Si es nuevo en la meditación con mantras, empiece con tres series de Om. Una vez que se habitúe, puede aumentar el número de series a nueve, dieciocho o incluso treinta y seis.

Mantras correspondientes con los chakras

Cada chakra tiene su propio canto. Cada uno tiene su sonido único que vibra a una frecuencia diferente y estimula una zona concreta del cuerpo. Aquí están los siete chakras y sus correspondientes mantras:

1. Chakra raíz: «Lam».
2. Chakra del plexo solar: «Ram».
3. Chakra sacro: «Vam».

4. Chakra de la garganta: «Ham».
5. Chakra del corazón: «Yam».
6. Chakra de la corona: «Ah».
7. Chakra del tercer ojo: «Om».

Al seleccionar un mantra, elija uno que resuene con usted. Si no está seguro de cuál utilizar, pruebe varios y vea cuál tiene el efecto más positivo en su estado de ánimo y su energía.

Otros mantras

1. El mantra *Gayatri*

El mantra *Gayatri* es una poderosa oración hindú utilizada tradicionalmente para la curación. Este mantra ayuda a alcanzar la paz y la armonía interior y equilibra el cuerpo y la mente. Cuando se canta con intención, ayuda a conectar con el poder superior y a encontrar orientación en la vida.

Mantra:

Om Bhur Bhuvah Svah (Aum Boor Buh-vah Ss-vah)

Tat Savitur Varenyam (Tut Sah-vee-toor Vah-ren-yum)

Bhargo Devasya Dhimahi (Bar-goh Day-vah-syah Dee-muh-hee)

Dhiyo Yo Nah Prachodayat (Dee-yoh Yoh Nuh Pray-cho-duh-yut)

Traducción:

Para sacar el máximo partido a su meditación con el mantra, concéntrese en el significado de las palabras, no solo en su sonido. Para ayudarle a recordar el mantra, he aquí una traducción aproximada:

Meditamos en la gloria trascendental de ese sol divino (Savitur),

que imparte el conocimiento a través de la ciencia de la luz (Gayatri),

Que inspira e ilumina nuestros intelectos (Dhiyo Yo Nah).

2. El mantra *Maha Mrityunjaya*

El mantra *Maha Mrityunjaya* es una oración hindú que promueve la curación y protege contra la enfermedad. Este mantra también es conocido como el mantra «Conquistador de la muerte» o «Gran desafiador de la muerte».

Mantra:

Om Tryambakam Yajamahe (Aum Tree-yahm-bah-kahm Yah-jah-mah-heh)

Sugandhim Pusti-vardhanam (Soo-gund-heem Pus-tee-var-dha-nahm)

Urvae Rukamiva Bandhanan (Oor-vay Roo-kah-mee-vah Buhn-dha-nahn)

Mrityor Muksheeya Maamritat (Muh-ree-tohr Mook-shee-yah Mah-muh-ree-tut)

Traducción:

Adoramos al señor Shiva de tres ojos (Tryambakam)

Que es fragante (Sugandhim) y nutre a todos los seres (Pusti-vardhanam),

Y libera de la esclavitud (Bandhanan) como el pepino (Rukamiva) de su vid (Urvae),

Que Él nos libere de la muerte (Mrityor) por el bien de la inmortalidad (Muksheeya), al igual que (Maamritat) el pepino maduro (Rukamiva) se libera de su esclavitud (Urvae).

3. El mantra *Om Namah Shivaya*

Este mantra se utiliza para honrar al señor Shiva, que es una de las principales deidades del hinduismo. El mantra se traduce como «Me inclino ante Shiva» y promueve la paz, la paciencia y el autocontrol.

Mantra:

Om Namah Shivaya (Aum Nah-mah Shee-vah-yah)

Traducción:

Me inclino ante Shiva.

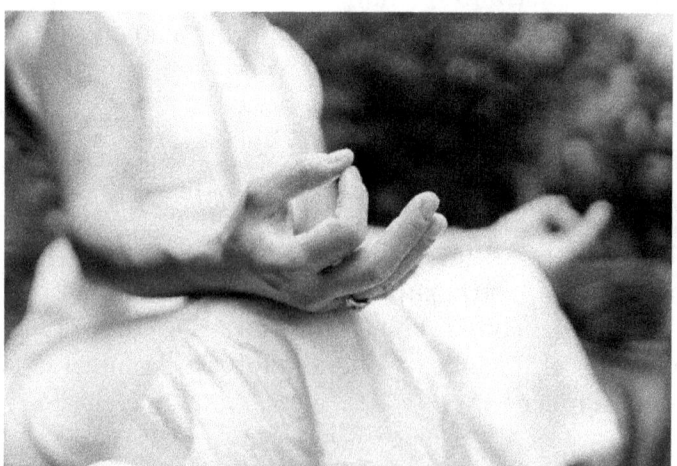

Los mudras son una forma de entrar en una meditación más profunda
https://www.pexels.com/photo/woman-in-white-dress-holding-mans-hand-8710846/

4. Mudras

Los mudras son gestos de las manos y del cuerpo que forman un sello simbólico. En sánscrito, mudra significa «sello» o «cierre». Los mudras se utilizan en el yoga y la meditación para canalizar la energía por todo el cuerpo, y pueden utilizarse junto con los mantras. Estos gestos activan el flujo de energía por el cuerpo y la mente. Pueden ayudarle a concentrarse, equilibrarse y curarse a sí mismo y a los demás. Los mudras son una forma significativa de entrar en una meditación más profunda, y también pueden ayudarle a abrir los chakras. Cada chakra tiene un mudra específico que lo abre y activa. Por ejemplo, se dice que el Mudra *Gyan* ayuda a abrir el chakra del tercer ojo.

Los mudras son perfectos cuando se medita porque ayudan a concentrarse en el área del cuerpo asociada con el mudra y el chakra correspondiente. Esto le ayudará a abrir ese chakra específico, equilibrándolo y armonizándolo.

Se cree que los mudras ayudan a guiar el flujo de energía para que pueda dirigirla hacia una intención o un enfoque. Esto puede significar cualquier cosa, desde la apertura de los chakras hasta un estado más consciente. Aunque a menudo se asocian con antiguas religiones indias como el hinduismo y el budismo, los mudras son cada vez más populares en las prácticas modernas de yoga.

Los mudras son sencillos de realizar y no requieren una formación o habilidad especial. Puede hacerlos sentado o de pie, y no necesita ningún equipo sofisticado (aunque el uso de una almohada o manta de meditación puede ayudar).

Cómo y cuándo utilizar los mudras

Los mudras pueden utilizarse en cualquier momento, pero son especialmente útiles durante la meditación. Para sacar el máximo partido a su práctica de mudras, aquí tiene algunos consejos:

1. Elija una posición cómoda

Puede sentarse en una silla con los pies en el suelo o sentarse con las piernas cruzadas en el suelo. También puede estar de pie o acostado. Solo necesita estar cómodo para concentrarse en su respiración y en el mudra. Asegúrese de que la columna vertebral está recta para que la energía fluya libremente por el cuerpo. También es importante que relaje los hombros y libere cualquier tensión en su cuerpo.

2. Concéntrese en la respiración

Los mudras están pensados para ayudar a concentrar la energía, por lo que es fundamental que sea consciente de su respiración. Inhale y exhale profunda y uniformemente. Es posible que su mente divague, y si lo hace, concéntrese en su respiración y vuelva a la meditación. El objetivo es despejar la mente y centrarse en el momento presente. Cuando esté listo, puede comenzar su práctica de mudra.

3. Utilice un mudra con una intención específica

Los mudras pueden utilizarse con fines específicos, como abrir un chakra o promover la curación. Si tiene una intención específica en mente, elija un mudra que se alinee con esa intención. Por ejemplo, si quiere sanar su corazón, puede probar el Mudra *Anjali*. Si tiene problemas para dormir, puede probar el Mudra *Shunya*. También hay mudras para propósitos más generales, como la concentración o la relajación.

4. Mantenga el mudra durante tres a cinco minutos

Una vez que haya elegido un mudra, respire profundamente y comience. Mantenga el mudra durante tres a cinco minutos mientras se concentra en la respiración. Puede aumentar el tiempo a medida que se sienta más cómodo. Respire profundamente unas cuantas veces y suelte el mudra cuando haya terminado. A continuación, siga con su día o continúe con su práctica de meditación.

Mudras para abrir el chakra de la corona

Los siguientes tres mudras se pueden utilizar para abrir el chakra de la corona:

1. Mudra *Gyan* (Mudra del conocimiento)

Se dice que el Mudra *Gyan* ayuda a abrir el chakra del tercer ojo. Se utiliza a menudo durante la meditación y también durante la práctica de yoga. Primero, busque un lugar cómodo para sentarse y hágalo con la espalda recta. Coloque el dorso de las manos sobre las rodillas con las palmas abiertas y mirando hacia arriba. Junte los dedos índice y pulgar. Inhale y exhale, concentrándose en su respiración durante los tres a cinco minutos de duración.

Mudra del conocimiento
https://pixabay.com/images/id-6170664/

Según los textos antiguos, el Mudra *Gyan* aumenta la concentración y la memoria. También ayuda con el estrés y la tensión. Cuando el dedo índice y el pulgar se tocan, se activa el punto de presión conocido como punto *Hoku*. Se dice que este punto alivia el estrés. Este mudra también libera serotonina, que es un neurotransmisor asociado con la felicidad y el bienestar.

2. Mudra *Shunya* (Mudra del vacío)

Se dice que el Mudra *Shunya* abre el chakra de la corona. Se utiliza para promover la paz y la relajación. Para realizar esta meditación, busque un asiento cómodo y siéntese con la espalda recta. Coloque el dorso de las manos sobre las rodillas con los dedos apuntando hacia arriba. Toque el dedo corazón con el pulgar y mantenga los demás dedos rectos. Concéntrese en su respiración y mantenga el mudra durante tres a cinco minutos.

El Mudra *Shunya* reduce el estrés, la ansiedad y el insomnio. También ayuda con las migrañas y los dolores de cabeza. Este mudra activa el punto de presión conocido como punto *Neiguan*. Este punto se encuentra en la parte interna de la muñeca y ayuda a aliviar el estrés y la ansiedad.

3. Mudra *Sahasrara* (Mudra de los mil pétalos)

El Mudra *Sahasrara* ayuda a abrir el chakra de la corona. Se utiliza a menudo durante la meditación y también durante la práctica de yoga. Siéntese en una posición cómoda con la espalda recta y relajada. Coloque el dorso de las manos sobre las rodillas, junte los pulgares y los índices para que apunten hacia arriba en forma de triángulo, y apunte los demás dedos también hacia arriba. Concéntrese en su respiración y mantenga el mudra durante tres a cinco minutos.

El Mudra *Sahasrara* favorece la concentración y la memoria. Es una meditación útil para controlar el estrés y la ansiedad. Cuando los dedos índice y pulgar se tocan, se activa el punto de presión conocido como punto *Ajna*. Este punto está situado entre las cejas y ayuda a aliviar el estrés y la ansiedad.

Se pueden utilizar muchos otros mudras para abrir el chakra de la corona. Experimente con diferentes mudras y vea cuáles le funcionan mejor. Si es nuevo en el mundo de los mudras, lo mejor es que empiece con los más sencillos y vaya subiendo la dificultad progresivamente. Aprenda todo lo que pueda sobre cada mudra antes de probarlo. Esto le ayudará a sacar el máximo provecho de su práctica.

Los mantras y los mudras son dos poderosas herramientas que pueden utilizarse para abrir el chakra de la corona. Puede equilibrar y sanar este centro energético repitiendo un mantra y realizando un mudra. Empiece con los mantras y mudras mencionados en este capítulo y compruebe cómo le afectan. Recuerde tener paciencia y ser amable con usted mismo. El chakra de la corona es un centro energético delicado y puede tardar en abrirse. Con la práctica regular, eventualmente podrá abrirlo y experimentar el dichoso estado de la iluminación.

Capítulo 5: Meditación y visualización

«La mente lo es todo. En lo que piensas, te conviertes». Buda.

Mientras que los mantras y los mudras limpian y equilibran los chakras, la meditación y la visualización aquietan la mente y proporcionan una sensación de paz interior. Se trata de dos poderosas herramientas que puede utilizar para mejorar su salud mental, emocional y física. La ciencia ha demostrado que entrenar la mente para concentrarse en imágenes, pensamientos, emociones o sentimientos específicos reduce el estrés, aumenta los niveles de energía, ayuda a dormir mejor, refuerza el sistema inmunitario y mucho más.

Meditar
https://pixabay.com/images/id-1851165/

En este capítulo hablaremos de cómo meditar y visualizar para fortalecer su chakra de la corona. En primer lugar, explicaremos estas prácticas y por qué son tan efectivas. Luego, repasaremos algunos consejos para meditar y visualizar como un profesional. Por último, le daremos algunos ejercicios guiados que puede utilizar para meditar y visualizar el chakra coronario.

Definición de la meditación y la visualización

La meditación y la visualización son formas diferentes de alcanzar estados alterados de conciencia, y pueden trabajar juntas para ayudarle a lograr sus objetivos. Ambas comparten un objetivo común: enfocar sus pensamientos y su energía en aspectos específicos de su vida. ¿Las diferencias? La visualización se utiliza como herramienta de ejercicio mental, mientras que la meditación consiste en concentrarse en el interior.

La meditación es fácil de aprender y difícil de dominar, pero tiene numerosos beneficios cuando se logra. La práctica le ayudará a vivir más en el presente y a dejar de lado las preocupaciones. Durante la meditación, puede utilizar la visualización para centrar sus pensamientos en una imagen, un objetivo o una intención específicos. Cuando visualiza, crea una imagen mental de lo que quiere conseguir. Puede ser cualquier cosa, desde sentirse más tranquilo y relajado hasta aumentar su riqueza o mejorar su salud.

En esencia, la meditación es la práctica de la quietud, tanto física como mental. Estamos tan acostumbrados al movimiento y al pensamiento constante que la meditación resulta extraña al principio. Pero esa sensación de incomodidad proviene de un lugar de resistencia: nuestra mente se resiste a la quietud y nuestro cuerpo se resiste a la tranquilidad. Cuanto más practicamos, más cómodos nos sentimos.

La visualización es una técnica que consiste en utilizar la imaginación para crear imágenes mentales de cosas que se desean en la vida. Cuando se visualiza algo, se vuelve mucho más tangible que una idea abstracta. Es más fácil creer que algo es posible porque se puede «ver» que sucede en la mente. Por eso, cuando se quiere lograr algo como hacer crecer el cabello o mejorar la postura, la visualización hace que sea mucho más fácil mantenerse motivado y enfocado en alcanzar esa meta.

Los beneficios de la meditación y la visualización

En la sociedad actual, los días y las experiencias sensoriales se suceden muy rápido para la gente. A menudo las personas están tan agotadas mentalmente por el hecho de terminar cada día que no pueden dejar de hablar de la necesidad de tomarse un descanso de este constante movimiento.

Aunque hay muchas cosas que se pueden hacer para reducir el estrés y la ansiedad, la meditación es un método probado que se ha utilizado durante siglos para reducir esta velocidad y entrar en un nivel de conciencia más profundo. Cuando meditamos, nos concentramos en la respiración y en el momento presente, lo que calma la mente y permite alcanzar una sensación de relajación.

La meditación y la visualización tienen innumerables beneficios. He aquí algunas de las formas en que estas prácticas pueden mejorar su vida:

1. Mejoran el conocimiento de sí mismo

La meditación y la visualización ayudan a concentrarse en el momento presente, lo que mejora nuestro autoconocimiento. Permiten gestionar mejor los pensamientos y emociones tomando conciencia de ellos. También favorecen la conciencia sobre las situaciones que generan malestar y ayudan a evitarlas. Cuanto más se medita, más control se tiene sobre la vida propia.

2. Reducen el estrés y la ansiedad

El estrés y la ansiedad son dos de los problemas de salud mental más comunes a los que se enfrenta la gente hoy en día. Se ha demostrado que la meditación reduce eficazmente el estrés y la ansiedad al disminuir el ritmo cardíaco y promover la relajación. Cuando estamos menos estresados, nos concentramos mejor en nuestros objetivos y es más probable que los alcancemos. La visualización también reduce el estrés al permitir que nos concentremos en una imagen o un resultado positivo.

3. Mejoran el sueño

La meditación y la visualización también mejoran el sueño. Cuando aparece el estrés, el cuerpo está en un estado constante de «lucha o huida». Esto significa que se prepara para el peligro, incluso cuando no lo hay. Esto puede dificultar la conciliación y la prolongación del sueño. La meditación calma tanto la mente como el cuerpo, lo que permite conciliar el sueño y alcanzar un estado de sueño profundo.

4. Aumentan la inmunidad

También se ha demostrado que la meditación y la visualización aumentan la inmunidad. Cuando estamos estresados, nuestro cuerpo produce más cortisol, la hormona del estrés. Esto debilita el sistema inmunológico y nos hace más susceptibles a las enfermedades. La respuesta de relajación, que es la opuesta al estrés, potencia la inmunidad al reducir los niveles de cortisol.

5. Se pueden practicar en cualquier lugar

Puede meditar y visualizar en cualquier lugar y en cualquier momento. Puede meditar con su ropa (siempre que sea cómoda), y no necesita ningún equipo adicional. Es ideal para quienes tienen una agenda muy apretada o viajan a menudo. Todo lo que necesita son algunos minutos al día. Al implementar estas prácticas en su vida, no tendrá límites. Puede hacerlo por su cuenta o con la ayuda de una aplicación de meditación o visualización guiada.

6. Mejoran la concentración y la atención

La meditación y la visualización también mejoran la concentración y la atención. Cuando se hacen varias cosas a la vez constantemente, el cerebro se sobrecarga y cuesta concentrarse en una sola cosa. La meditación permite hacerlo y despeja la mente de distracciones. Esto permite ser más productivo y eficiente en el trabajo.

7. Aumentan la creatividad

La meditación y la visualización también aumentan la creatividad. Cuando pensamos constantemente en el pasado o nos preocupamos por el futuro, no estamos habitando el presente. Esto nos impide pensar de forma creativa. Cuando meditamos, dejamos que la mente divague y explore nuevas ideas. Esto conduce a soluciones más creativas para los problemas.

8. Mejoran la salud emocional

La meditación y la visualización también mejoran la salud emocional. Cuando pensamos constantemente en experiencias negativas, fácilmente podemos caer en la depresión y la ansiedad. La meditación ayuda a concentrarse en el momento presente y a apreciar lo bueno de la vida. Esto mejora nuestro estado de ánimo y nos ayuda a lidiar con las emociones difíciles.

9. Favorecen la conexión con la dimensión espiritual

Para muchas personas, la meditación y la visualización son también formas de conectar con el lado espiritual. Cuando se aquieta la mente, se puede acceder a un nivel de conciencia más profundo. Esto puede ayudar a conectar con el yo superior y favorecer una sensación de paz y calma. La conexión espiritual mejora la salud física y mental.

10. Son gratis

La meditación y la visualización son gratuitas. No necesita gastar dinero para empezar. La comodidad es la clave, y siempre que esté sentado o acostado cómodamente, no tiene ningún costo. Independientemente de cómo elija meditar o visualizar, lo importante es que lo haga.

Los beneficios de la meditación y la visualización son amplios y de gran alcance. Si busca una forma de mejorar su salud y bienestar, estas prácticas son un buen punto de partida. Recuerde que la clave del éxito es la constancia. Cuanto más medite y visualice, mejores serán los resultados. Entonces busque un lugar tranquilo para sentarse o acostarse, cierre los ojos y deje que comience la sanación.

Cómo empezar con la meditación y la visualización

Si es nuevo en el mundo de la meditación y la visualización, le puede parecer un poco abrumador al principio. Por ejemplo, es difícil saber por dónde empezar. ¿Debe concentrarse en la respiración? ¿En repetir un mantra? ¿O en aplicar las técnicas que ha aprendido en experiencias meditativas anteriores? Y una vez que lo tenga claro, ¿cómo prepararse mentalmente para la experiencia? ¿Qué expectativas establecer? ¿Cómo mantenerse concentrado y presente mientras viaja por su mente?

La meditación y la visualización son prácticas esenciales para controlar su mente y sus emociones. Para empezar, adecúe un espacio para la meditación en su casa. Debe estar limpio, tranquilo y despejado. Busque una silla o un cojín cómodo donde pueda acomodarse durante diez o veinte minutos.

Si utiliza una silla, siéntese erguido con una ligera curva en la columna vertebral. Si utiliza un cojín, asegúrese de que las caderas permanezcan más arriba que las rodillas para permitir una mejor circulación en las piernas. Siéntese con las manos apoyadas en el regazo o en los brazos de la silla. Si lo prefiere, puede cerrar los ojos, pero también está bien mantenerlos abiertos y concentrarse en un objeto o en la llama de una vela.

Ahora que se ha acomodado, empiece por respirar varias veces lenta y profundamente. Inhale profundamente por la nariz y exhale por la boca. Repita esto hasta que se sienta relajado y listo para empezar a meditar.

Si surgen pensamientos durante la meditación, no intente apartarlos; en su lugar, reconózcalos y acéptelos, y luego déjelos marchar volviendo a concentrarse en su respiración o en cualquier objeto que tenga delante. Practique esto varias veces por semana y observe cómo se transforma su vida.

Aquí tiene algunos consejos que le ayudarán a empezar:

1. Empiece con lo básico

Cuando empiece, es fundamental que las cosas sean sencillas. Concéntrese en su respiración y en un mantra. Una vez que se haya habituado, puede empezar a experimentar con otras técnicas. Busque un lugar tranquilo donde no le molesten. Use una manta o esterilla sobre la que pueda sentarse si le parece más cómodo.

2. Establezca una intención

Antes de empezar, es una buena idea establecer una intención para su práctica. Puede ser algo tan simple como relajarse o conectar con su ser superior. Cuando tiene una intención, tiene algo en lo que concentrarse mientras medita. También lo mantiene motivado si las cosas se ponen difíciles.

3. No se fuerce

La meditación es la práctica de dejarse llevar. Si intenta forzarla, solo se frustrará. Así que deje de lado cualquier expectativa que tenga y simplemente habite el presente. Acepte lo que surja sin juzgarlo. Puede que su mente divague, sea consciente de ello y vuelva lentamente a la meditación. La clave es ser amable y paciente con usted mismo.

4. Practique todos los días

Cuanto más medite, mejores serán los resultados. Reserve un tiempo cada día para sentarse a meditar. Cuanto más constante sea, más fácil será aquietar su mente y entrar en un estado de conciencia más profundo.

5. Únase a un grupo de meditación

Si tiene problemas para empezar, considere la posibilidad de unirse a un grupo de meditación. No hay nada como el apoyo de otros para mantener la motivación y el rumbo. Puede buscar grupos en su comunidad local o en línea. Lo importante es que el grupo sea adecuado para usted.

El proceso es sencillo, pero requiere práctica. Cuanto más practique, mejores serán los resultados. Así que busque un lugar tranquilo para sentarse o acostarse, cierre los ojos y permita que empiece la sanación.

Ejercicios de meditación y visualización para el chakra de la corona

1. La luz interior

Cierre los ojos e imagine un pequeño punto de luz flotando frente a usted. Mueva lentamente su mirada hacia la luz hasta que llene todo su campo de visión. A continuación, concéntrese en un punto detrás de la luz, lo más alejado posible de usted, y observe cómo se desplaza lentamente hacia atrás hasta que ya no pueda verla. Este ejercicio le ayudará a abrir su chakra de la corona.

2. La luz blanca

Imagine una columna de luz blanca que desciende del cielo y entra por la parte superior de su cabeza. Sienta cómo la luz desciende por su columna vertebral hasta su chakra raíz. A continuación, visualice la luz subiendo por sus chakras, uno a uno, hasta llegar a su chakra de la corona. Permita que la luz llene todo su ser, limpiando y purificando todo a medida que avanza.

3. La flor de loto

Visualice una flor de loto floreciendo en la parte superior de su cabeza. Sienta cómo se abren los pétalos y la luz del sol lo ilumina. Respire el aire fresco y limpio y sienta cómo la tensión abandona su cuerpo. Al exhalar, deje de lado todas sus preocupaciones. Déjese llevar por un estado de feliz relajación.

4. El palacio de cristal

Imagínese dentro de un hermoso palacio de cristal. Está rodeado de paredes brillantes de amatista, cuarzo rosa y selenita. Sienta la energía pacífica de los cristales que suaviza y calma su mente y su cuerpo. En el centro de la habitación hay un trono hecho de diamante puro. Siéntese en el trono y sienta cómo el poder de los cristales fluye a través de usted.

5. La puerta estelar

Visualice una puerta estelar gigante que se abre sobre usted. A través de la puerta, vea una luz blanca brillante. Entre en la luz y sienta que es atraído hacia las estrellas. A medida que viaja más y más alto, deja su cuerpo atrás y entra en un estado de conciencia pura. Es uno con el universo y está conectado con todo lo que es.

Estos son solo algunos de los muchos ejercicios de meditación y visualización que puede hacer para equilibrar su chakra coronario. Sabrá cuál es el que mejor le funciona cuando lo haga, así que asegúrese de probar varios para obtener los mejores resultados.

Prácticas de meditación durante los desplazamientos al trabajo

Si tiene un largo viaje al trabajo, puede utilizar ese tiempo para meditar. Aquí tiene algunas ideas para empezar:

1. Escuche meditaciones guiadas

Hay muchas meditaciones guiadas disponibles en internet y en aplicaciones como iTunes y Spotify. Busque una que le guste y reprodúzcala. Cierre los ojos y sígala. Dependiendo de la duración de su viaje al trabajo, puede que no la termine, pero no pasa nada. Lo importante es tomarse unos minutos para relajarse y desestresarse.

2. Repita un mantra

Elija un mantra corto y sencillo que pueda recordar fácilmente. Cierre los ojos y repítalo una y otra vez. Concéntrese en el sonido de su voz y en la sensación de las palabras vibrando en su cuerpo.

3. Visualice su viaje ideal al trabajo

Si su viaje al trabajo es estresante, utilice la visualización para crear su viaje ideal. Cierre los ojos e imagínese conduciendo o tomando el transporte público sin tráfico ni retrasos. Visualice que llega a su destino tranquilo y relajado.

4. Practique la respiración profunda

Una de las formas más rápidas y sencillas de reducir el estrés es respirar profundamente. Cierre los ojos e inhale lentamente por la nariz, dejando que su estómago se expanda. A continuación, exhale lentamente por la boca. Repítalo varias veces. También puede contar hasta cuatro mientras inhala y exhala.

5. Escuche música relajante

Si no quiere meditar, puede aprovechar el trayecto para relajarse escuchando música tranquila. Elija canciones instrumentales, lentas y relajantes. Esto le ayudará a aquietar su mente y le hará entrar en un estado más calmado. La clave es encontrar una música que le guste y que no lo distraiga de su viaje, si es que está conduciendo.

Si se toma unos minutos del día para meditar, puede reducir el estrés y mejorar su bienestar general. Así que, la próxima vez que esté atrapado en el tráfico, utilice ese tiempo para su beneficio y pruebe una de estas técnicas de meditación.

Consejos para meditar y visualizar con éxito

1. Póngase cómodo

El primer paso para que la meditación y la visualización tengan éxito es ponerse cómodo. Siéntese cómodamente o acuéstese en una posición relajada. Elimine o al menos reduzca las distracciones de su entorno, como el ruido o las luces brillantes. Asegúrese de que no va a ser interrumpido.

2. Respire profundamente

Una vez que se sienta cómodo, respire profundamente varias veces y deje que su cuerpo se relaje. Deje que sus ojos se cierren y concéntrese en inhalar y exhalar. Sienta cómo el aire llena sus pulmones y luego suéltelo lentamente. Repita este proceso durante unos minutos hasta que sienta que su cuerpo está relajado.

3. Establezca un propósito

Antes de empezar la visualización, tómese un momento para establecer una intención. ¿Qué espera conseguir con esta sesión? ¿Busca reducir el estrés, aumentar la creatividad o curar una herida específica? Mantenga su intención en mente a medida que visualiza.

4. Tenga paciencia

Dominar el arte de la meditación y la visualización requiere tiempo y práctica. No se desanime si no ve resultados inmediatamente. No se desanime si no funciona de inmediato: esto lleva tiempo. Los beneficios llegarán, así que disfrute del proceso y tómelo como una recompensa en sí mismo.

5. Lleve un diario

Una de las mejores maneras de seguir su progreso es llevar un diario. Cada vez que medite o visualice, anote lo que ha hecho y cómo se ha sentido. Con el tiempo, podrá mirar atrás y ver lo mucho que ha avanzado. También es una forma estupenda de hacer un seguimiento de sus objetivos e intenciones.

La meditación y la visualización son herramientas poderosas que puede utilizar para mejorar su bienestar general. Los beneficios de equilibrar y abrir el chakra de la corona incluyen su crecimiento espiritual. Descubrirá que tiene una conexión más profunda con la vida y la naturaleza, una sensación de calma, claridad de pensamiento, mayor intuición y un propósito. Con la práctica regular, puede lograr una mayor sensación de equilibrio y armonía en su vida.

Si dedica unos minutos de su día a practicar la meditación y la visualización, puede reducir el estrés, mejorar su estado mental y emocional y conseguir un mayor equilibrio en su vida. Pruébelo y verá cómo le ayuda en su camino hacia el bienestar.

Capítulo 6: *Pranayama* y yoga

El *pranayama* es una práctica que utiliza la respiración para controlar la energía vital o prana. La respiración es el vínculo entre el cuerpo y la mente. Es un aspecto de nuestra fisiología que podemos controlar y que tiene una fuerte conexión con nuestras emociones. La respiración aporta calma y tranquilidad a las mentes ocupadas, pero también puede estimularnos cuando necesitamos más energía. A nivel físico, oxigena los tejidos, aumentando la vitalidad.

Al igual que la meditación, la respiración es una poderosa herramienta para concentrar la mente y conectar con el yo superior. Este capítulo se centra en el *pranayama* y el yoga para el chakra de la corona. Incluye ejercicios de respiración controlada (*pranayama*) y posturas de yoga (asanas). También discute los beneficios del yoga y cómo equilibra el chakra de la corona.

Definición de *Pranayama*

Pranayama es la práctica de yoga de la respiración controlada. Es uno de los ocho elementos del yoga, un sistema desarrollado por un antiguo sabio llamado Patanjali que guía a los practicantes hacia la iluminación. La palabra deriva de dos palabras sánscritas: «prana», que significa fuerza vital o energía vital, y «yama», que significa control. En el yoga, el *pranayama* se utiliza para aprovechar el flujo energético y, en última instancia, conectar con el ser superior.

La práctica del *pranayama* abarca muchos métodos diferentes de respiración, y cada uno tiene un enfoque particular. Por ejemplo, algunos tipos de *pranayama* limpian el cuerpo y la mente, mientras que otros se utilizan en la meditación para alcanzar un estado de relajación profunda.

El *pranayama* es la práctica de controlar y gestionar la respiración mediante diversas técnicas y ejercicios. El objetivo es que sea más consciente de cómo respira y cómo esto afecta su estado de ánimo y la calidad de su vida. El *pranayama* no se limita a una religión o camino espiritual concreto; está abierto a cualquiera que quiera aprender a controlar su respiración y mejorar su bienestar.

Hay muchos tipos de ejercicios de *pranayama*, cada uno con sus beneficios particulares. Algunos se centran en equilibrar la energía del cuerpo abriendo los canales energéticos (conocidos como nadis), mientras que otros se centran en eliminar las toxinas del sistema y el dióxido de carbono de los pulmones.

Respiración controlada

Para practicar el *pranayama*, primero debe controlar la respiración. Puede contar sus respiraciones mientras inhala y exhala, numerando cada respiración completa o la mitad de la misma; esto le da a su mente un enfoque y una distracción. También puede contar el tiempo: inhale mientras cuenta hasta cinco, inspirando. A continuación, exhale y cuente hasta cinco, dejando que el aire salga en el mismo tiempo de la inhalación. Puede repetir este ciclo tantas veces como quiera, durante el tiempo que quiera.

A medida que se sienta más cómodo con esta práctica, puede experimentar con diferentes tiempos de inhalación y exhalación. Por ejemplo, puede inhalar contando hasta cuatro y exhalar contando hasta ocho. O puede inhalar contando hasta seis y exhalar hasta doce. No hay proporciones correctas o incorrectas. Siéntase libre de jugar y ver lo que le funciona mejor.

Además del tiempo de las respiraciones, también puede concentrarse en su calidad. Tómese su tiempo. Llene sus pulmones con todo el aire posible y exhale hasta que su estómago esté completamente vacío. El objetivo es controlar la respiración sin tener que contar. Esto puede llevar tiempo, así que tenga paciencia y no espere dominarlo de la noche a la mañana. Cuanto más practique, mejor lo hará.

Importancia del *pranayama*

El *pranayama* es importante porque ayuda a controlar la respiración, lo deriva en el control de la mente. Cuando estamos estresados, la respiración se vuelve superficial y rápida, exacerbándose como respuesta al estrés. Al controlar la respiración, se puede controlar la mente.

El *pranayama* tiene muchos beneficios, tanto físicos como mentales. Físicamente, mejora las funciones respiratorias, aumenta la capacidad pulmonar y fortalece el sistema inmunológico. Mentalmente, reduce el estrés y la ansiedad, mejora la concentración y promueve una sensación de calma y relajación.

También se dice que el *pranayama* es beneficioso para los chakras. Cada chakra está asociado con un elemento determinado y, trabajando con la respiración, se puede equilibrar la energía de cada chakra. El chakra de la corona, por ejemplo, está asociado con el elemento éter, que es el más sutil de los elementos y se dice que es el vínculo entre el cuerpo físico y el cosmos. Equilibrar la energía del chakra coronario promueve una sensación de conexión con el universo.

Pranayama para el chakra de la corona

Comprender los siete chakras puede ayudarle a entender dónde debe enfocar sus prácticas de *pranayama* para obtener diferentes resultados: el chakra de la corona se ocupa de la comprensión de la espiritualidad y la conexión con ella. Como una corona, este chakra está situado en la parte superior de la cabeza. El chakra de la corona se asocia con el pensamiento, la iluminación y la sabiduría, entre muchos otros aspectos.

Cuando este chakra está abierto y equilibrado, nos sentimos completos, tanto en nuestro interior como en la conexión con todo lo que nos rodea. Si este chakra está bloqueado o desequilibrado, nos sentimos desconectados de la espiritualidad, o como si no estuviéramos a la altura de nuestro potencial.

Hay tres técnicas de *pranayama* que se pueden utilizar para equilibrar y abrir el chakra de la corona:

Nadi Shodhan (Respiración de la fosa nasal alterna)

El *Nadi Shodhan* se centra en la respiración y en el flujo de la misma. Ayuda a equilibrar la energía del cuerpo y promueve una sensación de calma. La palabra «*Nadi*» significa «canal» en sánscrito, y «*Shodhan*» significa «purificación». Esta técnica purifica los canales de energía del cuerpo, promoviendo el equilibrio y la armonía.

Para practicar esta técnica, asegúrese de estar sentado cómodamente con la espalda recta. Con el pulgar derecho, presione la fosa nasal derecha, cerrando el paso de aire. Inhale y exhale por la fosa nasal izquierda. Cuente quince inhalaciones y exhalaciones antes de cambiar a la otra fosa nasal.

Brahmari (Respiración del abejorro)

Brahmari es una técnica de *pranayama* que consiste en hacer un «zumbido» con la garganta al respirar. La palabra «*Brahmari*» viene del sánscrito «Brahma», que significa «creador». Esta técnica ayuda a conectar con la energía creativa y promueve sentimientos de calma y paz. Es ideal para aliviar el estrés y la tensión.

Para practicar *Brahmari*, siéntese en una posición cómoda con la espalda recta. Coloque las manos sobre las rodillas, cierre los ojos y respire profundamente varias veces. Al exhalar, haga un sonido de «zumbido» con la garganta. También puede colocar los dedos sobre los oídos para amplificar el sonido. Hágalo durante diez a quince respiraciones.

Ujjayi (Respiración victoriosa)

Ujjayi es una técnica de *pranayama* que consiste en contraer parcialmente la garganta para controlar el flujo de la respiración. Promueve la relajación y reduce el estrés. La palabra «*Ujjayi*» viene del sánscrito «*Uj*», que significa «conquistar». Esta técnica ayuda a conquistar los miedos y las dudas y promueve sentimientos de valor y fuerza.

Para obtener mejores resultados, busque una posición cómoda y siéntese con la columna vertebral recta. Coloque las manos sobre las rodillas, cierre los ojos y respire profundamente varias veces. Al exhalar, contraiga parcialmente la garganta para emitir un sonido «ja». El aire fluirá de forma natural a través de la garganta contraída al inhalar, produciendo un suave silbido. Hágalo durante diez a quince respiraciones.

Definición del yoga

El yoga es una práctica de ejercicios físicos y mentales que se originó en la India. Aunque comenzó como una práctica espiritual, hoy en día se asocia con las posturas de yoga o asanas. Se ha demostrado que el yoga tiene muchos beneficios para la salud, como el aumento de la flexibilidad y la fuerza, la mejora de la respiración, la relajación e incluso la mejora del sueño.

El yoga es una antigua práctica de meditación, ejercicios de respiración y estiramientos físicos. La palabra «yoga» viene de la raíz sánscrita «*yuj*», que significa «unir» o «yugo». El objetivo del yoga es conectar el cuerpo y la mente para experimentar la unión de ambos.

El yoga se desarrolló originalmente como ciencia y filosofía para comprender mejor nuestro lugar en el mundo y cómo vivir en armonía con nosotros mismos, con los demás y con lo que nos rodea. Es una práctica ancestral que ayuda a lograr un equilibrio entre el cuerpo y la mente, lo que conduce a una mejor salud, paz mental y felicidad.

Beneficios del yoga para el chakra de la corona

Abrir el chakra de la corona es una forma segura de superar los retos y el estrés de la vida cotidiana. Para los yoguis, las posturas físicas del yoga son solo el principio. Para maximizar los beneficios de la práctica del yoga, hay que tener en cuenta el sistema de chakras. Cuando se combina con poses de yoga y técnicas de respiración adecuadas, el chakra de la corona, o *Sahasrara*, puede ofrecer beneficios sorprendentes.

Aquí hay algunos beneficios de la práctica de yoga para el chakra de la corona:

1. Mejora la atención y la concentración

El yoga mejora la atención y la concentración mediante el control de la respiración. Cuando controla su respiración, puede controlar sus pensamientos. Esto se debe a que sus pensamientos y emociones están directamente relacionados con su respiración. Si se siente ansioso o estresado, su respiración es superficial y rápida. Pero si se siente tranquilo y relajado, su respiración es lenta y profunda.

2. Reduce el estrés y la ansiedad

La sensación de calma y paz que produce el yoga reduce el estrés y la ansiedad. El yoga despeja su mente de pensamientos negativos y le permite concentrarse en el presente. Esto reduce el estrés y la ansiedad porque no permite que se preocupe por el futuro ni se quede atrapado en el pasado. Habitar el presente elimina la mayor parte del estrés y la ansiedad.

3. Aumenta los niveles de energía

Practicar yoga aumenta sus niveles de energía al incrementar la circulación y mejorar la función de su sistema respiratorio. Cuando su cuerpo respira de forma eficiente, hace que llegue más oxígeno a sus células. Esto mejora sus niveles de energía y lo hace sentir más alerta y despierto. Respirar consciente y profundamente a través del yoga también calma su sistema nervioso, lo que conduce a un aumento de los niveles de energía.

4. Mejora la calidad del sueño

Si usted está luchando con el insomnio o la mala calidad del sueño, el yoga le ayudará. Los ejercicios de respiración profunda que forman parte del yoga ayudan a relajar el cuerpo y la mente, lo que conduce a un mejor sueño. El yoga también aumenta sus niveles de energía durante el día, lo que mejora el sueño por la noche.

Según Sadhguru, un maestro espiritual indio, «si estás cansado durante el día, el sueño llegará más fácilmente por la noche».

5. Aumenta la inmunidad

El yoga potencia su inmunidad al aumentar la circulación y mejorar el funcionamiento de su sistema respiratorio. Cuando su cuerpo respira de forma eficiente, hace llegar más oxígeno a sus células. Esto mejora su salud e inmunidad general. Y lo que es más importante, el yoga reduce el estrés, un factor que contribuye a las enfermedades mentales y físicas.

6. Aumenta la flexibilidad

El yoga aumenta la flexibilidad al estirar y alargar los músculos. Esto mejora su rango de movimiento y hace que sus articulaciones y músculos sean más flexibles. La flexibilidad es importante para la salud en general porque reduce el riesgo de lesiones. Cuanto más flexible sea su cuerpo, menos probabilidades tendrá de lesionarse.

7. Mejora el equilibrio

El yoga mejora el equilibrio al fortalecer los músculos centrales. Unos músculos centrales más fuertes estabilizan el cuerpo y lo mantienen erguido. Esto es especialmente importante a medida que se envejece, cuando aumenta el riesgo de caídas. Mejorar el equilibrio ayuda a mantenerse activo e independiente con el paso del tiempo. Muchas posturas de yoga requieren estabilizar el cuerpo, lo que favorece a un mejor sentido del equilibrio en general.

Asanas (posturas de yoga) para el chakra de la corona

Varias posturas de yoga pueden ayudarle a alinear el chakra de la corona y llevarlo a un lugar de paz. Esta sección explora algunas de las posturas más efectivas para este chakra y las instrucciones paso a paso para realizarlas correctamente.

1. *Sirsasana* (postura de la cabeza)

Conocida como la «reina de todas las asanas», la *Sirsasana* es una postura de inversión que mejora la circulación y aumenta el flujo sanguíneo al cerebro. También calma la mente y alivia el estrés y la ansiedad. Esta postura es tan eficaz para el chakra de la corona porque la cabeza se mantiene por debajo del corazón cuando se realiza. Esto mejora la circulación y hace que llegue más oxígeno al cerebro.

Postura de la cabeza
https://www.pexels.com/photo/flexible-barefoot-woman-performing-yoga-exercise-on-green-field-4127305/

Instrucciones paso a paso:
1. Empiece en posición de mesa con las manos y las rodillas en el suelo.
2. Coloque los antebrazos en el suelo y entrelace los dedos.
3. Coloque la parte superior de la cabeza en el suelo delante de las manos.

4. Camine lentamente con los pies hacia la cabeza.
5. Una vez que sus pies estén lo suficientemente cerca, enderece lentamente las piernas y levante las caderas hacia el cielo.
6. Mantenga la postura el mayor tiempo posible una vez que esté en posición de «V» invertida.
7. Doble lentamente las rodillas y baje las caderas hacia el suelo para salir de la postura.
8. Con los pies en el suelo, vuelva a la posición de mesa.

2. *Padmasana* (Postura del Loto)

Postura de loto
Bryan Helfrich, Alias52, CC BY-SA 3.0 <https://creativecommons.org/licenses/by-sa/3.0>, vía Wikimedia Commons: <https://commons.wikimedia.org/wiki/File:Lotus_position.svg>

Padmasana es una postura sentada que mejora la circulación y la digestión. También favorece la relajación y la paz mental. Esta postura es tan eficaz para el chakra de la corona porque abre las caderas y la parte baja de la espalda, lo que libera cualquier bloqueo en esas zonas. La liberación de estos bloqueos mejora la circulación y aumenta el flujo de sangre al cerebro.

Instrucciones paso a paso:
1. Comience sentado con las piernas extendidas.
2. Suba el pie derecho hasta que la planta del pie se apoye en

el muslo izquierdo.
3. Repita la acción con el pie izquierdo, apoyándolo contra el muslo derecho.
4. Coloque el dorso de las manos sobre su regazo, con las palmas hacia arriba.
5. Deje que sus ojos se cierren y respire profundamente tres veces, inhalando y exhalando.
6. Para salir de la postura, suelte lentamente las piernas y vuelva a sentarse con las piernas extendidas delante de usted.

3. *Vriksasana* (postura del árbol)

Postura del árbol.
https://www.pexels.com/photo/serious-woman-doing-yoga-in-white-studio-6311499/

Vriksasana es una postura de pie que mejora el equilibrio y la coordinación. También fortalece las piernas y los pies. Esta postura es tan efectiva para el chakra de la corona porque abre las caderas y la parte baja de la espalda, lo que libera cualquier bloqueo en los chakras inferiores. Cuando estos bloqueos se liberan, aumentan el flujo de sangre al cerebro y mejoran la circulación general.

Instrucciones paso a paso:
1. Comience de pie con los pies juntos.
2. Desplace su peso sobre el pie izquierdo y coloque el pie derecho sobre el tobillo, la pantorrilla o el muslo izquierdo.

3. Coloque las manos en posición de oración frente a su pecho.
4. Enfoque su mirada en un punto fijo delante de usted y respire profundamente varias veces.
5. Para salir de la postura, suelte lentamente el pie derecho y vuelva ponerse de pie con los pies juntos.

4. *Sarvangasana* (postura de los hombros)

Postura de los hombros
Mr. Yoga, CC BY-SA 4.0 https://creativecommons.org/licenses/by-sa/4.0, vía Wikimedia Commons: https://commons.wikimedia.org/wiki/File:Mr-yoga-unsupported-shoulderstand.jpg

Sarvangasana es una postura de inversión que mejora la circulación y aumenta el flujo de sangre al cerebro. También calma la mente y alivia el estrés y la ansiedad. Esta postura es tan efectiva para el chakra de la corona porque cuando está boca abajo, su cabeza está por debajo del corazón. Esto mejora la circulación y hace que llegue más oxígeno al cerebro.

Instrucciones paso a paso:
1. Empiece acostado boca arriba con las piernas extendidas delante de usted.
2. Coloque las manos en la parte baja de la espalda con las palmas hacia abajo.
3. Utilice las manos para ayudarse a levantar las piernas y las caderas del suelo.
4. Una vez que las caderas y las piernas estén en el aire, continúe levantando el torso y la cabeza del suelo.
5. Coloque las manos en la parte baja de la espalda con las palmas hacia arriba.
6. Mantenga la postura todo el tiempo que pueda.
7. Para salir de la postura, baje lentamente las caderas y las piernas hacia el suelo.
8. Utilice las manos para ayudarse a bajar el torso y la cabeza al suelo.

El yoga no es solo asanas

Aunque las asanas son una parte integral del yoga, no son su único componente. Para aprovechar al máximo los beneficios del yoga, también debe practicar *pranayama* (respiración controlada) y meditación. La información proporcionada en esta guía le ayudará a entender e incorporar estas prácticas a su vida. Estas prácticas y rutinas pueden combinarse con su práctica de asanas o realizarse de forma independiente.

Por ejemplo, puede realizar la meditación y el *pranayama* mientras está sentado, tumbado o incluso caminando. Puede cantar su mantra cuando esté en la *padmasana* (postura del loto) o meditar. Las asanas pueden realizarse en grupo o individualmente. Puede asistir a una clase de yoga o practicar en casa.

El canto del sonido Om es una forma de meditación que ayuda a concentrar la mente y conectar con lo divino. Puede combinarse con las asanas y el *pranayama*, o hacerse de forma independiente. No hay una manera correcta o incorrecta de meditar; la mejor manera de hacerlo es la que funciona para usted. Lo importante es que encuentre una práctica y que la mantenga.

El *pranayama*, el yoga y la meditación son excelentes para el chakra coronario. Mejoran la circulación, aumentan el flujo de sangre al cerebro y calman la mente. Cuando se combinan, pueden abrir el chakra de la corona y permitir una mayor conexión con lo divino. Las técnicas de respiración y las posturas de yoga para el chakra de la corona pueden realizarse solas o combinadas con otras. Lo importante es que encuentre una rutina que funcione para usted y que la mantenga.

Capítulo 7: Uso de cristales y piedras

Los cristales
https://unsplash.com/photos/5IvyH1qk-JQ

Sahasrara es la puerta de entrada a la energía universal, el espíritu y la conciencia. Este chakra puede ser difícil de sanar porque es difícil saber cuándo está desequilibrado, ya que los síntomas son sutiles. Sin embargo, utilizando cristales o piedras adecuados para *Sahasrara*, puede devolver el equilibrio a su chakra de la corona.

A lo largo de los años, los cristales y las piedras se han hecho cada vez más populares para todo tipo de prácticas, desde la joyería hasta la decoración, probablemente los haya visto a menudo. Por otro lado, hay un creciente interés en el uso de estas piedras curativas por sus propiedades metafísicas, como el equilibrio de los siete chakras.

La gente utiliza las palabras «cristales» y «piedras preciosas» indistintamente, pero se refieren a dos cosas diferentes. Este capítulo lo introducirá en el mundo de los cristales y las piedras, explicando cómo pueden utilizarse para equilibrar sus chakras y cuáles son algunas de las mejores piedras para el *Sahasrara*.

Cristales y piedras

Los cristales son minerales que se han formado durante millones de años por procesos geológicos. Tienen una estructura atómica regular y repetitiva que les da su forma única. Se utilizan a menudo para equilibrar el chakra de la corona. Se sabe que las diferentes piedras vibran a diferentes frecuencias, y estas vibraciones pueden equilibrar sus centros de energía. Algunas piedras también están alineadas con ciertos elementos, lo que puede ayudarle a trabajar con ellas también a nivel elemental.

Según las creencias metafísicas, cada tipo de cristal tiene sus propiedades únicas que pueden utilizarse para la curación. Si busca equilibrar sus chakras o manifestar sus sueños, un cristal puede ayudarle. La mejor manera de averiguar qué cristales son más adecuados para usted es seguir su intuición. No hay cristales «correctos» o «incorrectos», así que siga su instinto y vea lo que más le resuena.

Cuando se trata de trabajar con los chakras, cada chakra se asocia con un color diferente. El violeta es el color del chakra de la corona, así que, si quiere concentrarse en su chakra de la corona, busque accesorios de color violeta. También puede buscar un cristal con propiedades que correspondan a las características del chakra de la corona, como la intuición o la conexión espiritual.

Cómo los cristales pueden ayudar a equilibrar el chakra de la corona

El chakra de la corona es nuestra conexión con lo divino, y a menudo se considera el más espiritual de todos los chakras. Los cristales pueden utilizarse para equilibrar este chakra abriendo y expandiendo la conciencia. La amatista, el cuarzo claro y la selenita funcionan bien. Estos cristales pueden utilizarse en la meditación o usarse como joyas para mantener el chakra de la corona en equilibrio.

Aunque el chakra de la corona se considera el más espiritual, también es el más frágil. Este chakra puede desequilibrarse fácilmente, provocando sentimientos de desconexión y desorientación. Llevar un cristal del chakra de la corona protege este centro energético y lo mantiene equilibrado. Sin embargo, hay una diferencia entre las piedras y los cristales, y no todas las piedras son apropiadas para el chakra coronario.

La diferencia entre piedras y cristales

Las piedras son rocas que se han descompuesto a lo largo del tiempo por la intemperie y la erosión. No tienen la misma estructura atómica regular que los cristales, por lo que no tienen la misma forma geométrica. Las piedras suelen ser más opacas que los cristales y tienden a ser menos brillantes.

Aunque las piedras y los cristales son hermosos y tienen propiedades únicas, no son lo mismo. Las piedras se utilizan más en joyería, mientras que los cristales se usan más por sus propiedades metafísicas. El tipo de piedra o cristal que utilice depende de usted, pero es importante que tenga clara la diferencia entre ambos.

Para el chakra de la corona, debe utilizar piedras y cristales con propiedades que se correspondan con el chakra. La amatista, el cuarzo claro y la selenita abren y expanden su conciencia y pueden proteger este centro energético. Se pueden utilizar muchas otras piedras y cristales para el chakra de la corona, así que siga su intuición y vea lo que resuena con usted.

Cómo elegir una piedra o un cristal

Aquí hay algunos aspectos para tener en cuenta cuando se trata de elegir una piedra o cristal para el chakra de la corona:

1. El color

El chakra de la corona se asocia con el color violeta, por lo que es recomendable que busque una piedra o cristal violeta. Por ejemplo, la amatista es una piedra violeta que suele utilizarse para equilibrar este chakra. Además, puede elegir una piedra o cristal con propiedades correspondientes al chakra de la corona, como la intuición o la conexión espiritual. En esta categoría están incluidos cristales como la celestita, el lapislázuli y la turquesa.

2. La forma

La forma de la piedra o el cristal también es importante. Algunas personas creen que ciertas formas tienen energías diferentes y pueden utilizarse para equilibrar los chakras. Por ejemplo, los cristales como la amatista y el cuarzo tienen formas variadas, como puntas, racimos y geodas. También se pueden encontrar piedras y cristales con forma de pirámide u obelisco. Estas formas se suelen utilizar para concentrar la energía en la meditación.

3. El tamaño

El tamaño de la piedra o el cristal también juega un papel en su energía. Las piedras y los cristales más pequeños se suelen utilizar para la meditación, mientras que los más grandes se utilizan en el hogar o la oficina. Si no está seguro de qué tamaño comprar, siempre es mejor ser precavido y elegir una piedra o un cristal más pequeño. Elija un tamaño que le parezca adecuado. En caso de duda, siga su intuición.

4. La calidad

La talla y el pulido de la piedra o el cristal también son factores importantes. Cuando se trata de cristales, debe asegurarse de que la piedra o el cristal es de alta calidad. Esto significa que no deben tener muescas, arañazos o daños. Una piedra o cristal bien cortado y pulido tendrá una vibración alta, que puede ser beneficiosa para el chakra de la corona. Sin embargo, no es necesario gastar mucho dinero en una piedra o un cristal. Usted puede encontrar piedras y cristales de alta calidad en una feria local de gemas, en una tienda de cristales, o en línea.

5. La energía

Cada piedra y cristal tiene su energía única, que ayuda a equilibrar los chakras. Por ejemplo, la amatista es una piedra con una alta vibración que puede utilizarse para abrir el chakra del tercer ojo. También es una piedra que se asocia con el elemento agua, y por eso ayuda a equilibrar las emociones. Si no está seguro del tipo de energía que necesita, siempre es mejor consultar con un profesional.

Cristales y piedras para el chakra de la corona

Ahora que ya sabe qué buscar, aquí tiene algunas sugerencias de piedras y cristales para el chakra de la corona:

1. **Amatista**

Propiedades: Intuición, protección, conexión espiritual.

La amatista es una piedra violeta que se utiliza a menudo para equilibrar el chakra de la corona. Tiene una alta vibración y se puede utilizar para abrir el chakra del tercer ojo. La amatista ayuda con los dolores de cabeza y las migrañas. Además, promueve la paz y la tranquilidad y protege contra la energía negativa.

Por qué funciona: La amatista es una piedra que abre y expande su conciencia. También es una piedra asociada al elemento agua, que equilibra las emociones.

Cómo usarla: La amatista puede colocarse en la frente durante la meditación. A algunas personas también les gusta llevar accesorios con amatistas, como un collar o unos pendientes. Se puede usar como joya, colocarla en su casa u oficina o utilizarla en la meditación.

2. **Celestita**

Propiedades: Claridad, comunicación, conexión divina.

La celestita es una piedra azul que se utiliza a menudo para equilibrar el chakra de la corona. Puede ayudarle a abrir y ampliar su cognición. La celestita es una piedra asociada al elemento aire, que ayuda a promover la comunicación. Alivia el dolor de las migrañas y los dolores de cabeza. El cristal de celestita también se utiliza para limpiar y purificar el campo energético.

Por qué funciona: Según los expertos en cristales, la celestita tiene una vibración muy alta, lo que la hace perfecta para la oración y la meditación. Esta piedra puede ayudarle a conectar con lo divino. La presencia de celestita puede crear una sensación de paz y calma.

Cómo usarla: Si está buscando una piedra que le ayude con la meditación, la celestita es una excelente opción. También puede llevarse como joya, colocarse en su casa u oficina, o utilizarse en la meditación. A algunas personas también les gusta guardar un trozo de celestita en su bolsillo o bolso. También se puede colocar en la frente durante la meditación.

3. **Cuarzo claro**

Propiedades: Claridad, manifestación, amplificación.

El cuarzo claro es una piedra blanca o incolora que se utiliza a menudo para equilibrar el chakra de la corona. Se puede utilizar para una variedad de propósitos, incluyendo la curación, la manifestación y la protección. El cuarzo claro es también una piedra asociada con el elemento fuego, que promueve la motivación.

Por qué funciona: El cuarzo claro tiene una vibración muy alta. También es una piedra conocida por su capacidad de amplificar la energía de otras piedras y cristales. Esto hace que sea una excelente opción para la meditación y la oración.

Cómo usarlo: El cuarzo claro se puede utilizar de varias maneras, incluyendo la meditación, la joyería y la decoración del hogar. Dado que equilibra todos los chakras, es una buena piedra para usar durante una meditación. También puede usar joyas de cuarzo claro, como un collar o pendientes.

4. **Fluorita**

Propiedades: Claridad, intuición, protección.

La fluorita es una piedra verde o púrpura que se utiliza para equilibrar el chakra de la corona. Se asocia con el elemento aire, que favorece la comunicación. Cuando se utiliza en la curación con cristales, se dice que calma la mente y ayuda a concentrarse. Con su alta vibración, la fluorita también es una piedra de protección.

Por qué funciona: La fluorita es conocida por calmar la mente y promover la concentración. También es una piedra útil para quienes se distraen fácilmente. La alta vibración de la fluorita también protege de la energía negativa.

Cómo usarla: La fluorita es una gran piedra para usar durante la meditación. A mucha gente le gusta llevar joyas de fluorita, como un collar o unos pendientes. También se puede colocar en su casa u oficina.

5. **Selenita**

Propiedades: Claridad, protección, conexión divina.

La selenita es una piedra blanca o incolora que se utiliza a menudo para equilibrar el chakra de la corona. Se asocia con el elemento agua, que promueve el equilibrio emocional. Es una piedra útil para quienes buscan la claridad. La selenita es conocida por su capacidad para limpiar y purificar el campo energético.

Por qué funciona: La selenita tiene una vibración muy alta. También es útil para quienes buscan claridad. La presencia de esta piedra también crea una sensación de paz y calma.

Cómo usarla: Para sacar el máximo provecho de la selenita, es mejor usarla durante la meditación. Aunque puede colocarse en su casa u oficina, es importante mantenerla alejada de la humedad. La selenita es una piedra delicada, y puede sufrir daños fácilmente. Al meditar con ella, puede sostenerla en la mano o colocarla en su frente.

6. Piedra de la luna

Propiedades: Equilibrio emocional, energía femenina, intuición.

La piedra de la luna es una piedra blanca o incolora que se utiliza a menudo para equilibrar el chakra de la corona. Está asociada a la energía femenina y al elemento agua. Es útil para quienes buscan el equilibrio emocional. La piedra lunar es conocida por su capacidad para promover la intuición y las habilidades psíquicas.

Por qué funciona: La piedra lunar es conocida por sus propiedades de equilibrio emocional e intuición. También es útil para quienes buscan conectar con su energía femenina. Es útil para desarrollar las habilidades psíquicas porque está asociada con la luna.

Cómo usarla: La piedra lunar se puede utilizar de varias maneras, incluyendo la meditación, la joyería y la decoración del hogar. Es una gran piedra para usar durante la meditación o la oración. También puede usar joyas de piedra lunar, como un collar o pendientes.

7. Lapislázuli

Propiedades: Sabiduría interior, verdad, realeza.

El lapislázuli es una piedra azul que se utiliza para equilibrar el chakra de la corona. Está asociado al elemento agua y al planeta Venus. Es útil para quienes buscan la sabiduría interior. El lapislázuli es conocido por su capacidad para promover la autoconciencia y ayudarle a acceder a su ser superior.

Por qué funciona: El lapislázuli es conocido por sus propiedades de sabiduría interior y verdad. Es útil para quienes buscan conectar con su yo superior. El color azul del lapislázuli promueve la paz y la calma.

Cómo usarlo: El lapislázuli es una gran piedra para usar en la meditación, la joyería y el diseño de interiores. Si lo utiliza para la meditación, puede sostenerlo en la mano o colocarlo en la frente.

También puede usar joyas de lapislázuli, como un collar o pendientes. También puede utilizarlo en la decoración de su casa u oficina.

Se pueden utilizar muchas piedras y cristales para equilibrar el chakra de la corona. Los que se enumeran aquí son solo algunos de los más populares. Si se siente atraído por una piedra o un cristal en particular, confíe en su intuición y elija la que más le convenga.

Limpieza y carga

Cuando se utilizan piedras y cristales para el chakra de la corona, es importante limpiarlos y cargarlos regularmente. Esto asegura que funcionen eficazmente y que su energía sea fresca y vibrante. Hay varias maneras de limpiar y cargar sus piedras y cristales:

1. Con agua corriente

Utilice el agua corriente como limpiador. Esto puede hacerse con el agua del grifo o con agua corriente natural, como en un río o un arroyo. Frote suavemente la piedra o el cristal bajo el agua, y visualice que el agua se lleva toda la negatividad y las impurezas. Cuando haya terminado, deje que la piedra o el cristal se sequen al aire. El agua corriente limpiará la piedra o el cristal de cualquier energía negativa.

2. Con agua salada

Otro método de limpieza muy popular es utilizar agua salada. Para ello, añada sal a un cuenco de agua y remuévalo hasta que la sal se disuelva. A continuación, añada sus piedras y cristales y déjelos en remojo durante al menos 24 horas. El agua salada ayuda a eliminar la energía negativa de las piedras y los cristales. Es importante enjuagar las piedras y cristales con agua dulce después de que tengan contacto con el agua salada.

3. Con incienso

El incienso es otra forma popular de limpiar piedras y cristales, ya que este humo elimina la energía negativa de ellas. Para ponerlo en práctica, simplemente mantenga su piedra o cristal en el humo del incienso durante unos minutos. Si utiliza varias piedras y cristales, puede colocarlos en un plato o en un cuenco y mantener el incienso sobre ellos. Es importante que se asegure de que la varilla encendida no entre en contacto directo con las piedras o cristales, ya que puede dañarlos.

4. Con la luz del sol o de la luna

La luz del sol y de la luna también son excelentes maneras de limpiar sus piedras y cristales. Encuentre un lugar donde su piedra pueda estar bajo la luz directa del sol y de la luna durante veinticuatro horas. Ambos tipos de luz eliminan la energía negativa de sus cristales y piedras.

5. Con un kit de limpieza de cristales o piedras

Puede comprar un kit de limpieza de cristales o piedras que contiene todo lo que necesita para limpiar sus piedras y cristales. Estos kits suelen venir con un spray de limpieza, un cristal de carga y una bolsa de almacenamiento. Esta es una gran opción si tiene muchas piedras y cristales o quiere estar seguro de que está utilizando el método de limpieza adecuado.

Cargar sus piedras y cristales es tan importante como limpiarlos. Esto repone su energía y hace que sigan funcionando eficazmente. Colóquelos a la luz del sol y de la luna durante veinticuatro horas para cargarlos. También puede ponerlos en una placa de carga de selenita o utilizar un cristal de cuarzo para cargarlos.

Almacenar sus piedras y cristales también es importante. Esto mantiene su energía fresca y evita que se dañen. Lo mejor es guardar sus piedras y cristales en un lugar fresco y oscuro. Una caja de joyas, un cajón o un armario son buenas opciones. También puede comprar una bolsa para guardar piedras o cristales.

Cuando utilice piedras y cristales para el chakra de la corona, es importante que elija los que se correspondan con la energía del chakra. Algunas buenas opciones para este chakra son la amatista, la selenita y el cuarzo claro. La amatista es una piedra púrpura asociada al chakra de la corona. Se dice que tiene propiedades calmantes y relajantes. La selenita es una piedra blanca o transparente que tiene propiedades limpiadoras y purificadoras. El cuarzo claro es una piedra transparente que tiene propiedades amplificadoras y energizantes.

Cuando utilice piedras y cristales para el chakra de la corona, límpielos y cárguelos regularmente. Esto mantiene su energía fresca y evita que se dañen. Guárdelos en un lugar fresco y oscuro cuando no los use. Elija piedras y cristales que se correspondan con la energía del chakra para obtener mejores resultados.

Capítulo 8: Uso de la aromaterapia

La aromaterapia es una medicina holística que utiliza aceites esenciales extraídos de plantas para mejorar la salud mental. Es una gran manera de mantener el chakra de la corona abierto y equilibrado. Los aceites esenciales interactúan con sus emociones, lo que sana su mente y activa diferentes centros de energía en su cuerpo.

Aromaterapia
https://unsplash.com/photos/r40EYKVyutI

Cuando un chakra está poco o demasiado activo, puede causar problemas físicos o mentales. Los aceites esenciales ayudan a sanar los chakras y devolverles el equilibrio. Este capítulo se centra en los aceites esenciales que equilibran el chakra de la corona. Explica cómo los aceites esenciales equilibran el *Sahasrara* y qué hace que un aceite esencial sea apropiado para esta tarea. También encontrará una lista de aceites esenciales recomendados para el chakra de la corona, explicando sus propiedades y cómo utilizarlos.

Los aceites esenciales y el chakra coronario

Los aceites esenciales son extractos botánicos que se utilizan para diversos fines. Una de las mejores maneras de limpiar y equilibrar el chakra de la corona es utilizar aceites esenciales. Estos aceites pueden utilizarse para promover sentimientos de euforia, felicidad e iluminación. Son totalmente naturales, accesibles y fáciles de usar, por lo que son ideales para quienes acaban de empezar su viaje espiritual o buscan sumar algo fácil a sus prácticas espirituales actuales.

Para ayudar a sus esfuerzos de liberar un bloqueo y abrir su chakra de la corona, puede utilizar los aceites esenciales. Son una herramienta poderosa que le ayudará a mejorar su salud física, emocional y mental.

Hay una gran variedad de aceites esenciales que ayudan a equilibrar el chakra de la corona. Cuando elija un aceite, tenga en cuenta sus propiedades y cómo encajan con lo que espera conseguir. Muchos aceites esenciales tienen múltiples propósitos, así que no tenga miedo de experimentar hasta que encuentre el aceite o la combinación perfecta para usted.

Cómo funcionan los aceites esenciales

Los aceites esenciales están compuestos por pequeñas moléculas que nuestro cuerpo absorbe fácilmente. Estas moléculas entran en nuestro torrente sanguíneo cuando las inhalamos. También son absorbidas por nuestros poros cuando aplicamos los aceites en la piel. Una vez en el torrente sanguíneo, las moléculas interactúan con nuestras emociones y desencadenan diferentes respuestas.

El sistema límbico es la parte del cerebro que controla nuestras emociones. También es responsable de nuestro sentido del olfato. Cuando inhalamos aceites esenciales, las moléculas interactúan con el sistema límbico y desencadenan diferentes emociones. Por eso los aceites esenciales son tan potentes y se utilizan para promover diferentes estados emocionales.

Los ingredientes activos de los aceites esenciales se conocen como compuestos orgánicos volátiles (COV). Estas moléculas se vaporizan fácilmente a temperatura ambiente, por lo que a menudo se pueden oler antes de ver la planta. Una vez inhalados, los COV interactúan con el cuerpo de diversas maneras.

Algunos COV estimulan el sistema olfativo. Esto puede ayudar a mejorar nuestro estado de ánimo y nuestros niveles de energía. Otros COV interactúan con el sistema límbico, que controla nuestras emociones y nuestra memoria. Por ello, algunos aceites esenciales se utilizan para combatir la ansiedad, la depresión y el estrés. Los COV también interactúan con el hipotálamo, que regula nuestra temperatura corporal, el hambre y la sed. Por ello, algunos aceites esenciales se utilizan para perder peso y combatir los antojos.

Cómo utilizar los aceites esenciales para el chakra de la corona

En la aromaterapia, los aceites esenciales pueden aportar equilibrio al chakra de la corona. Recuerde que un poco da para mucho cuando se utilizan aceites esenciales para el chakra de la corona. Comience con una o dos gotas y aumente según sea necesario. Aquí hay algunas maneras fáciles de abrir su chakra de la corona utilizando la aromaterapia:

1. Utilice un difusor

Si usted tiene un difusor de olor que disperse los aceites esenciales en el aire, puede utilizarlo para abrir su chakra de la corona. Tiene que añadir unas gotas de aceite esencial al difusor y dejar que se disperse mientras medita o hace yoga. Pronto se sentirá más relajado.

El difusor abrirá su chakra coronario liberando el aceite en el aire. Usted absorberá el aceite a través de la nariz y este llegará a su torrente sanguíneo. Esto permitirá que el aceite desencadene ciertas emociones y provoque una sensación de equilibrio.

2. Aplíquelo en agua caliente

Si no tiene acceso a un difusor, puede utilizar los aceites esenciales poniendo algunas gotas en agua caliente y aplicándolas en las superficies de su casa u oficina. Esto le ayudará a liberar cualquier energía negativa y le permitirá concentrarse en cualquier tarea con facilidad. Si es posible, medite mientras lo hace para marcar la diferencia.

Muchas personas optan por añadir aceites esenciales a sus baños. Si decide hacerlo, asegúrese de utilizar un aceite portador como el de jojoba o el de almendras dulces para ayudar a dispersarlo de manera uniforme. No añada demasiado aceite esencial, porque puede ser abrumador e irritante para su piel.

3. Apliquelo directamente sobre la piel

Si quiere experimentar todos los beneficios del aceite esencial, puede aplicarlo directamente sobre su piel. Este método es el mejor para quienes buscan una respuesta inmediata. El aceite será absorbido rápidamente y llegará al torrente sanguíneo, lo que le permitirá interactuar con sus emociones y provocar una sensación de equilibrio.

No olvide utilizar un aceite portador para diluir el aceite esencial. No conviene utilizar demasiado aceite esencial porque puede irritar la piel. Comience con una o dos gotas y aumente según sea necesario.

4. Inhale directamente del frasco

Si está buscando una forma rápida de abrir su chakra de la corona, puede simplemente inhalar el aceite esencial directamente de la botella. Este método es el mejor para quienes buscan una respuesta inmediata. Si es posible, encuentre un lugar tranquilo para sentarse o estar de pie mientras lo hace. Cierre los ojos e inhale y exhale lentamente.

También puede poner unas gotas de aceite en un algodón e inhalarlo. Este método es mejor si es sensible a los olores o no quiere que el aceite sea demasiado potente. Además, si utiliza este método, mantenga la bola de algodón lejos de su cara para evitar que el aceite entre en sus ojos.

Aceites esenciales recomendados para el chakra de la corona

El uso de aceites esenciales con propiedades para abrir el chakra de la corona es una gran manera de sentirse en sintonía con su espiritualidad. Aquí están algunos de los mejores aceites esenciales para el chakra de la corona:

1. Incienso puro

El incienso tiene un aroma dulce, amaderado y ligeramente picante, conocido por su capacidad para promover la relajación y la paz. También reduce el estrés y la ansiedad. El incienso es un gran aceite esencial para usar en el chakra de la corona porque fomenta los sentimientos de conexión y unidad.

El incienso es un aceite muy popular que se utiliza de muchas formas diferentes. Se utiliza a menudo en la meditación, porque ayuda a sentirse concentrado y enfocado. También ayuda a la curación emocional, especialmente a sentirse más conectado con los demás.

- **Propiedades**

El incienso tiene muchas propiedades curativas. Se ha utilizado durante miles de años en ceremonias religiosas, cosméticos y perfumes. Tiene propiedades antibacterianas que lo convierten en un gran aceite para tratar la piel propensa al acné. También refuerza la inmunidad al reducir la inflamación y fortalecer el sistema inmunológico.

Además de equilibrar las hormonas y reducir la inflamación, el incienso ayuda a sentirse más enraizado, lo que ayuda a abrir el chakra de la corona. Su aroma amaderado con un toque de especias favorece la sensación de enraizamiento, equilibrio y calma. También ayuda a sentirse más conectado con la mente, el cuerpo, el espíritu y el entorno.

- **Por qué ayuda a abrir el chakra de la corona**

El incienso nos ayuda a conectar más profundamente con nosotros mismos porque su aroma resuena muy sutilmente. Es un aceite fuerte, debido a sus altos niveles de cetonas sesquiterpénicas, que han demostrado tener propiedades anticancerígenas en estudios con animales. Cuando se utiliza con fines espirituales, el incienso puede abrir y equilibrar el chakra de la corona.

Una de las razones por las que el incienso es tan eficaz para abrir el chakra de la corona es su capacidad para combatir el miedo y la ansiedad. Cuando nuestro chakra coronario está cerrado, nos sentimos desconectados de los demás y temerosos de nuestra sabiduría interior. Al utilizar el incienso, no solo nos sentimos más conectados con nosotros mismos, sino que también nos conectamos más con quienes nos rodean.

- **Cómo utilizarlo**

Si busca una experiencia más espiritual, puede añadir unas gotas de incienso a su bañera y disfrutar de un relajante baño. También puede añadirlo a un aceite de masaje y darse un masaje. Puede utilizarlo añadiendo dos o tres gotas a un difusor o diluyéndolo en un aceite portador (como el de jojoba) y aplicándolo en el pecho o en la nuca.

Hay muchas maneras de utilizar el incienso. Puede añadir unas gotas a su difusor e inhalar el aroma durante todo el día. También puede añadirlo a sus lociones y cremas para reducir la aparición de cicatrices y estrías.

2. Mirra

La mirra tiene un aroma cálido, terroso y ligeramente dulce que favorece la relajación y alivia el estrés. También es conocida por su capacidad para aumentar la inmunidad y combatir las infecciones. Es un gran aceite esencial para utilizar en el chakra de la corona porque fomenta los sentimientos de conexión y unidad.

La mirra es una resina derivada del árbol *Commiphora myrrha*. Se ha utilizado durante siglos en ceremonias religiosas y como remedio natural para diversas dolencias. Es un aceite cálido con notas picantes y de pimienta. Además de sus propiedades aromáticas, la mirra es conocida por sus cualidades antiinflamatorias, antifúngicas, antibacterianas y antivirales. Se ha utilizado medicinalmente a lo largo de la historia para tratar heridas, infecciones respiratorias y otras afecciones como el pie plano y el acné.

- **Propiedades**

La mirra tiene muchas propiedades curativas. Se ha demostrado que sirve para tratar los resfriados, la tos y el dolor de garganta. También es un expectorante natural, lo que significa que afloja la flema y alivia la congestión. También es un potente agente antiinflamatorio. Reduce la hinchazón, el enrojecimiento y el dolor asociados a diversas afecciones como la artritis y el síndrome del túnel carpiano. También reduce la inflamación en todo el cuerpo, promoviendo la salud y el bienestar general.

Además de sus beneficios físicos, la mirra también favorece el bienestar emocional. Se utiliza a menudo para aliviar el estrés, la ansiedad y la depresión. Se ha relacionado con la curación emocional en términos de espiritualidad y bienestar. Puede ayudarle a conectar con su lado espiritual haciéndolo sentir más conectado con el universo en general y con usted mismo como parte de ese universo. Las propiedades emocionales de la mirra la hacen una excelente opción para abrir el chakra de la corona.

- **Por qué ayuda a abrir el chakra de la corona**

El chakra de la corona está asociado con la conexión con lo divino. Cuando este chakra está desequilibrado, nos sentimos desconectados de nuestra espiritualidad y del poder superior. La mirra fomenta los sentimientos de conexión y unidad, ayuda al crecimiento espiritual y a la iluminación.

La mirra lo conecta con lo divino y le ayuda a abrir el chakra de la corona con la confianza que da saber lo que está haciendo y cómo ayudar a los demás. El aceite también puede utilizarse para ungir la coronilla durante la meditación o la oración.

- **Cómo utilizarlo**

La mirra está disponible en varias presentaciones, como el incienso y el aceite esencial. Puede utilizar el aceite para crear una mezcla para difusores que lo conecte con su espiritualidad. Mezcle el aceite de mirra con el de incienso en un difusor y deje que llene la habitación mientras medita o hace yoga. También puede ingerir mirra como suplemento o infusión.

La mirra puede usarse en un difusor, o puede añadir unas gotas a un baño caliente. También puede diluirla en un aceite portador (como el de jojoba) y aplicarla sobre la piel. Mezcle diez gotas de aceite esencial de mirra en ½ taza de aceite de oliva (o cualquier aceite portador). Aplíquelo en la base del cuello, la cabeza, las sienes y las orejas. Para obtener los mejores resultados, aplíquelo dos veces al día: una cuando se levante y otra antes de acostarse.

3. Sándalo

El sándalo es un aceite esencial dulce y amaderado que se utiliza a menudo en aromaterapia. Tiene una textura rica y cremosa con un aroma cálido y terroso. Es conocido por su capacidad para promover la relajación y aliviar el estrés. También facilita el enfoque y la concentración.

- **Propiedades**

El sándalo es un hidratante natural. Es una excelente opción para la piel seca, el eczema y la psoriasis. Reduce la inflamación y el enrojecimiento. Además, tiene muchas propiedades útiles para la salud mental. Aporta claridad mental y mejora el estado de ánimo. También se considera un afrodisíaco.

El sándalo también es conocido por sus propiedades calmantes. Por eso es una excelente opción para aliviar el estrés, la ansiedad y la depresión. También ayuda a conciliar el sueño más rápidamente. El aceite puede utilizarse para aliviar los dolores de cabeza y las migrañas.

Además de sus beneficios físicos, el sándalo ayuda al bienestar espiritual. Se utiliza a menudo en la meditación y la oración por su capacidad para fomentar una sensación de calma y paz interior. También es útil para promover el autoconocimiento y la claridad de pensamiento.

- **Por qué ayuda a abrir el chakra de la corona**

El sándalo fomenta los sentimientos de conexión y unidad. Tiene un aroma profundo y terroso con un matiz ligeramente dulce. Tiene fuertes propiedades antiinflamatorias y se ha utilizado en la medicina alternativa como tratamiento para la ansiedad, la depresión y el insomnio. Estas propiedades explican por qué es un aceite excelente para usar si tiene problemas para conectar con el lado espiritual de su chakra de la corona, ya que ayuda a aliviar los factores de estrés en la mente y el cuerpo.

- **Cómo utilizarlo**

El sándalo está disponible en varias presentaciones, incluyendo el incienso y el aceite esencial. Puede utilizar el aceite para crear una mezcla para difusores que le ayude a conectar con su espiritualidad. Mezcle el aceite de sándalo con aceite de incienso en un difusor y deje que llene la habitación mientras medita o hace yoga. También puede ingerir el sándalo como suplemento o infusión.

El sándalo puede usarse en un difusor, o puede añadir unas gotas a un baño caliente. También puede diluirlo en un aceite portador (como el de jojoba) y aplicarlo sobre la piel. Mezcle diez gotas de aceite esencial de sándalo en ½ taza de aceite de oliva (o cualquier aceite portador). Aplíquelo en la base del cuello, la cabeza, las sienes y las orejas. Para obtener los mejores resultados, apliquelo dos veces al día: una cuando se levante y otra antes de acostarse.

Otros aceites esenciales para el chakra de la corona

a) Rosa

La rosa es un aceite esencial delicado y floral con un aroma dulce y romántico. El aceite de rosa es conocido por su capacidad para mejorar el estado de ánimo y aliviar el estrés. Promueve la confianza en uno mismo y la autoestima. Además, puede utilizarse para aliviar los dolores de cabeza y las migrañas. También favorece la cicatrización de las heridas.

El aceite de rosa favorece el amor propio y la autoaceptación. Aumenta los sentimientos de paz y calma. Puede utilizarse para aliviar el estrés, la ansiedad y la depresión. Estas propiedades explican por qué es una excelente opción para abrir el chakra de la corona.

El aceite de rosa está disponible en varias presentaciones, incluyendo el aceite esencial y el absoluto. Puede utilizar el aceite para crear una mezcla para difusores que le ayude a conectar con su espiritualidad. Mezcle aceite de rosa con aceite de lavanda en un difusor y deje que llene la habitación mientras medita o hace yoga. También puede ingerir el aceite de rosas como suplemento o infusión.

b) Jazmín

El jazmín es un aceite esencial dulce y floral con un aroma romántico. Este aceite puede utilizarse para mejorar el estado de ánimo y aliviar el estrés. Fomenta la confianza en uno mismo y la autoestima. El jazmín ayuda a su bienestar espiritual. Se utiliza a menudo en la meditación y la oración por su capacidad para crear una sensación de calma y paz interior.

Puede utilizar el aceite de jazmín para crear una mezcla para difusores que le ayude a conectar con su espiritualidad. Mezcle el aceite de jazmín con el de rosa en un difusor y deje que llene la habitación mientras medita o hace yoga. El aceite de jazmín se asocia con el proceso de curación natural del cuerpo, así que si tiene algún problema de salud a largo plazo, podría ayudarle a superarlo.

2. Aceite de lavanda

El aceite de lavanda se asocia con la introspección y la paz, por lo que puede utilizarlo en la meditación o para relajarse por la noche. Tiene un efecto calmante sobre el sistema nervioso, aliviando el estrés y promoviendo la relajación. También es útil para fomentar los sentimientos de amor propio y autoaceptación.

El aceite de lavanda puede difundirse o añadirse a un baño. También se puede diluir en un aceite portador (como el de jojoba) y aplicarlo sobre la piel. Mezcle diez gotas de aceite esencial de lavanda en ½ taza de aceite de oliva (o cualquier aceite portador). Aplíquelo en la base del cuello, la cabeza, las sienes y las orejas. Para obtener mejores resultados, aplíquelo dos veces al día: una vez cuando se levante y otra antes de acostarse.

Descargo de responsabilidad: No sustituya la información de este capítulo por un consejo médico. Siempre debe consultar a un médico antes de iniciar cualquier tratamiento, y esta guía solo pretende destacar algunas opciones que tiene a su disposición. Lea siempre la etiqueta de los aceites esenciales y tenga cuidado cuando los utilice cerca de mascotas, personas alérgicas, mujeres embarazadas o niños.

Los aceites esenciales pueden utilizarse para favorecer el equilibrio del chakra coronario. Los mejores aceites esenciales para el chakra coronario son el incienso puro, la mirra y el sándalo. Estos aceites se asocian con sentimientos de paz y calma. Pueden utilizarse para aliviar el estrés, la ansiedad y la depresión. Utilice dos o tres gotas en un difusor, o combínelas con un aceite portador si los va a aplicar directamente sobre la piel. Para obtener mejores resultados, aplíquelos dos veces al día: una antes de acostarse y otra después de levantarse.

Capítulo 9: Nutrición y dieta

La comida sana de forma increíble, y es una manera de conseguir que nuestra energía fluya libremente. Los científicos han estudiado la relación entre la nutrición y el chakra de la corona durante muchos años, desde el ayuno hasta el consumo de alimentos específicos. Cuando se trata del chakra de la corona, una dieta equilibrada es la clave para mantenerlo abierto y funcionando correctamente.

Aunque algunas personas consideran que el chakra de la corona, al ser el más espiritual, solo requiere prácticas espirituales o meditación para abrirse y equilibrarse, otras consideran que cada chakra está asociado con determinados alimentos. En este capítulo se analiza la relación entre el chakra de la corona y la nutrición, incluyendo el ayuno y los alimentos que ayudan a desbloquear o equilibrar este centro energético. También encontrará varias recetas con los ingredientes que ayudan al chakra de la corona.

La relación entre el chakra coronario y la nutrición

A menudo pensamos que la comida es solo el combustible de nuestro cuerpo, pero en realidad tenemos una relación más compleja con ella. Tiene que ver con el placer, la conexión y la forma en que nos honramos a nosotros mismos.

Los psicólogos han descubierto que los hábitos alimentarios saludables están relacionados con el buen funcionamiento del chakra de la corona. Cuando sus opciones de comida son limitadas, o su acceso a la comida está restringido por alguna razón, puede tener dificultades para cuidar de usted mismo y sentirse seguro y enraizado en el mundo.

Esto puede afectar su acceso a la sabiduría del chakra coronario, la sabiduría que puede ayudarle a dar sentido al mundo que lo rodea. Por eso, la nutrición y la dieta son tan importantes. Los alimentos que elegimos y cómo los adquirimos pueden afectar nuestro bienestar mental y nuestra salud espiritual.

Dado que el chakra de la corona tiene una conexión tan activa con la mente, el cuerpo y el espíritu, también está relacionado con la forma de comer y de moverse. Incluso si no se considera espiritual o no le gustan cosas como el yoga, es importante que entienda que los alimentos que consume tienen un gran impacto en su bienestar mental.

El chakra de la corona le ayuda a conectarse con usted mismo y con los demás. Una dieta y un plan de nutrición saludables son esenciales para mantenerlo equilibrado. Consumir alimentos ricos en carbohidratos ayuda a equilibrar este chakra, al igual que los alimentos con alto contenido de sodio o potasio. Sin embargo, es importante no excederse.

Cuando come alimentos que no son buenos para usted o que no están en consonancia con las necesidades de su cuerpo, provoca un desequilibrio en sus chakras. Esto dificulta la conexión con su espíritu y el mantenimiento de relaciones sanas con los demás. Los alimentos que tienden a causar un desequilibrio en el chakra de la corona incluyen:

- Azúcar refinado.
- Carne procesada.
- Alcohol.
- Cafeína.
- Harina blanca.

Cómo afecta el ayuno al chakra de la corona

El ayuno es una práctica que se ha utilizado durante siglos para limpiar el cuerpo y la mente, y puede ser una gran manera de restablecer su sistema. El ayuno le da a su cuerpo, especialmente a su sistema digestivo, un descanso, y le da a su mente más concentración, ya que el cuerpo trabaja en menos tareas a la vez.

El ayuno también abre el chakra de la corona. Cuando no está concentrado en la comida, puede enfocarse en su conexión con lo divino. Esto le ayuda a sentirse más conectado con su ser superior y el universo. Hay muchas formas diferentes de ayunar, y puede elegir el método adecuado para usted. Algunas personas ayunan durante uno o dos días, mientras que otras lo hacen durante una semana o más.

El ayuno desintoxica el cuerpo y despeja la mente. Es una forma estupenda de restablecer su sistema y centrarse en su espiritualidad. Si está interesado en ayunar, es importante que hable primero con un médico.

Alimentos que ayudan a desbloquear o equilibrar el chakra coronario

Una de las mejores maneras de equilibrar su *Sahasrara* es a través de lo que come y bebe. Comer alimentos de color blanco o púrpura es un gran comienzo, ya que estos colores ofrecen una conexión directa con el chakra de la corona. Puede que alimentos como el coco, la cebolla, el jengibre, la sandía y el ajo no sean sus favoritos, pero son opciones estupendas si quiere equilibrar su *Sahasrara*.

Añada a su dieta alimentos ricos en cromo. El cromo es un metal que se utiliza para tratar la diabetes *mellitus*, ya que reduce el azúcar en la sangre del cuerpo. Este es un ejemplo perfecto de un elemento del mundo físico que tiene un impacto directo en el mundo espiritual. También puede probar con alimentos ricos en antioxidantes, como los arándanos, el chocolate negro y las bayas de *açai*. Los antioxidantes protegen al cuerpo del daño causado por los radicales libres.

Cuando incorpore más de estos alimentos a su dieta, asegúrese de que no contengan pesticidas ni otras sustancias químicas nocivas y de que no hayan estado almacenados durante semanas (como las verduras congeladas). Muchos tipos de alimentos pueden desbloquear o equilibrar el chakra de la corona y es importante que encuentre los que mejor funcionen para usted.

Jengibre

Además de ser uno de los alimentos curativos más potentes del planeta, el jengibre es fácil de añadir a su dieta, calma la inflamación y reduce la presión arterial, que es exactamente lo que necesita su chakra de la corona. Si está acostumbrado a tomar café a lo largo del día, intente sustituirlo por un té de jengibre para controlar el estrés y conseguir un sueño más reparador.

Cebolla

Una buena forma de empezar con las cebollas es la cebolla blanca. Tiene propiedades antibacterianas que reducen la inflamación. Además, tiene un alto contenido de cromo, un elemento que ayuda a equilibrar el azúcar en la sangre y a controlar el hambre. También ayuda a reducir el colesterol y los triglicéridos, por lo que se siente menos agobiado por las comidas.

Coco

Mucha gente cree que el coco es una fruta de los dioses, ¿y por qué no? Es estupendo para desintoxicarse, y se ha demostrado que sus nutrientes y minerales reducen la inflamación, los niveles de azúcar en la sangre y potencian el metabolismo y la energía. Es el alimento perfecto para equilibrar el chakra de la corona. Puede hacer fácilmente leche de coco para consumir en casa; simplemente mezcle una lata de leche de coco con agua fresca hasta que esté suave, y añádala a sus batidos o úsela en lugar de la leche de vaca.

Manzanilla

La manzanilla es una flor que se utiliza para hacer infusiones. La infusión de manzanilla es una forma estupenda de relajarse antes de acostarse y conseguir un sueño reparador. También ayuda a combatir la ansiedad y el estrés. Si se siente especialmente tenso, pruebe a añadir una bolsita de manzanilla al agua de la bañera para tener un baño relajante. La manzanilla es perfecta para calmar un chakra coronario hiperactivo.

Salvia

La salvia es una hierba que se utiliza a menudo en la cocina, pero también se puede quemar como incienso. Quemar salvia ayuda a limpiar la mente y el cuerpo de la energía negativa. Es una buena manera de empezar el día o de prepararse para la meditación. Hay muchas formas de utilizar la salvia, así que encuentre la que mejor le funcione. También puede añadir salvia a su dieta en pequeñas cantidades. Utilícela para aromatizar el pollo, el pescado o las verduras.

Hinojo

El hinojo es una hierba que se utiliza a menudo en la cocina. Tiene un sabor ligeramente dulce y puede añadirse a varios platos. También tiene algunos beneficios para la salud, como mejorar la digestión, reducir la inflamación y promover la pérdida de peso. Añadir hinojo a su dieta es una gran manera de equilibrar el chakra de la corona.

Miel

La miel se utiliza a menudo en la repostería y como edulcorante natural para el té. Tiene muchos beneficios para la salud, como aumentar los niveles de energía, mejorar la digestión y combatir las infecciones. También es un antiinflamatorio natural. Añadir miel a su dieta es una forma estupenda de equilibrar el chakra de la corona, ya que está repleta de nutrientes beneficiosos.

Açaí

La baya de *açaí* es una fruta originaria de Brasil. Se utiliza a menudo en batidos y zumos. Tiene muchos beneficios para la salud, incluyendo la capacidad de mejorar la digestión, reducir la inflamación y promover la pérdida de peso.

Maca

La maca es una raíz vegetal originaria de Perú. Se utiliza en forma de polvo. Tiene muchos beneficios para la salud, incluyendo la mejora de los niveles de energía, el aumento del estado de ánimo y la promoción de la fertilidad. Si está buscando una forma natural de apoyar el chakra de la corona, añadir maca a su dieta es una gran opción.

Piña

La piña se utiliza a menudo en batidos, zumos y ensaladas. Hace maravillas para el sistema digestivo, además de ayudar con la pérdida de peso y la reducción de inflamaciones. Para obtener el mayor provecho de la piña, es mejor comerla fresca. También puede añadirla a su dieta en pequeñas cantidades. La dulzura de la piña puede ayudar a contrarrestar la amargura de algunos de los otros alimentos de esta lista.

Pepino

El pepino se utiliza a menudo en ensaladas, sándwiches y zumos. Ayuda en cuestiones digestivas, a perder peso y a tratar la inflamación. Una gran manera de obtener el máximo beneficio del pepino es comerlo crudo. También puede añadirlo a su dieta en pequeñas cantidades. El sabor fresco y refrescante del pepino puede ayudar a calmar un chakra coronario hiperactivo.

Estos son solo algunos alimentos que ayudan a desbloquear o equilibrar el chakra de la corona. Recuerde que el objetivo es comer alimentos limpios y enteros repletos de nutrientes. Los alimentos procesados, los aperitivos azucarados y las bebidas alcohólicas contribuyen a desequilibrar el chakra coronario. Por lo tanto, asegúrese de evitarlos en la medida de lo posible. En su lugar, intente consumir alimentos nutritivos y buenos para su chakra coronario.

Recetas

Si busca recetas específicas para desbloquear o equilibrar el chakra de la corona, puede probar algunas divertidas, saludables y sencillas:

Batido de açai

Este delicioso batido está hecho con bayas de *açai*, plátano y leche de almendras. Es una forma estupenda de empezar el día o disfrutar de una merienda saludable. El *açai* está repleto de antioxidantes y vitaminas excelentes para el chakra de la corona. Si no tiene *açai*, puede usar arándanos o frambuesas congeladas.

Ingredientes:

- 1 taza de bayas de *açai* congeladas.
- 1 plátano.
- 1 taza de leche de almendras.
- ½ taza de piña.
- 1 cucharada de miel.

Instrucciones:

1. Añada todos los ingredientes a una batidora y bátalos hasta que estén suaves.
2. Vierta en un vaso y disfrute.
3. También puede añadir unos cubitos de hielo si quiere un batido más espeso.

Salteado de piña y pollo al curry

Este salteado rápido y fácil es una gran manera de obtener una dosis de alimentos que apoyan el chakra de la corona. La piña aporta dulzura y vitaminas, mientras que el curry potencia el sabor. Si no tiene pollo, puede utilizar gambas o tofu.

Ingredientes:

- 1 libra de pechuga de pollo sin piel y deshuesada, cortada en cubos.
- 1 cebolla picada.
- 1 cucharada de aceite de oliva.
- 1 taza de piña picada.
- 1 pimiento rojo picado.
- 2 dientes de ajo picado.
- ½ taza de arvejas.
- ½ taza de caldo de pollo.
- 1 cucharada de curry en polvo.
- Sal y pimienta.

Instrucciones:

1. Caliente el aceite de oliva a fuego medio-alto en una sartén grande.
2. Añada el pollo cortado en cubos y dórelo.
3. Añada la cebolla, el curry en polvo, el ajo y la piña y cocine durante cinco minutos.
4. Añada las arvejas, el pimiento, el caldo de pollo, la sal y la pimienta y cocine durante diez minutos.
5. Sirva con arroz, pasta o quinoa.

Ensalada de pepino y menta

Esta refrescante ensalada es perfecta para un día de verano. El pepino y la menta son refrescantes y ayudan a calmar el chakra de la corona. Si no tiene menta, puede usar albahaca o cilantro.

Ingredientes:

- 2 pepinos, cortados en dados.
- 1 cebolla roja picada.
- ½ taza de menta picada.
- 3 cucharadas de aceite de oliva.
- 2 cucharadas de vinagre blanco.

- Sal y pimienta al gusto.

Instrucciones:
1. En un bol grande, combine los pepinos, la cebolla roja, la menta, el aceite de oliva, el vinagre blanco, la sal y la pimienta.
2. Remueva hasta que todos los ingredientes estén cubiertos con el aderezo.
3. Deje reposar la ensalada durante unos treinta minutos para que los sabores se mezclen.
4. Sirva y disfrute.

Sopa de pepino y melón dulce

Esta deliciosa sopa es ideal para una tarde de verano. Al estar hecha con pepino y melón, es refrescante y calma el chakra de la corona. La sopa también puede hacerse con melón cantalupo si no tiene melón dulce.

Ingredientes:
- 2 pepinos, pelados y cortados en dados.
- 1 melón dulce, pelado y cortado en dados.
- ½ taza de yogur natural.
- 2 cucharadas de miel.
- 1 cucharada de zumo de lima.
- Sal y pimienta al gusto.

Instrucciones:
1. En una licuadora o procesador de alimentos, combine los pepinos, el melón, el yogur, la miel, el jugo de lima, la sal y la pimienta.
2. Licúe hasta que esté suave.
3. Enfríe en la nevera durante una hora aproximadamente.
4. Sirva y disfrute.

Corteza de chocolate con maca

Esta receta es una forma fácil y divertida de obtener su dosis diaria de maca. También es una forma estupenda de satisfacer a los golosos. El polvo de maca equilibra el chakra de la corona y el chocolate aporta antioxidantes. Si no tiene chocolate negro, también puede usar chocolate con leche o blanco.

Ingredientes:

- 1 taza de chips de chocolate negro.
- 2 cucharadas de maca en polvo.
- 1 cucharadita de extracto de vainilla.
- ½ taza de nueces picadas (opcional).

Instrucciones:

1. Forre una bandeja para hornear con papel pergamino.
2. Derrita los chips de chocolate en el microondas en lapsos de treinta segundos, revolviendo entre ellos.
3. Incorpore el polvo de maca y el extracto de vainilla.
4. Vierta el chocolate en la bandeja de horno preparada y extiéndalo en una capa fina.
5. Espolvoree con las nueces picadas.
6. Coloque la corteza en la nevera durante una hora aproximadamente o hasta que el chocolate esté firme.
7. Rompa en trozos y disfrute.

Estas son solo algunas ideas para empezar la dieta del chakra de la corona. Recuerde que la clave es comer alimentos que refresquen y calmen el chakra. Así que sea creativo y experimente con diferentes alimentos y recetas. Y lo más importante, ¡disfrute!

Diferentes alimentos pueden ayudar a desbloquear o equilibrar el chakra de la corona. Al incorporar estos alimentos a su dieta, puede mantener su chakra alineado. Así que sea creativo en la cocina y disfrute explorando diferentes recetas. Y lo más importante, escuche a su cuerpo. Él le dirá lo que necesita. Confíe en su intuición y deje que lo guíe en su viaje hacia un chakra coronario sano y equilibrado.

Nota: La información de este capítulo no pretende sustituir el consejo de un profesional médico. Si tiene alguna duda o pregunta sobre su salud, hable con su médico.

Capítulo 10: Rutina de siete días para el chakra de la corona

Un chakra coronario desequilibrado puede conducir a sentimientos de soledad, aislamiento, depresión, falta de sentido, cinismo o baja autoestima. Cuando está bloqueado o hiperactivo, puede sentirse desconectado de los demás y del mundo que le rodea. Si no encuentra un modo de equilibrarlo pronto, podría incluso provocar enfermedades mentales como la esquizofrenia o el trastorno bipolar.

Para evitar estos problemas, es importante establecer una rutina que equilibre el chakra de la corona y lo mantenga en sintonía con el resto de los chakras. Esto le ayudará a sentirse conectado con los demás y a darle un propósito en la vida.

Este capítulo proporciona una rutina para el chakra de la corona de siete días que puede seguir para equilibrar y abrir su chakra de la corona. Para cada día, encontrará una mezcla de posturas de yoga, mantras, afirmaciones, mudras, *pranayama* y ejercicios de meditación que puede realizar. Añada otras actividades y ejercicios que le gusten: la clave es la diversión y la relajación.

La importancia de tener una rutina para equilibrar el chakra coronario

Desde una perspectiva espiritual, el chakra de la corona es el guardián de su conexión con el universo. Cuando está desequilibrado, se sentirá desconectado de su poder superior y del propósito de su alma. Como resultado, puede sentirse desmotivado, ansioso, deprimido o sin esperanza.

Tener una rutina diaria que incluya actividades que beneficien a su chakra coronario le ayudará a sentirse más conectado con usted mismo y con su entorno. De este modo, podrá confiar en usted y en los demás con mayor facilidad. También le resultará más fácil tomar decisiones, porque verá las cosas desde una perspectiva más intuitiva. Su capacidad de concentración también mejorará, porque aprenderá a evitar fácilmente las distracciones.

Cuando equilibre su chakra coronario, se sentirá en paz con usted mismo y con el mundo. También le resultará más fácil conectar con los demás, porque no se aferrará a ningún sentimiento de aislamiento o soledad.

Rutina de siete días para el chakra coronario

Día 1: Posturas de Yoga, Mantras, Afirmaciones, Mudras y *Pranayama*.

Comience su día haciendo algunos estiramientos suaves. Incluya una mezcla de posturas de pie, sentado y acostado. Después de su sesión de yoga, siéntese en una posición cómoda y recite algunos de los siguientes mantras:

- *Om Namah Shivaya* (Aum y saludo a Shiva).
- *So, Hum* (Yo soy eso).
- *Sahasrara Hum* (Yo soy el chakra de la corona).
- *Aham Brahmasmi* (Yo soy el universo).
- *Lokah Samastah Sukhino Bhavantu* (Que todos los seres del mundo sean felices y libres).

Después de recitar los mantras, dedique unos minutos a repetir algunas de las siguientes afirmaciones:

- Estoy conectado con todo lo que es.
- Estoy rodeado de amor y luz.
- Soy digno de amor y respeto.
- Estoy abierto a recibir la guía del universo.
- Estoy seguro, protegido y guiado.

Después de decir las afirmaciones, dedique unos minutos a practicar algunos mudras. Puede volver al capítulo cuatro para ver las instrucciones sobre cómo hacerlos. Los principales mudras para el chakra de la corona son el Mudra *Shuni* (mudra de los dedos), que equilibra la mente; y el Mudra *Gyan* (mudra de los dedos pulgar e índice), que aumenta la concentración y la memoria.

Por último, dedique unos minutos a practicar algún *pranayama*. Pruebe los siguientes ejercicios:

- **Respiración con fosas nasales alternas:** Siéntese con la espalda recta. Relaje la mano y el brazo izquierdos. Utilice el pulgar derecho (o cualquier dedo) para tapar su fosa nasal derecha, sellando las vías respiratorias. Inhale profundamente por la fosa nasal izquierda. Suba la mano izquierda y cierre la fosa nasal izquierda, sellando las vías respiratorias; suelte la fosa nasal derecha. Exhale lentamente por la fosa nasal derecha. Repita esta operación, alternando la inhalación y la exhalación y cambie las fosas nasales en el proceso.

- **Respiración de fuego:** Siéntese con la espalda recta. Apoye las palmas de las manos en las rodillas. Inhale y exhale rápidamente por la nariz, manteniendo los músculos abdominales contraídos. Intente respirar desde el diafragma y no desde el pecho. Hágalo durante uno o dos minutos y luego respire profundamente varias veces.

Día 2: Ejercicios de meditación y lectura de libros espirituales.

Hoy, empiece por practicar durante unos minutos la meditación de atención plena. Concéntrese en su respiración y en las sensaciones de su cuerpo. Puede que su mente divague, y no pasa nada, pero vuelva a concentrarla cuando lo haga. Después de la meditación de atención plena, dedique un tiempo a algún ejercicio de visualización. Imagínese rodeado de una suave luz blanca. Esta luz está llena de amor y compasión. Lo rodea y lo llena de paz y calma. Respire profundamente unas cuantas veces y deje que la luz llene todo su ser.

Después de la visualización, dedique un tiempo a leer un libro espiritual. Puede elegir cualquier libro que resuene con usted. Algunas buenas opciones son *El poder del ahora*, de Eckhart Tolle; *Una nueva tierra*, de Eckhart Tolle; *El alma sin ataduras*, de Michael A. Singer; y *El alquimista*, de Paulo Coelho.

Día 3: Cree una práctica de gratitud.

Empiece el día escribiendo durante unos minutos las cosas por las que está agradecido. Incluya cosas como su salud, su familia y amigos, su casa, su trabajo, sus mascotas, etc. Piense en al menos diez cosas por las que está agradecido.

Después de escribir lo que agradece, dedique unos minutos a reflexionar sobre por qué está agradecido por esas cosas. Por ejemplo, si está agradecido por su salud, piense en lo mala que sería su vida si estuviera enfermo. Si está agradecido por su familia y sus amigos, piense en lo mucho que aportan a su vida y en cómo se sentiría si no los tuviera.

Día 4: Conecte con la naturaleza.

Dedique hoy un tiempo a conectar con la naturaleza. Salga a pasear por un parque, siéntese en su jardín o simplemente disfrute mirando por la ventana y apreciando la belleza del mundo natural que le rodea. Respire profundamente y despeje su mente de todos los pensamientos. Concéntrese en el momento presente y en las sensaciones que lo rodean.

Cuando haya pasado un rato conectando con la naturaleza, dedique unos minutos a reflexionar sobre cómo se siente. ¿Se siente más conectado con el mundo que lo rodea? ¿Se siente más en paz? Anote cómo se siente para consultarlo en el futuro.

Día 5: Ábrase al amor y la compasión.

Hoy, dedique un tiempo a concentrarse en el amor y la compasión. Empiece por pensar en alguien a quien quiere y le importa. Imagínelo en su mente y envíele todo su amor y energía positiva. Sienta el amor en su corazón mientras lo imagina.

Una vez hecho esto, dedique unos minutos a pensar en alguien que no conozca muy bien. De nuevo, imagíneselo en su mente y envíele todo su amor y energía positiva. Sienta compasión en su corazón mientras se imagina a esa persona recibiendo energía positiva.

Día 6: Meditación del perdón.

Dedique un tiempo a la meditación del perdón. Primero, piense en alguien a quien necesite perdonar. Puede ser alguien que le haya hecho daño en el pasado o alguien con quien tenga problemas actualmente. Imagínelo en su mente y envíele todo su amor y energía positiva.

A continuación, concéntrese en el perdón propio. Imagine el acto de perdonar como una luz que lo rodea y envuelve tanto a usted como a la otra persona. Esta luz está llena de amor, comprensión y compasión, perdona todos los males y los libera a ambos. Respire profundamente y deje que la luz llene todo su ser.

Día 7: Conecte con su yo superior.

Dedique hoy un tiempo a conectar con su ser superior. Empiece por imaginarse en un lugar hermoso. Puede ser un lugar en el que haya estado antes o uno al que siempre haya querido ir. Recuerde respirar uniformemente durante todo el proceso.

Una vez que se imagine en un lugar, vea una luz blanca y brillante por todas partes. Sienta que la luz está llena de amor y sabiduría, que sabe quién es y le ama; está aquí para guiarle en su viaje. Continúe inhalando y exhalando mientras la luz llena su ser.

Cuando termine, dedique unos minutos a reflexionar sobre sus sentimientos. ¿Está más conectado con la persona que es? ¿Se siente más en paz? Anote cómo se siente para consultarlo en el futuro.

Reflexione sobre su progreso

Dedique unos minutos a reflexionar sobre sus progresos al final de cada día. ¿Cómo se ha sentido durante el ejercicio de equilibrio de los chakras? ¿Cómo se sintió después de conectar con la naturaleza, el amor y la compasión, su ser superior o el perdón? Tome nota de su progreso para mirar atrás en el futuro.

Cuando termine su reflexión, dedique unos minutos a escribir los objetivos o intenciones que tenga para el futuro. ¿En qué quiere trabajar ahora? ¿Qué quiere conseguir? Escriba sus objetivos y consúltelos a menudo para mantenerse en el camino.

Si sigue la rutina del chakra de la corona, podrá equilibrar sus chakras y vivir una vida más plena. Recuerde combinar los diferentes ejercicios para encontrar el que mejor le funcione. Además, no olvide incluir cosas adicionales que le guste hacer cada día, como leer libros espirituales o pasar tiempo en un espacio tranquilo. Por último, asegúrese de reflexionar sobre su progreso para ver hasta dónde ha llegado.

Extra: Hoja de trucos sobre los chakras

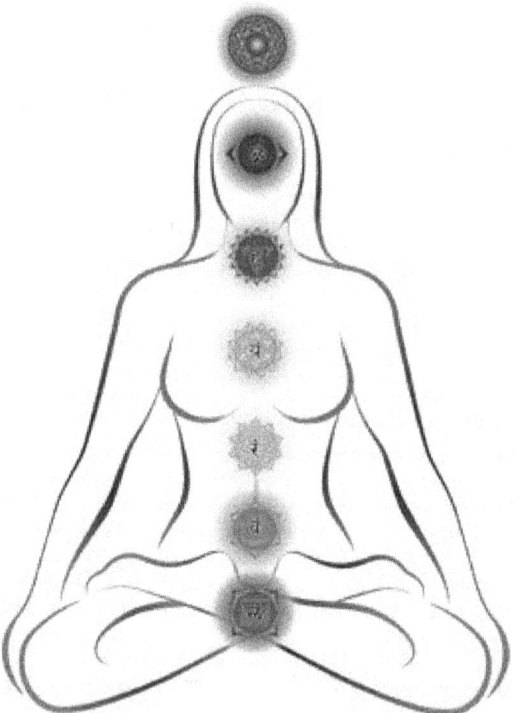

Mujer en la postura del loto con los siete chakras en su lugar
RootOfAllLight, CC BY-SA 4.0 https://creativecommons.org/licenses/by-sa/4.0, vía Wikimedia Commons: https://commons.wikimedia.org/wiki/File:7ChakrasFemale.png

El sistema de chakras es una parte importante de muchas filosofías y religiones orientales, como el hinduismo y el budismo. Se dice que hay siete chakras principales. Son centros de energía situados a lo largo de la columna vertebral. Cada chakra se asocia con un color, una afirmación, un sonido y una función diferente en el cuerpo.

Este capítulo extra le proporciona una hoja de trucos sobre todos los chakras principales para aprender más sobre ellos y cómo funcionan.

Chakra 1: Chakra raíz o *Muladhara*

Chakra *Muladhara*
Atarax42, CC0, vía Wikimedia Commons:
https://commons.wikimedia.org/wiki/File:Chakra1.svg

El chakra raíz, o chakra *Muladhara*, está situado en la base de la columna vertebral. Se asocia con el color rojo, la afirmación «estoy a salvo», el sonido «Lam» y el elemento tierra. El chakra de la raíz es responsable de los sentimientos de seguridad y protección. Se dice que es el más importante, ya que es la base de todo el sistema de chakras.

Se dice que la *kundalini*, o energía vital, se encuentra en la base de la columna vertebral, en el chakra raíz. Esta energía es la responsable del movimiento de la energía hacia arriba de la columna vertebral y a través de los otros chakras.

Chakra 2: Chakra sacro o *Svadhisthana*

Símbolo del chakra *Svadhisthana*
Atarax42, CC0, vía Wikimedia Commons:
https://commons.wikimedia.org/wiki/File:Chakra2.svg

El chakra sacro, o chakra *Svadhisthana*, está situado justo debajo del ombligo. Se asocia con el color naranja, la afirmación «soy creativo», el sonido «Vam» y el elemento agua. El chakra sacro es responsable de la creatividad, el placer y la sexualidad.

El chakra sacro es el centro de las emociones y los deseos. Se asocia con el elemento agua, del que se dice que es siempre cambiante y fluido. El chakra sacro es muy importante, ya que es responsable de nuestra capacidad de sentir placer y disfrutar la vida.

Chakra 3: Chakra del plexo solar o *Manipura*

Símbolo del chakra *Manipura*
Wikipedia:User:AndyKali, modificado por User:Iṣṭa Devatā, CC BY-SA 3.0
https://creativecommons.org/licenses/by-sa/3.0, vía Wikimedia Commons:
https://commons.wikimedia.org/wiki/File:Manipura_cakra_with_correct_bijas.png

El chakra del plexo solar está situado justo encima del ombligo. El amarillo es su color, se asocia con el canto «Ram», el elemento fuego y la confianza. Aquí es donde se originan su confianza y su poder.

El chakra del plexo solar es el centro de nuestro poder. Está asociado con el elemento fuego, del que se dice que es transformador y purificador.

Chakra 4: Chakra del corazón o *Anahata*

Símbolo del chakra *Anahata*
Mirzolot2, CC BY-SA 3.0 https://creativecommons.org/licenses/by-sa/3.0, vía Wikimedia Commons: https://commons.wikimedia.org/wiki/File:Anahata_green.svg

El chakra del corazón, o chakra *Anahata*, está situado en el centro del pecho. El verde es su color, «Yam» es el canto, y puede utilizar la afirmación «Estoy lleno de amor». El chakra del corazón es responsable del amor y la compasión.

El chakra del corazón es el centro de la capacidad de amar y ser amados. Está asociado con el elemento aire, del que se dice que es expansivo y solidario. El chakra del corazón es muy importante, ya que es responsable de nuestra capacidad de sentir amor y compasión.

Chakra 5: Chakra de la garganta o *Vishuddha*

Símbolo del chakra *Vishuddha*

Atarax42, CC0, vía Wikimedia Commons: https://commons.wikimedia.org/wiki/File:Chakra5.svg

El chakra de la garganta, o chakra *Vishuddha*, está situado en el centro de la garganta. Se asocia con el color azul, la afirmación «soy escuchado», el sonido «Ham» y el elemento éter. Es el responsable de la comunicación y la autoexpresión.

El chakra de la garganta es el centro de la capacidad de comunicación y expresión. Se asocia con el elemento éter, del que se dice que es expansivo e ilimitado. El chakra de la garganta es muy importante, ya que es el responsable de nuestra capacidad de comunicación efectiva.

Chakra 6: Chakra del tercer ojo o *Ajna*

Símbolo del chakra *Ajna*
Atarax42, CC0, vía Wikimedia Commons:
https://commons.wikimedia.org/wiki/File:Chakra6.svg

El chakra del tercer ojo, o chakra *Ajna*, está situado entre las cejas. Se asocia con el color índigo, la afirmación «veo claramente», el sonido «OM» y el elemento de la mente.

El chakra del tercer ojo es el centro de la capacidad de ver con claridad, tanto en sentido literal como figurado. Se asocia con el elemento mental, del que se dice que es agudo y enfocado. Cuando tenemos una fuerte intuición, es debido a nuestro chakra del tercer ojo: podemos percibir la intención en otras personas y ver claramente tanto el presente como lo que está por venir.

Chakra 7: Chakra de la corona o *Sahasrara*

Símbolo del *Sahasrara*
https://pixabay.com/images/id-1340083/

Al igual que una corona, el chakra de la corona se encuentra en la parte superior de nuestra cabeza. Se asocia con el color violeta, la afirmación «Estoy conectado», el sonido «Silencio» y el elemento del espíritu. El chakra de la corona es responsable de la espiritualidad y la conexión con lo divino.

El chakra de la corona es el centro de la capacidad de conectar con lo divino. Se asocia con el elemento espiritual, del que se dice que es expansivo y lo abarca todo. El chakra de la corona es muy importante, ya que es responsable de nuestra capacidad de conectar con nuestra espiritualidad. La salud del chakra de la corona influye en el grado de conexión con un poder superior, en las creencias espirituales y en la capacidad de acceder a la sabiduría.

Los chakras son una parte importante de nuestra salud y bienestar general. Al comprender el papel de cada chakra en nuestras vidas, podemos equilibrar mejor nuestra energía y mantener una mente, un cuerpo y un espíritu sanos. Empezando por el chakra raíz y subiendo hasta el chakra de la corona, podemos ver cómo cada chakra está interconectado con los demás para crear un sistema completo. Al cuidar de nuestros chakras, nos cuidamos a nosotros mismos como un todo.

Conclusión

En esta guía, hemos cubierto mucha información sobre el *Sahasrara*. Hemos hablado de lo que es, de su color y ubicación asociados y de cómo mantenerlo sano. También hemos repasado algunas de las formas en que puede saber si su chakra de la corona está bloqueado. Con este conocimiento, puede iniciar el camino para abrir y equilibrar su chakra coronario.

El primer capítulo de esta guía introdujo el concepto del chakra coronario y lo que representa. En el segundo capítulo, exploramos algunas de las señales que indican que su chakra de la corona está bloqueado. En el capítulo tres, discutimos cómo puede elevar la energía a través de sus chakras. El capítulo cuatro introdujo el concepto de mantras y mudras y cómo pueden utilizarse para mejorar la salud de sus chakras.

En el capítulo cinco, exploramos diferentes formas de meditar para mejorar la salud del chakra de la corona. El capítulo seis introdujo los conceptos de *pranayama* y yoga y cómo pueden utilizarse para mejorar la salud de sus chakras. En el capítulo siete, discutimos cómo puede usar los cristales y las piedras para mejorar la salud de su chakra de la corona.

En el capítulo ocho, hablamos de cómo se puede utilizar la aromaterapia para mejorar la salud de su chakra de la corona. Los aceites esenciales son una gran manera de mejorar la salud de sus chakras. En el capítulo nueve, hablamos de cómo la nutrición y la dieta pueden ser utilizadas para mejorar la salud de su chakra de la corona.

Finalmente, en el capítulo diez, repasamos una rutina de siete días para el chakra de la corona que puede seguir para mejorar la salud de su *Sahasrara*.

Las diferentes técnicas que hemos tratado en esta guía pueden combinarse y utilizarse para mejorar la salud de su chakra coronario. No confíe solo en este libro, utilícelo como inspiración: encuentre lo que funciona para usted y continúe practicándolo. Recuerde que lo más importante es ser constante con su práctica. Una rutina le ayudará a mantener su chakra coronario sano y equilibrado.

Esperamos que haya disfrutado de esta guía y que la información le resulte útil. Si sospecha que su chakra de la corona está bloqueado, los consejos proporcionados a lo largo de esta guía pueden ayudarle a desbloquearlo. Pruebe algunos de los ejercicios que hemos comentado, como la meditación, la visualización y el *pranayama*. También puede utilizar cristales y piedras, aromaterapia y una dieta específica para apoyar el bienestar de su chakra de la corona.

Recuerde que el viaje hacia un chakra coronario saludable es continuo. Es importante que sea paciente con usted mismo y que confíe en el proceso. La información de esta guía puede ayudarle a iniciar el camino hacia un chakra coronario sano y equilibrado.

Descargo de responsabilidad: Consulte siempre con un médico si va a iniciar un plan de tratamiento o tiene alguna dolencia o enfermedad. Esta guía está pensada como eso, una guía, y no debe utilizarse sola como cura o tratamiento.

Vea más libros escritos por Mari Silva

Su regalo gratuito

¡Gracias por descargar este libro! Si desea aprender más acerca de varios temas de espiritualidad, entonces únase a la comunidad de Mari Silva y obtenga el MP3 de meditación guiada para despertar su tercer ojo. Este MP3 de meditación guiada está diseñado para abrir y fortalecer el tercer ojo para que pueda experimentar un estado superior de conciencia.

https://livetolearn.lpages.co/mari-silva-third-eye-meditation-mp3-spanish/

Referencias

Davis, F. (2021, 24 de febrero). Chakra frequencies: What they are & how to achieve resonance. Cosmic Cuts. https://cosmiccuts.com/blogs/healing-stones-blog/chakra-frequencies

Drollinger, J. (2021). Root chakra: Activating, balancing, and healing: Mind-body and soul connection. Independently Published.

Fishman, D. (2021, 24 de junio). Sex and the root chakra. Center for Holistic Mental Health and Sexual Therapy. https://chmhst.com/sexual-behavior/sex-and-the-root-chakra/

Fondin, M. (2020, 7 de octubre). The root chakra: Muladhara. Chopra. https://chopra.com/articles/the-root-chakra-muladhara

Kelly Neff, M. A. (2019, 23 de agosto). 7 chakra-clearing affirmations to enhance your sex life. Mindbodygreen. https://www.mindbodygreen.com/0-12926/7-chakraclearing-affirmations-to-enhance-your-sex-life.html

Lindberg, S. (2020, 24 de agosto). What are chakras? Meaning, location, and how to unblock them. Healthline. https://www.healthline.com/health/what-are-chakras

MacKinnon, H. (2019, 30 de septiembre). The first chakra: Root Chakra —. Small Seed Bar. https://www.smallseedbar.com/blog/root-chakra

Novak, S. (2022, 26 de enero). The crazy link between an awesome sex life and your chakra system. Organic Authority. https://www.organicauthority.com/energetic-health/the-crazy-link-between-the-chakra-system-and-having-an-awesome-sex-life

Pfannkuch, K. (2016, 11 de enero). The 7 core chakras and how they influence creative expression. Creative Katrina. https://creativekatrina.com/the-7-core-chakras-and-how-they-influence-creative-expression/

Shirley, P., & Joy. (2018, 6 de febrero). Bad yogi blog. Bad Yogi Blog. https://www.badyogi.com/blog/demystifying-muladhara-the-root-chakra/

Snyder, S., Editors, Y. J., Indries, M., Marglin, A. T. to, & LaRue, M. B. (2021, 11 de agosto). Everything you need to know about the root chakra. Yoga Journal. https://www.yogajournal.com/yoga-101/chakras-yoga-for-beginners/intro-root-chakra-muladhara/

Stokes, V. (2021, 25 de octubre). Root chakra healing: The science, traditions, and techniques. Healthline. https://www.healthline.com/health/mind-body/root-chakra-healing

The energy body in yoga. (2015, 8 de diciembre). Ekhart Yoga. https://www.ekhartyoga.com/articles/practice/the-energy-body-in-yoga

The Root Chakra: Your personal guide to balance the first chakra. (n.d.). Art Of Living (United States).

Dadabhay, Y. (2021, 30 de diciembre). 11 blocked or underactive root chakra warning signs to be aware of. Subconscious Servant. https://subconsciousservant.com/blocked-or-underactive-root-chakra/

Lindberg, S. (2020, 24 de agosto). What are chakras? Meaning, location, and how to unblock them. Healthline. https://www.healthline.com/health/what-are-chakras

Brown, K. J. (2020, 9 de marzo). How to open your root chakra, according to reiki masters. Well+Good. https://www.wellandgood.com/how-to-open-root-chakra/

A daily mindful walking practice. (2017, 17 de julio). Mindful. https://www.mindful.org/daily-mindful-walking-practice/

Ashish. (2021, 5 de octubre). Root Chakra meditation: How to do, benefits & practice tips. Fitsri. https://www.fitsri.com/articles/root-chakra-meditation

Balter, J. (2015, 16 de junio). 7 ways to easily incorporate meditation into your life. Wanderlust. https://wanderlust.com/journal/7-ways-to-easily-incorporate-meditation-into-your-life/

Brown, K. J. (2020, 31 de marzo). How a successful root chakra meditation makes you feel more grounded. Well+Good. https://www.wellandgood.com/root-chakra-meditation/

Cherry, K. (n.d.). What Is Meditation? Verywell Mind. https://www.verywellmind.com/what-is-meditation-2795927

Daga, R. B. (2017). Walking Meditation. Journal of Sleep Disorders & Therapy, 06(05). https://doi.org/10.4172/2167-0277.1000279

Editors, Y. J., Husler, A., Land, R., Herrington, S., & Rosen, R. (2017, March 8). Meditation seal. Yoga Journal. https://www.yogajournal.com/poses/dhyana-mudra/

Fernandez, C. (2019, 18 de septiembre). These profound thich Nhat Hanh quotes will bring you peace today. Oprah Daily. https://www.oprahdaily.com/life/g29092056/thich-nhat-hanh-quotes/?slide=7

Heger, E. (2020, 18 de mayo). 7 benefits of meditation and how it can affect your brain. Insider. https://www.insider.com/benefits-of-meditation

Holmes Place. (2018, 6 de abril). 3 ways to include meditation in your daily schedule. Holmes Place. https://www.holmesplace.com/en/en/blog/wellness/3-ways-include-meditation-daily-schedule

Ishak, R. (2015, 3 de noviembre). How to start meditating & 6 ways to include it in your daily life. Bustle. https://www.bustle.com/articles/121407-how-to-start-meditating-6-ways-to-include-it-in-your-daily-life

Kable, R. (2019, 3 de febrero). 20 powerful tips to help you meditate better –. Rachael Kable. https://www.rachaelkable.com/blog/tips-to-help-you-meditate-better

Kurt. (2017, 4 de julio). Finding your center: Grounding meditation techniques. Earthing Canada. https://earthingcanada.ca/blog/grounding-meditation-techniques/

Long commute: How to reduce rising stress. (2019, 17 de julio). Insight Timer Blog. https://insighttimer.com/blog/long-commute-meditation-stress/

Matson, M. (2019, 17 de marzo). Muladhara: Root chakra meditation for healing and balancing [VIDEO]. Brett Larkin Yoga. https://www.brettlarkin.com/muladhara-root-chakra-meditation-healing-balancing/

Meditation. (n.d.). Art of Living (India). https://www.artofliving.org/in-en/meditation

Rebecca Cairns, Z. I. (2021, 1 de julio). What is meditation? The history and health benefits of meditation – and how you can get started. Insider. https://www.insider.com/meditation-definition

Root chakra meditation. (n.d.). KiraGrace. https://www.kiragrace.com/blog/root-chakra-meditation/

Scott, S. J. (2019, 22 de abril). Mindful commuting: Making Time for mindfulness during free moments. Develop Good Habits. https://www.developgoodhabits.com/mindful-commuting-making-time-mindfulness/

Stibich, M. (n.d.). How to fit meditation into your day. Verywell Mind https://www.verywellmind.com/how-to-fit-meditation-into-your-day-every-day-2224118

Stokes, V. (2021, 25 de octubre). Root chakra healing: The science, traditions, and techniques. Healthline. https://www.healthline.com/health/mind-body/root-chakra-healing

Yoga, K. (2015, 10 de junio). What exactly are Mudras, and why use them in yoga practice? —. Korsi Yoga. http://www.korsiyoga.com/korsi-blog/2015/6/10/what-exactly-are-mudras-and-why-use-them-in-yoga-practice

Ashish. (2019, 27 de noviembre). Gyan Mudra: Meaning, How to Do, Benefits & Precautions. Fitsri. https://www.fitsri.com/yoga-mudras/gyan-mudra

Muladhara Mudra Yoga. (n.d.). Tummee.Com. https://www.tummee.com/yoga-poses/muladhara-mudra

Yele, K. (2021, 30 de marzo). (Earth Mudra) Prithvi Mudra Meaning and its Benefits for Hair Growth & Weight Gain. Vedic Yoga Ayurveda. https://vedicyogayurveda.com/prithvi-mudra/

Saradananda, S. (2015). Mudras for Modern Life. Watkins Publishing.

Nunez, K. (2020, 15 de mayo). Pranayama Benefits for Physical and Emotional Health. Healthline. https://www.healthline.com/health/pranayama-benefits

Learn Pranayama Breath Control and Its Positive Effects on Your Health. (n.d.). Art Of Living (United States). https://www.artofliving.org/us-en/blog/learn-pranayama-breath-control-and-its-positive-effects-on-your-health

Pranayama for Root Chakra. (n.d.). Yogateket. https://www.yogateket.com/blog/pranayama-for-root-chakra

Hughes, A. (2020, 4 de mayo). Balancing Muladhara: How to Realign Your Root Chakra. Yogapedia.Com; Yogapedia. https://www.yogapedia.com/balancing-muladhara-how-to-realign-your-root-chakra/2/12056

Nadi Shodhana. (n.d.). Yogapedia.Com. http://www.yogapedia.com/definition/5322/nadi-shodhana

Sitali Pranayama. (n.d.). Yogapedia.Com. http://www.yogapedia.com/definition/6518/sitali-pranayama

Mackenzie A. 8 root chakra poses for balance and stability of muladhara. YOGA PRACTICE. Published October 25, 2020. https://yogapractice.com/yoga/root-chakra-yoga-poses/

Snyder S, Indries M, Varshney P, Schettler RM, Land R, Hunter F. Root chakra tune-up practice. Yoga Journal. Published January 1, 2015. https://www.yogajournal.com/practice/yoga-sequences/root-chakra-muladhara-tune-up-practice/

Hughes A. Balancing muladhara: How to realign your root chakra. Yogapedia.com. Published May 4, 2020. https://www.yogapedia.com/balancing-muladhara-how-to-realign-your-root-chakra/2/12056

Root Chakra Stones: Balancing Crystals for the Base Chakra. (n.d.). Shawacademy.Com. https://www.shawacademy.com/blog/root-chakra-stones/

Beads, T. (2020, 14 de diciembre). What Is The Difference Between Crystals & Gemstones? Tejas Beads. https://www.tejasbeads.com/blogs/the-geologist/the-difference-between-crystals-and-gemstones

Oakes, J. (2021, 7 de abril). Root Chakra Stones: These 11 Crystals Are Crucial For Healing. Tiny Rituals. https://tinyrituals.co/blogs/tiny-rituals/root-chakra-stones

Oakes, J. (2021, 27 de marzo). How To Cleanse Crystals: 9 Crucial Practices You Need To Know. Tiny Rituals. https://tinyrituals.co/blogs/tiny-rituals/how-to-cleanse-crystals

Harutyunyan, M. (2021, 9 de noviembre). Root Chakra Stones: What Are The 7 Best Root Chakra Crystals? Conscious Items. https://consciousitems.com/blogs/practice/root-chakra-stones

Find The Best Healing Crystals For You. (n.d.). HealingCrystalsForYou.Com. https://www.healing-crystals-for-you.com/

TNN. (2019, 1 de agosto). The science behind healing crystals explained! The Times of India; Times Of India. https://timesofindia.indiatimes.com/life-style/health-fitness/home-remedies/the-science-behind-healing-crystals-explained/articleshow/70482968.cms

12 professionals share their favorite essential oils & blends for the root chakra. (n.d.). Sacred Soul Holistics. https://www.sacredsoulholistics.co.uk/blogs/news/root-chakra-essential-oils-blends

How to use essential oils to balance your chakras. (n.d.). Releaseyoga.Com. http://releaseyoga.com/blog/2015/12/01/how-to-use-essential-oils-to-deepen-your-yoga-practice

Knight, A. (2016, 11 de abril). Root Chakra. Aromacare. https://aromacare.com.au/blogs/aromatherapy-services/root-chakra

Pure Essential Oils to balance your Root Chakra. (n.d.). Meraki Essentials. https://merakiessentials.com/blogs/meraki-essential/pure-essential-oils-to-balance-root-chakra

Simone, D. (2019, 22 de septiembre). The key to balancing your energy might be aromatherapy. XoNecole: Women's Interest, Love, Wellness, Beauty. https://www.xonecole.com/chakra-attunement-using-aromatherapy-to-balance-your-energy/

Stokes, V. (2021, 17 de febrero). Essential oils for chakras: Balance and heal with scents. Healthline. https://www.healthline.com/health/essential-oils-for-chakras

3 recipes for your root chakra. (n.d.). Daily Life https://dailylife.com/article/recipes-for-your-root-chakra?ref=tfrecipes

Caron, M. (2018, 5 de noviembre). Healing the root chakra with food. Sivana East. https://blog.sivanaspirit.com/hl-sp-root-chakra-food/

Chakra foods for healing & health. (2018, 27 de marzo). Deborah King. https://deborahking.com/7-foods-to-heal-7-chakras/?doing_wp_cron=1649895609.0356950759887695312500

Easterly, E. (2020, 16 de junio). Eating to balance your chakras. Chopra. https://www.chopra.com/articles/eating-to-balance-your-chakras

Fondin, M. (2020, 7 de octubre). The root chakra: Muladhara. Chopra. https://chopra.com/articles/the-root-chakra-muladhara

Give energy with root (Muladhara) chakra recipes. (2019, 21 de marzo). Chakrashealth.Com.

Kaiser, S. (2020, 21 de febrero). Get grounded with these 3 root chakra soups.... Spirituality & Health. https://www.spiritualityhealth.com/articles/2020/02/21/get-grounded-with-these-3-root-chakra-soups-bonus-recipe

Moone, A. (2018, 30 de diciembre). 6 foods to balance your root chakra. Plentiful Earth. https://plentifulearth.com/6-foods-to-balance-your-root-chakra/

The. (n.d.). Chakra foods: 7 chakras food chart. 7 Chakra Store https://7chakrastore.com/blogs/news/chakra-foods

The best foods for each chakra. (2016, 18 de junio). Parsnips and Pastries. https://www.parsnipsandpastries.com/chakra-food-pairing-balancing-healing-energy-centers-food/

The root chakra: Foods to ground and strengthen. (n.d.).

Food for your chakras. Times Of India. https://timesofindia.indiatimes.com/life-style/health-fitness/diet/food-for-your-chakras/articleshow/19661214.cms

Drollinger, J. (2021). Root chakra: Activating, balancing, and healing: Mind-body and soul connection. Independently Published.

Mackenzie, A. (2020, 25 de octubre). 8 root chakra poses for balance and stability of muladhara. YOGA PRACTICE. https://yogapractice.com/yoga/root-chakra-yoga-poses/

Stokes, V. (2021, 25 de octubre). Root chakra healing: The science, traditions, and techniques. Healthline. https://www.healthline.com/health/mind-body/root-chakra-healing

The Tribune India. (2018, 5 de diciembre). Muladhara chakra How to keep one grounded? The Tribune India

Stelter, G. (2016, 4 de octubre). Chakras: A Beginner's Guide to the 7 Chakras. Healthline. https://www.healthline.com/health/fitness-exercise/7-chakras

Burton, N., Derisz, R., Fay, Z., & Dowling, A. (2021, 5 de diciembre). How to Unblock Chakras: A Complete Guide to Getting Clear from Root to Crown. Goalcast. https://www.goalcast.com/how-to-unblock-chakras/

Muladhara Chakra – The Most Important Chakra. (n.d.). Ishafoundation.Org https://www.ishafoundation.org/ta/blog/muladhara-chakra.isa

Freshwater, S. (2017, 21 de noviembre). 1st Chakra Root Muladhara. Shawna Freshwater, Ph.D. https://spacioustherapy.com/1st-chakra-root-muladhara

Editores, Y. J., Indries, M., Marglin, A. T., & LaRue, M. B. (2021, 27 de abril). Lo que hay que saber sobre el chakra sacro. Yoga Journal. https://www.yogajournal.com/yoga-101/intro-sacral-chakra-svadhisthana/

Estrada, J. (2022, 1 de abril). Cómo sanar su chakra sacro y conseguir que su energía creativa y sexual fluya libremente. Well+Good. https://www.wellandgood.com/sacral-chakra-healing/

Jain, R. (2020, 26 de agosto). *Svadhishthana* - Chakra sacro: Todo lo que necesita saber. Arhanta Yoga Ashrams. https://www.arhantayoga.org/blog/svadhishthana-chakra-all-you-need-to-know-about-the-sacral-chakra/

Regan, S. (2020, 16 de julio). Seis maneras de equilibrar su chakra sacro, un punto caliente para la creatividad y la sexualidad. Mindbodygreen. https://www.mindbodygreen.com/0-5332/6-Ways-to-Balance-Your-Sacral-ya.html

El equipo de Refinería. (2018, 31 de enero). El chakra sacro. The Refinery. https://therefinerye9.com/the-sacral-chakra/

El chakra sacro: Descubra y alinee el segundo chakra. (n.d.). Art Of Living (Estados Unidos).

Cómo usar el chakra sacro para comprometerse con su sexualidad. (2017, 6 de junio). Viva Center. https://www.vivapartnership.com/optimal-living/using-sacral-chakra-to-engage-with-your-sexuality/

¿Quiere profundizar en su sensualidad? Observe el chakra sacro. (2021, 6 de diciembre). Healthline. https://www.healthline.com/health/mind-body/sacral-chakra

Arora, I. (2010, diciembre). Meditación de Chakra con Mudra y Mantra. En Simposio Internacional sobre Yoguismo.

Atwell, H., McManus, D. J., & Carr, H. H. (2013). El modelo OSI y los siete chakras del hinduismo: Un análisis comparativo. International Journal of Applied.

Battaglia, S. (2009). Guía práctica de los chakras y la aromaterapia. Australia: Perfect.

Bhetiwal, A. El rol de las notas musicales y las frecuencias de color para equilibrar el cuerpo humano.

Greenwood, M. (2006). Acupuntura y los chakras. Medical Acupuncture.

Herring, B. K. (2009). Asanas para el sistema de chakras. Yoga Journal.

Krishna, A. B. (2016). Espiritualidad y ciencia del chakra yóguico: Una correlación. Asian Journal of Complementary and Alternative Medicine.

Kumaar, S. S. (2022). Un análisis crítico de la cromoterapia (terapia del color) y su impacto en la vida matrimonial.

Nazari, N. A. A., Fauzi, N. M., Rosli, N. F., Zakaria, S. N., Jalil, S. Z. A., & Noor, N. M. (2017, septiembre). Estudios fisiológicos de la fatiga humana utilizando la radiación electromagnética humana. En 2017 IEEE International Conference on Signal and Image Processing Applications (ICSIPA).

PS, J., Gopal, U. B., & Simon, R. K. (2021). COMPRENSIÓN NEUROLÓGICA DEL CHAKRA SHAD CON ESPECIAL REFERENCIA A VATA DOSHA. International Journal of Ayurveda and Pharma Research.

Sanyal, K. Chakra Meditation and Five Elements Engagement of the Chakras with Five Elements in Nature. Papel de las artes, la cultura, las humanidades, la religión, la educación, la ética, la filosofía, la espiritualidad y la ciencia para el desarrollo holístico de la sociedad.

Simpson, L. (1999). El libro para sanar los chakras. Sterling Publishing Company, Inc.

Stux, G., y Pomeranz, B. (1995). Métodos adicionales de tratamiento. En Basics of Acupuncture. Springer, Berlín, Heidelberg.

Stux, G. (2003). 8.1 Acupuntura de los chakras. Fundamentos de la acupuntura.

Wills, P. (2002). Chakra Workbook: Reequilibra las energías vitales de tu cuerpo. Springer Science & Business.

Zeltzer, C. (2002). El rol del tercer chakra en la psicología del terrorismo. Psychological Perspectives

Lindberg, S. (2020, 24 de agosto). ¿Qué son los chacras? Significado, ubicación y cómo desbloquearlos. Healthline. https://www.healthline.com/health/what-are-chakras

4 poderosos beneficios de sanar su chacra del corazón y afirmaciones + música de baño de sonido para abrir su chacra del corazón. (2022, 19 de enero). Mente meditativa. https://meditativemind.org/4-powerful-benefits-of-healing-your-heart-chakra-affirmations-soundbath-music-to-open-your-heart-chakra

Una visión general del chacra del corazón. (2019, 11 de octubre). Ciencia védica popular. https://popularvedicscience.com/heart-chakra

Anahata Nada. (s.f.). Yogapedia.Com. https://www.yogapedia.com/definition/9104/anahata-nada

Borohhov, D. (2011, 15 de mayo). Significado de los chacras. Ananda. https://www.ananda.org/yogapedia/chakra

Brown, M. (2022, 31 de enero). Su guía de los 7 chacras - y cómo saber si los suyos están agotados, según los expertos. InStyle. https://www.instyle.com/lifestyle/astrology/what-are-chakras

Cameron, Y. (2021, 29 de octubre). Todo lo que siempre quiso saber sobre los 7 chacras del cuerpo. Mindbodygreen. https://www.mindbodygreen.com/0-91/The-7-Chakras-for-Beginners.html

Chacra. (s.f.). Etymonline.Com. https://www.etymonline.com/word/chakra

Das, S. (s.f.). Lo que hay que saber sobre los vedas: los textos más sagrados de la India. Learn Religions. https://www.learnreligions.com/what-are-vedas-1769572

Lo esencial de los chacras del corazón: conectar con el anahata. (2021, 12 de noviembre). UniGuide. https://www.uniguide.com/heart-chakra-anahata

Jain, R. (2019, 13 de junio). Guía completa de los 7 chacras. Www.Arhantayoga.Org. https://www.arhantayoga.org/blog/7-chakras-introduction-energy-centers-effect

justbewell. (2020, 25 de agosto). ¿Qué es el cuerpo energético? Justbewell.Info. https://justbewell.info/what-is-the-energy-body

Kandanarachchi, P. (2013a). El chacra del corazón. Lulu.com. https://www.yogapedia.com/definition/5524/heart-chakra

Kandanarachchi, P. (2013b). Chacra del corazón. Lulu.com. https://www.anahana.com/en/yoga/heart-chakra

Kristin. (2021, 10 de febrero). El chacra del corazón: todo lo que necesita saber. Be My Travel Muse. https://www.bemytravelmuse.com/heart-chakra

Lindberg, S. (2020, 24 de agosto). ¿Qué son los chacras? Significado, ubicación y cómo desbloquearlos. Healthline. https://www.healthline.com/health/what-are-chakras

Negus, S. (2021, 13 de enero). 5 maneras sencillas de desbloquear sus chacras que cambiarán su vida. Glamour UK. https://www.glamourmagazine.co.uk/article/what-are-chakras

Oils, R. M. (s.f.). Explorando su chacra del corazón. Rockymountainoils.Com. https://www.rockymountainoils.com/learn/exploring-your-heart-chakra

Pathshala, V. (2020, 21 de septiembre). Anahata - el chacra del corazón. Escuela de Sabiduría y Conocimiento. https://vedapathshala.com/2020/09/21/anahata-the-heart-chakra

Pugle, M., Burton, N., & Derisz, R. (2021, 26 de agosto). Chacra del corazón: Todo lo que necesita saber sobre el cuarto chacra. Goalcast. https://www.goalcast.com/heart-chakra

Arora, I. (2010, diciembre). Meditación de chakras con mantras y mudras. En Simposio internacional sobre yoguismo.

Atwell, H., McManus, D. J., & Carr, H. H. (2013). El modelo OSI y los siete chakras del hinduismo: Un análisis comparativo. International Journal of Applied.

Battaglia, S. (2009). Guía práctica de los chakras y la aromaterapia. Australia: Perfect.

Bhetiwal, A. El rol de las notas musicales y las frecuencias de color para balancear los chakras del cuerpo humano.

Greenwood, M. (2006). Acupuntura y chakras. Medical Acupuncture.

Herring, B. K. (2009). Asanas para el sistema de chakras. Yoga Journal.

Hoshawk, C. M. (2018). Calmando la mente: El viaje de la conciencia en la era mental-egoica. Revista de la evolución consciente.

Krishna, A. B. (2016). Espiritualidad y ciencia del chakra yóguico: Una correlación. Revista asiática de medicina complementaria y alternativa.

Kumaar, S. S. (2022). Un análisis crítico de la cromoterapia (terapia del color) y su impacto en la vida matrimonial.

Kumar, S. Fostering Mental Wellbeing by Healing Chakras through Music Therapy.

Nazari, N. A. A., Fauzi, N. M., Rosli, N. F., Zakaria, S. N., Jalil, S. Z. A., & Noor, N. M. (2017, septiembre). Estudios fisiológicos de la fatiga humana utilizando la radiación electromagnética humana. En 2017 IEEE International Conference on Signal and Image Processing Applications (ICSIPA).

PS, J., Gopal, U. B., & Simon, R. K. (2021). COMPRENSIÓN NEUROLÓGICA DEL CHAKRA *SHAD* CON ESPECIAL REFERENCIA A *VATA DOSHA*. International Journal of Ayurveda and Pharma Research.

Redmond, L. (2012). Meditación de los chakras: La transformación a través de los siete centros energéticos del cuerpo. Sounds True.

Sanyal, K. Meditación de chakras y la relación de cinco elementos de los chakras con los cinco elementos naturales. Papel de las artes, la cultura, las humanidades, la religión, la educación, la ética, la filosofía, la espiritualidad y la ciencia para el desarrollo holístico de la sociedad.

Shumsky, S. G. (2005). Explorando los chakras: Despierte su energía escondida. Motilal Banarsidass.

Simpson, L. (1999). El libro de la sanación de los chakras. Sterling Publishing Company, Inc.

Slayton, K., & Grigorievskiy, A. UNA GUÍA DE LOS CHAKRAS EXPLICADA A PRINCIPIANTES. La guía definitiva de los CHAKRAS | ¡Cómo desbloquear la energía de los 7 CHAKRAS! (¡PODEROSO!) Todo lo que necesita saber sobre los siete chakras y qué impacto tienen en usted. Cómo Despertar los Chakras: Abrir el Chakra Coronario *Sahasrara* (Ep. 8).

Stux, G., & Pomeranz, B. (1995). Métodos adicionales de tratamiento. En Basics of Acupuncture. Springer, Berlín, Heidelberg.

Stux, G. (2003). 8.1 Acupuntura de los chakras. Fundamentos de la acupuntura.

Wills, P., y Gimbel, T. (1992). 16 pasos para sanar y energizar: un programa de meditación visual y colorida, movimiento y equilibrio de los chakras. Llewellyn Worldwide Limited.

Wills, P. (2002). Libro de trabajo de los chakras: equilibre las energías vitales de su cuerpo. Springer Science & Business.

Todo lo que necesita saber sobre la meditación del tercer ojo. (2019, 10 de diciembre). The Times of India; Times Of India. https://timesofindia.indiatimes.com/life-style/health-fitness/home-remedies/all-you-need-to-know-about-third-eye-meditation/articleshow/72458177.cms

Cameron, Y. (2022, 7 de febrero). Una introducción al chakra del tercer ojo + cómo sanarlo. Mindbodygreen. https://www.mindbodygreen.com/0-97/Third-Eye-Chakra-Healing-for-Beginners.html

Jain, R. (2020, 7 de octubre). Ajna chakra, el despertar de su chakra del tercer ojo. Arhanta Yoga Ashrams. https://www.arhantayoga.org/blog/ajna-chakra-your-third-eye-chakra-awakening/

Kristin. (2021, 13 de febrero). Chakra del tercer ojo: Todo lo que necesita saber. Be My Travel Muse. https://www.bemytravelmuse.com/third-eye-chakra/

Secretos de la activación del tercer ojo. (s.f.). Art Of Living (India). https://www.artofliving.org/in-en/meditation/secret-of-third-eye-activation

Stokes, V. (2021, 6 de mayo). Cómo abrir el chakra del tercer ojo para el despertar espiritual. Healthline. https://www.healthline.com/health/mind-body/how-to-open-your-third-eye

Weingus, L. (2019, 27 de mayo). Cómo abrir su tercer ojo con 15 consejos de expertos. Well+Good. https://www.wellandgood.com/how-to-open-your-third-eye

Sanación de los chakras: Cómo abrir su chakra de la corona. (n.d.). Goodnet. https://www.goodnet.org/articles/chakra-healing-how-to-open-your-crown

Chakra de la corona. (n.d.). Anahana.Com. https://www.anahana.com/en/yoga/crown-chakra

Jain, R. (2020, 8 de octubre). Chakra de la corona: La energía divina del chakra *Sahasrara*. Arhanta Yoga Ashrams.

https://www.arhantayoga.org/blog/crown-chakra-divine-energy-of-sahasrara-chakra/

Kristin. (2021, 14 de febrero). Chakra de la corona: Todo lo que necesita saber. Be My Travel Muse. https://www.bemytravelmuse.com/crown-chakra/

Lindberg, S. (2020, 24 de agosto). ¿Qué son los chakras? Significado, ubicación y cómo desbloquearlos. Healthline. https://www.healthline.com/health/what-are-chakras

Snyder, S., Editores, Y. J., Indries, M., Marglin, A. T., & LaRue, M. B. (2021, 18 de agosto). Todo lo que necesita saber sobre el chakra de la corona. Yoga Journal. https://www.yogajournal.com/yoga-101/chakras-yoga-for-beginners/intro-sahasrara-crown-chakra/

Equipo SEEMA. (2021, 14 de noviembre). Todo lo que debe saber sobre el chakra de la corona púrpura. Seema. https://www.seema.com/everything-to-know-about-the-purple-crown-chakra

www.ingramcontent.com/pod-product-compliance
Lightning Source LLC
Chambersburg PA
CBHW051856160426
43209CB00006B/1328